학습본능 숲에서 놀다

학습본능 숲에서 놀다

정대현

이책사

프롤로그 **하리숲학교 이야기**   006

1부

I 숲교육, 근대교육의 종말 그리고 미래교육?	019
II 숲교육은 이론적 배경을 가지고 있는가?	033
1 숲교육의 역사적 배경	035
2 숲교육의 사회적 배경	044
3 숲교육의 철학적 배경	058
4 숲교육의 심리학적 배경	095
5 교육공간으로써 숲의 재해석	109
III 숲교육은 무엇인가?	113
1 숲교육	115
2 숲학교	125
IV 숲교육을 통해 바라본 학습본능	131
1 학습본능	135
2 놀이를 통해 발현된 학습본능	156
3 학습공동체를 통해 구체화된 학습본능	186
4 학습본능이 발현되는 숲의 공간성	206
V 숲에서 아이들의 일상	223
VI 숲교육에서 찾는 존재와 시간	247
1 자기 존재를 찾아가는 과정	249
2 자기 시간을 찾아가는 과정	281

2부

VII 숲교육 총론 — 293
1 '앎'이 아닌 '알다ing' — 298
2 어울려 가야 할 세 가지 길 — 312
3 교사의 실천적 참여 — 342
4 아이들의 일상 기록하기 — 390
5 학습공동체 구성원으로서 교사 — 395

VIII 관계맺기의 도구 — 401
1 자기인식하기 — 414
2 사회극 놀이 — 418
3 관찰 — 431
4 사고 — 440
5 기호 — 455
6 언어 — 465
7 예술 — 484

주, 참고문헌, 찾아보기 — 503

프롤로그
하리숲학교 이야기

많은 사람들이 '하리숲학교'를 방문해 보고자 한다. 실제보다 더 좋은 소문이 나 있기도 하지만, 그동안 학교 사례를 주제로 한 연구물들이 국내를 비롯한 국외에 수차례 발표되었기 때문일 것이다. '하리숲학교'를 설립할 당시, 많은 고민과 우여곡절이 있었던 터라 학교를 방문하고자 문의가 오면, '이제야 학교가 빛을 발하는구나!'라는 기쁨은 있지만, 사실 내세울 것은 없다. 여느 숲과 다르지 않기 때문이다. 보여줄만한 시설도 없다. 단지, 그곳에는 숲과 아이들 그리고 아직은 미진하지만 교육학도로서 숲에서 생활하는 아이들을 바라보는 나름의 이야기들이 있다.

학교를 설립할 당시는 수요자 입장에서 공교육을 접해야 하는 두 아이의 아빠였고(물론 지금도 마찬가지다), 아직 여물지 않은 채 강단에 서야 했던 초보 교수였다. 학교 설립 이전에는 초등학교 교사로 재직하고 있었다. 하리숲학교 설립 전 공교육 교사로 첫발을 내디딘 곳은 1~6학년 전체가 3학급이며 전교생이 19명인 시골 초등학교였다. 난 3학년과 4학년 두 개 학년을 한 학급으로 만든 반의 담임이되었고 학급 학생수는 총 6명이었다. 이처럼 두 개 학년을 한 반에 묶는 것을 복식학급이라고 한다. 첫 발령지라는 부담감과 함께 복식학급을 담당하게 되면서 처음에는 막막하기도 했다. 복식학급은 한 명의 선생님이 같은 연령의 한 학급을 가르쳐야 한다는 일반적인 상식에 반하는 것이기 때문이었다. 그 당시 이러한 막막함을 안고 내가 했던 방법을 떠올려 보면, 교재를 분석하여 비슷한 단원끼리 묶고, 도입 부분은 똑같이 하되 내용을 구분하여 수업을 하는 것이었다.

   복식학급의 수업 절차를 보면, 일단 도입 부분은 같이 시작한다. 그리고 본 수업에 들어가면 각자 스스로 문제를 해결한다. 물론 도입 부분과 본 수업을 같이 진행할 때도 있었다. 우려했던 예상과 달리 결과는 좋았다. 두 개 학년을 동시에 가르치다 보니 시간이 부족하여 큰 손실이 있을 것 같았지만 학습 결손은 없었다. 위 학년 학생들은 아래 학년 수업을 할 때 이미 알고 있는 것을 다시 한 번 익히게 되었으며, 아래 학년 아이들은 교사인 나에게 배우는 것보다 위 학년에게 배우는 것이 더 많았다. 아래 학년 아이에게 설명하고 있을 때 위 학년 아이들은 자신들이 알고 있는 것을 더 정교화하였다. 내가 시도한 방식은 그저 수업 시간에 해야 할 것들을 펼쳐 놓고 아이들을 따라가는 것이었다.

이후 대학 교수가 되어 일선 초등학교 현장을 잠시 떠난 뒤, 두 아이의 부모로서 학교 교육을 다시 직면하게 되었다. 그 당시 둘째 아들(예닮)이 유치원에 적응하는 것을 힘들어 했다. 그래서 어쩔 수 없이 아파트에서 공동육아를 하게 되었다. 공동육아는 7명의 아이들로 시작되었으며, 공동경비, 공동관리 시스템이었다. 교사 또한 회의를 통해 채용하였다(물론 그 당시 나도 교사 중 한 명이었다). 교육과정은 모든 부모들과 함께 결정하였다. 그 시스템은 유치원에 못가는 아들(예닮)에게 유치원 대신 해줄 수 있는 것에 대한 갈급함의 결과였다. 처음에는 국가수준교육과정을 어떻게 도입해 볼까하는 시도들을 했다. 하지만 그 시도가 가지고 있는 어색함(아이들에게 맞추기에는 너무나 어색했다)과 수년간 공교육에서 구조적인 교육과정에 익숙했던 초등학교 교사 경력은 오히려 걸림돌이 되었다.

공동육아의 과정 속에서 '교사는 잘 짜여진 계획에 따라 아이들이 좋은 결과물을 남길 수 있도록 도와주는 사람'이라는 교육에 대한 절대적 믿음을 깨게 되었다. 기존 공교육에서 이루어지고 있는 구조적인 방식이 더 이상 교육에 절대불변의 실제가 아니라는 사실을 알게 되었다.

그 결과 과감히 국가수준교육과정의 큰 울타리를 뛰쳐나와 어떤 틀에도 맞춰지거나 반듯하게 다듬어지지 않은 채 존재의 모습대로 놀게 해야 한다는 결론에 도달하게 되었다.

이후 공동육아는 대안학교가 되었다. 내 자녀를 어떻게 교육시키는 것이 가장 바람직할까 하는 걱정에서 시작된 나의 교육에 대한 도전은 기존 국가적 교육시스템은 물론 교육학이라는 학문 자체까지도 고민하게 하는 지점에 이르렀다. 이러한 과정에서 그동안 익숙했던 것들을 낯설게 보기 시작했다. '교사는 꼭 가르쳐야 하는가? 아이들은 가르쳐야만 배워지는가? 왜 나이가 같은 아이들로 한 반이 만들어지는가? 나이가 같으면 능력이 같은가? 학교에서 가르치는 것이 아이들이 배워야 하는 것의 전부인가? 아이들이 공부하는 것들이 정말 그 아이에게 필요하고 적합한가? 이미 다 알고 있는데… 아니면 더 공부해야 하는데 왜 정해진 수업 시간 내에 그 공부만을 해야 하는가? 아이들에게 하는 평가는 정말 그 아이의 능력을 제대로 가늠하고 있는가? 싸우는 아이들을 화해시키려고 동료 선생님들이 "서로 화해해!" 하며 중재하려 할 때 아이들은 과연 정말 화해할 마음이 생길까? 어른들은 싸우는데 아이들은 왜 싸우면 안 되지? 싸움은 나쁜가? 잘 싸울 수는 없을까?……' 이러한 나를 향한 질문과 학문을 향한 질문은 지금도 계속되고 있으며, 하나 하나 나름의 답을 찾고 있는 중이다.

　이러한 고민들은 숲학교를 설립하는 과정에서 내가 극복해야 할 것들이었다. 숲학교 설립과정에서 나이가 같으면 능력도 같다는 가정 하에 같은 연령의 아이들에게 동일한 내용을 가르쳐야 한다는 통념을 떨쳐 버리고 무학년제로 계획하는 등 익숙한 것들을 해체하기 시작했다. 하지만 이러한 해체는 계획적이고 체계적이지 않았다. 많은 것이 해체된 지금 해체의 주체는 그동안 내가 보아온 교육학이나 나의 시선이 아닌 아이들이었다. 아이들이 커가는 모습 속에서 해체는 자연스럽게 다시 새로운 것으로 쌓여졌다. 해체를 했으나, 그 해체는 아예 모든 것을 없애 버리는 것이 아니었다. 교육학의 또 다른 곳에 있는 많은 이론들로 채우기 위한 비움이었다. 난 그저 아이들이 만든 교육의 이슈들에 대해 문헌과 연구물에서 이론적 근거를 찾아 따라갈 뿐이었다.

　가르치려고 하지 않고, 한 걸음 물러나 있으니 아이들이 자신의 배움을 채워 나간다는 것을 알게 되었다. 아이들은 스스로 공부할 것들을 찾아서 공부했다. 숨 쉬듯이… 밥 먹듯이… 본능처럼 모든 것을 배우고 익혔다. 짧지만 그래도 수년간의 교직 생활을 하면서 아이들은 서로 배우고 가르치면서 얻게 되는 것이 더 많다는 것을 경험하게 되었다. 그리고 이러한 과정에서 학습공동체를 형성하고, 이를 통해 학습한 것이 교사와 같은 성인들에 의한 가르침보다 더 많다는 것을 알게 되었다.

이 책은 익숙하지 않은 패러다임으로 기술되어 있다. 새로움은 낯설음을 동반하여 어색함과 거부감을 가져다 줄 수 있다. 새로움이라는 낯설음을 인정하다보면 역사성을 가진 익숙함을 부정하게 되는 오류도 범할 수 있다. 그래서 숲교육에서 사용하는 새로움(낯설음)을 이해하기 위해 익숙한 기존 교육학의 언어로 설명하려고 노력하였다. 하지만 이 책에서 말하고 있는 숲교육은 가르침의 결과로 배움을 산정한 선형적인 패러다임에 갇힌 채 가르침과 배움이 분리된 이원론적인 기존 교육학의 언어로 설명하기엔 많은 어려움이 있었다.

개념은 시대와 공간에 따라 변할 수 있다. 그 변화는 낯설음을 동반할 수 있다. 하지만 그 낯설음은 없음에서 새롭게 나타난 것이 아니라 있음에서 나타난 또 다른 있음이다. 이 책의 낯설지만, 낯설지 않은 언어를 통해 지금 독자들이 딛고 서 있는 삶과 교육이, 그리고 그 삶과 교육 속의 아이들에게 익숙함에서 찾아낸 새로움이길 바란다.

숲교육은 가르침과 배움을 비선형적이며 통합된 것으로 본 새로운 패러다임이다. 또한 시간 중심 해석 패러다임에서 공간 중심 해석 패러다임으로의 전환을 의미한다. 교육을 숲이라는 공간을 중심으로 해석하고자 함을 단순히 유행처럼 불고 있는 교육프로그램이 가진 우연의 일치로 치부해서는 안된다. 기존 교육학의 이원론적 패러다임에서 가르침은 배움의 원인이다. 그리고 배움은 자신이 아닌 누군가에 의해 결정된 것을 익히는 것을 의미한다. 그 결과 아이들은 가르침에 의한 배움에 익숙해져 자신이 아닌 누군가가 정해 놓은 틀framework로 자신의 존재를 규정하게 된다. 그리고 아이들은 자기의 삶이 아닌 사회가 결정짓는 삶, 부모가 결정짓는 삶을 살게 된다.

교육의 새로운 패러다임은 가르침의 결과로써의 배움이 아닌 가르침과 배움을 하나로 보아야 한다. 그래서 교육현장은 가르치는 자와 배우는 자의 구별이 없다. 결코 교육내용이나 배우는 자가 빠진 가르치는 자, 혹은 배우는 공간이 빠진 가르치는 공간과 시간이 주체가 될 수 없다.

이러한 패러다임은 기존 교육 변혁이 가져온 또 하나의 혁명적 전환의 단초가 될 것이다. 교육에서 혁명은 단순한 제도의 변화를 의미하지 않는다. 혁명의 결과는 배움의 주체로서 존재론적 삶의 회복이다. 그리고 기존의 것들을 모두 부인하고 새로운 것을 창조하는 것이 아닌 인류가 시작된 이후 지금까지 지속되어온 인류의 몸부림이다.

　이 책에서 제시한 숲교육 패러다임을 기존의 교육학 패러다임으로 설명하다보니 보통명사화 되어버린 교육학의 개념을 다시 새롭게 보는 데서 많은 오해를 불러일으킬 수도 있을 것이라 생각된다. 가령, '숲교육에서 교사는 가르치는 자가 아니다', '숲교육은 학습목표와 내용, 평가 등 기존 교육 프레임이 가진 의도되고 계획된 것이 아닌 우연적이고 불확실성을 전제로 한다'와 같은 사고의 체계들을 새로운 패러다임으로 쉽게 받아드리기 어려울 수도 있다. 심지어 최근 국가수준 교육과정을 숲에서 구현하고자 하는 일부 숲교육 패러다임과도 일치하지 않는 부분이 상당히 있을 수도 있다. 하지만 지금 서 있는 교육현장에서 한 발자국만 비켜서 보면, 이미 교육은 새로운 지평을 향해 나아가고 있다는 것을 경험할 수 있다. 당부하고 싶은 것은 '맞다, 틀리다'가 아닌 '다름'의 논리에서, 그리고 '이해'의 렌즈를 통해 읽어주길 바란다.

내가 '하리숲학교'에서 경험한 것은 아이들의 내면에 살아있는 학습본능이 있다는 것이다. 아이들은 가르치려고 하지 않아도 배울 수 있으며, 그러한 과정은 자기 존재를 발견해가는 과정이었다. 자기 존재의 발견은 다른 존재를 인식하고 관계를 맺으며 그들과 어울리는 것으로, 이러한 것들이 모두 배움이었다. 이러한 배움들은 누군가에 의해서 주어진 것이 아닌 자기 안에 내재되어 있는 학습본능을 통해 나타난다. 학습본능은 아이들의 놀이와 학습공동체를 통해 구체화된다. 이 책은 이러한 것들을 분석하고 이론화하였다.

4차 산업혁명이 도래했다고 한다. 지금까지 진행해 온 모든 산업혁명이 그랬듯이 4차 산업혁명은 단순히 과학기술의 비약적인 발전만을 의미하는 것이 아니라 삶의 전반에 걸친 의식의 혁명을 동반할 것이다. 이 책은 실존적 자연주의, 시간에서 공간으로의 패러다임, 그리고 인공지능의 배경 이론이 된 복잡성 이론 등으로 숲교육의 개념인 학습본능을 설명하였다. 가르침이 없는데 배우는 것, 그래서 가르침 보다는 노는 것을 더 중요시 여기는 숲교육의 원리들을 이론적으로 설명하였다. 이 책을 통하여 숲교육이 4차 산업혁명의 교육적 대안임을 밝히고자 하였다.

   이 책의 일부분은 필자의 논문 내용들을 수정하여 제시하였다. 총 2부로 나뉜다. 1부는 숲교육에 관한 이론들이다. 특히 학습본능을 숲교육의 기본으로 도출하였다. 2부에서는 숲교육에서 아이들의 학습본능을 발현하기 위한 자기 존재 발견과 타존재와의 어울림에 관한 실제를 제시하였다.

1부

숲교육, 근대교육의 종말 그리고 미래교육?

교육은 전통적으로 기존의 사회질서를 유지하는 데 중요하다고 여겨지는 지식과 규범을 전달하는데 초점이 맞추어져 있었다. 하지만 획일적이고 통일적인 교육은 인간이 '존재'로서 사유하는 힘을 상실하게 하였다.

숲교육 바람이 거세게 몰아치고 있다. 이 바람은 유아교육현장에서 초등학교 교육현장으로, 그리고 '힐링'이라는 이름으로 우리 사회를 휘감고 있다. 특히 유아교육현장에서 숲교육 바람은 급속도로 확산되고 있다. 그러나 기존의 신교육프로그램들처럼 외국의 문헌을 단순히 번역하여 전달하고, 적용하는 단계를 거치면서 교육내용에 대한 고민 없이 그저 막연하게 숲교육이 좋다는 담론을 양산해가고 있다. 숲교육에 관한 연구들 역시 이구동성으로 긍정적 결과만을 제시하고 있다. 그러나 신선하게 다가오는 숲교육 또한 기존의 신교육프로그램이 경험했던 실패의 전철을 밟지 않을까 하는 우려를 지울 수 없다.[1] 마치 기대와 희망의 설렘으로 귀농했지만 막상 그곳에서 직면하는 여러 가지 장애에 감당하기 어려운 충격을 받아 눈물을 머금고 되

---

*   본 장은 2014.10.31.과 11.1.에 (사)한국숲유치원협회와 산림청 주최로 경기도 국립(광릉)수목원과 대전정부종합청사에서 개최된 '2014 숲학교 국제심포지엄(주제: 한국형 숲학교 모형 개발과 발전 방향)'에서 '숲 학교! 유초중등 통합학교comprehensive schools 운영사례연구 : 하리학교'라는 제목의 원고를 수정 보완한 것이다.

돌아가는 역귀농자의 실패처럼 숲교육도 이런 실패의 운명에서 자유롭지 못할 것 같아 걱정이 앞선다. 국내의 숲교육에 대한 관심은 매스컴을 통해 2009년부터 등장하기 시작한 이후 끊임없이 증가해 왔다. 이는 우리나라의 입시 위주 교육 풍토 및 부모의 과도한 교육열로 조기교육이 성행하여 많은 아이들이 정신적, 육체적으로 불완전한 성장을 하고 있는 것에 대한 반성의 결과이며, 또한 실외놀이가 가능한 야외공간이 많이 사라지는 현실에 대한 '대안으로써의 욕구'가 증가했기 때문이다.

현재 국내 유아교육기관의 숲교육은 실외놀이의 한 유형 내지 국가수준교육과정에 대한 보완으로 인식되고 있다.[2] 하지만 최근 국가중심교육과정이 아닌 숲교육 자체만을 운영하는 대안교육 형태의 유아교육기관들이 점점 증가하고 있다. 2013년 전국 유아교육기관을 대상으로 조사한 바에 의하면 국가교육기관이 아닌 민간 차원에서 운영되는 숲 유치원은 전체 유치원 중 1.9%이며, 그 중 매일 숲에서 생활하는 매일형 숲 유치원은 4.2%에 이른다고 보고하고 있다.[3] 4년이 지난 지금은 그 수가 더 증가했으리라 본다.

유보통합과 누리과정과 같은 정책은 국가가 유아를 대상으로 하는 교육기관들에 대한 책임을 강화하려는 시도이며 교육에 대해 국가수준에서 가입하고자 하는 의도이다. 국가수준의 유아교육이 강조되고 있는 이 시점에, 국가수준교육과정에 얽매이지 않고 교실이 아닌 숲에서 자유로운 놀이를 중요시 하는 매일형 숲 유치원의 등장은 유아교육에 나타난 대안교육의 모습이라고 볼 수 있다. 국가교육과정이 아닌 보다 자율적이고 비구조적이며 체험 위주인 활동을 교육이라고 할 수 있느냐의 초·중등 대안교육의 이슈에 대한 고민이 유아교육에까지 확대되었다.

지금의 형식적 학교제도는 오랫동안 문명사회의 상징이다.* 학교의 시작이라고 알고 있는 그리스의 김나지움, 중세시대의 대학, 영국의 문법학교 등은 단기간 동안 극소수의 엘리트 학생들에게만 허용되었던 것으로, 장기간 조직적으로 체계화된 지금의 학교 시스템과는 달랐다. 그 당시의 대다수가 가르침과 배움으로 점철될 수 있는 교육은 주로 부모가 가르치는 도제교육이었다.

지금처럼 장기간에 걸친, 체계적인, 국가 주도의 교육과정을 갖춘 학교의 모습이 등장한 것은 아주 최근의 일로, 이것은 가히 혁명이라고 할 만큼 획기적인 것이었다. 콜린스와 핼버슨Collins & Halverson 역시, 이런 학교의 모습을 1차 교육혁명이라고까지 하였다. 학교 본위의 1차 교육혁명은 수천 년의 인류역사에 비추어 보면 지극히 최근에 나타난 매우 독특한 현상으로, 19세기에 제도화되고 20세기에 급속히 보급되었다.4 이와 관련해 김신일은 학교 위주의 공교육 제도의 보편화는 200년 전까지만 해도 모든 어린이를 빠짐없이 학교에 취학시키거나, 더욱이 학교를 전적으로 국가가 운영 통치한 나라는 없었다고 지적한다.

이때까지는 종교가 교육을 지배하였다. 사람들의 교육은 각 종교의 지배하에 있었고, 그것은 당연시되었다. 신이 가르침의 원천이었고, 사람들이 해야 할 최선의 임무는 신의 가르침을 사원이나 경전을 통하여 의심치 않고 받아들이는 것이었다. 의심과 비판은 파문의 사유가 되어서, 스스로 배운다거나, 배울 것을 스스로 결정하는 주체적 학습자 의식은 없었으며, 오로지 위로부터의 가르침을 충실히 받아들이는 숭배적 학습만 중시되었다. 가

---

* 유아교육이 국가수준교육과정을 지향하고 있고, 운영 면에 있어서 상당부분 학교화되어 가고 있다는 점에서 논의의 시작을 '형식적 교육기관'인 '학교'에서 출발하는 것은 의미가 있다.

르침의 모든 권능이 오로지 각 종교의 신으로부터 비롯되었다. '교육권 신수설'의 지배 시대라 하겠다.

종교가 교육을 지배하던 시대의 교육은 공公교육 사상보다 사私교육 사상이 지배적이어서 교육을 시키고 말고는 부모의 결정 사항으로 간주되었다. 귀족계급이나 부유한 가정은 가정교사를 채용하여 자녀를 교육하였지만 가난한 농민과 노동계급은 자녀들을 교육할 능력이 없었을 뿐더러 일을 시켜 빵 한 조각이라도 벌어오게 하는 것을 중요하게 여겼다.

이런 상황에서 교회는 신앙교육을 위하여 교회학교를 운영하는 한편 빈민층 자녀들을 위한 교육을 제공하였다. 가정의 사교육과 교회의 교육활동이 교육의 전부였던 셈이다. 그러나 교회의 지배력이 세속권력으로 대체되는 절대주의의 등장으로 교육에 대한 국가의 개입이 이루어진다.

절대주의가 지배하던 대략 16-17세기에 전제군주들은 종교, 문화, 교육 등을 국가권력의 지배하에 두고 통제하였다. 국가권력이 교육을 지배하였다는 말은 단순히 국가의 지배하에 교육을 실시하였다는 뜻이 아니라, 국민에게 교육기회를 주거나 주지 않는 결정, 어느 집단에게는 교육을 제공하고 어느 집단에는 제공하지 않거나 또는 방임하는 결정, 그리고 교육을 실시하는 경우에 교육의 방향과 내용을 국가가 장악한다는 뜻이다.[5]

프랑스 혁명으로 절대군주제도가 무너지고 근대국가가 형성되면서 교육의 지배권을 둘러싼 교회와 세속 정부 간의 쟁탈전이 벌어지고 대세의 흐름에 따라 새로 형성된 세속정부인 국가가 국민(국가)의 통합을 위해 교육을 장악하게 되었다. 여기에 산업혁명으로 시작된 산업 위주의 사회 발전은 지금과 같은 공교육 제도가 자리를 잡게 되는 계기가 되었다.

로마 카톨릭의 지배가 끝나고 이어서 절대군주제도가 붕괴된 바탕 위에 새로운 시민사회를 형성해야 했던 당시에는 모든 국민을 하나로 결속 시키는 통일된 규범의식과 사고방식, 그리고 지식체계가 강력히 요청되었다. 이런 시대적 과제를 해결해 줄 수 있는 것이 통일 지향적인 학교제도의 수립이었다. 제도 안으로 들어온 학교의 역할은 표준화된 지식, 통일된 가치관 그리고 감성을 주입하는 것이었다. 이런 목적 때문에 공교육 제도는 국가를 단위로 보편적인 이념과 목적을 추구하기 위해 국민에게 동일한 교육내용을 제공하였으며, 국가의 관리를 받음과 동시에 교육의 운영 방식에 있어서도 '보편성'과 '통일성'을 기본 성격으로 하였다.[6]

국가는 학교를 통하여 한 사회의 공통된 감성과 신념을 사회 구성원들에게 내면화시켰다. 그렇게 함으로써 학교는 사회 구성원들의 동질성을 확보할 수 있게 되었다. 그 결과 개인의 자율적 학습활동을 위한 다양하고 자유로운 교육은 억제되었다. 심지어 철저하게 공간과 시간을 통제하여 학습자의 신체 동작과 생리적 욕구까지도 '순종적'으로 만들었다.[7] 그 당시 교육의 목표는 산업사회에서 필요로 한 시민을 기르는 것이었다. 여기에서 의미하는 산업사회에 필요한 시민이 갖추어야 할 자질이란 전통적인 지식을 잘 암기하고 사회의 정해진 규범에 그대로 따르는 것이었다. 교육의 내용은 전통적으로 기존의 사회질서를 유지하는 데 중요하다고 여겨지는 지식과 규범을 전달하는 것이었다. 그 결과 획일적이고 통일적인 교육은 인간이 존재로서 사유하는 힘을 상실케 하였다.

독일을 중심으로 한 근대 학교교육은 국가의 필요와 함께 의무교육이라는 이름으로 미국에까지 확대되었다. 하지만 미국에서는 이러한 학교교육이 시작 당시부터 원활하게 실행되지는 않았다. 존 테일러 개토 John Taylar Gatto는 Dumbling Us Down에서 지금의 의무교육, 학교교육의 문제점에 대해 다음과 같이 지적하고 있다.

우리가 가지고 있는 의무교육 형태는 1850년 무렵 매사추세츠주에서 만든 발명품이다. 주민 80%가 이 제도에 항거했다고 추산되는데, 때로는 무기를 들기까지 했다고 한다. 최후의 보루였던 케이프코드의 반스터블에서는 1880년대에 주 방위군이 지역을 점령하고 아이들을 학교로 호송해 갈 때까지 아이들을 내놓지 않고 버티었다고 한다.

그런데 여기에서 재미있는 점이 있다. 얼마 전에 에드워드 케네디 상원의원 사무실에서 공표한 문서에 따르면 의무교육이 시행되기 전 그 중의 문맹률은 2%에 불과하던 것이 의무교육 시행 뒤에는 1990년도까지 9%이하로 떨어진 일이 없다는 것이다.

또 한 가지 재미있는 현상이 있다. 탈학교운동이 조용히 확산되어 온 결과 지금은 백 오십만이 넘는 젊은이들이 순전히 자기 부모들에게서 교육을 받는 상황에 와 있다. 지난달 교육학회의 한 보고에 의하면 집에서만 교육받은 아이들이 정규학교에 다니는 같은 또래 아이들에 비해 사고력에서 보통 5년, 심지어 10년까지 앞선다고 한다.[8]

우리나라를 보면 지금도 여전히 근대교육의 산물인 보편교육제도가 한국 사회의 주류를 차지하고 있다. 사회의 다른 시스템들은 급속도로 근대의 포장을 벗겨내고 있지만, 교육 시스템은 변화속도가 늦다. 현대 국내 교육 시스템은 유아기부터 누리과정이라는 하나의 획일적 국가위주의 교육과정*을 적용하고 있으며, 초·중·고로 가면서 개인과 개인의 경쟁 위주 입시제도가 운영되는 등 여전히 근대 시스템에 머물러 있다.

최근 우리나라뿐 아니라 세계의 교육은 탈근대화를 위해 몸부림

---

* 현재 유아교육에서 국가수준교육과정인 누리과정은 교육과정 편성 운영에 있어 재량을 부여하고 있는 듯 보이지만, 실제 현장에서는 구속력이 있다.

치고 있다. 교육의 탈근대화는 기존의 획일적이고 정형화된 학교 제도의 교육과정을 다양화하여, 창의적이며 네트워크를 통해 새로운 것을 만들어 갈 줄 아는 협동적 인간을 길러내는 방향으로 나아가고 있다.

사회가 발전되면서, 근대 산업사회를 대표하는 획일화, 대량화에서 정보통신과 인공지능 사회를 대변하는 개별화, 다양화, 자기 조직화 등으로 패러다임이 바뀌고 있다. 하지만 기존 학교 시스템으로는 새로운 사회의 교육적 요구를 제대로 충족시키기에 한계가 있다. 여전히 국가 중심의 학교제도를 위주로 구성되어 온 지금의 교육은 근대사회에서 국가위주의 학교제도가 생겼을 당시처럼 혁명 수준의 개혁이 필요할지도 모른다.

그럼에도 불구하고 우리나라는 여전히 교육을 국가의 통제 내에 두려는 시도들이 행해지고 있다. 최근에는 대학에까지 적용하려고 하며 유아교육도 예외는 아니다. 과거 유아교육은 유아교육기관 단위로 자율적으로 운영되었으나,† 지금은 국가에서 교육과정 및 교수학습 부분까지 규정해주고 있다.

반면, 교육의 탈근대화와 급변하는 시대적 이슈를 해결하기 위해 세계의 많은 나라들은 학교 위주의 교육제도로부터 탈피하려는 움직임을 보이고 있다. 40여 년 전, 세계교육의 실태와 문제를 종합적으로 분석한 콤스Philips Coombs의 보고서 '세계교육의 위기The World Educational Crisis'와 세계교육이 직면하고 있는 문제를 파헤친 유네스코의 보고서 '생존을 위한 학습Learning to be'은 교육기관으로의 학교는 그

---

† 1987년 한국교육개발원에서 개정한 제4차 유치원 교육과정은 각 발달 영역별로 구체적인 지도내용을 제시하지 않고 교육목표만을 제시하였으며 그 외의 것은 교사의 재량에 의해 운영되었다. 하지만 누리과정은 국가수준교육과정 중심으로 점차 전환되어가면서, 교육과정 운영이 획일화되고 있는 형편이다.

의미를 다했으므로 학교 일변도의 교육제도를 벗어나는 길만이 교육과 아이들을 되살리는 방법이라고 지적하였다. 그 후 많은 문헌과 연구는 학교 본위 공교육 제도의 한계를 밝히고 새로운 교육체계의 등장은 피할 수 없는 현실임을 주장하고 있다.[9] 공교육 중심의 학교는 이미 그 본연의 기능을 상당 부분 상실해가고 있다. 미국의 경우에도 1980년대 이후 백만 명이 넘는 초중등 학령의 학생들이 홈스쿨링을 받는 등 공교육 중심의 학교교육의 한계에 대한 도전들이 지속적으로 진행되고 있다. 우리나라도 예외는 아니다.

이러한 움직임은 실천적 에서 대안교육 운동이라는 이름으로 등장하였다. 대안교육에서 강조하는 것은 근대산업사회의 가치관인 경쟁적이고 파괴적인 가치관의 극복과 인간성의 회복이었다. 초기대안교육은 신지학Anthroposophia과 닐Neill의 인본주의 심리학의 영향을 받은 슈타이너Steiner의 발도르프 교육이었다. 이들은 체험 위주의 노작교육과 공동체 중심의 인간화 교육을 강조하였다.

최근 국내에서도 대안교육 열풍이 불고 있으며, 다양한 형태로 나타나고 있다.[10] 국내 대안학교는 대안교육의 이념 하에, 명시적으로 그에 따른 실천을 지향하는 형태로 '정규학교로 인가된 대안학교', '상설학교의 형태를 갖추었지만 인가받지 않은 대안학교', '다양한 형태의 계절제 또는 방과후 프로그램', '홈스쿨링home-schooling' 등으로 분류할 수 있다.[11] 또한 추구하는 이념에 따라 '자유 학교형', '생태 학교형', '재적응 학교형', '고유이념 추구형'의 네 가지 유형으로 나눌 수도 있다.[12] 이에 대해 정대현은 국내 유·초·중등의 통합학교 형태로 운영하고 있는 숲학교인 하리숲학교를 대안학교 유형에 따라 그 특성을 아래와 같이 제시하였다.

숲을 교육공간으로 하고 있는 하리숲학교는 아이들이 '숲에서 우연히 만나게 되는 자연 매체'를 중심으로 교육과정의 내용과 학습을 자유롭게 선정한다는 면에서 '자유 학교'이며, 숲이 가진 생태성으로 인해 '생태 학교'의 특성을 지니고 있다. 또한 숲 자체가 지닌 공간적 특성 등으로 인해 ADHD의 적응을 돕는 '재적응 학교'이기도 하였다. 더 나아가 기독교 세계관을 가지고 자연, 숲, 환경 등을 대하는 것이 자연스럽게 설립의 이념적 기초가 되는 '고유이념 추구학교'의 특성을 지니고 있다.

결국 숲은 이종태가 분류한 대안교육의 네 가지 이념인 '자유 학교형', '생태 학교형', '재적응 학교형', '고유이념 추구형'을 모두 포함하고 있음을 알 수 있다.[13]

반면, 단순히 '자연으로 돌아가자!' 등의 환경운동이나 자연친화 운동의 일환에서 시작한 숲교육*이 최근 들어, 숲을 교육공간으로 한 새로운 교육 유형으로 자리매김하게 됨으로 숲교육 자체가 새로운 대안교육의 패러다임으로 영역을 확장하고 있다.†[14] 이하는 이러한 패러다

---

* 물론, 숲교육의 출발을 1800년대 자연친화교육으로 보는 경우가 많다. 자연친화교육은 1892년 스웨덴을 중심으로 '자유로운 공기를 지원한다'는 슬로건 아래 모든 국민연령층을 포괄하는 국민운동으로 전개되었다. 하지만 1954년 덴마크의 엘라 플라타우가 자기의 자녀를 데리고 매일 집 근처 숲에서 놀이를 하는 것을 숲 유치원의 시작이라고 보기도 한다.

† 장희정은 아래와 같이 숲 유치원을 대안교육이라고 주장한다. 그 이유는 특정한 가치 기준에 따라 획일적으로 아이들을 가르치는 교육이 아니라는 점과 교사, 학부모, 학생이 각각 주체가 되어 기존 교육의 내용과 방법 그리고 형식을 달리하는 데 있다. 그리고 교사와 학생 비율이 많게는 1:5정도로 일반 교육기관에 견주어 현저하게 낮은 소규모 학습 집단을 이루고 있으며, 아이들을 독립된 인격체로 존중해 주며 개성을 살려주고 주체적으로 자랄 수 있도록 하는 대안교육의 기본 교육철학을 바탕으로 하기 때문이다. 이처럼 숲 유치원은 교육효과 이외에 교육방법과 목표, 교사역할, 교육 주체의 참여도 등에서 대안교육의 평가 기준을 만족하고 있다(2010. 27.).

임을 구현하고 있는 하리숲학교가 바라보고 있는 '교육공간으로써 숲'에 관한 내용이다.

> 숲에서 이루어지는 하리숲학교의 교육은 대안교육으로써의 대안을 추구하고 있다. 현재 공교육의 문제에 대한 대안으로 생긴 대안학교는 구조화되어 있으며, 기존 교과과정의 범위 안에서 운영되고 있어 여전히 '학교화 Schooling'의 또 다른 모습을 보이고 있을 뿐이다. 반면, 하리숲학교는 숲을 단순히 교육을 하는 공간이나 환경적 변인으로 국한하지 않고 숲 자체가 가진 '교육성'을 보여 주고 있다. 즉 숲 자체가 교육내용이며 교육의 주체다. 정대현은 숲이 가진 교육적 의미를 파커 팔머의 공간 사상에 비추어 숲이 교육주체로서의 속성을 가지고 있다고 주장하면서, 학교의 설립과정과 대안교육으로써 학교의 의미를 탐색하는 과정에서 숲 자체에서 교육적 의미를 찾았다.[15] 또한 대안 교육으로서 숲은 역사 속에서 제시된 '학교화 Schooling'의 과정에서 홀트Halt가 의미하는 '비학교화Unschooling'로 전환되는 가교역할을 하고 있다.[16] '비학교화'는 숲에서 이루어지는 교육을 통해서 가능하다. 숲은 아이들을 교육의 객체로 두지 않고 주체로 변화시킨다. 결국 숲은 대안교육의 대안으로써, 대안교육이 주장하는 '탈학교화 deschooling'를 넘어서서 비학교화로의 패러다임의 전환을 의미한다. 숲은 새로운 교육의 주체이다.[17]

2014년 10월 31일 부터 11월 1일에 까지 서울과 대전정부종합청사에서 개최된 [2014 숲학교 국제심포지엄]에서 영국의 숲학교 협회Forest School Association의 존 크레Jon Cree회장은 "2012년 설립된 숲학교 협회 FSA는 영연방 전역에 걸쳐져 있다"고 말한다. 영국의 숲학교 교육 대상은 유아부터 초·중·고등에 이르기까지 확장되고 있다. 이 사실에서 숲교육에 관심을 가지고 있는 많은 나라들이 바라본 숲교육은 단순히 환경교육에서 벗어나 새로운 교육 패러다임의 한 축을 이루어가고 있음을 알 수 있다.

현재 국내 숲교육은 유아에서 태아 및 초등, 중등에 이르기까지 확장되고 있다. 정부의 관심도 산림청에서 시작하여 교육부까지 그 영역을 넓혀가고 있다. 많은 민간단체가 만들어지고 있으며, 많은 기관들이 생겨나고 있다. 하지만 민간 부문의 확대에도 불구하고 숲교육과 관련된 정부 부서에 관한 논의에 있어 교육부는 교육부대로, 산림청은 산림청대로 자신들의 위치를 절대화하고 있다는 점과 민간단체가 정부 부서에 과도하게 의지한다는 점 등이 숲교육이 새로운 교육 패러다임으로 자리 잡는데 걸림돌이 되고 있다.[*] 또한 숲교육을 주장하고 있는 많은 학자들 또한 숲교육이 좋다는 막연한 우수성만을 양산해 낼 뿐, 왜 숲이 좋은지, 숲에서 교사는 어떻게 해야 하는지와 같은 숲교육에 대한 철학적, 심리학적, 사회적 배경의 이론적 근거를 제시하지 못하고 있다.[†]

숲교육이 새로운 교육 패러다임이 되기 위해서는 지금까지의 교육 패러다임들의 변화 과정을 살펴볼 필요가 있다. 유럽을 위시하여 전 세계에서 열풍처럼 불고 있는 숲교육의 배경을 역사적 맥락 속에서 바라보아야 한다. 그래야 숲교육이 단순히 유행에 그칠 것인지 아니면 큰 사조 속에 존재하는 새로운 패러다임일 것인지에 관한 논의가 가능하다.

---

[*] 오히려 민간 차원에서 캠페인이 일어나야 됨에도 불구하고, 정부주도로 운영되고 있는 실정이다. 심지어 민간단체의 경우에도 상당부분 정부의 지원에 의존하고 있다. 그러는 과정 속에서 고정된 조직 시스템은 설립 당시의 열정에 비하면 답보상태에 있다.

[†] 학자들이 가장 조심해야 하는 것은 이론적 배경 없이 자신이 모든 사람들을 위한 전문지식을 만들어 낼 수 있다고 주장하는 것이다.

공교육의 대안으로 등장하는 숲교육은 기존 교육이 가진 근대성을 극복할 수 있다는 점에서 대안으로써의 가치를 인정받고 있다. 이에 교육이 극복해야 하는 교육의 근대성이 무엇인지를 역사를 통해 고찰하고, 여전히 교육에 현존하는 근대성에 대해 살펴봄으로써 근대성으로부터 탈피한 새로운 패러다임인 숲교육이 무엇인지 알 수 있을 것이다.

II
숲교육은
이론적 배경을
가지고 있는가?

숲 교육은 그냥 바람에 날려가 버리는 '막연한 좋음'이 아니라 인류역사에 시간을 담고 있는 '실체가 있는 형상'이다.

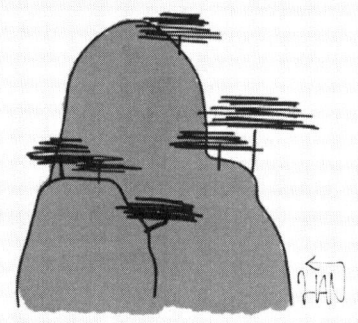

1
숲교육의
역사적 배경

숲교육은 그저 교실에서 숲으로 교육 공간의 변화만을 의미하지 않는다. 지금 사회에서 이슈가 되고 있지만 이제 막 시작된 교육의 새로운 영역도 아니다. 간혹 숲교육은 자연주의 교육, 생태교육 등의 이름으로 불리고도 있다. 물론 숲교육이 교실교육에 비해 자연주의와 생태주의를 추구하는 것은 확실하다. 하지만 자연주의나 생태주의가 숲교육을 모두 설명할 수 있는 것은 아니다. 숲교육은 '시간 중심의 패러다임'에서 '공간 중심의 패러다임'으로, '이원론적 세계관'에서 '복잡성 이론의 패러다임'으로의 전환을 의미한다.

이에 숲교육의 역사성을 통해 숲교육의 정체성을 살펴보고자 한다. 학문이나 개념 등의 정체성에 대해 이야기 하고자 할 때 역사성과 철학을 언급하곤 하는데, 그런 측면에서 숲교육은 충분히 역사성이 있다. 숲교육은 많은 교육패러다임의 깊숙한 곳에 흐르는 큰 담론이었다. 그래서 지금까지 숲교육은 명확한 프로그램으로 구축되어서 진행되어 오지는 않았다. 실제 교육프로그램들은 시대와 상황이라는 맥락 안에서 해석되기 때문에 여느 교육프로그램들처럼 숲교육 또한 냉확히 정의내리기는 어렵다.

그렇다고 숲교육이 아주 낯선 개념은 아니다. 이미 언급하였듯이 역사성을 가지고 축적되어 온 개념이며, 시대성을 가지고 있는 개념이다. 이하에서는 아이의 본질(성)에 대한 이해, 자연이라는 공간적 의미, 그에 따른 교육적 접근이라는 세 가지 근본적 의미들의 역사적 연속성을 통해 숲교육을 바라보고자 한다.

[숲교육의 역사성]

고대	BC 6C~BC 4C	공자, 맹자(유교사상) 노자, 장자(노장사상)
	BC 3C	아리스토텔레스
중세	AD 4C~7C	화랑도
	AD 16C	주희(성리학)
	AD 17C	코메니우스(실학주의)
	AD 18C	루소(낭만주의) 바제도우
근대	AD 19C	페스탈로찌(합자연 교육) 슈타이너(발도르프) 프뢰벨 최제우(동학)
현대	AD 20C	듀이(구성주의) 몬테소리 마가렛 맥밀런 닐, 실버먼, 로저스

시간의 흐름에 따라 고대에서 현대에 이르기까지 숲교육의 근간이 되는 교육적 개념들을 따라가 보면, 먼저 공자孔子와 맹자孟子의 유교사상, 노자老子와 장자莊子의 노장사상, 아리스토텔레스Aristoteles의 교육

사상에서 숲교육의 개념들을 살펴볼 수 있다.

우선 동양철학의 큰 축을 형성하는 공자孔子, 맹자孟子의 유교사상을 보자. 유교에서 교육의 목적과 내용은 학업성취나 능력 향상보다는 아이에게 내재된 본성, 즉 타고난 성향 및 잠재력을 발현시키고, 아이들 개개인의 기질지성氣質之性을 닦아 본연지성本然之性, 즉 본성을 드러나게 하는데 있었다.[1] 유교에서는 인간의 본성과 교육을 상호 보완적 관계로 여기며, 때에 맞추어 교육하는 일을 중요시 여긴다. 유교사상은 아이들을 개체, 즉 하나의 존재로서 중요하게 생각하였으며, 인간과 인간의 관계, 인간과 자연과의 관계를 강조하였다.

유교 사상과 같은 시기인 기원전 6세기에서 기원전 4세기의 노장사상의 교육목적은 자신과 세계를 있는 그대로 받아들이는 삶을 살게 하는 것으로 억지로 함이 없이 타고난 본성을 계발하는데 있었다. 그래서 스스로 그러한 대로의 모습인 자연自然, It is so of itself의 자유로운 삶을 사는 것을 중요하게 여겼다. 특히 노장사상은 자연과의 조화로운 삶과 주체적인 가치판단에 의해 행동하는 것을 강조한다. 돌 한 개, 풀 한 포기에도 가치를 부여하며, 자연을 경시하지 않고 더불어 사는 삶을 중요시 하였다. 아이 자신의 삶과 경험 속에서 스스로 이치와 원리를 깨닫게 하는 방법을 활용하도록 하였다. 노장사상에서 교사는 스스로 하게 하는 인격을 갖춘 사람[2]으로 아이에게 자유롭고 풍요로운 환경에서 자기계발을 하게 하는 사람이다.

반면 기원전 3세기 서양의 아리스토텔레스Aristoteles는 '자연自然'을 인간의 내재된 능력으로 보았다. 여기에서 인간은 가능태로서의 자연적 소질을 가진 하나의 존재이며, 자연적 소질은 내재된 가능성이자 본래 타고난 순수한 본성으로 보았다.[3] 그래서 교육을 자연적인 소질을 구현시키는 일로 보았다. 아리스토텔레스Aristoteles는 놀이의 중요성, 교육환경의 정화를 강조하였다. 놀이를 아이들의 자연스런 본성에 가장 적합하다고 보고, 만 5세 이전의 아이에게는 모든 강요와 학습을 삼가고 활발한 놀이를 해야 한다고 하였다.[4]

중세에 이르러서는 화랑도, 주희朱熹의 성리학, 코메니우스Comenius의 실학주의, 루소Rousseau의 낭만주의, 바제도우Basedow에서 숲교육과 관련된 개념들을 찾아볼 수 있다. 화랑도는 선도仙道로써 화랑도가 추구하던 도의道義의 모습은 모든 생명을 존중하며 그와 어울려 살아가고, 매사에 선악과 이해利害를 나누지 않는다. 무엇을 골라내고 가려내기보다는 모든 삶의 요소를 융화하여 하나의 도道안에서 살게 하고자 하였던 것이 화랑도의 도의道義이다. 화랑도는 산수유오山水遊娛의 교육을 중요시 여겼다. 자연을 뜻하는 산수山水와 즐겁게 논다는 의미의 '유오遊娛'를 가리키는 것이다. 여기에서 유오遊娛는 단지 오락적 행위만을 지칭하는 것이 아닌 포괄적인 의미로 이해할 수 있다. "유오遊娛는 서로 도의를 다지고 가락으로 서로 기뻐하는 화랑도의 교육방향의 실천적 방법이자 그 장場이다."[5]

성리학은 중국 송대에 주희朱熹에 의하여 집대성된 유학의 사상체계로써, 그 명칭대로 성性과 리理에 관한 '철학적' 논술이며, 하나의 교육이론이다. 성리학은 삶과 교육을 모두 '마음 안'의 문제로 파악한다. 여기서 '마음 안'이라는 것은 중층구조의 위층에 해당한다.

성리학의 핵심인 이理와 기氣, 성性과 정情, 그리고 성誠과 경敬은 세계와 마음을 각각 중층으로 파악하는데 사용하는 개념으로 삶이 전개되는 아래층에는 그것과 겹쳐지는 또 하나의 층이 맞붙어 있다. 위층은 아래층이 따라야 할 표준이며 아래층에서 전개되는 삶은 위층의 표준을 따를 때 비로소 그 본래의 모습을 띠게 된다. 여기에서 교육의 목적은 '마음 안'인 위층의 표준을 따르는 것이다.[6] 엄격하고 계율적인 학문이라 여길 수 있는 성리학 역시 교육을 인간의 자연스러운 본래 모습을 회복하기 위해 노력하는 것으로 보았다. 성리학은 삶과 교육을 '마음 안'의 문제로 보았다. 그래서 교육에 있어서 인간 본성의 회복을 결코 무시하지는 않았다.

한편, 코메니우스Comenius는* 자연은 신에 의해 창조된 만물의 총체로써 신이 창조한 인간본성이 자연적 순서인 성장과 학습의 일정표에 따라 진행되어야 한다고 주장하였다. 코메니우스Comenius는 학습이 준비되어 있기 전이나 가르침이 필요한 시기 전에는 강제로 교육해서는 안 된다고 주장한다. 또한 자연의 순리를 통한 개혁적 교수법으로 아이의 내재된 감각적 직관을 일깨울 것을 주창하였다.7 여기에서 지식은 본래 감각을 통해 얻어진다고 가정한다. 그래서 코메니우스Comenius는 '감각에 의하지 않고 지성에 따르는 것은 하나도 없다'는 원리를 통해 감각적 직관을 강조한다.8 이렇게 감각에 의한 학습을 강조하였기 때문에 코메니우스Comenius를 실학주의자라고 칭한다. 그러나 일각에서는 객관적 자연주의자라고도 하는데, 이는 주관적 자연주의자인 루소Rousseau와 비교에 의한 것으로 코메니우스Comenius가 인간의 본성에 따른 교육을 주장한 자연주의자라 할지라도 신앙의 기준 하에 정해진 순서에 의한 본성의 발현을 주장하였기 때문이다.

코메니우스Comenius 이후 자연주의를 직접적으로 주장한 루소Rousseau는 인간은 내면으로부터 자연스럽게 성장해야 하며 교육의 목적은 '인간의 자연성 회복이므로 아이의 내적인 힘이 발현되도록 교육해야 한다'고 주장하고 있다. 아이들은 자연적 능력에 따라 성장하도록

---

* 서울교육대학교 곽노의 교수는 코메니우스를 근대교육의 시조로 보고 있다. 인간의 본성을 악하다고 보는 전근대와는 달리 코메니우스를 시작으로 하는 근대에서는 인간을 선한 존재로 본다. 코메니우스는 아이의 능력 속에 하나님의 성품이 들어 있다고 하였다.

해야 하며, 강요를 통해 자연적 발달을 억제해서는 안 된다는 것이다. 루소Rousseau의 교육적 철학에 비추어볼 때, 교사나 부모는 자연 질서에 따라 기다려 주고 아이들의 내적 능력을 강화하도록 도와야 한다.[9] 또한 아이들에게 진리를 가르치기 보다는 스스로 진리를 발견하는 법을 보여주어야 하고 아이 스스로 보고, 느끼고, 깨닫고, 판단하며 행동하도록 해야 한다.[10]

    숲교육의 근간이 되는 이러한 철학적 사유들은 시간이 지나감에 따라 교육현장에서 실천적 형태를 띠며, 교육프로그램과 교육과정에 명시적으로 등장하기 시작하였다. 독일의 교육과정을 개혁한 바제도우Basedow는 자연 속에서 시작하는 교육을 중요시 여겨, 자연학습, 자연의 역사, 해부학습, 그리고 실체 교육과 같은 실제적인 교육을 강조하였다. 또한 직접적인 경험에 의한 학습을 주장하였다. 따라서 직접적인 노출을 통한 실제적인 주제를 학습하는 야외 여행이나 소풍을 강조하였다. 바제도우Basedow의 실험 학교인 범애학교Philanthropinum는 이후 페스탈로치Pestalozzi에게 영향을 미쳤다.[11]

    페스탈로치Pestalozzi의 교육사상은 '자연인으로서의 인간성 회복'이다. 자연은 인간을 이해할 수 있는 매우 중요한 의미를 지니며 인간의 본성 자체라고 보았다. 여기에서 의미하는 인간 본성을 따르는 것은 '자연의 길'에 따르는 것으로, 그것을 교육으로 보았다. 여기에서 자연은 인간의 궁극적인 내면의 본질이며, 교육은 인간이 스스로를 완성할 수 있도록 돕는 일이다.[12] 페스탈로치Pestalozzi는 개인차에 우선적인 중요성을 두었으며, 감각적인 직관을 포함하는 교과와 실제로 경험해 볼 수 있는 교육을 강조하였고, 아이들이 알고 있는 것에서 모르는 것으로 수업을 계열화하였다.[13]

    슈타이너Steiner는 만물에 신이 깃들어 있다는 신지학Theosophy을 주장하며, 인간은 자연을 통해 경험과 인식을 하며 새로운 것을 창출해 낼 수 있는 창조적 존재로서 본성에 대한 고유한 힘이 있다고 보았다.[14] 그래서 정신의 자유를 추구하는 의미에서 '내적 자유'를 중요시 하였다. 인간이 자유로운 존재가 되기 위해 내면의 자기 자신을 알고, 자신의 삶을 이끌어 삶의 주인이 되게 하는데 교육의 역점을 두었다.[15]

프뢰벨Froebel은 "아이들은 누구에 의해 임의대로 변형 가능한 존재가 아니라, 자신의 내적 정서와 아이디어를 적절하게 표현할 수 있는 자기 활동적 존재self-active individual이다"라고 하였다.[16] 프뢰벨Froebel에 따르면 근본적인 교육은 발달 순응적이어야 하고 지시, 규제, 간섭이 아닌 안내와 보호에 의해야 한다. 더 나아가 학습자의 개인차에 따라 제공되어야 한다. 또한 교육은 자연 속에서 이루어지며, 아이들은 능동적으로 자신을 둘러싸고 있는 자연 속에서 존재를 탐구하는 것으로 보았다.[17] 그러므로 교사는 아이들의 신성, 즉 타고난 개성이 개화되도록 정원사의 역할을 해야 한다.[18] 프뢰벨Froebel은 놀이를 하찮은 것이 아니라 교육적 가치를 지닌 것으로 보았다. 놀이를 통하여 자신의 내적 기질과 성향 등을 개발함으로써 완전한 인간으로 성장한다고 주장하였다.

우리나라의 동학東學에서는 아이들의 능력을 성인이 가진 능력과 같은 것으로 인정한다. 따라서 아이들은 태어날 때부터 성인과 대등한 능력을 지닌 존재로 누구나 동등하게 대우받아야 하며 존엄하다고 본다.[19] 이는 동학에서 교육을 말할 때 태어날 때부터 갖고 있는 본성을 중요시하였음을 시사한다.

이어진 현대 교육학에도 듀이Dewey, 몬테소리Montessori, 마가렛 맥밀 Margaret McMillan, 닐Neill, 실버먼Silverman, 로저스Rogers를 통해 귀납되는 교육학적 개념에서 숲교육의 역사성을 도출해 볼 수 있다. 듀이Dewey는 인간을 외부환경과 관계하며 능동적으로 상호작용하는 존재라고 보았다. 따라서 교육을 '끊임없는 경험의 재구성'으로 보고 아이들의 경험을 교육의 기초로 삼았다.[20] 그래서 듀이Dewey는 아이들의 내면적 잠재성과 가능성이 발휘될 수 있는 자연적·사회적 환경에 관심을 기울이고 이 둘의 상호작용에 주목하여야 한다고 하였다. 이것은 아이들이 스스로의 목적의식에 의하여 참여할 수 있으며 인위적인 외적 동기 유발을 필요로 하지 않는 것으로 구성된 '활동중심 교육과정' 유형을 등장시키는 배경이 되었다. 이에 따르면 교육과정은 교사나 어떤 교육기관의 일방적인 전개에 의하지 않고 교사와 아이가 함께 구성해야 한다.[21]

몬테소리Montessori는 '자연은 내적인 힘을 가진 아이를 직접적으로 교육할 수 있다'고 보았다. 따라서 몬테소리Montessori에 의하면 아이들의 신체 생활과 심리적인 생활을 위해서는 자연과의 접촉으로 습득되는 교육이 필요하다. 몬테소리Montessori는 자연에서 자연과의 신비한 교류로 자동교육auto-education이 일어난다고 보았다. 또한 아이가 자기 발전의 가능성을 가지고 있다는 아동관을 배경으로 하였다. 그래서 지능을 고정화되어 있지 않는 풍부한 감각적 경험과 적절한 환경으로 얼마든지 변화가능하다고 보았다. 이를 위해 아이에게 자유가 허용되어야 하고 자기활동이 존중되어야 한다고 하였다.[22]

이후 마가렛 맥밀란Margaret McMillan은 감각교육을 중요하게 여겨 자연환경에서 직접적으로 감각교육을 실시하였다. 마가렛 맥밀란Margaret McMillan은 감각적 경험, 정서적 경험, 심미적 경험이 창조적 상상을 촉진하기 때문에 이러한 경험의 제공을 중요시 여겨 놀이를 강조하였다.[23]

이후 닐Neill의 '섬머힐', 실버먼Silverman의 '교실의 위기', 로저스Rogers의 '학습의 자유' 등의 저술에서는 교육이 각 개인에게 만족스럽고 의미있는 경험을 제공해 주어야 한다는 데 기본 뜻을 두고 인간이 지닌 잠재적 가능성을 최대한으로 실현하는 것을 교육이라고 보았다.[24]

'섬머힐'의 닐Neill은 '교과목은 가장 중요치 않은 것'이라고 주장하며 교육은 아이들로 하여금 실존의 의미를 찾도록 도와주어 자기 자신에 대한 내적 성찰의 기회를 실현하도록 하는 것이라고 하였다.[25] 그 외 '교실의 위기'의 실버만Silverman[1]은 '교육의 목표는 기계적인 사람이나 지식인이 아닌 생각하고 느끼고 생활하고 행동하는 인간다운 전인적인 존재를 양성하는 것'이라고 하였다.[26] 또한 '학습의 자유'의 로저스Rogers는 생명력이 있는 모든 유기체는 그 내부에 성장하려는 강력한 내재적 역량을 지니고 있다고 보고 인간교육의 목적은 잠재적 능력을 표출하도록 하는 것이라고 하였다.[27]

이처럼 고대에서 현대에 이르기까지의 교육에 대한 사유 속에서 인간의 본성, 본능, 내적 성장, 자연, 직관과 같은 키워드를 도출해 낼 수 있었다. 이를 통해 오랫동안 축적된 교육학적 맥락 속에서 숲교육이 자리하고 있다는 것을 알 수 있다. 숲교육은 그냥 바람에 날려가 버리는 '막연한 좋음'이 아니라 인류 역사의 시간을 담고 있는 '실체가 있는 형상'이다.

2
숲교육의
사회적 배경

근대교육패러다임의 반성

숲교육은 1800년대 스웨덴의 자연친화 교육에서 기원을 찾기도 한다. 스웨덴은 1892년 모든 국민연령층을 대상으로 "자유로운 공기를 지원한다"는 의미의 후리루프프램얀데트Friluftsframjanedt라는 슬로건의 국민운동을 전개하였였다. 그 후 20세기 중반부터 숲 그룹 형태의 유아교육기관이 설립되어 운영되어 왔다. 이것이 발전하여 1985년에 리닝외섬에서 첫 번째 숲 유치원이 생기게 되었다. 현재 스웨덴은 전체 유치원 중에서 숲 유치원이 차지하는 비율이 15%를 차지하고 있다.

덴마크는 스웨덴의 자연친화 교육 운동의 영향을 받아 1954년대 엘라 플라타우Ella Flatau가 자신의 자녀를 데리고 매일 집 근처 숲에서 놀이 하는 것을 관심 있게 지켜 본 이웃 주민들이 그들의 자녀도 함께 숲으로 데리고 가서 교육하여 주길 부탁하여 숲 유치원이 생기게 되었다. 그 결과 부모 주도형태의 '스토프 본헌Stovborneheaven 숲 유치원'이 설립되었고, 현재 약 100여개의 숲 유치원이 운영되고 있다. 스위스의 숲

유치원 운동은 1996년 쥬리히Zürich 주로부터 시작되었고 '두서 베루서 Dusse Verusse의 숲 자연 놀이 그룹이라는 숲 유치원이 개원되었다. 이 그룹은 오늘날 전국적인 협회 조직으로 만들어지면서 27명의 위원으로 구성된 전국적인 협회조직으로 자리 잡았으며, 스위스의 11곳의 지방자치단체 아이들이 숲 자연놀이 그룹에 참가 하고 있다.

독일의 경우 1968년 우워줄라 수베Ursula Sube여사가 비스바덴Wiesbaden시에서 4명의 유아들로 매일 3-4시간씩 숲 산책그룹에서 시작하였다. 숲 유치원의 초기에는 어려움이 많았으나 1980년대 후반에 이르러 독일정부는 우워줄라 수베Ursula Sube여사가 운영하는 숲 산책그룹을 일반 유치원에 준하는 정식 유아교육기관으로 인정하였으며, 이를 독일숲 유치원의 근거로 본다. 이후 1993년 함부르크 북쪽 덴마크 국경 인근 플렌스부르크Flensburg시에 덴마크 숲 유치원을 모델로 한, 정부주도의 첫 숲 유치원이 설립되었고, 같은 해에 정부의 인가와 함께 많은 숲 유치원들이 생겨나기 시작했다. 설립이후 2002년엔 74곳, 2007년엔 500곳, 2008년엔 700곳이 넘는 성장을 거듭하고 있다.'[28] 우리나라의 경우 2012년에는 '산림교육의 활성화에 관한 법률'이라는 이름으로 숲 유치원이 활성화되기 시작하여 2013년 5월 기준 전국 8,535개의 유치원 중 3,574개 42%의 원에서 숲교육을 시행하고 있다.[29]

이렇게 각 나라의 사례에서 볼 수 있듯이 숲이 교육공간으로 의미를 가지게 된 것은 20세기 중반부터이다. 1800년대 스웨덴의 숲은 슬로건에 불과한 것이었다. 시간 순으로 보면, 1954년 덴마크의 엘라 플라타우Ella Flatau, 1968년 독일의 우워줄라 수베Ursula Sube를 숲학교의 출발

---

*   그리고 덴마크의 숲 유치원은 영국으로 옮겨져 2012년에 영국 숲 협회가 만들어지고 현재 전국적으로 확대되고 있다. 영국은 유아교육에서 초등, 중등으로 그 대상이 확대되고 있다.

의 상징적 의미로 간주할 수 있다. 1990년대 이후에서야 스위스나 독일 등을 중심으로 숲이 교육공간으로 자리매김하기 시작했다.

최근 들어, 숲이 많은 관심을 끌게 된 것은 교육의 근대성을 탈피하려는 움직임의 결과라고 본다. 인류가 겪은 양차의 세계 전쟁, 산업 사회에서 정보화 사회로의 이양 등 급격한 사회 변화에 적응해야 하는 문제와 환경 파괴에 따른 지속발전 가능한 사회로의 진입이 당면의 과제였다. 이러한 변화는 국가가 아닌 국민(민간)으로부터 일어나기 시작하여 세계로 번져나가고 있다. 하지만 제도 속에 깊이 자리 매김한 교육시스템을 변화시킨다는 것은 결코 쉬운 일이 아니었다.

여기에서 우리는 기존의 교육 시스템에서 벗어나고자 하는 '교육의 탈근대성'이 무엇인지 살펴보아야 한다. 이를 위해 우선 벗어나야 하는 '교육의 근대성'의 실체를 먼저 파악해야 한다. 근대적 교육의 모습을 바로 보게 되면 탈근대교육을 지양하는 교육공간으로 숲이 갖는 의미에 대한 이론적 토대를 마련하는데 한 발 다가설 수 있을 것이다.

학교는 산업혁명과 근대국가의 산물로 나타났다. 근대의 산물인 학교를 역사적 맥락에서 고찰하는 것이 지금의 학교제도를 알아보는데 타당함을 지닌다. 우리나라의 학교제도를 알아봄에 있어서도 예외는 아니다. 우리나라의 현재 학교제도는 서구 열강의 것에 의존하고 그대로 답습하고 있어서 세계사, 특히 서양의 역사적 맥락을 짚어야 한다.

산업자본주의 시대의 자본과 결합된 근대국가는 영국, 프랑스, 독일, 이탈리아, 러시아 등 제국주의의 출현을 야기시켰다. 이런 국가들은 부국강병을 목표로 하여 식민지 확보와 영토 확장에 혈안이 되었다. 자본주의는 제국주의화되어 식민지 개척에 몰두하였고, 이 과정에서 제국주의 국가 간 전쟁이 빈번히 발생하였다. 한편에서는 무산계급의 사회주의 혁명이 일어났다. 19세기에 발달한 국가주의와 산업혁명은 20

세기에 들어서며 극단적 자본주의화에 경도된 부국강병적 제국주의의 형태로 나타났다. 자국 중심적 우월주의는 약소국가에 대한 침략주의로 변화되었다. 원료산지와 상품시장을 개척하기 위해 해외 식민지 건설에 더욱 힘을 기울였으므로 국가 간의 경쟁은 날로 치열하였다. 식민지 획득이 국가의 최대의 목표가 되어 군국주의Militalism가 국민 국가를 지배하게 되었다. 결국 인류는 제 1차 세계대전, 1930년대의 경제 공황, 그리고 또 다시 제 2차 세계대전을 겪게 되었다.

전쟁으로 수많은 사람들이 죽은 후에 지성계에서는 근대적 산업혁명의 사상적 배경이 된 계몽주의에 대해 반성하기 시작했다. 그 결과 실존주의 철학이 대두되면서 철저히 인간을 화두로 삼는 사조가 형성되었다. 실존주의의 영향을 받아 교육에서도 인간중심 사상이 대두되어 현대인에게 절실한 공감을 얻게 되었으며, 역사적 현실의 필연적 사실로써 인간학이 교육계의 큰 관심사가 되었다. 하지만 그러한 관심이 바로 교육현장에 모두 반영되지는 못하였다.

근대교육의 역사에서 유추할 수 있듯이 근대교육의 목적은 교육을 통해서 국민을 단결시키고 국가에 충성하게 하며, 사회를 변화시키고자 하는 것이었다. 교육을 국가의 번영과 발전의 도구로 사용하였다. 그 시대의 많은 지식인들은 교육을 통해 길러지는 것들에 관심을 가졌다. 여기에서 교육은 변화지향의 속성과, 미성숙을 성숙으로 이끈다는 계몽의 속성을 반영하는 것이었다. 이러한 '교육의 근대성'은 지금의 교육에서도 변함없이 유지되고 있다.[*]

---

[*] 지금의 교육 현상에 대해 언급하고 그것이 어떻게 근대성에서 머물러 있는지 말하고자 한다. 우리의 과제가 시대의 요구에 따라 근대교육에서의 새로운 시대에 맞는 교육으로 변화하고 발전하는 것이라고 할 때 근대교육을 이해하는 것은 의미있는 작업이라고 본다.

근대교육은 이성이 중심이 된 계몽주의에서 시작되었다. 그 당시 지식은 시대나 사회적 상황을 초월하는 절대적 가치이며 보편타당한 것이기 때문에 교육내용은 국가에 의해 계획되고 만들어져도 전혀 이상하지 않았다. 교육은 국가 주도하에 강제성과 위탁성의 성격을 띠었다. 교육의 구체적 실현의 장으로 만들어진 학교는 국가와의 연계 속에서 적합성, 효율성을 최대 가치로 요구받았다.

계몽주의에서 비합리적인 요소들은 철저히 배척받았고 합리적 가치를 절대시하였다.* 교육에서 합리성은 교사와 아이들은 물론 시간과 공간의 운영에까지 영향을 끼쳤다. 또한 근대교육은 가르치는 자가 의도한 대로 아이들을 자라게 할 수 있다는 교육에 대한 환상을 동반하였다. 또한 교육은 이성주의의 합리적 가치에 따라 측정 가능하고 검증 가능하여야 하며, 예측 가능하게 운영되어야 했다. 그 결과 효율성을 중요시할 수밖에 없었다. 효율성은 지표를 수반하여 교사와 아이들은 물론 시간과 공간의 운영까지 그 영향을 끼쳤다. 근대교육에서 교사는 수업시간에 해야 할 말(발문)까지 미리 계획하고 그에 따라 아이들의 행동과 생각을 예측하며, 아이들이 있어야 할 공간과 매 순간순간 해야 하는 것들을 계획하였다. 근대 교육에서 아이들은 항시 그 시간이 되면 주어진 시간표에 따라 똑같은 내용의 학습을 하며, 계획된 분량만큼 정해진 공간에서 학습을 해야 했다. 교육현장은 아이 존재가 이러한 시간과 공간의 밖으로 벗어나는 것을 용납하지 않았다. 이때 교사는 국가에서 정해준 내용을 전달하는 사람이며, 아이들은 국가가 정해준 교육내용 틀 안에서 통제받는 대상이었다.

---

* '합리'를 교육에 적용하면 가치보단 실용을 더 중시 여기게 된다. 그래서 투입에 대해 가장 효율적인 결과를 얻어야 했다.

근대교육에서 학습목표는 주어진 시간 안에 반드시 달성해야 하는 지침이 되고, 교사는 효율성을 위해 거기에 맞는 학습 원리를 적용해야 했다. 결국 교사는 주어진 과제를 가장 효율적으로 전달하는 일을 담당하는 역할이었다. 그 결과 근대교육은 다분히 성과지향적일 수밖에 없었다.

근대교육의 성과지향적 속성은 시험이라는 장치를 통하여 결과를 측정하는 것을 정당화했다. 시험은 국가 중심의 통일적이고 획일적인 보편교육을 지향하는 당시 교육의 지향점에 부합했다. 그래서 시험과 교육은 하나가 되어버렸다. 만약 근대 학교제도에서 시험이 없다면 교육의 통일성, 획일성, 동질성의 유지는 힘들었을 것이다. 또한 근대교육에서 시험은 국가를 위해 헌신할 전문 관료를 선발하는 기능을 담당하였다. 그리고 시험의 총합인 대학 졸업장은 사회적 지위를 결정하는 사회지위 분배의 기제가 되었다.

근대국가 이전에는 혈통에 의해 신분이 결정되었던 신분제도의 모습은 근대국가 이후 혈통 대신 학력의 우열로 지위가 결정되는 형태로 상당부분 바뀌었다. 많은 사람들은 학교교육을 의무화하지 않아도 적지 않는 교육비를 스스로 부담하면서 높은 취학률을 보여 왔다. 심지어 국가에서 제공하는 무료 교육 혜택도 마다하며 개인이나 상업화된 교육기관이 계획한 교육시스템을 추종하였다. 그것은 사회적 지위를 위한 경쟁에서 낙오되지 않으려면 어떻게 해서든지 학력을 취득하여야 한다는 집단적이면서도 당위성이 확보된 믿음 때문이었다. 모든 사람이 경쟁적으로 학교교육을 받고자 하였기 때문에 학교 위주의 교육은 국가가 의무교육제도로 강요하지 않아도 저절로 유지되었으며, 획일적인 교육내용도 저항없이 수용되었다. 지위 경쟁의 장으로 공교육체제가 확립되면서 교육의 자유와 학습의 자유는 더욱 축소되었다. 지위획득을 위한 학력경쟁에 도움이 되지 않는 교육과 학습은 현실적으로 가치를 잃었다.³⁰ 물론 근대교육은 근대국가 시기의 상황과 요구에는 가장 적합한 형태임은 분명하였다. 하지만 국가 중심의 획일적이고 전체적인 국가의 인재 육성을 목표로 한 근대교육은 문화적, 국가적 다양성을 배제한 채 민족 우월주의와 이기적인 국수주의를 양산하였고 그러한 국가들은 세계전쟁을 일으켜 많은 목숨을 앗아가 버렸다. 이는 곧 근대국가에서 교육 시스템의 실패를 의미하였다.

특히 우리나라는 가장 치열한 형태로 시험 위주의 학력경쟁이 벌어지고 있다. 시험은 목표 달성에 대한 것을 측정하는 기능이 아닌 그 자체가 목표가 되어 버렸다. 현재라는 시점을 두고 교육을 바라보면 우리나라는 여전히 근대교육의 모습을 그대로 담고 있다.

지금은 세계전쟁 후 산업사회에서 지식정보화 사회로 그리고 인공지능의 4차 산업혁명 시기로 전환하고 있다. 4차 산업혁명은 산업구조뿐만 아니라 철학, 문화 등 의식 전반의 변화를 의미한다. 시대가 바뀌었을 때 시대를 선도하지 못하거나, 변화된 시대에 변화하지 않으면 안된다는 것은 축적된 역사적 사실을 통해 알 수 있다. 그럼에도 불구하고 아직까지 교육은 '근대성'을 벗어나지 못하고 있다.

근대 사상사는 계몽주의를 필두로 한 모더니즘적 사고였다. 하지만 1, 2차 세계전쟁 전후로 하여 현상학, 실존주의 등의 사유체계가 등장한 것을 보면 탈근대화가 그 당시에 시작되었다고 볼 수 있다. 탈근대화는 국가라는 전체보다는 개개인의 생각(가치), 즉 실존이 더 우선시 되는 것으로 인간 존재 자체에 대한 재조명이다.*

숲교육이 시작되고 활성화된 유럽의 독일, 스위스와 아시아의 일본

---

* 이것에 관한 내용은 '공간의 철학 : 시간에서 공간으로의 패러다임 변화'에서 자세히 언급하기로 하겠다.

등의 공통점은 모두 2차 세계대전의 상흔傷痕이 크다는 점이며, 한때 국가 중심의 근대교육을 가장 신봉하고 발전시킨 나라들이었다. 그러나 그 나라들은 2차 세계대전을 일으켰고 수많은 사람들의 목숨을 앗아가는 결과를 낳았다. 그 국가들은 근대국가의 폐해를 자국민뿐 아니라 세계인의 목숨으로 체험했다. 그래서 이 나라들은 근대국가에서 주장하는 교육의 통일성, 획일성, 보편성보다는 개별성, 다양성, 개성화를 추구하게 된다. 그 나라들의 숲교육은 이러한 세계관의 변화와 맥락을 같이 한다. 2차 세계 대전과 관련한 국가들에서 숲교육이 발달됨은 당연한 결과일 것이다.

국내에서 불고 있는 숲교육 바람은 앞서 언급한 나라들의 출발과는 사뭇 다르다. 독일이나 스위스, 덴마크 등 유럽과 아시아의 일본에서 숲은 통일성, 획일성, 보편성 등 국가수준의 교육과정에 대해 회의를 품고 시민들에 의한 상향식bottom-up 출발이었다면, 국내의 숲교육은 국가인 산림청과 언론의 홍보에 의해 시작된 하향식Top-down이었다. 그러한 이유에서인지 국내 숲교육은 유럽에 비해 확산되는 속도가 아주 빠르다.

또한 국내 숲교육의 등장 배경은 유럽과 다르기 때문에 교육 철학이나 프로그램의 적용에도 많은 차이점을 보이고 있다. 유럽의 초기 숲교육이 실존주의나 현상학 등의 철학적 배경과 양차의 세계대전의 원인을 획일적인 인간 양성의 결과로 보고 이에 대한 반성과 환경 운동 측면에서 시작된 이념적인 모습이자 시민운동이라면 우리나라 교육현장에서 숲교육은 대부분 국가수준교육과정 안에서 이루어지는 교육프로그램으로 실시되거나, 국가수준교육과정을 수행하면서 부가적인 방식으로 실시한 것들이 대부분이다.

4차 산업사회와 숲교육 : 사회 구조의 변화에 따른 요청

많은 학자들은 미래를 예측하고 대비할 것을 주장한다. 학자들에 의하면 미래사회는 국가나 사회보다는 개인의 존재에 따른 행복 추구를 위해 물질적 풍요 못지않게 정신적 풍요를 중요시 여기게 된다고 한다.

스탠 데이비스Stan Davis는 아직 SNS 등의 개념이 발달하지 않았을 때, 컴퓨터는 문제해결 중심에서 의사소통의 도구로 사용될 것이라고 주장하였는데, 이러한 그의 주장은 스마트 폰이나 인터넷망의 확산 등으로 이미 입증되었다. 그는 또 정보경제 이후의 미래는 '생물학 혹은 생명공학을 바탕으로 한 바이오 경제'라고 예측하였다. 이러한 주장은 대부분의 미래학자들이 예측하는 것과 일관된다. 생물학 등 자연친화적 분야의 미래 전망성은 최근 독일, 스위스, 영국 등에서 불고 있는 숲교육 열풍과도 맥락을 같이 한다. 스탠 데이비스Stan Davis가 예측한 바를 소개하면 다음과 같다.

먼저 경제와 경영에 관한 개인적인 생각을 밝히겠다. 경제는 반복적인 주기가 있으며 이 기간은 대략 75년이라고 생각한다. 인류의 역사는 이미 여러 번의 경제 순환을 거쳤다. 사냥하고 채집하던 시대에 이어 농경시대가 이어졌다. 또 산업사회를 거쳐 지금은 정보경제 시대에 이르렀다.

현재의 정보경제 시대는 약 75년 동안 유지될 것이다. 5년 정도의 오차를 감안할 경우 70-80년이 정보경제 시대가 차지하는 몫이 될 것이다.

정보경제를 1950년대 초에 시작된 것으로 본다면 2020년 정도가 막바지 시기라 할 수 있다. 이 경우 우리는 이미 정보경제체제의 4분의 3지점에 도달해 있다고 볼 수 있다.

지금의 정보경제는 새로운 경제체제로의 이행을 위한 싹을 틔우고 있을 지도 모른다. 정보 경제를 대체할 체제로 생물학 혹은 생명 공학을 바탕으로 하는 바이오경제를 들 수 있을 것이다.

정보경제의 이전 단계인 산업경제는 증기기관과 같은 산업 인프라를 바탕으로 했다. 기초 기술을 응용한 초기 산업 인프라로 철도를 들 수 있으며 후기 응용 인프라로는 자동차가 있다.

현재 경제는 산업 인프라 대신 정보 인프라를 기반으로 한다. 증기기관 대신 컴퓨터가 정보경제의 핵심을 차지하고 있다. 정보경제 시대는 크게 둘로 나눌 수 있다. 전반기의 반은 컴퓨터를 문제해결의 도구로 활용한 반면 현재는 이를 의사소통의 도구로 사용하는데 집중하고 있다.

초기의 반을 문제해결을 위한 노력으로 대변할 수 있다면 후기의 반은 서로를 연결하는 작업이라 할 수 있다. '문제해결' 중심에서 '네트워크 형성' 중시로의 변화는 매우 중요한 의미를 갖는다.

정보경제를 둘로 나누는 시점은 대략 1995년이 된다. 1995년은 PC 판매대수가 TV 판매대수를 처음으로 앞선 해이다. 이 시기부터 인터넷은 그 역할을 획기적으로 넓혀 나가기 시작한다. 우리는 지금 바로 이같은 중요한 변화의 시기에 서 있는 것이다.[31]

스탠 데이비스Stan Davis를 비롯한 미래학자들은 지식정보화 사회 이후의 미래와 관련하여 생물학 등 자연친화 지능을 최고의 능력 중 하나로 보고 있다. 다중지능을 개발한 하워드 가드너Gardner도 그의 지능이론에 자연 친화 지능과 영적(실존)지능을 더 하고 있다. 이는 숲교육이 새로운 사회적 변화의 이슈의 중심에 있음을 가리키는 학문적 정황이다.

매년 초 스위스의 다보스에서는 주요국 정상, 국제기구의 수장, 주요 정책 담당자, 세계적 기업가, 학자, 언론인 등이 모여 글로벌 이슈

및 미래에 대한 주제를 논의하는 세계경제포럼World Economic Forum 다보스 포럼이 개최된다.* 2016년 다보스 포럼의 주제는 '4차 산업혁명'이었다. 4차 산업혁명 시대에는 상상만 할 수 있었던 인공지능이 도래하여 대부분의 직업과 직무가 기계로 대체될 것이다. 세계경제포럼은 2016년 초등학교 신입생의 65%는 현재 존재하지 않는 직업을 갖게 될 것이라고 전망하고 있다. 이에 미래를 살아갈 아이들을 위해 무엇을 어떻게 가르쳐야 할 것인지에 대한 개인과 사회의 고민도 깊어지고 있다.

아래 세계경제포럼의 회장인 클라우스 슈밥Klaus Schwab의 저서 '제4차 산업혁명'의 일부이다.

약 1만 년 전, 수렵채집생활을 하던 인류는 농경생활이라는 첫 번째 큰 변화를 맞았다. 몇몇 동물을 가축으로 키우면서 시작된 일이었다. 농업혁명은 생산, 운송, 의사소통을 목적으로 한 인간과 가축의 노력이 맞물려 발생했다. 점차 식량 생산이 나아지면서 인구도 늘어나 많은 사람이 정착하게 되었다. 그 결과 도시화가 이루어지고 여러 도시들이 생겨났다.

농업혁명 이후, 18세기 중반부터 일련의 산업혁명이 발생했다. 이 때문에 인간의 노동력이 기계의 힘으로 옮겨 가는 엄청난 변화가 일어났다. 이는 다시, 강화된 인지능력은 생산성을 증대시키며, 4차 산업혁명으로 진화하고 있다.

---

* 세계경제포럼은 독립적 국제기구로써 비즈니스, 정치, 학회 및 사회 리더들과 함께 국제적, 지역적, 산업적 어젠다를 구축하여 세계의 상황을 개선하기 위해 힘쓰고 있다. 이 기구는 중립적이고 공정하여, 그 어떤 정치적 이익이나 국익에 무관하며 모든 이해관계자들이 대화를 나눌 수 있는 플랫폼을 구축한다는 하나의 목적만을 가지고 있다. 포럼에 대한 자세한 내용은 www.weforum.org에서 살펴볼 수 있다.

1차 산업혁명은 1760-1840년경(특히 1784년 증기 기관차 발명에 걸쳐) 발생한 것으로 철도 건설과 증기기관의 발명을 바탕으로 기계에 의한 생산을 이끌었다.

2차 산업혁명은 19세기 말에서 20세기 초까지 이어진 것으로 1870년 전기를 이용한 대량생산이 본격화되면서 만들어졌다. 이 시기는 생산 조립 라인이 출현하였다.

3차 산업혁명은 1960년대에 시작되었으며, 반도체와 메인 프레임 컴퓨팅(1960년대), PC(1970년대와 1980년대), 인터넷(1990년대)이 발달을 주도했다. 그래서 우리는 이를 '컴퓨터 혁명' 혹은 '디지털 혁명'이라고 말한다. 이 시기는 정보화 자동화 생산시스템이 주도하였다.

4차 산업혁명은 21세기의 시작과 동시에 출현하였으며 디지털 혁명을 기반으로 한다. 유비쿼터스 모바일 인터넷, 더 저렴하면서 작고 강력해진 센서, 인공지능과 기계학습이 특징이다.[32]

4차 산업혁명에 대해 무엇이라고 한 마디로 정의하기는 어렵다. 그것은 미래의 모습이며, 혁명적 수준에서 진행되기 때문이다. 4차 산업혁명은 지금까지 경험하지 못했을 정도로 범위가 워낙 광범위하고 속도가 빠르며 규모도 엄청날 것이다. 전문가들에 의하면 '스마트 공장'이 등장하여, 전 세계적으로 제조업의 가상 시스템과 물리적 시스템이 유연하게 협력할 수 있는 세상이 될 것이라고 한다. 여기에서 스마트 공장은 단순히 기기와 시스템을 연결하고 스마트화하는데 그치지 않고 훨씬 넓은 범주까지 아우르며, 유전자 염기서열분석에서 나노기술, 재생가능에너지에서 퀀텀 컴퓨팅까지 다양한 분야에서 거대한 변화가 동시다발적으로 일어나게 될 것이라고 한다.

기술들이 융합하여 물리학, 디지털, 생물학 분야가 상호 교류하는

4차 산업혁명은 종전의 그 어떤 혁명과도 근본적으로 궤를 달리한다. 3차 산업혁명이 단순한 디지털화에서 비롯되었다면, 4차 산업혁명은 새롭고 다양한 방식으로 기술이 결합되어 훨씬 더 복잡한 형태를 지향하는 획기적인 전환이다.[33]

변화하는 속도를 미리 체감하기는 어렵다. 실제 우리나라는 1차와 2차 산업혁명 시대의 변화를 대응하지도 못해 큰 위험에 빠졌었다. 일본에 나라를 빼앗겼던 과거의 역사는 분명 산업혁명이라는 시대의 변화를 감지하지 못했기 때문으로 본다. 일본의 메이지明治왕과 우리나라의 고종高宗황제가 태어난 연도(1952년)는 같으나, 일본의 메이지明治는 개혁을 이루었고, 우리나라의 고종高宗황제는 하지 못했다. 그 시기에는 혁명수준의 교육 개혁이 필요했었음에도 불구하고 우리는 과거를 답습하고 그것이 전부라고 여겼으며, 변화하는 시대 속에서 교육과 관련하여 '설마'라는 단어로 안일하게 대처했었다. 역사는 가정이 없지만, 우리나라는 유교중심의 전통적 사상적 기반 위에 1, 2차 산업혁명 시대에 필요로 하는 학문적 기반을 구축했어야 했다.

그 후 우리나라는 그나마 3차 산업혁명에 대처하여 이렇게 짧은 시기에 세계의 강대국이 되었다. 하지만 지금의 교육은 1, 2차 산업혁명시대(이를 근대라고도 함)의 패러다임에 머물러 있다. 그래서 혹자는 지금 우리나라가 누리고 있는 3차 산업혁명의 수혜를 거품이라고 표현하기도 한다.

이제 3차 산업혁명과 4차 산업혁명이 동시에 중층적으로 전개되기 시작했다. 이에 세계 각국은 교육현장에서 지식 위주 교육의 무용성과 함께 근본적인 혁신을 요구하는 또 다른 혁명의 시대를 준비하고 있다. 세계경제포럼 회장인 클라우드 슈밥Klaus Schwab은 4차 산업혁명의 성공을 위해 다음과 같은 능력을 계발해야 한다고 하였다.

- 상황맥락contextual 지능(정신) : 인지한 것을 잘 이해하고 적용하는 능력
- 정서emotional 지능(마음) : 생각과 감정을 정리하고 결합해 자기 자신 및 타인과 관계를 맺는 능력
- 영감inspired 지능(영혼) : 변화를 이끌고 공동의 이익을 꾀하기 위해 개인과 공동의 목적, 신뢰성, 여러 덕목 등을 활용하는 능력
- 신체physical 지능(몸) : 개인에게 닥칠 변화와 구조적 변화에 필요한 에너지를 얻기 위해 자신과 주변의 건강과 행복을 구축하고 유지하는 능력*[34]

따라서 우리는 미래 시대를 준비하기 위해 교육 패러다임을 전환해야 한다. 나아가 4차 산업혁명 시대에는 지식이나 기술, 기능이 아닌 '직관' 등의 중요성이 더욱더 대두될 전망이다. 이런 측면에서 상황맥락, 정서, 영감, 신체를 중요시하는 숲교육이 4차 산업혁명 시대의 인간에게 필요한 능력들을 익힐 수 있는 대안이라 본다.

---

* '**상황맥락지능**'은 상황맥락에 대한 감각은 새로운 동향을 예측하고, 단편적 사실에서 결과를 도출하는 능력과 자발성을 뜻하는 것으로 하버드 비즈니스 스쿨 학장인 니틴 노리아가 만든 용어이다. '**정서지능**'은 상황 맥락 지능을 대신하는 것이 아닌 보완하는 지능으로, 제 4차 산업혁명에서 나날이 중요성이 커지고 있다. 이를 위해서 자기인식과 자기조절, 동기부여, 감정이입, 사회적 기술과 같은 능력을 갖춰야 한다. '**영감지능**'은 의미와 목적에 대해 끊임없이 탐구하는 능력이다. 영감지능은 창작열을 키우는 데 자양분이 되고, 사람들에게 공동운명체에 대한 새로운 공공의 도덕의식을 부여한다. 영감지능에서는 공유가 핵심이다. 공유한 목적을 발전시켜 나가기 위해서는 신뢰가 매우 중요하다. 높은 수준의 신뢰는 상호연계와 팀워크를 이루게 하고, 이것은 협력적 혁신이 핵심인 제4차 산업혁명 시대에서 더욱 극명하게 드러난다. 그 무엇도 지속적이지 않은 시대에 신뢰는 가장 소중한 가치 중 하나다. 의사결정자들이 공동체에 깊숙이 스며들어 개인의 목적이 아닌 공공의 이익을 위해 결정을 내린다면 신뢰는 자라나고 유지될 수 있다. 상황맥락, 정서, 영감지능은 모두 제 4차 산업혁명에 대응하고 또한 최대한의 이득을 얻기 위해 필요한 핵심특성이다. 이 세 가지 필수적인 지능 모두 '**신체지능**'의 뒷받침이 필요하다. 신체 지능은 개인의 건강과 행복을 가꾸고 함양하는 능력을 가리킨다.

3
숲교육의
철학적 배경

시대의 철학적 세계관, 패러다임은 그 시대의 모든 사상적 조류와 학문적 접근 논리의 방향을 규정한다. 특정한 시기에 등장한 사회적 이슈는 그 현상을 설명하기에 적합한 이론(철학)을 가지고 있어야 한다. 그리고 그 이론(철학)이 탄탄할수록, 영향력과 지속성을 갖게 되며, 자기 존재성을 확보하게 된다.

이하에서는 현재 숲교육의 바탕이 되는 이론적 패러다임인 자연주의를 실존적 자연주의로 제시하였으며, 숲이라는 공간이 교육의 이슈가 된 것이 단순히 환경(공간)의 차용을 넘어서 철학적 패러다임의 변화에 대한 산물임을 제시하였다. 또한 숲교육은 4차 산업혁명을 이끌 '인공지능'의 기본 이론과 철학이 되는 복잡성 이론으로도 설명이 가능하다고 본다.

실존적 자연주의 : 자연주의의 탈근대성

많은 학자들은 숲교육의 이론적 근거를 루소Rousseau와 프뢰벨Froebel이 주장한 자연주의에 두고 있다. 자연주의에서 자연은 숲, 강, 바다 등의 자연이 아니라 보이지 않는 것으로, 즉 아이에게 내재된 자연성을 의미한다. 근대 이전에는 교육이 아이의 흥미나 욕구를 극단적으로 억압했지만, 근대 이후에는 아이에게 내재하는 자연성을 신뢰하고 그것을 끄집어내는 것을 교육이라고 보았다. 자연주의에서 자연nature은 인간의 본성으로, 인간의 본성을 선good하게 보고 있다. 인간을 자연적 소질을 가진 가능태로서의 존재로 보고, 숲과 같은 자연환경에 있을 때 본성이 개화unfolding한다고 주장한다. 숲교육의 철학을 자연이라는 명제에서 출발했다는 이유로 루소의 자연주의와 자유주의 교육철학을 배경으로 한다고 주장하기도 한다.*

19세기 후반에 나타난 획일적 주지주의主知主義교육의 반동으로 나타난 루소의 교육사상은 자연주의와 자유주의에 기반을 두고 있다. 루소는 인간의 최고 덕목은 '자유'이며, 개인은 오직 공동의 필요에 봉사함으로써 자신의 개성을 가장 훌륭하게 실현한다고 생각했다. 루소는 과학이 사회진보에 아무런 도움을 주지 못할 것이라고 주장하고, 오히려 진정한 행복은 자연과 가까이 하려는 소박한 삶을 통해 실현된다고 믿었으며,†

---

* 인간의 본성과 자연의 개념에서 출발한 곽노의 교수의 사상은 여기에서 진일보하였다.

† 루소가 의미하는 자연은 외계의 자연에 따라 교육할 것을 주장하는 객관적인 자연이 아닌 유기체가 만들어 내는 모든 것에 대한 것으로, 인간 내부의 자연성을 의미한다. 그래서 루소를 주관적 자연주의자라고 한다. 한편 코메니우스는 객관적 자연주의자라고 분류한다. 루소와 코메니우스는 본 저자가 제시한 숲교육과 달리 교육내용을 중요시하여 제시하는 기존 교육패러다임의 한계에서 벗어나지 못했다.

아이의 자연적인 능력을 존중하였다.

　　이러한 루소Rousseau의 교육 사상은 교육을 통해 사회변화를 모색하려는 계몽주의를 기본 배경으로 한다. 교육에 부여된 진보라는 계몽적 임무는 당시의 체제 순응적 기능에 더하여 새로운 교육 질서를 창조하는 것이었다. 계몽주의에서 교육은 개인과 사회의 이상적 형태를 설정하고 완성하기 위한 도구였다. 그래서 근대에서 교육은 뚜렷한 방향과 목적지향적 행위이며, 교육을 통해서 변혁과 변화를 시도하는 행위로써 '좀 더 나은' 사회를 위한 구체적인 방향이었다. 교육은 한 사회에 속해 있는 구성원으로서의 개인의식 내지 행위를 변화시켜 사회까지도 변화시킬 수 있다는 의미를 담고 있다. 그 결과 개인의 인격적 발전과 성숙이 사회의 발전과 성숙으로 동일시되었다. 결국 루소Rousseau에게 있어서 교육의 궁극적 목적은 바로 이상사회를 건설하는 것이었다. 하지만 교육에 대한 목적지향성을 담고 있는 이러한 계몽주의적 특성은 시간이 흐른 뒤 인간이 수단화되는 폐단으로 나타나 근대교육에 많은 문제점을 야기하게 되었다.

　　이렇게 시대상으로 보았을 때, 숲교육을 단순히 계몽주의 시대에 등장한 자연주의 철학을 배경으로 한다고 단정짓기에는 여러 면에서 무리가 있다. 루소Rousseau의 자연주의는 인간의 본성을 회복하여, 교육을 통해 인간을 변화시켜 사회를 개혁하고자 했지만, 그것은 결국 근대주의*의 교육의 한계 내에 있는 것이다. 루소Rousseau는 '시민이 되느냐? 인간이 되느냐?'의 문제에서 시민이 되어야 함을 주장하였다. 즉 교육을 근대 시민사회를 위한 도구로 삼았다. 그것은 교육이 사회개혁의 수

---

*　언급한 바 있듯이 교육에서 근대주의는 인간의 본성이 선하다고 보는 코메니우스에서 시작된 주장하기도 한다.

단임을 의미하는 것이었다.

　반면 지금의 숲교육은 국가나 시민사회를 위한 것이 아닌 자기 자신의 존재를 위한 교육이다. 아이들은 자연의 총화인 숲에서 자기 존재를 발견할 수 있어야 한다.†

　최근 루소Rousseau가 언급하였던 가장 이상적인 교육 형태를 자연에서의 교육이라고 볼 때 그 당시 전혀 불가능해 보였던 이상적인 루소Rousseau의 교육적 상상이 숲교육을 통해 현실화되고 있다. 숲교육을 보면, 루소Rousseau의 자연주의와 자유주의의 모습은 여전히 유지되어야 하나, 그 목적과 방향성에서는 루소Rousseau의 근대시민사회에서의 자연주의가 아닌 탈근대화사회의 자연주의의 모습이어야 한다. 근대화에서의 자연주의는 아이 개개인의 존재에 대한 고민보다는 사회개혁에 대한 고민이 더 많았으나, 탈근대화에서는 좀 더 아이 개개인의 존재에서 출발하는 진정한 자연주의가 요구된다.‡ 그래서 숲교육에서 의미하는 자연주의는 루소Rousseau가 말한 사회개혁이 목적이 아닌 자연에서 아이들로 하여금 자신의 존재를 찾는 것이다.

---

† '존재를 발견한다', '존재를 만들어 간다' 두 문장 중 어느 문장을 써야 하는 가에 대해 많은 고민이 있었다. '발견한다'는 원래 있던 것을 '찾아 간다'는 의미로, 선천적으로 존재한다는 학습본능의 의미와 맥락을 같이 한다. 하지만 '만들어 간다'는 내 존재가 있지만 계속 변화 발전한다는 의미를 가지고 있다. 아이 안에 있는 하나님이 인간에게 부여한 능력을 발견한다는 의미에서 '발견한다'는 개념을 사용하였다. 물론 능동적 주체로서 자신이 만들어간다는 의미도 있다. 하지만 '발견한다'라는 개념 역시 능동성을 가진 개념이다. 이러한 자기존재의 발견에 대해 자칫 기독교에서는 달리 오해할 수도 있다. 크리스챤에게 의미하는 자기존재라는 것은 하나님에게 매임 받은 존재이다. 하나님 안에서의 자기존재라는 것을 의미한다. 그리고 하나님의 피조물인 자연에서 인간은 하나님의 창조사역을 경험할 수 있어야 한다.

‡ 지금 숲교육에서 자연주의를 주장하는 많은 학자들은 과거 자연주의자들이 주장한 자연주의 교육이 아직도 교실에서 실현되고 있지 않았다는데 그 의의가 있다고 한다. 하지만, 그것은 상당한 오해가 있다. 그 당시 자연주의가 나타난 배경과 지금 자연주의가 다시 필요로 한 배경은 사뭇 다르기 때문이다.

지금은 인류 역사가 행복을 추구하며 살고 있지만 그 당시에는 개인의 행복은 사회의 화두가 되지 않았다. 개인의 행복은 최대 다수의 최대 행복에서 찾을 수 있다는 벤담Bentham의 공리주의가 주류를 이루고 있었다. 하지만 지금 숲에서 불고 있는 행복은 실존의 행복이며, 현상 자체의 행복이다.

숲교육은 과거 근대교육이 주창되던 시기의 자연주의 모습에서 벗어나 실존적 자연주의의 모습을 띤다. 여기에서 의미하는 실존이란 집단에 해소되거나 공통성에 의해 통분되지 않고 타他와 비교될 수 없는 인간 존재를 가리키는 것으로써 인간을 철두철미하게 개성적 존재로 파악한다.35 이러한 맥락에서 볼 때, 숲교육은 자기 존재가 드러날 수 있는 교육 패러다임이다. 그런다고 아이만 드러나는 것이 아니다. 숲교육은 아이 중심의 자연주의가 아닌 교사와 아이가 상호 공존하는 '실존적 자연주의'이다.

실존적 자연주의는 마틴 부버Martin Buber의 '교육이 만남에서 이루어진다'는 것과 맥락을 같이 하는 것으로, 여기에서 실존적 만남은 인간의 개별적인 실존을 이야기 한 정초적 실존주의*를 비판하는 근거가 된다. 마틴 부버Martin Buber는 기존의 실존주의에서 인간이 불안하고, 고립된 실존이라는 것에 부정하며 인간의 삶은 타인과의 관계를 하는 것이라고 하고 있다.

인간의 실존은 불완전하고 고독한 것이 아니라 자유로운 인간의 존

---

* 불안과 고뇌를 짊어지고 있는 동시에 그로부터의 초월을 추구한다. 원래 실존이라는 말은 어원을 따져볼 때 ex-sistere(밖으로 나온다)라는 의미로써, 이것은 관념론적 본질 규정 혹은 합리주의 체계의 밖으로 나와 구체적·개별적인 존재로 머무는 것을 의미하는 동시에, 자기 자신의 바깥에 초월하는 존재를 뜻하기도 한다. 그러나 그 초월의 방향은 각각 다르며, 이로부터 여러 가지 실존철학이 생겨났다(철학사전편찬위원, 2009).

재가 그의 세계와 마주하는 전체적인 것이다. 이것은 이전의 역사가 가진 인간관에 대한 거부이기도 하다. 계몽주의에서 인간은 전제와 억압으로부터 해방하고자 하는 하나의 독립된 개체이면서, 국가나 사회의 이상적 발전을 도모하고 사회적 질서를 확립하여야 하는 사회의 일원이다. 마틴 부버Martin Buber는 이에 두 가지 인간을 바라보았던 양상에서 탈피하면서 총체로써의 인간 실존을 이야기 한다. 따라서 마틴 부버 Martin Buber에게 인간은 하나의 독립적인 개체나 사회의 구성원이 아닌 '세계적인 존재자In-der-Welt-Seiendes'이다.36

세계를 마주하게 되는 인간은 두 가지의 존재방식을 가진다. 나의 존재는 타존재와의 관계하는 세계를 마주하고 서 있다는 것(나-너)과 사물과의 관계를 지닌 세계와 마주하고 있다(나-그것)는 것이다. 여기에서 '나'는 독립적인 실존의 의미를 갖지 않는다. '나-너'의 존재방식에서는 '나'는 '너'에 의해서만 진정한 '나'일 수 있다. 온 존재가 '너'를 향해 나아 갈 때 참된 '나'의 존재는 나타날 수 있다. '나'와 '그것'의 존재방식에서도 '나'는 '그것'에 의해 존재하게 된다. 마틴 부버Martin Buber는 인간이 마주하는 세계에서 관계하는 것을 통한 존재방식으로 인간의 실존은 고립된 것이 아니라 관계 속에서 실존을 형성해가는 것임을 피력하고 있다.†

이러한 관계형성은 교육현장에서 교사와 아이의 실존적 만남으로 나타나며, 이러한 만남이 곧 교육이다. 교육은 국가에서 정해준 교육과정이나 교과서가 아닌, 교사와 아이가 동등한 입장에서 존재와 존재가 조우하는 것이 교육임을 의미한다. '나'를 통해 '너'의 실존은 창조적으로 형성되는 것, 그것이 교육이다. 여기에서 나는 교사일 수도 있고 아

---

† 인간 실존의 기본적인 사실은 인간이 인간과 더불어 함께한다는 것이다(Buber,1982. p.166).

이일 수도 있다. 이에 대해 염지숙 등은 다음과 같이 이야기 하고 있다.

> 교육철학에서는 교육을 보는 시각이 두 가지가 있는데, 아이를 중심에 두고 보는 입장과 교사를 중심에 두고 보는 입장이다. 교사를 중심에 두는 입장은 형성주의formalist로 교사가 특정한 교육목표와 특정한 교육방법과 프로그램으로 아이를 특정한 인물로 만들어 갈 수 있다는 입장에서 교사의 활동을 강조하고 있다. 반면에 아이를 중심에 두는 자연주의에서는 아이에게 숨어있는 자질과 잠재력에 착안하여 이를 정상적으로 계발해야 한다는 입장이다. 그러나 이 시각은 모두 전통적인 관점으로 어느 한쪽이 중심이 된다는 점이다. 최근에 철학의 관점은 아이와 교사가 상호주체가 되어야 하며 수직적 관계에서 수평적인 관계로 변화되고 서로가 교육에 있어 이해하고 받아들이는 실존적인 관점이 부각되고 있다.[37]

아이들은 숲을 '나-그것'의 관계가 아닌 '나-너'의 관계로 상호 관계성에서 이해한다. '나-그것'의 관계에서 '나'는 '그것'을 수단화 할 수 있다. '나'는 '너'로서의 숲을 마주하여야 비로소 자신의 존재를 찾아갈 수 있으므로 숲을 수단화하는 '나-그것'의 숲교육은 타존재(숲)에 의한 실존을 형성했다고 할 수 없을 것이다.

　루소Rousseau의 자연주의는 교육을 식물을 기르는 과정으로 비유하였다. 아이는 씨앗이고 교사는 씨앗이 잘 자라도록 하는 정원사와 같은 역할을 한다. 정원사는 씨앗이 잘 자라도록 도울 수는 있지만 씨앗이 어떤 꽃을 피우게 될지는 씨앗 안에 이미 결정되어 있다. 교육에서도 교사는 아이들의 성장을 돕는 조력자이다. 아이는 이미 타고난 본성을 가지고 있다. 이러한 루소의 자연주의 교육관은 시간적 연속성과 변화가능성을 전제한다. 이때 교사나 부모 등 성인들은 씨앗에 싹이 뜨고 자라나면 꽃이 피고 열매를 맺는 것과 같이 시간적 연속성 안에서 아이들은 성장한다는 것과 적절한 조력을 통해서 잠재된 가능성의 실현, 즉 교육을 통한 잠재가능성을 실현할 수 있다는 믿음을 가지고 있다. 이는 곧 교육을 통해 더 나은 인간을 만들 수 있고, 더 나은 인간은 더 나은 사회를 만들 것이라는 신념이다. 루소Rousseau의 자연주의를 넘어 지금에 이르기까지 교육을 통한 인재양성과 국가발전이 교육의 목적이 되었다.

그러나 이에 볼로우Bollnow는 인간의 삶은 비연속적인 것이라고 한다.38 삶은 계속 연속되는 과정이 아니다. 때로는 예상치 못한 사건에 의해 삶이 중단되기도 하고, 그 다음에는 새로운 삶이 다시 시작되기도 한다.

인간의 실존은 체험이나 경험에 의해 변화하는 것이 아니다라는 실존주의의 입장은 인간의 변화 가능성을 전제로 하는 교육과 상충된다.* 이렇게 인간의 변화 가능성에 대한 부정은 교육의 무용론을 의미한다. 이에 볼로우Bollnow는 실존주의와 교육의 충돌에 대한 합의점을 제시한다. 볼로우Bollnow는 실존주의가 주장하는 본질적인 순간의 체험을 인정하나 이후 비본질적인 일상으로 돌아가는 것이 아니라 새로운 질서를 형성한다고 주장한다. 이는 실존적 경험에 의한 인간의 본질적 변화를 의미하는 것으로 실존적 경험에 의한 교육의 가능성을 의미한다.

---

* '반짝이다가 사라지고 마는 어두운 밤이 되고 만다. 삶은 비본래성으로 가득찬 어두운 밤이라고 할 수 있다(Heidegger, 1953, 41p)'라는 하이데거의 표현은 일상이 비본질적인 것이며, 본질적인 순간의 체험들이 순간 나타나지만 완전히 소멸되고 다시 비본질적인 일상으로 돌아간다는 것을 의미한다. 이를 통해 본질적인 체험이나 사건에도 실존은 변화하지 않는다는 실존주의 주장은 변화 가능성을 전제하는 철학을 불가능하게 하였다.

타자는 나를 초월한 존재이며, 나에게 맞닥뜨리는 힘이다. 이러한 타자와의 마주함은 나를 깨는 아픔이자 고통인 실존적인 순간이다. 타자에 의한 깨어짐은 새로운 존재로 향하는 것이다. 따라서 '나'라는 존재는 타자와의 실존적인 만남이 없이는 발견될 수 없다.[39] 만남에 의해 인간의 존재는 새로운 존재로의 전환을 맞이한다. 그 급작스러운 전환이 교육이다. 따라서 교육은 실존적 만남을 통해서만 가능한 것이 된다.

근대 교육에서 교사와 아이의 만남은 발달의 연속성 안에서 개인의 본성의 씨앗이 잘 발화하도록 하는 것을 의미했다. 이는 개인적 차원에서의 지평의 확장을 의미한다. 이 지평의 확장은 점진적이다. 반면, 실존주의자인 볼로우Bollnow 교육관에서 파악되는 실존적 만남은 비연속적이며, 급격하다. 실존적 만남은 지금까지의 삶이 모두 무너지기 때문에 새로운 지평이 다시 시작되는 것이다. 교육에서 실존적 만남의 의미는 운명적인 순간에 일어난다. 이 만남에서 타자와의 관계는 절대성을 띤다. 오로지 이러한 만남을 통해서만 존재를 찾을 수 있다. 이러한 볼로우Bollnow의 실존적 만남은 교사와 아이 사이에만 국한되지 않는다. 숲교육에서 숲은 교육공간임과 동시에 주체이다. 숲에서 아이들은 숲과의 우연한 실존적 만남을 경험하는 본질적 순간을 경험하고, 이 반짝이는 순간을 통해 실존이 산산이 부서지는 파국에 치닫게 되고 새로운 국면의 삶이 시작된다.* 숲과의 실존적 만남을 통해 새로운 지평이 열리며 그 새로운 지평의 융합은 곧 자신의 존재를 발견하는 것이다.

---

* 하리숲학교 아이들을 대상으로 종단연구를 한 결과('Ⅵ. 숲교육에서 찾는 존재와 시간')에 의하면, 아이들은 갑작스러운 성장(발달, 평가)을 한다. 이 '갑작스러움'이 '반짝이는 순간'이며 '새로운 국면의 삶'이다.

지금의 교육은 계몽주의 시대인 근대교육의 속성을 다분히 가지고 있다. 하지만 이제 그것은 변화되어야 하는 시점에 놓였다. 이젠 계몽주의가 가진 보편성보다는 존재의 실존성에 더 많은 비중을 두어야 한다. 특히 산업사회에서 정보화 사회가 되면서 생산위주의 사회에서 소비위주의 사회로, 소품종 대량생산에서 다품종 소량생산시대로, 전환되었으며 4차 산업혁명 시대를 준비해야 하는 시점으로 변화가 불가피하다. 숲교육은 근대 계몽주의의 반성에서 시작한 많은 도전들 중 하나이며, 그에 대한 대안이다.

이미 언급한 바 있듯이 근대 계몽주의에서도 루소Rousseau 등에 의하여 자연주의가 주장되었다. 그 당시 자연주의는 교육을 통해 인간을 변화시켜 사회를 개혁하고자 하는 근대교육의 한계 내에서 주장된 것이었다면, 숲을 중심으로 불고 있는 지금의 자연주의는 자연에서 자신의 존재를 찾고자 하며, 그 존재는 실존적 만남을 통해서 가능하다는 실존적 자연주의이다. 그래서 근대 계몽주의에서 주장한 자연주의로는 지금의 숲교육을 설명하는데 많은 한계가 있다. 숲교육의 실존적 자연주의는 자신의 존재를 찾고, 타인의 존재를 인정하듯이 타자와의 공존을 추구하며 환경문제 등 지속발전 가능한 사회의 지향 등 인류의 문제에 함께 대처한다는 인류 공영의 자연주의이다.

공간의 철학 : 시간에서 공간으로의 패러다임 변화

지금까지 교육의 탈근대화를 주장하였다. 이제는는 근대의 패러다임이 어떻게 변화하고 있는가를 이야기함으로써 숲교육이 탈근대화의 대안이 될 수 있음을 밝히고자 한다.

근대교육의 바탕이 되었던 계몽주의 철학은 모든 시민이 법 앞에서 평등한 자유롭고 정의로운 사회의 이상을 옹호하였다. 계몽주의 철학은 인간의 이성으로 인해 인류는 무한한 진보가 가능하다는 것을 전제로 한다. 이성과 합리주의를 내세우는 계몽주의 철학은 반봉건주의에서 혁명적 사상과 함께 출발하였다. 합리주의는 이성에 대한 신뢰를 기반으로 하며, 인간의 역사가 무한히 진보한다는 발전 사관과 결합하면서 근대를 지배하는 패러다임으로 자리매김하였다. 그 결과 역사는 진보하므로 시간을 기준으로 더 빠르게 더 많은 것을 생산해내면 된다는 사고방식을 낳게 되면서 효율성을 강조하게 되었다.

현재까지의 교육은 상당 부분 인과론적 합리주의를 기반으로 하는 시간 중심의 패러다임에 예속되어 있었다.* 이에 대해 정은해는 다음과 같이 말하고 있다.

교육은 우선 일상적인 시간 이해의 지평 속에서 일어난다. 그래서 교육은 달력과 시계 시간 그리고 계획과 분재 같은 시간 계산 속에 예속되어 있다. 아이는 자라나고 매년 한 살씩 더 먹게 된다. 그는 학교에 간다. 매년 특정한 날에 새로운 반에 배치된다. 매일 그의 학습과 교육은 시간표에 따라 이뤄진다. 그의 교육과 학교생활은 일정한 나이에 끝을 맺고, 이것은 동시에 시간에 맞춘 목표설정들을 가능케 한다. 교육과 학교는 준비시키는 일과 장소를 말하고 일정한 시기에 이르러서는 더 이상 필요 없는 것으로 되어야 한다. 이러한 일정이 지켜지지 않으면 부모와 교수, 아이 모두 고민과 염려에 빠진다. 성인의 삶도 마찬가지로 이 같은 일정에 묶여 있다.[40]

---

* 뉴턴의 절대시간의 개념이 합리론의 기준이다. 하지만 이후 아인슈타인의 상대성 이론에 의해 시간의 절대성은 바뀌게 되었다.

교육은 시간을 전제로 하고 있으며, 전적으로 시간에 예속되어 있다. 아이들은 일정한 나이가 되면 초등학교에 입학하고 중학교나 고등학교로 진급한다. 상위학제로의 진급에서 일정한 연령이라는 절대 시간과 발달 과업이 기준이 된 '준비도'의 개념을 사용하고 있다. 교사나 교육당국은 시간의 개념인 준비도에 맞추어 교육과정의 목표를 계획한다. 그래서 아이들이 계획된 시간에 무엇인가 하지 못하면 '지체'라는 판정을 내리고, 계획된 시간보다 빨리 목표에 도달하면 '영재'라고 한다. 지능 검사도 실제 표준 연령이라는 시간을 기준으로 삼는다.

유아교육기관을 비롯하여 초·중등학교에서 아이들의 일상은 매년 정해진 교육과정과 시간표에 따라 이루어진다. 계산 가능한 시간에 따라 모든 것이 계획되어 시간에 순응하도록 강제된다. 교육계획과 평가, 시간분배, 수업의 시작과 종결의 기준 역시 시간이다. 전적으로 모든 것이 시간이 기준이 되어 계획되고 계산된다. 교사들에 의해 작성되는 수업 '계획'의 용어 자체에도 이미 시간의 의미가 내재되어 있다.[†]

시간은 교육에서 성과의 기준이다. 시간 안에 '해야 하는 것'이 목적이 되었다. 반면 '무엇을 해야 하는가'는 수단이 되어 버린 경우가 많다. 실제 과도한 선행학습은 남들보다 빨리 무엇인가 해야 한다는 시간을 기준 삼은 결과이다.

아동교육 측면에서 중요시 되는 발달단계 역시 시간을 기준으로 한 개념이다. 그래서 발달단계를 '어느 시기에 아이가 해야 할 과업'으로 정의한다. 발달단계에서 '시간'은 아이들을 평가하는 기준이다. 발달심

[†] 실제 '계획'이라는 말은 건축물이나 도시의 평면도로서의 계획과 같은 하나의 공간적인 개념이었던 라틴어 플라눔으로부터 유래된 것으로 미리 그려진 계획에 따라 '계획대로' 이루어지는 것을 의미하였다(Bollnow, 2006). 하지만 결국 계획은 시간적 의미가 내재되어 있는 것이다.

리학자들이 주류를 차지한 학문영역에서도 발달을 시간의 선형성에 두고, 일찍 그 과업을 하면 다음 과업을 할 수 있다는 것을 의심없이 받아들이고 있다. 이러한 패러다임에 의하면 지금의 선행학습, 조기학습은 당연한 결과이다. 하지만 빨리 출발하는 아이들이 지속적으로 빨리, 그리고 멀리 가는 것은 아니다. 또한 인지 발달을 단순히 단계형으로 일직선상에 놓을 수 있는 것도 아니다.

물론 시간을 기준으로 한 발달이론이 모두 다 틀린 것은 아니다. 발달지체 등과 같은 장애와 관련하여 지대한 역할을 한 부분은 인정한다. 하지만 발달이론이 모든 아이의 발달을 설명한다고 볼 수는 없다. 이에 대해 최근 발달심리학자들은 발달에 관한 새로운 이론들을 제시하고 있으나, 여전히 발달을 단계(선형성)와 진보로만 보는 한계를 벗어나지 못하고 있다.

최근 시간을 중심으로 모든 것들을 해석하는 패러다임이 공간을 중심으로 재해석되고 있다. 교육현장에서도 교육을 공간으로 해석하고자 하는 시도들이 등장하고 있다. 특히 최근 불고 있는 숲교육의 열풍은 기존의 발달 심리학이 중심이었던 시간 패러다임에서 공간 패러다임으로의 전환으로 이해되는 맥락이다.[*]

이에 대해 구체적으로 설명하면 다음과 같다. 지금까지 많은 학문분야의 기준은 시간이었다. 생물학에서는 진화론이 주류였고, 역사학에서는 시간 중심인 통사적 기술이 중심이었으며, 교육학에서는 발달심리

---

[*] 1960년대의 사회 현상을 설명할 수 있는 가장 중요한 개념으로 언어를 이용해야 한다는 인식의 변화를 '언어적 전환linguistic turn'이라고 지칭하였다. 반면 이는 1990년대 이후 '공간적 전환spatial turn'이라는 개념으로 전환되었다. 여기에서 공간은 삶을 이해하는 지름길 역할을 하며, 사회 현상을 설명하는 중요한 요소임을 의미하는 것이다. 과거 '언어적 전환'을 통해 수없이 생각된 다양한 기표가 공간에 따라 다른 의미체계를 구축하는 것을 의미한다(박승규,2010). 여기에서 공간은 다양한 사회현상을 설명하고 해석하는 본질적인 요소이다.

학 등이 주류를 이루고 있었다.

최근 학자들은 시간 중심에서 벗어나 공간에 자신들의 사유를 반영하는 전환을 시도 하고 있다. 공간을 인식할 수 없는 세계라고 하여 중요시 여기지 않았던 뉴턴Newton의 이론은 20세기에 들어오면서, 공간을 선험적으로 인식될 수 있는 대상으로 전환되었다. 들뢰즈Deleuze는 '흐름의 철학'과 함께 '사건의 철학'을 제시하였다. 물론 여기에서 의미하는 '사건의 철학'은 공간을 중심으로 한 것이다.

시간의 학문인 역사학에서도 통사가 아닌 서사 중심의 역사학이 영향력을 키우고 있다. 특히 푸코Foucault는 시간의 학문인 '역사'를 공간으로 해석하였으며,† 생물학에서도 진화론의 영향력이 줄어들고 분류학 등으로 영역이 넓혀지고 있다. 과학도 절대 불변의 시간 개념이 상대적이 되면서 시간을 공간으로 해석하고자 하는 노력들이 진행되고 있다. 특히 아인슈타인Einstein은 시간을 길이, 넓이, 높이와 함께 공간의 또 다른 차원으로 본다. 아인슈타인Einstein은 공간 속에 수많은 물체가 존재한다는 개념이 절대적이지 않으며, 상대적인 것으로 보았다. 그리고 그것은 초험적인 것이 아니라 개개인에게 경험되어지는 상대적인 개념으로 인식하였다.

언급한 바와 같이 아인슈타인은 모든 것을 상대적으로 보았다. 하지만 모든 것을 그렇게 보지는 않았다. 아인슈타인은 빛의 속력은 불변하다는 절대성을 전제로 한다. 결국 상대성을 주장하다는 아인슈타인조차도 절대성을 전제하였다.

또한 들뢰즈와 가타리Deleuze & Guattari는 '천개의 고원'에서 모든 것을 공간으로 해석하였다. 모든 것을 '홈 패인 공간'과 '매끄러운 공간',

---

† 푸코는 학교, 병원, 교도소를 통제형의 공간으로 보았다.

'영토화'와 '탈영토화' 등의 공간 개념을 통해 설명하였다. '홈 패인 공간'은 '영토화'와 관련되는 말로, 바닥에 홈이 파여 있는 그런 공간을 말하는 것으로 규정되어지고, 예정된 것들을 말한다. '매끄러운 공간'은 홈이 없는 넓은 판을 의미하며, '탈영토화'와 관련이 있다. '홈 패인 공간'은 물리적 공간을 중요시 여기며, 경계를 짓는다. 하지만, '매끄러운 공간'은 그 반대이다.* 매끄러운 공간은 창조, 직관과 관련된 개념이다. '천개의 고원'은 인터넷이 있기 전인 1960년대 발표한 책인데도 지금 시대에 적합하게 들어맞고 있다. 그 당시에 '영토화'와 '홈 패인 공간'의 개념에서 '탈영토화'와 '매끄러운 공간'의 개념으로 전환되어야 한다고 하였다. 들뢰즈와 가타리에 의하면 아이들을 일정한 공간에 넣고, 미리 정해진 교육내용으로 구조화된 방식을 통한 지금의 교실교육은 '홈 패인 공간'과 '영토화'의 개념이며, 숲교육은 '매끄러운 공간', '탈영토화'의 개념이다.†

숲에서 아이들은 시간을 잊는다.‡ 아니 숲은 시간을 잊게 만든다는 말이 더 정확할 것이다. 숲교육에서는 어디에서 무엇을 하고 노는 지가 가장 중요하다. 반면, 시간의 개념도 달리 해석된다. 에드워드 홀Edward Hall은 시간의 개념을 '사건 시간'과 '시계 시간'으로 나누었다. 에드워드 홀Edward Hall의 시간 개념을 통해 아이들의 일상을 보면, 아이들은 '사건 시간'으로 시간을 인식하며, 성인들은 '시계 시간'으로 인식한다.

---

* 홈패인 판에 물은 홈으로만 다닐 수 있는데, 매끄러운 판에 물은 정해지지 않는다. 그래서 홈 패인 공간은 규정된 영토화를 의미하고, 매끄러운 공간은 영토의 개념을 넘어선 탈영토화를 의미한다.

† 이에 대한 역사적 증거로 중국의 장개석과 모택동의 일화를 들 수 있다. 중국의 장개석은 넓은 영토를 가지고 모택동과 대립하였다. 하지만 일정한 영토 없이 여기저기를 다니면서 민심을 얻었던 모택동에게 패했다.

‡ 하리숲학교의 일과에 대해 묻는 사람들이 많다. 하리숲학교의 일과는 시계 시간이 아닌 사건 시간으로 구성된다. 사건 시간에서는 아이들이 시간의 주체이다.

'시계 시간'의 개념은 일반적으로 우리가 보는 시간을 의미한다. 예를 들어, 12시에 출발하기로 한 버스는 12시가 되면 출발한다. 이것이 '시계 시간'의 개념이다. 하지만 '사건 시간'의 개념에서 시계 중심의 숫자는 의미가 없다. 예를 들어, 몽골이나 아프리카를 여행할 때 버스는 사람이 다 오지 않으면 출발하지 않고, 사람이 다 채워지면 출발한다. 이것이 '사건 시간'이다. 그곳 사람들은 이것을 당연하게 생각한다.

아이들은 대부분 '사건 시간'으로 시간 개념을 가지고 있다. 그래서 교사나 부모가 몇 시까지 노는 것을 멈추고 어디로 오라고 하면 그 말을 이해 못하는 경우가 많다. 그때는 아이들에게 "블럭을 다 쌓고 와"와 같이 사건 중심으로 이야기해야 한다. 아이들의 시간 개념이 성인인 교사나 부모가 인식하는 시간 개념과 다르기 때문이다.

'사건 시간'에서는 시간이 아이들을 지배하는 것이 아니라, 아이들의 삶이 시간의 개념이 된다. 바깥에서 뛰어 놀다 해 가는 줄 몰랐던 나의 어린 시절은 분명 시계 시간이 주主는 아니었다. 놀이가 중심인 숲교육은 시간이 아니라 아이들의 삶이 중심이 된다.§

다분히 공간적인 개념인 '숲교육'이 교육의 중심에 나타나게 된 것은 시간을 중심으로 해석하는 패러다임에서 공간을 중심으로 해석하는 패러다임으로의 전환과 맞물려 있다고 볼 수 있다. 그러므로 교육을 숲이라는 공간을 중심으로 해석하고자 하는 시도를 단순히 유행처럼 불고 있는 교육프로그램으로 치부해서는 안 될 것이다. 숲교육에서 숲은 단순한 기능적 공간이 아니라 시간의 패러다임에서 공간의 패러다임으로 전환되는 시점에서 가교의 역할을 하고 있다.

---

§ 실제 하리숲학교의 일과는 사건 시간을 중심으로 구성되어 있다.

복잡성 이론

지금까지 많은 학자들은 사회현상을 비롯하여 자연현상을 설명하기 위해 부단히 노력해 왔다. 이를 위해 담론을 만들어 내고, 법칙과 원리들을 만들어 냈다. 그러나 인간들은 자신이 만든 담론에 오히려 구속되어 우리의 행위와 실천을 지배하고 사고에 영향을 미쳤고, 그 자체가 폭력이 되어 인간에게 되돌아오곤 하였다. 그동안 절대적이라고 여겨졌던 이론과 법칙들은 자연현상을 설명하기에 한계를 보였다. 이에 복잡성 이론이 이러한 한계를 극복해 주는 대안으로 등장하고 있다. 복잡성 이론은 숲교육에서 이야기하는 '실존적 자연주의'와 '시간 중심에서 공간 중심 철학' 외에 인공지능, 4차 산업혁명 등을 이야기 할 때 거론되고 있다. 복잡성 이론은 최근 자연과학에서 그동안 간과되어온 혼돈chaos과 사회의 복잡성complexity에 초점을 맞추고 있다.*

근대성의 기반인 계몽주의 사상†은 인간 이성의 무한한 발전에 대한 믿음과 자연에 대한 지배, 그리고 주체와 객체, 나와 타인을 구별하는 보편적 객관주의로 요약할 수 있다. 개인의 이성에 토대를 둔 비교적 정적이었던 근대사회는 새로운 방법과 보수적인 방법이 혼합되어 나타난 다

---

* 복잡적응체제 : CAS이론, 동역학체제이론, 복잡한 비선형체제의 연구, 복잡성 이론 등으로 불리우고 있다.

† 데카르트는 모든 사람이 가지고 있다는 이성적 능력을 토대로 이 이성을 제대로 사용한다면 인간과 세계에 대한 정확한 지식을 찾아낼 수 있다는 신념이 있었다. 데카르트의 이성이 강조된 합리성은 근대에 영향을 미쳤으며, 계몽주의 이념의 기초가 되었다. 이러한 데카르트의 생각을 구체화시킨 사람이 뉴턴이다. 뉴턴에 의하면 절대 공간은 그 자체의 본성에 있어서 외부의 어떤 것과도 관계없이 언제나 동일하며 정지의 상태로 있어서 세상을 절대공간, 절대시간의 3차원으로 본다.

양한 특성을 가진 탈근대 사회로 변하였다.⁴¹ 탈근대성은 근대성에 기반하여 성립하였지만, 결국 근대성의 한계를 비판하면서 근대성을 해체하거나 재구성하는 방향으로 나타나고 있다.

근대성의 출발이었던 근대 과학은 근대 사회에 이르러 사상의 지배적 근간이었다. 근대 이전 고대사회에는 신화가 중심이었으며, 그에 따라 신앙이 행동과 사유의 지표였다. 그 이후 그리스의 철학가 소크라테스Socrates와 플라톤Platon, 아리스토텔레스Aristoteles 등은 국가적‡ 질서를 중요시 여겼다. 그래서 전체적인 통일성에 관심이 있었다. 그 후 중세까지 목적론적이고 유기체적 패러다임으로 보고 우주를 유기적이고 살아 있는 영적인 존재로 생각했다.

근대에 이르러 데카르트Descartes와 뉴턴Newton의 영향으로 중세까지 자연을 바라보던 시각이 변하게 되었는데, 이것은 '기계론적 패러다임', '결정론적 패러다임' 그리고 '환원주의 패러다임'이다.

첫째, '기계론적 패러다임'은 이 세상을 기계적 움직임으로 해석하는 철학적 관점이다. 이 관점에서 전체는 부분으로 쪼개진다. 이 부분들은 결정론적인 원인-결과의 연관성에 의해 움직이며, 다시 이러한 운동을 하는 부분들의 집합이 모여 전체를 이룬다고 한다.

둘째, '결정론적 패러다임'에 의하면 세계 안에서 일어나는 모든 사건은 처음부터 변경될 수 없도록 결정되어 있으므로 동역학의 법칙에

---

‡ 탈근대사회는 근대사회의 위계질서와 이분법적 사고를 거부하는 사회로, 다원주의 사회, 물질적 사고가 확산된 사회, 전 지구적인 문제의식을 공유하는 사회, 각종 통신기술과 정보처리기술이 발달된 멀티미디어 사회의 특징을 가진다. 탈근대성의 위계적 질서는 단지 임의적 기준에 의해 만들어진 것에 불과하다. 따라서 탈근대사회는 임의적으로 부여된 위계질서에 대한 반작용으로써 그 동안 위계질서에 의해 배제되고 무시되었던 주변집단이나 소수집단에 관심을 가지게 되었다.

따라 선택의 여지없이 필연적으로 전개되어 간다. 이는 자연에 관계하는 모든 힘과 어떤 순간의 모든 상태는 자연법칙에 따라 움직이므로 우주에서 일어나는 과거나 현재의 모든 현상을 원칙적으로 계산하여 설명하고 미래까지 예측할 수 있다는 입장이다.[42] 그래서 엄격한 인과성의 원리를 따르는 '결정론적 패러다임'은 우연성이 개입될 여지가 없는 확실성의 원리를 기반으로 복잡한 세상의 문제를 단순화시켜 선형적 인과법칙에 따라 설명한다.

결정론에 대한 이러한 신념은 검증이라는 자연과학의 실증적 기틀을 마련해 주며 근대과학의 전반에 널리 퍼지게 되었다. 그 결과 '부분의 합은 전체'라는 지극히 근대적 개념은 당연한 것으로 받아들이기 시작했고 내면화 되었다. 그래서 전체를 이해하려면 하나 하나 쪼개서 각 부분을 이해하면 된다고 생각했다. 도저히 알 수 없다고 여겼던 복잡한 천체의 운행에도 기본적인 법칙이 존재하며, 그것을 찾아내면 아무리 복잡한 자연현상이나 우주라고 할지라도 언젠가는 모두 알아낼 수 있다고 믿었다.

셋째, '환원주의 패러다임'에 따르면 물질은 모두 입자로 이루어져 있어서 분석을 통해 설명 가능하다고 보았다. 즉 모든 물질세계는 원자나 분자로, 그리고 원자나 분자는 다시 소립자들로 세분할 수 없는 데까지 분석 가능하고 이러한 분석을 통하여 현상의 원인을 밝혀낼 수 있다고 가정한다. 환원주의 패러다임은 현실세계의 문제를 다룸에 있어서 현상을 단순화 내지 이상화시켜 해석한다. 그래서 원인은 결과와 어떤 관계가 있는지 인과관계를 규명하려고 한다. 사회적 이슈가 등장했을 때에도 그 현상을 그대로 보기 보다는 분석해서 인과관계를 규명하려고 하였다.

하지만, 환원주의나 결정론적 패러다임에서 구성되는 개체 하나 하나를 쪼개서 연구해 보아도 많은 구성원들이 모여 있는 전체 집단의 성질을 알 수가 없었다.

근대과학은 데카르트Descartes와 뉴턴 Newton에 의해 제기된 이후에 패러다임의 큰 전환을 가져왔다. 근대과학의 발달은 산업혁명을 일으켜 물질적 번영과 진보, 자유, 개인에 관한 관심이 높아지게 되었다. 하지만 전근대사회보다 발전하고 분화하고 복잡해진 근대사회의 체계를 이해하거나 형성하려고 했던 근대성은 탈근대성으로 말미암아 그 한계를 드러내게 되었다. 근대과학은 이성적 합리성*으로 설명하기에 제한이 있었던 복잡하고 무질서한 영역에 관해서는 법칙을 정립할 수 없다는 이유로 관심의 대상에서 제외하였다. 매우 복잡해 보이는 자연현상이라도 숨어 있는 근본 원리는 매우 단순한 것이라고 생각해왔다. 그래서 많은 실제적 사실들을 덜 중요하다고 무시하여 단순화된 운동 방정식을 세우고 그 방정식을 풀어서 미래 상태를 예측하는 선형방정식을 사용하였다. 이때 비선형적인 항들은 무시되었었다. 하지만 결코 자연을 선형적으로 설명할 수는 없었다.

탈근대성이라는 용어는 현대사회의 패러다임으로 근대성에 대한 극복의 형태로 나타난다. 탈근대성의 관점에서는 절대적인 지식도, 절대적인 실제도 없다. 진리, 지식, 윤리를 위한 기본적인 원리나 원칙을 제공해 줄 수 있는 보편타당한 이해도 없다.

---

* 근대 합리주의를 탄생시킨 데카르트는 복잡한 것을 이해하기 위해서는 그것을 부분으로 나누어 각 부분이 명확하게 될 때까지 계속 분할하는 분석적 사고방식을 제시한다. 각 부분을 명확히 알게 되면, 그것을 다시 결합하여 전체를 파악할 수 있다는 것이다. 이러한 세계관은 물질과 마음이 별개의 존재라는 이원론에 기초하며, 세계는 물질로 구성되어 있어 몰가치적이고 합리적이라고 본다. 이러한 이원론은 자연과 인간의 관계, 인간과 인간과의 관계를 이분화하여, 자아를 포함한 모든 존재를 분열과 대립으로 보는 경향성으로 발전된다.

탈근대성은 근대성이 제한하는 한계를 부정하고 해체한다. 이러한 해체는 근대성이 지향하는 방향을 재조명하고 합리주의적인 신념에 대한 반성에서 비롯된다. 그 결과 상호객관적이고, 타주관적이며 규범이 무규범으로 대체되어야 한다고 주장한다. 이러한 것들을 반영한 것이 복잡성 이론이다.

복잡성 이론은 탈근대성의 맥락에서 제시되었으면서도 탈근대성과는 차이가 있다. 복잡성 이론은 인식하는 본인이나 인식의 대상이 시간의 흐름 속에 계속 변한다는 것을 전제로 한다. 그래서 표준이나 어떤 경향에 의해 규정짓거나 한정할 수도 없다. 결국 원리나 법칙, 모형, 공식 등의 절대성을 거부하고 시간의 흐름을 포함한 역동성을 수용하는 것을 말한다.

복잡성 이론에서는 결정짓고 분석하지 않고 인식하는 것을 있는 그대로 받아들인다. 받아들여진 인식들은 각각 존재하는 것이 아니라 서로 상호작용한다. 그 결과 복잡성 이론에서는 인식 사이에서의 관계성, 적합성, 실제성 등이 인식의 체계가 된다. 실제 복잡성Complexity이라는 말은 '엮는다'는 것을 뜻하는 그리스어 'pleko'에서 왔다. 용어에서 볼 수 있듯이 복잡성 이론에서 제시하는 복잡계는 많은 작은 부분들로 엮어져 있으며 이들 부분들이 상호작용을 통하여 엮어내는 일정한 규칙들과 관련되어 있다. 복잡성의 형태는 기존에 만연된 혹은 상식처럼 굳어진 고정된 것이 아니라 매우 불규칙하고 예측불가능하며 복잡하게 변화하고 있는 형태를 중요시 여긴다. 하지만 논리와 이성으로 고찰된 기존의 유클리드 기하학적 세계관은 근대적 특성에 방향성을 제시하며 세계를 단순하게 본다. 여기에서 단순함은 세상 모든 것은 어떤 원리나 법칙에 의해 설명될 수 있다는 것을 뜻한다. 그 결과 부분의 합이 전체가 되는 단순한 산술적 방식을 전제로 한다. 그래서 전체를 알기 위해 이를 분석하고 작게 쪼개는 순간 요소들 간의 상호작용으로 인해 나타나는 부분을 상실해버린다.*

유클리트 기하학은 선형기하학의 형태로 명확한 등식†을 전제로 한다. 그것은 투입input에 따라서 산출output이 결정된다. 여기에서 산출은 투입의 결과로 존재할 뿐이다. 그 결과 현재 상태를 투입하면 미래를 예측할 수 있다는 결정론적 세계관과 연결된다. 이러한 패러다임은 교육뿐만 아니라 철학, 사회학 등 전반에 걸친 인식의 메커니즘이었다. 유클리트 기하학에 따르면, 교육의 경우에는 투입input되는 부분이 교수이며, 산출output이 학습이다. 여기에서 학습은 투입되는 '교수'에 따라 결정된다.

복잡성 이론에서는 유클리드 기하학을 절대시하던 세계관에 대한 대안으로 프랙탈‡개념이 존재 양식으로 등장하였다. 프랙탈 원리는 근대적 세계관을 부정하며 작은 개별의 구성요소들이 전체와 동일한 형상을 갖는다는 자기 유사성의 원리를 통해 환원론과 결정론을 부정한다.

---

* 이를 환원론적 사고 양식이라고 한다.

† 등식은 양변에 같은 수를 더하거나 빼도 성립된다. 따라서 어떤 투입이 있을 때 산출에 있어서도 투입만큼의 변화가 성립하게 된다.

‡ 프랙탈이라는 단어는 수학자 멘델브로트에 의해서 만들어진 것으로, 사물의 구명을 위해 보다 단순하고 보다 기본적인 요소들로 분해하고자 했던 유클리트 형태의 기존 시도들이 결코 더 단순하거나 더 복잡하게 보이지는 않는다는 고민에서 시작된 개념이다. 프랙탈에서는 신중하게 선택한 하나의 부분은 전체와 비교했을 때, 아주 흡사한 속성을 가진 '자기 유사성'을 보여 준다. 예를 들어 브로콜리의 머리 부분이나 파슬리의 가지에서 떨어져 나간 조각은 전체 모습과 아주 흡사하게 닮아 있다. 자기 유사성을 갖는 형태에 대해 말하자면 구조적으로 얽혀 있는 모습은 항상 척도와 상관없다는 점이 분명할 뿐만 아니라 때로는 구조가 수준과 독립적일 수 있음을 말해 준다.

프랙탈 양식은 언뜻 보기에는 규칙적으로 보이지만 계속 변화하고 있는 형태이다. 전체와 부분, 미시와 거시가 닮아 있으면서도 다르다는 것을 의미한다. 기존 유클리드 사고가 점, 선, 면과 같은 기존의 기하학적 체계로 압축시켜 세상을 보았지만, 복잡성 이론에서 제시하는 존재 양식인 프랙탈 원리는 실제로는 포괄하기 어려운 수많은 현상들을 정상분포곡선이라는 통계의 틀로 이해하는 시도에서 벗어난다.

복잡성 이론에 따르면, 인간의 생활 세계는 단순한 체계가 아니라 대부분은 복잡한 체계로 구성되어 있다. 그래서 인간의 생활세계는 무수한 구성요소로 이루어진 한 덩어리의 집단으로 각 요소가 다른 요소와 끊임없이 상호작용함으로써 전체적으로는 각 부분의 움직임의 총화 이상으로 독자적으로 행동하는 것으로 보인다.

복잡성 이론은 세상이 복잡해졌기 때문에 새롭게 등장한 것이 아니라 원래부터 복잡한 세상을 사람들이 단순하게 보려고 했기 때문에 나타났다. 복잡성 이론의 패러다임은 근대의 패러다임으로써 해결하지 못한 문제들을 해결 가능하게 해 주는 이론으로, 새로운 전망을 보여준다.

복잡성 이론의 출현은 지금까지의 환원주의 방법론을 근간으로 하는 기계론적 패러다임에서 유기체적 패러다임으로의 전환을 의미한다. 그래서 복잡성 이론은 어떤 새로운 이론의 발견이라기보다는 세상을 보는 패러다임으로써 역할이며, 인식의 심화 내지 변화라고 보는 것이 타당하다.[43] 복잡성 이론은 급변하는 환경에서 필요한 개념이며, 다양한 분야에서 맞닥뜨릴 수 있는 현상을 하나로 묶어줄 수 있는 유용한 사고와 연구의 틀을 제공해 준다.

카오스*Chaos   제임스 글릭Gleick은 20세기 과학사에 기록될 세 가지 큰 업적으로 아인슈타인Einstein의 상대성 이론,† 하이젠베르크Heisenberg의 양자역학‡ 그리고 카오스 이론을 꼽는다. 숲교육 이론의 등장 배경에서 시간 패러다임에서 공간 패러다임의 전환을 이야기하면서 아인슈타인의 상대성 이론을 언급한 바 있다.

최근에는 카오스 이론이 우리가 보고 접촉하는 일상적 차원에서 해석의 기준이 되어 적용되고 있다. 카오스 이론은 복잡하고 급변하는 혼돈스러운 미래 사회에서 아이들이 생존하도록 준비시킬 수 있는 것에 대한 방안으로 비규격화, 비구조화의 메커니즘이다. 이 이론은 20세기 후반 물리학, 수학, 생물학, 공학, 사회학, 경제학, 과학철학 등 사회문화 전반에 광범위한 영향력을 끼친 새로운 인식의 틀로 자리 잡았으며, 인식의 폭을 넓힐 수 있는 새로운 패러다임의 변화라고 평가를 받고 있다. 숲교육의 원리 또한 이 이론을 통해 설명이 가능하다. 최근 카오스 이론은 교육현장에서 '구조화'되고 '정형화'되는 교육상황이 '비구조화'되고 복잡성을 담아가는 방향으로 나아가야 한다[44]고 주장하는 이들

---

*   크게는 창발성, 비선형 순환고리, 경로의존성, 초기조건의 민감성(나비효과), 공진화 및 자기 조직화 등으로 구분할 수 있다.

†   이미 숲교육을 공간 패러다임으로 이야기하는 중에 짧게 소개한 바 있다. 뉴턴의 절대시공의 개념은 아인슈타인의 상대성 이론에 의해 무너졌다. 상대성 이론에서 시간과 공간은 서로 독립된 개념이 아니라 서로 얽힌 하나의 개념으로 채택된다. 그래서 누구에게나 공통되는 절대시간은 없다. 거리나 시간 등도 관측자의 위치에 따라 달라진다는 것이 상대성 이론이다. 상대성 이론을 교육현장에 적용하면, 학업의 성취에서 합리성(이성, 인지) 뿐만 아니라, 비합리성(감성)의 중요성을 인식하게 된다.

‡   뉴턴 이래로 서구문명을 떠받치는 기초가 되었던 인과론이 양자의 세계에서는 더 이상 옳지 않다는 것을 말한다. 닐스 보어의 입자-파동설에 의해 뉴턴의 이론은 부정되고, 하이젠베르크의 양자역학에 의해 물질을 구성하는 입자들은 독립적으로 존재하지 않으며, 다른 입자와의 관계를 통해서 존재하고 관찰될 수 있음이 밝혀졌다.

의 이론적 근거가 되고 있다.

카오스 이론은 세계가 질서 정연하고, 직선적이고, 예측 가능하다는 '현대적' 개념에 도전하여, 세계를 복잡하고, 비직선적이고, 상호의존적이고, 예측 불가능하며, 혼돈스러운 것으로 보았다.[45] 카오스는 무질서하고 불규칙해 보이지만 그 속에 나름대로의 질서와 규칙을 지니고 있기 때문에 '혼란confusion' 상태와는 다르다. 즉 현상 속에 내재되어 있는 질서정연한 숨겨진 양태가 혼돈 상태로부터의 질서Order out of Chaos이며, 불규칙성으로부터의 규칙성을 의미한다.[46] 그래서 모든 수준에서 비평형과 비가역성이 질서의 근원인 셈이다.

전통적인 패러다임에 따르면 복잡한 상태란 형태가 없는 무작위적인 것이기 때문에 버려야 하는 대상이었지만, 복잡성 이론의 관점에서는 감추어진 질서와 유형이 존재하는 자연적인 현상의 일부이다.[47]

카오스라는 용어에서 엿볼 수 있듯이 세상은 원리와 법칙으로 결정될 수 있는 것이 아닌 비결정론적이며, 고정되지 않는 역동성을 가진 유기체적 속성을 가지고 있고, 모든 개체들이 연결되어 있는 체계system적 성격을 띤다. 이러한 체계 속에서 존재 그 자체의 본질이 발현된다.

이러한 것은 동양의 사상에서도 볼 수 있다. 장자莊子는 응제왕편應帝王篇에서 혼돈에 인위적인 규율과 질서를 부과하면 혼돈(카오스)이 가지고 있는 창의적 생명력이 파괴된다고 하였다. 아래 우화는 규율과 질서를 강조해 모든 것을 틀 안에 넣고 인위적으로 구성하고자 하는 것이 결코 해법이 될 수는 없다는 것을 보여준다. 있는 그대로의 무질서가 더 큰 창조가 생겨날 수 있게 하는 힘이 될 수 있는 것이다.

남해바다의 임금은 숙儵이었고, 북해바다의 임금은 홀忽이었으며, 중앙의 임금은 혼돈이었다. 어느 날 숙과 홀은 혼돈을 찾아가서 극진한 대접을 받았다. 숙과 홀은 혼돈의 극진한 대접에 보답하고자 서로 의논하기를 "사람에게는 이목구비의 일곱 구멍이 있어 이것으로 보고 듣고 먹고 숨을 쉰다. 혼돈 홀로 이것이 없으니, 우리가 힘을 합치어 뚫어 주자"고 하였다. 두 임금이 매일 혼돈에게 한 구멍씩 뚫어가는 일곱째 날 일곱 구멍이 완성되자 혼돈 임금은 죽고 말았다.[48]

장자는 혼돈을 창조적 생성의 근원이라고 생각하여, 새로운 질서와 가치의 창조를 위해서 카오스 상황이 불가피함을 말하고 있다.[49] 카오스 상황은 변화의 임계점에 도달한 상태를 말하는 것으로 창조적 생명력을 가지고 있다. 혼돈이라는 새로운 불안정성을 거치면서 스스로를 복잡성이 증가된 새로운 구조로 변화시킬 수도 있다. 카오스 이론에서는 여러 가지 패러독스paradox를 무시하거나 예외로 보지 않고 오히려 이를 중요한 원리의 하나로 보고 깊이 있게 다룬다.

카오스 이론에서는 변화의 목적을 생존으로 본다. 생존은 교육현장에서는 '절실함'이다. 반드시 변화해야하는 당위성과 관련한 이슈다. 아이들이 일상에서 경험하는 혼돈 자체가 변화이며, 새로운 교육의 목표와 개념의 방향이다.

최근에는 교육학에서 가장 중요한 역할을 하는 인지이론에서 인지의 양식을 카오스 이론으로 설명하고 있다. 지금까지는 모든 사람들이 동일한 방식으로 정보에 접근하며, 정보를 회상하고 처리한다고 여겨 공식화하고 법칙화하였다. 옴로드Ormrod에 의하면 문제 해결에 있어서 모두 자신만의 독특한 일련의 방식을 만들어 낸다는 것을 밝혔다. 그동안 상황을 단순한 법칙으로 규정하려던 시도에서 복잡한 자신만의 독특한 방식이 있다는 것을 보여주었다.[50]

또한 카오스 이론으로 가장 설명하기 적합한 것이 '놀이'다. 무질서

하게 보이는 아이들의 놀이는 그 안에 나름의 질서가 있다. 놀이는 아이들의 성장과 발달을 위한 방향성을 가지고 있다. 카오스 이론은 아이들의 놀이를 볼 수 있는 새로운 틀을 제공해 준다.*

카오스 이론에서 말하는 창조적 행위, 인지양식, 놀이와 관련된 교육적 개념들은 최근 이슈가 되고 있는 숲교육을 설명할 수 있는 이론적 근거가 된다. 숲이라는 비구조화되고 개방적인 공간에서 아이들을 놀게 하는것도 자칫 혼돈confusion으로 보이지만 아이들은 창조적 행위와 발달이라는 목적을 가진 혼돈 상태로부터 질서order out of chaos이다.

프랙탈fractal   복잡성 이론의 개념 중 또 하나가 플랙탈fractal의 원리다. 플랙탈의 핵심개념은 자기 유사성self-similanity이다. 자기 유사성은 '부분으로 전체 모습을 그대로 반영'하는 구조를 말하며, 특정 척도상의 불규칙적인 모양이 좀 더 큰 척도 혹은 좀 더 작은 척도 상의 모양과 유사하다는 것이다.[51]

프랙탈 원리는 자기 유사성의 속성을 통해 전체와 부분이 역동적으로 상호작용하여 서로 닮아가는 체계가 존재함을 보여준다. 여기에서 개인은 제한된 기능만을 수행하는 전체 속의 부분이 아니라 자기 유사성의 질서 아래에서 전체가 그대로 투영된 또 다른 전체이다. 결국 프랙탈 원리는 보편 타당성을 부여받아 언제나 강요되어 왔지만 실제하지 않았던 전체의 목표보다는 실제하는 개인 존재 자체에 더 비중을 둘 수밖에 없다.

여기에서 개인은 자신이 속한 복잡체계 속에서 다른 개인과, 그리고 체계 전체와 상호작용하며 성장해 나가고, 그 체계 역시 그렇게 성장하는 개인들의 합을 통해 그들의 상호작용 속에서 더욱 진일보한 복잡체

---

* 놀이와 관련되어서는 후술하겠다.

계로 발전하게 된다.[52] 복잡체계는 끊임없는 상호작용 자체를 의미한다. 이러한 사회현상은 세포가 자기를 재생산 하고, 세포가 모여 기관을 이루고, 기관이 모여 인체를 이루는 과정과 비슷하다.

카오스 이론의 거두인 벨기에의 화학자 일리야 프리고진Ilya Prigogine은 자기 조직화 원리로 카오스 이론의 메커니즘을 설명하였다. 카오스 이론은 평형으로부터 멀리 떨어져 있는 불안정한 비평형 상태에서 미시적인 요동의 효과로 거시적인 안정적 구조가 나타나는 것을 말한다. 여기에서 안정적 구조는 질서를 의미하며 자기 조직화 과정을 통해서 이루게 된다.

자기 조직화 Self-organization   수많은 새떼가 안정된 무리를 이루어 이동하고, 고등 지능이 없는 개미들이 고도의 규칙과 질서를 갖게 되는 등 생물세계를 설명하는 것에 한계를 갖게 되었다. 이러한 것은 생물 세계 뿐만 아니라 복잡한 경기변동을 반복하는 경제현상도 마찬가지이다. 모든 현상을 인과관계에 의해서 규명하고자 했던 이전의 패러다임으로는 원인에 해당하는 외부의 개입이 없음에도 나타나는 이러한 현상들을 설명할 수 없었다. 하지만 자기 조직화의 개념이 등장한 후 이에 대한 설명들이 가능해졌으며, 현재의 복잡한 시스템에 작용하는 보편적 법칙이 되어 가고 있다.[53] 자기 조직화는 외부의 개입 없이도 구성요소 간의 복잡한 상호작용을 통해 질서를 연속적으로 만들어 내는 현상으로 복잡성 원리의 보편적 법칙이다.

자기조직화를 러시아 출신 벨기에 과학자인 프리고진Prigogion이 연구하여 1997년 노벨 화학상을 수상한 이후 물리학, 화학, 생물, 사회학 등 여러 학문분야에서 자기 조직화의 개념으로 적용되기 시작했다.[54]

자기 조직화는 완전 독립적이지도 않고 의존적이지도 않는 '준 독립적semi-organization'인 것으로 다양한 배경과 경험을 가진 행위자(아이)들이 서로 지속적으로 상호작용하면서 예측 불가능한 방식으로 누군가가 끌고 가는, 리더 없이 자유롭게 활동하면서 각각의 개별 구성자들은 다른 구성자들과 전체로서의 환경에 적응해 간다.

자기 조직화의 과정은 '상호 인과성mutual causality'으로 피드백과 상호작용이 전제다. 자기 조직화의 과정은 개체의 돌연변이가 환경에 의해 선택된다는 적자생존의 논리에서 벗어나서 개체가 전체를 성장시키고 전체가 개체를 성장시키는 상호 성장에 관심을 갖는다. 곧 생존 환경이 생존 조건이다. 지속적인 상호관계 속에서 서로 의존하는 종들이 함께 성장(생존)한다는 것이다. 시스템 내의 한 요소가 다른 요소에 미치는 영향이 순환 고리가 되어 자신에게 돌아오는 순환적인 특성을 가지고 있다. 결국 자기 조직화의 과정은 요소(개인)가 아닌 공동체(시스템)를 중심으로 한다.

자기 조직화 원리는 교사의 역할 변화를 필연적으로 동반할 수밖에 없다. 자기 조직화의 메커니즘은 학습능력을 갖춘 구성원들의 계속적인 학습과정과 활발한 상호작용이다. 여기에서 학습이란 구조화되고 계획된 장기적이고 선형적인 것이 아니라 실시간적 과정, 그 자체를 말한다. 구조화되고 장기적이고 선형적인 계획은 결과를 예측가능하게 한다. 이러한 틀에서는 학습의 결과나 목표에 중점을 둘 수밖에 없다. 하지만 실시간적 과정을 중요시하는 자기 조직화의 메커니즘에서 학습자나 학습시스템은 학습의 목표나 결과를 의식하지 않는다. 오직 자발적인 학습과정 그 자체를 중시 여긴다. 지금 교실교육처럼 학습목표를 중시 여기고 이를 위해 학습계획안을 작성하는 등 목표나 결과를 의식하지 않아도 아이들은 자기 조직화 원리에 의해 학습이 가능하다.

놀이는 학습이 아니라는 주장, 혹은 놀이를 학습의 수단으로만 보아왔던 이론들과 달리 비구조화되고 무계획적인, 그러나 과정 자체를 중요시한 놀이와 다양한 각각의 개별 구성자들 간의 상호작용을 토대로 한 '학습공동체'*를 본질로 보는 숲교육은 자기 조직화의 최적화된 메커니즘이다.†

창발Emergence　자기 조직화하는 적응적 체계에서 '출현, 발생, 모상체, 돌연변이'의 뜻을 지니고 있는 창발Emergence은 구성요소가 개별적으로 갖지 못한 특성이나 행동이 구성요소를 함께 모아놓은 전체 구조에서 자발적으로 돌연히 출몰하는 현상이다. 이것은 단지 개별 요소의 집합이 아니라 개체가 소유하지 않는 새롭고, 예측하지 못한 구조나 유형, 그리고 속성 또는 과정들이 생성 되는 것을 의미한다.[55] 그래서 창발을 '카오스로부터의 질서'라고 표현하기도 한다.

창발은 명확한 인간관계와 등식으로 설명하는 기존 유클리트적인 방식으로 설명할 수 없다. 창발은 지금까지 미시적인 구성요소들의 단순한 합으로는 설명할 수 없는 거시적인 새로운 현상과 질서의 출현을 설명할 수 있다.[56] 또한 창발은 누군가 혹은 무엇인가에 의해 계획되고, 통제, 관리되면서 새로운 질서를 창조하는 것이 아닌, 자기 조직화의 결과이다.

창발은 자체 내에서 기능하는 내재적인 것으로,[57] 구성요소 간의 상

---

*　숲교육은 학습본능을 전제로 한다. 여기에서 학습본능은 놀이와 학습공동체를 통해서 나타난다. 학습본능과 학습공동체와 관련하여서는 후술하겠다.

†　자기 조직화가 충실히 이루어질 조건은 다수의 행위자와 부분들로 구성되어야 하고, 열역학적으로 열려있는 비평형 상태를 유지해야하고, 아이들은 자율성을 가지고 필요한 기능을 독립적으로 수행할 수 있어야 한다. 그리고 구성요소들 간의 느슨한 연결 하에서 상호작용이 활발해야 한다. 뿐만 아니라, 규칙이나 과업의 단순성이 유지될 때 자기 조직화는 촉진될 수 있다.

호작용에 의해서 만들어지기 때문에 개인적인 요소들에 대한 지식만 가지고는 높은 수준에서 창발로 발생되는 전반적인 유형 혹은 구조를 추론해 낼 수 없다.[58] 창발에서는 중앙집권적 지식보다는 상호조정과 자기 규제로부터 질서가 창출된다. 체제나 구조의 형성은 위에서부터 아래로가 아니라 아래에서 위로 형성된다.

창발을 통해 그동안 설명하기 힘들었던 교육을 비롯한 제반 사회 시스템의 설명이 가능해졌다. 가령 교사의 가르침 등 외부에서 투입되는 발달의 요소가 없음에도 아이들에게 학습의 결과를 가져왔던 현상들에 대한 설명이 가능하다.

또한 교육현장에서 창발이 일어나기 위해서는 교사에 의해 인위적으로 만들어진 공동체가 아닌, 자기 조직화 과정에서 일어나는 학습자 스스로가 만든 공동체여야 한다. 그러므로 기존 교실교육에서 행해지는 교사에 의해 외부에서 지식을 투입하는 '가르침'의 방식은 바뀌어야 한다. 창발이 되는 과정은 구성요소 간의 결합으로 전체 구조의 능력이 향상되며, 이것이 다시 구성요소 각각의 능력을 향상시킨다. 그래서 창발에서는 공동체 자체의 능력의 수준을 개개인의 능력보다 더 우선시 한다. 그 결과 개개인의 능력만을 평가하던 기존의 방식에서 공동체를 함께 평가하는 방식으로 바뀌어야 한다.

반면, 투입을 단순히 교사의 가르침으로 보았을 때 교사의 형식적인 가르침 없이도 아이들에게 학습 결과를 가져온다는 잠재적 교육과정이 창발의 개념과 중첩될 수 있다. 하지만 잠재적 교육과정은 창발과 패러다임에서 차이를 보인다. 잠재적 교육과정은 투입과 산출을 전제로 한다. 그래서 잠재적 교육과정은 투입된 요소들에 대해서 궁금해 한다. 하지만 창발은 투입을 중요시 여기지 않고 개체들 간의 관계를 중요시 한다. 또한 잠재적 교육과정은 개인의 학습 결과를 중요시 여기지만 창발에서는 공동체의 학습 결과를 중요시 여긴다.

더 나아가 단순히 유전적인 성숙의 결과를 주장한 성숙주의의 이론에 비해 창발은 아이들의 자발적인 성장의 메커니즘을 보여준다.

복잡성 이론의 교육에의 적용

최근 우리 시대의 화두는 인공지능과 4차 산업혁명으로, 그에 따른 교육 개혁, 혁신 등 많은 논의가 이루어지고 있다. 숲교육도 혁신과 개혁의 한 양태임은 분명하다. 하지만 이러한 것들을 단순한 유행에 따른 열풍으로만 보면 그 개혁은 위험하고 한계에 봉착하여 성공할 수 없다. 따라서 이러한 흐름(유행)의 기저에 깔린 근본을 볼 수 있어야 한다.

인공지능이 사회전반에 영향을 미치듯이 4차 산업혁명은 단순히 산업분야에서만의 혁명을 의미하지는 않는다. 그것은 우리 사회 전반에 깔린 문화, 정치, 사회 등 모든 분야에서 관점의 변화를 의미한다. 이러한 흐름에 따라 교육을 바라보는 관점 또한 근본적으로 변하고 있다. 그것은 지식을 바라보는 관점, 인간을 바라보는 관점의 변화를 기반으로 한 것이다.

지금까지는 플라톤Platon과 아리스토텔레스Aristoteles의 영향을 받은 형이상학이 사람들의 인식을 지배했다. 형이상학적 관점에서는 이상적 본질이란 이미 존재하는 것이고 세상은 그 이상을 향해 발달해 나가고 있다는 것을 전제로 한다. 따라서 '학습'은 불완전한 아이가 완전한 성인으로 나아가도록 계획하는 발달모형과 교육과정의 구조에 공식적으로 적용되었다. 또한 우연히 일어나는 변화나 설명할 수 없는 예를 단지 예외라고 치부하고 전체를 공식으로 해석하려고 하였다. 그러나 최근 이슈가 되는 복잡성 이론은 이러한 결정론과 환원론이라는 전통적 인식론과 방법론에 대한 부정으로부터 출발한다.

> 2000년 새해 벽두, 유명한 물리학자이자 천문학자인 스티븐 호킹Stephen Hawking은 다음과 같이 언급하였다. '내 생각에 앞으로의 세기는 복잡성의 세기가 될 것이다.' 그의 주장은 철학의 창발적이고emergent, 초학문적인transdisciplinary 영역을 구체적으로 지칭하는 것이었다. 이것의 일관된 논의는 단지 30년 정도밖에 되지 않았다. 이 기간을 거치면서 복잡성은 종종 "새로운 과학new science"으로 환영을 받았다. 비록 이것이 물리학, 화학, 인공두뇌학, 정보과학, 체계이론으로부터 비롯되었지만, 복잡성에 대한 해석과 통찰은 가족, 건강, 심리학, 경제학, 기업 경영, 정치학 등을 포함하여 광범위한 사회 영역으로까지 점차 확산되었다.[59]

위의 글은 브렌트 데이비스와 데니스 수마라Brent Davis & Dennis Sumara의 글로 우리나라에는 '혁신교육, 철학을 만나다'로 번역되어 출판되었다. 이 책은 새로운 교육에 등장한 기본 철학을 복잡성 과학(철학)에서 찾고 있다. 최근 활발하게 논의되고 있는 복잡성 과학Complexity science은 교육학에서는 다소 생소할 수 있지만, 최근 등장한 학제 간 연계, 학문의 연계를 통하는 간학문적인interdisciplinary, 혹은 다학문적인multidisciplinary 개념의 배경이 된다. 복잡성 철학은 이미 철학과 과학 등에서는 주류를 차지하고 있는 것으로, 유기적 구조와 원리를 통해 자연현상뿐만 아니라 교육을 포함한 다양한 사회현상을 재조명하고 있다.

복잡성 이론에 따르면 교육에 있어서 각각의 교육 현장이나 교수 활동 등은 함부로 일반화할 수 없다. 그것은 동일한 조건에서도 동일한 과정과 결과가 일어나지 않고 계속 변화하기 때문이다. 따라서 복잡성 이론에서는 교육 현장 각각의 사례를 인정하면서 유용한 것, 그렇게 존재하게 된 이유 중 긍정적인 것을 취하고자 하는 실리주의 입장을 취한다. 또한 지식의 형성은 시간의 역동성, 연속적인 변화의 과정 속에서 서로 영향을 주고받으며 형성되어 간다는 것을 전제로 한다. 뉴턴Newton이 지식 생성의 방향 혹은 과학의 발전 방향을 선형적으로 진보한다고 보았다면 복잡성 이론은 사방으로 팽창하고 있으며 계속 관계맺기를 형성하며 그물망을 짠다고 본다. 복잡성 이론에서는 어느 방향으로 나아간다는 것은 중요하지 않고, 지식이 존재하는 적합성을 인정하여 그대로 받아들이는 것에 초점을 맞춘다.

기존의 시간을 희소자원으로 생각하는 사람들은 교사들이 중심에 있고 각각의 아이 한 명은 동심원의 끝자락에 서 있어 중앙의 교사와만 연결되는 중앙집중식 교수법을 지향했다.60 그 결과 아이들은 서로 간의 관계들과 학습에 대한 열망을 차단당한 채 다양한 해석과 아이디어를 만드는 것을 막는 경우가 빈번했다. 이러한 교사와 교육과정에 집중된 교수법은 교사가 발문했을 때에 아이들에게 교사나 교육과정이 원하는 답을 생각하고 찾게 하였다.

이와 달리 복잡성이론을 적용한 교육은 분산형 네트워크를 전제로 한다. 각각의 아이들을 연결하는 네트워크가 수업의 중심이다. 여기에서 지식들은 교사나 교육과정에서 나오는 것이 아니라 중층적인 관계의 망에서 나오는 것으로 보았다. 이것은 효율적*이지 않더라도 구조적으로 건강하며, 자원이 풍부하고 자발성을 갖추어 압박감이 완화되었을 때 나타난다.61 구조적으로 건강하다는 의미는 자기 유사성을 가지고 자기 조직화를 통해 창발이 일어날 수 있는 구조를 의미한다. 여기에

---

* 여기에서 효율은 II. 공간의 철학 : 시간에서 공간으로의 패러다임의 변화에서 언급한 바 있다.

서 자원은 숲교육처럼 아이들이 놀 수 있는 풍요로운 공간과 놀잇감 그리고 자신만 자유로운 것이 아닌 주변 모두가 자유롭고 교육과정에 얽매이지 않는 아이들 각자가 중심이 된 상태를 의미한다.

언급한 바 있듯이, 복잡성 이론은 작은 개별의 구성요소들이 전체와 동일한 형상을 갖는다는 프랙탈(자기 유사성)의 원리를 설명하며 근대의 유클리드적 세계관인 환원론과 결정론을 부정한다. 프랙탈 기하학을 통하여 관철할 수 있는 교육현상은 교육주체들이 서로 영향을 주고받으며 여러 형태의 구조들이 겹쳐져 있다. 이러한 구조적 연결성은 교육 주체의 내부에도 존재하고, 교육주체들의 집합인 공동체들 간에도 존재하여 중층구조를 이룬다. 기존의 교육이 개인의 발달에 관심을 보였다면, 복잡성에서는 아이들, 교사와 아이들, 교사와 부모, 부모들과 아이들, 지역공동체와 학교, 지역공동체와 아이들, 국가와 아이들 등 각 개체 간의 연결에 관심이 있다.

복잡성 이론은 개인과 집단의 정체성 형성을 의미하며,* 이를 통해 공동체와 개인이 동시에 발전하는 것을 말한다. 복잡성 이론은 일반화를 거부하기에 공동체와 개인이 발전 또는 성장하는 어떠한 모델들을 복제할 수는 없다. 조직체가 스스로 문화(정체성)를 만들어가야 한다. 복제하려고 하는 것은 오히려 좌절을 불러일으킬 뿐이다. 이에 대해 브렌트 데이비스Brent Davis와 데니스 수마라Dennis Sumara는 복잡성 이론 입장에서 교육을 바라보며 복잡성 이론은 미리 선택된 해석을 강제하도록 하는 간섭의 방법이 아니라 개인이 자신의 세계를 해석하도록 하는 것이라고 주장한다. 이는 규범주의prescritive 담론에 치우쳤던 그 동안의 연구를 해석적인 담론으로 변화시키는 것을 의미한다. 그 결과 복

---

* 결국 숲학교의 문화다.

잡성 이론은 교육학에서 존재하는 여러 종류의 담론을 아우를 수 있는 수단이 되고 있다.[62]

교육 안에서 설명지향적인 복잡성 연구의 중요한 공헌은 이러한 종류의 담론들을 관통할 수 있는 수단을 제공하고 있다는 점이다. 우리가 분명히 믿는 바는 복잡성 연구자들이 이들의 이론적인 테두리 사이에 놓여 있는 차이점을 부각시키는 데 시간을 허비하지 말자는 것이다. 그러기 보다는 적어도 구성주의, 사회적 구성주의 그리고 관련 담론들의 상호 보완성을 깊이 있게 검토하여 이들 사이의 유사성에 큰 관심을 기울이도록 촉발시켜야 한다. 이런 과정에서 제시되는 핵심적인 질문은 "이러한 담론들이 어떻게 다른가?"도 아니고 "이들이 어떻게 비슷한가?"도 아니다. 오히려 "이 이론이 어떤 복잡성 수준에서 설명하고 있는가?"일 것이다.[63]

복잡성 이론에서 학습은 발달의 과정과 결과가 아니라 생명력을 유지하기 위한 끊임없는 적응과정이다. 학습자와 학습해야 하는 대상, 그리고 학습자와 상황을 분리하지 않고 서로 얽혀있는 것으로 본다. 여기에서 학습은 교수행위에 의해 결정되지는 않는다. 복잡성 이론은 근대의 인과결정론(심리학에서 행동주의)도 아니고 상호 주관성(심리학에서 구성주의)도 아닌 상호 객관성을 주장한다다. 상호 주관성을 주장하는 입장에서는 주체subject와 주관성subjectivite이라는 개념이 객관성 혹은 객체와 대립되는 개념으로 인식되고 있어, 객체와 대립된, 혹은 객체를 제외한 주체들의 관계의 의미로 사용되는 경우가 많았다. 하지만 상호 객관성은 인식의 주체와 객체의 이분법적인 대립을 폐기했을 때 가능하다. 여기에서 인식은 주체와 객체의 관계로 간주하는 문제의 틀을 상호 주체의 관계로 전환하는 자리에서 제기할 수 있는 문제이기도 하다.[64]

결국 복잡성 이론은 주체가 객체 안에 있으며 주체와 객체가 상호작용하여 서로 변화한다는 인식론을 기반으로 한다. 복잡성 이론에서 주체와 객체는 서로 영향을 주고받으며, 구분되지 않는다.

지금까지 현실적으로 주체의 역할을 한 '가르치는 자'와 객체가 되어 버린 '배우는 자'를 분리하였던 교실교육과 달리 숲교육에서는 교사 즉 가르치는 자와 아이(배우는 자)는 서로 분리되지 않고, 영향을 주고받는다는 것을 전제로 한다. 심지어 서로 닮아 구별할 수도 없다.* 배우는 자와 가르치는 자의 역할 구별이 없어졌다.

주체와 객체를 구별할 수 없는 곳에서 주체란 스스로 창조해 가면서 우연과 무질서와 자기 조직화를 통해 스스로를 결정하고 스스로 목표를 갖는 것을 의미한다. 자율성을 지닌 생명체로서의 교사와 아이 모두가 주체이다. 숲에서 주체들은 닫힌 실체가 아니라 열림 속에 있으며, 바로 그 열림에 의해 자율성(규칙, 정체성)을 구성하는 시스템을 구축한다.[65]

국가수준교육과정을 아이들에게 전달하는 방식인 지금의 교육 형태는 복잡성 세계를 표방하는 4차 산업혁명시대를 대비할 수 없다. 복잡성 이론에 따르면 아이들은 4차 산업혁명시대 무질서 속에서 질서를 만들며, 자기 유사성을 가지고 자기 조직화가 된다. 또한 상호 연결성 속에서 창발의 경험을 갖게 된다. 이러한 시대에 가장 적합한 것이 숲교육이다.

---

* 이것은 뒤에서 언급할 학습공동체에서 교사의 역할 부분을 설명할 수 있는 이론이다.

4
숲교육의
심리학적 배경

본 장에서는 지능이론과 직관이론을 통해 숲교육의 심리학적 배경을 찾기 위해 노력하였다. 학문의 발달 등으로 최근 지능을 바라보는 관점이 바뀌었다. 이러한 패러다임은 기존 교실교육 보다 숲교육에서 설명하는 것이 더 적절하다. 또한 인공지능 등 4차 산업혁명에서 필요로 한 인간의 능력으로 직관이 제시되는 바, 숲교육과 연관하여 설명하고자 한다.

숲교육과 지능

사람의 능력을 평가하는 개념으로 지능이 활용되어 왔다. '지적능력'을 의미하는 지능은, 알프레드 비네Alfred Binet에 의해 1904년에 프랑스의 교육부 장관이 일반학급에서 공부할 수 없는 아이들을 특별학급에 배치하기 위한 방법으로 개발하였다.[66]

그 이후 지능의 개념은 수차례 변하였다가 '경험으로부터 학습하는 능력'과 '환경에 적응하는 능력'으로 본다는 것에 의견일치를 보았다.[67]

최근에는 창의성이나 마음과 관련된 정서까지도 지능의 한 부분으로 간주하고 있다. 지능을 이렇게 정의할 때 가장 중요한 것은 경험과 환경 그리고 적응능력이다. 결국 아이에게 많은 경험과 환경을 제공해야 한다. 이러한 이유들로 교육기관에서는 책을 통해 이러한 것들을 제공해왔다. 하지만 책은 간접적인 것으로 아이에게 직접적인 경험이 가능한 것들을 제공해야 할 필요가 있다. 아이들이 직접적인 경험을 많이 할 수 있는 곳이 숲이다.

지능을 복잡한 체계로 보는 입장에서는 지능의 개념을 넓게 정의하고 있다. 특히 1983년 하버드대학의 가드너Gardner가 다중지능이론을 발표하면서, 지능을 바라보는 관점이 변하였다. 다중지능이론은 이전의 지능에 대한 해석과는 달리 지능을 사회 속에서 직면하는 문제를 해결하는 '능력'에서 더 나아가 '문화적으로 가치 있는 물건을 창조하거나 문제를 해결하는 것으로 그 문화에서 유용하게 쓰일 수 있는 정보를 처리하는 생물심리학적인 잠재력'이라고 정의했고 환경적인 요인들을 통해 발달할 수 있는 능력이라고 보았다.[68] 다중지능이론은 그간 지능을 언어지능과 논리수학지능으로만 단선적으로 보던 시각에서 모든 사람은 각자 독특한 방식으로 상호작용하는 정도가 다른 여덟 가지 지능을 모두 소유하고 있다고 보았다. 다중지능에서 지능들은 프로파일 형식으로 서로가 연관되어 상호작용하지만 기능적으로는 독립되어 있는 복잡한 체계를 이룬다고 보았다. 다중지능이론에서 아이들은 태어날 때부터 여덟 가지 지능들에 대한 '경향성'을 가지고 태어난다고 본다.[69] 특히 자연지능*은 숲교육과 직접적으로 관련이 있으며, 그 외 지능은 학습본능†의 발현을 교육이라고 보는 숲교육과 모두 직간접적 관련이 있다.

숲교육을 지지할 또 다른 지능이론으로 자신의 사고 과정을 통제하고 이해하는 능력인 메타인지meta-cognition‡가 있다. '메타인지'는 인지를 점검하고 통제하는 과정 및 결과에 대한 조절 또는 인지에 대한 체계적인 내적 통찰과 자기조절 기능이다. 또한 활동을 계획하고 자신의 성공과 실패를 점검하며 필요한 경우 실수를 교정하는 능력의 향상

---

* 사물을 구별하고 분류하는 능력과 환경의 특징을 사용하는 능력이다. 사물을 분별하고 그 사물과 인간과의 관계를 설정하는 대처기능을 말한다. 또한 다양한 꽃이나 풀, 돌과 같이 식물, 광물 동물을 분류하고 인식할 수 있고 차나 신발 같은 문화적 산물이나 인공물을 인식하는 능력을 자연지능이라고 한다.

† 필자는 크리스챤이다. 이에 기독교 세계관에 의한 본능에 관한 개념이 이 책을 저술하는 데 내재되어 있다. 하나님께서 인간을 창조할 때에 자유의지를 주셨으므로 스스로 배우고자 하는 욕구도 자유의지에 속한다고 볼 수 있다. 창조의 질서 속에 하나님은 우리 인간에게 배우고자 하는 학습의 의지를 주셨다.

> 여호와 하나님이 그 사람에게 명하여 이르시되 동산 각종 나무의 열매는 네가 임의로 먹되
> (창세기2장 16절)

'네가 임의로 먹되'라는 구절을 통하여 하나님께서 스스로 생각하고 원하는 것을 갖고자 하는 욕구, 즉 자유의지를 허락하셨음을 알 수 있다. 학습본능에는 아이들이 배우고자 하는 내용도 스스로 선택하고 결정하는 요소를 포함하기 때문에 동물들은(동물은 자기의 선택을 통한 학습이 아닌 생존을 위한 본능적 학습이다. 따라서 동물들은 선택의 여지없이 반드시 익혀야 하는 생존을 위한 본능이다)과는 달리 학습의지라는 요소가 포함되어 있다. 칼빈은 '자유와 논박'에서 성경에 따르면 사람의 영혼은 이해하고 판단할 수 있는 지각과 이성을 갖춘, 그리고 그것의 동작을 유발하는 것을 원하고 선택할 수 있는 의지를 갖춘 영적 실체이라고 하였다. 이러한 칼빈의 인간론에 의하면, 인간은 본래 상태에서 자유의지를 소유하고 있다(Calvin, 2016, p275). 따라서 자유의지는 인간이 창조되었을 때 이미 가지고 있었으며 그 안에 학습에 대한 본능과 의지도 포함되어 있다고 할 수 있다.

‡ 메타인지를 초인지라고도 한다.

을 말한다.[70] 즉 자신의 인지 과정을 의식하고 조정하는 것으로써, 인지를 대상으로 하는 다른 차원에서의 인지적 작용을 말하며 '돌이켜 보기, 선택하기, 계획하기, 평가하기, 수정하기, 점검하기' 등의 지적활동 과정이 있다.

메타인지는 '인지에 대한 인지', '인지에 대한 조정'의 두 가지 활동으로 이루어진다. 메타인지적 지식meta-cognitive knowledge 과 메타인지적 조정meta-cognitive function은 별개의 과정으로 순서적으로 일어나는 것이 아니라 상호 간에 영향을 주고받으며, 유기적으로 작용한다. 그래서 동시적으로 일어나는 인지과정이다.[71] 특히 메타인지는 인간의 문제해결 과정이나 학업 성취와 관련하여 최근 인지심리학, 교육심리학 분야에서 주요한 관심 영역이다. 메타인지는 정형화된 방식의 지식을 통해 길러지는 것이 아니므로, 내용 위주의 명제적 지식보다는 맥락에 따라 다양하게 발생하는 문제 상황에서 길러질 수 있다는 점에서 숲교육을 설명하는데 적합하다.

스턴버그Sternberg가 주장하는 지능의 삼원이론triarchic theory of human intelligence은 메타인지를 좀 더 정교화하고 구체화하여 제시하였다. 가드너 Gardner 의 다중지능이론은 독립적인 구조를 강조하는 것에 비해, 스턴버그Sternberg의 지능이론은 상대적으로 상호의존적인 과정을 강조한다. 지능의 삼원이론에서 지능의 구성요소는 메타 요소meta-components, 수행 요소performance components, 지식 획득 요소knowledge-acquisition components이다.[72] 우선, 메타 요소는 일을 진행하는 데 있어서 계획 세우기, 일을 하는 동안의 수행 정도 감독하기, 수행 결과 평가하기와 같은 역할을 수행한다. 숲에서 아이들은 무엇을 하고 놀 것인지 주제를 결정하고, 이를 수행하기 위한 전략들을 계획하며, 잘 진행되고 있는지를 살펴야 한다. 이러한 역할을 담당하는 사고 과정이 메타 요소이다. 수행 요소는 메타 요소가 계획한 것을 실행하는 것과 관련된다. 이 과정은 아이들이 숲에서 놀면서 학습공동체에서 나름대로 자료를 수집하고, 이것들을 정리하는 것이다. 마지막으로 지식 획득 요소는 문제해결방법을 학습하는 것과 관련되는 과정이다. 메타 요소, 수행 요소, 지식 획득 요소는 서로 상호작용을 한다. 메타 요소가 무엇을 할 것인지를 결정하고 나면 수행 요소와 지식 획득 요소가 활성화된다. 이때, 수행 요소와 지식 획득 요소는 메타 요소에 피드백을 제공하고, 메타 요소는 정보처리를 위한 전략과 정보의 표상을 조절한다.

또한 최근 뇌기능 연구를 통해 지능을 이해하고자 하는 시도도 있다. 그동안 사람들이 생각하는 것, 즉 사고하고, 감정을 처리하는 것은 실체가 없어서 증명할 수 없기 때문에 아주 추상적인 것으로 간주되어 연구가 진행되었다. 하지만 과학의 발달로 뇌에 관한 연구들이 빠르게 진전되면서 뇌에서의 전기활동 형태나 신경의 충격자극 속도가 IQ검사에서의 점수와 상관이 있다는 것이 발견되기도 하였다.[73] 뉴바우어Neubauer와 동료들은 뇌파검사EEG를 통해 인간의 사고능력인 지능은 뇌의 신경계 효율성과 광범위하게 관련이 있음을 밝혀냈다.[74]

그 외 종교나 철학 등에서 거론할 만한 지혜wisdom도 지능을 기반으로 한다고 보는 견해도 있다. 여기에서 지혜는 '지식, 경험, 이해 등을 기초로 올바르게 판단하는 능력과 건강하게 행동하는 능력'으로 정의된다. 특히 스턴버그Sternberg와 윌리암스Williams는 지혜를 지능, 창의성, 지식의 적용이라고 하여 지능이 지혜와 구성 요인에 있어서 많은 부분 중복되고 있음을 밝히고 있다.[75]

지금까지 제시한 지능이론들은 형식적 교육과 밀접한 관련을 맺고 있다. 과거에는 교과 내용이 학교 교육의 중심이 되어 내용을 얼마나 빨리 그리고 잘 습득하느냐에 대한 방법론으로써 지능을 중요시하였다.[76] 하지만, 아이들이 배워야 되는 교과 내용은 변하는 속도가 빠르고, 양이 방대하며, 컴퓨터 등의 발달로 교과 내용을 습득하는 방식에서 많은 변화를 가져오는 등의 이유로 이제 지능에 대한 개념은 사회의 변화에 따라 달리 정의되고 있다. 그 결과 지금까지는 교과 내용의 습득을 위한 방법론으로써의 지능을 중시하였지만, 최근에는 지능개발자체가 목적이 되어 교과와 독립되어 지능계발을 하는 '교과 독립적 프로그램'과 교과 내에서 지능계발을 통합한 '교과통합의 방법' 등이 중시되고 있다.[77] 이렇게 새로운 시대에 필요로 한 지능의 개념들이 등장하면서 교육의 방향도 바뀌고 있다. 새로운 지능 개념들의 공통점은 정해진 지식 위주의 교실교육 보다는 상황과 맥락에 따라 예측하기 어려운 아이들의 일상의 경험과 그 속에서 문제를 해결해가는 능력을 중요시하는 개념으로 전환되고 있다. 아이들이 풍부한 일상을 경험할 수 있는 숲교육이 지금 시대의 화두가 된 것은 이렇게 지능의 개념이 변하기 때문이라고도 볼 수 있다.

숲교육과 직관

'4차 산업혁명'이라는 주제로 개최된 2016년 세계경제포럼은 인공지능 및 기술의 발전으로 인간이 하는 많은 일들을 인공지능이 대신하여 5년 안에 선진국 15개국에서 510만개의 일자리가 사라질 것이라고 예측하였다.

대중과학서 캘로너Calloner에 소개된 바에 의하면 인공지능은 지능을 가진 컴퓨터 또는 그것을 개발하는 학문을 말한다. 인공지능이라는 용어는 1956년 영국의 다트머스 회의에서 처음 사용되었고, 1990년대부터 현실에 적용 가능한 기술들이 꾸준히 연구 개발되기 시작하였다. 인공지능의 목표는 사람처럼 생각하는 기계를 만드는 것이다.

　인공지능 시대의 도래는 역설적으로 인간만의 가치, 인간만의 지적 영역의 개발에 주목해야 함을 의미한다.[78] 최근 학습능력을 갖춘 인공지능에 비해 인간만의 지적 영역은 무엇인가에 대한 많은 연구들이 행해지고 있다. 그 중 주목받고 있는 것이 직관이다.* 실제 2016년 이세돌과 인공지능인 알파고의 바둑대전 중 유일하게 이세돌이 승리를 거둔 제4국을 인간의 '직관'이 승리했다고 표현한다. 스티븐 나흐마노비치Stephen Nachmanovitch 역시 그의 저서 '놀이, 마르지 않는 창조의 샘'에서 '가슴은 머리가 알지 못한 것을 안다'라고 말한 파스칼Pascal의 말을 인용하면서 '직관'의 중요성을 역설하였다. 여기에서 의미하는 직관은 떠오르는 심상과 같은 말로, 아리스토텔레스에 의해서 주장되기 시작한 '논리'가 아닌 '초超논리'이다.

　'직관'은 과학자들의 창조적 행위에서도 볼 수 있다. 실제 과학자들은 직관적으로 깨달은 후 논리적으로 표현하는 2단계를 거친다. 유전학 분야에서 1983년 이동성 유전인자를 발견한 성과를 인정받아 노벨상을 받은 바버라 매클린턱Babara McClintock은 "과학적인 방법으로 일을 한다는 것은 내가 직관적으로 알아낸 어떤 것을 과학의 틀 속으로 집어넣는 것이다"라고 표현하였다. 아래는 그녀의 경험에 관한 이야기다.

　1930년 어느 날, 그녀는 코넬대학 주변의 옥수수 밭에서 동료 과학자들과

---

* 핑커는 그의 저서 빈 서판(The Blank Slate)에서 직관을 인식방법이라고 칭하고 체계, 모듈, 자세, 기능, 정신 기관, 다중지능, 사고 엔진이라고 불렀다. 그리고 직관의 영역을 직관물리학, 직관적 생물학 또는 직관적 자연사, 직관공학, 직관심리, 공간감각, 숫자감각, 확률감각, 직관경제학, 정신적 데이터 베이스와 논리, 언어로 보았다(p.388-390).

유전학연구를 하고 있었다. 연구자들은 전체 옥수수의 절반 정도에서 열매를 맺지 못하는 꽃가루가 나올 것이라 예상했는데, 실제로는 삼분의 일 정도에서만 그 현상이 나타났다. 그 차이는 매우 중요한 것이어서 매클린턱Babara McClintock은 무척 혼란에 빠져 있었다. 그녀는 옥수수 밭을 떠나 언덕 위에 있는 연구실로 가면서 혼자 골똘히 생각하기 시작했다.

그러다가 30분쯤 후, 그녀는 펄쩍펄쩍 뛰며 옥수수 밭으로 달려갔다. "유레카, 답을 알아냈어! 왜 불임 꽃가루가 30퍼센트밖에 안되는지 알아냈다고!" 흥분하는 그녀에게 동료들은 시큰둥하게 대꾸했다. "그럼 증명해봐." 그런데 정작 그녀의 머릿속에서는 이 깨달음을 어떻게 설명해야 할지 방법이 떠오르지 않았다. 수십 년 후, 매클린턱은 이렇게 회고했다. "문제를 풀다가 답이라고 할 만한 어떤 것이 갑자기 떠올랐다면 그것은 말로 설명하기 전에 이미 무의식 속에서 해답을 구한 경우다. 나에겐 그런 일이 자주 일어났는데 그때마다 나는 그것이 정답이라는 것을 이미 알았다. 나의 확신은 절대적이었지만 말로 설명하진 않았다. 그럴 필요가 없었다. 그저 그게 답이라고 확신했을 뿐이었다."[79]

아인슈타인Einstein 역시 "직감과 직관, 사고 내부에서 본질이라고 할 수 있는 심상이 먼저 나타난다. 말이나 숫자는 이것의 표현수단에 불과하다" 그리고 "연구의 성과는 면밀한 의도나 계획에서 오는 것이 아니라 가슴으로부터 바로 나온다"라고 말하였다. 또한 "과학자는 공식적으로 사고하지 않는다. 오직 직관만이 교감을 통하여 통찰력으로 이어질 수 있다"고 하면서 자신의 연구 결과를 직관의 결과라고 말하였다. 여기에서 언급한 아인슈타인Einstein이 중요시 여기는 '직관'은 도래하는 4차 산업혁명 시대에 인간의 강력한 능력이 될 것이다.

직관*은 논리적이지 않고, 이성적이지도 않게, 순간 떠오르는 생각이다. 그래서 추론의 반대되는 의미로 사용되기도 한다. 영어에서 직관을 의미하는, 'intuition'은 '자세히 살피다to look on'라는 뜻의 라틴어 'intueri'에서 파생되었고, 'on'에 해당하는 'in'과 '보다see' 혹은 '관찰하다to watch'에 해당하는 'tueri'가 합성된 말이다. 한자의 '직관'은 '직접 보다'라는 뜻을 지닌다. 이러한 것들을 종합해 볼 때 직관은 사물 또는 대상에 대한 직접적 지식을 의미한다. 여기에서 직접적 지식은 논증, 증명, 추론, 판단 등의 어떤 의식적 활동도 없이 갖게 되는 지식이다. 이러한 직관을 주형일 교수는 다음과 같이 정의하고 있다.

> 뭔가를 알게 됐는데 그것을 어떻게 알았는지 설명할 수 없을 때 우리는 보통 직관을 통해 알았다고 한다. 이런 직관은 찰나의 순간에 얻어지고 그 과정을 설명할 수 없다는 특징을 갖는다. 또한 동시에 그렇게 얻게 된 지식이 너무나 분명하고 확실하게 여겨져 이의를 제기할 수 없는 것처럼 보인다는 특성이 있다. 아무런 근거도 없고 이유도 설명할 수 없지만 그럴 것이라는 확신이 드는 지식, 그것이 바로 직관이 제공하는 일이다.80

직관은 감각과 마찬가지로 비합리적인 특성을 가진다. 직관은 사고나 감정 내용처럼 '유도되거나 표현된 것'이 아니라 '이미 주어진 것'으로 본성과 같이 자기내면에 본래 자리하고 있다. 직관은 합리적 법칙에 따른 판단과정을 거치지 않고 직접 발견하고 직접 지각하는 것이다. 그래서 융Jung은 직관을 '무의식적인 방법으로 인식을 유도하는 심리기

---

* 직관의 사전적 의미는 '판단, 추리 등의 사유 작용을 거치지 않고 대상을 직접적으로 파악하는 작용'(에센스 국어사전)이다.

능'이라고 말하였다. 심리학자인 호가드Hogarth는 직관의 특성으로, 빠른 사고, 신속한 인지, 이성적인 사고의 결여, 어떻게 알았는지 모르면서 아는 것, 의식적 과정 없이 아는 것 등을 들었다. 이처럼 직관이란 자기가 어떻게 그것을 알았는지 모르는 것이 두드러진 특징이다. 철학자이자 물리학자인 번지Bunge는 직관의 특징으로 본질을 빨리 알아내는 것, 무엇이 의미하는지를 한 번에 아는 것, 사물들의 관계를 빨리 알아차리는 것, 방정식이나 수학공식의 쉽고도 빠른 해석, 감각을 초월하는 자극을 알아채는 것 등을 들고 있다.

직관은 대단히 주관적인 경험이므로 이성적이고 논리적으로 정의하기도, 설명하기도 어려운 사고과정이다. 이런 까닭에 직관은 심리학뿐만 아니라 적어도 과학을 표방하는 학문 전반에서도 진지하게 다루어지지 않았다. 그래서 그동안 직관이란 주제는 철학자들의 전유물이었다.

철학에서 직관은 사유와 분리된 개념이다. 직관은 지성적 직관과 감성적 직관으로 나눌 수 있다. 플라톤 이후에 지성적 직관은 방법론적이고 연역적 추론을 수행해가는 과정인 사유에 앞선다고 여겼다. 또한 그리스 철학자들에게 직관이란 추론에 바탕을 두지 않은 직접적 생각이나 이해를 의미했다. 따라서 플라톤 이후 철학자들에게 직관이란 감각기관이나 일상적 경험, 또는 그것의 순수한 형태인 이성을 동원하지 않은 상태에서 떠오르는 생각이었다.

칸트Kant는 인식을 가능하게 하는 능력을 감성과 오성으로 구분하며, 감성은 외적 자극들에 대한 감각을 수용하는 능력이고 오성은 수용된 자료들을 종합하는 지성적 능력이라고 하였다. 여기에서 감성이 작용하는 방식이 바로 직관이다. 직관은 구체적 경험 세계의 인식과 관련된 것이라기보다는 인식을 가능하게 만드는 순수한 정신활동과 관련된 추상적 차원의 것이다. 칸트Kant는 감각을 통해 느낌으로 알게 되는 것을 직관의 영역에 포함시켰다. 여기에서 직관은 분석되거나 종합되지 않고 얻어진 앎이다. 칸트Kant는 직관을 감각적 직관에 국한하고 지성적 직관은 부정하였다. 그리고 사유를 직관에 앞서는 것으로 여겼다. 프랑스의 철학자 앙리 베르그송Henri Bergson은 한술 더 떠 오성에서 직관으로 중심을 옮겨갈 것을 주장했다.

그러나 후설Husserl은 직관을 중요시 여겼으며 칸트Kant와 앙리 베르트송Henri Bergson이 직관을 편협한 구조로 여기는 것을 비판하며 철학의 기본적인 방법으로써 사유에 우선한다고 하였다. 그는 사유함에 있어서 직관적으로 되돌아가 스스로의 통찰에서 출발하려고 하였다. 이는 직관 이외의 논리적 구조를 생각하는 것이 아니라 오히려 직관 그 자체에서 논리적 구조를 찾으려는 것을 의미한다. 후설은 사유보다는 직관 우위의 사고를 중요시 여겨, 현재적 직관에 회상, 기대, 상상과 같은 작용을 포함시키고 있다.

철학이 아닌 심리학에서도 직관을 이야기한다. 융Jung에 따르면, 에고ego는 현실을 지각하고 해석하는 데 사용하는 네 가지의 기본적인 능력인 직관Intuition, 사고Thinking, 감정Feeling, 감각Sensation이 있다고 하였다. 여기에서 '직관'은 지적 판단이나 외부적 자극과는 무관하게 순수하게 내면적으로 어떤 것을 느끼고 알게 되는 능력으로 깊은 곳에서 밀려오는 직감gut feeling의 능력이다. '사고'는 합리적 분석능력을 의미하며 이것은 여러 개념들을 이용해 종합적 이해에 이르는 지성능력이다. '감정'은 대상의 가치를 해석하는 능력으로 대상이 쾌를 주는지 불쾌를 주는지에 근거해 대상을 평가하고 그것을 받아들일 것인지 배척할 것인지를 판단하는 능력이다. '감각'은 감각 기관을 통한 의식적인 지각 능력이다. 사고나 감정은 합리적인 성격을 갖는 반면, 감각과 직관은 비합리적 성격을 갖는다. 이렇게 비합리적 성격을 갖는 직관은 의식에 즉각적으로 주어진 자극을 통해 아는 능력으로, 정신적 을 거치지 않는다는 점에서는 감각과 비슷하지만 물리적 자극으로부터 비롯되지 않는다는 점에서는 감각과 다르다.

    필자는 숲교육을 이야기하면서 학습본능을 이야기 하고 있다. 본능은 무엇을 해야지 하는 결심이나 판단, 심지어 추론이나 분석 등 사유를 거치지 않고 저절로, 그리고 직접적으로 행해진다는 점에서 직관과 유사하다. 직관은 저절로 길러지지 않는다. 본능은 선천적이고 생리적인 속성이 있지만, 직관은 그렇지 않다. 최근 심리학자들과 교육학자들 중 일부는 직관을 창의성이나 문제해결능력과 연결하여 사회적응, 심리치료, 학교교육의 한 방법으로 접근하기도 한다. 이것은 '유레카'라는 말로 대변되는 창조적 발견인 직관으로, 평소 해결하려던 문제에 대한 해답이 어느 순간 갑자기 떠오르는 방식으로 드러나는 앎이다. 여러 과학자들이 이른바 '획기적'발견이나 발명의 과정에 직관이 개입했다는 것은 이미 여러 차례 제기되었다.[81] 창조적 직관을 통한 앎에서 우리가 주목할 것은 그것이 아무 것도 없는 상태에서 갑자기 알게 되는 깨달음이 아니라는 것이다.[82] 평소 해결하려던 문제에 충분한 고민과 공부가 이루어져야 한다. 단지 우리가 창조적 직관이 아무것도 없는 상태에서 갑자기 알게 되는 앎처럼 여겨지는 것은 이전의 경험들과 깨달음이 연속적으로 이어져 있지 않기 때문이다. 유레카의 순간은 바로 그러한 과정을 통해 얻어지는 것이다.

    이와 관련하여 뇌과학 분야에서도 직관은 느닷없이 찾아오는 우연한 사건이 아님을 주장한다. 창조적 직관의 순간을 스티븐 존슨Steven Johnson은 '네트워크화된 지식과 조합된 창조성'이라고 하였다. 또한 로렌 밀리오레Lauren Migliore는 '아하'하는 순간인 창조적 직관을 기르기 위해서는 새로운 뉴런 네트워크 연결점을 계속해서 만들어야 하며 다양한 경험을 습득함으로써 뉴런 네트워크를 촘촘하게 만들어가야 한다고 주장한다.83 이를 위해 뇌가 생각하는 전체적인 능력, 즉 '인지적 비축분cognitive reserve'을 키워야 한다고 한다.*

하지만 교실교육은 직관을 인간능력의 일부로 인정하지 않고 있으며, 설사 인정하였다고 하더라도, 과거 교육 패러다임 속에 매몰되어 교육내용으로까지 확대하지 못하고 있다. 아래는 직관에 대한 로버트 루트번스타인과 미셸 루트번스타인Robert Root-Bernstein & Michele Root-Bernstein의 주장이다.

> 교사들은 아이들에게 수학적이고 통사론적 논리를 가르치면서도 느낌과 직관의 초논리는 무시한다. 우리는 말과 숫자를 통해 배우고 평가받아왔으며, 또 그것을 통해 사고하는 것을 불변의 전제로 받아들인다. 그렇지만 학교교육에 대한 이런 잘못된 생각이 더 이상 커져서는 안 된다. 그렇기 때문에 '창조적 사고'라는 직관적인 '방언(수학공식이나 논리 같은 공식 언어가 아닌)'을 이해하고 설명하는 것은 매우 중요하다.84

4차 산업혁명이 도래하고 있는 이 시점, 인간에게 가장 필요한 능력으로 직관이 대두되는 것은 현실적인 필연성과 당위성 때문이다. 직관은 본능으로, 아이들이 무엇인가 배우고자 하는 본능을 살려 주었을 때 길러질 수 있다. 또한 내용 위주의 교육에서 탈피해야 함을 보여주고 있다. 숲에서 아이들은 많은 감각기관을 활용하여 논다. 아니 더 정확하

---

* '멋진 아이디어는 어디에서 오는가?'의 저자 스티븐 존슨은 '아하!' 하는 순간(창조적 직관의 순간)은 난데없이 나타나는 게 아니라고 단언한다. 그는 이런 순간들이 특정한 환경에서 만들어지는 것이며 상대적으로 예측 가능한 순간이라고 주장한다.

게는 숲에서 아이들은 자신의 모든 감각기관을 연다. 그리고 그 감각기관을 작동시킨다. 여기에서 감각기관을 작동시키는 것은 본능이다. 이것은 또한 아이들이 살아가야 되는 데 필요한 배움이기도 하다. 그리고 감각기관 중 하나가 직관이다. 아이들은 직관을 통하여 자기 존재와 아이들에게 많은 일상을 가져다 줄 숲을 만난다. 숲교육은 직관을 기르는 것이다. 숲은 학습본능이 이끄는 대로 노는 아이들이 갖게 되는 창조적 직관을 설명하는 키워드일 수 있다. 아이들은 숲에서 놀면서 자신의 학습본능이 이끄는 대로 생활할 때 직관이 계발된다.

아래의 로버트 루트번스타인과 미셸 루트번스타인Robert Root-Bernstein & Michele Root-Bernstein의 주장처럼 아이들은 몸으로 생각할 수도 있다. 지금까지 언급한 직관은 몸으로 생각하는 것들까지 포함한다. 숲에서 아이들이 몸을 움직이면서 노는 것 자체가 직관의 작용이다.

신경학자 올리버 색스에 의하면 "지속적인, 그러나 무의식적인 감각의 흐름이 우리 몸의 동작부위에서 나온다"라고 한다. 이 감각의 흐름이란 우리가 '제 6감' 혹은 '비밀의 감각'이라고 부르는 것이다. 그는 계속해서 "우리는 자신의 근육을 살피고, 위치나 긴장상태, 움직임을 끊임없이 재조정한다. 그러나 이 과정은 자동적이고 무의식적으로 일어나기 때문에 숨어 있는 과정이라고 말할 수 있다"라고 적고 있다.[85]

5
교육공간으로써 숲의 재해석

숲의 교육적 의미에 대해 이론적 정립을 하고자 시도하였다. 숲교육의 이론을 정립하는 작업은 한 개인이 할 수도 없는 것이며, 하려고 무모하게 달려들어서도 안 된다. 또한 한 세대에 끝나서도 안 되는 작업이다. 하지만 분명한 것은 큰 시간의 흐름 속에 분명 숲교육이 위치하고 있다는 것이다. 숲교육은 끊임없이 반성하며 변화하고 발전해 온 교육의 전환기에 어김없이 등장한 이슈였다. 숲교육은 계몽주의의 반성에서 시작한 많은 도전들 중 하나이며, 대안이다. 지금의 교육은 계몽주의 시대인 근대교육의 속성을 다분히 가지고 있다. 그리고 그것은 변화되어야 하는 시점에 놓였다. 계몽주의에서 주장되었던 자연주의와 숲교육을 중심으로 나타나는 자연주의는 차이가 있다.

계몽주의 때의 자연주의는 교육을 통해 인간을 변화시켜 사회를 개혁하고자 하는 근대교육 한계 내에서 주장된 것이었다면, 숲교육에서의 자연주의는 자연에서 자신의 존재를 찾고자 하는 실존적 자연주의이며, 환경문제 등 인류의 문제에 대해 함께 대처한다는 인류 공영의 자연주의이다. 숲교육에서는 계몽주의가 가진 보편성 보다는 존재의 실존성에 더 많은 비중을 둔다. 이러한 것은 산업사회에서 정보화 사회로 그리고 인공지능의 시대로 전환되고, 생산위주의 사회에서 소비위주의 사회로, 소품종 대량생산에서 다품종 소량생산시대로 변화됨에 따라 교육에서의 변화에 대한 필연적 요구와 맥락을 같이 한다.

또한 최근 시간을 중심으로 세상을 해석하려는 패러다임을 공간 중심으로 해석하고자 하는 시도들을 볼 때, 교육을 숲을 중심으로 해석하고자 하는 것은 당연한 결과일 수 있다. 숲교육에서 숲은 단순히 기능적 공간이 아니라, 시간 패러다임에서 공간 패러다임으로 전환되는 시점에서 가교의 역할을 한다.

이러한 사실들에서 볼 때 교육공간으로써 숲의 의미는 재해석되어야 한다. 숲의 교육공간화는 학습자들을 통제하고 길러내기 위해 '타자화'되고 '기능화'된 기존의 교육공간이 '실존적'이며 동시에 '본질적인 기능'을 수행할 수 있는 자유의 공간으로 변화하는 것을 의미한다.[86] 더 나아가 시간 중심의 패러다임에서 공간 패러다임으로의 확장을 의미하는 교육 패러다임의 재개념화를 의미한다.

숲이 교육공간으로써 의미가 있으려면 다양한 학습자의 삶을 이해할 수 있는 실존의 공간이 되어야 한다. 이는 학습자들의 사고와 행위 자체를 규격화·정형화시키는 공간이 아니라, 아이들의 삶이 투영된 교육공간을 의미한다. 기존의 교육공간이 '타자화'되어, 학습자의 삶을 복종시키고, 통제하는 감시의 공간이었다면[87] 이제는 공간 내에서 아이의 일상, 삶 자체를 이해하는 공간이어야 한다. 결국 교육의 수단이나 매개, 보조로써의 공간이 아니라, 공간이 교육을 가능하게 해주는 조건인 동시에 그 자체가 하나의 교육적 요소이며, 교육적 의미를 이끌어 낼 수 있는 장을 의미한다.[88]

이를 위해 숲은 추상적이고 동질적인 공간이 아니라, 인간에 의해서 구체적으로 체험되는 삶의 공간이어야 한다. 배움과 가르침이 하나 되며, 그 속에서 아이들의 삶 자체가 교육목표가 되어야 한다. 결국 교육공간으로써 숲은 아이들의 삶을 구성해야 하며, 삶과 관련이 있어야 한다. 그래서 아이들에게 실제적으로 경험하게 되는 생활세계의 다양한 의미와 가치를 깨닫게 해야 한다. 선험적으로 가치가 부여되어 아이의 삶과 유리된 지식에서 벗어나, 삶 자체가 교육이어야 한다. 그래서 교육의 출발점은 아이들의 주된 생활공간이 되어야 하며, 이를 위해 아이들은 자신이 경험한 삶과 공간을 제대로 이해하고, 내면화할 수 있어야 한다. 숲은 아이의 일상이 온전히 표상되기에 가장 적합한 공간으로, 물, 풀, 돌, 흙, 나무 등 모든 자연물의 총합체이다.

숲은 그 자체가 기능 중심의 공간을 넘어 실제적 삶에 기반을 두는 교육목표이며 내용이고, 교육매체이며 방법 심지어 교육주체로서의 역할을 하는 것을 의미한다.

뭔가 있을 듯 크게 시작하여 뭔가 다 말하지 못하게 끝을 내는 것이이 숲교육의 현주소일지도 모른다. 숲이 한 순간 유행이 되지 않으려면 탄탄한 이론적 배경을 갖추어야 한다. 즉 심리학적 배경, 사회학적 배경, 그리고 더 깊이 있는 철학적, 역사적 배경까지 내재되어야 숲교육이 한낱 유행에 지나지 않는 교육적 움직임이 될 수 있다. 특히 시간의 패러다임에서 논의되던 교육학의 영역이 공간적 패러다임으로 전환되는 시점에서 숲의 공간적 특성과 관련한 이론의 구축이 되어 있어야 한다.

외국의 사례에서 볼 수 있듯이 숲교육은 결코 학문하는 곳이나 국가 등 제도권에서 시작하지 않았다. 시민의 자리에서 필요에 의해 자생적으로 발생한 교육 운동이다.* 그래서 더욱더 단순히 캠페인으로 끝나서는 안 된다. 이를 위해서는 많은 이론적 배경을 구축해야 하며, 과감한 변혁적 도전이 필요하다.

---

* 이러한 것들을 종합해 볼때 우리나라의 경우에 숲교육이 제도권에서 출발했다고 볼 수 있지만 교육부가 아닌 산림청에서 시작했다는 점에서 교육제도권이라고 보기 어렵다. 또한 산림청에서 주도한 시민운동이라는 측면에서 출발상 자생적이라고 보기는 어렵다. 하지만 지금은 많은 곳에서 자발적 모임이 만들어 지고 있으며, 교육제도권인 교육자치단체장들이 관심을 갖고 있다.

III
숲교육은
무엇인가?

숲 교육은 아이들의 학습본능을 충족시키며, 이를 통해 아이들이 자기 존재를 발견(현)하는 것이다.

1 숲교육

지금까지 탈근대적 교육 패러다임으로 전환의 필요성과 함께 숲교육을 이야기하였다. 이제 숲을 교육공간으로 본 새로운 교육 패러다임으로써의 숲교육에 대해 이야기해 보자. 숲교육이란 무엇인가? 숲에서 하는 교육인가? 숲에 관한 것을 배우는 교육인가(숲과 관련한 교육)? 아니면 환경교육의 하나인가? 우리나라에서 공식적으로 교육에서 숲을 이야기하기 시작한 것은 2009년 12월 5일에 산림청 주최로 개최된 국제 세미나이다. 이 세미나는 숲교육을 주로 환경생태교육 측면에서 접근하였다. 당시 조형숙 교수는 '유아를 위한 녹색교육의 방향'이라는 주제의 발표에서 숲 유치원은 녹색교육의 방향을 잘 구현할 수 있는 교육 모형이며, 유럽형의 환경을 갖추지 않아도 자연이 풍부한 유치원 주변에 아이들이 언제든 드나들 수 있는 산, 공원이 숲 유치원이 될 수 있다고 하였다.[1] 또한 '숲과 문화학교' 교장인 강영란 선생은 '숲, 생태유아교육 어떻게 할 것인가?'라는 주제의 발표를 통해 환경교육을 목적으로 숲교육을 주장하였다. 2009년 당시 숲 유치원 국제 세미나의 주제를 보면 한국의 숲 유치원은 환경교육 측면에서 시작되었음을 짐작케 한다.

이후 2010년 6월 4일 국회의원회관에서 열린 '제2회 숲 유치원 국제 세미나'에서 임재택 교수는 "이제는 숲 유치원이다 : 숲과 아이들의 만남"이라는 주제로 발표하였다. 그는 숲 유치원을 다음과 같이 정의하였다.

> 숲 유치원은 아이들이 숲에서 마음껏 뛰어 놀고 오감을 통해 자연 만물과 교감하는 체험 중심의 활동을 하면서 일정 시간을 생활하는 것을 의미한다. 숲 유치원은 인가된 유치원이나 어린이집과는 달리 교실도, 교재도, 교사도 정해진 것이 없다. 아이들이 신명나게 뛰어 노는 곳이면, 그 곳이 숲이든, 돌이든, 강이든, 바다든 모두가 숲 유치원이 될 수 있다. 자연이 최고의 교실이고 교재이고 교사이다. 숲 유치원은 어린 아이들을 위한 숲학교 내지 자연학교라고 할 수 있다.[2]

이러한 정의는 숲 유치원을 교육학적 개념에서 접근한 것이라고 볼 수 있다. 정의에 따르면 숲 유치원은 아이들에게 자연과 놀이와 아이다움을 되찾아주며, 몸과 마음을 치유해 주고, 자유와 여유와 믿음을 주고, 오감을 개발해 주는 곳이라고 하여, 교육과 아이들의 발달 측면에서 긍정적인 기능을 한다.

숲을 환경교육의 측면에서 접근한 2009년 제1회 국제 세미나에서와는 달리, 2010년 제2회 국제 세미나에서는 숲을 아이들의 발달적인 측면에서 보게 됨으로써 환경교육으로 국한되었던 숲교육은 포괄적인 교육의 형태로 일대 전환을 맞이하게 되었다. 사례 발표자로 나선 독일 '하이델베르그 숲 유치원' 원장인 야나 뢰쉐은 '독일 하이델베르그 숲 유치원 : 4계절 숲 활동과 행사'라는 제목의 발표에서 '자연은 그 자체로 최고의 스승, 아이들을 숲으로 데려가자. 숲은 아이들을 친구로 맞이

한다.'고 하여 숲 유치원이 생태교육이나 환경교육의 영역을 포함한 전반적인 교육의 한 유형임을 제시하며 전체 교육 중 일부가 아니라 또 하나의 과정유형임을 제시하였다. 유치원 운영 방식과 관련해서는 독일의 '리히트비제 숲 유치원' 교사인 디룩 고틀레는 '독일 숲에서의 프로젝트 프로그램 운영 실제'라는 발표를 통해 숲에서 프로젝트 수업을 하는 방법을 제시하였는데, 숲이 프로젝트의 주제이며, 내용이 되는 것이었다.

하지만 국내 숲 유치원의 운영 실적은 독일과는 매우 다른 것으로 나타났다. 특히 초기에는 숲을 단지 체험활동의 장으로 한정지어 버리는 경우가 많았다. 실제 산림청 산림휴양등산과 이미라 과장은 '숲 유치원 현황과 발전 방향'이라는 제목의 발표에서 "숲 유치원은 숲에서 아이들이 맘껏 뛰놀고 오감을 통해 자연과 교감하는 체험활동 위주의 교육으로 '전인적' 성장·발달을 도모하는 것"이라고 하였다.

일본의 경우 자연 체험의 개념으로 숲 유치원을 생각하는 경우가 많았다. 이와 관련하여 일본 숲 유치원 네트워크 운영위원장인 우치다 코오이치는 '일본 최초의 숲 유치원 : 지난 20년의 발자취'에서 "주말에 일반 유치원이나 보육시설에 다니는 아이들에게 숲 유치원을 체험하게 하는 이벤트, 자연학교에서 아이들을 대상으로 하는 자연체험 활동 등 여러 가지 숲 유치원 활동을 하고 있다"면서 "일본에서는 그러한 여러 가지 활동을 포함해서 자연체험을 축으로 한 육아, 보육, 유아교육의 총칭으로써 숲 유치원이라고 표현한다"라고 하였다.[3]

반면, 2014년 국내에 소개된 영국의 숲교육의 경우*에는 숲을 단지 자연 체험장이 아닌 교육내용으로 확장하고 있다. 그러나 여전히 숲을 교육

---

* 한국숲 유치원협회에서 번역한 것을 온전히 사용하지 않고, 해석이 매끄럽지 않은 것을 수정하였다.

공간의 이동과 내용의 제공자 역할에 국한하고 있다. 영국 숲학교 협회 Forest School Association에서는 '모든 학습자에게 숲이나 나무가 있는 자연 환경에서 정기적인 직접 체험을 통해 자신감과 자존감을 길러주는 영감을 배우는 과정'이라고 숲학교를 정의하였다. 또한 영국의 우스터셔Worcestershire 지역에 있는 숲학교에서는 '숲학교는 실생활을 통해 자연 세계를 탐구하고 경험하는 아이들에 관한 것으로, 다양한 숲의 자연과 아이들의 흥미를 상상력 있고, 창의적이며, 활동적인 것과 연결시키는 것'이라고 정의하였다. 이러한 정의는 숲을 공간의 의미로만 해석한 한계가 있다.

이러한 정의 하에 영국의 컨스터블Constable은 숲교육의 원리를 아래와 같이 제시하였는바, 이는 숲을 필자가 의미하는 교육의 주체로 보는 것이 아니라 숲의 효과와 일상적인 방법에 관해서 제시한 것이라고 볼 수 있다.

- 아이들에게 영감을 주고, 새로운 기회와 경험을 소개하는 것
- 아이들의 자긍심과 자신감을 증진시키기 위해 자유롭고, 독립적으로 탐색할 수 있는 규칙적인 경험을 제공해 주는 것
- 아이들에게 친구들과 그들 자신의 환경을 탐색할 수 있도록 자유와 시간을 주는 것
- 아이들이 어디엔가 속해 있다는 느낌, 존중 그리고 아이들을 둘러싼 세계에 대한 이해를 증진시키는 것[4]

지금까지 내용을 종합해 볼 때, 초기 국내 숲교육(유치원)은 환경교육 측면에서 접근하여 자연체험 위주로 진행하였으나, 최근에는 독일이나 영국처럼 숲이 교육내용과 방법의 제공자로 확장되어 운영하고 발전해오고 있음을 알 수 있다. 현재 국내의 숲교육을 하는 많은 사람

들은 숲에서 교육과정을 어떻게 접목하고, 확장할 지를 고민하면서 숲교육 활성화에 많은 노력을 기울이고 있다.* 숲에서 무엇인가를 배워야 한다는 인식에서 벗어나 숲을 통하여 아이들이 자신을 발견하고, 심리적 안정을 갖는 등 개인적 관점으로 확장되고 있다. 또한 국가수준교육과정과 결합을 시도하고 있으며 숲을 교육내용으로 하여 아이들의 학습과 관련짓고 있다.

　이제 숲교육은 교육의 새로운 영역으로 구축되고 있다. 숲이라는 공간을 교육 공간화(교육의 주체화)하여 영역을 확대하고 있다.5 그것은 '숲에서 하는 교육'과, '숲을 배우는 교육'을 넘어서는 것이기도 하다. 공간 자체가 교육시스템의 한 축이 되는 '숲이 교육공간이 됨'을 의미한다. '숲교육'에서 숲은 단순히 교육의 매개나 수단이 아닌 '교육의 주체'이다. 이에 숲의 교육적 의미에 관해 고찰하기† 앞서 교육의 주체인 '아이(유아, 아동, 어린이 등)'를 어떻게 개념 정의하느냐가 중요하다.

---

* 　숲교육을 어떻게 명칭 짓느냐에 따라 교육목표와 내용은 다르게 나타난다. 숲을 기능적인 관점에서 접근하여 '숲에서 하는 교육'이라고 여기는 입장에서는 숲교육을 기존 국가 수준의 교육과정에서 교육 패러다임을 접근하여 교육목표와 내용을 정한다. 이는 숲을 단순히 바깥놀이의 확장으로 보는 개념이다. 또 한편 '숲을 위한 교육'이라고 정의하기도 한다. 이것은 산림교육 측면에서 말하는 것으로 나무 등 산림의 습성 등을 알고 숲을 가꾸기 위한 교육이다. 그리고 '숲을 통한 환경 교육'을 말하기도 한다. 이것은 미래사회에 아이들에게 필요한 역량인 지속발전가능한 역량을 기르기 위해 자연의 총화인 숲에서 아이들이 생활하며, 자연과 친밀해지는 것을 말하여, 숲의 생태를 이해하여 지속 발전 가능한 사람을 육성하는 것을 목표로 하는 교육이다. 한편 숲교육을 생태(전통)교육이라고 보는 입장도 있다. 이 입장에서는 자연과 함께 생활한 우리 선조들의 교육방법을 말하는 것으로 전통 절기와 자연친화적 프로그램을 중시 여긴다. 이렇게 숲교육을 각자의 교육 패러다임에 맞게 다양하게 정의하고 있다. 하지만 숲교육은 내용면에서 보면 어느 하나에 국한되지 않는다.

† 　이하의 내용은 필자가 2016년 4월 30일 서울교육대학교에서 개최된 한국아동숲교육학회 춘계학술대회 원고의 일부이다.

매년 학부 신입생을 대상으로 '유아교육개론' 수업을 한다. 학부생들에게 첫 수업시간에 던지는 질문은 '유아'에 대한 개념 정의다. 그런데 상당히 많은 수가 '미성숙한 아이'라고 답한다. 유아를 어떻게 개념짓느냐에 따라 교육이 달라진다. 유아를 언급한 대로 미성숙한 아이라고 보았다면, 교육은 미성숙한 아이를 성숙한 존재로 만드는 것을 의미한다. 반면 아이를 존재 자체로 본다면 교육은 교사 존재가 아이 존재와 관계성을 갖는 것이다.[*] 이렇듯 아이(유아, 아동, 어린이 등)와 교육을 어떻게 개념 짓느냐에 따라 교육과 관련한 학문적 방향이 결정된다.[†]

'교육이란 무엇이냐'에 관한 답은 자신의 아동관, 세계관, 가치관 등에 따라 다른 대답으로 나타난다.[‡] 일단 어떤 것에 대한 개념을 논하기 위해서는 목적에 관해서 이야기할 필요가 있다. 특히 교육은 우리에게 구체적으로 합의된 명확한 정의가 존재하지는 않으나 대부분의 사람들이 일상적으로 보통명사화하여 사용하기 때문에 더욱 그 목적에 대해 논의할 필요가 있다.

왜 우리는 교육을 해야 하는가? 이에 관한 많은 견해 중 가장 우세한 견해는 교육을 미래사회의 준비로 보는 것이다. 이 견해에 의하면 교육은 미성숙한 아이들을 대상으로 하며, 이들의 사회화와 인격형성,

---

[*] 교사, 아이라고 하지 않고 교사 존재, 아이 존재라고 한 것은 직위나 직함이 아닌 인간으로서 교사를 부각하기 위함이다.

[†] 이것이 중요한 것만큼 교육학을 공부하기 시작한 뒤, 그리고 교육학을 가르치기 시작한 뒤 한참을 지나서 교육학에 대해 자문自問하며 나름 조심스럽게 의견을 낼 수 있게 되었다. 너무 늦게 이 물음의 중요함을 깨달았기에 필자에게 항상 절실하게 다가온 이슈이다.

[‡] 그러기에 여전히 지금 어설프게나마 교육이라는 것이 무엇인지 더듬더듬 이야기하는 것이 주제넘게 보이기도 한다. 그런데도 이 화두를 감히 던지는 까닭은 이 고민이 여전히 '교육'이라는 단어를 가지고, 고전 분투하는 많은 교사, 부모, 교육행정가 그리고 학자들과 함께 해결하고자 하는 동지의 규합이기 때문이다.

사회의 존속발전을 위한 것으로, 미래사회에 필요한 기술을 익히는 것이다. 이것은 교육을 수단시 한 것으로, 한 사회가 필요로 하는 새로운 구성원을 길러내는 활동을 교육으로 본다. 그 결과 시대의 사회·문화적 맥락 속에서 국가나 사회, 학부모가 필요로 하고 요구하는 것을 반영하여 교육내용이 결정된다. 상당부분 이치에 맞는 말이다. 하지만 국가나 사회, 교사나 부모들의 생각이 반드시 옳은 것은 아니므로 교육을 '목적을 위한 수단'쯤으로 여기는 것은 집단이나 개인의 편협한 교육관이 반영될 수 있다는 단점이 있다. 뒤에서 언급하겠지만, 독일의 나치교육, 일본의 군국주의, 이탈리아의 파시즘 교육 등이 그 예이며, 지금 대한민국에서 일어나는 지나친 입시위주의 교육과 교육을 성공의 수단으로 여기는 과잉 학습 등이 그 단적인 예이다. 이 견해에 의하면 국가나 부모가 특정한 가치관과 특정한 목적을 위해 틀을 정해 놓고 아이들이 그것에 맞게 성장하도록 가르친다. 이 견해는 다른 사람의 가르침에 의한 교육을 전제로 한다.

반면, 아이들은 서로 가르치고 배우고자 하는 과정에서 공동체를 만들며 학습본능을 회복한다. 숲교육은 교육 자체의 행위에 초점을 둔 것으로 아이들은 각각 나름대로 삶에 대한 타고난 고유한 본성이 있으며, 그 본성을 자연적으로 성장 발달시키는 가능성도 함께 가지고 태어났다는 것을 전제로 한다. 교육은 아이들의 자연스러운 성장을 도모하기 위함이며, 태어날 때부터 여러 발달 측면에서 스스로 성장·발달할 수 있는 가능성을 가지고 태어난다는 것이다.

현재 교육은 아이들의 발달을 동일하게 취급하여 나이에 따라 발달의 한계를 정하여 같은 교육내용, 같은 교수학습방법, 같은 평가방법을 활용하고 있는데, 이러한 모습은 교육의 목적이 본성의 발현이라고 보는 의견과 상당 부분 차이를 보인다. 교육의 정의를 명확히 제시하라고 하면, 결코 답을 내기는 쉽지 않을 것이다. 현재 우리나라는 대부분 교육을 미래 삶의 대비로 여기며 수단시 하고 있다.

하지만 숲교육에서는 교육을 인간이 본래적으로 가진 '가르치고 배우는 본성'의 자연스러운 발현으로 본다.* 물론 교육이 살아가는데 수단이라는 것을 전적으로 부인하는 것은 아니다. 하지만 교육을 수단으로 여기는 것과 목적으로 여기는 것 중 굳이 하나를 고르라고 말한다면 교육 자체를 목적으로 여기는 것을 선택하고 싶다.

교육은 미성숙한 아이를 성숙으로 이끄는 것이 아니다. 교육은 성인에게도 필요한 본능적 행위이다. 인간은 어떤 사건이나 사물에 대해 많은 호기심을 가지고 있다. 그리고 배우려고 한다. 뿐만 아니라 인간은 누군가를 가르치고 싶어 한다. 누군가 다가와 모르는 것을 물어 보면 때로는 과도하게, 그리고 친절하게 가르치려고 한다.

인간의 호기심과 배움과 가르침은 본능이다. 그렇다면, 이 본능은 어떻게 충족되는가? '호기심과 스스로 배움'이라는 방식과 '남을 가르치는 방식'으로 충족된다. 아이들은 이러한 배움을 '놀이'라는 방식을 통해서 목적을 달성한다.

---

* 루소는 자신의 소설 '신에로이즈'에서 아이를 다음과 같이 묘사하였다.

"자연은 아이들이 어른이 되기 전에 아이이기를 바란다. 이 질서를 지키지 않을 때는 마치 여물지도 못하고 맛도 없이 썩어버리는 과일을 따게 되는 이치와 같은 것이다." 위의 말과 함께 어른들이 행하는 무엇보다도 큰 잘못은 너무 서두는 데 있다는 것을 말하고 있다. "혹시 아이가 말을 하지 못하게 되거나 않을까 걱정한 나머지 기를 쓰고 아이에게 말을 시키는 경우다. 이렇듯 경솔한 극성은 반드시 역효과를 가져온다. … 제 때에 좋은 발음을 배우지 못하는 아이는 그리고 쓸데없는 말을 두서없이 떠들어대는 어른들 사이에서 자란 아이는 평생 동안 나쁜 말버릇을 고치지 못하는 수가 있다. 결국 감성교육이 이성교육의 기초가 되어야 한다고 주장한다. 그의 주장은 발달 단계론에 근거를 두고 있다. 다시 말하면 인간의 이성이나 지성으로 수용되는 모든 것은 감각을 통해 들어오기 때문에 지적능력인 사고력을 학습하기 위해서는 지성의 도구인 신체적 감각을 훈련시키지 않으면 안 된다(안인희, 1996. 21).

일단 놀이 과정을 살펴보자. 모든 놀이는 탐색의 과정, 즉 호기심의 단계를 거친다. 아이들은 새로운 물건을 접하게 되면 먼저 그 물건이 무엇인지 이리저리 살피는 탐색의 단계를 거친다. 그리고 그러한 단계가 어느 정도 끝이 나면 놀이가 시작된다.

아이들은 학습공동체를 통해서 학습의 본능을 충족한다. 또한 아이들은 놀이 속에서 학습공동체를 만든다. 놀이는 혼자 하는 놀이도 있지만 기본적으로는 다른 사람과 함께 한다. 이러한 과정 속에서 교육이 이루어진다. 아이들은 놀이를 공동체에서 구현함으로 학습본능을 충족한다.

교육을 수단시 하는 사람들은 교육을 미래사회에 대한 준비로 본다. 이 주장이 무조건 틀린 것은 아니다. 하지만 안타깝게도 아이들이 미래의 삶을 위해 누군가에게 무엇인가 배우는 과정에서 자기에게 그다지 의미가 없음에도 불구하고 국가나 부모, 교사에 의해 막연한 당위성을 강요받아 예측되고 정해진 과정을 따라야 한다는 것이다. 누군가에 의해 정해진 내용을 습득하는 행위는 아이들 자신에게 의미 있다고 보기는 어렵다. 그것은 자기가 아닌 외부에서 주어진 것이 기준이 되어 사는 연습을 하고 있는 것이다.

아이들에게 의미있는 것은 아이들의 삶 자체이며 바로 일상이다. 물론 아이들의 일상은 누군가에 의해서 억지로 하는 타율적인 일상도 있고 자기가 하고 싶어서 하는 자율적 일상도 있다. 그 중 자신이 주체가 되어 스스로 무엇인가를 결정하는 자율적 일상이 아이들에게는 의미가 있다. 자기가 주체가 되어 스스로 무엇인가 결정하는 자율적 일상, 그것은 놀이다. 아이들은 놀이를 통해 세상에 필요로 하는 것들을 배운다. 놀이는 환경의 영향을 많이 받는다. '발달은 환경과 상호작용을 통해 일어난다'는 피아제의 주장을 볼 때, 발달의 메커니즘인 놀이가 환경과 상호작용한다는 것을 알 수 있다.

아이들이 놀기에 가장 좋은 환경은 자연이다. 자연은 놀잇감을 포함한 훌륭한 놀이 공간을 가지고 있다. 자연의 총화인 숲은 아이들이 가장 잘 놀 수 있는 공간이며 아이들에게 학습본능을 잘 발현시킬 수 있는 훌륭한 환경이다.*

다시 돌아가서 학습을 본능이라고 했을 때, 이 본능은 놀이와 학습공동체를 통해서 발현된다. 놀이와 학습공동체 형성이 동시에 가능한 환경이 숲이다. 숲교육은 숲이 교육의 주체가 되어 아이들의 학습본능을 충족시켜주는 과정이다. 아이들은 놀이를 통하여, 그리고 학습공동체를 통하여 학습본능을 충족한다. 여기에서 교사는 아이들과 함께 숲에서 학습공동체를 구성하는 한 일원이다.

숲에서 아이들은 자신의 학습본능을 충족시키며, 이를 통해 자기 존재를 발견(현)한다. 또한 자연을 비롯한 사물과 사람(또래와 교사)들과 학습공동체를 만들어 '자연을 포함한 자기 외적인 존재와 함께 하는 것'을 경험한다.

결국 숲교육은 '숲과 숲에서 존재하는 모든 이들이 교육의 주체가 되어 (학습)본능을 충족시켜주는 과정에서 자기 존재를 발현하며, 자연을 포함한 자기 외적인 존재와 함께 하는 것(관계를 맺는 것)을 경험하는 교육'으로 정의할 수 있다. 여기에서 학습본능은 아이들의 놀이를 통하여, 그리고 학습공동체를 통하여 충족된다. 숲교육의 정의에서 학습본능, 자기 존재 발현, 다른 존재와의 관계맺기라는 키워드를 찾을 수 있다.

---

* 여기에서 잘 노는 것은 놀이 성향과 놀이의 질을 의미한다.

2 숲학교

지금까지 숲교육이 무엇을 의미하는지 그 개념을 알아보았다. 이제부터는 교육을 위한 공간인 '학교'를 중심에 두고, 숲교육이 이루어지는 공간인 '숲학교'를 살펴보고자 한다. 숲 자체가 공간성을 지니고 있고, 학교 또한 교육을 하는 공간을 함의하고 있으므로, 숲학교라고 하면 '숲에서 교육을 하는 학교'라고 말할 수도 있다. 또 한편으로는 예술을 주로 하는 학교를 예술학교라고 하듯이, 숲교육은 숲을 주로 공부하는 학교라는 의미가 될 수도 있다. 또한 숲교육이 자연주의 교육과 유사하다는 취지에서 숲교육을 자연주의 교육으로 보기도 한다. 하지만 새롭게 등장하는 숲교육의 정체성을 기존 패러다임에 맞추게 되는 문제가 있다.

이에 숲교육, 숲학교를 새로운 패러다임으로 볼 필요가 있다. 아래에서는 현재 운영되고 있는 숲학교의 유형과 숲학교가 어떠한 원리로 운영되고 있는지를 살펴보고자 한다.

먼저 숲학교의 유형을 운영 형태에 따라 살펴보면, 숲을 방문하는 형태에 따라 매일 숲에서 생활하는 '매일형'과 주 1~2회 방문하는 '정기형"이 있다. 교육활동의 내용에 따라서는 국가수준교육과정을 숲에서 하는 '국가수준교육과정 기반 숲'과 교육과정은 고려되지 않는 채 아이들의 놀이를 중심으로 하는 '놀이기반 숲'이 있으며, 숲의 형태에 따라서는 인위적이지 않은 '거친 숲'과 공원과 같이 잘 정돈이 된 '공원형 숲'으로 나눌 수 있다.

[숲학교(유치원) 유형]

	정기형		매일형	
	공원형숲	거친숲	공원형숲	거친숲
국가수준 교육과정 기반 숲	예) 매주 1-2회 공원을 방문하여 국가수준교육 과정에 기반하여 활동한다.	예) 매주 1-2회 거친 숲을 방문하여 국가수준교육 과정에 기반하여 활동한다.	예) 매일 공원형 숲을 방문하여 국가수준교육 과정에 기반하여 활동한다.	예) 매일 거친 숲에 방문하여 국가수준교육 과정에 기반하여 활동한다.
놀이 기반 숲	예) 매주 1-2회 공원형 숲을 방문하여 놀이 기반 숲 활동을 한다.	예) 매주 1-2회 거친 숲을 방문하여 놀이 기반 숲 활동을 한다.	예) 매일 공원형 숲을 방문하여 놀이 기반 숲 활동을 한다	예) 매일 거친 숲에 방문하여 놀이 기반 숲 활동을 한다.

현재 국내의 많은 곳에서 숲학교를 운영하고 있지만 일반화된 운영원리를 채택하고 있지는 않다. 하지만 영국의 경우 2012년 숲학교협회 FSA: Forest School Association를 조직하고 기본 강령ethos을 만들어 운영이 조직화되어 있다. 2014년 한국을 방문한 사라 나이트Sara Knight는 영국 숲학교 협회Forest School Association에서 마련한 숲학교 운영원칙 Guidance Principles for Forest School을 다음과 같이 소개하였다.[6]

---

* 정기형을 방문형이라고 말하는 사람들도 있다. 특히 방문형을 주장하는 사람들은 부정기적으로 숲에 가는 것까지 포함하고 있다. 하지만 필자는 숲학교의 요건을 충족하기 위해 부정기적으로 월 1-2회 숲에 가는 것은 제외하였다. 물론 월 1-2회 숲에 가는 것이 안 가는 것보다 낫다

[영국 숲학교 협회의 운영원칙]

No	운영방법	운영원칙
1	숲학교는 간헐적이거나 불규칙적인 것이 아닌 정기적인 수업들로 이루어진 장기적인 과정이다. 계획, 관찰, 적용, 그리고 검토의 싸이클로 각 수업을 연결시킨다.	학습자들은 1년 동안 최소 일주일에 한번, 적어도 하루 반나절 가량 숲학교 활동에 참여해야 한다.
2	숲학교는 학습자와 자연 사이의 관계를 강화하기 위해 숲이나 자연 환경에서 진행된다.	여기에서 자연은 주로 나무와 숲을 포함한다. 나무를 제 3의 선생님이라고 한다.
3	숲학교는 존재 발달과 학습을 위한 공동체를 형성케 할 다양한 학습자 중심 과정을 사용한다.	개개인의 학습자들의 경험중심교육이 숲학교의 핵심정신이다. 각자의 개별성을 인정해 주며, 발달차를 인정해 주는 것에서 시작한다.
4	숲학교는 학습자의 회복탄력성, 자신감과 독립적이고 창의적인 학습자를 양성하기 위한 전인 발달 Holistic development을 목표로 한다.	이것의 전제는 학습자의 능력을 존중할 때, 그리고 학습자들을 믿음으로써 생성되는 자신감을 이끌어 낼 때 가능하다.
5	숲학교는 자연환경과 학생들에게 맞춰 계획된 위험을 체험할 수 있는 기회를 제공한다.	위험을 체험하는 것은 창의성과 자신감을 길러주며, 자신을 보호하는 방법을 배우는 것이다. 여기에서 위험은 아이들 본인과 그들의 과거 경험을 바탕으로 한 위험을 의미하며 이것은 적정한 수준의 위험을 뜻한다. 위험은 불을 피우거나 날카로운 도구를 사용하는 것과 같은 신체적 위험, 또는 새로운 활동에서 성공적으로 수행하는 법을 배울 때 나타날 수 있는 정신적인 위험이다.
6	숲학교는 끊임없이 자신들의 직업적 훈련을 진행하고 발전시키는 실력 있는 전문가들에 의해 운영된다.	숲교육은 전문가에 의해서 진행된다.

또한 우스티셔Worcestershire에 있는 숲학교는 다음과 같은 강령을 내세웠다.

- 숲학교는 모든 아이들을 대상으로 한다.
- 숲학교는 학습과 위험을 감당할만한 기회를 제공하고, 그들 스스로 학습을 선택하고, 시작하려는 동기와 긍정적인 태도 위에 만든다.
- 숲학교는 자격증을 가진 숲학교 리더에 의해 운영된다.
- 숲학교는 일회적 방문이 아닌 일 년에 거쳐 빈번하고 규칙적인 방문을 통하여 숲의 학습 잠재력을 극대화 한다.
- 숲학교는 아이들이 자연환경을 돌보고 이해할 수 있도록 돕는다.

이러한 것들을 볼 때, 숲학교는 다음과 같은 것들을 충족하고 있어야 한다.

첫째, 자연의 총화인 숲에서 행해지는 교육을 의미한다. 즉 숲이라는 공간에서 행해지는 교육을 의미한다. 반면, 컨스터블Constable의 경우에 숲교육 공간을 숲 뿐만 아니라 학교 운동장, 공원, 해안, 놀이터나 뒷마당 등으로 확대 하였는바,[7] 숲을 자연의 총화로 보았다는 점에서 이러한 시도는 바람직하다고 본다.

둘째, 형식면에서 보면, 일회성으로 단순히 한정된 기간에만 숲으로 가는 것이 아닌, 오랜 기간 꾸준히 그리고 정기적으로 숲과 함께하는 교육을 의미한다. 단기간이나 일회성으로 숲에 가는 것은 자연과 친해질 수 있는 기회는 있겠지만, 오랜 시간을 두고 천천히 형성되는 자신감이나 감성지능 그리고 자존감은 발달시키지 못하기 때문이다.[8]

셋째, 방법면에서 보면, 아이들 개개인의 존재 양식에 따르도록 하는 것이다. 여기에서 아이들의 존재 양식은 즐기고, 탐구하며, 놀고, 관계맺기 등이다. 그 결과 아이들은 무엇이든지 적극적으로 자기가 주체가 되어 타존재와의 관계를 맺게된다. 숲교육은 아이들의 존재 자체를 중요시하기 때문에 아이들의 자발적 동기가 자연스럽게 중요시 된다.

넷째, 목표면에서 보면, 숲교육에서 이루어지는 모든 활동은 아이들 각자의 존재실현이다. 그 결과 아이들은 자기 성장시간에 맞게 인지적, 정서적, 신체적 발달 등이 골고루 발달할 수 있다.

다섯째, 아이들을 신뢰한다. 아이들은 학습본능이 있어서 스스로 학습할 수 있는 존재이며, 스스로 자기를 위험에서 보호할 수도 있다는 믿음이다. 그 결과 위험을 체험할 기회를 줄 수 있다. 위험을 아이들 스스로 감당한다는 것은 숲교육에서 가장 중요한 원리이다. 위험을 감당하는 것에는 반드시 아이에 대한 신뢰가 바탕이 되어야 한다.

여섯째, 숲교육은 자연에서 생활하는 것을 기본으로 하기 때문에 자연과 함께 해야 하는 지속발전 가능한 교육의 원리가 내재되어 있다. 정형화된 프로그램보다, 자연을 접하고, 자연과 함께 하는 것이 오히려 더 환경교육에 유익하다.

일곱째, 숲교육 관련 전문적인 자질의 교사가 함께 해야 한다. 숲교육 교사는 실존적 자연주의의 측면에서 안전과 학습본능 등 놀이에 대한 신념 및 학습공동체의 원리를 알고 있는 교사여야 한다.

여덟째, 숲학교는 안전 매뉴얼을 소지해야 한다. 숲학교에서 발생할 가능성이 있는 위험 요소로부터 보호할 수 있어야 하며, 위험한 상황이 발생했을 때 신속하게 대처할 수 있는 매뉴얼이 있어야 한다.

아홉째, 숲학교는 부모나 지역사회의 적극적 지지를 기본으로 한다. 숲교육에 대한 부모의 찬성과 함께 협조를 얻을 수 있어야 하며 부모의 교육관이 새롭게 정비되어 있어야 한다.

IV
숲교육을 통해 바라본 학습본능

학습 자체가 주체적이고 역동적인 행위다. 아이들의 존재 상태 그 자체가 이미 주체로서 기능을 한다고 여기는 교육에서, 학습은 그 자체가 본능으로 존재양식이기도 하다.

숲교육의 전제

1. **아이들은 학습본능을 가지고 있다.**
   - 학습본능은 놀이를 통해 나타난다. 놀이는 본능이다. 그리고 놀이의 결과는 학습이다.
   - 학습본능은 학습공동체를 통해 구체화된다. 인간은 끊임없이 서로 모여서 사회적 관계를 가지며, 그 속에서 서로 배우려고 하고, 가르치려고 한다. 인간은 학습공동체를 통해 학습본능을 충족한다.

2. **숲은 아이들이 학습본능을 발현시키기에 적합한 공간이다.**
   숲은 아이들을 놀게 하며, 학습공동체를 만든다.

숲교육의 기본 명제는 '아이들은 스스로 발달할 수 있는 내적 힘이 있으므로, 그 힘을 인정하자!'이다. 숲교육에서 아이들의 발달 목표는 타고난 본능의 발현이다. 본능의 속성상 그 자체에 내적인 힘이 있다. 숲교육에서 교육은 학습본능이 잘 발현될 수 있도록 하는 것이다.

기존의 교육학자들은 교육을 가르치고 배우는 행위의 과정과 결과로 정의한다.* 그래서 가르치고 배우는 관계만 설정되면, 언제든지 교육이 가능한 것으로 간주한다. 이러한 논지는 가르침에 대한 결과로써 배

---

* 숲교육 패러다임은 지금까지 익숙하게 다루어 온 개념들을 다시 확인하고, 그 개념들을 낯설게 보는 작업이다.

움을 상정할 수밖에 없으며, 결국 가르침이 중심이 될 수밖에 없음을 의미한다. 이러한 교육의 정의에 대해 한준상은 교육을 가르치고 배우는 행위 간의 관계 설정에만 국한하는 것은 무리이며, 가르치고 배우는 관계 설정은 수단에 불과하므로, 궁극적으로 배우는 것이 중심이 되어야 한다고 주장한다.[*1]

학습본능은 배우는 것(학습), 그 자체가 목적이다. 물론 이것은 단순히 가르치는 자와 배우는 자의 수직적 관계를 지양한다는 정도의 개념을 넘어서는 것으로, 배우는 것이 중심이 된다는 것을 의미한다. 그래서 가르치는 것(교수)의 결과로 학습의 개념을 설명하지 않는다. 학습은 교수의 결과가 아닌, 학습 자체가 주체적이고 역동적인 행위다. 숲교육에서는 아이들의 존재 상태 그 자체가 이미 주체로서 기능을 한다. 학습은 그 자체가 본능이며, 존재 양식이다. 인간은 존재 자체가 당위성을 가지고 있다. 이를 학습본능이라고 명명하고, 아래에서는 학습본능의 개념과 메커니즘에 관해 이야기하고자 한다.

---

* 한준상은 다음과 같이 크리슈나무르티의 주장을 제시하였다.

"가르치고 배우는 행위 간의 관계설정은 교육이 무엇인지를 정의하는 것이 아니라 교육의 목적에 도달하기 위한 하나의 방법, 즉 교육을 행하기 위한 수단을 지칭한 것에 불과하다. 수단이 목적을 대신할 수 없듯이 가르치고 배우는 행위 간의 관계가 교육 그 자체일 수는 없다."

1 학습본능

학습본능의 개념

학습본능은 학습과 본능이라는 다소 이질적인 개념이 결합한 것으로, '학습이 본능이다'와 '학습의 본능'이라는 개념으로 이해될 수 있다. 어느 것도 틀리지는 않다. 학습본능을 이해하기 위해 학습과 본능에 대해 좀 더 살펴볼 필요가 있다.

학습은 심리학적 철학적 배경에 따라 달리 정의되어 왔다. 물론 학습본능처럼 학습이 독립적으로 쓰이지 않고 본능과 어우러질 때는 이미 본능에 상당부분 학습의 개념이 종속될 수도 있다. 그럼에도 불구하고 학습의 개념을 이렇게 제시하는 것은 기존 교실교육에서 주장하는 학습의 개념을 통해 숲교육에서 주장하고 있는 학습본능에서 학습의 개념을 보고자 함이다. 학습은 행동주의적 접근, 인지적 접근법, 구성주의적 접근*을 거쳐 개념이 발전해 왔다. 학습본능에서 학습은 이들 개념들과 다소 차이를 보인다.

행동주의적 접근에서는 학습을 외부 자극에 의해 변화된 행동으로 본다. 철저하게 외적으로 관찰 가능한 행동만을 인정한다. 그러나 아이가 교사나 부모 기타 다른 외부적인 요인으로부터 입력된(말하자면 '학습된') 행동(소리)이 아니라 한 번도 들어본 적이 없는 말을 하거나 행동을 할때 행동주의적 접근으로는 설명할 수가 없다. 결국, '눈에 보이지 않는 인간의 특정한 능력'을 인정하지 않으면 제대로 된 설명이 안되어, 행동주의적 접근법 하나만으로는 인간의 학습을 정확하게 설명할 수가 없는 상황이다. 그래서 '인간은 받아들인 정보를 뇌의 어느 부분에서 스스로 학습 메커니즘을 형성하여 새로운 것을 만들어 낼 수 있는 능력이 있다'는 것을 인정할 수밖에 없다. 하지만 그것을 인정하는 것 자체가 '객관적으로 혹은 외부적으로 관찰할 수 있는 것만을 연구대상으로 한다'는 원칙에 위배된다.

이에 대해 '인지적 접근'에서 학습은 인간의 인지능력을 전제로 하여 사고의 변화에 초점을 둔다. 사람들은 인지를 바탕으로 행동이 나온다고 간주한다. 그리고 관찰할 수 있는 행동을 분석하여 관찰이 불가능한 학습을 하는 동안 정보를 처리하고 표상화하는 것의 기저가 되는 인간의 정신기제에 대한 연구를 하는 것이다. 여기에서 학습은 학습자의 외부로부터 정보를 획득하여 기억하는 과정으로 경험에 의한 통찰, 지각, 행동 등의 인지구조의 변화로 본다.[2] 대표적인 것이 가네Gagné의 정보처리학습이론으로, 인간의 정보처리과정은 다양한 정보 중에 필요한 정보를 선택하고 처리하는 선택적 주의selective attention, 선택된 정

---

* 구성주의적 접근을 인지적 접근으로 분류하는 학자들도 있다.

보를 친숙한 형태로 분석하기 위해 기존에 형성된 원형으로 새로운 자극을 비교하고 분석하는 형태 재인pattern recognition, 정보원이 습관적일 경우에 그것에 대한 주의 집중의 요구가 최소화되는 자동성automaticity, 여러 정보들이 큰 분류항목이나 의미있는 하나의 덩어리로 묶여지는 청킹chunking, 새로운 내용이 보다 잘 기억될 수 있도록 정보를 이미 기억 하고 있는 개념과 아이디어에 관련시키는 약호화encoding의 현상으로 설명한다. 이러한 정보처리과정에서 대표적인 인지기능을 기억memory으로 보았다.[3] 행동주의 접근법과 인지주의 접근법의 패러다임은 세상에는 본질적인 구조나 진리가 이미 존재한다는 것을 전제로 한다. 그래서 선행한 지식이 후행학습에 영향을 주기 때문에 중요하다고 본다. 불변의 진리가 존재하기에 평가는 학습목표에 얼마나 잘 도달했는지에서 비롯된다. 여기에서 학습목표는 외부에서 주어진다. 이들은 학습을 개인의 내부에서 이루어지는 내면화로 해석한다. 이 주장들을 요약해 보면, 행동주의 접근법은 행동의 변화를, 인지주의 접근법은 인지구조의 변화를 학습으로 간주한다. 이 변화들은 지식의 내면화의 의미로 해석할 수 있으며, 이것으로 평가가 이루어진다.

　반면 구성주의에서 학습은 주어진 상황에서 개인의 주관적인 경험과 사회적 상호작용을 통해 지식이 내면화된 것을 의미한다. 구성주의는 객관적, 보편적 성격의 지식이나 진리를 부정하고, 사회·문화, 역사적 상황 안에서 개개인들에 의해 구성되는 것이 지식이라고 전제하고 있다.†
그 전제 하에 지식 구성의 주요 요인을 개인의 인지적 작용에 두느냐, 혹

---

† 구성주의에서 지식은 단순히 주어지는 것이 아니다. 새로운 지식은 현재 지식을 근거하여 기억할 수 있다. 그래서 아이들은 그들의 환경 속에서 보는 것을 내면화하고 주위를 관찰한 것에서부터 지식을 구축한다. 구성주의자들에게 자신을 둘러싸고 있는 물리적, 인적 환경 자체가 모든 학습 상황의 일부분이다.

은 사회적 상호작용에 두느냐에 따라 다시 인지적 구성주의와 사회적 구성주의로 구분될 수 있다. 인지적 구성주의는 피아제Piaget의 인지적 발달이론에 근거하여 지식 구성의 주요 요인으로 개개인의 내면적 인지작용으로 보고 있으며, 반면에 사회적 구성주의는 비고츠키Vygotsky의 사회적 인지발달이론에 근거하여 지식 구성의 주요 요인은 인간의 인지적 작용과 사회적 관계의 역동적이고 밀접한 상호작용에 의한 것이라고 본다. '구성주의'는 인지주의와 큰 맥은 같이 하기는 하지만, 인간이 각 개인마다 자신의 인지구조를 각자 다른 방법으로 형성해 나간다고 주장한다.

구성주의에서 지식은 세상에 대해 개인의 경험으로부터 구성되며, 개인의 내적인 표상으로 형성되는 해석이며, 상황 맥락적이어서 주관주의적 학습관이라고 한다. 그래서 구성주의에서는 학습자 모두다 개인의 경험에 따라 다르게 지식을 구성(학습)해 나간다. 그렇다고 해서 개개인들이 저마다 각자 임의대로 지식을 구성하는 것이 아니다. 개개인들은 세상을 구성하는 방법으로부터 자유롭지 못하기 때문이다. 개인은 고립된 채로 세상을 해석하는 것이 아니다. 개개인은 사회적 문화적 맥락 안에서 세상을 구성하고 해석할 수밖에 없다. 그래서 여기에서도 사회문화적 맥락 안에서 구성된 지식을 내면화internalization하는 것을 목표로 두게 된다. 여기에서 내면화란 사회적 상황에서 지식을 흡수하거나 받아들여서 혼자서 사용할 수 있는 상태를 의미한다.[4]

행동주의, 인지주의, 구성주의 이들 세 이론들은 각 이론의 결함을 보완하면서 발전해오고 있다. 이들 세 이론은 방법과 과정 면에서 차이가 있지만 결국 학습의 목표가 '개인적 차원의 지식의 내면화'에 있다.[*]

---

[*] 행동주의는 행동의 변화를, 인지주의에서는 인지구조의 변화를 목표로 한다. 물론 개인과 사회의 사회적 상호작용을 강조하게 되는 사회구성주의에서도 학습의 개인적 내면화가 목표이다. 실제 비고츠키는 가장 중요한 개념으로 근접발달지대(ZPD), 비계설정, 내면화를 들고 있다.

그래서 평가도 개인을 대상으로 내면화 정도를 측정한다. 하지만 4차 산업혁명의 특성이나 복잡계의 특성을 갖는 현대사회에서 이러한 학습관은 한계가 있다.

4차 산업혁명에 새로운 교육의 대안인 숲교육에서 지식(앎)은 고정되어 있지 않다. 그런다고 지식이 내면화되는 것이 궁극적 목표 또한 아니다. 숲교육에서 배움의 진정한 목표는 내면화가 아니라 관계맺기이다.† 숲교육에서 학습은 그 자체가 본능이며, 존재 양식이다. 무엇인가 배우는 '학습' 자체가 삶의 본능이다. 인간에게 학습은 생명의 본질적 요소로 삶을 통해서 계속된다. 학습본능에서 학습은 누군가의 지시와 통제에 의해 지식을 저장하는 것이 아니다. 또한 외부의 세계가 자신에게 내면화되는 것도 아니다. 학습본능에서 학습은 내면에서 스스로 드러나는 것으로, 자기 자신이 주체가 된 적극적인 존재 양식이다. 자신의 존재 양식인 삶에 적극적으로 참여하는 것이 학습(배움)이다. 하이데거Heidegger가 말했듯이 여기에서 자신의 존재 양식은 다른 존재자들과 관계맺기를 통해 나타난다. 결국 학습본능에서 학습은 타자와 관계를 맺는 것 자체를 의미한다.

학습본능에서 학습은 자기 주체와 세상(지식)이 분리되어 있지 않다. 즉, 주관(자신)과 객관(세상)은 구분될 수 없다.‡ 배워야 하는 지식은 자신과 떨어져서 존재하는 것이 아니다. 아이들은 자신의 일상에서 스스로 성장의 방향을 결정하고 참여한다. 일상 자체가 배움이며, 모든 학습의

---

† 상호주관주의, 상호객관주의 등 앎의 인식에 관한 것은 2부 '숲교육의 목표 알다ing'에 자세히 제시되어 있다.

‡ 하이데거의 말처럼 인간은 세계 속에 존재하는 한 객체이며, 또한 세계를 마주하고 있는 주체이다. 그래서 인간은 존재의 의미를 탐구하며 살아가면서 끊임없이 자신이 왜 사는가를 묻는 존재이다. 하이데거는 인간을 세계-내-존재(In-der-welt-sein)라고 하였다.

출발점이자 목적지이다. 롤스Knowles는 '온전한 배움이란 학습자의 일상적 삶의 경험과 지성적 학습이 시·공간적 맥락 안에서 점차 그의 본성 안으로 결합되어가는 과정'이라고 정의했다.5

여기에서 삶은 자신이 주체가 되어 생활 주변에서 일어나는 일들을 직간접적으로 경험하고, 느끼게 되는 일상의 맥락이다.*6 일상은 아이들이 주체가 되므로 교사의 계획된 지도에 의해 만들어 지는 것이 아니다. 일상은 아이들이 주체가 된 시간과 공간에서 하는 행위다.

아이들이 자신의 삶의 주체가 되지 못한다는 것의 의미는 각자의 존재가 존재답지 못한다는 것을 의미한다. 더 나아가 자신을 가르치는 사람도 주체와 객체, 즉 가르치는 자와 배우는 자로 존재하는 것이 아니다. (그래서 학습본능에서는 교사의 교수를 실천적 참여라고 한다) 실제 이러한 정의는 이 시대가 요구하는 새로운 패러다임이다.

지금은 복잡성의 시대가 도래했다고 한다. 지식은 네트워크상에서 폭발적으로 증가하며, 서로 서로 연결되어 있다. 이런 시대에 국가에 의해 미리 계획된 학습의 목표의 내면화는 새로운 지식들의 바다인 지금 사회에서 적응하기 어려울 수 있다. 지식의 폭증은 개인이 내면화하여 현실적으로 기억할 수 없는 상황이다. 또한 설사 내면화한다고 하여도 한 개인의 정신에 내면화된 지식과 가치는 새로운 문제 상황에 환원적 편견으로 작동할 수 있다. 이러한 편견은 타주체와 관계맺기에 많은 어려움을 가져다준다.

이제는 문제 상황에 적합한 지식을 탐색하여 맥락에 적합하게 지식들을 연결하는 방향으로 학습이 재개념화되어야 한다. 여기에서 지식들을 연결한다는 것은 관계맺기를 의미한다. 인간은 서로 서로 관

---

* 실제 일상은 사전적 의미로는 '날마다 반복되는 생활'이다.

계를 맺음으로 존재 양식이 성립된다. 4차 산업혁명 시대에서는 지식을 내면화하는 것이 아니라 지식을 새롭게 연결하는 것(관계맺기)이 학습의 개념이다. 내면화는 이제 따로 인간의 뇌가 아닌 외부에 저장하고, 지식들을 운영operating하고 연결connection하는 과정으로 대체되고 있다. 후술하겠지만 이러한 과정을 엑소브레인exobrain이라고 한다.[7]

본능本能, instinct[†]은 생물학자들이 소개한 용어로, 사전적 의미는 사람과 동물에 특유한 생득적 행동능력生得的 行動能力을 말한다. 본능에는 개체보존을 위하여 위급함으로부터 도망치려는 도주본능逃走本能, 종족 보존을 위한 성본능性本能, 사회생활을 위한 군거본능群居本能, 새가 둥우리를 교묘히 만드는 조소본능造巢本能, 꿀벌이나 비둘기가 먼 곳에서 집으로 돌아오는 귀소본능歸巢本能 등이 있다. 이렇듯 수많은 동물은 본능적으로 의사소통을 하거나 이동 경로를 결정하고 서식지를 결정하는 등 다양한 범위의 행동유형으로 생존해 왔다. 본능은 태어날 때부터 선천적으로 주어지는 생존을 위한 심리적, 생물학적 적응기제이다. 물론 인간에게도 본능은 생존과 관련된다. 본능은 프로이드Freud의 초기 가설인 '자기 보존 본능'이라는 일차적 목적의 의미를 함축한다.[‡]

[†] 시클리드처럼 수컷이 짝짓기 전에 자신의 싸울 상대를 찾아 싸움을 거는 것은 싸움본능을 발산시키기 때문이라고 한다.

[‡] 본능은 학습의 영향으로부터 비교적 독립적인 종-특정적 행동 유형이다. 그래서 본능은 경험으로 습득할 수 없는 능력으로, 학습과 대립하여 논의되지만 실제 행동에서 본능과 학습을 구별한다는 것은 쉬운 일이 아니다. 그것은 인간에게 학습은 본능이기 때문이다.

본능을 더 명확히 개념 짓기 위해 본성과 비교하여 설명하고자 한다.* 실제 본성과 본능은 구분되어 사용하기도 하고, 혼용하여 사용하기도 한다. 인간의 본성은 인간이 본래부터 가지고 있는 성질 또는 특징으로 정의된다. 누군가는 인간은 본래 선하다고 하였고 또 다른 한쪽에선 인간은 본래 악하다고 하는 등, 인간본성에 대한 도덕적 차원의 논의는 끊임없이 진행되어 왔다. 인간의 본능이 동물적이고 생물학적인 것에 가깝다면 인간의 본성은 인간을 동물과 구별하여 인간이게 하는 것이다. 그래서 인간의 보편적인 본성을 동물과 구별되는 인간의 특징으로 보고 있다.

그래서 인간만이 가진 고유한 특성인 본성은, 본래 인간 안에 내재된 타고난 특성이다. 모든 인간은 각각 자신만의 본성을 가지고 태어났다. 따라서 인간 안에 내재된 본성의 모습을 어떤 한 가지로 정의하고자 하는 것은 가능하지도 않으며 본 책에서는 그다지 의미있는 작업이 아니라고 본다.

인간은 살아가면서 자기 존재를 인식하고 타존재와 만남을 통해 그가 갖고 있는 고유한 존재 대로의 본성을 만들어 간다. 하지만 본능은 생명이 있는 생명체 모두가 가지고 있는 보편적이며, 가치중립적인 것이다. 그래서 본능은 지속되는 삶의 전반에서 변화하지 않고 단단히 고정되어 작동한다.

인간 본능과 같은 어떤 기제에 의해 만들어지며, 그것을 가능하게 하는 기제는 자기 존재를 발견하는 것에서부터 시작하여 다른 존재를 인식하고 다른 존재와의 어울림의 과정이다. 이러한 기제를 작동시키

---

* 본성과 본능에 관해서는 많은 견해들이 있다. 또한 여전히 논쟁 중에 있다. 이하에서는 학습본능과 관련하여 본성과 본능에 대해 정의하고자 한다.

는 것이 '학습본능'이다. 무엇인가를 배우는 '학습' 자체가 삶의 본능이다.[8] 인간에게 학습(배움)은 생명의 본질적 요소로 삶을 통하여 계속된다.[9] 많은 학자들은 이러한 학습의 속성과 관련하여 '인간에게 학습은 본능이다'라고 하였다.[10]

인간과 다른 동물 간의 생존력을 돋보이게 만드는 본능 중에서 서로가 확연하게 구별되는 본능이 바로 학습력이다. 인간이 태어나서 죽을 때까지 그에게 변하지 않고 붙어있게 만드는 본능 중의 하나가 학습본능이다. 마치 거미가 죽을 때 까지 제 몸 스스로 실을 뽑아내는 것 같이 환경을 바꾸어내는 학습능력을 길러주는 것이 학습본능이다. 인간에게 있어서 학습은 생물학적인 본능인 동시에 문화적이다. 기초적인 생존을 위해 동원되는 학습본능을 생물학적 본능이라고 한다면, 그것이 다양한 형태로 개조되어진 문화적인 확장을 학습력이라고 부를 수 있다. 인간은 그의 생존을 위해 죽는 그 순간까지 환경에 적응하며 개조해나가는 존재이다.[11]

사람은 누군가가 굳이 가르치지 않아도 생존을 위해 스스로 배우고 익힌다. 본능적으로 스스로 학습하려는 동기에 따라 움직이는 존재다.[12] 미국의 대안학교인 서드버리 벨리 학교Sudbury Valley School의 밈지 사도프스키Mimsy Sadofsky는 사람은 타고난 학습자이며 태어날 때부터 학습에 힘을 쏟기 시작한다고 하며, 학습본능을 인정하였다. 국내의 한준상과 김진한도 사람은 끊임없이 배우고 창조적인 삶을 사는 학습본능을 가지고 있다고 주장하였다.[13] 이에 대해 교육심리학자인 스턴버그Sternberg와 윌리암스Williams는 관중과 심판을 관찰하면서 누군가가 가르치지 않아도 저절로 배우는, 즉 본능적으로 학습하는 것을 아래와 같이 묘사했다.

야구 경기에 출전하는 아이들은 처음에는 '내야 플라이'라는 용어의 의미를 모를 수 있지만, 그 용어를 사용하는 다른 관중과 심판을 몇 번 관찰하면서 야구에 대한 지식의 저장소를 만들 수 있다.[14]

아이이건 성인이건 모두 '학습본능'이 있어서 끊임없이 궁금해 한다. 다른 사람의 소문에 귀를 기울이기도 하고, 낯선 것이 있을 땐 궁금해 하며, 알려고 한다. 인간은 배우는 속성만 있는 것이 아니라 가르치려는 속성도 있다. 누군가가 물어보면 가르쳐 주려고 하고, 끊임없이 자기 생각을 말하려고 한다. 이러한 학습본능은 어린 아이들에게 훨씬 왕성하다.*

학교나 여러 교육기관은 학습본능을 충족하기 위해 만들어진 제도이다. 그래서 학교는 개인의 학습본능을 충족시키기 위한 하나의 수단일 뿐 결코 목적이 아니다. 하지만 최근에는 학습본능의 수단이었던 학교로 인해 학습본능이 억압당하는 경우가 종종 있다. 그것은 타고난 존재 자체를 인정하지 않는 것이다. 인간은 문화니 윤리니 하는 것을 만듦으로써 오히려 학습본능을 결핍시켰다.† 이하는 한준상의 책에 나온 글이다.

인간 특유의 본능이 갖고 있는 내용이나 형식, 혹은 기능들을 하나 둘씩

---

* 가르침과 배움은 동일하다. 배움을 학습으로 국한 한다면, 교육 본능이라고 해야 되지만 배움과 가르침을 동일하게 보는 관점에서는 배움이 주가 되므로 학습본능이라고 칭하는 것이 바람직하다.

† 가령, 스마트 폰이 생기기 전에는 전화번호를 많이 외우고 있었는데, 지금은 전화번호를 많이 못 외우고 있다. 우리의 학습본능을 충족시키기 위해 만든 스마트폰이 오히려 학습과 관련된 능력들을 앗아가 버렸다.

억제 당함으로써, 그것을 결핍해 들어가는 존재가 바로 인간이다. 인간이 만들어낸 갖가지 문화니 윤리니 하는 것들 역시 인간본능의 여러 가지 다양한 기능들을 하나 둘씩 결핍시키고 있다. 인간은 결핍존재이기에 그 결핍을 이겨내기 위해 학습을 하는 것이 아니라, 인간은 배움의 본능이 있기에 학습을 하도록 되어 있다. 인간은 그가 지니고 있는 학습본능대로 배우고 익히는 운명을 지니고 있다. 인간에게 배움은 태생 이전의 조건이고 운명이며, 심지어 어쩌면 유전자를 보존하려는 본능적인 성향의 한 측면이기도 하다.[15]

본능은 시대나 문화, 국가에 의해서 만들어진 것이 아니라 살아왔던 역사시대를 관통하여 과거와 현재, 미래에도 존재하며 국가나 문화도 초월하여 모든 인간에게 존재한다. 이는 생래적인 것으로 문화나 교육 등의 제도를 통해 제거되지 않는다. 예를 들어 음악성이 뛰어난 아이는 주변의 다양한 소리들로부터 음악적 요소들을 찾으며, 그 속에서 자신의 뛰어난 음악성을 계속해서 발전시킬 것이다. 아이는 계속 소리를 탐색하려고 하고 소리에서 아름다움을 느끼고 그것을 표현하려 할 것이다. 이렇게 하여 아이의 음악성은 발전한다. 여기에서 아이가 가진 음악성을 발전하게 하는 것은 학습본능이다. 만약 이 아이에게 다양한 소리의 자극을 경험하지 못하게 한다고 해서 소리를 탐색하고자 하는 본능이 제거되는 것은 아니다. 소리가 들리지 않아도 소리를 탐색하고자 하는 본능은 계속 존재한다. 아이가 가지고 있는 음악과 관련한 본능의 발현을 억압하고 통제한다면 이 아이의 음악성은 변할 것이다.

이와 같은 맥락에서 학습본능의 결과가 현재에 유용하다면 문화와 제도가 변화하는 미래에도 유용할 것인가? 학습본능은 과거에도 있어 왔고, 현재에도 있고, 문화와 제도가 변화하는 미래에도 있을 것이다.

문화와 제도가 인간의 학습본능의 충족을 억제하거나 결핍을 가한다고 할지라도 인간의 학습본능은 소거되지 않고 학습본능이라는 기제에 의해 적응하여 변화되는 것이다.*

학습본능의 메커니즘

아이들은 세상을 이해하고 익히려는 본능이 있으며 모든 것을 동원해 내부의 감정 상태 뿐만 아니라 외부 환경과도 관계 맺도록 구조화되어 있다. 이러한 관계맺기는 배움으로, 학습본능의 결과이자 목적이며, 그 자체이다. 생명의 본질은 배움으로 일어나는 거대한 삶의 실현이다. 그러므로 아이들에게 '배움'이라고 하는 것은 생존으로, 삶에 의미있게 참여하는 것이다. 그래서 배움은 적극적일 수밖에 없다. 인간이 끊임없이 새로운 것을 추구하는 이유이기도 하다.[16] 아이들은 태어나면서부터 세상(타존재)을 받아들인다. 지각을 통해 자신과 세상을 해석한다. 이러한 과정과 시스템이 학습의 원리이다. 이하에서는 이러한 것들이 본능이라는 것을 밝혀 학습본능의 메커니즘을 밝히고자 한다.

인간은 태어날 때부터 지각에 대한 특별함을 가지고 있다. 외부의 자극을 접하면, 지각은 그것을 범주화하여 인식한다. 나무의 종류는 다양하고 그 나무들의 특성과 모양이 모두 다르다. 소나무와 사과나무는 다르다. 누군가가 소나무를 나무라고 알려주지 않았지만 우리는 나무로 범주화한다. 전혀 다른 모습을 같은 종류, 즉 범주category로 묶는다.

---

* 여기에서 제도는 크게 보면 학교다. 또한 문화는 지금 이시대 아이들의 문화를 이해하면 쉬울 것이다. 예를들어 아무리 스마트 폰 등의 기계와 구조적이고 주입식 위주의 학교교육이 아이들의 학습본능을 억제하려고 하여도 본능의 속성상 없어지지 않을 것이다.

이이를 범주적 지각이라고 부른다. 이러한 범주적 지각은 누군가에 의해서 배워야 되는 것이 아니라 태어나면서 가지고 있는 자연스러운 본능이다. 아이들은 세상을 접할 때 나름대로 범주화하여 받아들인다.

가정이라는 학습공동체를 통해 타인이 범주화해 놓은 것들을 같이 공유한다. 이러한 과정을 통해 인간은 지식을 쌓고 활용하게 된다. 생전 처음 본 무엇인가도 기존의 지식에 기초하여 같은 종류로 묶을 수 있고, 범주화된 것을 가지고 의사소통도 하게 된다. 범주적 지식은 심리적으로 임의의 경계를 설정하고, 그 설정된 경계를 기준으로 인식을 범주화시킨다.

실제 가시 스펙트럼에서 620~760까지의 파장이 우리의 눈으로 들어오면 우리는 그것을 모두 빨간색으로 지각한다. 우리는 그 스펨트럼 안에 있는 모든 색을 빨간색으로 범주화되어 있기 때문이다. 이것은 음악의 계이름에서도 볼 수 있다. 아주 많은 소리가 있지만 음악을 배우게 되면, 음계로 그것들을 범주화시켜서 알고 있는 것과 마찬가지이다. 어린 아이들은 일상에 노출된 모국어의 소리를 범주적으로 나누어 지각한다.

범주화는 지각에 대한 것뿐만 아니라 추상적인 것이나 느낌, 사고, 판단에 대해서도 일어난다. 예를 들면 아이들은 시간도 범주화하여 받아들인다. 아침 점심 저녁과 같이 일과를 범주화하여, 아침이면 밥을 먹고, 씻는 등으로 개념화되고 있으며, 점심에는 무엇을 하고, 저녁에는 잠을 잔다는 것등이 범주화되는 것이다. 또 우리가 기분을 느낄 때에도 슬픔, 기쁨, 분노, 공포, 등으로 자신의 기분 상태를 범주화한다.

어떤 대상을 하나의 범주로 판단하는 순간 그 대상의 여러 가지 속성들을 예측하고 판단하는 것이 빨라지며 따라서 신속하게 대응할 수 있다. 우리 인류가 오랫동안 지식을 축적해 온 방법들이 이 범주 이름을 배워 나가는 것이었다.*

우리는 타고난 범주를 가지고 있기도 하지만 교육을 통해 범주를 형성하기도 하고 그 범주를 수정하기도 한다. 하지만 범주의 데이터 양이 축척됨에 따라 범주를 수정하지 못할 수도 있다. 우리는 우리 안에 형성된 범주화된 지각의 결과물을 통해 세상을 판단하고 해석한다. 하지만 이러한 범주화의 부작용은 세상(타존재)의 본질을 그대로 받아들이려고 하지 않고 이미 형성된 고정된 범주 안에 억지로 꾸겨 넣게 되는 오류를 범하게 된다는 것이다. 세계를 인식함에 있어 억지로 자신의 부동의 범주에 귀속시키려 하게 되면 자기 나름의 범주화 능력을 상실하게 될 수도 있다. 자신이 세상과 만나 세상을 자기 존재 대로의 범주를 만드는 역동적인 범주화 능력이 필요하다. 본래 어떤 상황이든 타존재와 만나게 되면 그것을 범주화시키는 인간의 능력인 지각의 범주화는 학습본능의 메커니즘을 어느정도 설명해줄 수 있다. 본능의 메커니즘을 정서적으로 주장한 학자들이 있다.

로체스터 대학의 심리학 교수인 에드워드 디시Edward Deci와 리처드 라이언Richard Ryan은 "아이들은 내재적으로 동기화되어 있기 때문에 자율성과 능력을 키우려는 기본적인 욕구를 가지고 있으며 이러한 욕구를 통해 자연스럽게 배우고 자란다"고 하며 자연스러운 배움을 강조하였다.[17] 아이들은 주변 세상을 이해하고 배우려는 욕구를 가지고 태어났으며 구속받지 않는 보살핌 속에 호기심을 가지고 자신을 둘러싼 환경을 적극적으로 탐구하는 존재이다.[18] 그래서 아이들은 본능적으

---

* 이러한 과정은 피아제의 동화, 조절, 평형화 과정과도 유사하다. 인지구조를 형성하는 과정에서 어떤 것을 개념화시키고 있다는 점에서는 피아제의 주장과 유사하나, 범주적 지각은 우리가 세상을 해석하는 방식을 말하며, 피아제의 동화조절평형화 이론은 그것에 대한 과정을 의미한다.

로 흥미를 느끼는 대상을 좇으며, 새로운 경험이 익숙해질 때까지 고집스럽게 탐구를 반복한다. 이러한 욕구는 타고난 것으로, 가르친다고 생기는 것이 아니다.

학습(배움)은 가르침의 결과가 아닌 그 자체로써 의미를 가진다. 인간은 스스로 배운다. 이와 관련된 이론이 '자기생성'이론이다.[†19] 자기생성Autopoiesis은 '자기를 만든다self-making'라는 뜻의 그리스어로, 자기가 자신autos을 생산하는poiesis 활동이다. 여기에서 생산의 방식이 배움이다. 인간은 누가 가르치지 않더라도 실제 경험과 현실을 통해서 무엇인가를 자신의 방법으로 늘 배운다. 이 이론에 따르면 생명체는 '자신을 생산함'을 멈추는 순간 더 이상 존재하지 않는다. 여기에서 자신을 생성하는 행위는 배움으로써, 배움은 존재와 분리되지 않는다. 따라서 인간에게 배움은 삶 자체이며, 생존의 방식이다.

하지만 많은 사람들은 가르침의 결과로써 배움이 일어난다고 여긴다. 이렇게 가르침의 결과로써 배움을 정의하면, 가르치는 자와 배우는 자를 분리하는 오류를 범하게 된다. 그 결과 가르치는 자와 배우는 자는 수직적 관계로 존재할 수밖에 없으며, 가르치는 자는 배우는 자가 무엇을 배워야 할지와 어떻게 배워야 할지를 미리 정할 수밖에 없다.

이와 관련하여 배움의 결과 중 하나인 '앎'에 대한 마투라나와 바렐라Maturana & Varela의 주장을 통해 우리는 무엇을 배워야 할지에 관해 이야기하고자 한다.

마투라나와 바렐라Maturana & Varela는 그의 저서 '앎의 나무Der Baum der Erkenntnis'에서 우리가 색을 보는 과정을 예로 들어 우리가 보고 있는

---

† 마투라나와 바렐라의 자기 생성 이론과 비슷한 것은 1980년대 노벨 화학상을 받은 이리야 프리고징과 물리학자 프리초프 카프라에 의해서 제시된 자기 조직화라는 개념이다. 이는 생명체가 스스로를 조절하고 끊임없이 변하는 것에 대해 내재적 수단을 의미한다.

세계는 실제 존재하는 세계이기보다는 우리가 내부에서 만들어가는 세계라고 주장한다. 우리가 세계의 '공간'을 보는 것이 아니라 우리의 시야 visuelles Feld를 체험하는 것이라는 의미이다.[20] 예를 들어 사람이 보기엔 빨간 장미이지만 인간과 신경체계가 다른 개구리나 초파리는 파란색으로 본다. 장미가 가진 빨간색은 원래 존재하는 것이 아닌 보는 유기체에 따라 다른 방식으로 체험하기 때문이다.

정보는 밖에서부터 안으로 유입된다는 것이 일반적으로 통용되는 학설이었으나 마투라나와 바렐라 Maturana & Varela는 인간이 환경과 더불어 '인지'를 함께 만들어가며 이러한 과정에서 정보는 끊임없이 순환고리를 통해 안과 밖, 양 방향으로 흐른다고 주장한다.[21] 세계는 우리와 동떨어져 독립적으로 존재하지 않고 인간과 끊임없이 상호작용하여 나온 산물이다. 사람들이 감각을 통해 느끼는 인식하는 대상은 사물 그 자체가 아닌 신경 체계의 해석에 따른 표상이다.

마투라나와 바렐라 Maturana & Varela의 주장에 따르면, 우리가 인식하는 세계는 실제 존재하는 세계이기보다는 내부에서 만들어가는 세계이다. 그것은 대상과 주체인 관찰자 내부의 자기생성 조직이 상호작용한 결과로, 이 과정은 끊임없이 변화한다. 인지 자체가 세계를 만드는 과정이며, 외부의 주어진 구조에 의존하지 않고 모든 활동에서 중심이 되는 자기생성체계를 가지고 있다.[22] 여기에서 학습(배움)은 환경의 표상*을 축적하는 과정이 아니라 오히려 신경계 안에서 지속적인 변화를 거쳐 행동까지도 끊임없이 변화시키는 과정이다.[23] 이는 끊임없이 창조하고 변화시키는 세계에서 인간의 판단 기준도 변함을 의미한다. 이 이론에 따르면 지금까지 교육의 목표로 지탱해왔던 고정된 지식

---

* 지식일 수도 있다

은 존재하지 않을 수도 있다.

이러한 이론들이 힘을 얻으면서, 교육목표를 설정하고 그것을 절대시하여, 일정한 교육목표를 습득하는 것을 인지발달이라고 여겼던 기존 교육 패러다임에 변화를 요구하게 되었다. 이제 교육은 더 이상 세계에 대한 사실을 축적하는 과정이 아니다. 배움은 수동적인 지식을 저장하는 활동이 아니라 아이들이 그들의 삶에 유의미하게 참여하는 행위이다. 따라서 가르침에 대한 결과로써 배움이 아니라, 배움 자체가 주가 된다.

지금까지 학습본능의 결과인 배움에 대해 이야기 했다. 이제 본격적으로 학습본능에 관해 이야기 해보자. 최근 학습본능에 관한 실증적 연구가 시도되었다. 영국 뉴캐슬 대학의 교육공학 교수이자 2013년 TED 수상자이기도 한 수가타 미트라Sugata Mitra 박사는 '구름 속에 학교를 짓다'라는 제목의 TED강연에서 지금의 학교는 미래를 대비할 수 없다고 비판하면서 '아이들은 누군가가 가르치려고 하지 않아도 스스로 배울 수 있다'는 명제를 도출하고 이를 바람직한 미래 교육의 대안으로 제시하였다.† 그의 이런 제안은 그가 1999년 인도 뉴델리의 빈민가에서 시행한 '벽 속의 구멍'이라는 이름의 실험에서 비롯되었다. 이 실험은 벽 속에 인터넷이 연결된 컴퓨터를 넣어 두고 아이들이 어떻게 반응하는지를 통해 아이들 스스로 무엇인가 찾고 배우는 능력을 가지고 있다는 것을 증명하기 위한 실험이었다. 이 실험에서 흥미로운 점이 발견되었는데 그것은 한 번도 컴퓨터를 만져 본 적이 없는 아이들이 어느 정도 시간이 지나자 서로에게 자신이 컴퓨터를 경험하면서 얻은 지식을 가르치면서 컴퓨터 사용법을 터득하는 모습이었다. 아이들에게 컴퓨터 사용

---

† 수가타 미트라는 자기 학습력이라고 하였다. 이는 학습본능과 유사한 개념이다.

법을 가르친 사람이 없는데도 아이들이 스스로 컴퓨터를 익힌 것이다.

이 실험 이후 수가타 미트라Sugata Mitra 박사는 아이들이 스스로 컴퓨터 사용법을 익혔다면 좀 더 심화된 내용도 익힐 수 있을 것이라 가정하고, 또 다른 실험을 한 결과 동일한 결과를 얻게 되었다.* 그 결과 아이들은 어떤 분야에서도 스스로 배울 수 있다는 것을 알아냈다.† 아래 글은 수가타 미트라Sugata Mitra 박사의 실험 사례를 서드버리 밸리 학교Sudbury Valley School의 밈지 사도프스키Mimsy Sadofsky가 소개한 글이다.

수가타 미트라Sugata Mitra는 1999년 1월 29일 인도의 한 교육공학 관련 기업에서 과학 기술자로 일하고 있으면서 아이들의 자기 학습력에 대해 재미있는 실험을 구상했다. 뉴델리에서 가장 가난한 지역에 있는 그는 자신의 회사 건물의 외벽에 컴퓨터를 설치해 두었다. 그 곳의 아이들은 대부분 학교에 다니지도 않았으며, 글도 깨우치지 못했을 뿐 아니라 그때까지 컴퓨터를 본 적도 없었다. 미트라는 컴퓨터를 켜놓고 주변에 몰려든 아이들에게 컴퓨터를 가지고 놀아도 괜찮다고 말했다. 그리고 컴퓨터 주변에 몰려든 아이들의 행동을 살펴보기 위해서 비디오 카메라를 설치해 두었다.

주로 7-13세가 대부분인 아이들은 자기들 눈에 TV처럼 생긴 이 이상한 기기를 금세 탐색하기 시작했다. 그들은 기기의 여기저기를 만지다가 손가락이 터치 패드를 옆으로 움직이면 화면 위의 포인터가 움직이는 것을 우연

---

* 이를테면 DNA와 같은 어려운 개념들이다.

† 수가타 미트라는 스스로 배우는 법에 대한 실험을 체계화하여 Sole Self Organized Learning Environment(자기 구조화 학습과정)이라는 새로운 학습방법을 제시하였다.

히 발견했다. 이는 더욱 재미있는 발견으로 이어졌다. 포인터가 화면의 특정 부분을 가리킬 때는 손 모양으로 변했던 것이다. 그들은 포인터가 손모양일 때 터치패드를 클릭하면 화면이 완전히 바뀐다는 것을 알 수 있었다. 그들은 친구들을 불러서 이 환상적인 기계에 대해 열심히 설명했다. 한 아이나 한 집단이 각각 새로운 것을 발견하면 그것은 곧 다른 아이들과 금방 공유되었다. 며칠이 지나자, 성인들이 아무것도 가르쳐주지 않아도 많은 아이들은 컴퓨터를 가지고 음악연주, 게임, 그림판 프로그램을 이용한 그림 그리는 등 컴퓨터가 보편화된 선진국의 아이들이 컴퓨터에 접속하여 실행하는 많은 것들을 척척 해냈다.

그 이후 수가타 미트라Sugata Mitra와 그의 동료들은 인도의 다른 지역, 시골뿐 아니라 도시에서 동일한 실험을 계속한 결과 매번 동일한 결과를 얻어 냈다. 누구라도 사용 가능하도록 컴퓨터를 설치해 둔 곳이면 어디에서나 아이들이 금방 모여들어 기기를 탐색하는 등 그것을 가지고 놀기 시작했다. 수가타 미트라Sugata Mitra는 서로 공유한 정보 이외에 어떤 다른 도움을 주지 않아도 아이들은 스스로 컴퓨터를 사용한다는 흥미로운 사실을 발견했다. 아이들은 컴퓨터, 기타 소모품, 화면에 나타나는 다양한 아이콘, 그리고 아이콘을 실행하는 행동에 대해 각각 이름을 붙였다. 예를 들어 한 집단은 화면에 나타난 포인터를 '바늘'로 그리고 폴더를 '찬장(힌디어)'으로 불렀다.

인터넷 연결이 가능한 지역의 아이들은 웹을 찾아 들어가는 방법을 배웠다. 그들은 컴퓨터를 통해서 전 세계의 지식창고에 접속할 수 있게 되었다. 글을 모르는 아이들은 컴퓨터와 상호작용을 통해서 글을 배우기 시작했고, 글을 아는 아이들은 종종 자신들에게 흥미 있는 기사를 검색하여 자신들이 배운 언어(일반적으로 힌디, 또는 마라티)로 다운로드 했다. 초급단계의 영어를 배우는 아이들은 컴퓨터와 상호작용을 통해서 단어를 배우고 그것을 친구들과 공유했다. 인도의 한 외딴 마을에 사는 아이는 이전에는 미생물에 대한 지식이 전혀 없었지만 컴퓨터와 상호작용을 통해서 박테리아와 바이러스를 배우고 나서 이 새로운 지식을 일상대화에서 적절하게 사용했다.(중략) 수가타 미트라Sugata Mitra는 그와 그의 동료들의 실험이 외과수술에서 차용한 기술용어인 최소개입교육이라고 말했다. 아이들의 생활에 대한 간섭을 최소화하는 교육이라는 의미다.[24]

위의 사례를 통해, 아이들은 '학습본능'이 있어서 스스로 배운다는 것을 알 수 있었다. 이에 관해 밈지 사도프스키Mimsy Sadofsky는 아이들의 놀고 싶어 하는 마음이 아이들에게 재미를 주어 컴퓨터를 계속 연습하게 했으며, 아이들에게 내재된 본능인 공동체적 속성으로 인해 개인적인 학습이 다른 아이들에게 널리 전해질 수 있었다고 하였다.

아이들에게 학습본능이 존재한다는 증거들에 대해 이야기 했는데, 최근에는 학습본능의 실체 못지않게 그 필요성이 주목받기 시작했다. 지금까지 학습본능은 근대 산업사회의 획일화되고 구조적인 이슈에 매몰되었다. 그래서 근대 산업사회의 교실 현장은 그 근대성으로 말미암아 여전히 획일적이고 고정적이었다. 하지만 최근 인류사에서 지식은 상황에 따라 계속 변하는 개념이 되었고 그 지식을 습득하는 배움(학습)은 세계에 대해 알게 되는 방식이 아니라, 그 세계 속에서 존재하는 방식이 되었다.[25]

이렇게 학습본능의 유용성이 제기되는 것은 누군가에 의해서 정해진 내용을 교육받아야 하는 교육의 근대성의 탈피에 대한 욕구 때문일 것이다. 아이들의 일상은 학습의 맥락으로 학습본능이 발현되는 시간이며 공간이다. 그래서 아이들에게 풍부한 일상을 제공해 주어야 한다. 숲교육은 교실교육과 달리 끊임없이 많은 맥락과 일상을 제공해 준다.

아이들은 맥락 속에서 학습의 주체가 되어 참여하고, 배움의 객체가 되어 자신의 학습본능을 채워간다.

이러한 모든 것들이 학습본능에 대한 이론적 배경이라 할 수 있다. 학습본능은 놀이와 학습공동체를 통해 구체적으로 구현된다.

2
놀이를 통해 발현된 학습본능

학습본능으로써 놀이의 특성

지금까지 교육학에서는 놀이를 실증적 입장에서 연구하였다. 놀이는 인지 놀이, 사회적 놀이, 신체운동놀이 등으로 구분한다. 다시 인지 놀이는 기능 놀이, 구성 놀이, 규칙 있는 게임으로, 사회적 놀이는 혼자놀이, 평행놀이, 협동놀이로 구분한다. 그리고 놀이를 시간, 관계, 공간의 맥락에 따라 달라지는 역동적인 현상으로 보지 않고,[26] 분절적으로 절취할 수 있는 것으로 보고, 탈맥락적이고 일회적 측정을 통해 설명해왔다.[27]

이것은 '주체 외부에 실재하는 진리의 객관적 탐구'라는 자연과학적 인식론과 '설명'이라는 자연과학적 소통의 방법을 여타의 학문적 영역에 전방위적으로 적용한 근대적 인식의 패러다임에 기인한 것이다.[28]

그 결과 복잡한 아이들의 일상(삶)을 단일한 차원의 인식 수준으로 압축시켜 설명하려고 함으로써 아이들의 생활 세계의 의미를 축소시켜 아이가 속한 세계의 총체적인 이해를 도모하는 데 한계를 야기시켰다.²⁹ 또한 놀이의 복합적 성격을 특정한 영역의 발달적 기능으로 축소시켜 이해하며, 놀이의 '결과'로 이해되어야 할 발달을 '목표'로 설정함으로써 놀이를 수단적 가치로 인식하게 만들었다.

아이들의 놀이는 현실과 가상이 중첩되고, 이탈되었다가 다시 재진입하고 변형하는 것을 반복한다. 놀이는 놀잇감이나 상황에 따른 우연한 발상의 결과로 사물, 환경, 역할 간에 자유롭게 의미를 연관 짓는다. 이러한 과정 속에 놀이유형을 관념적으로 나누는 범주의 경계는 무력화될 수밖에 없다. 놀이와 놀이자 사이, 아이와 어른 사이의 경계도 모호해진다.* 놀이와 교육의 관계도 목표와 수단의 관계에서 벗어나게 된다. 동시에 주체와 객체, 아이와 교육과정을 분리해서 이해하는 이원론적 전제에서 벗어나, 자아와 세계가 한데 어우러져 각자가 존재할 때 보다 더 많은 것을 보이는 통합된 세계로의 전환을 의미한다.

가다머Gadamer에 의하면 놀이는 능동태도 수동태도 아닌 '중간태로의 변화transformation into mediation'이며, 놀이 현상을 놀이자나 놀이 내용보다 더 중요시 하여 놀이의 주체는 놀이하는 사람이 아니라 놀이가 놀이자를 통해 표현될 뿐이라고 하였다.³⁰ 결국, 가다머 Gadamer는 놀이하는 사람의 의지보다 놀이 자체가 가진 속성을 더 중요시 여긴 것을 알 수 있다. 우리가 놀기를 포기할 수 없는 것도 이러한 중간태의 성격을 가지고 있기 때문이다. 어떻게 보면 중간태가 가진 의미는 놀이가 본능이라는 것을 내포하는 말이다. 이러한 것을 볼 때, 가다머Gadamer가 주장하는 놀이 과정은 놀이 주체와 놀이 내용의 물리적인

---

* 복합성 철학에서는 주체와 객체를 이분법적으로 나누지 않는다. 그래서 관찰자와 관찰대상의 경계도 모호해진다.

주체/객체 구분이 무의미해지는 현상이다. 그 결과 놀이는 놀이하는 사람의 의도적인 수행이나 방향과 예측이 불가능한 자체의 운동논리와 발전방향을 가진다고 볼 수 있다. 교육이 놀이가 가진 자체운동논리와 발전 방향과 만나면 자동성을 갖게 되며, 자체의 형성구조를 가져 자기 성장을 이루게 된다.[31]

> 마치 해석자와 해석되어야 할 텍스트가 만나 두 관점의 불일치가 점차 새로운 차원에서 근접함의 움직임을 일으키며 관점의 지평융합을 향해 자체적으로 발전하는 과정과 같다. 또한 이 과정이 자체의 운동 방향과 형성구조를 갖는다는 사실은 충만한 생명 에너지가 일으키는 역동적인 자기 성장임을 말해준다. 이는 아이와 교육과정을 정태적 관점에서의 주체/객체로 보던 데서 탈피하여, 서로가 유기적으로 통합하며 변모하는 과정으로 보는 동태적 관점에서 이해할 것을 시사하고 있다. 이러한 관점에서 놀이가 곧 교육의 다른 이름이 된다.[32]

아이들은 누군가에게 배움을 강요당하지 않아도 스스로 배운다. 피아제Piaget를 위시한 교육 및 심리학 분야의 지배적인 견해에 따르더라도 아이는 스스로 주변 세계를 발견해 갈 수 있다.[33] 그것은 아이들에게는 타고난 학습 메커니즘인 학습본능이 있기 때문이다. 학습본능이 구현되는 방식은 놀이다. 아이들은 놀이를 통해 학습본능을 구현한다. 인류 문명을 만들었던 예술가, 철학자, 과학자들은 대가가 없는데도 그 행위 자체가 좋아서 일생을 한 곳에 몰입하였다.* 그들에게 삶은 놀이였

---

* 놀이가 정형화 된 것이 예술이다. 예술의 원형은 놀이다. 인류역사가 예술의 산물이라고 보았을때 인류는 예술의 원형인 놀이의 산물이라고 할 수 있다. '(악기를) 연주하다'고 했을 때 연주하다라는 동사를 Play를 쓰는 것도 무관하지 않다.

던 것이다. 인류는 놀이가 있었기에 발전해 올 수 있었다. 놀이는 개개인의 학습뿐만 아니라 인류 문명을 만드는 기제이기도 하다. 아래는 도자기공이 일을 놀이로 하는 것에 대한 예시이다.

> 가마에서 구워 막 꺼낸 자신의 도자기가 성에 차지 않아 그대로 부수어 버리는 도예가의 모습을 떠올릴 수 있습니다. 도공은 도자기를 만들고 굽는 일을 노동이라고 생각하기보다는 스스로 선택한 자발적인 즐거운 작업이라고 생각합니다. 그에게는 도자기를 팔아서 얻은 돈도 노동의 대가가 아닌 즐거운 작업이 가져다 준 부산물입니다. 이처럼 아무리 힘든 노동일 지라도 자신이 좋아서 스스로 선택한 노동은 적어도 그 사람에게 '놀이'라고 하겠습니다.[34]

아이들은 학습본능을 가지고 있고, 학습본능은 놀이를 통해 발현된다. 이를 밝히기 위해 우선 놀이가 본능인지, 그리고 놀이가 학습이 되는지에 대해 알아보도록 하겠다.[†]

놀이는 내면적이고 본능적인 느낌과 정서, 직관, 쾌락을 가져다준다. 우리는 그것들로부터 창조적인 통찰을 이끌어 낼 수 있으며 창안자가 될 수 있다. 놀이는 규칙에 얽매인 일이 우리가 원하는 통찰이나 결과를 가져다주지 못하거나 관습적인 생각이나 행동, 지식이 성취하고자 하는 목표의 장애가 될 때, 새로운 관점에서 보게 하는 재미있고 위험없는 수단이 되며, 압박감을 주지 않는 학습과 공포를 유발하지 않는 탐험의 방식이 되어 우

---

† 놀이는 본능이어서 자연스럽게 나타나, 놀아야만 된다는 가정과 놀이 자체가 학습이 된다는 것을 밝히면, 모든 사람들은 본능상 놀아야 되고, 그 놀이를 통해 학습이 이루어진다는 것이 증명될 수 있을 것이다. 물론 놀이만으로는 학습본능의 전부를 설명해 주지는 못한다.

리 자신만의 세계와 인격, 게임과 규칙, 장난감, 퍼즐을 만들어 내게 함으로써 지식을 변형시키고 새로운 방식으로 이해할 수 있게 돕는다. 그리고 이것들을 통해 새로운 과학과 예술이 가능해진다.35

놀이가 무엇이라고 명확히 정의내리기는 어렵다. 행위 그 자체에서 오는 즐거움 때문에 자발적으로 책을 읽을 수도 있고, 공부도 할 수도 있다. 그래서 어느 때는 놀이이지만 어느 때는 놀이가 아닐 때도 있다. 대표적인 놀이 이론가인 호이징가Johan Huizinga는 놀이의 존재나 영향을 인식하지 못한 곳에서 놀이를 발견하였다. 호이징가Johan Huizinga 는 놀이를 '일정한 시간과 공간의 한계 속에서 자유로우나 구속력이 있는 규칙에 따라 행해지며, 그 자체에 목적이 있고, 긴장과 즐거움의 감정, 아울러 일상생활과는 다르다는 의식을 동반하는 자발적인 행위나 활동'으로 정의하였다.

인간의 본능을 명확히 규정할 수 없고, 단지 설명할 수만 있듯이 놀이도 마찬가지이다. 같은 행동이라도 일상의 맥락에 따라 일이나 무의미한 어떤 행위가 될 수도 있고, 놀이가 될 수도 있다. 결국 행위를 함에 있어 '무엇'이 아닌 상황과 맥락에 따라 놀이가 될 수도 일이 될 수도 있다. 놀이는 어떤 행동을 하기 위한 수단이 아니다. 더 나아가 놀이가 학습을 위한 수단이 되어서도 안 된다.

놀이는 활동 자체에 주의를 기울이는 유목적적인 행위이다. 놀이 그 자체, 놀이 하는 순간, 놀이 과정들 모두가 놀이의 목적이다. 그래서 놀이는 미리 계획되어 있지 않다. 또한 놀이하는 매 순간 순간이 놀이의 목적이 되기 때문에 놀이는 과정과 결과가 분리되지 않는다. 놀이에서는 달성해야하는 목표보다는 놀이 행위를 하는 과정이 중요하므로 아이들은 놀면서 자유롭게 다양한 활동에 참여하고 이를 통해 자기 자신을 변화시키기도 한다.

놀이는 결과를 추구하지 않는다는 점에서 비생산적이다.[36] 놀이는 본능이기에 저절로 하며, 하고 싶어서 한다.

인간의 일상은 원래 본능에 더 충실하게 움직이며, 자유로운 생활로 채워졌었으나, 사회가 발전함에 따라 많은 제도가 만들어지면서, 어느 순간 '일'이라는 규격화된 행위가 삶의 중심이 되어 버리고, 오히려 삶을 얽매어 버렸다. 그래서 우리의 일상은 크게 일과 놀이로 나누게 되었다. 흔히 놀이는 '일'과 대비되는 개념으로, 강제성을 가지고 있는 불편한 그 무엇으로 인식되고 있다. 이 개념에 따르면 아이들에게 학습은 '일'이다. 이 개념은 놀이를 즐거움이나 오락성의 일차적 기능만으로 생각한 것으로 놀이 자체가 가진 다양한 기능을 고려하지 않고, 모든 것을 이원론적*으로 구분하려는 것에서 비롯된 것이다. 이에 비추어 보면 일반적으로 생각하는 학습은 놀이 보다는 '일'에 가깝다.

하지만 성인에 비해 좀 더 본능에 가깝게 생활하는 어린아이들은 놀이와 일의 개념을 분리하지 않는다. 아이들의 삶, 즉 일상 자체는 모두 놀이이다. 교육기관에서 선생님이 제시하는 활동도 다 놀이다. 하지만, 어느 순간 아이는 자신의 일상을 놀이와 일로 구분한다.

어린 아이들은 책을 읽는 것을 놀이로 생각하여 부모에게 끊임없이 읽어달라고 한다. 하지만 그랬던 아이가 학교로 가면서 책을 읽는 것을 싫어하게 되는 경우를 종종 본다. 책을 읽는 행위가 일이 되어 버렸기 때문이다. 이와 관련해 킹King과 페인Fein은 연구를 통해 어린 아이들에게 놀이와 일(작업)은 완전히 분리되지 않는 행동으로 나타난다는 것을 밝혀냈다.

---

* 놀이와 일로 구분한 것을 말한다.

예전에 필자는 '놀이를 통한 교육과정 수업 개선회'에 참여한 적이 있었다. 교사가 진행하는 재미있고 역동적인 '놀이를 통한 공개 수업'은 많은 박수를 받고 끝났다. 그런데 한 아이가 손을 들더니 그 교사에게 "선생님 이제 우리 놀아도 돼요?"라고 묻는 것이다. 아이에게 그 수업은 놀이가 아니었던 것이었다. 유아교육의 수업 현장에서는 아이들의 즐거움과 흥미를 위한 많은 수업 형태가 있는데 그것을 아이들은 '놀이'가 아닌 '일'로 생각한다는 것을 알 수 있는 대목이다. 흥미나 즐거움에 수업의 초점을 두었지만, 아이들은 그 활동의 주체가 자신이 아니라고 느꼈기 때문에 놀이가 아니라고 생각한 것이다.

실제 킹King은 유아를 대상으로 한 연구에서, 아이들이 블록 쌓기와 같은 활동을 할 때 아이들 자신이 자유롭게 선택한 것이면 놀이이고, 선생님이 시킨 것이면 일이라고 생각한다는 것을 밝혔다.[37] 놀이와 일을 구분하는 이러한 경향은 유아기에 더욱더 빈번하게 나타난다.[38] 페인Fein의 연구에서도 비슷한 결과가 도출되었다. 아이들은 의사 결정의 소재, 즉 성인이 결정한 활동은 일이라고 구분하였다.[39] 이후 킹King은 초등학교 5학년을 대상으로 다시 연구를 시작하였고, 그 결과 자신들이 자유롭게 선택한 것이든 교사의 지시에 따른 것이든 상관없이, 그 활동이 즐거우면 '놀이'로 생각하는 것으로 나타났다.[40] 두 연구를 통해 유아들과 초등학교 5학년 아이들에게 놀이와 일을 구분하는 기준이 다르다는 것을 알 수 있다. 어린 아이일수록 놀이는 본능의 속성에 더 근접하여 내면에서 자발적으로 발생한다.

실제로 놀이의 개념을 명확히 정의하기는 어렵다. 그러나 놀이의 개념이 잘 정립되어야 학습본능으로써 놀이가 제대로 설명될 수 있을 것이다.

놀이는 무질서하게 보인다. 아이들은 놀면서 규칙도 상황에 따라 바꾸어 버린다. 놀이를 하고 있는 공간도 일정하지 않다. 어느 날은 좁은 공간을 썼지만, 또 어느 날은 넓은 공간을 차지한다. 놀이를 시작하면 언제 끝날지도 모른다. 어느 놀잇감을 사용할 것인지에 대해서도 명확하지 않다. 놀이는 혼돈 그 자체다.

지금까지 많은 놀이 이론가들이 아이들의 놀이를 설명하기 위해 부단한 노력을 했지만, 놀이를 정의내리기조차 힘들었다. 그것은 놀이 자체가 바로 혼돈을 대변하는 것이기 때문이다. 아이들의 놀이는 무질서하고, 비구조적이며 상황과 환경에 따라 수시로 변한다. 이에 대해 반더벤Vander Ven은 숲교육의 큰 축인 놀이가 혼돈적 능력을 반영한다고 하면서, 놀이의 특성을 다음과 같이 제시하고 있다. 첫째, 놀이는 상징적이다. 상징적 놀이는 어떤 것을 다른 것으로 대체한다. 그래서 놀이를 통해 혼돈적 내용과 개념을 경험한다. 둘째, 놀이는 의미를 만든다. 놀이를 하면서 경험의 다양한 요인들을 연결할 수 있다. 셋째, 놀이는 역동적이다. 본질적으로 놀이는 끊임없는 변화를 수용한다. 넷째, 놀이는 주제와 상황 그리고 사람을 연결시켜준다. 다섯째, 놀이는 창조적이다.[41]

혼돈을 대변하는 놀이는 그 속에서 나름대로 질서를 가지고 있다. 그 질서는 아이들의 성장과 발달이며 생존을 지향하고 있다. 놀이는 복잡하고 급격하게 변화하는 혼돈의 세계에 도전할 수 있는 준비를 하게 한다. 정보화 시대에는 특정한 사실이나 분명한 내용을 배우는 것은 의미가 없으며 불확실한 것 속에서 불확실을 인정하며, 그 속에서 질서를 찾아가는 것이 중요하다.*

아이들의 놀이에는 성인이 되어서 필요한 능력들이 포함되어 있다.

---

* 이것에 대해 지금까지는 필요한 정보를 발견하고 평가하는 방법이 핵심이라고 했다. 하지만 인공지능의 4차 산업혁명시대에는 더욱더 발전된 다른 능력이 필요하다. 이것에 관해서는 계속 설명하도록 하겠다.

생존에 필요한 사회적 기술, 인지, 신체, 정서조절 등에 관한 능력들이 놀이를 통해 길러진다. 민족마다 살고 있는 환경이 다르듯이 놀이도 다르다. 놀이는 즐거움을 동반하여 아이들이 성인이 되어서 필요한 능력들이 체화되도록 지속하는 특성이 있다. 놀이를 관찰해 보면, 장소와 시대가 요구하는 능력들을 기르는 데 필요한 것 들이 있다. 예를 들어, 몽골의 경우 넓은 초원에서 공간의 위치를 알아야 하기 때문에 큐브처럼 생긴 블록을 맞추며 공간 지각력을 개발하는 놀이가 발달되어 있다. 베트남 남부 해안가를 가면 아이들이 실뜨기를 하는 것을 자주 볼 수 있다. 그곳은 그물을 짜야하기 때문에 이러한 실뜨기 관련놀이가 발달되어 있다.

호이징가Huizinga를 비판적으로 계승하고 있는 프랑스인 로제 카이와Roger Caillois는 자신의 책 '놀이와 인간'에서 아이를 포함한 성인이 놀이를 명확히 정의하기 어려운 탓에 정의하기보다는 특성을 통해 설명하였다. 로제 카이와Roger Caillois 이후 놀이의 특성은 많은 학자에 의해 연구되었다. 많은 학자들은 놀이의 특성을 행동적 측면에서 설명하기도 하고, 내적 상태나 성향(예:놀이성)에서 이야기하기도 하고, 상황적 요인을 강조하기도 하였다. 이러한 놀이의 특성으로 인해 놀이의 효과를 알 수 있으며, 놀이와 놀이가 아닌 것을 구별할 수도 있다. 놀이에서 발견되는 공통적인 특징들은 재미(긍정적 정서), 환상(비실제성), 내적 동기, 과정지향, 자유 선택 등이다.[42] 이러한 것들은 모두 놀이가 학습본능인 동시에 학습본능의 발현 방법임을 밝혀줄 중요한 특성이다. 아래에서는 놀이의 특성을 통해 놀이의 정의와 놀이의 교육적 의미를 밝히고자 한다.

놀이는 놀이하는 사람이 주체가 되어야 한다. 그것은 놀이가 본능이기 때문이다. 아이들이 놀이를 할 때는 이미 계획된 프로그램에 수동적으로 끌려가기보다는 스스로 프로그램을 만들면서 놀이의 주체가 된다.

놀이는 '유기체의 주도적인 행동'이다.[43] 유기체가 주체가 되지 않을 때 그것은 놀이가 아니다. 놀이는 외부에서 주어지는 규칙에서 자유롭다. 그래서 어느 때라도 규칙(프로그램)을 자유자재로 바꾸어 버린다. 놀이를 통해 아이가 실제 삶에서 주체가 되는 것을 의미한다. 본능의 발현으로 나타난 놀이는 주체의 능동적 발현이다.

놀이는 놀이 주체의 내적 동기가 있어야 한다. 이것은 놀이가 목적성을 회복할 때 가능하다. 아이들은 스스로 하고 싶어서 노는 것이지 누가 하라고 해서 노는 게 아니다. 자신이 하고 싶은 것을 해야 그 일을 가장 열정적으로 할 수 있다. 아이들은 놀이를 통해 하고자 하는 열정을 배운다. 딱히 하고 싶은 것이 없는 요즈음 아이들을 볼 때 놀이가 사라진 것은 안타까운 일이다. 어렸을 때부터 놀이를 많이 한 아이들은 열정이 있다.

놀이는 재미(긍정적 정서)가 있어야 한다. 놀이는 즐겁고 유쾌하며, 미소와 웃음을 동반한다. 심각하고 격렬한 놀이에서도 아이들은 즐거움을 찾는다. 때때로 가파른 미끄럼틀을 내려가려고 준비할 때처럼 걱정과 약간의 공포가 동반되기도 하지만 그것을 충분히 극복하게 해줄 즐거움이라는 속성이 내재해 있다. 재미(즐거움)는 아이들을 행복하게 한다. 놀이에서 재미를 느끼기 위해 항상 새로운 시도를 한다. 똑같은 놀이는 재미가 없다. 그래서 재미는 본능적으로 새로운 것을 찾게 한다. 그리고 재미는 놀이를 지속하게 한다.

놀이는 과정 지향적이다. 놀이는 미리 계획되어 있지 않으며, 과정 지향적이다. 그러기에 놀이는 결말이 없다. 굳이 결말에 관해 이야기하고자 한다면 과정자체가 결말이다. 놀이하는 매 순간이 놀이의 목적이다. 본능이 생존 그 자체를 위한 목적성이 강하듯이 놀이는 과정 자체에 주의를 기울이는 유목적적인 행위이다. 놀이는 과정과 결과가 분리되지 않는다. 아이들은 매순간 무엇인가를 성취한다.*

놀이는 자유로운 활동이다. 놀이에서 놀이하는 자는 원하는 것을 한다. 놀이 도중에 아이들은 무엇이든지 강요당하지 않는다. 만일 강요당하게 되면 놀이하는 마음을 이끄는 유쾌한 즐거움이라는 성질을 잃어버린다. 놀이는 의무적인 것이 아니다. 놀이하는 자가 놀이에 열중하는 것은 자발적이고 완전히 자신의 의지에 따른 것이다. 언제라도 놀이를 그만 둘 수 있고, 침묵할 수도 있다. 놀이를 하고 싶어서 놀 때에만 놀이가 존재하는 것이다.44 아이들은 자발적인 놀이 속에서 자유를 배우고 타인의 자유를 존중하면서 자유를 나눌 수 있다.

놀이는 창조된 규칙이 있다. 놀이는 한정된 공간과 주어진 시간 속에서 이루어진다. 놀이하는 이들 사이에는 거부할 수 없는 명확한 규칙이 있다. 이 규칙은 놀이하는 아이들 사이에서 저절로 생겨난 창조된 규칙이며, 아이들은 이 규칙에 스스로 구속된다. 아이들은 이 규칙의 한계 내에서 자유로운 대처 방안을 찾고, 새로운 규칙을 생각해내기도 한다. 이런 규칙들을 익혀가면서 아이들은 사회적 규칙의 습득을 연습한다. 이 규칙들은 공동체를 만드는 데 반드시 필요한 것으로 놀이는 본능적으로 이러한 속성들을 가지고 있다.

---

* 아이들은 결과보다는 과정에 목표를 두기 때문에 매 순간 목표를 달성하여 성공의 경험을 쌓는다.

놀이는 비실제적 특성을 가지고 있다. 아이들은 놀이 속에서 새로운 세상을 만든다. 놀이는 명백히 비현실적이다. 아이들은 놀이 속에서 창조자다. 놀이 속에서 일상의 경험을 창조한다. 이러한 놀이의 특성은 사회극 놀이, 조작 놀이, 블록놀이, 게임 놀이, 거친 신체놀이 등 놀이의 모든 형태에 적용된다.† 아이들은 놀이하는 중에 지금-여기의 현실적 구속에서 벗어나 새로운 도전의 장소를 창조하고 경험한다. 새로운 것을 만드는 것은 즐겁고 지치지 않는다. 놀이가 가진 환상성의 특징이 아이들을 즐겁게 하고 창조적이게 하며, 행복하게 한다. 놀이의 비실제성과 창조된 규칙의 속성은 서로 배타적이면서 보완적인 관계다. 아이들은 놀이를 통해 자신들이 만든 허구를 창조된 규칙으로 재해석한다.‡

학습본능으로써 놀이 이론

학습본능이 놀이를 통해 나타난다는 것을 밝히기 위해 왜 노는지를 살펴볼 필요가 있다. 결론부터 말하자면, 놀이는 본능이다. 그래서 본능의 속성상 놀지 못하면 생존할 수 없다. 그래서 아이들을 못 놀게 하면 소리를 지르고, 힘들어하며, 심지어 아프기까지 한다. 놀이 이론은 아이들이 왜 노는가를 밝히는 것으로, 아이들의 놀이를 이해하는 출발점이 될 수 있을 것이다.

---

† 놀이에서는 실제의 의미보다는 창조된 새로운 의미가 나타난다.

‡ 간혹 환상성을 파괴하는 아이는 규정해 놓은 규칙, 즉 허구를 창조적 규칙으로 재해석해 놓은 것을 거짓이라고 말해버림으로써 놀이를 파괴한다. 예컨대, 놀이에 상징으로 활용되는 소품이나 배역이 진짜 해적, 진짜 말, 진짜 잠수함이 아니라고 하거나 소꿉놀이 때 사용하는 그릇이 진짜 그릇이 아니라고 하는 등 비실제성에 현실의 규칙을 적용하여 놀이를 파괴한다.

놀이 이론은 19세기와 20세기 초에 발생된 이후 심리학, 사회학 등에서 일반적 지식이 증가함에 따라 다듬어지고 재구성되었다. 놀이 이론은 크게 생물학적 이론, 환경적 이론, 그리고 인지적 이론 등 3가지 유형과 다양한 이론들이 결합된 혼합 이론으로 개념화할 수 있다.[45]

[놀이 이론]

생물학적 이론	환경론적 이론	인지론적 이론	혼합 이론
잉여에너지 이론 휴식 이론 연습 이론 반복 이론	행동주의 이론 정신분석 이론	동화·조절 각성추구 이론	자기표현 이론 비교행동학적 이론

놀이의 생물학적 이론[*]

놀이의 생물학적 이론에 따르면 개인은 놀이에 대한 통제가 부족하여 놀이를 자신의 의지대로 결정할 수 있는 것이 아니라 본능에 의해 결정하고 동기화하는 것으로 간주한다.

생물학적 이론들은 개인의 내적 생리학적 시스템에 근거를 두었다. 따라서 놀이를 내부 에너지 상태의 균형을 잡는 본능적이고 항상적인 메커니즘으로 여겼다.

---

[*] 흔히 생물학적 이론을 놀이의 고전이론이라고 말한다. 고전이론이라는 의미에서 옛 이론이라는 정서가 있으므로 필자는 고전이론이라는 용어를 쓰지 않았다. 이 이론은 지금도 여전히 유효하다.

아래에서는 놀이에 관한 4가지 생물학적 이론들이다. 처음 두 이론인 잉여에너지 이론과 휴식이론은 유기체의 에너지 소비와 관계가 있다. 잉여에너지 이론은 놀이를 통해 과잉에너지를 안전하게 소비하는 것으로 간주하는 반면, 휴식 이론에서는 놀이를 통해 에너지를 충전하여 회복력과 긴장을 완화해 주는 것으로 여긴다. 나머지 두 이론 중 연습 이론은 놀이를 아이들이 미래를 준비하는 것으로 보았고, 반복 이론은 놀이를 과거 선조에서 내려온 유전적 활동의 소산으로 보았다.†

첫째, 잉여에너지 이론 Surplus energy theory   인간은 자신의 생존 욕구를 충족할 때 필요한 에너지보다 더 많은 에너지를 가지고 있어서 욕구를 충족하고 남은 에너지는 반드시 소비해야만 한다고 가정한다. 놀이는 이 잉여에너지를 소비하는 것이다. 이 이론은 18세기 독일의 프리드리히 쉴러Friedrich Schiller와 19세기 영국의 헤르바르트 스펜서Herbert Spencer로 거슬러 올라가며,[46] 인간은 선천적으로 움직이며 활동해야 한다는 전제에서 시작한다. 특히 아이들은 에너지를 주체할 수 없기 때문에 에너지를 소비하지 못하면 생존하지 못한다는 이론이다. 아이들은 무조건 에너지를 쓰게 되어 있다. 이렇게 생존에 필요하지 않아 남게 된 에너지를 소비하는 것이 놀이다.

---

† 윌슨은 '바이오필리아biophilia'가설을 통해 인류의 기원과 역사가 인간의 유전자에 각인되어있다고 주장한다. 바이오필리아란 생명을 뜻하는 'bio'와 사랑을 뜻하는 'philia'의 합성어로 인간의 마음과 유전자 속에 자연에 대한 애착과 회귀 본능이 내재되어있다는 학설이다. 이 가설에 따르면 자연은 인간이 생활하는데 필요한 여러 가지 물질을 공급하므로 인간은 쾌적하고 만족스럽게 살기 위해서 필연적으로 자연에 의존해야 한다는 것이다. 연습 이론과 반복 이론도 이와 유사한 개념으로 인류의 기원의 역사가 인간의 유전자에 각인되어 나타나는 이론으로 해석할 수도 있다.

학습이라는 테두리 안에 있는 아이들은 에너지를 쓰지 못하고, 축척한 에너지를 발산할 곳을 찾는다. 축적된 에너지는 반드시 소비해야 하기 때문이다. 몰래 컴퓨터 게임을 한다든지, 아니면 그저 긁적거리며 낙서라도 한다.

아이의 신체적 활동을 포함한 놀이는 에너지 발산의 통로이다. 아이들을 움직이게 하지 않으면 그 에너지를 정상적인 방법으로 소비하지 못하고 성인들이 보지 못하는 곳에서 자신들의 방법으로 소비한다. 성인도 마찬가지다. 자기의 에너지를 쏟을 곳이 없으니 올바르지 못한 방법으로 쏟는다. 제대로 놀아본 경험이 부족한 아이는 성인이 되어서도 남은 에너지를 어떻게 써야 할지 모른다. 바르지 못한 방법으로 에너지를 쓰는 건 이런 이유 때문이다. 잉여에너지 이론에서 놀이는 개인의 내적인 생리학적 체계의 에너지 상태에서 나타나는 본능이다.

둘째, 휴식 이론 Recreation theory 에너지 처리면에서 잉여에너지 이론과 반대되는 이론이다. 잉여에너지 이론에서는 오랜 시간 축척된 에너지를 소비하는 것이 놀이라고 보았지만, 휴식 이론에서 인간은 본능적으로 놀이를 통해서 결핍된 에너지를 충전시킨다는 이론이다. 사람들은 일을 많이 하면 그 일로 인해 에너지가 고갈되는데, 소비한 에너지는 놀이를 통해서 보충한다. 일에서 소비한 에너지는 그 일과는 전혀 다른 활동에 몰두함으로써 재생될 수 있다는 이론이다. 여기에는 놀이는 일의 반대라는 전제가 깔려 있다. 놀이는 새로운 에너지를 축척하기 위해 필요하다. 그래서 놀이는 에너지 결핍을 극복하기 위해 필요한 에너지 재생산 활동이다.

이 이론을 주장한 사람은 라자루스Lazarus와 패트릭Patrick으로, 그들은 사람이 노동으로 정신적, 육체적 에너지가 줄어들게 되면 휴식과 수면을 통해 이를 충전하게 되는데, 이때 재충전을 위해서는 현실에서 벗어난 일이나 반대되는 활동을 하게 되며 이를 놀이라고 주장하였다. 그래서 놀이를 육체노동 및 정신노동으로 쌓인 피로를 뛰기, 달리기, 던지기 등을 놀이를 통해 해소하는 것이라고 주장한다.*

이 이론에 따르면 우리는 놀이를 통해 새로운 에너지를 얻어야한다. 아이들은 본능적으로 고갈된 일상의 에너지를 놀이를 통해 충전한다. 아이들에게 놀이는 새로운 에너지를 생성하는 방법이다.

셋째, 연습 이론 Practice theory   누군가가 가르쳐 주지 않는데도 여자아이들은 '역할놀이(엄마놀이)'를 하고, 남자아이들은 신체를 움직이는 '싸움놀이' 등의 거친 신체놀이를 한다. 역할놀이를 하는 아이들을 보면 어른이 되는 연습을 하는 것 같다. 이처럼 어른이 되는 연습을 하는 것은 동물들에게서도 볼 수 있다. 고양이나 강아지를 키워 본 사람들은 새끼 고양이나 강아지가 같은 배에서 태어난 다른 새끼 동물들과 장난을 치는 광경을 아주 많이 볼 수 있다. 또한 동물원을 가면 호랑이와 같은 맹수가 새끼였을 때, 한 배에서 나온 다른 새끼들과 목덜미를 물며 노는 것을 볼 수 있다. 동물들이 장난치는 모습을 자세히 보면 사냥기술을 연습하는 것이다. 아이들이나 새끼 동물들은 생존에 필요한 기술을 놀이를 통해 연습하고 독립된 개체로 살아가기 위해 필요한 능력을 본능적으로 익힌다. 놀이는 아이들이 살아가는 데 필요한 기술을 연습하는 본능이다.

이 이론은 그루스Groos에 의해 주장된 것으로, 놀이는 본능이라는

---

* 직장에서 온종일 정신적인 업무를 하고 나서 신체활동 등 여가활동을 하는 경우가 이에 해당된다.

것을 전제로 하면서 놀이를 생존에 필요한 기술을 배우고 연습하는 것으로 보았다. 놀이는 본능적으로 생존하기 위해 필요한 기술에 대한 준비다. 아이들은 놀이를 통하여 발달시기에 필요로 하는 것을 연습하기 때문에 아이의 발달에 따라 놀이의 종류가 달라진다.

넷째, 반복 이론 Recapitulation theory   숲이나 자연에 아이들을 데리고 가면 자꾸 나무 위에 기어오르는 것을 볼 수 있다. 또한 아이들은 숲에 있는 곤충이나 움직이는 것을 잡고, 또래와 어울려 집단행위 등을 하는 모습을 흔히 볼 수 있다. 아이들은 왜 이런 놀이를 할까? 이것은 스텐리 홀Stanley Hall이 주장한 '반복 이론'으로 설명할 수 있다.

이 이론은 아이들의 놀이는 인류역사 과정을 재현한다는 것을 전제로 한다. 아이들은 놀이를 통해 인간이 발달해 온 과정을 연습한다. 나무에 기어오르거나 또래들과의 놀이를 통한 원시 시대 집단 사냥과 같은 행동을 함으로써 인류 발달과정을 반복한다. 반복이론은 연습이론과 마찬가지로 획득된 특성의 유전성을 강조한다.

반복 이론에 따르면 어린아이들이 나무에 오르기를 좋아하고, 흔들기, 뛰어내리기를 좋아하는 것은 동물적 단계의 과정으로 이 과정을 통해 본능을 해소하고 있는 것이다. 술래잡기와 사냥, 숨바꼭질 등은 원시시대의 수렵생활의 본능을 해소하는 것이고, 동물 기르기 등을 좋아하는 것은 유목생활의 본능을 해소하는 것이며, 인형놀이와 모래 파기 놀이는 농경생활과 정착생활의 본능을 해소하는 것이다. 인류의 발달 과정이 아이의 본능에 축적되어 있어서 성장하면서 놀이를 통하여 유전적 DNA를 해소하는 것이다. 그래서 필연적으로 유년기와 아동기에는 놀이를 통하여 본능적 속성을 해소해야 한다고 주장한다.

연습 놀이에서는 성인이 되었을 때 필요한 기술을 습득하기 위해 그 경향을 강화하지만, 반복 이론에서 아이들은 이전의 필수적인 놀이를 모방함으로써 주어진 발달 단계의 본능적인 경향을 줄인다는 측면에서 두 이론은 다르다.

놀이의 환경적 이론

놀이의 생물학적 혹은 전통적 이론은 생리적 균형과 생물학적 유전의 유지와 관련이 있다. 하지만 이 이론들은 심리적인 결과가 다소 무시되었다고 비판받는다. 환경적 이론은 놀이에서 환경과 학습의 중요한 심리적 측면들이 강조되었는데 그것은 행동주의와 정신분석학의 측면에서 살펴볼 수 있다. 정신분석학자들은 무의식적 동기를 강조하였고, 행동주의자들은 놀이의 학습 측면을 강조하였다. 행동주의자들은 실험 상황에서 객관적 관찰에 근거한 외형적 방법으로 결론을 내리는 반면, 정신분석학자들은 내적인 방법에 의존했다.

첫째, 행동주의 이론에서 놀이는 '자극-반응'의 연합으로 학습되거나 조건화된 것으로 본다. 아이들은 본능적으로 자극에 대해 반응하며 논다. 행동주의에서 놀이는 숲이나 놀잇감 등이 주는 자극과 관련한 환경적인 상황과 강화에 의한 것이다. 자극-반응에 기초한 행동주의 이론은 개인의 지능과 창조 능력으로 대표되는 개인차의 역할을 고려하지 않는다는 비판이 있다. 이 이론에서 놀이는 환경과 행동, 2차적 강화물 간의 상호작용의 결과다. 그러나 주어진 환경 하에서 주어진 자극에 모든 사람이 같은 방식으로 반응한다고 할 수는 없다.

둘째, 정신분석 이론에서는 놀이를 자신의 억압된 감정을 해소하는 과정으로 본다. 예를 들어, 엄마에게 혼이 난 아이들은 또래와 놀이를 할 때 엄마처럼 인형에게 혼을 내는 흉내를 내곤 한다. 이러한 놀이는 부모의 행동을 보고 모방한다고 볼 수도 있지만, 정신분석 이론에서는 자신의 억압된 부정적 감정을 해소하는 과정이다.

프로이드Freud는 정신분석학을 개발하면서 즐거운 경험은 추구하고, 고통스런 경험은 회피한다고 가정하며, 모든 놀이를 설명한다. 놀이는 정서적 생존을 위한 본능으로 내면에서 저절로 이루어지는 경우가 대부분이다.

정신분석 이론에서 놀이는 만족되지 못한 충동을 통하여 촉진된 긴장을 방출하는 사회적으로 수용된 방법이다. 아이들은 놀이를 통하여 무의식에 억압된 것들이 해소되어 카타르시스를 느끼며, 갈등으로 야기된 긴장이 해소된다. 그리하여 아이들이 놀이를 하면서 더는 신경성의 긴장을 만들지 않는다. 놀이하는 아이는 자신의 갈등에 수동적이고 무능력한 방관자가 되는 것이 아니라 놀이를 통하여 그 상황에 적극적인 행위자가 되기 때문이다. 이러한 특성을 활용하여 정신분석학에서는 놀이를 치료로 활용하였다.

놀이의 인지이론

인지이론에서는 놀이를 개인의 정보처리 메커니즘의 기능으로 간주한다. 인지이론에서의 관심은 상징과 언어와 사고의 역할이다. 이 이론은 개인의 인지 수준과 발달 수준이 놀이를 지시하고 동기화하는 것으로 간주한다. 놀이와 관련한 인지이론에서는 동화/조절로써의 놀이와 각성추구로써의 놀이라는 두 가지 견해를 가지고 있다. 이 두 견해에 의하면 아이들은 본능적으로 놀이를 통해 학습한다고 가정한다.

첫째, 동화 조절이론은 피아제Piaget가 지능발달의 원리를 주장하면서 근거로 삼은 것이다. 이 이론에 따르면 아이들은 인지과정의 불균형을 균형으로 맞추는 과정에서 세상에 적응하며, 인지가 발달하고, 신체가 발달한다. 이런 총체적 과정이 '놀이'다.*

놀이는 연속적 발달에서 필수적인 요소이므로 현재의 발달단계를 반영한다. 발달이론가들이 주장하는 발달단계별로 보면 다음과 같다. 우선, 감각 운동기에 잡기나 던지기 같은 놀이는 그것을 숙달하고 자랑하는 단순한 즐거움 때문에 반복, 재생 일반화된다. 이런 형태의 행동은 놀이의 원시적인 형태로 기능적 즐거움이라 명명된다. 이 시기의 놀이를 연습놀이, 기능놀이라고 한다. 어린 아이들이 식탁에서 수저를 바닥으로 반복적으로 떨어뜨린다든지, 물을 엎질러 놓고 반복적으로 튀기는 행동을 한다. 이렇게 반복적인 행동을 하는 시기가 감각 운동기이다. 부모나 양육자는 아이들이 두 세 번 정도 이러한 행동을 반복하는 것을 지켜보다가 제지한다. 하지만 부모가 이렇게 제지하는 것은 놀이를 제대로 이해하지 못하기 때문이다. 이 시기의 반복되는 행동은 아이들이 단기 기억을 확장하기 위해 본능적으로 연습하는 것이며, 바로 이어서 나타나게 되는 쌓기놀이 등 구성놀이의 기초가 된다.

다음은 전조작기로, 상징적이거나 가상적인 놀이를 포함한다. 이러한 놀이에서는 어떤 대상을 다른 것으로 표상할 수 있다. 예를 들어 막대기는 총, 야구 방망이, 검, 칼 등으로 사용될 수 있다. 아이들은 전조작기를 통과함에 따라 현실을 더욱더 지각하게 된다. 이러한 현실의 지각은 상징놀이와 혼합되고 그 결과 놀이는 수정되어 간다. 그럼으로써 상징놀이의 대상은 현실적인 것에 가까워진다. 이 단계까지 아이들은

---

* 실제 놀이에서 동화가 우세하게 나타난다. 동화 과정에서는 일어나는 사건들을 왜곡하여 보기 때문이다.

완전히 자아 중심적이었으나, 점점 자아는 현실에 종속되기 시작한다. 이 시기의 아이들은 현실에 접근하기 위해 놀이를 하는 반면, 성인들은 현실을 피하기 위해 놀이를 한다.

구체적 조작기에 들어가는 아이들은 상징적 놀이를 규칙이 있는 집단 게임으로 대체한다.[47] 아이들은 규칙이 있는 게임을 포함하는 형식적 조작기 전 단계인 구체적 조작기에서 경쟁적이고 조직화된 스포츠를 경험한다.

둘째, 각성 추구 이론은 놀이의 주 목적을 각성이나 자극 추구로 보는 입장이다. 인간의 의식은 최적의 각성 상태를 적절하게 유지하려고 중추신경계를 조절하는 경향이 있다. 자극이 너무 많을 때는 각성 수준이 너무 올라가 중추신경계는 물론 심리 상태가 불안정해진다. 이 때 사람은 쉬려고 한다. 반면 자극이 너무 적어 각성이 전혀 안 일어날 때는 자극이 증가하는 활동에 참여함으로써 각성 수준을 높이려 한다. 이것을 '놀이'라고 한다. 그래서 놀이를 '자극 추구 활동'이라고 한다.

놀이가 자극 추구 활동이다 보니, 아무리 재미있게 놀았던 것도 익숙해지면 각성 수준이 낮아져 지루하게 느끼게 되고 최적의 각성 수준을 유지하기 위해 다른 자극을 찾게 된다.* 여기에서 지루함, 심심함은 놀이를 만드는 자극제이다. 지루하니 무엇인가 놀이를 만들어서 논다. 심심해서 게임을 만들고, 게임에 맞는 규칙을 만들어 낸다.† 아이들은 끊임없이 새롭고 다양한 방법으로 사물을 이용하고 자극을 최적화한다. 실제 아이들은 집에 TV가 없으면 무엇이라도 만들어서 재미있게 논

---

* 재미있게 놀았던 것이 '자극'이다.

† 이것을 베일린은 '다양한 탐색활동'이라고 정의한다.

다. 장난감을 없애 버리면 장난감을 대처할 무엇이라도 만들어서 논다.

　　이것은 동물들에게도 볼 수 있다. 고전적인 할로우Harlow는 실험실 상황에서 동물들을 살펴 본 결과, 동물들이 새로운 자극을 의도적으로 추구하는 것으로 나타났다. 실제 그의 연구에서 원숭이들은 보상이 주어지지 않을지라도 새로운 자극을 의도적으로 추구하고 있으며, 끊임없이 무엇인가 하려고 한다는 것을 밝혔다.[48]

　　인간은 이러한 각성 상태를 유지하기 위해서 놀이를 시작하지만 놀이를 통해 환경과 상호작용함으로써 기본적인 학습을 경험한다. 아이는 각각의 놀이를 통해 현재 환경에 대한 이해를 증가시키며, 아이가 성장할 미래의 환경과 상호작용 할 수 있는 능력을 키운다.

　　숲은 많은 자극을 끊임없이 제공한다. 계절에 따른 변화‡와 공간의 다양화가 아이들을 자극시킨다. 각성이론에 따르면 숲은 아이들을 놀게 하는데 최적의 장소이다.

놀이의 혼합 이론

놀이의 다양한 이론들이 통합된 것으로 놀이의 목적§에 관한 논의 보다는 특정한 놀이의 원인을 알고자 시도한 이론들이다. 비교행동학적 이론과 자기표현 이론으로 나눌 수 있다.

첫째, 비교행동학적 이론은 동물의 행동연구에서 시작하였다. 놀이의 성질을 결정하는 원인을 '영토 확립의 욕구', '먹이 쪼아 먹는 순서', '무기류의 개념'들로 보았다.

---

‡　실제 숲에는 같은 계절에도 끊임없는 변화가 있다.
§　놀이의 목적은 '왜 노는가?'의 이슈와 같다.

'영토 확립의 욕구'는 자기만의 고유한 영역을 확보하려는 욕구에서 생겨난 것이다. 아이들이 숲에 들어오면 가장 먼저 하는 놀이 중 하나가 집을 짓는 등, 자기 영역을 표시하는 것이다. '먹이 쪼아 먹는 순서'는 농장에서 놓아먹이는 닭에서 쉽게 확인 할 수 있는 종의 내적 위계이다. 놀이하는 또래들 사이에도 힘의 위계가 존재한다. '무기류의 개념'은 초기 인간은 무기 제조업자였는데, 그런 무기의 발전으로 도구가 만들어졌다는 이론이다. 아이들이 숲에 올 때 항상 하는 것이 나뭇가지로 무기와 같은 것을 만드는 것은 어쩌면 이런 본능에 속하는 행동일지 모른다.

이러한 놀이의 속성을 비교행동학적 이론으로 정립한 브라운Brown은 특정 활동이 영토, 먹이 쪼아 먹는 순서, 무기의 요소를 분명하게 포함하면 할수록(이 때 더 놀이가 되며), 그 활동은 아이들이 미래에 자신들이 살아가야 할 세상과 아이들과의 관계를 가르치는 도구로써 성공적인 역할을 하게 될 것이라고 주장한다. 야구, 장기, 체커 등의 게임은 비교행동학적 이론을 뒷받침하는데 쉽게 이용될 것이다.

둘째, 자기표현 이론은 미첼Mitchell과 메이슨Mason이 주장한 것으로 유기체의 놀이 행동의 범위와 유형 등에 관한 이론이다. 이 이론에 따르면 사람들은 생체적 구조, 신체적 적합수준, 심리적 성향에 의해 어떠한 놀이를 할 것인지, 어느 정도에서 할 것인지의 범위를 본능적으로 결정한다. 우선 '생체적 구조'를 통해 실제로 실행 가능한 놀이활동의 수준을 결정한다. 사람은 걷고, 달리고, 점프하며, 자전거를 탈 수 있지만 새처럼 날거나 물고기처럼 수영을 할 수는 없다. 둘째 '신체적 적합수준'에서는 활동의 즐거움뿐만 아니라 추구된 활동의 유형과 지속에 영향을 준다.* 셋째, '심리적인 성향'은 개인들이 어떤 활동 유형으로 향하도록 만드는 것으로 감각, 만족감을 위한 욕구와 휴식과 같은 기본적, 생리적 욕구의 감소를 포함한다. 사회적, 환경적 상호작용 외에 과거의 경험은 개인의 습관과 태도에 영향을 미치며, 개인의 습관과 태도는 미래의 놀이 행동에 영향을 미친다. 반면 이러한 세 가지 것들은 한 개인에게 가능한 놀이 행동의 범위를 나타낸다.†

놀이 행동의 범위 외에 '습관', '사회적 교제', '물리적 환경', '보편적 소망', '보상'이라는 다섯 가지 변인에 의해 어떤 유형의 놀이를 할 것인지 선택한다.

'습관'은 과거의 즐거움과 놀이의 성공 경험이 사회적 조건화가 되어 어떤 유형의 활동을 하는데 강력한 동인(동기)으로 작용한다. 특히 어린시기의 놀이는 성인이 되어서도 놀이를 즐길 수 있는 습관이 된다. 놀이 실조失調를 앓는 어른이 되지 않으려면 유년기 때 놀이하는 습관을 가져야 한다.

'사회적 교제'는 인간의 본능으로 이 본능의 충족은 놀이라는 또 다른 본능의 충족을 가져 온다. 아이들은 사회적 교제를 하기 위해서 논다. 사회적 교제는 서로를 모방하게 하며, 각 개인에게 그들 문화의 규범과 전통양식을 채택하도록 한다.

'물리적 환경'은 아이들의 놀이에 영향을 미친다. 기온, 습도, 지형 등의 변인 모두 놀이에 영향을 미친다. 숲에서 노는 아이들과 밀폐된 공간에서 노는 아이들의 놀이가 다른 이유이다.

---

* 어린 아이들의 경우에도 자신이 신체적으로 할 수 있는지 없는지를 안다. 가령 나무 위에 오르는 아이들은 자신들의 능력 범위 안에서 오르고 내리는 것을 볼 수 있다.
† 생체적 구조, 신체적 적합수준, 그리고 심리적 성향을 의미한다.

'보편적인 소망'은 새로운 경험의 욕구, 안전의 욕구, 반응의 욕구, 인정의 욕구, 집단에 소속하려는 욕구 그리고 심미적인 또는 아름다움의 욕구 등을 포함한다. 공동체가 바라는 보편적 소망은 놀이를 결정한다.

마지막으로 '보상적 측면'은 사회적으로 수용되지 않는 행동이나 억압된 동기화를 보상받기 위해 사회적으로 수용된 놀이로 방향을 돌리는 것을 말한다. 이러한 보상적 측면으로 놀이는 욕구표현, 현실 도피, 그리고 가상의 영역으로 자신을 전이시키는 수단이 된다.

놀이에서 발견한 학습본능 메커니즘

필자는 부모나 교사를 대상으로 한 특강을 다니면서 이런 질문을 자주 한다. "당신의 자녀가 영어를 잘 하려면 어떻게 해야 합니까? 열심히 선생님의 수업을 잘 들어야 합니까? 책을 많이 읽고 열심히 공부해야 합니까? 아니면 외국인 친구를 사귀는 것이 더 나을까요? 이것들 중 어느 것이 가장 효과적인 외국어 습득방법입니까?"라는 질문에 대해 대부분의 부모나 선생님들은 외국인 친구를 사귀는 것이 가장 효과적이라고 한다. 그럴 때면 다시 "그렇다면, 아이들이 우리 말을 익히는 데 가장 효율적인 방법은 무엇이겠습니까?"라고 묻는다.

또 "아이들이 친구들과 사이좋게 지내도록 교육시키고 싶으신가요? 이때 책을 열심히 읽혀 주면 아이들의 사회성이 많이 향상되나요? 아니면 친구들과 많이 놀게 하는 게 아이들의 사회성 발달에 더 도움이 되나요?"라고 물으면 이 역시 친구들과 사이좋게 지내게 하는 것이라고 답한다.

"'책을 읽거나 공부할 때'와 '숲에서 놀 때' 중에서 창의성이나 문제 해결력이 많이 필요한 경우는 어느 때 입니까?"라고 질문하기도 하는데, 모든 답은 아이들은 놀면서 필요로 한 것을 배운다는 것으로 귀결된다.

아이들에게 놀이는 학습이다. 많은 놀이 이론가들은 놀이가 곧 학습이며, 아이들은 놀이를 통하여 발달한다고 한다. 심지어 동물들도 놀이를 통하여 자기의 생존에 필요한 기술을 계발한다. 살아서 움직이는 모든 유기체에게 놀이는 본능이자 생존의 도구이다. 본능이므로 숨 쉬는 것처럼 따로 배우지 않아도 된다. 이렇게 놀이와 관련된 본능의 메커니즘이 제대로 작동되지 않을 땐 피가 순환되지 않는 환자처럼 병들고, 심하면 죽을 수도 있다. 모든 유기체는 살기 위해서 논다. 생존을 위해 많은 발달이나 성장을 목표에 두고 있는 어린 아이에겐 그 본능이 더 절실하다. 아이들은 부모나 선생님들이 못 놀게 해도 기어이 논다. 그래야만 살 수 있기 때문이다. 놀이는 본능이며 발달의 필요충분조건이다. 아이들은 놀이를 통하여 생존의 본능, 즉 학습본능을 충족시킨다.*

---

* 유아기에는 학습, 발달, 성숙이라는 용어를 혼용하여 사용한다. 행동주의자들은 학습이라고 하고, 구성주의자들은 발달이라고 하며, 성숙주의 자들은 성숙이라고 한다. 하지만 이에 대한 논쟁은 접어 두고, 현재 국내 교육과정에서 사용되고 있는 '발달'을 기본 개념으로 한다. 여기에서 발달은 인간의 생명이 시작되는 순간부터 죽음에 이르기까지 전 생애를 통해 이루어지는 모든 변화의 양상과 과정을 의미한다. 발달의 변화과정에는 신체, 인지, 사회성, 언어 등의 영역들이 포함된다. 아이들의 자연스러운 표현인 놀이는 이 모든 발달 특성과 밀접한 관련이 있다.
놀이와 발달은 다음과 같은 관계가 있다(김수영, 김수임, 정정희, 2012, 60).
첫째, 놀이는 단순한 발달을 반영한다. 그래서 놀이는 아이의 현재 발달 상태를 알려준다.
둘째, 놀이는 발달을 강화한다. 놀이는 발달을 공고히 한다.
셋째, 놀이는 발달로 귀착된다. 따라서 놀이는 발달적 변화의 도구로써의 역할을 한다.

놀이를 주의 깊게 살펴보면, 놀이 속에 있는 학습본능의 메커니즘을 이해할 수 있다. 호기심과 관련된 관찰과 탐구인 '탐색'과 즐거움과 관련된 '놀이성'을 놀이의 학습본능 메커니즘으로 본다. 물론 놀이 자체가 학습본능의 메커니즘을 가지고 있는 것은 당연하다. 이하에서는 놀이를 하게하는 '탐색'과 놀이를 지속하게 하는 '놀이성'을 통해 학습본능의 메커니즘을 찾아보고자 한다.

첫째, 놀이 전 단계인 탐색을 보면, 학습본능의 메커니즘을 알 수 있다. 탐색은 아이들의 호기심에서 비롯된 것이기도 하고, 낯선 것에 대한 경계에서 비롯된 것이기도 하다. 일부 학자들은 유기체, 즉 아이에 의해 주도되는 것이 놀이라는 점에서 탐색과 놀이를 구분한다. 아이들은 사물이나 놀잇감을 탐색한 후에 놀이를 시작한다. 이런 면에서 놀이는 새로운 사물을 구체적으로 탐색하고 그것에 익숙해지고 습관화되는 것이라고 정의 할 수도 있다.

'탐색'은 물체나 상황에 대한 정보를 추구하는 것과 관련된 '자극(사물)'의 특성에 의해 통제된다.[49] 하지만 놀이는 타존재(사물)보다는 아이의 욕구와 흥미에 의해 지배되는 유기체 주도적인 행동이며, 타존재(사물)에 대한 정보 획득보다 자극 생성과 관련된다. 탐색이 놀이가 아닌 가장 큰 이유는 아이의 욕구나 흥미에 의해 지배되는 아이 주도적인 행동이 아니며, 자신의 창조적 행위를 위한 자극 생성이 아니라는 점을 들 수 있다. 이는 이어서 설명하게 되는 컴퓨터 게임이나 TV를 보는 것이 놀이가 아니라는 이유에서도 활용된다.

모든 아이들은 놀이 이전에 대상(사물)에 대해 탐색의 과정을 거친다. 다시 말하면 탐색이 놀이를 이끈다. 어린 아이가 주체가 되어 사물을 변형시키고 상상이 가능할 때 탐색은 놀이로 전이transition, 轉移된다.[50] 탐색과 놀이는 서로 다른 목적으로 활용된다. 놀이하는 동안에는 미소와 웃음 그리고 다른 즐거운 표현이 나타나지만 탐색하는 동안에는 중립적이고 약간의 부정적 정서가 나타난다. 탐색이 '이 물체는 무엇인가?'라면 놀이는 '이 물체로 무엇을 할 수 있는가?'에 관한 것이다. 놀이와 탐색이 개념적으로는 구별되지만 어떤 아이가 놀이를 하는지, 탐색을 하는지 명확히 구분하여 말하기는 어렵다. 놀이와 탐색은 한 순간 서로 변하기도 한다. 실제 놀이의 주요 기능이 탐색이기도 하다. 그래서 놀이와 탐색이라는 두 용어는 탐색적 놀이라는 결합된 형태로 나타난다.

탐색은 새롭고, 신기하고, 복잡한 사물을 보았을 때 나타난다. 아이들은 대상이 어떤 것이든지 검사하고 조사하는 탐색 과정을 거친다. 새롭게 제시되는 대상은 흥미를 불러일으킨다. 하지만 어느 정도 시간이 지나면 흥미는 줄어든다. 애착 이론가인 존 보울비John Bowlby는 아이는 엄마의 젖을 먹다가도 새로운 사물이나 새로운 사람이 시야에 들어오면 먹는 것을 즉각 멈춘다고 하였다. 그 이유로 아이는 신기한 사물에 대한 정보를 수집하는 등 정보획득에 관심을 두는 자극 주도적인 행동을 하기 때문이라고 설명한다.

탐색은 일정한 특성을 가진 자극들에 의해 활성화되며, 특정 속성을 가진 자극들에 의해 종료된다. 새로움이 탐색을 활성화시키고 친숙함이 종료시킨다. 탐색활동은 새로운 것을 친숙한 것으로 변형하고 이 과정에서 활성화 자극이 종료 자극으로 전환된다.[51] 탐색은 호기심에서 유발된다. 호기심은 유기체가 지닌 특성이지만, 인간의 호기심은 다른 유기체보다 월등하다. 이러한 호기심은 대상을 관찰하게 하며, 더 나아가 새로운 것을 창조하도록 하고, 정교화하기도 한다. 호기심은 아이들이 놀이하기 전 단계인 탐색의 단계를 통해 나온다. 실내의 밀폐된 공간이나 교사에 의해서 제공된 자료보다 개방적인 숲은 매 순간 아이들이 탐색할 많은 것들을 가지고 있다. 숲에서는 새로운 구멍이 나타나기도 하고, 낯선 곤충이 나타나기도 하며, 날씨와 계절에 따라서도 끊임없이 변화하는 그리고 탐색할 만한 어떤 것들이 나타나기도 한다. 탐색은 유기체가 자극을 해석하는 과정이다. 이때 아이들은 자신의 감각을 활용한다. 시각, 청각, 후각, 촉각 그리고 미각과 직관을 통해서 사물의 특성을 파악한다.*

둘째, 놀이의 특성인 즐거움(재미)이 학습본능의 메커니즘을 설명할 수 있다. 놀이가 주는 즐거움은 놀이를 하게하며, 놀이를 지속하게 한다. 이렇게 놀이를 좋아하는 성향을 놀이성playfulness이라고 한다. 놀이성은 놀이의 종류와 방법을 선택하고 결정하게하며 문제해결력이 발휘되게 하는 잠재적 특성으로 개인의 발달정도나 선호도에 따라 다르게 나타난다.

놀이를 좋아하는 놀이성은 놀이행동을 일으키는 심리적 성향 또는 태도로 자아의 발달과 만족을 위해 인지적, 정서적, 신체적 즐거움을 더하려는 개인의 내적인 특성이다.[52]

아이들은 놀이성으로 인해 자신과 환경과의 관계를 이해하고 탐색하며 호기심을 증가시킨다. 인도의 수가타 미트라Sugata Mitra가 보여 주었듯이 호기심은 아이들에게 컴퓨터에 접근하여 그것을 조작하도록 유인했고, 놀이성은 그들이 컴퓨터를 능숙하게 사용하도록 했다.

---

* 하지만 지금 교실교육에서는 무엇인가 해석하는 도구인 감각이 활용될 기회가 줄어들고 있다. 주변을 돌아보면 들리는 소리는 단조로운 소음이고, 후각은 인위적이다. 주변의 사물들을 만져보면 모두 부드럽다. 주변의 색 등 시각적인 부분도 한계가 있다. 아이들이 유년기부터 풍부한 감각적 경험을 가지고 있어야 풍요로운 탐색이 이루어지며, 제대로 된 놀이를 할 수 있다. 탐색의 수단인 감각을 살려야 한다. 이러한 감각을 살리기 가장 적합한 곳이 숲이다.

아이들이 무엇인가 탐색한다는 것은 자신이 주체가 되어 타존재를 인식하고 알아간다는 것이다. 아이들은 탐색과정에서 해석한 세상을 놀이를 통해 자기가 주체가 된 세상으로 재창조한다. 그것은 탐색의 놀이적 요소가 자기 존재에 의한 학습본능의 메커니즘이 됨을 의미한다. 또한 놀이 자체가 가진 속성인 유기체가 주체가 되는 것은 존재의 자유와 의지에 의한 것이기에 즐거움(놀이성)을 수반한다. 탐색이 호기심을 통해 세상을 해석한 것이라면 즐거움과 관련된 놀이성은 놀이를 지속하게 한다. 결국, 놀이를 통한 학습본능의 메커니즘은 자신이 주체가 되는 것을 의미한다. 이는 자신의 존재를 인식하고, 타존재와의 어우러짐을 통해 가능할 것이다.

3
학습공동체를 통해 구체화된 학습본능

아이들은 태어나면서부터 무엇이든 배우려고 하며, 배우는 것을 좋아한다. 이러한 특성은 인간의 본능으로 자연적인 현상이다. 아이들은 매우 적극적으로 배운다. 하지만 자연적인 배움은 태어나면서부터 완전하거나 완벽하지 않아서 누군가의 도움을 필요로 한다.* 필요한 도움을 위해 교사가 생기고, 교육과정이 만들어지고 학교가. 하지만 도움이 너무 강조되다 보니 자연적인 배움이 부정되었다. 배울 내용은 국가에 의해 결정되었으며, 효율성이라는 측면이 강조되어 교수학습 방법이라는 것을 통해 구조화되고 규격화된 방식으로 가르쳐졌다. 하지만 아이들은 구조화되고 규격화된 방식의 전달자인 교사 뿐만 아니라 또래나 매체, 어른 등으로부터도 자연적으로 배운다.

---

* 과거에는 이러한 이유로 누군가 가르치는 사람인 교사가 필요했다. 하지만, 아이들은 이러한 도움을 교사 뿐만 아니라 또래 등 공동체를 통해서 얻는 경우가 많다. 가르침을 주어야 되는 교사들의 가르치는 역할이 오히려 배우려고 하는 본능을 방해하는 경우가 종종 있다. 교사의 역할이 중요시 되다보니, 또래를 통해 학습되는 것들이 간과되게 되었다. 교사의 역할과 또래의 역할이 학습공동체로 다시 재조명되어야 한다.

아이가 아이답다는 것은 친구들을 좋아하고, 함께 잘 노는 것이다. 숲교육에서는 놀이와 또래(친구)들과 만든 공동체를 통한 학습본능의 발전을 교육의 본질로 본다. 여기에서 공동체는 아이의 생활 세계와 둘러쌓고 있는 교육환경과의 관계이며, 교사의 생활 세계와 교육환경의 관계가 부분적이 아닌 전면적으로 의미있는 관계를 맺고 있음을 의미한다.53

아이들이 친구를 좋아하는 것은 본능이다. 경쟁과 도태를 중심으로 적자생존을 통해서 진화한다는 다윈의 이론이나, 리처드 도킨스Clinton Richard Dawkins의 이기적 유전자에서 주장하는 사회생물학 이론들은 생명체의 법칙을 온전히 설명하지 못하여 많은 비판을 받고 있다. 최근 많은 이론에서 생명체는 생존하기 위해 자원이 부족한 곳에서 투쟁 대신 자기 통제라는 원칙을 이용하여 협력을 도모하고 항상 상호 공감을 얻기 위해 노력한다고 주장하고 있다.54 아이들은 본능적으로 협력적인 공동체를 만들며, 그 공동체를 통해 학습한다.

실제, 포먼과 카즈든Forman & Cazden은 공동체 활동에서 여러 과제들을 수행하는 과정을 조사한 결과, 4학년생들은 처음에는 짝과 활동을 조정하려고 시도하지 않았으나 약 7개월이 지나자 점차 함께 학습하고, 공동 목표를 달성하기 위해 각자의 역할을 하는것을 발표하였다. 아이들은 때로는 질문자가 되었다가, 시범자가 되고, 반응자나 청취자가 되는 등 서로 역할을 바꾸어가면서 학습공동체를 만들어갔다.55

숲교육에서 주장하는 학습공동체에서의 교육은 구조화된 학습 과정에서 익혀지는 것이 아니라, 우연적인 상황에서 일어나는 많은 문제 상황들을 교육내용으로 본다. 문제 상황을 함께 해결하며 처해 있는 상황에 적응하도록 하는 과정에서 교육이 이루어진다고 본다. 이러한 일련의 과정은 상호 참여 아래에서 일어난다.56

숲에서 이루어지는 학습공동체를 보면, 아이들은 서로 서로가 훌륭한 교사다. 또래와 함께 지내는 일상에는 전형적인 교수 학습과정이 포함되어 있다. 아이들은 가르치는 자로서 근접발달지대와 비계설정의 이론을 다 알고 있다. 모르는 아이에게 적절히 비계를 설정하고, 아이 수준을 파악한 후 발달에 맞게 안내한다. 심지어, 배우는 아이가 잘 하는지 옆에서 지켜보기도 한다. 교실교육에서 거의 금기시한 주입식 교육도 마다하지 않는다. 가르치는 자로서 아이들은 배우는 아이에게 가장 적합한 방식으로 가르쳐 주고 배운다. 그런데 이런 가르침은 전적으로 가르침만 있는 것이 아니라, 누군가를 가르치는 행위 자체가 내면화(숙달)과정이기도 하다. 가르침은 배움의 다른 모습이다.

숲에서 만들어지는 학습공동체는 가르치는 자와 배우는 자가 고정적이지 않다. 가르치는 자와 배우는 자의 경계가 불명확하며, 중첩된다. 교수 학습의 내용은 배우는 아이가 알고 싶어 하는 것을 가르치고, 생존하고 생활하는 데 필요한 것을 가르친다. 교실교육에서도 아이들이 서로 배우고 가르치는 것을 중요시 여겨 상호 교수법reciprocal teaching이라는 방식으로 활발히 연구가 진행되고 있다. 최근 레더러Lederer는 상호교수법이 아이들에게 효과적임을 밝혔다.

또한 상황 학습situated learning*에서도 학습공동체를 설명할 수 있다. 상황학습 이론은 학습과 학습이 일어나는 사회적 맥락이 서로 어떻

---

* 상황학습론에서 말하고자 하는 학습관은 다음과 같다(Lave. J, Wenger. E. 2005).
첫째, 우리가 경험하는 것은 상황이다. 낱낱의 지식이나 정보는 그것이 사용된 상황과 더불어 경험된다.
둘째, 우리가 무언가를 배운다는 것은 언제나 상황 안에서 겪은 경험의 일부이기도 하고 동시에 그 상황에 관해서 겪은 경험 가운데 일부이기도 하다.
셋째, 우리가 경험하는 상황은 그에게 닥친 상황일 뿐 아니라 동시에 그가 참여하여 구성해 낸 상황이기도 하다. 단지 대부분 암묵적이고 일상화되어 있어서 의식하지 못할 뿐이다.

게 관련을 맺고 있는가에 초점을 둔다. 상황학습 이론에서 학습은 직접 교수가 아닌 인지적 도제 제도를 형성한 학습공동체 내에서 학습이 가장 잘 발생한다고 강조한다. 그래서 관계를 중요시하며 관계의 결과물로써의 지식인 총체적 과정 자체를 목표로 한다. 상황학습에서의 학습공동체를 보면 장인과 도제가 1:1로만 존재하는 것이 아니라, 다양한 수준의 도제들이 장인과 더불어 구성된다. 맥락에 따라 공동체 자체의 교육과정이 만들어지며, 각자의 수준에 따라서 실천에 필요한 도움을 주기도 하고 받기도 하는 관계들이 서로 복잡하게 얽혀있다.[57] 이러한 것은 숲교육에서 볼 수 있는 자발적인 학습공동체의 양상과 유사하다. 이것 외에 숲교육에서 아이들은 공동체에 참여하는 과정에서 구성원들과 의견을 나누기도 하고, 다른 구성원들이 하는 일을 관찰하기도 한다. 이러한 과정 속에서 아이들은 직접적인 도움을 주고 받으면서 점점 완전한 학습공동체의 참여로 나아간다.† 여기에서 학습은 그 자체로 독립된 명제적 지식의 습득으로 정의하는 관점과는 달리 실천(참여)을 통해 수행되는 실천적 방식을 말한다.

숲에서 아이들은 강한 유대감togetherness을 가진다.‡ 실내에서는 놀이의 영역이 나뉘어져 있고 공유된 놀잇감의 수가 적은 반면 넓은 공간인 숲에서는 많은 수의 공유할 수 있는 놀잇감이 있다. 실제 아이들 사이의 유대감은 특정한 물리적 공간에서 공유된 놀이가 있을 때 나타난다.[58] 그 밖에 숲이 가진 공간적 특성으로 위험성이나 도전성 등에 노출된 아이들은 더 강한 공동체를 경험한다.

---

† 최근 사토 마나부는 이러한 것을 '배움의 공동체'라고 칭하고, 아이들은 공동체에서 개개인의 단편적인 지식을 공유하여 높고 풍성한 인식을 형성하고 그 협력의 인식이 개개인에게 나눠지는 과정을 발견하였다.

‡ 유대감은 동맹, 소속감, 사회 집단의 구성원이 되는 것을 의미한다.

숲은 기존의 교실교육에서 의미하는 질서와는 다른 '시간과 공간'의 개념이 논의의 바탕이 된다. 또한 숲교육은 교사와 아이, 교육과정의 내용, 학습 방식, 그리고 교육체제에 있어 기존과는 다른 새로운 패러다임을 가지고 있다.

숲교육에서 주장하는 학습공동체에서는 아이와, 아이를 둘러싼 인적 환경 뿐만 아니라 아이와 함께 하는 물리적 환경인 숲과의 밀접한 관계성을 인식하는 것이 중요하다. 숲교육에서 학습공동체가 가지는 이슈는 단지 학습방법의 변화와 관련된 것 뿐만 아니며 세계를 보는 방식과 그에 따른 삶의 양식의 총체적 변화에 관한 것이다.

이하에서는 구체적으로 학습공동체의 정의와, 학습공동체가 만들어지기 위한 최적의 조건, 그리고 학습공동체가 만들어지는 과정에 대해 살펴보고자 한다.

학습본능으로써 학습공동체의 이론

공동체 기나긴 역사 속에서 인류가 숱한 고난과 시련을 겪으면서도 살아남을 수 있었던 것은 무리를 짓고 공동체를 이루어 함께 산 덕분이다. 공동체는 사람들이 살아가는 보편적인 삶의 방식이다. 사람들은 수많은 공동체적 관계와 활동 속에서 생존과 생활을 이어갔다. 공동체는 낯설거나 나와 동떨어진 게 아니라 이미 내 삶과 깊이 연결돼 있다. 우리는 이미 공동체 속에서, 공동체와 더불어 생활하고 있다. 공동체의 속성이나 특징에 따라 수많은 이론과 주장이 나오며, 새로운 유형이나 성격의 공동체가 속속 등장하고 있다. 최근에는 공동체에 관한 명확한 개념에 대한 규정없이 사회 공동체, 국가 공동체, 민족 공동체,

지구촌 공동체 등과 같이 많은 사람이 모여 집단을 이룬 곳에 습관적으로 갖다 붙이곤 한다. 하지만 이렇게 두루뭉술하고 폭넓게 접근하면 논의의 초점이 사라지거나 흐릿해져 뜬구름 잡는 이야기로 흘러갈 위험이 높아져서 공동체를 설명하는 하나의 명확한 틀을 정하기가 더욱 난감해질 수밖에 없다. 전통적으로 다음의 세 가지 차원이 갖추어져야 제대로 된 공동체라고 할 수 있다는 데 의견이 모아져 왔다.

첫째, 관계 맺는 사람들이 공유하는 집단의식이다. 이것은 '우리'라는 공통의 감정, 구성원 사이에 서로 지켜야 할 도덕과 규범, 구성원들이 공유하는 가치와 신념과 목표 등을 가리킨다. 쉽게 말하면 하나의 공동체에 속해 있다는 데서 비롯하는 일치감, 동질감, 소속감, 안정감, 연대의식 같은 것이다. 숲은 위협적이어서 아이들은 서로에게 의지하여 또래들과 강한 유대감을 갖는다.

둘째, 사회적 상호작용이다. 이는 곧 사람들 사이에 맺어지는 관계를 뜻한다. 사람들 사이의 마음과 생활을 나누고 함께 어려운 일을 해결하거나 필요한 것을 얻고자 하는 것이 공동 목적이 되어, 자연스럽게 사람과 사람 사이의 관계가 만들어지는 것이 바로 공동체의 출발점이자 바탕이자 핵심이다. 언급한 바 있듯이 또래 간의 관계에서 재화(놀잇감)가 한정되어 경쟁관계일 수밖에 없는 교실교육에 비해 많은 풍요로운 재화(놀잇감)와 힘을 모아야 하는 숲교육에서는 자연스럽게 서로 협동관계가 되며 긍정적인 사회적 상호작용이 일어난다.

셋째, 물리적 공간, 곧 지리적 영역이다. 여러 가지 활동과 일이 이루어지는 구체적인 장소를 말한다. 이것을 공동체의 본질이라고 하기는 어렵지만 일반적으로 공동체를 가능하게 하는 기본 조건으로 꼽는다. 숲이라는 공통의 물리적 공간은 공동체를 만들기에 적합하다.

공동체란 결국 '생활을 비롯해 공통의 활동이 이루어지는 공간에서,

서로 관계를 맺고 상호작용하면서, 유대감을 공유하는 집단'을 뜻한다. 사회적 존재나 공동체적 존재라는 인간 본래의 모습을 통해 사람들 마음속에 깊숙이 감추어져 있던 학습본능이 나타난다.

학습공동체 일반적으로 학습공동체는 '학습'과 '공동체'가 결합된 의미로 학습을 주목적으로 하는 집단이다.[59] 숲교육에서 의미하는 학습공동체는 공동체의 속성에서 그 개념을 도출할 수 있다.[60] 사람들이 모여서 공동체를 만드는 것 자체에 학습(배움)의 개념이 깔려 있다. 언급하였듯이 아이들의 경우에 일상 삶 자체가 학습이다. 학습인 일상에서 자연스럽게 만들어진 공동체는 자신의 발달에 용이하도록 타자와 상호교류를 하며 스스로가 학습할 수 있는 주체적이고 자율적 개체들의 조직체인 학습공동체이다.

숲교육에서 배움은 아이들이 학습의 주체로서 학습공동체에 참여하며 이루진다. 배움은 일상에서 학습 공동체에 참여하는 것 자체이다. 학습공동체에서 아이들은 학습의 주체가 되기도 하고, 배우고 있는 객체이기도 하다.

학습공동체에서 학습은 학습자와 교사 모두 개성적 존재로서 자기 자신을 분명하게 인식하고 능동적이고 자율적인 삶을 향유할 수 있을 때 풍부하고 역동적으로 이루어진다. 타인과 배운 바를 공유할 수 있는 체제인 학습공동체는 모든 구성원이 서로에게 잠재적 자원이 된다.

사람들은 궁금한 것이 많다. 그래서 무엇인가 배우려고 한다. 반면, 가르치려고도 한다. 성인은 물론이고 아이들 조차도 누군가가 무엇을 모르고 있으면 가르쳐 주려고 한다. 사람들은 사람을 좋아한다. 사람들은 함께 하는 것을 좋아한다. 혼자 있는 것을 좋아하는 사람도 본질적으로 사람에 대한 그리움을 갖고 그 그리움을 위해 혼자이길 원하는 것일 뿐이다.

학습공동체 구성을 위한 인간의 본능　　인간은 학습능력을 가지고 있다. 학습하는 것은 생존의 필요충분조건으로 본능이다. 인류사의 진보 역시 개개인의 학습능력의 총합의 결과이다. 본능으로 나타나는 학습능력은 인류문명이 만들어지는 과정처럼, 인간이 함께 함으로 나타난다. 전체의 모습은 부분의 모습이라고 하는 플랙탈 원리처럼, 인류문명의 발전은 개개인이 성장하면서 앎을 만들어 가는 과정도 같다.

　아이들이 무엇인가에 호기심을 가지고 알고자 하는 것은 개인적 차원에서 신기한 것을 관찰하거나 궁금해 하는 것에서 시작한다. 새롭고 신기한 것에 대한 호기심과 탐색, 그리고 그러한 태도들이 구성원 간에 영향을 주어 학습공동체를 구성하고, 그 학습공동체를 통해 개개인이 성장하는 역동적인 학습 현상을 보인다. 여기에서 호기심이나 탐색처럼 함께하는 공동체를 구성하는 것도 본능이다. 공동체를 통해 서로 가르쳐 주고, 서로에게 배운다.

　아이들이 학습공동체를 통해 학습하는 과정의 시작에는 관찰이 있다. 하지만 교실교육과 숲교육에서의 관찰은 상당부분 다르다. 교실교육에서는 주로 교사가 관찰할 것들을 아이들에게 제시하는 반면, 숲교육에서는 무엇을 관찰할 것인지를 아이가 정하고, 아이들이 관찰할 것들을 찾는다.

　관찰의 과정을 보면 개인 차원에서 관찰이 공동체의 탐구로 확장되는 경우가 많다. 처음에는 신기한 것이나 궁금한 것들이 있으면 혼자 탐구하기 시작했다가 누군가와 함께 공유한다. 관찰은 조용히 이루어지기도 하고, 갑자기 이루어지기도 한다.

　관찰은 단순히 외부를 받아들이는 과정이 아니라(지각하는 과정이 아니라) 타존재를 해석하는 과정이다. 아이들은 자기 해석을 제시하고 상대의 해석을 들으며 공유한다. 혹은 상대의 해석을 들으면서 자기 해석을 찾기도 한다.

학습공동체에서 학습과정은 말로 표현할 수 없는 암묵적 지식Tacit knowledge들이 점점 말로 표현될 수 있는 명시적 지식Explicit knowledge으로 바뀐다. 그리고 그것이 다시 새로운 암묵적 지식이 되고, 명시적 지식으로 공유되는 과정에서 앎의 깊이가 점점 심화된다.

노나카와 다케우치Nonaka & Takeuchi는 나선형 학습 곡선을 따라 가면서 점점 학습에 관여되는 집단 내의 이슈가 포괄하는 범위가 확장된다고 하였다. 또한 다른 문제 상황에 직면해서도 이전 단계에서 배웠던 학습결과가 심화·발전되면서 적용되는 자기 조직적 학습이 발생한다고 보았다.61

자기 조직적 학습은 공동체를 통해 이루어진다. 공동체의 성장은 개개인의 학습에 끊임없는 자극을 준다. 그리고 이러한 자극은 새로운 관계형성과 발전을 계속하게 한다.

학습공동체에서는 개인의 이야기가 집단의 이야기가 되면서 더 정교화되어가고, 집단의 이야기가 개인의 이야기가 되어가면서 내면화 된다. 이러한 과정 모두가 학습이다.

학습공동체와 관련된 인지이론　　구성주의자인 비고츠키Vygotsky*는 아이의 발달은 사회적, 문화적 상호작용의 결과로, 사회적 관계가 아이들 발달에 영향을 미친다고 하였다. 여기에서 사회적 관계란 '교수

---

* 숲교육에서 학습본능은 생래적인 것을 의미한다. 아이들은 자신이 스스로 학습공동체를 구성하면서 놀이를 통하여 학습본능을 충족한다. 또래나 교사를 통하여 자신의 근접발달영역 내에서 배우는 결과는 숲 본능에서 의미하는 학습 공동체와 같지만 비고츠키는 교사에 의해서 의도적으로 주어지는 비계설정을 중요시 여겼다. 결국 학습공동체와 비고츠키의 비계설정과 관련하여서는 교사의 의도에 의해서 제공되는 비계인지 아이들 스스로가 비계를 설정해 가면서 학습하는 것인지의 차이라고 할 수 있다.

적 관계'를 말하는 것으로 이 때 교수자는 성인(교사, 부모)이거나 또래일 수 있다.†

비고츠키Vygotsky는 인지 발달의 기제로 상호 주관성에 관한 이론, 근접발달이론 등을 주장하였는데, 상호 주관성에 관한 이론은 보다 능력 있는 아이와 능력이 부족한 아이 사이에 능력의 흐름에 관한 것으로, 인지능력은 능력이 낮은 사람으로 하향 조정 되는 것이 아니라 능력이 높은 쪽으로 상향되어 형성되기 때문에 초보자의 인지는 그만큼 발달하게 된다는 것이다. 결국 아이들 사이에 존재하는 능력의 차이는 높은 쪽으로 발달한다는 이론이다. 비고츠키Vygotsky는 이렇게 능력의 차이로 인해 나타나는 학습이 가능한 범위를 이론으로 정립하였는데, 이것을 근접발달지대라고 부른다.‡ 결국 근접발달지대 자체가 학습의 기본적인 형태인 셈이다. 정해진 내용을 교사의 주도 하에 진행되는 교실 교육에 비해 숲교육에서는 가정환경, 지역, 자기 능력의 수준 등과 상관없이 다양하게 학습공동체를 구성하며, 그 다양성이 요인이 된 중층적인 근접발달영역을 구성한다. 아이들은 숲이 주는 다양한 소재를 가지고, 자기 삶이 있는 학습공동체 안에서 상호작용을 하며, 서로를 위한 중재 학습 경험mediated learning experience을 한다. 그 결과 학습할 내용과 상황 등을 내면화함으로써 독립적인 성취를 이룰 수 있게 되며, 발달이 이루어진다.[62]

비고츠키Vygotsky와 논점이 다소 다르지만 피아제Piaget 계열의 많은 연구자들 역시 또래 아이들과의 공동 활동이 아이의 인지발달에 영

---

† 비고츠키는 자신보다 유능한 또래를 언급하였으나 학습공동체에서는 '자신보다 유능한 또래'라는 개념이 설 자리가 없다. 단지 사안별로 가지고 있는 인지적 내용의 차이가 있을 뿐이다.

‡ 지금의 발달 수준과 교사나 또래의 도움으로 발달할 수 있는 단계 사이의 영역을 근접발달단계라고 하였다. 근접발달단계는 학습이 가능한 영역이다.

향을 미친다고 주장한다. 아이들의 공동 활동은 인지적 갈등과 불일치를 낳는 상황을 초래하고, 그것은 자신과 타인 간의 견해에 차이가 있음을 알게 하여 자신들의 인지구조를 조절하거나 재조직한다. 또래들과 놀이하면서 경험하는 인지적 부조화가 아이들의 발달을 이끄는 수단이 되므로 인지적 갈등은 또래와의 공동 활동에서 인지발달에 영향을 미치는 중요한 요소가 된다.

또래들과 인지적 갈등을 중요하게 볼 것인지 아니면 공동 활동에 참여하여 공동의 의견을 모으고 상호 주관성에 도달하는 것을 중요하게 볼 것인지가 피아제Piaget와 비고츠키Vygotsky 이론의 차이점 중 하나이다. 피아제의Piaget 이론은 개인을 모든 인지의 중심이자 모든 학습의 지점으로 주장한 반면, 비고츠키Vygotsky를 중심으로 한 사회적 구성주의는 '맥락', '상황' 등을 강조함으로써 인지는 널리 퍼져 분산되어 있는 집단적인 것으로 보았다.

피아제Piaget 이론이 개인이 세계를 구성하는 방식으로 접근했다면, 비고츠키Vygotsky 등의 사회적 구성주의자들은 세계가 개인의 인식을 구성하는 방식으로 전환할 것을 주장한다. 또한 피아제Piaget는 학습자가 겪는 새로운 경험을 세계에 대한 자신의 기대 속으로 통합하는 연속적인 과정을 연구하였지만, 비고츠키Vygotsky 등 사회적 구성주의자들은 정치적인 신체* 속으로 개인이 통합되는 데 초점을 맞추었다. 이런 것들을 볼 때 학습본능에서 주장하는 학습공동체 이론은 좀 더 비고츠키Vygotsky 이론에 가까운 사회적 구성주의자들의 견해와 유사한 점이 많다.

---

* 구성주의와 사회적 구성주의는 상이한 현상을 설명하면서 신체에 근거한 은유를 사용한다. 여기에는 '지식의 신체', '사회적 신체', '정치적 신체' 혹은 '학생의 신체' 등이 분명하게 드러나고 있다.

숲교육에서의 학습공동체 개인보다는 공동체를 통한 학습의 효과는 이미 협동학습을 통해 입증되었다. 협동학습은 구조적인 수업에서 미리 정해진 학습목표에 도달하기 유용한 교수학습방법으로, 학습목표에 도달하기 위해서 여러 사람이 지혜를 모아 작업하는 것을 말한다. 하지만 숲교육에서 주장하는 학습공동체는 협동학습과 상당부분 차이가 있다. 협동학습은 구조화되어 투입되는 요소가 있는 교수학습방법이지만, 학습본능의 학습공동체는 투입요소를 중요하게 생각하지 않는다.

그래서 협동학습에서는 계획된 학습목표에 도달한 것을 목표로 하는 협동학습에 비해 학습본능에서 주장하는 학습공동체는 상호작용을 통해 자발적으로 조직화하여, 공동체의 목표를 찾아간다.

숲에서 아이들은 친구들과 함께 놀며, 그 놀이 속에서 각각의 존재들 간의 복잡한 상호작용으로 인해 예기치 않는 조직화(구조화)가 '자발적'으로 이루어진다. 이렇게 자발적으로 조직화되는 것이 학습이다.†

학습공동체를 통해 학습이 이루어지는 것을 개별 조직의 구성요소인 아이 각자의 능력만으로는 설명할 수 없다. 복잡성 이론에 따르면, 각각의 아이들의 능력이 도달해야 하는 학습 목표에 적절하지 못하다 할지라도, 공동체를 구성하면 아이들은 발달(학습)의 목표에 도달할 수 있다. 여기에는 '구성요소인 아이들 각자의 능력 자체'보다 더 중요한 것이 '구성원들 간의 네트워크'이다. 아이들은 각자가 수준이 다르고 가지고 있는 복잡한 정도가 다르기 때문에 다양한 연결고리가 존재하게 되고, 그를 통해 배우게 되는 것도 훨씬 다양하고, 양질의 것이 될 수 있다.[63] 아이들은 공동체 안에서 서로 영향을 주고받고 상호작용을 한다.

---

† 학습본능에서 주장하는 학습공동체는 이처럼 복잡성 이론으로 설명할 수 있다.

지금까지 많은 학문은 분석하고 단순화하여 원리와 법칙의 발견을 중심으로 공식화하고 일반화시켜 해석했었다. 학교에서는 학습내용을 교과로 분절하고, 나이가 같으면 능력이 같다는 가정 하에 연령에 따라 아이들을 나누었다. 내용에 있어서도 발달영역에 따라 나누고, 아이들의 발달을 수준별로 나누었으며, 아이들의 특정한 주제의 일상을 영역들로 나누었다. 교육은 분절된 지식을 원리라고 간주하고, 이를 배우면 전인적인 인간으로 교육할 수 있을 거라는 가정 하에 행해졌다. 그러나 최근 그러한 가설에는 많은 모순점이 있음이 드러나고 있다. 개별 인자들의 단순 합이 곧 총합과 같다는 가정에서는 하나 하나 분절된 구성요소들을 알아 가면, 전체를 알게 된다. 하지만, 개별 인자의 단순 합이 꼭 총합이라는 결과치와 같지 않다는 가정에서는 개별 인자(분절된 구성요소)들을 하나 하나 알아가고, 그것의 합으로 전체를 규정하는 것은 오류를 가지게 된다.

공동체는 공동체 안에서 구성원의 역동적인 상호작용에 의해 '전체는 부분의 총합 이상의 것이다'라는 명제가 성립된다. 각 요소들은 서로 분절적이고 독립적으로 존재하는 것이 아니라 자기 유사성을 통해 서로 겹쳐진다. 그래서 요소들을 개별적으로 분석하면, 오히려 전체를 이해하기 어렵다.

학습공동체 속에서 각각의 요소인 아이들은 공동체에서 다른 개인과, 그리고 학습공동체 전체와 상호작용하며 성장한다. 학습공동체 역시 그렇게 성장해 가는 개인 간의 상호작용 속에서 더욱 발전된 체계로 발전한다. 언급하였듯이 이것을 복잡성 이론에서는 '창발emergence'이라고 한다. 창발은 아이 개개인의 능력 하나 하나가 모여, 그 합이 전체가 되는 것이 아니라 서로 간의 상호작용을 통해 더 큰 효과를 발휘하여 개인의 합 이상의 것을 창출하며 성장해 간다는 개념이다.

결국 지금까지의 교육이 개개인의 성장과 발달에 초점을 맞추었다면, 숲교육에서 학습공동체는 개개인이 속한 집단(공동체)의 성장에 중점을 둔다. 공동체는 그 자체가 가진 단순한 부분의 총합 이상의 것들이 창발하면서 성장하고 발달한다. 그리고 그 성장 발달한 공동체는 다시 개개인을 성장하도록 돕는다. 기존의 교육은 개개인의 능력과 성장이 목표이며 이상이었다. 그래서 개별화 학습, 자기주도적 학습 등의 학습 메커니즘을 중요시 여겼다.* 하지만 학습공동체를 기본요소로 하는 숲교육에서는 개개인이 아니라 집단에 포커스를 맞춘다. 아이들의 집단 놀이나 일상이 더 정교화되도록 도와주면, 그 집단이 성장하고 집단의 성장을 통해 아이들 개개인이 성장하게 한다.

숲에 있는 아이들의 모습을 보면, 처음에는 놀이가 정착되지 않아 혼돈 속에 있다. 그리고 혼돈이 놀이를 찾아가는 과정 속에서 지속적인 내적 발달을 이루고, 서로가 서로에게 영향을 미치고 주고받는 과정인 자기 조직화self-organizing를 겪는다. 복잡 체계 속에서 개인과 아이들 공동체 전체가 상호작용하여 성장하고, 그 체계 역시 그렇게 성장하는 개인들의 결합을 통해 상호 작용 속에서 더욱 진일보한 복잡체계로 발전하게 된다.

숲교육에서 학습공동체를 통한 학습은 구성주의에서 주장한 것과 차이가 있다. 관찰자와 관찰대상은 분리되지 않고, 관찰자가 관찰대상 안에 있다. 관찰대상과 분리된 관찰자가 관찰대상을 받아들이는 것이 아니라 관찰대상과 관찰자가 서로 상호작용하는 관계 속에서 영향을 주고받는다. 기존 교육학에서 관찰자는 교사이며, 관찰대상은 아이들

---

* 기존의 학습공동체를 중요시 여기는 입장에서도 결국은 개인의 자기 주도적 학습을 위한 것이었다.

이었는데 교사도 학습공동체 구성원인 숲교육에서는 교사와 아이들의 역할 구별이 없다.

비고츠키Vygotsky와 같은 사회적 구성주의자들은 '교사는 근접발달지대(아이들이 발달할 수 있는 범위) 내에서 비계(교사의 이끔, 안내)를 설정해 주어야 한다'고 주장한다. 하지만 숲교육에서 교사는 기존 지식의 전달자나 공동체의 구심점으로서의 역할을 넘어서 학습공동체 구성원 한 사람 한사람을 이어주는 '탈중심적' 네트워크의 핵심에 위치하여 학습공동체의 일원이 된다. 숲교육에서 교사와 아이는 가르치는 자와 배우는 자로서의 경계가 불명확하다. 학습뿐만 아니라 문화까지도 일상들이 교류되면서 '자기 조직화self-organization'를 통해 학습이 된다.* '자기 조직화'는 '자기 유사성'을 통해 서로의 일상이 겹침으로써 가능해 진다. 여기에서 의미하는 각 부분들이 서로 겹치는 것은 '개체 또는 요소들이 단순히 결합하는 것이 아니라 상호작용을 통해 본래 능력 이상'의 긍정적 효과를 발휘하는 현상과 원리를 의미한다. 아이들 각각의 능력은 공동체 안에서 같은 공간, 유사한 놀이를 통해 서로 겹치는 구조를 만들어 냄으로써 더 큰 능력을 발휘하여 시너지 효과를 얻을 수 있다. 실제 아이들 한 명 한 명의 개별적인 능력들이 모여서 무엇인가 활동을 할 때, 자신들의 능력 이상의 것들을 해내며, 시간이 지날수록 점점 더 많은 양의 능력들이 쌓여간다.

어린 아이들이 모여서 노는 과정 자체가 자기 조직화의 과정이다. 모인 아이들은 무엇인가 새로운 것을 만들며, 서로의 경험들을 공유하는 것으로 자기 내면화를 한다. 서로의 경험을 공유하는 공동체에서 교

---

* 최근 경기도와 세종특별자치시 등을 비롯하여 혁신학교를 주창하고 있는 대부분의 학교들이 이 복잡성 철학의 원리를 학습하고 있다.

사는 아이들과 동등한 한 부분이다. 아이들끼리 만이 아니라, 아이들과 교사, 교사들 간, 교사와 행정가, 교사와 지역 공동체 간에도 이러한 자기 조직화와 자기 내면화의 원리는 적용된다. 숲은 동일한 공간에서의 겹치는 구조를 만들어 내는 최적의 조건을 가지고 있다. 이렇게 숲교육의 학습공동체는 복잡성 이론의 자기 조직화의 원리를 통해 설명이 가능하다.

학습공동체 구성의 조건

학습공동체는 아이들이 본능적으로 만든다. 하지만 지금의 교육은 이러한 자연스러움을 막고 있다. 예를들어 아이들은 주어진 짜투리 시간에 자기들의 참공동체를 만든다. 반면, 현재 교실교육에서는 최근 공동체가 가진 학습의 효과가 입증된 뒤로 교육과정시간 내에 팀별과제등으로 인위적인 공동체 만드는 교육을 따로 시키기까지 한다. 공동체는 본능의 속성상 어떠한 상황에서도 저절로 만들어진다. 또한 이미 앞에서 언급하였듯이 아이들이 만든 공동체 그 자체가 학습공동체이다. 그럼에도 불구하고 학습공동체를 만드는 데 아래의 요건들이 중요한 이슈이다.

다양한 능력으로 구성된 집단 학습공동체에서 학습의 강물은 서로가 서로에게 흐른다. 이 강물은 위에서 아래로 무조건 흐르는 것이 아닌 고요한 저수지 같은 강물이다. 교사와 나이 든 아이들, 나이 어린 아이들, 능력이 뛰어난 아이, 아직은 더 능력을 계발해야 할 아이들이 어우러져 학습의 강물을 만든다. 학습공동체는 함께 어우러지면서 발달의 모습을 이루어 가며 나아가는 고요한 강물과 같다. 표면은 고요하지만 실제 물 속은 역동적이다. 아이들은 아이와 교사 사이의 관계 이외에도 또래들끼리의 관계를 통해 배운다. 아이들은 학습공동체community of learners의 주체이며 구성원이다. 학습공동체에서 교육은 특정한 개인인 교사 한 명에 의해서 주도되는 것이 아니다.

숲에서 아이들은 다른 연령과 다른 능력을 가진 아이들끼리 자연스럽게 그룹을 형성한다. 실제 단일 연령집단이 자연적으로 형성되기에 충분한 인구를 가진 도시환경에서, 아이들이 어떻게 자연스럽게 집단을 형성하는지 관찰한 연구Ellis et al.에서, 아이들 중 6%만이 단일 연령 또래와 함께했고, 55%의 아이들은 적어도 1년 정도 차이가 나는 또래들과 함께 집단을 이루었으며, 28%의 아이들은 성인동료들과 같이 집단을 형성하였다. 이 연구에 의하면, 아이들은 본능적으로 다른 연령, 다른 능력을 가진 아이들과 모인다.[64]

아이들끼리의(비록 연령이 다를지라도) '개인차'는 서로를 가르치고 배우기에 아주 적합한 조건들이다. 교실이 아닌 곳에서 놀고 있는 아이들을 보면 연령이 다양하다. 실제 동일한 연령으로 구성된 교실이라고 할지라도 같은 수준의 능력을 가진 집단으로 단정짓기 어렵다. 그래서 우리 교실 상황은 엄밀한 의미에서 아이들의 연령이 대략 한 살이 더 많거나 더 적거나 하는 혼합연령집단이며, 보다 정확하게는 능력이나 발달 수준에 있어서 개인차를 보이는 혼합능력집단이다.[65] 혼합능력집단 자체가 학습 요소이다.

반면 다양한 연령의 아이들일수록 학습공동체를 만들기에 적합하다. 구조화된 교실상황이 아닌 자연적 상황인 숲에서 아이들끼리의 생활 도중에 경험하는 개인차는 인지적 갈등을 만든다. 실제 연구들에 의하면 혼합연령학급은 단일연령학급에 비해 아이들의 언어발달에 긍정적인 효과가 있다.[66] 혼합연령학급과 단일연령학급 아이들의 언어 능력에 미치는 영향을 연구한 김현미는 만 4, 5세 혼합연령학급에서의 아이들의 언어능력 점수가 단일 연령학급보다 높게 나타났으며, 언어능력 하위 요인별로 어휘력, 언어 이해력, 언어 표현력에 있어서 모두 의미있게 높았다고 보고했으며, 혼합연령에서 아이들끼리 서로에게 배우는 것이 많을 경우에 인지발달에도 긍정적인 효과가 있음을 밝혔다.[67] 또한 무니와 도세Mugny & Doise는 아이들이 그들보다 더 유능하거나 나이가 더 많은 또래들과 협동할 때 가장 많은 도움을 받은 사실을 밝혀냈다.[68]

또한 브로디, 그라치아노와 뮤서Brody, Graziano & Musser는 학업의 수행에서 혼합연령의 3인조가 단일연령의 3인조보다 더 많은 효과가 있음을 밝혔다.[69] 나이가 많거나 능력이 뛰어난 아이들은 나이가 어리거나 아직 잘 모르는 아이들에게 자신이 알고 있는 내용을 알려 주면서 사물을 폭 넓게 보는 안목을 키우고, 지식을 정교화하고 확장시켜 나가며, 또한 가르침을 통해 사회적 기술과 지식을 얻게 되었다. 나이 어린 아이들은 나이 많은 아이들의 활동을 관찰하고 자신의 사전 지식과 경험을 가지고 사회적 지식과 기술을 익히는 기회를 가진다.[70] 비고츠키Vygotsky는 또래 간의 협동이 가능해지는 시기를 따로 정하지 않고 모든 연령에서 가능한 것으로 보았다. 이러한 연구들이 시사하는 점은 결국 아이들은 공동체를 통해 스스로 배운다는 것이다.

지금의 학교제도는 근대산업사회의 필요에 의해 만들어졌다는 것은 이미 언급한 바 있다. 당시에는 나이가 똑같으면 능력도 같다고 간주하고 같은 연령의 아이들을 동일한 교실에 넣고 교육받도록 하였다. 그리고 아이들끼리 사회적 관계가 학습의 한 방법이라는 것을 알지 못했고, 교육은 가르치는 사람과 정해진 교육내용만으로 이루어진다고 여겼기 때문에 나이가 똑같으면 능력도 같다고 간주하고 같은 연령의 아이들을 동일한 교실에서 함께 생활하게 하였다.

최근에는 영국, 스웨덴, 미국과 같은 나라들에서는 혼합연령 실험 프로그램을 통하여 혼합연령 집단이 발달에 미치는 긍정적인 효과들을 밝히고 혼합연령 집단을 교육현장에서 성공적으로 적용하고 있다.[71] 하지만 이러한 추세에도 불구하고 우리나라 대부분의 (유아)교육기관에서는 혼합연령으로 집단을 구성하지 않고 단일연령으로 집단을 구성하고 있는 경우가 대부분이다. 이것은 단일연령집단의 아이들의 개인차의 폭이 혼합연령 집단구성에 비하여 좁기 때문에 교사가 교구, 교재를 준비하는데 걸리는 시간이 단축되고, 전체학습을 하는 시간이 늘어나서 학급운영이 효율적이라는 근대성을 바탕으로 하기 때문이다. 단일연령 집단의 효율성이 혼합연령 집단의 자연성과 교육적 효과보다 더 중요시 여기게 되어버렸다.

일상의 공유　학습공동체에서 학습은 외재적인 지식을 획득하는 과정이라기보다는 일상의 삶에서 관계를 형성하며, 관계 속에서 함께 하는 지식이다. 그래서 풍부한 일상을 보여 줄 수 있는 숲은 아이들에게 학습공동체를 형성하기에 적합한 공간이다. 학습(배움)은 아이들의 일상(맥락)과 분리하여 생각할 수 없다. 일상 속에서 이루어지는 상호작용 자체를 비롯하여, 상호작용의 결과가 학습(배움)의 하위요소이다.

숲에서 아이들의 일상 자체가 학습(배움)이라고 전제를 했을 때, 앎(지식)은 본질적으로 개인적이면서 공동체적 정체성의 형성과정이다. 그것은 고정되지 않는 역사성을 가지고 있어서 비예측적이며, 변하는 지식이며, 분절된 내용이 아닌 시간을 담은 축적된 아이들의 삶이다. 학습공동체의 학습 결과물인 지식은 참여의 결과를 객체화한 것이며, 객체화된 지식은 공동체 내에서 계속 축적되면서 새로운 지식을 생성하는 바탕이 되는 가운데 학습공동체는 발전한다.

4
학습본능이 발현되는 숲의 공간성

지금까지 인간은 학습본능을 가지고 있으며, 학습본능을 충족하는 방법이 놀이와 학습공동체이고, 학습본능은 숲에서 잘 발현된다는 것을 밝혔다. 컴퓨터의 사용법을 스스로 익힌 인도의 수가타 미트라Sugata Mitra 연구에서 볼 수 있듯이, 한 아이가 컴퓨터에서 기술을 발견하게 되면, 그 기술은 같은 집단의 다른 친구들에게 신속하게 전달된다. 그리고 몇 몇 아이들에 의해서 다른 집단의 친구들에게도 전파된다. 결국 한 아이의 발견은 네트워크를 통해서 모든 아이들의 발견이 된다. 아이들은 주변사람으로부터 자동적으로 배우는 생물학적인 적응력을 가지고 있다. 여기에서 컴퓨터가 아이들에게 호기심을 유발하고 네트워크를 만들게 하는 매개였다면, 숲학교 아이들에게는 숲이 그 역할을 한다. 숲에서 학습은 교사의 의도에 의해서 이루어지는 것이 아니라 숲 자체의 속성이 학습본능을 발현시킨다.

인간은 공간*과 관계 맺는 방식에 따라 존재론적 특성이 달라진다. 공간의 문제는 삶의 문제이다. 삶이 공간에 새겨 놓은 의미가 다시 삶을 구속하기 때문이다. 숲학교 아이들과 교사들은 숲과 소통하는 과정에서 그들 존재의 특성이 규정된다.

숲을 기능적이고 사실적인 측면에서만 바라본다면, 단지 교육하는 장소로 생각할 수 있다. 하지만 그곳에서 놀고, 발달하는 아이들의 일상이 담겨있는 숲을 보면, 숲은 아이들의 삶의 토대가 되는 의미론적인 공간으로 다분히 교육적이며 실존적이다. 숲학교에서 숲은 교육공간으로써 의미를 가지고 있다.†

교육공간으로써 숲이란 학습공동체의 구성을 공고히 하여 구성원들이 자발적으로 학습할 수 있게 하며, 아이들의 학습본능을 깨우는 것을 의미한다. 숲은 그 자체로써 '공간적 촉진spatial prompt'‡의 요소를 가지고 있다. 여기에서 말하는 공간적 촉진은 아이들이 어떤 행동을 스스로 유발하게 함을 목적으로, 공간을 제공해 주는 것을 말한다.

---

* 일반적으로 공간은 장소의 개념과 거의 구분하지 않고 사용한다. 공간과 장소의 개념은 지리학에서 나온 것으로, 공간은 가치가 포함되지 않는 보편적이고 객관적인 의미를 지닌다. 공간은 실증주의의 배경 하에서 나온 것으로, 개인에게 의미있는 요소가 아닌 모든 사람에게 제공되는 평균적인 의미를 찾을 때이다. 반면, 장소는 그 장소에 있는 인간의 가치나 신념이 내재되어 있는 주관적이고, 개성적이며 구체적인 의미이다. 그래서 장소의 개념은 현상학, 실존주의를 배경으로 하고 있다. 반면 이 책에서는 이 두 개를 가지고 있다.

† 필자는 숲이 교육공간으로써 의미를 가지는지를 파커 팔머의 배움의 공간의 특징인 개방성, 경계, 환대를 기준으로 해석한 바 있다. 이 세 가지의 의미를 이해하였을 때 숲이 배움의 공간이 될 수 있다고 주장하였다.

‡ Wolery, Bailey, & Sugai에 의하면, 교사는 특정기술이나 행동의 발생을 목적으로 아이에게 직접적으로 촉진을 제공하거나 칭찬하는 등의 피드백을 한다. 여기에서 촉진은 아이로 하여금 교사가 원하는 반응을 하도록 아이를 도와주는 모든 방법을 의미한다.

다양하여 신기함이 있으며, 풍부하여 낱개성이 있는 숲의 속성은 공간적 촉진의 요소를 담고 있다. 교실교육에서 교사의 의도 아래 공간적 촉진을 도모하는 것과 달리 숲교육은 숲 자체가 공간적 촉진의 요소이다.

다시 말하면, 교실 안의 교육은 교사의 의도에 의해 교사가 특정 기술이나 행동의 발생을 목적으로 직접적으로 아이에게 촉진을 제공하지만, 숲은 교사에 의해서 결정된 특정 기술이나 행동 발생이 목적이 아니다. 목표가 되는 특정 기술은 아이 자신에 의해 결정되며, 어떤 행동의 발생이라 할지라도 자신의 내부에서부터 진행된다.

똑같은 숲이라도 교사나 부모 등 어른의 눈으로 보는 숲과 아이들의 눈으로 보는 숲은 다르다. 숲 공간은 누가 있고, 무엇을 하는 곳인지 등을 구분하는 것이 의미가 없는 'nowhere'의 개념이 아니라 아이들의 삶이 공간을 어떻게 보느냐에 의미를 가진 'now here'의 관점일 수 있다. 숲교육에서는 지금 여기에서 아이들이 어떻게 숲을 의미화하는 지에 관심을 두어야 한다. 심리학자인 레이첼 세바Rachel Sebba에 따르면 자연의 총화인 숲 자체의 다음과 같은 특성으로 지적능력이 향상된다고 하였다.[72]

첫째, 숲은 아이들의 모든 감각을 자극한다. 숲은 시각, 청각, 후각, 촉각과 같은 주요한 감각을 모두 자극하면서 온도, 균형, 움직임, 고통, 불편함과 같은 이차적 감각까지도 유발한다.

둘째, 숲은 역동성을 가지고 있다. 숲은 시간과 날씨, 계절, 성숙과 노화 같은 역동적인 과정을 통해 끊임없이 변화하며, 때때로 이러한 변화는 예측 불가능한 방식으로 발생한다. 이것은 아이들의 관심과 반응을 자극하고 적응적 사고와 행동을 이끈다.

셋째, 숲이 가진 생명성이다. 숲에서 아이들은 생명체와 접촉할 수 있으며, 관찰대상을 경험하고 관계를 형성할 수 있다. 아이들은 지적 흥미와 정서적 애착 속에서 이를 내면화하고 다른 생명과의 동질감을 느끼기도 한다. 레이첼 세바Rachel Sebba가 주장한 것들 외에 숲에는 아래와 같은 특성이 있어서 교육공간으로써 역할을 한다.

숲이 주는 위압감

숲은 아이들에게 무서움의 대상이기도 하다.* 아이들의 눈높이에 있는 풀이나 나무가 우거진 숲은 아이들에게 두려움의 공간이 될 수도 있다. 숲의 위압감은 아이들을 선생님의 주변에 있게 하거나 또래들과 함께 있게 한다. 숲은 어린 아이들에게 윗 연령의 아이들을 의지하게 하고, 윗 연령 아이들은 아랫 연령의 아이들을 돌보는 마음이 생기게 한다. 숲의 위압감은 아이들과 교사 그리고 윗 연령과 아랫 연령 간의 돌봄 및 친밀함 이상의 관계를 갖게 한다. 이러한 숲의 위압감은 학습공동체가 만들어지는 조건이 되기도 한다.

    교실교육에서 공동체는 교사에 의해서 만들어진 인위적인 성격이 강했다면, 숲에서 만들어진 공동체는 숲의 야생성에 따른 위압감에 따라 자연스럽게 자생적으로 만들어진 공동체다. 숲이 주는 위압감은 스스로를 공동체의 일원으로 느끼게 하며, 집단적 참여 의식, 조직적 역할 경험, 놀이 집단의 지지 등 집단에 대한 세밀한 이해력을 발달시킬 수 있다.[73]

---

* 숲에 있는 풀들은 어른들의 시선으로는 발아래에 있지만 어린 아이들에게는 자신의 시선이 풀들에 파묻혀 버린다. 난 아이들의 눈이 되기 위해 아이들과 같은 눈높이로 숲을 다닌 적이 있었다. 숲은 마냥 좋은 놀이 공간만은 아니었다. 숲은 또 무서운 미지의 공간이기도 하였다. 아이들도 이렇게 느꼈을 것이다.

아이들이 숲에서 마냥 뛰어 놀고 다닐 것 같지만 낯선 숲에 오면 제 옆으로 다가오거나 손 위 아이들 옆으로 다가가죠. 아이들이 저를 많이 의지하는 것이 느껴져요. 그러다 보니 교사인 제가 부모같이 느껴져요. 애들도 가족 같아요. 항상 함께 해서 그러는 것도 있지만 숲은 서로를 의지하게 하는 것 같아요.(2014.10. 하리숲학교 K교사).

숲의 위압감으로 인해 아이들은 일정한 공간 안에 흩어지지 않고 뭉쳐있는 경우를 자주 볼 수 있다. 그래서 숲에 온 아이들은 무리와 가까운 곳에서 자신의 위치를 계속 확인하면서 생활한다.

숲에 처음 오면 멀리 안가요. 다른 곳에 가려고 하면 선생님을 꼭 확인해요. 그리고 자꾸 쳐다보죠(2014.10. 하리숲학교 J교사).

마이클 조위Michael Jawer와 마크 미코지Marc Micozzi는 사람들은 자연을 회피하고 두려워하는 본능이 특별한 방어력을 갖추게 하였다고 주장하면서, 자연을 향한 두려움이나 반감 같은 강렬한 감정이 인류의 건강과 성장에 기여한 것을 다음과 같이 분석하였다.[74]

첫번째는 자연에 대한 두려움은 개인으로 하여금 자신과 타인을 구별할 수 있게 해주었다. 예를 들어 풀 속의 뱀, 하늘에 드리운 먹구름, 빠져나올 수 없는 늪지대, 물거나 쏘는 무척추 동물이 나타내는 위협적인 상황은 그 대상이 친구인지 적인지, 머물러도 되는 곳인지 아닌지 빨리 판단할 수 있도록 인간을 돕는다.
두 번째는 자연에서 마주치는 수많은 위험에 대해 신속하게 반응하도록 만들어준다는 것이다. 위험은 갑자기 예고 없이 발생하며 굉장히 변덕스럽게 나타나기 때문이다.

세 번째는 사람들로 하여금 중요한 것을 서로 소통할 수 있게 해준다는 것이다. 예컨대 비명이나 신음 소리, 떨림, 크게 벌어진 눈, 소름, 곤두선 머리카락 같은 보편적 반응은 눈앞에 놓인 위험에 대해 언어보다 훨씬 더 효과적인 소통수단이 된다.

네 번째는 연대감을 강화시키는 점이다. 역사적으로 인간은 홍수, 지진, 맹수, 해충과 같은 중대한 환경적 위협이 닥쳤을 때나 늪이나 사막과 같은 불안정한 장소에 있을 때 강력한 연대를 구축했다. 2011년 가을 나는 허리케인이 발생한 가운데 집으로 돌아왔는데 그러한 재난상황이 벌어지지 않았다면 느낄 수 없었을 놀라운 동지애를 경험했다.

마지막으로 언급한 것은 자연에 대한 위협감이 기억과 학습에 필수적이라는 점이다. 강력한 기억들은 대부분 자연 속의 실질적인 위험에서 비롯되며 또한 자연에서 해결되곤 한다.

숲의 공간적 확장성

교실교육에서는 작은 것에 한정되어 부분만을 바라보기 쉬운 아이들이 숲에 오면 전체와 주변을 바라 볼 수 있는 맥락적 시야를 갖게 된다.

넓은 숲의 공간은 공간에 대한 역할 규정*이 없다. 숲학교에서 아이들의 하루 일과는 자신의 의지에 따라 결정된다. 숲의 확장성은 각자의 공간이 가지고 있는 경계의 벽을 허문다. 교실교육에서 아이들은 교실이라는 한정된 공간, 심지어 자기책상과 자리라는 한정된 공간에서 생활한다. 교사가 계획한 활동에서는 작은 자기 자리가 있다. 그 자리는

---

* '공간에 대한 역할 규정'은 '여기에서는 무엇을 해야 하는 지?'와 '공간의 소유'인 '여기는 나의 공간'이고, '저기는 다른 아이들의 공간이다'는 것을 총칭하는 것이다.

권리로써 공간이 아닌 반드시 있어야되는 의무로써의 공간이다. 하지만 숲은 그렇지 않다. 그래서 이러한 문제로 아이들을 통제할 필요가 없다.* 설사 교사가 생각하는 공간에서 이탈했다고 할지라도 넓은 숲으로 말미암아 오히려 교사는 공간의 경계를 확정짓는 것을 포기한다. 넓은 공간에 있다고 할지라도 숲에서 아이들은 교사의 존재를 지속적으로 확인하며, 확인 가능한 공간을 유지하려고 하는 경우가 많다.

> 활동에 참여 여부는 아이들이 결정해요. 어떨 땐 한, 두 명 만 참여할 때가 있어요. 간혹 한 명도 활동에 들어오지 않을 때가 있죠. 작년에 방송국에서 우리 숲학교의 모습을 촬영하러 왔을 때 선생님이 이끄는 수업에 아무도 참여하지 않았을 때도 있었어요. 하지만 이런 게 우리학교의 일상이에요. 그리고 또 특이한 것은 아이들은 수업에 들어오지 않아도 주변에서 듣고 있어요. 주변에서 맴 돌고 있죠(2014.10. 하리숲학교 H교사).

확장된 공간인 숲은 여기저기에서 활동하는 장면들이 열려 있어 아이들이 다른 모둠과 다른 공간의 활동 모습을 볼 수 있다. 그래서 서로의 활동 내용을 직·간접적으로 접할 수 있다.

또한 숲의 넓은 공간은 아이들이 화가 났을 때 자기만의 공간을 찾아 화를 다스릴 수 있는 감정 정화의 공간이 되어 서로 간의 관계 형성에 도움을 줄 수 있다.

> **이가 3학년 때였어요. 아이가 화가 난다며 저에게 전화를 걸었어요. 그래서 저는 아이에게 지금 학교로 가겠다고 했더니 아이가 오지 말래요. 아

---

* 실제 일반적인 교실공간에서 아이가 교실을 이탈하는 것은 큰 일탈행위 중 하나이다.

이들이 자기를 싫어한다고 해서 걱정은 되었지만 아이에게 가지 않았어요. 아이는 한참 있다가 숲으로 내려와 혼자 나무도 치고, 풀도 뽑고 그리고 앉아 있었대요. 지금은 화가 풀린대요(2014.10. 하리숲학교 **학부모).

숲의 공간적 확장성은 공유된 영역이 아닌 자기만의 영역에 대한 감각적 본능이 되살아 날 수 있게 한다. 숲의 넓은 공간은 교사와 아이, 그리고 또래들 모두에게 여유를 갖게 한다. 여유는 결국 상대방을 허용하면서 서로를 존중하게 한다.

숲의 신비감

숲은 신비함을 갖고 있다. 숲의 신비함은 아이들로 하여금 상상하게 한다. 아이들은 상상 속에서 자신의 세상을 창조한다. 덤블을 주제로 이야기를 만들기도 하고, 멀리 보이는 산 너머에 대해 상상하기도 한다. 우거진 나무들을 사이에 아른히 보이는 대상을 통해서 상상의 나래를 펴며 영웅놀이를 하기도 한다. 숲의 신비감은 학습공동체를 만드는 역할을 하기도 한다. 숲의 신비감은 숲 속에서 아이들이 자기만의 또 다른 공간인 비밀 장소[75]를 만들게 하는 자극이 되기도 한다. 비밀 장소는 또래들만의 비밀 공간으로 분위기가 폐쇄적이면서도 아이의 의식화된 신비로움이 깃든 장소다.[76] 아이에게 비밀 장소는 환상과 창의적 상상을 하게한다. 여기에서 비밀 장소는 그곳의 소유자와 방문자가 가지는 느낌, 그리고 그들끼리의 공유된 감정 등으로 가득 차 있다.[77] 아이들은 그 장소에 대해 나름대로의 주체적 의미부여를 통해 공간을 규정한다. 비밀 장소는 저변의 실재exist를 창조하는 행위이며,[78] 실존적, 체험적 의미이다. 그리고 그 자체가 사람들과의 관계 속에서만 의미를 가질 수 있다.*

　아이들이 숨는 장소가 가지는 비밀 장소의 주요기능은 객관적인 현존을 감추는 것으로써 외부 세계로부터 떨어지려는 아이에게는 은신처와 안전감을 주는 개인화된 공간이 되는 것이다. 또한 비밀 장소는 '위험'이 내재된 장소가 아닌 아이가 적극적으로 반응할 수 있는 '도전'과 '모험'이 가득한 장소가 된다.[79]

　비밀로 가득한 숲의 신비감은 환상과 창의뿐만 아니라, 도전과 모험을 경험 할 수 있게 한다.

숲의 도전성(문제 유발성)

숲에서 발견한 놀이 재료들은 변화가능성이 있고 문제유발이 더 쉬워진다. 숲에서 아이들은 장난감을 만들어서 논다. 숲에서 아이들이 가지고 노는 재료는 변화가능성이 높고, 비구조적이며, 무엇인가 새롭게 구성해야 한다. 그래서 놀잇감은 변화가능성이 높다. 이렇듯 놀이 재료가 변화 가능성이 높고 문제 유발이 쉬울 때 아이들은 도전적이다.[80]

　숲은 아이들로 하여금 문제를 해결하게 하고, 심지어 문제(이슈)를 만들어내기도 한다. 예를 들어, 실내에서는 다른 영역에 제공 배치되어 별도의 놀이인 물놀이와 구성 놀잇감이 숲에서는 쉽게 결합하여 물을 운반하는 교통수단을 만들고, 물레바퀴와 펌프를 이용하여 수로를 만드는 것을 볼 수 있다.

---

* 김혜영은 유치원에서 아이들의 비밀 장소가 지니는 의미를 분석한 결과, 유치원에서 아이들의 비밀 장소는 아이들이 인간과의 관계에 존재하는 비밀의 의미를 실제적으로 경험하게 하는 장소이며, 교사가 아이들로 하여금 경험하기를 기대하는 바와 아이가 경험하고 싶은 바가 차이가 있음을 발견하게 하는 장소이다. 또한 프라이버시가 존중될 수 있는 사적 공간으로, 자신들만의 자유로운 선택의 기회를 갖는 장소로 볼 수 있다. 그리고 아이들의 인간관계에 있어 신뢰감 형성 혹은 갈등 완화의 촉매제의 의미를 지니는 장소로 보았다.

숲에서의 환경적 요인과 다양한 놀이 재료들은 아이로 하여금 긴 시간 동안 활동에 몰두하게 하고 문제해결의 기회를 증진시켜 수준 높은 학습을 가능케 할 뿐만 아니라 문제를 해결하기 위하여 구성원들 간의 협동을 유발한다. 태초부터 숲에서 삶을 살아가던 인류가 숲에 적응해 가면서 인간의 연약함을 극복하기 위해 무리지었던 것처럼 숲에서 발견된 놀잇감과 놀이 등의 이슈들은 아이들이 혼자 감당하기 힘든 면이 있어서 서로 함께 협력하게 한다. 아이들은 이런 과정 중에서 싸움보다는 함께 함을 연습한다.

숲의 풍부성[†]

숲에서 아이들의 놀이 재료들은 다양하며 무한하다. 숲은 정보가 풍부하고 감각을 많이 자극하는 곳이다. 아무리 교사나 교육기관에서 정보를 제공하려고 해도 숲만큼은 제공할 수 없다. 숲은 무한한 변화가능성과 다양성을 가지고 있다. 숲에서 아이는 지적 발달과 관련하여 풍부하고 다양한 자극을 받는다. 아이는 숲에서 아주 작은 것일 지라도 무엇인가 발견하고, 그것에 반응하며, 인식하고, 구별하고, 분류하고, 이름 짓고, 분석하고, 크기별로 나열하기도 하고, 평가하고, 판단하며, 그것에 대해 열심히 토론한다.

어린 시기에 풍요를 경험한 아이들은 그 풍요를 통해 사랑을 베풀고 함께 하는 법을 배운다. 숲에는 많은 놀잇감이 있기 때문에 놀잇감들을 가지기 위해서 서로 갈등하는 경우가 적다. 그래서 교실에서와 달리 아이들은 숲에서 풍요를 경험한다.

---

† 풍부성은 놀잇감이 많다는 의미이며, 후술하게 될 낱개성은 놀잇감이 다양하다는 의미이다.

숲의 연결성

숲은 서로 연결되어 있다. 나무는 흙에 기대어 살고, 돌은 흙과 섞여 있으며, 흙은 나무에서 떨어진 것들을 담고 있다. 그리고 그 속에는 작은 곤충들과 동물들이 산다. 숲은 하나를 이야기하면, 또 다른 이야기가 연결된다. 결국은 상호학습synergogy이 생길 수밖에 없다. 이러한 숲의 특성으로 숲에서 획득한 지식과 경험들은 끊임없이 전달되며, 자연스럽게 학습공동체로 이어진다.

숲에서 아이들의 일상은 숲의 연결성의 중심에 있게 되며, 그 일상의 주체는 아이들이다. 아이들 자신이 주체가 되기에 연결성을 품고 있는 일상은 의미있는 사건들이다. 아이들은 숲에서 놀 때 더 많은 일상의 문제들에 봉착하고, 문제를 해결하는 경험을 통해 문제해결 전략을 배울 수 있는 기회를 얻는다. 아이들은 자신이 가진 기존의 지식과 기술을 숲에서 발생한 다양한 문제에 적용하며, 새로운 개념이나 아이디어를 더 정교화하고 학습한다.

교사에 의해 주어지는 문제들은 아이들에게 그다지 의미 없는 문제가 되는 경우가 많다. 그래서 유능한 교사는 의미 없는 문제를 아이들에게 의미있게 하기 위해서 많은 노력을 하지만 아무리 노력을 해도 타인인 교사에 의해서 주어진 문제는 아이들 자신의 삶이 배재된 단편적인 문제에 불과한 경우가 많다. 반면, 숲처럼 복잡 다양한 구조를 가진(그러나 연결된) 맥락에서 아이들에게 주어진 문제는 더 많은 학습동기를 갖게 한다. 숲의 연결성은 아이들이 문제를 해결하고, 스스로 평가하고 다시 새로운 문제를 찾아가는 학습 상황을 만든다.

숲에 다녀온 아이들은 하루에 있었던 일들을 계속 말해요. 숲에서 많은 것을 하고 오나 봐요. 그렇게 이야기하고 집에 오면 꼭 책을 찾아요. 곤충이나 풀 같은 것들을 꼭 확인해요. 숲이 아이들을 공부하게 하는 것 같아요. 아이들이 그렇게 궁금한 것이 많을 줄은 몰랐어요(2014. 9. 23. 학부모와 면담)

숲의 항상성

숲은 계절에 따라 변화하지만, 그 변화는 아이들이 경험하는 '항상성'을 기반으로 한다. 나뭇잎 색이 변하고 낙엽이 떨어지지만, 나무는 그대로인 것을 보면서, 변화 속에서 변하지 않는 본질을 경험한다. 여기에서 '항상성'이라는 의미는 숲에서 아이들이 만든 것들이 변함없이 그대로 있을 수 있음을 의미한다. 아이들은 숲의 항상성을 통하여 자신들이 만든 것과 가진 것들에 대한 존중을 경험한다.

숲에 처음 온 아이들은 대부분 자기 공간을 만든다.[*] 나무로 집을 짓기도 하고, 돌로 자기만의 공간을 만들기도 하며, 자기가 노는 공간을 지키려고 한다. 아이들은 며칠에 걸쳐 자신들이 만들고자 하는 공간을 만든다. 문화인류학자인 에드워드 홀Edward Hall은 공간을 인류학적으로 해석하는 과정에서 자신의 공간을 가지기 위해서 경계를 명확히 하는 것 자체가 자아실현의 과정이라고 하였다.[†][81] 숲에서 아이들이 만드는 집(기지)은 일반 유치원에서 만드는 집들처럼 하루가 지나면 분해되는 것이 아니다. 아이들이 만든 자신의 공간은 다음 날도 계속 유지된

---

[*] 하리숲학교에서는 이러한 공간을 기지라고 한다.

[†] 실제 유아교육기관에서도 아이들이 자신만의 공간을 만드는 모습들을 볼 수 있다. 하지만 하루 일과가 지나면 하루 내내 만든 그 장소가 없어져 버린다. 아이들에게 공간은 자기 존재의 발현이다. 따라서 일주일에 한 번이나 체험식의 숲 보다는 매일형의 숲이 더 많은 자아실현의 기회를 제공한다고 볼 수 있다. 즉 숲의 항상성이 교육공간으로써 자리매김하기에는 매일형의 숲이 의미가 있다.

다. 이렇게 자기만의 공간은 아이들의 자아실현을 돕는 것이다. 아이들은 이러한 과정을 통해 자신을 발견하게 된다.

아이들의 놀이 역시 하루 만에 끝나지 않는다. 수일 동안 지속적으로 진행된다. 숲은 이렇게 놀이를 지속할 수 있는 항상성을 가진 공간이다. 이러한 숲의 항상성은 아이들이 계속 놀 수 있게 학습본능을 깨운다.

> 숲에 오는 아이들의 특성 중 하나가 자신의 기지(공간)를 만드는 거예요. 우리는 그런 아이들의 특성을 알기에 기지(공간)확보를 도와주죠. 그런데 아이들은 이런 기지 때문에 서로 싸우기도 해요.(2013.2.5. H교사와 인터뷰; 정대현에서 발췌)[82]

> 애들이 학교에 오자마자 어제 놀았던 곳으로 가서 자기가 만든 것을 찾아요. 그리고 어제의 놀이를 이어서 하죠. 일반 유치원에서는 애들이 만들고 놀았던 곳을 모두 정리하지만 우리는 그렇지 않아요. 심지어 아이들이 사용하였던 괭이나 호미, 망치 같은 공구들도 안 치우고 그대로 둬요. 선생님이 보기에는 아무렇게나 둔 것 같지만 아이들은 그것을 그 자리에 둔 거래요. 자기들이 생각하는 자리가 있어요. 아이들의 놀이는 길게는 한 달이 넘게 한 곳에서 노는 아이들도 있어요(2014. 10. 하리숲학교 C교사).

숲의 신기성, 낱개성

숲에는 둥근 돌, 납작한 돌, 뾰족한 돌, 투명한 돌, 반짝반짝 빛나는 돌, 작은 나뭇가지, 큰 나무가지, 큰 바위, 작은 바위, 낙엽, 흙, 물, 풀 등의 놀잇감이 있다. 숲에서 발견한 놀잇감은 지루하지 않은 신기성을 가지고 있어서 아이들이 많은 호기심을 갖게 된다. 또한 숲의 놀잇감의 종류가 다양하다. 이것을 낱개성이라고 한다. 놀잇감이 다양한 종류를 가진다는 것은 아이들이 행동을 선택할 수 있는 경우를 증가시키는 것을 의미한다. 창의력과 관련하여 어떠한 것을 발견할 가능성이 주변 환경 안에 있는 변수의 개수와 종류에 비례한다고 했을 때 숲은 그 조건을 갖추었다. 숲은 무궁무진한 종류를 가지고 있다. 그래서 여러 가지 종류의 놀잇감을 활용하고 서로 결합하여 새로운 것을 만들어 낼 수 있는 기회가 많다. 또한 널려져 있는 많은 재료들로 아이들은 상상력을 발휘할 수 있다.

숲의 비정형성과 미지성

숲의 비정형성과 미지성은 아이들의 호기심을 자극하여 탐색하게 한다. 놀잇감은 정형화되어 있지 않다. 크기도 다르고, 모양도 다르다. 같은 모양이 하나도 없다. 놀잇감의 비구조성과 불확정의 미지성은 아이들의 창의성, 호기심*을 길러주며, 놀이를 통해 즐거움을 준다. 숲은 끊임없이 무엇인가 하게 하며, 감각을 깨우고 즐거움을 준다. 숲의 이러한 속성은 아이 자신의 존재를 통해 구조화시키고 정형화시키는 과정에서 역동적 교류를 가능케 하여, 학습이라는 결과를 가져온다.

    아이들은 비정형성과 미지성이 있는 숲의 놀잇감(사물)을 자신이 창

---

* 호기심은 많은 심리학자들에게 동기이론에서 설명되고 있다. 동기motivation를 학습하는 이유라고 말하기도 한다. 동기는 내재적 동기와 외재적 동기가 있다. 내재적 동기는 활동 그 자체에 즐거움이 있는 것으로 그 자체를 위한 활동이다. 반면 외재적 동기는 외부의 다른 요인에 의해서 무엇인가 하려고 하는 것으로, 칭찬이나 상품 그리고 다른 사람을 만족시키기 위해서 하는 것 등을 말한다. 내재적으로 동기화된 학습자는 외재적으로 동기화된 학습자보다 성취도가 높고, 자신을 더 유능한 존재로 지각하고, 학업불안을 덜 경험한다(Gottfried, Fleming & Gottfried, 2001). 내재적 동기는 놀이의 주요 요소이기도 하다. 또한 여기에서 의미하는 호기심은 내재적 동기를 유발하는 주요 요인이다(Ormrod, 2011, pp.461-462).

조자가 되어 변형시키고 놀면서 자기의 존재를 발견하며 창의성(확산적 사고 기술)을 연습한다. 아이들은 숲 속 놀이 상황에서 다양한 행동과정을 생각하고 결정함으로써 놀이 아이디어를 산출해 낸다. 밀폐된 공간에서 구조적 놀잇감으로 놀이한 아이들에 비해 확장된 숲 공간에서 비구조적으로 놀이한 아이들이 훨씬 더 정교하고 풍부한 놀이의 질을 보여 줄 것이라는 것은 지극히 당연한 일일 것이다.

숲의 비정형성과 미지성은 특성상 미리 만들어져 있지 않고 불완전하여 이것들을 어디에, 어떻게 사용할지 자신들이 결정하기 때문에 모든 것에 주체적 속성을 부여한다.

숲의 혼돈성

숲은 어느 공간보다, 어느 매체보다 혼돈스럽다. 정형화된 것이 없다. 깊은 곳이 있으면 얕은 곳이 있고, 딱딱한 곳이 있으면 부드러운 곳이 있다. 직선도 없다. 그렇다고 원형도 없다.

> 최근 숲 유치원의 바람이 불고 있어요. 그래서 숲 유치원을 하고 있는 다른 곳을 가 보았어요. 하지만 제가 간 곳은 숲이 아니었어요, 잘 정돈되어 있는 공원 같은 곳은 숲이라고 보기에는 어려워요. 숲은 정돈되어 있지 않음이 있어야 돼요. 그 곳은 잘 정돈되어 있었죠.(중략) 요즘 숲 유치원 바람이 불고 있지만 너무 정돈된 공원을 찾아 가고들 있어요. 숲은 거칠어야 돼요
> (2014. 10. 하리숲학교 J교사).

숲의 혼돈성은 아이들의 삶(일상)과 같다. 물론 이 혼돈의 기저에는 지속적으로 나타나고 변화하는 상호 관련성이 있다. 아이들의 일상은 혼돈 그 자체이며, 예측 불가능하다. 숲이 가진 혼돈성에서 아이들은

매일 새롭게 자신만의 독특한 방식으로 일상을 맞이한다. 이러한 것들은 혼돈스러워서 규정지을 수 없다.

아이들은 혼돈에서 주체가 되어 질서를 부여한다. 혼돈을 정리하기도 하고, 혼돈에서 무엇인가 만들기도 한다. 숲에서 아이들의 일상은 정해지지 않는 혼돈이기에 아이 존재 자체가 그 속에서 주체가 될 수 있다. 심지어 혼돈이 가져온 위험의 맥락에서도 아이들은 질서를 부여한다. 또한 혼돈은 '익숙치 않음'을 야기한다. 그 '익숙치 않음' 자체가 혼돈이다.

우리가 처해 있는 환경은 구조화, 정형화되지 않으며 급속하게 변한다. 그래서 환경이 필요로 하는 지식과 기술에 대한 예측이 불가능하다. 이것은 다양하다고 할 수도 있으나 정형화되지 못했다는 의미에서 혼돈스럽다고 표현할 수 있다. 이러한 상황에서는 환경에 대한 정확하고 빈틈없는 적응이 요구되는 행동의 엄격성이 아니라 적응 잠재력을 통해한 행동의 유연성인 적응가변성adaptive variability이 필요하다.[83] 결국 어떤 놀이보다도 숲에서 이루어지는 아이들의 놀이는 정해진 놀잇감이 아닌 끊임없이 변화(하지만 빠르지는 않게)하는 환경 속에서 광범위한 적응적 잠재성, 즉 적응적 가변성을 길러준다.

숲의 혼돈이 만들어 낸 '익숙하지 않음'은 아이들에게 불편함을 주고, 다소 위험할 수는 있지만 이겨낼 수 있는 힘을 주며, 학습이 될 수 있다. 과한 위험은 위협이 되지만, 적절한 위험은 아이들에게 훌륭한 학습을 가능하게 한다. 너무 안전한 놀이터는 아이들에게 도전하지 못하게 하고, 위험에 대해 대처할 능력을 주지 못한다. 아이에게 숲은 적절한 위험을 제공해 주어, 극복할 수 있는 연습을 할 수 있는 이상적 공간이다. 아이들은 위험을 감지하는 능력과 위험을 두려워하지 않고 도전하는 성향을 가지고 있다. 위험에 대해 극복했던 경험 자체가 성공의 경험이다. 실제 아이들은 숲에서 자기 스스로 감당할 수 있는 위험의 정도를 알고 시도한다.

혼돈이 가져다 준 위험을 극복하고 노는 것은 숲에 의해서 주어진 혼돈에 안정을 주는 것이다. 숲은 놀이를 하는 아이들이 자신만의 목적과 결과를 세우기 용이한 환경이다. 그 결과 숲은 아이들만의 성공과 성취감을 보장한다.

숲의 생태성

숲은 자연의 총화이다. 식물, 동물, 물, 공기, 날씨 등 자연이 집약되어 있다. 아이들은 그 속에서 생명을 경험한다. 인공적인 것이 아닌 살아 있는 것에서 배운 아이들은 그 속에서 자연의 시간을 배운다. 숲은 아이의 일생동안 영향력 있고 영감을 주는 긍정적인 가치와 습관을 익히게 한다.

교사와 아이, 그리고 아이들 간에는 숲이 가진 생태성을 통해 살아있음을 접한다. 살아있는 것은 살아있지 않는 것보다 더 많은 호기심을 불러일으키며, 이것은 일상에서 각성arousal을 유발시키고, 학습의 동기 motivation를 가져온다. 숲의 살아 있음 즉 생태성은 아이의 학습동기 incentive를 불러일으키기에 충분하다.

많은 교사들은 이러한 유인가(동기) 그리고 각성을 수업에 활용하기 위해 노력한다. 숲은 그 자체가 유인가이며, 동기이고, 각성이다. 그리고 이러한 것에 대해 익숙해진 아이들은 성장해서도 무엇인가에 대한 열정을 가지게 된다.

V
숲에서 아이들의 일상

아이들의 숲에서 일상은 놀고, 공동체를 구성하는 일들이다. 숲에서 아이들의 놀이를 이야기하는 것이 곧 아이들의 일상을 이야기하는 것이다.

숲이라는 넓고 변화무쌍하며, 신비함이 있는 공간에서 온 아이들은 끊임없이 움직이며 놀고, 함께 무리를 만드는 것이 일상이다. 그래서 아이들의 일상은 놀이다. 노는 것이 일상이다. 이렇듯 놀이와 일상은 결코 분리되지 않는다. 여기에서 일상은 의식 작용과 경험의 모태가 되어 직접 살고 있는 세계를 의미한다. 아이들에게 일상은 생생히 살아 있는 세계-내-존재로서의 세계이며, 어른들의 이념과 이론으로 구조화되고 일반화되기 전의 자연스러운 경험이 이루어지는 곳이다. 그래서 아이들의 일상은 주어진 것이어서는 안된다. 아이들은 일상의 경험에서 자기 존재의 의미를 만들고, 그 의미로 형성된 세계와 상호작용한다. 이 의미는 고정된 규칙성이나 객관적인 기준으로는 알기 힘든 개인적이고 특수한 차원이다. 그래서 교사 등 어른들에게 아이들의 일상의 경험은 통제나 축적의 대상이 아닌 이해의 대상이다.

반면, 아이들의 삶의 공간인 숲은 아이들의 놀이를 달리 보게 한다. 숲은 교실에서 접하는 책상, 의자, 칠판 등에서 느끼는 자기 존재감에 비해 나무의 흔들림, 얼굴을 스치는 바람, 새롭게 발견한 땅 속의 구멍, 울퉁불퉁한 길, 비오는 날 함께 수로를 파는 자신과 친구들의 모습들 속에서 아이들은 숲이라는 타존재를 인식하며 자신의 존재를 찾는다.

아이들의 모든 일상은 놀이로 이루어졌기에 아이들의 놀이를 이해하기 위해서는 일상에서 아이들의 놀이를 관찰하고 놀이가 어떠한 유형으로 진행되고 있는가에 대한 이해가 필요하다. 물론 놀이의 수는 아주 많고 다양하기 때문에, 모든 놀이를 유형별로 분류하는 것은 불가능하다. 아이들은 똑같은 장소에서 완전히 다른 놀이를 할 수도 있다. 혹은 같은 놀이인데 다른 유형으로 분류될 수도 있다.

아이의 놀이는 아이의 몸을 중심으로 대근육을 활용한 놀이와 소근육을 활용한 놀이로 나눌 수도 있다. 숲에서는 실내에 비해 대근육을 활용한 놀이가 많다. 대근육을 활용한 놀이는 칼싸움이나 전쟁놀이 등 상상을 섞은 싸움놀이나 역할놀이, 쫓기 놀이, 경사진 곳을 오르고 내리는 놀이, 뒹굴기, 뛰기, 뛰어오르기, 달리기, 구르기, 살금살금 걷기, 기기, 오르고 내리기, 점프하기, 펄쩍 뛰기, 나무 뛰어 넘기, 미끄러지기, 흔들거리는 나무에 기대기, 경사진 곳 오르기 등이 있다.

대근육을 활용한 모험놀이(위험놀이) 등을 통해 도전적의식, 자기효능감, 타인과의 함께 함을 기른다. 그리고 대근육을 활용한 놀이는 운동량과 밀접한 관계가 많다. 실제 마이어스Myers는 체육교육에 참여한 유치원 아이들과 운동장에서 자유놀이에 참여한 유치원 아이들의 운동행동들을 비교했다. 구조화된 체육교육에 참여한 아이보다 숲에서 자유놀이에 참여한 아이들의 운동량이 훨씬 많음을 발견했다.[1] 이러한 대근육을 활용한 놀이 외에 아이들은 주변의 사물을 관찰하기도 하며 채집하고 작은 나무 가지나 작은 돌로 뭔가를 만들기도 하는 등 소근육을 활용한 놀이도 한다. 소근육을 사용하는 놀이는 작은 돌멩이, 나무 조각, 작은 잡동사니 등 작은 것들을 끼워 맞추며 하는 활동들을 말한다. 또한 중얼거리면서 소리를 만드는 음악적 행위를 하기도 하고, 시나 이야기를 만드는등 언어활동을 통한 놀이들이다. 이러한 아이들의 놀이는 구조화된 교실 공간에서 구조화된 수업의 방식보다, 비구조화된 공간에서 비구조화된 방식의 활동을 통해 더 활발하게 나타난다.*

아이들은 이러한 시도를 통해서 끊임없이 탐색한다. 진흙탕, 모래놀이, 흙 무더기, 나무 덤불 등에서 감각을 통한 탐구활동도 일어난다. 또한 자신의 감각을 통해 새로운 것을 발견하고 그것들을 조심스럽게 자신이 가지고 있는 많은 생각들에 비추어서 관찰하고 해석한다.

이렇게 아이의 몸을 중심으로 대근육, 소근육 놀이로 분류하는 방법 외에 로제 카이와Roger Caillois는 놀이를 이론적으로 체계화하였다. 로제 카이와Roger Caillois는 놀이를 경쟁, 우연, 모의, 현기증이라는 네 개의 주요 항목으로 구분하였다. 그 항목들을 각각 경쟁은 아곤Agon(그리스어로 시합, 경기를 뜻함), 우연은 알레아Alea(라틴어로 요행, 우연을 뜻함), 모의는 미미크리Mimicry(영어로 흉내, 모방, 의태를 뜻함), 현기증은 일링크스Ilinx(그리스어로 소용돌이를 뜻함)로 이름을 붙였다.

모든 놀이는 동시에 두 개의 상반된 극 사이에 배치할 수도 있다. 그 중 한쪽은 통제되지 않은 어떤 일시적인 기분이 표출되는 곳인데, 기분전환, 소란, 자유로운 즉흥, 대범한 발산이라는 공통 원리가 전적으로 지배하고 있다. 원리는 파이디아Paidia, 그리스어로서 일반적으로 놀이라는 뜻으로 사용되지만, 유희, 어린애 같음이라는 의미가 들어 있다. 반대쪽의 극에서는 장난기 있고 충동적인 활기가 약해지는 경향을 보여준다. 그 경향은 파이디아Paidia의 무질서하고 변덕스러운 성질과는

---

* 숲은 그 자체로써 비구조화되어 있다. 숲에서는 아이가 주체가 되어 자기 존재 대로 구조화시킨다.

상호보완 관계에 있는 것으로써, 모든 점에서 반대된다고는 말할 수는 없지만 상대적인 경향은 있다. 이것을 루두스ludus(라틴어로써 이것 역시 일반적으로 놀이라는 뜻으로 사용되지만, 투기, 시합, 경기 등이 그 의미의 기초이다)라고 부른다. 아래는 로제 카이와Roger Caillois가 분류한 놀이 분류와 규칙성에 따른 숲에서의 아이들의 일상을 접목해 보았다.

[로제 카이와 놀이 분류와 규칙성에 따른 숲놀이의 사례]

놀이분류	숲놀이의 예		내용
	파이디아 (야단법석, 소란, 폭소)	⟷ 루두스 (규칙법)	
아곤 (경쟁)	바위 빨리 타기 산위에 빨리 올라가기 열매 모으기	땅따먹기 비석치기 씨름 사방치기	경쟁의 형태를 가진 놀이 (예: 축구)
알레아 (운)	제비뽑기 우연찮게 발견되는 열매 네잎 크로바	내기 윷놀이	의지와 상관없이 우연적인 요소를 가진 놀이 (예: 주사위 놀이)
미미크리 (모의)	영웅놀이 전쟁놀이 역할놀이	연극공연 예술전반	현실세계에서 벗어나 흉내, 가장, 모방, 표현하는 놀이 (예: 역할놀이)
일링크스 (현기증)	넘어지기 뛰어내리기 미끄럼질 잔디밭에서 구르기	통나무 널뛰기 등산 술래잡기	구조화되고 안정적인 패턴에서 벗어나 순간적으로 느끼는 지각의 혼란을 가진 놀이[2] (예: 뛰어내리기)

이렇게 놀이의 세계를 각각의 독자적인 원리에 따라 4가지로 구분하고, 같은 종류의 놀이를 성질의 변화(파이디아에서 루두스까지)에 따라서 동일한 순서대로 배열함은 아이들의 놀이를 이해하기 위함이다. 단, 로제 카이와Roger Caillois의 분류가 놀이의 세계를 완전히 망라하였음을 의미하는 것이 아니다.

로제 카이와의 이러한 분류가 놀이를 예측하게 하는 것이 아닌 형식적으로 바라보게 하는 요소를 다분히 가지고 있지만 이러한 분류를 통해 놀이의 다양성이 강조되고 놀이의 세계가 의미없이 지나치지 않게 되는 효과를 갖고자 하였다.[3]

교실교육에서 아이들의 활동 영역을 구분해서 유형화시키는 것과 달리 숲에서 아이들의 놀이를 특정 방식으로 구분하는 것은 어렵다. 숲에서 아이들의 놀이는 현실과 가상이 중첩되고, 이탈되었다가 다시 재진입하고 변형을 이룬다. 그 결과 사물, 환경, 역할에 의해 그 의미가 자유롭게 연관되고 만들어진다. 그래서 갑작스럽게 나타난 놀잇감이나 상황에 따라 우연히 나타나고, 사라지는 경우가 많다. 이러한 이유로 숲에서는 교실에서 관념적으로 유형화하는 놀이 범주의 경계를 재개념해야 할 필요가 있다. 숲에서 놀이는 놀이 속에서 변형되고, 확장되며, 또는 소멸한다.[4] 이러한 모습은 놀이에서 볼 수 있는 '복잡성'이다. 놀이를 절대 무엇이라고 정의할 수 없고, 단순하게 분류될 수도 없다. 그럼에도 놀이를 구분하는 것은 아이들의 숲생활을 이해하기 위한 방법 중 하나이기 때문이다.*

모험놀이(위험놀이)

숲 속의 아이들은 위험과 항상 공존한다. 아이들은 본능적으로 위험한 행동에 끌린다.[5] 아이들은 위험을 무릅쓰더라도 놀이를 하고 싶어 한다. 그것이 모험놀이이다. 숲은 아이들이 모험놀이를 할 수 있는 최적의 공

---

* 숲 놀이의 분류방법은 많은 방법들이 있을 수 있다. 이렇게 분류한 것을 절대시 해서는 안 된다.

간이다. 그래서 아이들은 숲을 좋아한다.

숲에서 아이들은 '나무 위에 올라가기', '큰 바위 타기', '넓은 길 보다 좁고 아슬아슬한 길로 가기', '쓰러진 나무 위를 걷기', '점프하면서 골짜기 넘기' 등을 한다. 실제, 매일형 숲 유치원 아이들 15명을 대상으로 한 위험놀이에 관한 나귀옥과 곽정인의 연구를 보면, 아이들은 '높은 곳으로 올라가기', '경사로 내려오기' '위험 장소 근처에서 놀이하기', '위험한 도구를 이용하기', '아이들이 사라지거나 길을 잃어버릴 수 있는 장소에서 놀이하기' 등을 하였다.[6]

또한 샌드세터와 케니얼Sandseter & Kennair은 노르웨이의 아이들에 관한 프로그램 연구와 인터뷰를 통해, 위험놀이를 높은 곳에서 놀기, 고속으로 놀기, 거친 신체놀이, 아이가 숨거나 헤맬 수 있는 장소에서 놀기, 위험한 도구로 놀기, 위험한 요소 근처에서 놀기 등으로 분류하였다.*[7]

---

* Sandseter와 Kennair의 위험놀이 유형의 하위분류는 다음과 같다.
- 높은 곳에서 놀기: 기어오르기, 신축성이 있는 곳에서 뛰기, 높은 곳에서 뛰어내리기, 균형잡기, 그네 타기, 높은 곳에서 매달리기
- 고속으로 놀기: 고속으로 그네, 미끄럼틀, 자전거 타기, 빠르게 달리기, 언덕이나 눈 덮인 비탈면에서 신체를 이용한 미끄럼 타기, 서서 또는 여럿이 함께 타기, 줄지어 타기
- 거친 신체 놀이: 몸싸움 놀이, 막대나 나뭇가지로 찌르기, 추격 놀이
- 숨거나 헤맬 수 있는 곳에서 놀기: 혼자 탐험하기, 낯선 곳에서 혼자 놀기
- 위험한 도구로 놀기: 칼, 톱, 망치, 도끼, 등 공구를 사용하는 것과 같이 위험성이 잠재되어 있는 놀이
- 위험한 요소 근처에서 놀기: 높고 가파른 절벽 위, 해안가, 깊은 물가, 화덕 옆에서 놀기

숲은 그 자체가 위험 요소를 담고 있다. 하지만 아이들이 숲에서 만나는 위험은 감당할만한 수준의 위험일 경우에는, 오히려 아이들에게 유익하다. 아이들이 숲 속에서 위험을 만나게 되면, 상황에서 대처하는 심리적 행동인 방어 메커니즘Defence Mechanism이 작동한다. 이를 벤스타인Benstein은 '숲자극'이라고 하였으며,[8] 이러한 숲자극은 대응행동을 유발시켜 위협이나 스트레스 자극을 감당한다든지 혹은 피해갈 수 있는 능력을 길러주며, 긍정적 심리변화의 가능성을 제공해 준다.[9] 아이들은 이렇게 위험을 감당함으로써 사물(자연)의 다양성을 통제하려는(사물을 알아간다는 말로도 표현 가능하다) 열망이 생긴다. 이에 대해 프뢰벨Froebel은 다음과 같이 말하고 있다.

> 아동기에는 동굴이나 계곡의 탐험, 나무나 산 오르기, 높은 곳이나 깊은 곳 수색하기, 들판이나 숲 속을 뛰어다니기와 같은 대담하고 모험이 가능한 활동이 필요하다.
> 가장 어려운 것이 쉬운 것처럼 보이며, 가장 용기를 내야 하는 활동들이 그 아이에게는 위험하지 않은 것처럼 여겨지는데, 이런 충동은 아이의 내면 가장 깊숙한 마음속에서 오며 강한 의지에서 비롯된다. 그러나 열망만으로는 이 연령 대의 아이를 자극하여 위험 수위가 높든 낮든 다양한 모험을 하고 싶게 만들지 못하며 능력을 쓰게 만들지도 못한다. 가장 깊숙한 아이의 내면의 삶이 개화될 때 나타나는 특성 및 요구, 즉 사물의 다양성을 통제하려는 열망이 모험을 가능하게 한다. 개개의 사물을 전체적 맥락에서 바라보는 것, 특히 잘 모르는 것을 친숙한 것으로 만드는 것, 외부 세계에 존재하는 다양성, 통일성을 있는 그대로 이해하는 것이 경험을 하게 만든다. 자신의 시야를 넓혀 하고자 하는 아이의 열망 때문에 가능한 것이다.[10]

숲은 위험이 내재된 놀이 상황을 제공한다. 숲은 발생한 위험요소를 통하여 위험에 대처할 수 있는 기술과 지식을 습득할 수 있는 경험과 체험이 되는 교육적 가치를 가지고 있다. 숲에서 아이들은 위험한 상황의 놀이 속에서 발생하는 위험 부담 횟수만큼 위험에 대처할 수 있는 전략을 습득할 기회를 갖게 된다.[11]

유아기부터 자신의 능력을 순조롭게 꾸준하게 발달시킨 아이는, 전에 시도할 때 썼던 힘의 양보다 더 많은 힘을 필요로 하지 않을 것이다. 그래서 아이는 이러한 모든 위험들을 마치 훌륭한 천재에 의해 안내받는 것처럼 수월하게 극복해 나간다. 반면에 자신의 힘도 모르고 해야 할 일의 어려운 정도도 전혀 모르는 아이는, 그의 기술과 능력에 비해 과분한 것들을 시도하려고 하지만 아주 조심성이 많은 아이조차도 안전하다고 생각되는 곳에서 위험을 당한다.

아주 무모한 아이들은 자신의 힘을 사용해 볼 기회가 주어질 때, 지속적으로 힘을 연마하지 않고, 갑작스럽게 힘을 쓴다. 만약 누군가 눈여겨 지켜본다면, 이런 아이들은 쉽게 위험에 빠지는것을 볼수 있다.[12]

거친 신체놀이

거친 신체놀이는 사회극 놀이와 가상놀이 pretended play가 중첩된 이동놀이로써, '친근하게 추적하면서 싸우는 놀이'이다.[13] 거친 신체놀이는 2세경에 처음 시작되며, 유아기에 점차 발생 빈도가 증가하다가 청년기에는 감소한다. 연령이 증가할수록 점차 강력하고 거칠어진다.[14] 이 놀이는 '태클하기, 달리기, 밀기 또는 밀쳐내기, 무릎 뒤에서 차기, 도망가기, 씨름, 두 발로 뛰어오르거나 뛰어 내리기, 어떤 도구를 갖고 서로 치기(때리기와 다름), 웃기' 등이 있다. 종종 허구적인 인물을 가작화하여 영웅놀이와 중복되기도 한다. 거친 신체놀이의 결과로 실제 싸움은 거의 일어나지 않는다. 아이들은 거친 신체놀이를 통하여 운 나쁜 피해자가 되기도 하고, 때로는 강한 역할도 하는 등 역할 반전을 경험하기도 한다. 거친 신체놀이는 놀이 시간의 5-10%, 최대 20%로 그 비중을 차지한다고 알려져 있다.[15]

영웅놀이

나무와 덤불 등은 아이의 상상력을 자극한다. 아이들은 자신이 알고 있는 많은 환타지 이야기들을 숲에 투영시키면서 노는 경우가 많다. 그 중 영웅놀이가 대표적인 놀이다. 영웅놀이는 '초인적 힘이나 초인간적인 존재로 변신할 수 있는 능력과 같은 특수한 미디어나 책 속의 인물들을 흉내내는 적극적인 신체적 놀이'이다.

아이의 놀이에서 본능적으로 나타난 영웅놀이는 실제 유익하다. 영웅은 아이들이 갖고 싶어 하는 힘을 갖고 있기 때문에 놀이를 하면서 자신들이 힘을 가졌다고 상상을 한다. 그러면서 자기에 대한 긍정적 감정을 가지게 된다. 또한 친구들과 함께 참여함으로써 아이들 사이의 우정을 증진시킨다. 더 나아가 아이들은 영웅놀이를 통해 집단 내의 지위를 상승시키기도 한다. 그들은 힘이 비슷한 친구를 선택하거나 좀 더 강한 파트너를 선택하기도 한다.[16] 그리고 아이들은 영웅놀이를 통해 악에 대항하는 선을 좋아하는 역할을 하기 때문에 선악에 대한 추상적 개념을 구체화한다.

또한 자신이 읽은 책들의 내용을 영웅놀이를 통해 내면화시키고, 책 속의 영웅과 관계맺기를 한다. 또한 만약 읽은 책들의 캐릭터가 할 수 있는 역할의 한계가 놀이 중에 나타나면 놀이를 하기 위해 역할을 연구하기도 한다.

하지만 교사나 부모는 영웅놀이가 거친 신체놀이처럼 시끄럽고 혼란한 상태로 발전하기 쉬워 통제할 수 없을 정도로 격해지는 경우가 많아 금지하는 경우가 많다.[17] 간혹 교사들은 자기도 모르게 영웅놀이 자체가 갖고 있는 선악의 가치개념으로 이런 놀이가 좋지 않다는 메시지를 아이에게 주기도 한다.[18] 영웅놀이에 대한 잘못된 인식으로 영웅놀이를 아이의 발달과 학습에 유익한 영향을 미치도록 활용할 기회를 놓칠 수도 있다.[19]

쫓기 놀이

도망가거나 다른 사람을 쫓아 달리는 것이다. 이것은 일련의 연속적인 과정으로 이루어지는데, 놀리거나 농담으로 자극함으로써 시작하게 되고, 쫓는 사람이 이기면 끝나게 된다. 종종 빨리 달릴 수 있는 사람이 의도적으로 천천히 달려 다른 사람이 자신을 잡을 수 있게 하기도 한다. 그러다가 쫓기던 사람은 도망가거나 잡힌다. 이렇게 되면 잡힌 사람이 쫓는 사람이 된다. 이렇게 쫓기 놀이에서 아이들은 서로 잡기와 잡히기를 번갈아 하다가 안전지대로 도망가게 되면 게임을 중단하고 다시 시작하기도 한다.

남자 아이나 여자 아이 모두 쫓기 놀이를 하지만, 남자 아이들이 여자 아이들보다 더 자주 참여한다.[20] 쫓기 놀이의 형태에서도 성차가 나타난다. 동성끼리 쫓기 놀이가 이루어 질 때, 남아들은 종종 넘어뜨리거나 싸우는 형태로 발전하는 데 비해, 여아들은 훨씬 신체적인 격렬함이 적다.

쫓기 놀이에는 개인이 집단을 쫓는 경우, 집단이 한 개인을 쫓는 경우, 개인이 개인을 쫓는 경우, 그리고 집단이 집단을 쫓는 경우가 있다.[21] 이러한 아이들의 쫓기 놀이는 숲 속에서 나무나 언덕, 바위 등을 활용함으로써 더욱더 정교화된다.

오르기와 기어들어가기

숲에 온 아이들은 나무나 바위 등 높은 곳만 보이면 올라가려고 한다. 좀 더 나이가 든 아이들은 나무 위에 집tree house을 지으려고도 한다.

'인간은 왜 노는가?'와 관련하여 이미 제시한 고전 놀이 이론가인 스텐리 홀Stanley Hall의 반복이론에 의하면, 아이들은 원시 조상이 했던 나무 기어오르기와 같은 놀이를 반복하는 것은 놀이를 통하여 인류 발달과정을 반복하여 주어진 발달단계에서 나타난 본능적인 경향을 줄여 나가기 위해서라고 한다. 어린 아이들이 나무에 오르기를 좋아하고, 흔들기 뛰어 내리기를 좋아하는 것은 동물적 단계의 과정으로, 그것은 아이들의 본능이다. 스텐리 홀Stanley Hall은 유년기와 아동기에 놀이를 통하여 유전적으로 내려온 본능적 속성을 해소한다고 주장한다. 반면, 프뢰벨Freobel은 나무에 오르는 것은 위에서 아래를 내려다보게 됨으로써 세상을 발견하고, 새로운 세상에 대한 도전을 하기 위함이라고 하였다.[22]

새로 보는 나무에 오르는 것은 아이로 하여금 새로운 세상을 발견하게 한다. 위에서 바라보는 경치는 모든 사물을 측면에서 바라보는 왜곡된 일상 모습과 사뭇 다른 면을 보여준다. 나무 위에 올라간 아이의 발아래 있는 모든 것들은 얼마나 명료하고 뚜렷한가! 아동기에, 우리의 시야가 확장되던 그 순간에, 주변에 대한 편협한 한계성이 사라지면서 우리 마음과 영혼을 가득 채우던 어떤 느낌을 우리는 회상해 낼 수 있지 않는가! 우리는 그 순간 아이에게 "내려와, 떨어질지도 몰라"라고 소리를 질러서는 안 된다.

혼자 걷고, 서 봄으로써 우리가 걷고 서는 것을 배운 것이 아니다. 걷고 서는 것, 앉고 기는 것 때문에 우리가 떨어지지 않게 되는 것이 아니다. 주변 환경을 잘 살펴보는 능력이 생겼기 때문이다. 위에서 내려다 볼 때, 가장 평범한 것들이 얼마나 다르게 보이는가! 아이들이 어린 시절에 지성과 감성을 고양시킬 수 있도록 배려하는 것이 우리의 의무이자, 직무가 되어야 하지 않겠는가? 아이들이 수준 높은 관점으로 명료하게 이해할 수 있어야 하지 않겠는가? 아이들이 견해의 폭을 넓힘으로써 감성과 지성을 확장시키도록 해야 하지 않겠는가?[23]

아이들은 작은 공간을 보면 몸을 구겨 넣어 들어가려고 한다. 숲의 작은 덤불에 숨어 있기도 하고, 큰 바위 사이에 앉아 있으면서 지붕을 덮어서 아늑하게 하기도 한다. 아이들이 이렇게 좁은 곳을 찾는 이유는 어머니의 뱃속에 대한 그리움 때문이라고도 한다. 나무 등 높은 곳만 보이면 올라가려는 것이 아이들에게 있는 미래적 속성이라면, 이렇게 작은 곳에 숨고자 하는 것은 과거의 기억 속의 공간으로 가고자 하는 마음일 것이다.

모으기와 채우기

숲에 온 아이들은 크고 작은 것들을 채취하고, 곤충을 잡는다. 아이들이 무엇인가 모으는 것(채취) 자체가 목적일 경우가 많으며, 이를 통해 자기 소유의 개념이 생긴다.

무엇인가 소유한다는 것은 아이가 유한한 자신의 신체를 벗어나 세상을 확대하는 것으로, 자기만의 세상의 개념에서 세상 속의 자기의 개념이 생기기 시작함을 의미한다.

모으기는 '나'에 관한 의식을 가능하게 한다. 아이들이 무엇인가를 모은다는 것 자체가 자신의 존재에 대한 성찰일 수 있다. 이러한 자아성찰은 자아개념을 타인이나 자신에게 전달하고 확장하는 역할을 하면서 타자에 대한 이해의 폭을 확장하게 한다.

아이들은 모으기를 통해 자신이 소유한 물건에 자의식을 투영한다. 그래서 아이들은 자기가 소유한 물건은 자신의 일부라고 생각하여 소중하다고 평가한다. 이에 대해 루소Rousseau는 다음과 같이 아이들에게 소유의 개념은 본능이며 발달의 과정이라고 주장한다.

> 아이는 사람에게 도전하려는 것이 아니라 사물에게 도전하려는 것이다. 그리고 곧 그는 연령으로서나 힘으로서나 자기보다 우세한 자는 누구든지 존경해야 한다는 것을 경험을 통해서 배우게 된다. 그러나 사물들은 스스로 그 자신을 방어하지 못한다. 그러므로 그에게 주어야 할 최초의 관념은 자유의 관념이라기보다는 오히려 소유의 관념이다.[24]

숲에 가면 아이들이 댐을 만들어 그곳에 물을 채우는 것을 종종 볼 수 있다. 이러한 것은 모으기와 함께 일어나는 소유의 욕구 중 하나이다. 숲 속에서 아이들은 물이나 나뭇잎, 돌멩이, 나무 조각 등을 무엇인가에 담느라고 많은 시간을 보낸다. 그래서 숲에서는 컵, 냄비, 통 등 채우기 놀이를 할 재료들을 제공해 주는 것이 좋다.

떨어뜨리기

아이들은 높은 곳에서 '물건을 떨어뜨리기'를 좋아한다. 이것은 모으기나 채우기 등과 함께 일어날 때도 있으며, 단독으로 하기도 한다. 돌을 물에 떨어뜨리면서 떨어지는 소리를 좋아할 때도 있고, 산 위의 높은 곳에서 물체를 떨어뜨려 구르는 것을 좋아할 때도 있다. 돌 등을 떨어뜨려서 웅덩이를 채우기도 한다. 겨울에 물이 얼면 얼음 위에 큰 돌을 던져서 깨뜨리는 것도 자주 볼 수 있다. 계절의 변화에 따라 떨어뜨리기도 다른 양태를 보인다.

단순 반복적인 운동놀이인 떨어뜨리기 놀이는 쌓기 놀이 등 구성놀이를 하는 토대이다. 떨어뜨리기는 신체기능의 발달을 도울 뿐 아니라 단순한 행동을 반복함으로써 단기기억의 발달을 도울 수 있다. 또한 이러한 단순 반복행위는 변화하는 물체에 대해 탐색과 탐구놀이로 전환되기도 한다.

겹쳐쌓기와 누르기

아이들은 숲에서 돌탑을 쌓기도 하고, 적목을 쌓기도 한다. 누르기는 겹쳐 쌓았던 것을 누르면서 새로운 것을 만들기도 하고, 쌓은 것을 견고하게 하는 것이다. 단순하게 쌓기만 하던 아이들은 시간이 지나면서 어떤 대상을 만든다.

숲에 온 아이들은 자신들의 기지(아지트)를 만드는 것을 흔히 볼 수 있다. 목적 있는 행동이 시작된 것이다. 에드워드 홀Edward Hall의 말처럼 자기 공간을 만드는 것은 인간의 본능이다. 아이들은 쌓기를 통해 만들기를 하기도 하고, 숲 속의 나무나 나뭇가지 등을 활용하여 집을 짓기도 하며, 돌로 울타리를 만들기도 한다. 그리고 땅바닥과 바위와 나무에 그림을 그리기도 하며 기차를 만들고, 도로를 건설하기도 한다.

아이들은 자유자재로 결과물 완성을 통하여, 스스로가 상황을 통제하여 자기가 했다는 자기 존재감을 인식한다. 그 결과 아이들은 성취감을 느끼고 정서적 만족감을 얻는다. 이것을 통해 자신감을 갖게 되어, 긍정적인 자아개념을 형성한다. 이러면서 아이들은 마음껏 상상력을 발휘하여 자기만의 구성물을 만드는 창조의 과정을 경험하며, 단순한 형태와 복잡한 형태 등 다양한 구조물을 만들면서 대칭과 균형 그리고 조화의 아름다움을 지각하게 되고 입체 구성력, 심미감, 독창성을 키워간다.

아이들은 쌓기 놀이를 하면서 크기나 모양의 유사점과 차이점을 비교하고 분류하고 서열화할 수 있으며, 형태, 크기, 길이, 높이, 넓이, 부피의 개념을 습득한다. 쌓기놀이를 통해 관찰, 예측, 측정, 해석하기 등 과학적 탐구과정을 경험한다. 대상물을 만들 때 재료를 잘 관찰하고, 만들어질 구성물을 미리 생각해 보고 균형과 안전성을 고려하여 쌓기를 한다. 이를 통해 자신의 예측이 잘못되었다는 것을 체험할 수도 있으며, 새로운 사실을 발견하는 기쁨도 맛본다.

상상놀이, 가작화놀이

상상놀이는 아이들의 많은 놀이 중 하나로, 존재하지 않는 사물을 있는 것처럼 상상하는 상징놀이Symbolic Play다. 이것은 존재하지 않는 사물을 표상하는 놀이로써 학자에 따라 가상놀이make-believe play, 가작화놀이pretend play, 역할놀이dramatic play, 환상놀이fantasy play, 상상놀이 등의 용어로 불린다. 상상은 역할 놀이를 하게 하기도 하고, 이야기를 만들기도 한다. 구멍이 나 있으면 구멍 속의 이야기를 상상하고, 발자국이 나 있으면 상상을 통해 발자국 주인을 찾기도 한다. 아이들은 많은 상상을 한다. 또한 상상한 것들은 놀이에 그대로 스며있다.

상상놀이는 아이들을 둘러싼 환경과의 맥락 안에서 형성되는 복잡한 심리적 활동으로 자기중심성에서 탈피하여 자신과 타인의 관점에서 대상을 바라보고 인식할 수 있게 되는 것(탈중심화)과, 한 사물을 다른 사물로 대체하는 것(탈상황화), 그리고 단편적인 개별 행동으로 나타나던 것들이 일련의 행동으로 나타나 패턴화되어 가는 것(통합)으로 분류할 수 있다.

스밀란스키Smilansky나 피아제Piaget, 비고츠키Vygotsky, 서튼-스미스Sutton-Smith, 베이트슨Bateson 등 많은 학자들이 상징(역할)놀이에 대해 논할 때 '이 놀이는 무엇을 모방imitation하는 것인가? 이것은 무엇을 나타내는가copy?'에 초점을 맞추고 있다. 이것은 현실세계의 논리와 유사하면 할수록 인지구조가 정교화되었다고 보는 재현의 논리logic of representation를 전제로 한 발달관으로, 아이들의 모방imitation을 원형에 대한 단순한 흉내내기copy(복제)라고 인식하는 것이다.[25] 이는 모방행동의 정교성에 초점을 맞추어 발달적, 교육적 가치를 논의하는 데 치중한 것이다. 이러한 시도는 놀이의 발달적 지표에 대한 체계적인 분석을 제공하여 아이의 발달을 위한 교육적 시사점을 구체화시킬 수는 있었다. 하지만 놀이는 단순히 발달을 목표로 한 의도적 활동만을 의미하는 것은 아니다.

숲에서 역할놀이는 자체목적적인 활동으로써 단순히 일상의 모방이나 재현이 아니라 인간 존재와 세계가 교변하며transact 서로를 구성해가는 존재의 창조 현상이자 자기 생성의 과정이며 본질적인 해석행위로 그 자체가 본능이다. 그래서 역할놀이는 '흉내 낸 성인들의 모습과 자연 현상'을 읽어낸 일종의 내러티브narrative이기도 하다.[26] 역할 놀이에는 그동안 아이들의 경험이 응집되어 있다. 아이의 경험이 놀이에 나타나며, 맥락의 통일성을 갖추고 있다. 그래서 역할 놀이는 세상과 조우하는 실존적 표현이다.

또한 역할 놀이는 아이들의 현실을 그대로 투영시키는 것이 아니라, 아이들 한 명 한 명의 경험을 연결시키는 복잡성 이론의 '자기 조직화self-organition'의 원리로 설명 가능하다. 또한 역할 놀이에서 아이들이 만들어 내는 역할은 아이들 각자의 일상들이 상호작용하고, 이들이 재구성되어 새로운 의미를 발현시키는 창조적 발현으로 이는 '창발성의 원리'로도 설명될 수 있다. 결국 역할놀이에서 아이들의 모방행위는 창조적 행위이며, 자기가 경험한 세계를 다시 해석하여 의미화하는 행위이다. 그리고 각자의 경험과 해석들 그리고 의미화한 것들을 결합하여 새로운 의미를 만드는 행위이기도 하다.

역할놀이에서 아이들은 가짜와 진짜 사이를 오간다. 역할 놀이는 현실에서 가상의 세계로 이탈, 전이, 전입의 일련의 과정을 의미하는 것이 아니라, 현실 세계와 가상의 세계가 지속적으로 항상 겹치면서 끊임없이 이탈과 재진입, 상호 협상과 재조정의 과정을 거듭하는 것을 의미한다.[27] 아이들은 현실과 가상 사이의 경계를 끊임없이 넘나들며 가상 세계에서만 적용되는 규칙이나 약속을 만든다.

역할놀이에서 현실과 가상의 중층구조는 복잡성 이론의 '포개짐의 구조'를 도입한 해석이어야 역할놀이를 가상의 세계로만 해석하는 우를 벗어나게 된다. 포개짐의 구조는 메타커뮤니케이션meta-communication을 통해 포개져 있는 현실세계와 가상의 중층구조를 지속적으로 오고 간다. 아이들은 상호의사소통과 혼잣말 등과 같은 메타커뮤니케이션을 사용하며 현실 세계와 가상 세계를 넘나드는 역할놀이를 한다.

숲에서 아이는 다양한 가작화 놀이pretend play를 통해 현실과 가상을 오가면서 상황을 구성한다. 통상적으로 가상놀이에서 아이들은 놀잇감의 생김새, 쓰임새 등의 특성과 유사한 사물이나 상황을 관련지어 가면서 나름의 논리적, 비논리적 연상과 함께 의미들을 만들어낸다. 숲은 대부분이 비구조화된 놀잇감이 있는 곳으로 아이 스스로가 주체가 되어 사물을 규정지을 수 있으며, 명명할 수 있다.*

숲의 비구조화된 놀잇감은 특성에 구애 없이 자유로운 비논리적 연상을 통해 상황에 따라 다양한 창조적 표상을 가능하게 하여, 새로운 의미를 부여한다.† 숲교육에서 놀잇감은 동식물도 포함한다. 실제 숲에서 아이들은 개미의 모습들을 보면서 그 속에서 이야기를 만들기도 하

---

* 구조적인 놀잇감은 놀잇감이 특정한 용도로 사용되는 정도를 말하며, 실물과 닮은 정도인 사실성을 포함하고 있다. 반면, 비구조적인 놀잇감은 개방적 놀잇감으로 물, 모래, 찰흙, 나무 조각 등이 있다

† 실제 만의 연구를 보면 아이들에게 어떤 이야기를 들려준 후, 한 집단의 아이에게는 이야기의 특성과 사건을 담은 현실적인(구조적인) 놀잇감을 주고, 다른 집단의 아이에게는 비현실적인(비구조적인) 소품을 준 후 아이들의 극놀이 행동을 살펴보았다. 현실적인(구조적인) 놀잇감을 가진 아이들은 더 구체적으로 이야기에 따른 극놀이를 하였으며, 이야기를 더 잘 기억하였다. 반면, 비현실적인(비구조적인) 놀잇감을 가진 아이들의 이야기 연출은 기술적으로 그다지 정확하지는 않았지만 더 창의적이었다. 상상놀이에는 비실제적인(비구조적인)놀잇감이 창의성을 자극하기 위해 필요하다.

고, 작은 구멍을 보면서 상상을 하기도 한다.‡ 때로는 숲의 나무나 덤불이 아이들의 상상을 자극하여 사회극 놀이의 대상이나 주제가 되기도 하고, 숲의 여러 재화가 상상을 구체화하기도 한다. 숲은 그 자체가 공간을 다 이해하기 힘들기 때문에, 아이들은 숲의 공간을 자신의 상상으로 채워 넣는다.

탐구 관찰

숲에서 아이들은 놀이를 통해서 끊임없이 탐색한다. 진흙탕, 모래놀이, 흙 무더기, 나무 덤불 등에서 감각을 통한 탐구활동이 일어난다. 아이들은 많은 것에 호기심이 있다. 아이들은 자신의 감각을 통해 새로운 것을 발견하는 것을 좋아한다. 숲에는 신기한 것들이 많다. 아이들은 그것들을 조심스럽게 자신이 가지고 있는 많은 생각들에 비추어서 관찰하고 해석한다.

    아이들은 태어나면서부터 주변 세계와 사물에 대해 끊임없는 호기심과 궁금증을 갖는다. 자신의 감각을 통해 주위와 관계를 맺는다. 이것은 자기 존재와 숲과의 관계맺기이다. 탐구와 관찰은 아이들로 하여금 나 이외의 다른 존재에 대해 깨닫게 한다. 다른 존재에 대한 깨달음에서 다른 존재와의 관계맺기가 시작된다. 아이가 숲에서 다른 사물과 접하고 다른 사물을 알아가는 것을 탐구관찰이라고 한다. 그래서 탐구관찰은 자기 존재성을 가진 아이들에게 자연스러운 본능이다.§

---

‡ 숲에서 아이들의 역할놀이는 교실에서와 다른 점이 많다. 숲에서 아이들은 개미나 나무 등 대상에 이미지를 투영하여 역할놀이를 하는 것도 볼 수 있다.

§ 실제 탐구능력이 낮은 아이라고 할지라도 숲 체험활동 중 자발적 탐색이 나타난다. 손성애의 연구에서는 중도 장애유아의 경우에도 숲에서 자발적 탐색활동을 하였다.

게임

게임은 다른 사람의 존재와 규칙 하에서 관계를 가진 놀이다. 게임은 규칙 안에서 다른 존재를 인식하고 그것을 인정하는 방식이기도 하면서 동시에 다른 존재와 어울림을 찾아가는 방식이다. 게임은 규칙, 참가자, 놀이 등이 주요한 요소이다. 그 중 규칙은 이미 정해져서 내려오기도 하고, 놀이자 나름대로 만들 수도 있다.

 게임은 무질서한 놀이에 규칙을 통해 질서를 부여한 것이다. 규칙을 통해 아이들은 주어진 한계 내에서 자신의 행동 및 반응을 조절하기 위해 자신의 사고와 행동을 통제하기도 하고, 타인과 함께 하는 것을 익히기도 한다. 규칙을 정하고 역할을 정해서 역할에 맞는 행동을 한다는 점에서 상상놀이와 게임은 비슷하다. 하지만 상상놀이에서는 역할이나 주제 등이 즉흥적으로 쉽게 바뀔 수 있지만 게임의 규칙은 시작하기 전에 미리 정해지며, 그 규칙이 변경될 때는 놀이의 참가자는 물론이고, 관객의 동의까지 있어야 하는 경우도 있다.

 게임은 놀이의 본질적 요소를 갖고 있다. 또한 게임은 로제 카이와의 놀이적 요소를 충족한다. 게임은 신화나, 세상의 것들을 모방하는 미미크리의 모습을 띠기도 하며, 주사위 게임 등 운이라는 우연의 요소가 개입된 카오스의 모습도 보인다. 또한 단순한 움직임의 일링크스의 모습도 볼 수 있다. 그리고 게임은 상대와 승부를 가려야 하는 경쟁의 의미인 아르곤적 요소를 가지고 있기도 하다. 여기에서 경쟁의 결과는 게임 참가자들에 의해 만들어진 합리적 선택에 의해 결정된 것이다. 게임의 승부가 놀이가 되느냐 도박이 되느냐는 경쟁에서 놀이적 요소의 여부에 달려 있다.

 그러나 게임이 놀이의 본질적 요소를 가지고 있더라도 다른 놀이에 비해서 더 많은 신체 운동능력과 지적능력의 결합을 요구하며, 특정 연령에만 자주 나타났다가 점차 감소되는 다른 놀이 유형과 달리, 성인기까지 지속적으로 나타나는 특징이 있다. 아이들은 게임을 통하여 자신들의 삶 속에서 지속적으로 규칙에 자신을 통제하며 다른 존재와의 관계를 인식하고 어울림의 관계를 형성한다.

VI
숲교육에서 찾는 존재와 시간*

숲은 모든 아이들이 자신의 속도에 맞게 성장할 수 있도록 모든 구성원들을 기다려준다.

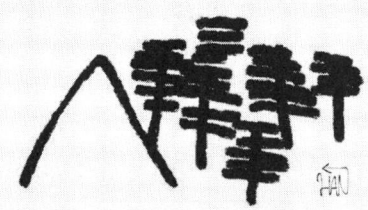

---

* 여기는 숲학교의 교육적 효과에 관한 내용이다. 하지만 교육이 꼭 무엇인가 효과를 내야 한다는 것을 기본 패러다임으로 하는 기존 교육 패러다임에 대한 거부감 때문에 교육적 가치라고 명명하였다.

1
자기 존재를
찾아가는 과정

숲교육에 관해 많은 학자들과 실천가들이 긍정적인 효과를 제시하고 있지만, 여전히 담론 수준인 것들이 많다. 하지만 단순히 숲교육이 좋다는 원론적 수준에서의 효과가 아닌 보다 심도 있는 이론적 근거를 밝혀야만 새로운 패러다임의 숲교육이 가능할 것이다.

2016년 한국아동숲교육학회 창립 학술대회에서 유아교육과 학부 1학년 학생 한 명(실은 필자가 근무하고 있는 총신대학교 재학생이었다)이 "아이들이 행복하고 건강해 지는 등 숲교육의 효과는 알겠지만, 나중에 결국 입시를 준비해야 하는 국내 상황에서 숲교육을 받게 되면 어떻게 되겠느냐?"는 당찬 질문을 했다. 영국의 소설가 조엔 롤링이 쓴 해리포터에서 '볼드모트'를 두려워 해서 감히 이름초자 입 밖으로 못 내는 마법사들처럼, 숲교육을 이야기하는 사람들의 마음속에는 있지만 감히 하지 못하는 이야기를 그 학생이 꺼냈다.* 그 질문에 대해 내가 답하고 싶

---

* 당시 한국아동숲교육학회는 숲에 대한 긍정적인 것만을 주장하는 사람들이 대부분이다. 그래서 감히 숲의 긍정성에 대해 반기를 들지 못하는 분위기였다.

었지만, 그 전에 많은 질문에 답한 터라 다른 분께 기회가 주어졌다. 그러나 그에 대한 명확한 답이 나오진 않은 것 같다. 해리포터는 다른 사람들은 무서워 입에도 못 꺼내는 '볼드모트'라는 말을 한다. 그리고 결국엔 그 '볼드모트'를 이기게 된다. 우리도 마찬가지가 아닌가 한다. 결국 모두가 꺼려하는 질문을 꺼낸 그 학생처럼 그 말에 대해 논의 하고 과감하게 대처해야만 우리가 현실 안에 있는 '볼드모트'인 입시제도 등 교육의 근대성에서 탈출하여 아이의 미래와 관련하여 감당해야 할 부분들을 책임져 낼 수 있을 것이다. 숲교육의 효과를 좀더 치밀하고 체계적으로 파악하고 있을 때 이러한 것들에 대한 방어를 할 수 있을 것이다.

자연환경에서 놀이가 주는 혜택에 관한 논의를 위한 RoSPA의 국제 놀이 안전 회의RoSPA's International play Safety Conference에서 기조연설을 맡았던 데이비드 이얼리David Yearley는 다음과 같이 말했다.

아이들은 놀 때 사고하며, 놀이는 아이들의 성장에 있어 매우 중요하다. 골절과 같은 부상도 어린 시절에는 흔한 것으로 볼 수 있다. 물론 심각한 부상이나 사망에 이룰 수 있는 사건은 방지하여야 한다. 하지만 아이들의 놀이 공간은 위험성risk이 관리되는 상황에서 아이들이 그러한 사고를 경험할 수 있는 기회를 제공하는 수단이다. 우리는 이룰 수 없는 목표, 즉 완벽한 안전만 추구한다면 장기적으로 봤을 때 그것은 훨씬 더 해로운 것이다. 우리는 아이들이 자신이 속해있는 모든 환경을 경험할 수 있도록, 신나고, 호기심을 자극하며, 도전적인 놀이 환경을 제공하고자 한다.

숲교육에서 교육내용은 아이들의 일상이다. 숲에서 아이들은 교사에 의한 가르침보다 일상을 통해 배운다. 아이들의 일상이 주제가 되어 학습함으로써 학습의 내면화가 용이하게 되고, 지식의 깊이가 더 심화되어 결국 전인적 발달을 한다. 여기에서 말하는 전인적 발달은 자기 존재대로 성장하는 것을 의미한다. 숲교육은 자기 존재를 찾아가는 과정이다. 여기에서 '자기 존재를 찾아간다'는 것은 (하나님으로부터 부여받은) 우리 안에 내재되어 있는 생존 기제이다. 우리의 존재는 본능에 따라 타존재(흔히 환경이라고도 말함)와 조우를 통해 생존할 수 있도록 태어났다. 기존 교실교육은 발달이라는 용어를 통해 미성숙한 존재인 아이들을 성숙한 존재가 되게 하기 위해 교육을 시켜야 된다고 주장해왔다. 여기에서 발달이라는 용어 자체에 나아감, 향상이라는 의미가 있다. 이 개념에 따르면 아이들은 시간이 흘러가고 교육을 받아감에 따라 미성숙한 존재가 성숙한 존재로 되어간다. 하지만 숲교육에서 아이들은 자기 안에 있는 생존의 기제를 찾아간다. 자기 안에 생존할 만한 기제를 가지고 있다. 그래서 '발달'이라는 개념보다는 '발현'이라는 용어를 선호한다. 숲교육은 자기 안에 있는 타고난 생존기제를 발현하도록 돕는다.

건강

자연은 아이의 신체를 단련하고 성장시키기 위한 여러 가지 수단을 갖고 있다. 우리는 결코 이것에 역행해서는 안된다. 아이가 가고자 할 때는 억지로 붙잡아두려고 하지 말 것이며, 또 아이가 한 자리에 머물러있고자 할 때는 억지로 가라고 하지 말 것이다. 아이들의 의지가 우리들의 과오에 의해 방해를 받지 않으면, 아이들은 무의미한 일을 절대로 원하지 않을 것이다. 아이들에겐 그들이 뛰고 싶어 할 때 뛰게 하고, 달리고 싶어 할 때 달리게 하고, 소리치고 싶어 할 때 소리치게 할 것이다. 그들의 행위는 모두 다 힘을 기르기 위해, 몸을 단련하기 위해 필요한 것들이다.[1]

어린 시기는 기본적인 신체능력과 체격의 기초가 형성되며 운동능력의 발현을 위한 결정적 시기이다. 또한 근육이 발달하고, 근력이 강해지며, 신체를 통제할 수 있는 능력이 발현하여 자율적이고 독립적인 행동을 할 수 있는 시기이다.[2] 따라서 아이에게 균형 잡힌 영양 공급과 함께 활발하게 몸을 움직일 수 있는 기회를 충분히 제공하여야 한다. 어린 시기에 습득한 운동능력은 건강유지 뿐만 아니라 지적, 정서, 사회성 발현에 영향을 미쳐 온전히 자기 존재를 찾아가는 출발점이 된다.[3]

놀이 공간의 부족과 사교육 과열 등으로 실내에서 생활하는 시간이 많아진 아이들은 신체적, 심리적 질병을 겪고 있다. 최근 보건복지부에서 10년 간의 소아청소년 비만율을 조사한 결과 2007년에는 11.7%, 2011년 14.3%, 지난해 2016년에는 16.5%로 소아청소년 비만율이 해마다 증가되고 있음을 보고하였다. 이는 대부분의 시간을 실내에서 보내며 실외에서의 활발한 신체활동 기회를 충분하게 갖지 못하는 것을 원인 중의 하나로 추측해 볼 수 있다. 또한, 2016년 보건복지부의 조사에 따르면 2010년부터 2015년까지 천식 및 아토피 피부염 등 주요 알레르기 질환이 4.9% 증가된 것으로 나타났으며 그중 소아가 30%로 가장 높은 비율을 보였다. 이러한 질병은 자연으로부터 멀어지고 도시의 공해에 시달림으로 인해 발생하는 신체적인 증상이다.[4]

실제 아이들은 본능적으로 많이 움직여야함에도 불구하고, 실내는 움직일 수 있는 공간이 터무니없이 부족하다. 절대적인 공간의 부족은 아이들의 움직임을 제한한다. 반면, 숲은 기본적으로 넓은 공간을 포함하고 있기에 아이들의 신체 움직임에 대한 제한이 적다. 뿐만 아니라 숲은 그 자체가 지니고 있는 자연적인 상황 때문에 신체 움직임 촉진을 위한 최적의 조건을 구비하고 있다.[5] 아이들은 숲의 넓은 공간에서 마음껏 뛰고, 달리고, 움직이면서 온 몸의 대소근육을 활발하게 사용한다.

또한 숲은 지면의 형태와 구조가 다양하게 이루어져 있어, 아이들은 크고 작은 오르막과 내리막, 푹 파인 웅덩이, 울퉁불퉁한 길, 쓰러진 나무가 만든 징검다리 등 자연스럽게 조성된 환경을 접할 수 있다. 이러한 환경은 아이에게 실내에서는 경험하기 어려운 다양한 움직임을 경험하게 하며, 균형, 협응, 유연성 등의 기초체력을 기르고 신체의 각 부분을 조절하는 능력을 기를 수 있게 한다.[6] 숲 안의 모든 지형과 덤불 및 나무들을 통해 아이들은 뛰며 돌아다니기, 뛰어 오르기, 균형 맞추기, 기어 오르기 등의 경험을 통해 다양한 운동능력을 기른다.

> 숲학교에서 온 후 아이가 많이 건강해 졌어요. 아토피도 없어졌고요. 숲학교에 입학 후 일단 감기 같은 병에 걸리는 빈도가 현저히 줄어들었어요. 감기가 들어도 처음 1-2일 정도 잠깐 아프다가 건강해져요. 게다가 더위와 추위 등 계절에 잘 적응해요(숲학교 부모 면담, 2015.5.2).

숲의 공간적 특성으로 인해 아이들이 건강할 수 있다는 것 외에 숲 자체가 가진 건강증진 메커니즘이 있다. 실제 임상 치료 등에서는 숲 자체가 가진 치유 기능을 연구하기 시작했다. 그 결과, 숲이 방출하는 물질로 테르펜계의 정유물질이 건강에 유용하다는 것을 밝혔다.

신원섭과 김은일은 피험자들을 숲으로 데리고 가서 생리적 반응을 조사한 결과, 마음이 안정된 상태에서 발생하는 뇌파인 α파의 발생이 증가하였으며, 맥박과 혈압도 안정된 상태로 지속되고 있음을 밝혀냈다. 이 연구에서 보면 숲 자체가 아이들의 정서를 안정시키고 긍정적 자아개념을 형성하도록 도와준다고 한다. 나무에서 방출되는 방향물질은 기온이 올라갈수록, 나무의 성장이 왕성한 20년생의 숲에서 가장 많았다는 것을 밝혔다.[7] 이 연구는 또한 어떠한 숲을 가야하는 지 시사하는 연구라고도 볼 수 있다.

미국 미시간대학의 카플란Kaplan의 경우에도 숲에서의 경험은 사람들의 감성과 심리적 적응력을 긍정적으로 변화시킨다는 것을 밝혔다.[8] 이러한 연구 외에 아래의 울리히Ulrich의 연구를 인용하여, 숲이 건강에 도움이 되고 있음을 밝혔다. 그의 연구는 숲을 보는 것만으로도 효과가 있음을 밝힌 연구이다.

> 미국 델라웨어대학의 울리히Ulrich 교수는 1972년에서 1981년 사이 펜실베니아주의 한 병원에서 심장수술을 받은 46명의 환자를 대상으로 연구를 하였다. 이들 46명의 환자 중 23명은 입원실의 창을 통해 활엽수로 우거진 정원을 볼 수 있었는데 반해 다른 23명은 병원 건물의 벽만 볼 수 있었다. 물론 결과에 영향을 줄 수 있는 성별, 나이, 흡연 여부, 기타 다른 여러 가지 조건을 동일하게 설정한 후 두 집단 환자의 입원 기간, 매일 투여하는 진통제의 강도와 투여 횟수, 두통과 같은 미약한 증상, 수술 후 부작용, 그리고 회복상태에 대한 간호사의 의견 등에 대해 조사했다.
> 그 결과 정원이 보이는 입원실의 환자가 회복이 빨라 평균 1주일에 하루 정도 빨리 퇴원했다. 또한 간호사가 평가한 환자의 상태에서도 정원을 볼 수 있는 환자 집단이 훨씬 긍정적인 면이 많았고, 수술 후 부작용과 진통제의 투여량도 적었다고 한다.[9]

감각

교육은 인간 경험의 축적이라고 주장하기도 한다. 이 주장에 따르면, 인간의 경험을 인지도식cognition schema으로 생각한다. 그러나 최근 인간의 경험은 개인이 조직하는 인지도식과 개인의 감각기제에 대한 환경의 영향 사이의 상호작용에 따라 만들어지는 것이라는 개념으로 발전해왔다.[10]

기존에 인지가 교육의 내용이었다면, 그 이후 감정(성)이 교육의 내용이 되었고, 이젠 감각까지 교육의 내용으로 확장되었다. 예전엔 감각교육은 특수교육 대상 아이에게 행해지는 교육내용이었지만 최근 연구들에 의해 비장애아의 교육내용에도 큰 비중을 차지하고 있다. 여기에서 감각이란 감각기관을 통하여 받아들여지며, 외부자극을 통한 경험을 가능케 하는 능력으로 정보 수집 활동 경험의 출발점이다. 인체의 감각기관을 통해 느끼는 자극은 지각을 유발시켜 뇌의 영역인 사고의 발현과 깊은 연관성을 가지게 된다. 반복적으로 경험하는 정보의 인지와 선행적 감각 활동 작용은 감각과 지각의 발현으로 연결된다.

> 우리들이 느낀 것을 관념으로 바꾸도록 하자. 그러나 감각적인 대상으로부터 갑자기 지적인 대상으로 뛰어넘어서는 안 된다. 감각적인 대상을 거쳐야만 우리는 관념적인 대상에 도달할 수 있다. 정신이 작용을 시작했을 때는 감각이 항상 그것을 안내하게 만들어야 한다.[11]

그래서 초기 유아교육학자들은 감각적인 경험에 기초한 놀이를 강조했다. 만지고, 냄새 맡고, 맛보고, 듣고, 보아야 하는 것이 지식의 절대적 기초임을 강조한 페스탈로치Pestalozzi는 인간의 감각기관이야말로 자연세계의 사물들을 직접적으로 지각하여 인간의 내면세계와 연결하는 관문이므로 바르고 정확하게 활용해야 한다고 주장한다. 아이들의 감각에 대한 이슈와 함께 숲교육의 바람이 불고 있는 것은 일응 타당한 이론이라고 본다. 신화식은 몬테소리교육에서 주장하는 감각의 중요성을 다음과 같이 제언하였다

> 몬테소리 교육에서는 "인간 최고의 지성은 감각기관을 거치지 않으면 발휘될 수 없다. 감각교육은 아이의 감각기관 형성과 발달 시기에 감각의 발달을 효과적으로 조력하고 아이가 현재 처해 있는 실제 생활 및 미래에 적응하기 위해 모든 감각과 자극의 미묘한 차이를 변별하는 능력을 발달시킨다."라고 제언하였다.[12]

숲 속의 다양한 식물들의 색과 선, 곤충을 비롯한 동물들의 모습, 자연미에서 비롯된 경관 등의 시각적 체험, 새나 곤충, 바람, 물소리와 같은 청각적 체험 그리고 나무와 풀, 버섯, 흙의 향기에서 나타나는 후각적 체험, 나무껍질과 다양한 흙, 돌, 차가운 물, 수풀 사이의 습도 등을 지각할 수 있는 촉각적 체험, 간혹 숲의 나무 열매에서 맛볼 수 있는 미각적 체험 등을 무한히 할 수 있는 숲은 아이들의 감각을 자극하여 그들의 본성을 회복하게 한다. 이미 상당수의 성인과 자연을 접하지 못한 어린 아이들은 인공적인 냄새, 맛, 소음, 오염, 건조한 시각적 자극으로 인해 타고난 감각의 능력을 상실했다.

인간의 감각은 인간에게 있어 생존의 도구이다. 우리는 감각을 통해 세상을 받아들여 지각하고 접촉한다. 또한 우리에게 많은 즐거움을 주어 더욱더 개발할 수 있도록 되어 있다. 더 나아가 감각은 감정과 정서를 만들고 경험하게 하며, 인지적 사고능력에 까지 영향을 미친다. 감각

은 끊임없이 자극을 받아야 한다. 자연 만큼이나 풍부하게 감각을 자극 할 수 있는 것은 없다. 하지만 우리 인간은 자연과 멀어지면서 감각들이 퇴보하고 있다.

후각   숲에 가면 향기가 있다.* 불어오는 바람을 타고 모든 몸의 감각으로 향기가 몰려든다. 봄의 문턱에서는 얼었던 흙이 녹는 냄새와 이제 막 돋아나는 새싹 냄새, 그리고 일찍 피어나는 꽃향기가 섞여 향기가 난다. 간혹 버섯향도 섞여 있다. 소나무나 전나무, 편백이나 삼나무 등에는 테르펜 성분이 있다. 테르펜 성분은 식물체 조직에 들어 있는 휘발성 성분이다. 침엽수에서 풍겨 나오는 그 향기로움은 테르펜 때문이다. 특히 봄에는 이러한 향기가 더 많이 난다. 그것은 봄에 새로운 마디에서 돋아난 연녹색의 바늘잎에서 뿜어 나온다.

숲을 산책하다보면 가는 길마다 불어오는 바람이 가지고 오는 향이 다르다. 이끼가 있는 곳과 나무만 있는 곳의 냄새가 다르다. 시간에 따라서도 다르다. 오전 숲과 오후 숲의 향기가 다르고, 비온 뒤와 햇살이 비출 때의 향기가 또 다르다. 비온 뒤의 숲은 향이 진하고, 풍부하다. 그리고 물 냄새도 섞여 있다. 아이들뿐만 아니라 우리 모두에게 흙냄새와 살아있는 나무에서 뿜어져 나오는 향은 늘 새로운 경험

---

*   식물학자 린네는 식물이 내뿜는 향을 기분 좋은 순서로 여섯 가지로 나누었다. 방향성 냄새, 향기로운 냄새, 머스크 향과 같은 냄새, 마늘과 같은 짜릿한 냄새, 땀에서 나는 고약한 냄새 그리고 역겨운 냄새 등 여섯 가지로 나누었다. 그 중 소나무나 전나무, 편백나무, 삼나무 숲에서 맡을 수 있는 냄새는 가장 좋은 냄새인 방향성 냄새이다. 아카시아 꽃 등은 방향성 냄새보다는 한 단계 낮은 향기로운 냄새이다. 흔히 향기로운 냄새를 향수 수준이라고 한다. 밤나무 꽃은 머스크 향 같은 달콤하면서 특이한 냄새이다. 결국 다양한 많은 냄새가 있는 숲은 아이들이 많은 냄새를 경험하게 할 수 있는 공간이다.

이 될 것이다.*

교육현장에서 어린 아이들의 감각을 발달시키는 것은 중요하다. 그동안 감각 중 후각에 대한 관심은 그다지 많지 않았다. 실제 의학 분야에서도 후각의 메커니즘을 발견한 것은 최근의 일이다. 후각의 신비는 대단한 것으로 이러한 메커니즘을 밝혀낸 공로로 미국의 액설과 벅Axel & Buck은 2004년 노벨 의학상까지 받게 되었다. 이러한 사실들에서 그동안 아이들과 우리들의 삶에서 후각이 등한시되었던 것은 그다지 놀랄만한 일이 아니다. 최근 후각에 관한 관심들은 뇌 발달과 관련하여 많이 늘어나고 있다. 최근 일본에서는 치매 노인들의 후각이 약화되는 점에서 착안된 후각 검사를 통한 치매 조기 진단법이 연구되고 있다는 기사문을 보아도 후각과 뇌의 관계를 확인할 수 있다.

후각은 기억을 복원시키는 중요한 도구이다. 영국의 심리치료사 존 킨쥐John Quincy 박사는 심리치료의 방법으로 향기를 통한 회상치료법 reminiscence therapy을 활용하여 이미 많은 효과를 거두고 있다. 하지만 그는 요즈음 많은 아이들이 향기를 잃어버린 세상에 살고 있어서 향후에는 회상치료가 어려워질 것이라고 한다. 숲에서 자란 아이들은 숲 향기가 그들의 유년시절을 회상하는 복원시점이 될 것이다. 이러한 기억의 복원시점은 즐겁고 행복해야 한다. 좋은 향기에 실린 유년 시절의 행복한 기억들은 과거와 현재를 넘나들며 삶의 순간들과 끊임없이 조우하면서 미래를 설계할 수 있는 자양분이 될 것이다. 후각은 소화기관에도 밀접한 영향을 미쳐 좋은 음식 냄새를 맡으면 기분이 좋아지고 나

---

* 개인적으로 가장 좋아했던 냄새는 버섯 향이 섞인 숲의 냄새이다. 예전에 자연산 송이 버섯향이 건물 전체에 은은하게 퍼져있었던 것이 기억난다. 그 냄새는 정말 좋았다. 그런데 그런 향이 숲에서 난다.

쁜 음식냄새는 기분이 나빠진다.

후각은 인간의 감정 및 생리현상과 밀접한 관련이 있다. 특히 후각은 대뇌 속의 변연계와 연결되어 있는데, 이러한 변연계는 호르몬과 각종 생리기능 신경전달물질을 관장하고 있다. 후각은 다른 감각보다도 유쾌한 감정과 불쾌한 감정을 더 잘 유발시킨다. 후각의 기능이 떨어지면 대뇌에 후각을 통해 주는 자극이 떨어지므로 전반적인 대뇌의 기능도 떨어지게 된다. 후각은 이성적으로 작용하지는 않는다. 같은 종류의 냄새를 오래 맡고 있으면 그 냄새를 느끼지 못하게 된다. 나쁜 냄새가 있는 곳에 오래 있으면 좋지 않다. 왜냐하면 냄새에 적응하다 보면 결국 나쁜 냄새가 우리 몸에 들어오며 건강에 치명적인 손상을 줄 수 있기 때문이다.

아이들에게 후각을 발달시킬 수 있는 향기를 제공해 주어야 한다. 실제 비온 뒤의 숲에서 맡은 향기는 어떤 사람에겐 마음을 차분히 가라앉게 할 것이다. 그것은 기분을 좋게 하는 차분함이 될 수도 있고,† 혹은 기분을 우울하게 하는 차분함일 수도 있다. 이런 결과는 비 온뒤의 숲의 향기가 어렸을 적의 기억을 떠올리는 의미있는 향기이기 때문이다. 숲교육에서는 아이들이 냄새를 인식하여 의미화 할 수 있도록 도와야 한다.‡ 아이들이 향기를 맡고 그저 좋은 냄새, 나쁜 냄새라고만 말하는 것이 아니라 갖가지 냄새를 이야기(표현)하는

---

† 향기 너머에는 무엇인가 있을 것만 같다. 숲의 향을 맡을 때면 어렸을 때 어머니와 외할머니를 따라서 고사리 끊으러 갔던 것이 생각난다.

‡ 미국 컬럼비아대학의 디반앤드교수가 발표한 연구 자료에 따르면, 치매가 발병하면 어떤 특정한 냄새를 구별하는 능력이 떨어진다고 한다. 따라서 냄새를 민감하게 맡을 수 있다면 치매에 걸릴 확률이 적다는 것이다. 숲은 후각을 예민하게 하므로 숲 산책은 치매에 걸릴 위험을 줄이는 좋은 예방법이다(신원섭, 2005).

것은 후각을 통해 인식한 냄새를 의미화하는 과정이다. 이는 냄새와 의 '마주침'이다.

시각 지금 당신이 실내에 있다면, 주변을 돌아보라. 혹은 시골이 아닌 도시의 실외에 있다면 주위를 돌아보라. 보이는 것이 무엇인가? 보이는 색이 무엇인가? 몇 가지 한정된 색만을 볼 수 있을 것이다. 광고판과 인공조형물의 색은 화려하지만 현란하여 우리의 시각을 자극만 할 뿐 즐길 수 없게 한다. 이젠 숲을 보라. 녹색도 다 같은 녹색이 아니다. 숲에서 아이들은 다양하고 깊이 있는 색들을 볼 수 있다. 어느 화가의 작품보다 더 멋있는 색을 볼 수 있는 것이다. 숲에서 아이들이 경험하는 녹색은 한 가지 색이 아니다. 교실에 있는 아이들의 시각적 활동과 달리 숲에 있는 아이들은 멀리보기와 가까이 보기를 번갈아 한다.

어린 시기의 시각적 경험은 아이들의 삶을 풍요롭게 한다. 그리고 건강하게 한다. 시각은 외부와 가장 빨리 접촉하는 부분이며, 다른 감각보다 받아들이는 요소가 굉장히 많다. 사람은 태어나면서부터 형태를 식별할 수 있는 시각 능력을 가지고 있다.

시각은 다른 감각에 비해 활동영역이나 발현 속도가 빠르고, 다른 감각을 통해 얻은 지식을 시각화하려는 경향도 강하여 실제로 눈으로 보는 것뿐만 아니라 보는 감각을 통해 그 대상의 촉각, 청각, 미각, 후각까지 느끼고 상상할 수 있다. 인간의 말초신경 중 약 90%를 시신경이 소비한다는 사실을 보더라도 시각은 중요하다. 현대인의 눈은 텔레비전, 컴퓨터, 영상매체, 각종 인쇄물 등에서 나오는 자극적인 색채로 혹사당하고 있다. 이 때문에 시각을 관장하는 뇌도 지쳐있다. 숲은 우리의 눈과 시각을 관장하는 뇌를 편안하게 한다. 이러한 이유로 우리는 녹색을 편안하고 평화로운 색으로 인식한다. 칠판이 녹색인 것도 이 때문이다. 독서를 비롯한 여러 이유로 피로한 눈을 보호하고 시력이 떨어지는 것을 방지하기 위해 잠시라도 창밖의 숲을 쳐다보라고 한다. 숲이 주는 시각적 자극을 치료와 건강 유지의 수단으로 삼을 수 있는 방법은 다양하다.[13]

신원일과 동료들이 대학생 집단을 상대로 실험한 결과를 살펴보면 숲의 전경이 담긴 비디오를 보여 주었을 때 피실험자들의 혈압과 맥박은 평소보다 낮아졌고 그들은 실제로도 마음이 편안하다고 밝혔다.[14]

울리치Woolrich와 그의 동료들은 120명의 실험 대상자들에게 심한 교통 체증을 담은, 긴장을 유발시키는 비디오를 시청하게 한 후 10분간 평온한 숲 전경이 담긴 비디오를 보여 주었다. 비디오를 시청하는 동안 이들의 맥박, 근육, 혈압 상태 등 심리 상태와 관련하여 생리적 반응을 조사한 결과, 교통 체증 시청으로 인해 증가되었던 혈압, 맥박 수치와 수축되었던 근육이 숲 전경을 보여준 지 4-6분 만에 안정된 상태로 빠르게 회복되었다.[15] 이렇게 다양한 연구에서 밝히고 있는 것처럼 숲은 아이들에게 긍정적 생리적 반응을 일으키는 시각적 자극을 제공한다.

청각 우리는 대부분 눈으로 무엇인가를 보고 귀로 무슨 일인가를 듣는다. 사물을 보고 식별하는 것이 일차적인 감각이라고 생각하지만, 사실 청각이 없으면 어떠한 현상을 종합적으로 이해하기는 불가능하다. 청각은 시각과 더불어 인간의 감각 중 가장 먼저 발현한다. 아이들의 청각의 발현은 단순히 소리를 듣고 표현하는 것뿐만 아니라 음악적 경험에 대한 감각적 반응을 상징적으로 나타낸다. 또한 심적으로 안정을 취할 수 있는 음악이나 자연의 소리를 듣게 되면 뇌파가 안정되어 편안한 휴식감을 느끼며 상상력과 창의성이 자극된다.

귀는 아주 작은 압력뿐만 아니라 공기의 미립자가 파동을 일으키는 것도 감지한다. 또한 그 소리가 어디서 왔는지, 얼마나 떨어진 곳에서 왔는지도 판단한다. 하지만 현대 도시인들의 큰 손실은 이러한 귀의 예민한 능력을 상실하고 있다는 것이다.

아름다운 음악과 같이 숲의 소리는 우리를 즐겁고 편안하게 해준다. 그러나 일상에서는 이러한 긍정적인 감정과 느낌을 유발하는 소리보다 놀래거나 짜증내는 소리처럼 귀를 막고 싶은 부정적인 감정과 느낌을 유발하는 소리를 주로 더 듣는다. 이하에서는 우리의 청각적인 특성을 알아 보고자 한다.[16]

첫째, 숲의 소리는 인위적인 소음에 비하여 단순하고 부드러우며 뇌에 즐거울 수준의 파동을 가져준다. 반면, 자동차의 클랙슨, 앰뷸런스의 경고음, 공사장의 기계 소리 등 우리가 일상에서 듣는 소리는 자극적이고 돌발적이다. 이러한 소리들은 우리에게 스트레스와 부정적 자극을 주는 동시에 귀를 둔감하게 한다.

둘째, 숲의 소리는 조화롭다. 바람 소리와 산새의 지저귐은 코드가 같아 조화를 이룬다. 하지만 일상에서 우리가 듣는 소리는 서로 코드가 달라 부조화스럽다. 인간은 본디 부정적인 소리를 더 잘 인식한다. 그것은 뇌가 청각을 받아들일 때는 먼저 부조화된 소리를 인식하는 경향이 있기 때문이다. 그래서 숲의 조화로운 소리보다 일상의 부조화로운 소리를 더 많이 인식한다.

셋째, 숲의 소리는 일상에서 듣는 소리와 음색과 음질이 다르다. 달리 표현하자면 숲의 소리는 자연의 소리이며, 일상의 소리는 기계에서 나는 인위적인 소리다. 이러한 청각적 특성을 이용하여 오래 전부터 심리학자들과 치료사들은 자연 음악치료라는 분야를 개척해왔다. 자연의 소리가 환자들의 감정과 정신에 영향을 주기 때문이다. 숲은 이러한 자연의 소리를 끊임없이 내보내므로 사람들은 숲에서 기대 이상의 치료 효과를 얻을 수 있다.

촉각　지금 주변을 돌아보라. 그리고 만져보라. 우리는 매끄럽고 깔끔한 식탁에 앉아 밥을 먹고, 신발을 신고 매끄러운 손잡이가 있는 가방을 든다. 그리고 약간 차갑지만 부드러운 손잡이를 쥐고 자동차의 문을 열어 미끈미끈한 의자에 앉는다. 아이들은 매끌매끌한 책상과 의자에 앉아 미끈한 연필을 만지면서 부드러운 책을 손에 쥐고 생활한다. 그리고 미끌미끌한 장난감을 가지고 논다. 심지어 나무로 만들어진 장난감조차도 껄껄하지 않고 매끈한 것이 아이들에게 도움이 되는 양 모두 부드럽게 다듬어져 있다. 감각 계발이라고 한 장난감조차도 그다지 다양한 촉감을 느낄 수 없는 듯하다. 모두가 만지기 좋은 부드러운 것들이다. 우리들이 경험하는 촉감은 대부분은 인공적인 것들이다. 하루 생활 중 거의 모두가 '인간이 만든 것'들을 만지면서 생활한다.

　아무리 인간이 다양한 것들을 만들려고 노력했어도 아직 촉감에 대한 노력은 더디기만 하다. 아이들이 만지는 것의 원료 재질 자체가 플라스틱으로 된 것들이 대부분이다. 최근 SBS 다큐멘터리 '독소전쟁'에서는 이러한 플라스틱이 아이들에게 치명적인 것임을 밝힌 바 있다. 하지만 이렇게 의학적으로 치명적인 위험 외에 또 다른 위험이 있다. 그것은 아이들이 감각(촉각)을 잃어버린다는 것이다.

　인공적인 온갖 것에 익숙한 촉감 대신에 아주 다양한 감촉의 자연물을 만지면서 얻는 경험은 분명 다르다. 매끄러운 감촉 대신 자연물이 주는 촉감은 아이들에게 많은 도움을 줄 것이라는 것은 굳이 전문가가 아니더라도 알 수 있는 중요한 사실들이다.

　숲은 자연물에 대한 촉감을 느낄 수 있는 최고의 보고이다. 풀잎을 만져 보라. 모든 잎의 감촉이 다르다. 나뭇가지는 어떤가? 거친 표면이 있고, 매끄러운 표면이 있다. 아니 이렇게 '거칠다, 매끄럽다' 등의 언어로 표현하는 것 자체가 무리이다. 숲의 흙을 만져보라. 나무에 따라서 그리고 숲의 위치에 따라서 흙의 감촉이 달라진다. 소나무의 표면, 오동나무의 표면은 그 감촉이 너무 다르다. 생김새가 비슷한 편백나무의 표면과 삼나무의 표면도 만지다 보면 다르다는 것을 알 수 있다. 숲은 아이들뿐만 아니라 감각을 잃어버린 어른들에게도 촉감을 회복시켜 준다. 아이들은 숲에서 숲을 구성하고 있는 것들을 만진다. 살아있는 모든 것들의 모양이 다르듯, 살아있는 모든 것들의 촉감도 다르다. 숲의 아이들은 이들을 만지면서 이들을 느끼며, 알아가고 있다.

캥거루케어Kangaroo care에 대해 들어본 적이 있을 것이다. 이것은 산모와 아기가 서로 피부를 맞대고 안는 행위를 통해 아기의 체온 유지, 정서 안정, 면역력 증가 등을 돕는 육아법으로 스킨십의 중요성을 알려주는 사례이다. 산모와 아기의 스킨십은 아기의 특수 감각 섬유를 자극시켜 옥시토신 분비를 촉신시킴으로써, 아기의 통증을 잠재우고 산모의 심리적 안정을 가져오는 효과가 있다.

미각   감각교육 중에서 미각의 발달은 감각 중에서 인간욕구에 가장 근접하고 충실한 감각으로 다른 어떤 자극보다 정서적 변화를 빨리 일으킨다. 또한 학습의 효과도 크고 인상에 오랫동안 기억에 남게 되며 지능발달, 신체적·정신적 발달 과정과도 관계가 크다.*[17]

지금의 많은 아이들은 조미료와 향신료의 맛에 길들여져 있다. 많은

---

* 그래서 최근 미각을 이용한 교육 프로그램 등이 등장하고 있다. 미각을 이용한 반복적인 교육을 통해 맛을 표현하는 습관이 언어화되거나 다른 방식으로 표출될 때 두뇌에서 이를 받아들이고 이러한 기억이 나누어지면서 자신의 행동양식에 변화가 일어 날 수 있다. 따라서 아이의 신체적 발달과 정신적 발달의 조화를 위해 어렸을 때부터의 다양하고 반복적인 감각의 경험을 통한 미각교육이 중요하다.

종류의 풍부한 과일을 맛보고 경험한다 하더라도 숲에서 경험하는 미각과 다르다. 숲에 온 아이들은 가정에서 당도가 많은 과일을 풍부하게 경험했음에도 불구하고 숲에 와서 발견한 시큼하고 당도가 떨어진 열매를 맛보려고 애를 쓴다. 많은 열매들이 서로 다른 맛을 가지고 있으며, 열매들이 나무의 씨앗인 것도 알게 된다. 솔잎을 질겅질겅 씹어 먹으며 떫은 맛을 즐기기도 하고, 입 주위가 까맣게 되도록 시큼한 오디와 버찌를 따먹기도 한다. 산딸기, 다래 같은 열매도 있다. 간혹 씁쓸한 칡뿌리를 캐서 먹기도 한다. 맹감과 도토리, 밤 등을 주워서 먹어 보고, 진달래꽃의 단맛을 보고, 화전을 부쳐 먹기도 한다. 찐한 향기와 맛을 가진 취나물 등 산나물도 있다.

마음

주체성과 자긍심 숲에서 아이들은 무슨 놀이를 할 것인지를 스스로 선택하여 자신이 주체가 되어 논다. 놀이의 속성이 가장 잘 발현될 수 있는 곳이 숲이다. 무엇을 하고 놀지, 어떻게 놀지는 아이가 직접 결정한다.

숲은 정형화되지 않는 다양한 사물들이 많이 있는 곳으로써 다른 놀이보다 더욱더 탐색적일 수 있다. 특히 탐색이나 상상은 자기의 주체성이 요구되는 부분이다.†

최근 초·중·고등학생들뿐만 아니라 대학생 그리고 성인에게 가장 필

---

† 여기에서 주체라고 하는 것은 판단하거나 행동하는 데 있어서 자기가 주도된 삶을 계획하고 산다는 것이다.

요한 학습능력 중 하나는 자기주도적 학습능력이다. 그래서 심지어 대학입시에서도 '자기주도적 학습역량'이라는 입시 분야까지 등장하고 있다. 지식의 양이 폭주하고, 변하는 지금의 이 시대에 자기주도 학습능력이 필요한 것은 당연한 결과이다. 자기주도적 학습능력은 비단 학습상황에서만 국한 되는 것이 아니다. 복잡 다양한 사회, 그리고 다품종소량생산의 사회에서 필요한 자기와 관련된 정체성이나 자긍심(개성까지도) 등을 갖춘 독특함이 큰 능력이다.

숲에서 자란 아이들은 자기의 가치self-worth를 측정하는 자긍심이 높다. 자긍심이 낮은 아이들은 위험에 도전하거나 새로운 것을 시도하는 것을 두려워하며, 자기 스스로 무엇인가 결정하여 진행하는데 어려움이 있다.

실내의 구조화된 수업에서 아이들은 누군가의 지시에 따르거나, 정해진 것에 익숙해지는 연습을 한다. 정해진 놀이 공간에서 정해진 놀잇감을 가지고 놀이를 한다. 교실의 아이들은 놀이를 하더라도 숲에 비해 자기주체적인 놀이를 덜하게 된다.*

실제 케르난과 디바인Kernan & Devine은 숲을 포함한 실외에서 놀이할 기회를 아이들에게 제공한 후 관찰한 결과, 아이들은 자신을 놀이 소품으로 사용하고 선반, 기둥, 파이프 등의 건물 특성과 정형화되지 않은 다양한 사물들을 그들 자신의 탐색적, 상징적 목적으로 사용함으로써 아이의 주체성과 발명성이 전면으로 나타났다고 보고하였다.[18] 또한 브랜치 코헨과 엘리엇Blanchet-Cohen & Elliot의 경우에도 숲과 같은 야외환경은 정형화되지 않고 미리 만들어져 있지 않기 때문에 이것들을 어

---

* 물론 구조화된 실내 공간에서 노는 것을 허락받은 아이들은 끊임없이 자기 존재대로 놀기 위해 노력한다. 이렇게 자기존재대로 노는 것은 아이들이 생존하기 위한 본능이기 때문이다.

디에 어떻게 사용할지 선택의 여지가 많아 아이들이 놀이의 주체가 된다는 것은 제시한 바 있다.[19]

생태적 감수성과 정서능력   하워드 가드너Howard Gardner는 다중지능의 개념으로 지능이론의 새 지평을 열었음을 언급한 바 있다. 그가 주장한 다중지능 중 자연을 사랑하고 함께 하는 능력인 '자연친화지능'이 미래사회에 필요한 중요한 능력으로 등장하고 있다. 향후 4차 산업혁명이 이끄는 미래사회에는 자연친화적인 산업의 전망이 더 커지게 될 것이다고 예측하는 미래학자와 지능에 자연친화지능을 제안한 하워드 가드너Howard Gardner의 주장은 맥락을 같이한다고 본다.

어린 시기에 습득한 생태적 감수성은 성인이 되었을 때까지 영향을 미친다. 그것은 단지 반드시 지켜야하는 도덕적 규범으로써의 자연 보호나 자연에게 베푸는 시혜적 능력이 아니다. 또한 자연환경을 존중하고 생명을 소중히 여기는 마음을 지닌 아이는 자신이 맺게 되는 여러 사회 관계에서도 타인을 존중하고 관계를 소중히 여기는 마음을 지닐수 있다.

자연에 대한 경외심, 놀라움, 자연을 알아가는 방법 등은 나이가 들어감에 따라 감소하는 경향이 있다. 어린 아이일 때 자연세계와 직접적 상호작용을 할 기회를 박탈하는 것은 곧 다음 성장(발달) 시기에서 경험할 수 없는 이 시기에 대한 경험의 중요한 부분을 박탈하는 것이다. 무엇인가에 친화력을 가지기 위해서는 많은 접촉이 우선이다. 아이들은 자연의 총화인 숲에서 자연을 접하며 경험할 때 생태적 감수성과 관련한 본성을 발휘할 수 있다. 그러므로 자연세계와의 직접적인 상호작용을 자주 경험해 보는 기회는 생애 초기 연령의 아이들에게 반드시 필요하다.

자연의 총합인 숲에서 아이들이 생활하는 것이 자연을 사랑할 수 있는 중요한 방법이다. 숲은 아이들이 TV나 책과 같은 2차 자료가 아니라 숲과 직접 교류하고 체험을 일상화하여 자연스럽게 생명의 다양성을 감지하고 인식하게 하며, 발달에 필요한 것들을 경험한다. 숲에서 아이들은 사물, 바람, 공기 등의 자연을 직접 관찰하고 체험하고, 감각적으로 인식하면서 그 의미를 발견하여 자연의 가치를 인식하고, 인간과 자연 그리고 자연 개체물 간의 관계를 이해한다. 실제 필자의 연구에 의하면 상당수의 아이가 자연(풀, 곤충)에 대해 거부감을 가진 채 숲학교에 입학하기도 한다. 하지만 시간이 흐른 뒤에는 자연친화적인 아이로 성장함을 보고하고 있다.[20] 조형숙·김현주·홍은주의 연구에서도 자연에 대한 두려움이 만들어낸 부정적이고 편협한 인식과 태도는 자연과의 만남의 횟수가 증가할수록 직접적이고 일상적인 자연과의 만남 자체를 즐거워하는 태도로 변화되었다고 보고하였다.[21]

> 처음 왔을 때 벌레를 무서워했던 **이... 지금은 지렁이를 잡고 노네요. 느낌이 시원하답니다(2014.08.13. http://cafe.naver.com/ harischool/3770).

> 아이들이 가재도 잡고, 사슴벌레도 잡아요. 예전엔 가재나 사슴벌레들을 잡아서 가지고 놀고, 그러다가 죽고 그랬는데.. 그것들을 경험한 뒤 아이들은 곤충들을 풀어줘요. 아이들은 잡아서 집으로 가져가려고 하지 않아요. 숲학교에 다니지 않는 아이들은 잡아서 집으로 가져가려고 하죠. 그런데 우리 애들은 그렇지 않아요. 가재를 잡았다가 놔줘요. 어차피 내일 또 와서 잡아야 되니까 오히려 잘 살도록 집을 만들어 주고 그래요. 다른 애들이 잡아서 가져가려고 하면, 못 가져가게 해요.
> 아이들은 가재를 다 잡아버리면 없어져 버린다고 생각해요. 그리고 이 가재들과 함께 숲에서 산다고 생각해요. 사슴벌레도 잡았다가 풀어줘요. 하리의 아이들은 "가재 잡으러 가자, 개구리 잡으러 가자, 곤충 잡으러 가자"

라는 말을 안 해요. "가재 보러 가자, 개구리 보러가자, 곤충 보러 가자." 이렇게 말하죠(2014.10. 하리숲학교 K교사).

이렇게 자란 아이들은 나무나 자연의 상태에 민감해져 적극적으로 자연을 보호하게 된다.

숲에 처음 왔을 때 나무에 끈을 묶는 것을 당연히 생각했던 아이들은 숲에서 나무를 관찰하는 도중 끈이나 철사로 묶여진 나무는 성장하기 어렵다는 것을 알고 그 끈을 풀어주기도 하였다(2012.08. 연구자 다이어리).

숲에서의 활동은 아이 스스로 체험을 통해 인간과 자연과의 관계를 자연스럽게 알게 한다. 이러한 것은 단순히 지적인 방법을 통해서 획득된 것이 아니고 직접적인 체험과 감각적인 경험으로 얻어진 것이기에 더 소중하고 의의가 있다. 아이들은 숲에서의 활동을 통하여 숲의 요구를 수용하게 되고, 자연과의 관계에서 지켜야 할 규칙과 경계선이 있음을 배운다. 숲을 통해서 얻는 감수성으로 인해 아름다운 내면의 세계를 키운다. 이러한 생태적 감수성은 아이들의 감정에 긍정적인 결과를 가져온다.

(비온 뒤 아침) 여기 좋죠. 공기가 좋아요. 그리고 아름답죠. 새싹들이 아름다워요(2014.10. 하리숲학교 4학년 여학생).

처음 **가 6살에 이곳에 왔을 땐 예민했죠. 지금도 자기감정을 잘 표현 안 해요. 그런데 9살이 되던 해 어느 날 갑자기 나한테 와서 "선생님 하리학교 너무 좋아요. 행복해요. 아, 신나! 그죠?"라고 하는 거였어요. 전 정말 흥분

했죠. 뿐만 아니라 다른 아이들도 자기의 감정을 솔직히 표현해요. 그리고 감정적인 것에 예민하죠(2014.10. 하리숲학교 H교사).

숲에서 자란 아이들은 감수성이 뛰어나요. 날씨에도 예민하고, 작은 것들의 변화를 놓치지 않죠. 또 숲에서 자란 아이들은 많은 생명들을 경험하다 보니, 그들에 대해 불쌍함을 알아요. 강아지가 자신들을 알아보는 것을 보고 좋아하죠. 그리고 그들에게도 생각이 있다는 것을 알아요(2014.10. 하리숲학교 C교사).

심미감 인간은 아름다움을 추구하려는 기본적인 욕구를 가지며, 아름다운 것을 보고 듣고 느끼는 경험을 통해 기쁨과 만족감을 느낀다. 또한 자신의 생각과 느낌을 자유롭게 표현하면서 부정적인 정서를 해소할 수 있다. 아이들은 예술적 감각과 영성을 지니고 태어난 존재이다. 아이들은 자신이 체험하고 느끼고 생각한 것들을 표현하고자 하는 욕구를 가지고 있다. 숲은 아름다움으로 가득한 공간이다. 숲은 우리 주변에 항상 존재하면서도 끊임없이 변화하기 때문에 예술 감상을 위한 자원으로도 적합하다.[22] 숲에서 느낄 수 있는 아름다움은 인공적인 것이 아니며, 자연적이고 생명력이 있기 때문에 아이의 정서를 풍부하고 안정되게 한다. 숲의 자연물과 자연현상에서 소리의 빠르기, 움직임의 모양 등 예술적 요소를 찾아볼 수 있다. 숲에는 자연적인 아름다움인 다채로운 색과 질감이 존재한다. 꽃잎의 색, 나무껍질의 질감, 비온 뒤에 흙에서 나는 냄새, 새 울음의 음색, 나비의 움직임을 통해 아이들은 숲이 주는 아름다움을 느낀다. 윌슨Wilson은 아름다움에 대한 민감성은 다양한 종류의 경험을 통해 길러지며 자연 세계에서의 경험이 아이의 심미감을 발달시키는 데 효과적이라고 하였다.[23]

숲을 통해 얻은 심미감은 그 자체로도 아이들에게 기쁨을 주지만 자신의 생각과 느낌을 표현하기 위한 유용한 자료로 활용되기도 한다.*

일반적인 예술 감상 활동에서는 모든 아이들이 동일한 예술 작품을 감상하게 되지만, 숲에서는 주변의 모든 환경이 예술 감상의 대상이 되기 때문에 개별적인 감흥에 따른 감상 경험이 가능하다. 또한 숲의 감상 자원은 정해진 의도나 획일적인 의미를 갖지 않기 때문에 보다 창의적인 감상 능력을 기를 수 있다.

숲은 예술적 탐색, 표현, 그리고 감상이 통합적으로 이루어지는 예술적 공간이다. 자연 체험활동을 통한 폭넓은 예술적 경험은 아름다움에 민감하게 반응하는 심미적 태도와 자신의 생각과 느낌을 창의적으로 표현하는 능력의 발달을 도움으로써 아이의 정서를 풍부하게 한다.

사회성　숲에서 아이들은 무엇으로 어떤 놀이를 할지 스스로 결정하고 참여한다. 각자의 의견을 교환하고, 놀이의 방법이나 규칙을 정하고 지키며, 공동의 목표를 위해 협력하는 등 친사회적인 기술과 태도를 적극적으로 사용한다. 또한 숲에 있는 나무를 관찰하고 탐구하는 과정에서 감정 이입과 돕기, 배려하기, 협동하기 등 친사회적 행동이 길러진다.[24] 그 결과 자기 감정 조절 및 대인관계 능력에 긍정적이며, 정서 발달에도 긍정적이다.[25] 그리고 아이의 행복감 증진에도 영향을 미친다.[26]

---

*　바람에 날리는 나뭇잎의 움직임에서 흐름, 빠르기, 모양 등의 요소를 발견한 아이는 신체를 활용하여 자신의 생각과 느낌을 표현할 때보다 다양한 예술적 요소를 활용할 수 있을 것이다. 이인경은 자연의 실제 상황과 사물을 구체적으로 관찰하고 경험한 것을 통해 획득한 시각적 단서들이 주제에 적합한 세부적인 묘사나 표현, 그리고 사물들 사이의 공간적 관계를 고려한 조화로운 표상을 가능하게 한다고 하였다.

한쪽 모퉁이에서는 자그마하고 조용한 남자아이가 만든 교회가 그 건물의 성격을 보여주는 십자가와 제단을 갖추고 세워져 있다. 저 쪽에는 두 명의 남자아이가 협력하여 의자 위에서 대단히 큰 작품을 만들고 있다. 그것은 여러 층의 건물인데 산에서 계곡을 내려다보듯 의자에서 내려다보는 성을 만들려고 하는 것 같다. 저기 저 아이는 책상에서 조용히 무엇을 만들고 있는 것일까? 아이는 낡고 폐허가 된 성이 있는 푸른 언덕을 만들고 있다. 그동안 다른 아이들은 아래쪽 평평한 곳에 마을을 세우고 있다.

지금 막 아이들은 각자의 작업을 마치고 자신이 만든 것과 다른 아이들이 만든 것을 살피고 있다. 아이들은 이것들을 합쳐서 전체적으로 연결된 하나의 작품으로 만들고 싶은 열망을 갖게 되었다. 그리고 이러한 열망이 모두가 원하는 것이라는 것을 알게 되자 바로 마을에서 폐허가 된 성으로, 성에서 교회로 이어지는 길을 만들고 이것들 사이에 목장과 시내를 꾸몄다.

다른 때에는 몇몇 아이들이 진흙으로 어떤 정경들로 만들고 어떤 아이들은 두꺼운 종이로 문과 창이 있는 집을 짓고, 또 다른 아이는 열매껍질로 작은 배를 만든다. 아이들은 각자 자신이 만든 것을 살펴본다. 그것은 아주 잘 만든 것이지만 세워져 있다. 아이는 친구들이 만든 것을 살펴보고 이것들을 합친다면 더 좋아질 것이라고 생각한다. 곧 모두는 기꺼이 성처럼 언덕 꼭대기에 놓고 작은 배는 아담하게 만든 호수에 띄운다. 제일 어린 아이는 양과 양치기 모양의 놀잇감을 가져와 산과 호수를 바라보게 놓는다. 아이들은 자신들이 만든 것에 대해 기쁨과 만족을 느끼며 서 있다.

저 쪽 개울가에 있는 좀 더 큰 아이들은 왜 또 저렇게 바쁘고 시끄러운가! 아이들은 제각기 운하와 수분, 교량과 항구, 댐과 제분소를 만들기에 여념이 없다. 그러나 물의 성질을 이용하여 배를 높은 곳에서 낮은 곳으로 가게 하는 등 아이들의 작업이 점차 진행될수록 다른 친구의 영역으로 들어

가게 된다. 아이들은 각자 작품을 만든 사람으로서의 권리를 주장하는 동시에 다른 친구의 주장도 인정한다. 이 아이들을 중재할 수 있는 것은 무엇일까? 아이들은 마치 국가들이 하는 것처럼 약속을 엄격히 만들어 계약을 맺는다.27

위의 글은 프뢰벨froebel이 쓴 '인간의 교육' 중 일부이다. 여기에서 아이들은 혼자놀이에서 시작하여 함께 협력하는 놀이로 진행되고 있음을 살펴볼 수 있다. 공간이 주는 특성으로 인해 다른 아이와 원만한 관계를 맺는 친사회적 모습이 많이 나타난다. 곽노의에 의하면 공간적 제한이 없는 숲의 환경은 부정적 감정을 해소하고, 긍정적인 태도로 또래와의 관계를 형성하며, 협력하고 양보하는 사회적 상호작용을 활발하게 하여 사회적 능력을 기르는 데 효과적이다. 그래서 숲에서 아이들은 또래를 도와주거나 협력하는 행동을 많이 하며, 다툼이나 갈등이 비교적 적게 발생한다.28

또한 아이들이 숲에 모여서 상상놀이를 할 때, 각각의 역할에 맞는 행동을 상상을 통해서 만든다. 이러한 과정에서 아이들은 타협하는 협상 기술을 배우기도 한다.

교실에서는 놀잇감이 한정된 것에 비해 숲에서는 무한한 놀잇감이 있으므로 놀잇감을 가지고 다투는 경우가 적다. 아이들은 숲과 함께 하고, 숲이 주는 어려움을 극복하면서 놀아야 하기에 서로 협력한다. 또한 교실에 비해 금지되는 것이 적다는 점은 누군가에 의해서 타율적으로 욕구를 억제당하지 않는 것을 의미하기 때문에 스스로가 개인 욕구를 조절하여 협력할 수 있는 기회가 많다.

실제 숲을 이용한 인성교육 프로그램과 관련한 켈리와 배어Kelly & Baer의 연구는 60명의 소년범을 대상으로 메사추세츠 주에서 수행된 것으로 매우 긍정적인 결과를 가져왔다. 특히 소년범의 재범률이 60% 인 데 비해 성공적으로 숲 프로그램을 마치고 사회로 돌아간 소년범의 재범률은 20%에 불과하다고 보고하였다.[29] 지금은 미국에서만 100개 넘는 숲 교화 프로그램이 진행되고 있다.[30]

위험감지능력 그리고 몰입　'세월호' 사건 등으로 인해 안전은 우리나라의 큰 이슈가 되었다. 이에 따라 안전 점검이 강화되었으며 안전과 관련된 매뉴얼도 계속 만들어지고 있다. 그럼에도 불구하고 모든 위험에 대처할 매뉴얼을 만드는 것도, 미리 방지하는 것도 불가능하다. 따라서 언제 어디에서 발생할지 모르는, 매뉴얼로 대처할 수 없는 위험에 대한 대처 능력이 중요하다. 아이들은 숲에서 크고 작은 부상을 입는 등 다양한 위험 상황을 경험한다. 아이들은 그들이 경험하는 일상에서 위험상황에 대한 판단 능력과 위험에 대한 대처능력을 발달시키는 것이 바람직하다.[31]

　　아이들에게 위험은 반드시 없어져야 하는 것으로 생각되지만 위험을 극복한 경험은 아이들에게 반드시 필요하다. 모스와 페트리Moss & Petrie는 '위험을 경험하지 않은 아이들은 삶의 중요한 일부를 경험하지 못하는 것'이라고 지적하였다.[32] 위험부담 없이는 그것을 이겨내는 잠재력에 도달할 수 없기 때문이다.[33] 그래서 스티븐슨Stephenson은 뉴질랜드 유아교육기관에서 신체적인 위험부담행동에 관한 연구에서 아이들은 위험부담놀이를 통하여 흥분, 전율, 불확실성, 두려움, 도전 그리고 성취감을 얻게 되므로, 위험의 극복을 적극적으로 경험할 수 있는 기회를 주어야 한다고 주장하였다.[34]

　　아이에게 위험놀이 경험은 위험을 판단하고, 대처하게 하여, 자신감과 정신적 회복력을 얻을 수 있게 한다. 실제로 숲에서는 아이들이 나무나 높은 곳에 올라가는 것을 많이 볼 수 있다. 그리고 높은 곳에 올라간 아이들은 뛰어내린다. 아이들은 시간이 흐를수록 높은 곳에 더 잘 올라갔으며, 끊임없이 올라가기 위해 도전한다. 아이들은 자신이 올라갈 수 있는 정도를 감지하고 그 범위에서 올라가기를 시도한다. 이때 아이들은 위험에 대한 판단, 두려움의 극복, 성취감 및 통찰력을 경험한다. 이 과정에서 위치감각과 수용감각을 자극하여 균형과 자세 및 평형감각 등 운동능력이 발달한다.

더 나아가 위험은 몰입flow의 능력을 더해 준다.* 여기에서 몰입은 무엇인가에 열중하는 것으로 문제 해결이나 활동에 집중할 때 나타나는 심리상태로 자신의 능력을 확장하거나 새로움과 발견에 관련된 고통스럽고 위험하고 어려운 활동을 할 때 느낄 수 있다.[35] 몰입은 칙센트미하이Csikszentmihalyi에 의해서 이론화되었으며 그는 미국 내에서 창의적인 사람으로 일컬어지는 인물들을 수년간 심도있게 연구한 결과, 창의성은 자신의 일을 즐기며 그 일에 몰두하는 사람들에게 나타나는 특성이라는 점을 밝히고, 창의적인 사람들은 자신이 의미있게 여기는 일에 대해 몰입flow 한다고 하였다.[36]

몰입의 상태는 자기가 가지고 있는 능력과 도전이 적절한 균형을 이룰 때 경험하게 되는 것이다. 너무 자극적이거나 지루하면 몰입하지 못하게 되며, 심지어는 불안하기까지 한다. 아이들은 자기에게 가장 적

---

* 칙센트미하이의 몰입은 자신이 하고 있는 무엇인가에 푹 빠져 있는 것을 말한다. 의식의 무질서 상태인 심리적 엔트로피의 반대개념으로 네겐트로비(negentropy)라고 불리기도 한다. '마치 하늘을 자유롭게 날아가는 느낌' 또는 '물 흐르는 것처럼 편안한 느낌'으로 모든 주위가 목표에만 기울어져 자유롭게 사용되는 최적 경험(optimal experience)상태를 말한다. 몰입은 인지적 정의적 영역이 통합된 구인으로써 인지적인 측면만 고려하는 다른 내재적 동기와 구별된다(Heine). 몰입은 학습태도에 영향을 미친다. 또한 몰입을 창의성과 동일시 여기기도 한다. 행복의 상태가 몰입의 상태이다. 아이들은 놀 때 몰입의 상태를 경험한다.

합한 최적의 각성 상태인 몰입을 유지하려고 하는 중추신경계를 조절하려는 경향이 있다. 자극이 너무 많을 때는 각성 수준이 너무 올라가 중추신경계는 물론 심리 상태가 불안정해진다. 이런 경우 사람은 쉬려고 한다. 반면 자극이 너무 적어 각성이 전혀 안 일어날 경우, 인간은 자극이 증가하는 활동에 참여함으로써 각성 수준을 높이려 한다. 아무리 재미있게 놀았던 것(자극)도 익숙해지면 각성 수준이 낮아져 지루하게 느끼게 되어 다른 자극을 찾아 낮아진 각성 수준을 최적의 수준으로 끌어 올려 적정한 각성 수준으로 유지하려고 한다. 그래서 지루함, 심심함은 놀이를 만드는 자극제이다. 지루하면 무엇인가 놀이를 만들어서 논다. 심심해서 게임을 만들고, 게임에 맞는 규칙을 만든다.[37]

아이들은 끊임없이 새롭고 다양한 방법으로 사물을 이용하고 자극을 최적화한다. 실제 아이들은 집에 TV가 없으면 무엇이라도 만들어서 재미있게 논다. 장난감을 없애 버리면 장난감을 대처할 무엇이라도 만들어서 노는 것을 볼 수 있다. 아이들은 조금 더 위험하고 자극적인 상황을 찾아 도전한다. 하지만 교사나 부모가 위험하기 때문에 시도조차 못하게 한다면 아이들은 뭔가 새로운 것을 추구하려는 도전의식이 감소하게 되며, 각성의 수준이 낮아지게 될 수밖에 없다.*

인간은 몰입을 위해 각성 상태를 유지한다. 그리고 그 각성을 위해서 무엇인가를 한다. 이러한 행위 자체는 환경과 상호작용하는 수단으로 작용하여 기본적인 학습을 경험하게 한다. 그러므로 각성을 통한 몰

---

* 위험한 자극을 시도하려는 것은 인간뿐만 아니라 동물들에게도 흔히 볼 수 있는 성향이다. 할로우의 연구를 보면, 실험실 상황에서 동물들을 살펴 본 결과 동물들이 새로운 자극을 의도적으로 추구하는 것으로 나타났다. 원숭이들은 보상이 주어지지 않을지라도 새로운 자극을 의도적으로 추구하고 있으며, 끊임없이 무엇인가 하려고 한다는 것이다.

입 경험은 배움으로 이끄는 힘이고 새로운 수준의 능력과 도전으로 올라가게 만드는 힘이다. 인간은 이러한 자극을 충족하면서 환경에 대한 이해를 증가시키며, 환경과의 상호작용에서 더 큰 복잡한 세상(복잡성)을 다룰 수 있는 능력을 키운다.

언어와 사고

언어 숲은 타인과 능동적 상호 작용을 하면서 아이들의 언어적 표현을 촉진시킬 수 있는 매개체 역할을 하는 배움이 있는 공간이다.[38] 숲에 있는 아이들은 자신의 필요에 의한 실제적인 목적에서 능동적으로 언어를 사용하는 경우가 많아, 스스로 표현하는 기회를 많이 갖게 된다. 또한 숲은 아이들의 무한한 놀이의 공간으로 상황에 맞게 상상력을 동원하여 많은 언어적 상호작용을 가능하게 한다.

문제해결능력 숲은 아이들에게 많은 문제 상황issue을 제시한다. 교실교육에서는 아이들이 접하는 문제 상황이 교사에 의해서 주어지는 경우가 많은 반면, 숲교육에서는 아이들의 일상 자체가 문제 상황인 경우가 많다. 숲에서 만들어지는 문제 상황은 아이들의 능력으로 해결할 만한 것으로, 아이들에겐 현실적인 필요성이 있는 것들이다. 숲에서 끊임없이 주어지는 이슈(문제 상황)들은 아이들을 끊임없이 생각하게 한다. 숲에서 아이들은 일상에서 해결해야 하는 문제 상황과 대처하는 기회를 많이 갖게 된다. 이러한 이슈(문제 상황)를 해결하면서 문제해결력이나 창의성 등 사고력이 개발된다.

또한 숲에서 아이들은 숫자 혹은 글자 등 추상적 도구가 아닌 온 몸을 통해 직접 경험하고 조작하여 감각적이고 구체적인 경험을 통해 사고력을 개발한다. 아이들은 또래들과 함께 문제 상황을 함께 해결함으로써 각각 다르게 가지고 있는 지적 영역이 만나 학습공동체를 형성하면서 사고력 발현이 이루어진다.

지적 능력　숲에서 아이들은 직접적인 감각을 통해 자연을 느끼면서 숲에 사는 생물에 대한 지식을 획득한다. 그것은 책이나 교사에 의해서 습득되는 것이 아니라 직접적인 체험과 경험을 통한 것이다. 예를 들면, 숲에서 아이들은 작은 개미의 구조를 책이나 교사의 교수작용에 의해서가 아닌 우연히 만난 개미에 대한 흥미에서 유발된 직접적인 관찰을 통해 알게 된다. 숲에서의 흥미로부터 시작된 경험은 대상에 자연스럽게 몰입하게 한다. 이러한 과정은 교사나 교육과정 등 매개나 연결체에 의한 것이 아닌 자발적이고 능동적으로 발생한 것이다. 따라서 아이들이 숲에서 획득하는 지식은 아이들 자신의 삶에서 소중하며 의미가 있다.

　숲은 아이들로 하여금 추상적인 개념을 이해하기 위한 구체적인 사물을 활용한 조작 경험을 풍부하게 하여 한다. 그리고 축적된 구체적인 조작 경험은 몸으로 체화된다. 그래서 자기 존재와 동떨어진 세상의 경험이 아닌 자기 경험이 되어, 추상의 경험이 자기에게 의미있는 경험이 될 수 있는 밑거름이 된다. 이렇게 형성한 구체적인 조작 경험인 비형식적 지식은 이후의 교육 단계에서 형식적 지식을 이해하는 기초가 된다. 이에 대해 올팡, 스탠나드와 존스Wolfang, Stannard & Jones는 유아기의 놀이가 추후 초등학교와 중학교 시기까지 수학 수업에 영향을 미친다는 것을 밝혔다.[39] 또한 러스Russ와 동료들의 종단연구에서 초등학교 저학년(1, 2학년) 시기의 놀이는 4년 후 창의성 점수를 예

측함을 밝혔다.[40]

숲은 아이들을 잘 놀게 한다. 숲에서 아이들의 놀이는 더 정교하며, 놀이 주제 또한 다양하다. 그리고 집중하여 한 가지의 놀이를 꾸준히 열심히 하기도 한다.

그래서 숲교육에서 놀이는 단순히 아이들을 놀리는 것이 아닌 노는 과정에서 일어나는 지적 성취이다. 여기에서 놀이를 '지적'이라고 부를 수 있는 이유를 찾아내는 것은 어렵지 않다. 놀이는 행동적, 즉 실천적이다 보니 이론적, 즉 지적인 것과 구분된다는 데카르트식 이원론적 해석론의 오류에서 벗어나서, 실천은 이론을 구성하고 설명하는 응용 작업에 필요한 것들과 동질적이라고 설명한 라일Ryle의 주장과 맥을 같이 한다. 다시 말하면, 수업의 형식이나 이론의 구조를 가지고 있지 않는 숲에서 아이들이 경험하는 사소하고 반복되는 경험들 자체가 세상을 구성하는 이론이며, 흔히 교육현장에서 말하는 '지적'인 셈이다. 다시 말하면, 아이들이 숲에서 경험하는 두려움을 극복하고, 성취감을 가질 수 있게 하는 것이 놀이를 '지적'이라고 부를 수 있는 이유이기도 하다.

상상력 숲은 아이들에게 상상력을 제공해 준다. 멀리 보이는 나무 숲 사이, 바스락거리는 작은 소리들, 쓰러져 있는 커다란 나무, 숲 속의 동물 발자국 등은 우리의 상상력을 충분히 자극한다. 우리의 상상력은 지식과 경험의 규제 속에서 한계를 가진다. 무한할지도 모르는 상상력은 제도나 문화, 교육에 의해 제약을 받는다. 이런 제도, 문화, 교육, 지식들은 우리들이 접하는 미디어나 책으로 우리에게 전해진다. 아이들은 책이나 영화, TV를 보면서 지식, 문화 등을 접한다. 그래서 그것을 생산한 사람들의 생각과 상상력의 한계 안에서 아이들의 상상력이 그치는 경우가 많다.

교실교육에서는 시간 패러다임에서 아이들에게 상상력을 교육시킨다. 아이들이 교실에서 할 수 있는 상상은 시간적으로 미래에 대한 상상이나 어떤 시간적 개연성을 가진 사건 등에 대한 상상이다. 시간의 패러다임 안에서 할 수 있는 상상이 자유롭다고는 하나 자유롭지 않을 수 있는 것은 아이가 접한 문화나 미디어, 지식의 틀에서 벗어나지 못할 수 있기 때문이다. 반면 그것에 비해 숲은 제약이 없는 편이다. 숲은 아이들에게 지식이나 문화, 제도를 전달하지 않는다. 숲에서는 공간의 패러다임으로 상상한다. 시간 중심의 상상력을 요구 받지 않는다. 내가 서 있는 공간에서 인식되는 감각들을 자유로운 상상의 재료로 사용한다. 또한 숲에서 노는 아이들은 세상으로부터(어른들로부터) 전수된 문화, 지식, 제도 만을 전부로 여기지 않는다. 아이들은 숲 안에서 그들만의 상상의 세상을 만드는 창조자이다. 그래서 아이들은 숲에서 많은 상상을 할 수 있다.

2
자기 시간을
찾아가는 과정

햄릿Hamlet의 유명한 대사에 "시간은 탈구되었다"는 말이 있다. 이미 탈구된 시간은 그 결과를 볼 때 돌쩌귀를 벗어난 문과 같다. 자기의 돌쩌귀를 벗어난 시간은 운동-시간과의 관계의 뒤집음을 의미한다. 이리하여 모든 것은 변했다. 시간은 더 이상 연속성에 의해 정의되지 않을 것이다.[41]

지금까지 교실교육에서는 시간을 '발달'의 중요한 기준으로 삼았다. 그리고 획일적인 방법으로 시간의 연속성 상에서 발달의 적합성을 판단하였다. 이에 따라 아이들의 발달 수준은 발달 자체가 가진 시간적 속성에 의해 평가되어 왔다. 그러나 시간은 더 이상 아이들을 평가하는 기준이 될 수 없다. 언급한 바 있듯이 숲교육에서는 미성숙한 존재가 성숙한 존재가 되는 발달이라는 용어를 거부한다. 아이들은 각자 자기만의 자기 존재를 찾아가는 시간을 갖고 있다.[42] 그 시간은 일반적인 시간에 종속되지 않고, 자기 존재의 조건을 충족시키는 시간에 종속된다. 아이들은 발달하는 것이 아니라 발현하는 것이다.

기존의 학교교육 시스템에서는 아이들이 자기만의 시간을 찾기 어렵다. 같은 연령의 아이들을 능력이 같다는 전제 하에 획일화된 교육과정과 교육방법이 제시되고 있다. 이러한 교육 현실로 인해 아이들은 오히려 자기만의 시간을 잃어버리고 있다. 하지만 숲에서 생활하는 아이들은 자기만의 발현 시간을 가진다.

　숲이라는 공간은 아이들의 삶에서 익숙하거나 친숙한 곳은 아니다. 낯선 공간이 아이들의 삶(생활)과 만나는 것은 단순히 신체적으로 '거기'에 있는 것을 넘어 아이들만의 시간 속에서 중첩된 것이다. 실제 숲이라는 공간에 의해, 연속된 아이들의 삶이 분절되거나 방해를 받는 것이 아니라 숲과 연속적인 삶이 어우러지는 것이다. 이것을 아이들의 '삶(생활)이 숲과 전이transition되었다'고 한다. 이러한 전이는 아이의 발달(성장)의 과정이자, 자기만의 시간을 찾아가는 존재의 여정이다.

　아래의 연구(기록)*들은 필자가 몸담고 있는 하리숲학교 아이들의 최근 3-5년 이상의 아이들의 전이에 관한 것이다.† 대상은 유아기부터 초등학교 재학 시기까지 숲교육을 하고 있는 아이들을 대상으로 하였으며 연구(기록)대상 부모로부터 연구동의를 얻어 최종 선정된 아이는 총

---

* 이 기록은 2017년 열린유아교육학회 춘계학술대회에 발표된 내용이다.

† 본 연구에서 발달이라는 용어를 사용하였다. 발달은 다분히 시간을 중심으로 한 용어로 '하리숲학교'의 교육이념과 다소 거리가 있지만, 본 연구에서는 독자와의 소통을 위해서 심리학적 용어를 차용하여 사용하였다. 행동주의, 구성주의, 성숙주의 입장에서 발달과 관련하여서는 언급한 바 있다.

4명으로, 여자아이 2명과 남자아이 2명이다.‡ 입학한 년도와 아이들의 나이는 각각 다르다. 이를 위해 아이들의 숲생활 전이를 측정할 수 있는 도구를 직접 제작하였으며, 유아기부터 초등학생까지 모든 학년에게 동일하게 사용하였다.§ 척도의 내용은 생활 전이, 학업 전이, 교사 전이, 또래 전이 영역의 변화에 관한 것이다. 이를 위해 하리숲학교 재학생들의 연간 학교생활 기록물들을 활용하였다. 본 기록물들은 평가척도 및 교사와의 인터뷰를 통해서 그 점수 결과가 산출되었다.¶

‡ 이 아이들은 일반학교에 적응하지 못하여 숲교육을 희망하던 아이들로 유아기에서부터 초등학교 시기까지 꾸준히 재학 중이다. 실제 예비검사 실시 당시 상당수의 유아들이 대상에 선정되었었으나, 교사의 변동과 아이들의 전학 등으로 인해 대상이 한정되었다.

연구대상	성별	연령	가족사항	특성
아이A	여	만 4세	부, 모, 1남 1여 중 둘째	입학 당시 학습 전이 속도는 빠르나 숲생활에 적응하지 못하는 모습을 보였음
아이B	남	만 5세	부, 모, 1남 외동	학습전이능력은 월등하였지만 또래에 적응하지 못해 사회성이 부족한 모습을 보였음
아이C	여	만 7세	부, 모, 1남 1여 중 둘째	전반적인 전이능력이 낮고 특히 학습과 교사에 적응하지 못하는 모습으로 입학 초기 어려움을 겪음
아이D	남	만 5세	부, 모, 1남 2여 중 첫째	학습전이능력 외의 숲생활과 교사, 또래에 적응하지 못해 전반적인 적응 수준이 낮았음

§ 숲생활 전이 양상을 측정하려는 대상이 유아부터 초등학교의 모든 학년이기에 특정 학년에 유리하거나 불리하지 않도록 유의하였으며 예비문항구성, 예비 협의, 전문가 협의, 예비 검사, 현장 검토를 거쳐 척도를 완성하였다. 완성된 척도는 문항 내적 일치도인 Cronbach α 값. 750으로 양호한 신뢰도를 보였다.

¶ 본 검사는 2009년 2월부터 2013년 11월까지 약 3-5년간 매월 1-2회를 실시하였다. 연구대상의 아이에 대하여 숲 생활 적응을 측정할 때, 검사자(교사)들의 후광 효과를 미치지 못하게 하기 위하여 한 아이를 3명의 교사가 관찰한 후 측정하도록 하였다. 또한 평가전 검사들간의 협의를 통해 아이에 관한 일상이나 특성에 관하여 사전 교감하였고, 다른 교사에 의해 관찰된 일화기록도 함께 검토하였다.

숲학교 아이들의 숲생활 전이 양상을 확인하기 위해 생활 전이, 학업 전이, 교사 전이, 또래 전이로 구분하여 분석한 결과, 각각의 개별 아이들의 숲생활 양상과 특성은 다음과 같다.

아동 A의 숲 생활 전이 양상을 살펴보면 '만 4세에서 만 6세'까지 연령이 높을수록 숲생활 전이 수준이 높게 나타났다. 이로써 아동 A의 숲생활 전이 능력은 연령의 증가에 따라 점진적 발달이 이루어진 것을 확인할 수 있었다.

아동 A의 변화를 살펴보면, 아동 A의 숲생활 전이 양상은 점진적으로 상승되는 경향성을 가진다. 또한 '만 4세에서 만 5세'의 평균 차이보다 '만 5세에서 만 6세' 평균의 차이가 더 큰 것으로 보아 아동 A가 꾸준히 숲생활에 전이하다가 '만 5세'에 이르러 이전 연령보다 큰 폭으로 전이가 향상된 것으로 예측할 수 있다.

좀 더 구체적으로 하위구성요소의 경향성을 살펴보면 생활 전이는 '만 5세', 교사 전이는 '만 6세'가 되어서 비약적인 발달을 하는 것을 알 수 있다. 이에 비해 또래 전이는 각각의 연령에서 발달을 하였다.

[아동 A 변화 그래프]

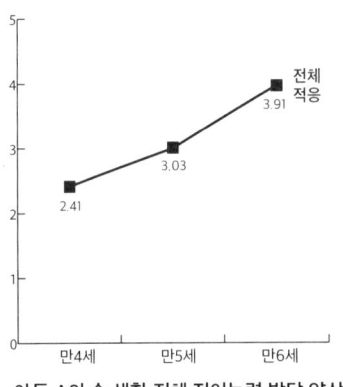

아동 A의 숲 생활 전체 전이능력 발달 양상

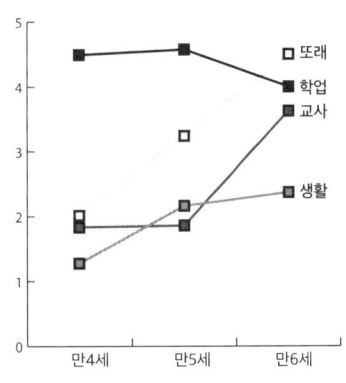

아동 A의 생활, 학습, 교사, 또래 전이 발달 양상

아동 B의 숲생활 전이 양상은 '만 5세부터 만 6세'의 전이 수준이 '만 4세부터 만 5세' 전이 수준보다 높은 것을 확인할 수 있었다. 이로써 아동 B의 숲생활 전이 능력은 연령의 증가에 따라 발달이 이루지고, 또한 특정 시기에서 이전의 시기보다 큰 성장을 보이며 발달한다는 것을 확인할 수 있었다.

아동 B의 변화를 살펴보면, 아동 B의 숲생활 전이는 하향할 때도 있지만 점진적으로 상승되는 경향성을 가진다. 또한 '만 4세에서 만 5세'와 '만 6세에서 만 7세'의 평균 차이보다 '만 5세에서 만 6세'의 평균 차이가 더 큰 것으로 보아 아동 B는 만 5세를 기점으로 이전 연령보다 큰 폭으로 전이가 향상된 것으로 본다.

구체적인 양상에 있어서는 생활, 학습, 교사 전이에서 연령에 상관없이 높은 수준을 유지하는 것으로 나타난다. 반면, 또래 전이 능력은 다른 영역에 비해 현저히 낮음을 볼 수 있다. 하지만 만 5세를 기점으로 또래 전이 능력이 큰 폭으로 상승하여 다른 영역들과 비슷한 점수로 안정성을 갖게 된다. 이는 아동 B가 특정 시기에 급격하게 성장하는 시기를 맞이한다는 것으로 볼 수 있다.

[아동 B 변화 그래프]

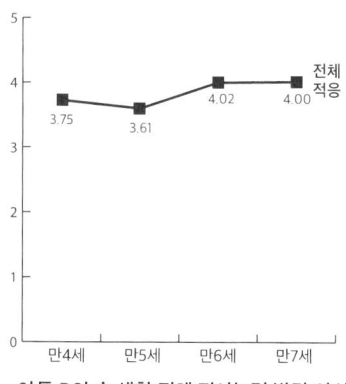

아동 B의 숲 생활 전체 전이능력 발달 양상

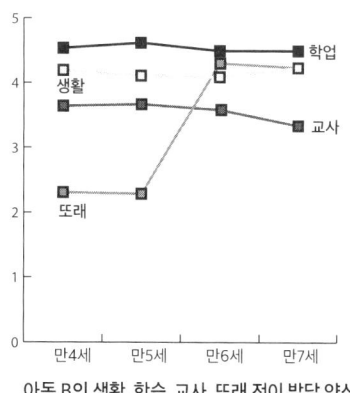

아동 B의 생활, 학습, 교사, 또래 전이 발달 양상

아동 C의 숲생활 전이 양상은 '만 7세에서 만 8세'와 '만 9세'로 구분 되어 '만 9세'의 전이 수준이 '만 7세에서 만 8세'보다 높을 것을 확인할 수 있었다. 이로써 아동 C의 숲생활 전이 능력은 연령의 증가에 따라 발달이 이루지고, 또한 특정 시기가 이전의 시기보다 큰 성장을 보이면서 발달이 증폭된다는 것을 확인할 수 있었다.

아동 C의 숲생활 전이 발달 양상은 '만 8세'를 기점으로 크게 상승되는 모습을 보인다. '만 7세에서 만 8세'보다 '만 8세에서 만 9세'의 평균수준이 큰 폭으로 상승하였음을 확인할 수 있다. 이로써 아동 C의 전이능력은 '만 8세'를 기점으로 발달의 큰 전환점을 맞이한다는 것을 유추할 수 있었다.

좀 더 구체적으로 하위 구성요소의 발달 양상을 살펴보면 그림과 같이 나타났다. 아동 C의 전체적인 숲생활 전이 발달 양상은 '만 8세'를 기점으로 급격하게 상승되는 경향성을 가진다. 이로써 아동 C의 전이 능력은 모든 영역에 있어서 '만 8세'를 기점으로 발달의 큰 증폭이 있었다는 것을 알 수 있다.

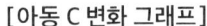

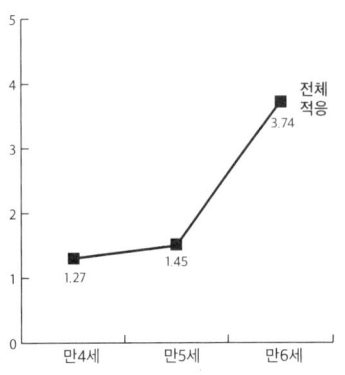

아동 C의 숲 생활 전체 전이능력 발달 양상　　아동 C의 생활, 학습, 교사, 또래 전이 발달 양상

넷째, 아동 D의 숲생활 전이 양상을 측정한 결과, '만 7세에서 만 9세'의 전이 수준이 '만 5세에서 만 6세'보다 높다는 것을 확인 할 수 있었다. 이로써 아동 D의 숲생활 전이 능력은 연령의 증가에 따라 발달이 이루지고, 또한 특정시기가 이전의 시기보다 큰 성장을 보이면서 발달이 증폭된다는 것을 알 수 있다.

아동 D의 변화를 살펴보면, 숲생활 전이 발달 양상은 '만 7세'를 기점으로 크게 상승되는 모습을 보인다. '만 5세에서 만 6세', '만 7세에서 만 8세', '만 8세에서 만 9세'의 평균 차이보다 '만 6세에서 만 7세'에서의 전이 수준이 큰 폭으로 높아졌음을 확인할 수 있다. 이로써 아동 D는 '만 6세'를 기점으로 이전의 연령보다 전이능력을 크게 상승시켰다는 것을 예측할 수 있다.

또한 구체적인 양상은 숲생활 전이 가운데 학습 전이와 교사 전이는 연령에 따른 큰 변화없이 일정한 수준을 유지하고 있는 것으로 나타난다. 반면 생활 전이와 또래 전이는 '만 5세와 만 6세' 사이 낮은 수준을 유지하다가 '만 6세와 만 7세' 사이 급격하게 상승되었음을 확인할 수 있다. 이로써 아동 D의 전이 능력은 '만 6세'를 기점으로 발달의

[아동 D 변화 그래프]

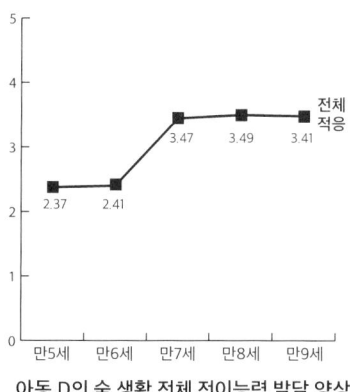

아동 D의 숲 생활 전체 전이능력 발달 양상

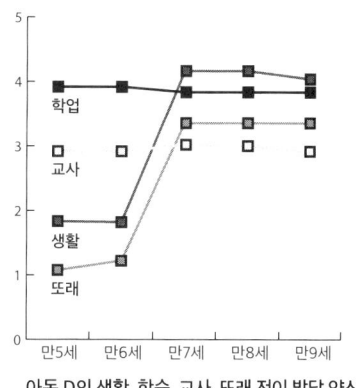

아동 D의 생활, 학습, 교사, 또래 전이 발달 양상

큰 증폭이 있었으며 이후 다른 영역과 마찬가지로 안전성을 유지하는 것으로 보였다.

위의 연구를 통해, 시간의 흐름에 따라 숲학교 아이들의 숲생활은 장기적으로 보면 긍정적인 방향성을 가지고 간다는 것을 알 수 있었다. 유치원 시기부터 초등학교 시기까지 숲에서 생활한 아이들의 전이는 긍정과 부정의 반복을 통해 긍정적인 방향으로 나아가고(발달하고) 있다. 아동 A의 경우 매년 의미있게 숲생활 전이를 잘 하는 것으로 나타났다. 반면 아동 B의 경우에는 만 4, 5세에는 의미있는 발달을 보이지 않았지만 '만 6세'에 가서 전이를 잘 하는 모습을 보였다. 아동 C의 경우는 만 7, 8세 때까지는 아주 낮은 전이 점수를 보였지만 '만 9세'에가서 비약적인 발전을 보였다. 아동 D의 경우 '만 5세'와 '만 6세'에 비해서 '만 7세'에 가서 전이의 비약적인 발달을 보였다.

결국 숲생활을 통한 발달은 어느 정도 시간이 필요로 하다는 것을 알 수 있다. 전이가 상향적 발달을 의미하지 않는다는 가정 하에서 보면, 전이는 항상 전진적이지도 후진적이지는 않다는 것을 알 수 있다. 그 시기 아이들은 전이하는 과정 중 끊임없이 뒤섞음chaos(혼돈)에서 질서order를 만들어 내고, 또 다시 혼돈 속으로 빠져 들어가며, 다시 질서를 만들어가는 것을 반복한다. 그리고 결국엔 하나의 긍정적 전이라는 큰 질서를 이루어낸다. 아이들의 전이는 점진적인 것이 아닌 비약적으로 도약하는 불연속적인 형태이다. 아이들은 어느 정도의 지점까지는 동일한 능력이 지속되다가 임계점이 넘으면 비약적인 적응을 한다. 어린 시기까지 숲에서 마냥 놀기만 하고 집단에서 행해지는 약속이나 질서와는 관계가 없는 듯 보이는 아이가 갑자기 질서를 지키고, 다른 사람의 마음을 이해하며, 집단의 약속을 지키고, 학습 능력에서도 갑작스러운 발달을 하는 것을 볼 수 있다. 교사나 부모가 이러한 비약적 전이를 인정할 때 불확실한 기다림이 가능하다.

또한 숲에서 생활한 아이들은 자기 자신만의 전이(발달)에 대한 고유한 프로파일을 가지고 있다. 아이들은 생활, 학습, 또래, 교사 등 각각 다른 영역에서 각기 다른 속도로 전이를 한다. 아동 A의 경우에는 생활면에서는 점차적인 발전을 보였지만, 교사 전이는 '만 6세'에 비약적인 발전을 보였다. 아동 B의 경우에는 또래 관계에서 입학 초기인 '만 4세'에 비해 '만 5세'에 낮은 점수를 보이다가 '만 6세'에 비약적으로 발달하였다. 생활면에서는 입학 초기인 '만 4세' 때가 '만 5세'와 '만 6세' 때보다 더 잘 전이 하였다는 것을 알 수 있다. 하지만 '만 7세'가 되면 안정적 전이의 단계를 볼 수 있었다. 이것은 숲에 오기 전 아동 B의 생활은 자기 자신의 내부에서 나온 것이 아니었기 때문으로 추정할 수 있다. 반면 학습과 교사 전이는 의미있는 발전이라고 볼 수 없다. 아동 C의 경우, 학습과 또래 전이는 '만 7세'와 '만 8세'까지는 전혀 발전의 모습을 보이지 않다가 '만 9세'가 되어 비약적인 발전을 보였다. 하지만 생활면에서는 입학 초기인 '만 7세'에 '만 8세' 때보다 더 양호하였다. 하지만 '만 9세'에는 안정적 적응을 해냈다. 아동 D의 경우 교사 및 학습의 적응은 변화가 없으나 생활과 또래 전이에서 '만 7세'에 갑작스러운 발전을 보였다. 아이들은 스스로 그리고 창조적으로 자기 자신의 숲생활 전이 프로파일을 만들어가고 있었다. 긍정적인 효과가 빠른 시간 안에 나타나기도 하며, 당시에는 나타나지 않았다가 아이들이 성장한 후 한참 뒤에 나타난 지연된 장기적 효과 sleeper effect(휴먼효과)를 가지고 올 때도 있었다. 이러한 결과는 숲이 모든 아이들의 속도에 맞게 성장할 수 있도록 구성원들을 기다리게 해주는 것도 큰 이유 중 하나라고 본다.

결국 숲에서 아이들은 또래와 어울려 놀이라는 창조적인 작업을 통해 각자의 고유한 전이(발달)시간을 가진다. 아이들은 자기 존재의 전이 시계에 따라 자기 존재를 찾아간다. 따라서 숲에서 자유롭게 논다는 것은 유아가 자기 존재를 알아가도록 하며 자기만의 발달적 시간에 따라 성장하도록 하는 교육적 활동이다.

2부

VII 숲교육 총론

지금까지 교육의 대상자였던 아이가, 숲에서는 교육의 주체가 되어, 스스로 자기 내면의 주체적 존재를 발현시킨다.
…
가르치는 사람이 정해져 있는 것은 아니다. 가르칠 수 있는 사람이 없을 수도 있다. 그래서 아이들은 주변의 환경을 최대한 활용하여 가르치는 사람을 찾기도 하고, 스스로 배우기도 하며, 자신의 앎의 폭을 넓혀간다.

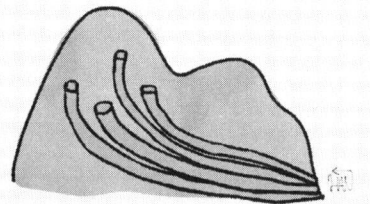

내 숲교육은 유아교육에서 시작하여 초·중등교육으로 확산되고 있다. 유아교육에서 시작한 숲교육은 독일식 숲 유치원의 모형을 한국적 맥락에서 접목하였다고 하기도 하고, 생태유아교육에서 시작하였다고 말하기도 한다. 숲교육은 인간 본성에 기인하기에 나라마다 달리 해석되지는 않는다. 자연을 지향하는 숲교육을 인간이 만든 인위적 개념인 국가를 기준으로 독일식, 한국식, 덴마크식, 스위스식, 노르웨이식 등으로 구분해서는 안된다. 독일식 숲 유치원의 개념도 받아들일 수 없듯이 한국식 숲 유치원이라고 말하는 것도 무리가 있다. 숲교육의 주체는 국가나 교사, 그리고 어느 특정한 단체가 아니다. 숲교육의 주체는 그 시간과 공간 속에 있는 모든 이들에 관한 이야기이기에 규정할 수도 없고 해서도 안 된다. 다만 기술할 수 있을 뿐이다. 이 책의 프롤로그에 내가 속한 '하리숲학교 이야기'를 부제로 정한 이유이기도 하다.

한편, 생태유아교육의 범주로 숲교육을 접근하는 관점도 있다. 숲교육을 생태교육의 선상에 위치시키는 입장에서는 기계론적 세계관, 인간 중심적 세계관, 그리고 산업화 등에 의해 파괴된 생태적 위기로 부터 벗어나 자연 친화, 생명중심 세계관으로의 전환을 추구한다. 생태교육에서는 인간의 개인주의, 이기주의를 극복하고 모든 생명이 함께 공생하는 생명공동체로서의 더불어 함께하는 자연친화적인 삶(교육)을 실현하고자 하였다. 하지만 자연친화적인 교육이라고 하였을 때 '친화적'이라는 말은 그 자체가 주종관계를 의미하며 지배와 피지배의 구조 속에 통용되는 개념이다. 생태교육에서의 인간의 자기 초월 욕구에 대한 인위적인 억제는 오히려 옳지 못하다. 국내 생태교육의 경우 생태적 위기를 서양사상에서 찾았으며 이에 대한 대안으로 동양사상을 통해 극복하고자 하였다. 그 결과 동양의 전통신앙과 숲을 결합하게 되었고 이를 교육의 내용 측면에서 접근하였다. 국내 생태교육에서 주장하는 교육과정(내용)화 된 숲교육에는 생명이 가지고 있는 포괄성과 생태가 가지고 있는 거부할 수 없는 당위성 등이 존재하는 것은 사실이다. 하지만 동양의 전통신앙과 숲을 결합하고, 이를 교육의 내용 측면에서 접근하여 종교적 색채를 띠고 있으며, 이론화된 학문(교육학)적 기반이 아닌 사변화된 구호에 치우쳐 있다. 이러한 이유 등으로 생태교육을 숲교육으로 치부해버리는 것은 무리가 있다. 이제 숲교육은 교육현장에서 좀 더 교육학적 관점으로 해석되어야 한다.

숲교육을 교육학적 관점으로 해석하기 앞서, 흔히 교육학에서 제시하는 교육목표는 무엇인지, 교육내용 및 교육과정, 그리고 교수학습방법과 평가 등에 관해 이야기할 필요가 있다.

숲교육을 학습본능이라고 언급하면서, 과연 기존의 교육목표, 교육내용, 교수학습방법, 평가 등의 개념을 사용하여 숲교육을 논의하는 것이 적절한지 의문이다. 기존의 교실교육에서 사용하는 개념을 통해 숲교육을 이야기하는 것 자체가 무리일 수 있다. 그러나 이러한 고민에도 불구하고, 숲교육에 관해서 이야기할 때, 기존 교실교육에서 사용하는 언어, 즉 이미 익숙해진 언어를 통하여 숲교육을 이야기함으로써 기존 교육과의 비교가 가능해지고, 이해가 용이할 수 있을 것으로 판단된다. 이에 익숙했던 교육학 용어들을 '낯설게 보기(해체하기)' 작업을 함으로써 숲교육의 정체성을 발견하고자 한다.

이하에서는 숲교육의 교육내용에 대해 고정된 지식 개념을 역동적인 일상으로 보았으며, 교육활동 모형을 세 가지로 제시하였다. 또한 교사의 교수학습방법을 교사의 실천적 참여로, 평가를 아이들의 일상 기록하기로, 그리고 교사를 학습공동체 구성원으로서 제시하였다.

1
'앎'이 아닌 '알다ing'

숲교육을 위한 지식의 렌즈

교육프로그램의 목적과 목표를 설정하는 것은 방향과 체계를 구축한다는 점에서 중요하다. 물론, 숲교육이 교육프로그램 종류 중 하나인지에 관한 논의는 일단 유보하겠다. '교육목적'은 교육에서 지향하는 궁극적인 이념을 구체화한 것으로 상당히 추상적이고 일반적이다. 따라서 '교육목적'은 즉각적인 성과를 나타내기보다는 장기적으로 실현될 수 있는 이념이다. 이에 비해 '교육목표'는 직접적으로 의도된 것으로, 교육목적에 비해 구체성을 띠며, 다분히 의도성을 내포하고 있다. 흔히 일반교육현장에서 사용되는 교육목표는 학습자의 양적 성장을 지향하기 때문에 단기간에 달성해야하는 목표를 세워놓고, 그 목표에 따라 학습의 기간과 내용, 방법 및 평가까지 규정하게 된다.

반면, 숲교육은 기존의 교육 목적과 목표의 속성처럼 의도와 계획을 가진 일련의 활동만을 의미하지는 않는다. 숲교육은 누군가가 의도

[객관주의 인식론]

하고 계획하는 주체와 그를 따르는 객체의 구별이 없다. 그래서 교육목적과 목표의 역할을 규정하는 기존 패러다임만으로 숲교육을 해석하는 것은 다소 무리가 있다.

지식을 어떻게 인식하느냐에 따라 교육내용이 달라진다. 지식을 인식하는 방법에는 객관주의 인식론, 상호주관주의 인식론, 상호객관주의 인식론 등이 있다.

우선 객관주의 인식론은 행동주의와 인지주의 패러다임에서 주장하는 것으로 본질적인 구조나 진리가 이미 존재한다는 것을 전제로 한다. 여기에서 학습은 객관적인 세상을 익히는 것이다.

반면 상호주관주의 인식론은 구성주의에서 주장하는 것으로 지식을 보편적이지 않는 것으로 보았다. 여기에서 지식은 '해석'의 문제이다. 그래서 지식을 담은 '세계'와 '세계에 대한 기술'은 분리되어 여전히 '객체'와 분리된 '주체'를 필요로 할 수 밖에 없다. 그러나 지식(앎)이 '주체'에 의한 해석이라고 해서 '주체'의 마음대로 이해하는 것은 아니다. 결국 상호주관주의에서 지식(앎)은 세상과 유리된 채 개인의 의지대로 해

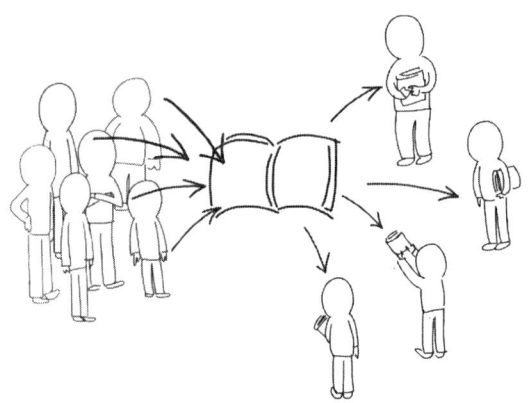

[상호주관주의 인식론]

석되는 것이 아니라 사회문화적 맥락에서 해석된다.*

한편 상호객관주의에서는 존재론적으로 주체와 객체의 구별이 없고, 오직 객관과 객관의 관계만 존재한다. 이들 객관들은 서로 두 객관 간에 혹은 여러 객관과 구조적으로 접속되어 있다. 여기에서 구조적으로 접속되어 있다는 것은 각 객관들이 접속과 소통을 통해 서로를 변화시키고 각자 자신들도 변화하는 것을 의미한다. 자신의 변화는 외부의 힘에 의해서가 아니라 자신의 구조에 의해 결정된다. 그것은 자신도 하나의 복잡계이기 때문이다. 접속 자체가 인식이며, 학습의 과정이자, 각자의 구조가 변하는 과정이며 각자의 삶이 변하는 과정이다.[1] 숲교육에서 앎, 즉 학습의 결과는 단순히 학습자의 뇌나 신체에 구성(행동의 변화, 사고구조의 변화, 내면화)되는 어떤 것이 아니라 삶 자체이며, 학습자를

---

* 그 결과 구성주의에서 '주체'와 '객체'를 분리하여 '주체'에게 '해석'의 특권을 주는 것은 객관적 실재를 인정하는 것이고 이는 인식론적으로 '잘못된 해석'의 개연성을 전제로 할 수 밖에 없다. 나아가 여러 가지 '해석'이 있을 경우 어느 해석이 '잘못 된 것'인지 또는 실제에 부합하지 않는지 등에 관해 누가 확증하느냐 하는 문제가 여전히 남는다.

[상호객관주의 인식론]

포함한 공동체의 변화인 '(행)함'이다. 앎(지식)은 우리 안에 있거나 우리 밖에 있는 것이 아니라 우리가 뭔가를 할 때 비로소 알게 된다. 이러한 '함'과 '앎'을 통해 세상은 만들어 진다. 우리가 인식하는 것은 객체인 대상을 인식하는 것이 아니다. 그것은 대상에 대해 각 개개인이 가진 신체적 변용으로, 개인과 대상의 관계로부터 상호객관적interobjectivity으로 만들어지는 것이다. 여기에서 지식은 절대적인 진리이든, 사회문화적 맥락 안에서 구성된 객관적인 것이든, 모두 탈주체화된 채 주체의 일부로 상호객관적 이미지로 산출되어 존재한다.† 이러한 이유로 아이들의 일상 그 자체를 앎이라고 말할 수 있다. 지식은 객관주의에서 상호주관주의로, 다시 상호객관주의로 그 인식의 지평을 넓혀가고 있다. 하지만 교육에서 이러한 세 가지 인식론은 결코 어느 하나를 절대시해서는 안 된다고 본다.

---

† 내면화되지 않아도 내면화된 것처럼 가용할 수 있다는 의미이다.

구체적인 지식의 적용(이론과 실천을 넘어서 일상으로)

이렇게 지식(앎)은 인식론에 따라 달리 규정되고 그에 따라 학습과 교사와 아이의 역할이 달라진다. 그동안 교실교육에서 지식(앎)은 교육의 '내용'이었지만, 숲교육에서 앎은 '내용' 못지않게 '행위'를 중요시한다.

교실교육에서 '지식'은 내용이며, 이론과 실천으로 나뉜다. 여기에서는 앎을 객관적으로 자명한 것으로 보고 추상에 의한 일반성을 추구한다. 그래서 이론은 상대적으로 실천과 분리하여 규칙, 원리, 지침 등 명제의 형태로 명시하는 것이 가능한 앎이다. 이에 비해 실천은 구체적이며 특수한 것으로, 명제로 명시되지도 않고 이론화의 대상도 되지 않으며 오직 실천되는 과정을 통해서 존재가 드러나는 암묵적 앎이다.

여기에서 이론과 실천은 하나의 광범위한 맥락이며, 순환적 관계이다. 이론은 엄밀한 규칙 및 규준 등 명시적 앎에 기반하여 대상과 범위 그리고 자료의 성격, 해석 방법과 기술의 형태를 면밀히 검토한다. 이런 측면에서 불확실하고, 명확하지 않은 앎은 배제된다. 반면, 실천에서는 규칙이나 규준은 존재하지 않는다. 실천에서 앎은 문제가 발생하는 딜레마 상황을 성찰하면서 일반적으로 응용될 수 있는 규칙으로 환원될 수 없는 실천적 맥락에서 생겨나고 재구성되는 것이다.[2]

고대와 중세의 철학자들과 마찬가지로, 현대의 피터스와 허스트Peters & Hirst는 앎에 대한 (이론적)합리성을 추구하였다. 여기에서 합리성은 지식 추구와 관련되어 있으며, 합리적인 삶을 추구하기 위해서는 다양한 삶의 형식을 반영하는 인류 문화유산의 집적체集積體인 지식의 형식을 중요시하였다.[3]

지금까지 우리나라의 교육은 이러한 이론적 혹은 명제적 지식의 추구를 강조하는 주지주의 교육에 당위성을 부여해왔다. 유치원에서부터 중고등학교에 이르기까지 이루어지는 모든 교육이 주지주의 교육을 평가하는 대학입시에 초점을 맞추고 있다. 대학입시는 형평성이라는 큰 아젠다에서 계획되고 수행되다 보니 학교에서 가르치고 배우는 것 대부분이 이론적(명제적) 지식으로 구성될 수밖에 없으며, 이론적 지식인 명제적 지식을 평가하기 적합한 4-5지 선다형의 지필고사로 아이들을 평가할 수밖에 없다.

교육에서 주지주의를 주장하는 사람들은 대부분 명제적 지식을 중요시하여 이론적 작용이 실천에 우선한다고 주장한다. 하지만, 누군가가 어떤 일을 수행할 때 그에 수반되는 실천적 문제와 관련한 행위는 어떤 규칙이나 원리에 의한 선행적인 이론적 작용에 의해 일어나지는 않는다. '사실이나 명제를 아는 것(명제적 지식)'과 '하는 방법을 아는 것(절차적 지식, 방법적 지식)'은 다르다. 아는 것에 대해 이야기하고자 할 때 명제적 지식은 방법적 지식에 비추어 더 잘 규정될 수는 있다. 하지만 그렇다고 명제적 지식이 방법적 지식으로 환원될 수는 없다. 실제로 방법적 지식은 이론과 적용되는 원리인 명제적 지식에 대해 알지 못한다 해도, 전혀 문제가 되지 않는다.[4] 라일Ryle은 지식교육에서 '아는 것 knowing'을 '명제를 아는 것knowing-that'으로 여겨 명제적 지식이 특권적 위치를 차지하는 것을 비판하였다.

현행 교육은 '사실에 대한 앎'과 '방법에 대한 앎'을 나누어 그것을 '본질적 지식/절차적 지식', '지식/기능'이라고 나누어 파악하고 있다. 이것은 일차적으로는 가네Gagné의 학습영역 분류 이론에 따른 결과이며, 더 거슬러 올라가면 '정신과 육체'의 구분이라는 데카르트Descartes의 이분법에 의한 분류이다. 본질적 지식, 이론, 명제적 지식 등이 각각 동일한 범주이고 절차적 지식, 기능, 실천, 방법적 지식 등이 또한 각각 동일한 범주이다. 하지만 명제적 지식이든 절차적 지식(방법적 지식)이든 사실을 아는 것에 지나지 않는다.

　숲교육에서 앎을 기존의 이분법적이고 내용 중심의 앎의 방식으로 이해해서는 안된다. 이에 대해 라일Ryle의 '예지叡智; intelligence'의 개념이 숲교육에서 앎의 개념을 설명하기에 용이하다. 라일Ryle은 이 개념을 통해 명제적 지식과 방법적 지식으로 구분된 이원론을 극복하고자 했다. 여기에서 '예지'는 '무엇을 하고 있는지' 그리고 '그것을 하고 있다는 사실을 동시에 생각하는 것'이란 의미가 내포되어 있다.

　라일에 따르면, 예지적intelligent인 것은 지적intellectual인 것에 의해 규정할 수 없다. 그리고 방식에 대해 안다는 것knowing how을 사실을 안다knowing that에 의해 규정할 수 없다.[5] 여기에서 예지적 행동은 이론을 대신하지 않는다. 그래서 명제적 지식인 일반적인 원리나 법칙을 지적으로 인식한다고 해서 예지적 행위로 이어질 수 있는 것은 아니다. 여기에서 이론은 마음의 특질을 보여주는 수많은 활동 가운데 하나로 볼 뿐이다. 그래서 사람들은 유효한 실천efficient practice의 규칙이나 원리 등 이론에 대하여 알지 못해도 예지적 행위를 할 수 있다. 심지어 일부 예지적인 행위는 거기에 적용되는 원리들을 사전에 몰랐다고 하더라도 전혀 문제가 되지 않는다.[6] 중요한 것은 그 원리들을 적용할 줄 아는 능력이 있느냐 없느냐이다.

　실제 사람들은 자신들의 과제를 수행하기 위한 규정이나 원리를 고려하는 것이 아니라 수행 자체를 고려한다. 예를 들어 권투선수의 탁월함은 권투시합에서 실제로 어떻게 싸우는 가에 있을 뿐 권투에 대한 이론이나 전략에 있지 않다. 또한 외과의사의 탁월함은 정확한 손의 움직임에 의한 것이다. 그렇다고 해서 권투선수와 외과의사의 지식(지적 작용)을 부정한 것은 아니다. 이들이 수행하는 행위에는 지식이 적용되는 추가적인 발휘가 포함되어야 한다.

이렇게 라일Gilbert Ryle의 예지의 관점에서 '앎'을 바라보면, 앎은 '무엇을 아는 것'이나 '무엇을 할 줄 아는 것'으로 규정지을 수 없다. 그래서 이 둘을 구분짓지 않는다. 라일Gilbert Ryle이 앎을 이론과 실천으로 분류할 수 없다고 했듯이 교육도 주체와 객체로 분리할 수 없다. 숲교육에서 앎은 주체가 객체를 알아가는 것이 아니라 존재들 간의 관계이다. 타존재를 통해서 내가 모르는 것을 채워가는 것(내면화)이 앎은 아니다. 앎은 존재와의 조우로, 존재 대 존재로 만나는 것이다.*

그동안 교실교육에서 앎은 다소 추상적인 '내용' 중심이었지만, 숲교육에서 앎은 현실 사회의 '실재'이다.† 실재는 '행위'로 나타나며, '행위'는 진행 중인 아이들의 일상이다.

실체적 역동성으로써 앎(알다ing)

앎의 시작은 이미 자신이 알고 있다는 사실, 즉 학습본능을 가지고 있는 주체자로서의 자각이다. 아이가 숲에서 놀다가 스스로 무엇인가에 대해 궁금한 것이 생겼을 때를 보자. 기존 교실교육에서는 궁금한 대상 자체가 앎이다. 하지만 숲교육에서는 '궁금해 하는 상황 자체'가 앎이다. 그리고 궁금해 하는 자신을 타존재(궁금해 하는 대상)와 관계 맺는 것이 '앎의 행위(알다ing)'이다. 그래서 앎은 행위를 아우른다. 앎의 행위

---

* 앎은 주체가 타존재를 이해하는 것이 아니라 타존재와 자신이 관계 짓는 것을 의미할 때 그 기능을 제대로 담당할 수 있다. 물론 관계를 지을 때 이해하는 것이 전제한다고 이야기할 수는 있다. 하지만, 이해라는 것은 주체가 있는 것이라는 점을 고려할 때 관계 짓는 것과 이해하는 것은 엄연히 다르다.

† 숲교육에서 아이들의 현실 사회의 실재는 일상 그 자체이다.

는 '나'라는 존재를 딛고 있으므로 앎은 주체와 떨어져서 주체 밖에 존재하는 그 무엇이 아니다.

숲교육에서는 교육의 주체와 객체가 구분되지 않고, 행위가 아우러진 '관계맺기'가 '앎'이다. 여기에서 관계맺기는 대상과 대상의 직접성을 전제로 하기에 아이들이 직접 생활하는 일상일 수밖에 없다. 더 나아가 고정된 그 무엇이 아니라 역동적인 탈시간의 개념일 수밖에 없다. 결국 앎은 규정된 대상이 없기에 계획되고 구조화된 방식이 아닌, 비구조적인 방식으로 해결될 수밖에 없다.

지금까지 교실교육에서는 데카르트 이후에 팽배되어 온 이원론적인 사고에 매몰되어 아이들의 삶을 놀이와 학습으로 구분했다. 하지만 라일Ryle의 예지 이론에서 볼 수 있었듯이 모든 것을 이원론으로 해석해서는 안 된다.

이원론적 해석이 힘을 잃은 숲교육에서 아이들의 일상은 놀이이며, 학습이다. 무엇인가 가르치지 않아도 일상인 놀이 속에서 문제를 발견하고, 방안을 강구해 가는 모습은 단순히 학습의 과정 혹은 문제해결의 과정으로 결론지을 수 없는 예지적 행위이다.

숲교육에서 앎*은 객관으로써의 주체와 객관으로써의 객체 사이에서 창발된다. 여기에서 두 객관은 행함이 되고, 변화를 가져오고 이러한 행함과 객관의 변화는 다시 앎의 변화를 가져오는 순환이다.[7] 각 객관들은 서로 구조적으로 복잡하게 연결되어 있으며 서로 변화시키고 자신도 변화시킨다. 자신의 변화는 구조 때문이다. 앎은 그 자체의 속성

---

* "지식이란 무엇인가?" "무엇인가를 안다고 할 때, 그것은 어떤 상태인가?" 등의 기본적인 질문은 인식론으로 지식에 대한 철학의 한 탐구분야이다.

상 복잡성을 띤 구조로 되어 있다.

하지만 일상을 어떠한 전제 없이 앎이라고 규정하기에는 무리가 있다. 이러한 앎의 구조 간의 연결은 찰나적이며 연속적으로 이루어진다. 그래서 숲교육에서 '앎'은 앎의 진행상태인 '알다ing'이다.† 실제 숲에서 아이들의 일상은 끊임없이 유동하는 세계에서 일어나는 새로운 문제들로 채워져 있다. 교실교육에서는 이러한 문제를 해결하는 것을 학습의 목적으로 중요시 여긴다. 하지만 숲의 아이들에게 문제 해결을 학습의 목적으로 제시하는 것은 불가능한 일이다. 왜냐하면, 문제를 해결하는 순간 새로운 문제가 나타나기 때문이다. 숲에서는 끊임없이 문제가 발생한다. 그 문제는 아이들이 주체가 되어 또 다른 주체인 숲과 만나면서 새롭게 만들어 낸 문제들이다. 숲교육은 기존 교육처럼 문제의 해결방안에 종속되지 않는다. 숲교육에서 교육내용인 '알다ing'은 문제에 대한 해결방안이 아닌 문제 자체를 만들고 구성하는 과정이다.‡ 결국 이 의견에 따르면 학습(배움)은 어떤 내용을 공부하는 것이라기보다는 지식이 창발되는 현상이다. 그래서 앎은 항상 기존의 의미나 인식체계를 와해시키고 새로운 의미와 인식을 생성한다. 앎은 그 자체로써 보다 문제를 만들어 내는 과정인 '알다ing'으로써 가치가 있다.

---

† 알아가는 과정 그 자체인 알다ing은 현재진행형의 의미가 있다. 이것을 우리말로 표현하기보다는 ing를 붙여서 표현하는 것이 독자들이 이해하기 용이하다고 본다.

‡ 이러한 것은 복잡성 이론의 자기 조직화 과정으로 설명할 수 있다. 자기 조직화는 아이들이 지식을 스스로 조직하면서 환경에 적응하는 복잡계를 학습체계(learning system)로 본다. 학습체계는 그 자체가 하나의 인지 단위이며 학습은 지속적으로 일어나는 회귀인 적응 노력을 통해 역동적인 환경 안에서 그 계가 응집력을 유지하는 것이다.

숲교육에서 지식 모형

지식을 일상의 관계함, 그것도 진행중인 '알다ing'로 보았을 때, '앎'은 아이들 내면에 존재하고 있다는 것DKK : You don't know what you know 에서 시작된다.

앎은 알고 있지 않는 것에 새로운 무엇인가 덧붙여서 생기는 것은 아니다. 숲교육에서는 자기 내부에 존재하는 앎을 발견하는 과정인 '네가 알고 있는 것을 발견하라KK : Know What you know'를 교육의 출발로 본다. 아이들은 학습본능을 가진 주체로서, 무엇을 알고 있는지 확인 하는 과정이 앎에 접근하는 방식이다.

알고 있는 것이 정교화 되어, 알고 있었던 것에서 덧붙여지는 체득 과정이 앎이다. 반면, 기존의 교실교육 패러다임은 아이들은 '모른다 DKDK : You don't know what you don't know'를 전제한다.* 여기에서 앎은 '무엇을 모르는지 깨닫는 것KDK : Know what you don't know'의 과정이다. 그래서 교실교육에서 앎은 고정된 것(지식: Knowledge)으로 자기가 무엇을 모르는지를 알게 하는 데 목적이 있다. 그 결과 알기 위해 세미나를 듣고, 학교를 찾는다. 이것은 알아야 할 객관적인 앎이 있기 때문이다.

하지만 숲교육에서의 앎인 '알다ing'은 'Doing, Finding'으로, 안다는 것(지식)은 고정된 것Knowledge이 아니라 진행 중인 앎의 과정이다. 진행중인 앎의 과정이기에 과정평가인 포트폴리오나 일화기록 등의 평가를 해야한다.

---

* 기존 교실교육론자들이 이러한 것에 대해 부인하려고 하여도 현실은 아이들이 알지 못한다는 것에서 출발한다.

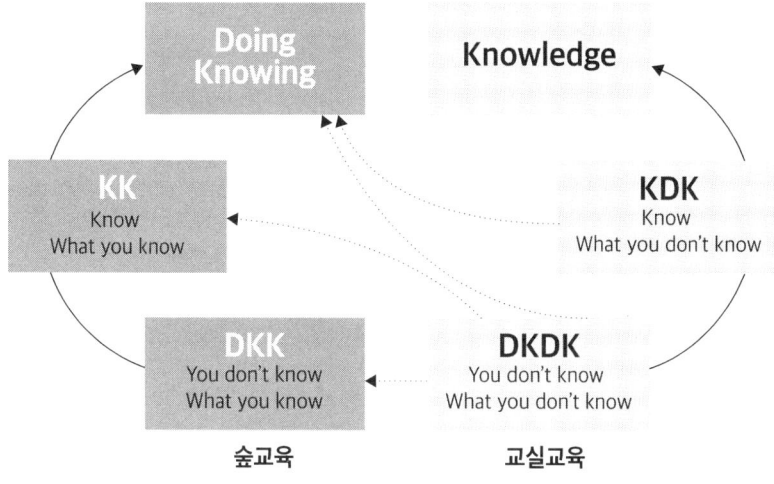

[숲교육과 교실교육에서 앎의 과정]

　숲교육에서 앎은 '무엇을 안다'는 것, 즉 앎에 선행되는 앎으로부터 출발한다. 이것은 일찍이 소크라테스Socrates의 '메논의 패러독스'라는 주제에서 나온 것으로 사람은 대상에 대해 알지 못하면 그 대상에 대해 아는 것이 불가능하다고 전제한다. 그래서 소크라테스Socrates는 어떤 것을 알지 못한다면 그 일에 대해 물음이나 관심을 가지는 것이 불가능하기 때문에 알지 못하는 것을 아는 것은 불가능하다고 말한다. 그러므로 사람은 이미 알고 있는 것을 안다고 하며, '안다고 하는 행위'는 알고 있는 것을 상기함으로써 달성된다. 결국 앎은 존재하는 실재가 아니라 내 안에서 받아들여야 하는 인식의 가용치이다.[8]

　숲교육에서 아이들이 '앎'에 접근하는 방식은 '앎은 아이들 내면에 존재하고 있다'는 것을 전제한다. 이렇게 아이들이 이미 알고 있다고 전제했을 때 교육이 '연결(관계맺기)'이라는 것을 논리적으로 설명할 수 있다. 아이들은 새로운 것을 알아가는 것이 아니라 '알고 있는 것을 깨닫는 것'이다. 알고 있지 않는 것에서 새로운 것이 덧붙여지지는 않는다. 학습본능을 가진 주체로서 자신이 무엇을 알고 있는지 확인하는 것이 앎에 접근하는 방식이다. 알고 있는 것이 더 정교화되어, 알고 있었던 것에 덧붙여지는 앎의 체득이 앎의 과정이다.

내면화에서 관계맺기로 재개념화되는 지식

지식을 계열화하고 체계화하여 학습자의 변화(지식의 내면화)를 목적으로 하는 기존의 교육과정으로는 4차 산업사회의 무한한 정보 세계의 복잡성 체계에 대처할 수 없다. 지식과 지식들이 창발하여 새로운 지식들이 끊임없이 창발되어 만들어진 지식(데이터)의 양이 너무 방대해지기 때문이다. 그래서 무한한 정보 세계의 복잡성 체계에서 무엇을 아는 것과 할 줄 아는 것은 의미가 없다. 복잡성 체계는 이미 우리의 삶을 잠식하고 있지만, 교육적 현실은 내면화된 지식의 양*을 학습의 결과로 받아드리며 교육의 효과로 기대하고 있다. 이것은 아직도 앎에 대한 관성을 탈피하지 못하고 있음을 의미한다.

 오늘날 네트워크로 연결된 복잡성 체계에서는 필요한 지식을 언제 어디서든 얻을 수 있다. 이때 공유된 기억의 양은 사실상 무한하다. 기술은 인간을 대신하여 학습하고, 기억하며, 최선의 조건에 맞추어 필요하다고 판단되면 적절히 가공하고 선별해서 최적의 결과물을 만들어 줄 수 있는 사회가 되었다.

---

* 현재 교육의 주류 패러다임인 구성주의에서 주장하는 학습의 결과로써 내면화된 지식의 양은 복잡계에서 무한히 생성되는 지식을 감당할 수 없다.

지금까지 학습하고, 기억하고, 판단하는 것은 두뇌의 역할이었다. 하지만 이젠 그것을 실시간으로 외부에서 진행해 주고, 그래서 마치 내가 스스로 하는 것과 거의 같은 결과를 가져올 수 있다. 이제는 내 몸 바깥에 놓인 두뇌, 즉 외뇌 또는 엑소브레인Exobrain의 시대가 도래하고 있다.

엑소브레인 시대에서 앎은 연결이다. 연결을 위해서는 타존재와 관계하고, 그 존재들을 관계지어야 한다. 엑소브레인과 관련하여 교육에서는 무엇을 알고, 무엇을 할 줄 아느냐 보다 그것들과의 관계가 중요시 된다. 세상에 널려져 있는 존재들이 나와 관계하기 위해서 나에게 의미있는 것이어야 한다. 아이들은 타존재인 사람, 사물과 관계를 맺는다. 그 중 사물과 관계를 맺을 때는 예전엔 그냥 지나쳤을 것들을 의미 있게 마주했을 때 관계맺기가 시작된다. 사물을 이야기하고, 그려보는 가운데 예전에 자신에게 의미 없었던 것들이 의미있게 다가온다. 그 의미있는 마주함은 자기 존재를 찾는 것에서 시작한다. 자기 존재와의 마주함(관계맺기)은 다양한 종류의 타존재를 인식하게 하는데 도움이 된다. 숲은 존재와의 관계를 중요시하는 교육 패러다임이다.

2
어울려 가야 할
세 가지 길*

이미 언급한 바대로 유럽의 숲교육은 국가에서 가르치는 획일성에 대한 반발과 자연으로의 회귀 등 자연주의적 사상의 바탕에서 시작하였다. 반면, 국내 숲교육은 국가(산림청)로부터 시작되어, 방송 프로그램을 통해 소개된 후 국가수준교육과정에 대한 보완으로 자리 잡기 시작되었다는 점에서 유럽의 숲교육과 그 출발지점에 있어 많은 차이를 보인다. 그것은 우리나라의 숲교육을 국가수준교육과정과 별개의 교육과정으로 간주해서는 안 된다는 것을 시사하기도 한다. 또한 독일 등 유럽에서 제시한 숲 유치원 아이의 초등학교 적응의 긍정적인 결과가 과연 한국의 학교 문화에도 적용될 수 있을 지는 의문이다. 왜냐하면 한국의 초등학교 문화는 독일 등 유럽에 비해 구조적이고, 정형화되어 있기 때문이다.†

---

* 숲교육 모형은 2015년에 생태유아교육학회에 처음 소개되었으나, 여기에서 적용하는 부분과 상당부분 차이가 있음.

† 유치원에서 초등학교로의 원활한 전이를 위해 초등학교 입학 전 2학기가 되면 유치원 교육과정을 초등학교처럼 정형화시키는 시도들도 행해지고 있다.

숲교육 교육과정 모형은 전반적으로 공통성이 아닌 주체성(개별성, 특이성, 새로움의 창조)에 기반하고 있다. 들뢰즈Deleuze가 언급한 것처럼 '홈 패임'을 기반으로 한 교육과정의 모형이 아닌, 우연과 마주침을 기반으로 한 '매끄러움'을 중심으로 재개념화되고 있다. 아래는 숲교육에서 적용할 수 있는 교육과정의 세 가지 모형을 소개 한 것이다.

Be Known: 정해진 내용을 아는 것
Knowing: 아이들이 선정한 내용을 정해진 내용에 맞추어 아는 것
Doing, Finding: 무엇인가 하는 것

[숲교육 모형]

숲교육 모형은 FiC(Forest in Curriculum), CiF(Curriculum in Forest), FaC (Forest as Curriculum)의 세 가지 유형이 있다.‡ FiC모형은 국가수준교육과정이나 교사, 부모가 필요하다고 여기는 교육과정의 내용을 편성하

---

‡ 모형은 수년간 숲교육을 하면서 숲교육과정에 대한 고민과 경험을 연행적 문화기술방법을 통해 분석하여 국내 학회지에 게재한 내용이며, 2015년에는 바르셀로나에서 개최된 유럽유아교육학회에서 발표한 것이다. 실제 필자가 연구공간으로 분석한 하리숲학교의 교육과정은 FiC에서 CiF, FaC모형으로 패러다임이 전환되어 갔다. 물론 이러한 모형의 전환은 발전적으로 의미있는 것이지만, 모든 모형이 나름의 교육적 의미를 가지고 있다.

여 숲에서 구현하는 것이다. 이 모형은 숲의 구성물(재화)을 교재교구로 사용한다. FiC모형은 교육과정의 내용을 편성하는데 교사가 주체가 되며, 대집단을 대상으로 한다. 여기에서 배움은 '정해진 내용을 아는 것Be Known'이며, 교수법은 '놀이를 통한 교수학습 접근법Learning-and-teach through play approach'을 주로 한다.

CiF모형은 교육과정의 내용을 편성하는데 교사와 아이가 주체가 되며, 대집단과 소집단을 대상으로 한다. 여기에서 배움은 아이들이 선정한 내용을 '정해진 내용에 맞추어 아는 것Knowing'이다. 교수법은 '놀이 촉진 접근법Facilitate-play approach'을 주로 한다.

FaC모형은 교육과정의 내용을 편성하는데 교육주체 간의 관계가 대상이다. 여기에서 배움은 '무엇인가 하는 것Doing이며, 찾는 것Finding'이다. 교수법은 '놀이 신뢰 접근법Trust-in-Play approach, Hand-off approach'을 주로 한다.

FiC모형이 시간 패러다임이었다면, CiF모형과 FaC모형으로 갈수록 공간 패러다임으로 전환되어가고, 교수학습은 비구조화된다. 주체는 FiC모형에서는 교사, CiF모형에서는 교사와 아이, 그리고 FaC모형에서는 교사와 아이들 그리고 숲이 주체가 된다.

교육과정의 구조적 측면에서 보자면 FiC모형은 교사에 의해서 계획된 구조화된 모형이다. 그리고 CiF모형은 아이들의 일상인 놀이에서 교육과정이 계획된다. 교육계획은 비구조화된 아이들의 놀이에서 시작하여 반구조화된 교육과정을 수행한다. 반면, FaC모형은 놀이 자체가 교육과정으로 교사는 적극적 관찰을 통하여 아이들의 일상에서 교육적 의미를 발견하고, 학습공동체의 구성원으로서 교사는 선지식을 가지고 실천적 참여를 해야 한다.*

　　세 모형은 각자가 처해 있는 여건에 따라, 특정 모형을 중심으로 계획하는 것도 좋고, 세 가지의 유형을 상황에 맞게 혼합하여 운영하는 것도 좋다. 다만 세 가지 유형을 다 혼용하여 사용할 때는 지금 어떤 모형을 사용하고 있는지 명확하게 인식하고 있어야 한다.

　　숲교육에서는 학습본능의 개념이 적용되는 FaC모형이 주가 되어, CiF모형과 FiC모형을 적용하는 것이 바람직하다. 실제 처음 숲에 갔을 때 교사는 아이들을 숲에서 놀게 하는 '숲 자체가 교육과정FaC'의 모형으로 접근해야 한다. 이 모형에서 교사는 아이들이 놀도록 두면서 적극적으로 관찰하는 것이 중요하다. 그래야 교사들이 아이들의 놀이 속에서 교육적 의미를 발견할 수 있다. 그러다보면 교사들은 배움의 순간을 발견하고† 교육과정까지 전개되는 '숲에서 도출된 교육과정CiF'모형도 가능하게 된다. 또한 숲에서 일정 부분 교사의 계획 아래 구조적인 수업도 가능하다. 하지만 숲교육의 최종 목표와 기본적인 가정은 학습본능을 발현시키는 '숲 자체가 교육과정FaC모형'이라는 것을 명심해야 한다.

　　숲교육 모형은 장애유아의 교육에서도 그대로 적용될 수 있다. 장애유아의 경우에도 FaC모형에서 출발하여 CiF모형과 FiC모형을 적용하는 것이 좋다. 다만 장애의 정도에 따라서 FiC모형을 적용하는 정도가 달리 운영되어야 한다.

---

* 선지식은 FaC모형에서 자세히 진술되어 있다.

† 필자의 연구(2015)에서는 '배움의 순간'을 기존 구성주의에서 사용하는 용어인 '가르침 순간'이라고 명명하였다. 가르침 순간이 교사의 입장이라면, 배움의 순간은 아이의 입장이다. 학습본능을 중요시 여기는 숲교육에서 '가르침 순간' 이라는 용어보다는 '배움의 순간'이 더 적합할 것이다.

교육과정에서 도출된 숲 : 숲에서 교육과정을 펼치다(FiC)!

이 모형은 교사가 수업을 계획하고 준비한다. 이때 교육내용은 교사 자신의 삶과 경험이다. 이를 통해 아이와 관계한다. 이 모형에서 수업 계획의 주체는 교사이다. 교사가 수업을 계획하는 것은 교사 자신의 삶과 경험이 아이와 만난다는 것을 의미한다. 교사는 교육내용으로 국가수준교육과정을 가지고 아이와 만날 수도 있고, 교사가 필요하다고 생각하는 것을 가지고 아이와 만날 수도 있다. 교육내용은 교사와 아이의 존재가 학습공동체로서 관계를 맺는 도구(매개체)로 작용한다.

이 모형을 숲에서 적용할 때는 '정해진 내용Be Known'들을 학습한다. 이 모형은 교육과정을 미리 계획하여 숲에 있는 물건들로 교구를 만들고, 숲의 이야기를 교육과정과 연결시켜 계획한다. 여기에서 숲은 교사가 교육과정을 해결하는 데 도움을 주는 환경이다. 이 모형은 과거 우리나라에서 많은 교육의 바람을 불러 일으켰던 열린 교육과 비슷하다. 열린 교육은 '기존의 교과를 가르치되 가르치는 '방법'에 있어서 아이의 학습속도와 관심을 두고 개인차를 배려하며, 학습 환경을 구체적 자료들을 동원하여 풍부하게 꾸며주는 교육이다.[9] 숲교육과 열린 교육은 우선 공간을 열었고, 방법 면에서 다양성을 추구했다는 점이 공통점이다. 하지만 기본 철학 면에서는 상당 부분 차이가 있다.

이 모형에서 숲은 아이와 교사에게 학습의 수단이며,[10] 구조화되고 계획된 교육과정이 구현되는 공간이다. 교사들은 연간 교육과정 계획 시 변화하는 숲을 고려하여 현 교육과정에서 활용할 수 있는 것들을 계획한다. 미리 학습목표를 정하고, 숲의 재화들을 통해 아이들의 흥미와 관심을 유도한다. 그리고 그것들을 교구로 삼아 수업을 진행한다.

숲은 교사가 교육과정을 운영하는데 좋은 매개체이다. 숲에 나간 교사들은 숲을 활용하여 교육목표, 교육내용, 교수학습방법, 평가와 관련하여 탄력적으로 계획한다.

여기에서 숲은 기능적인 공간으로써 학습공간의 역할을 하며, 아이들이 학습하는데 '동기 유발'을 하는 매개체가 된다. 그리고 숲을 통해 활동 방법을 결정하고, 활동을 진행한다. 숲은 교육의 가장 큰 이슈 중 하나인, '어떻게 하면 아이들이 배우고 싶어 하도록 할 것인가'라는 '동기 유발'에 대한 해결책을 제공해 준다. 앞서 언급했듯이 숲의 미지성, 도전성 등 숲의 특성들 자체가 '동기 유발'이기 때문에 숲에서 교육과정을 이수하기에 훨씬 용이하다.

이 모형은 교실보다 숲에서 수업을 했을 때 좀 더 아이들이 좋아하고 효율적인 내용이 될 것이라고 예측되었을 때 진행해야 한다. 실제 이 모형처럼 숲에서 구조화된 방식의 수업을 할 경우 숲의 공간은 열려 있어서 기존 실내 공간에서 하는 수업에 비해 집중하는 것 등에 한계를 가진다.[11] 그래서 충분한 놀이를 전제로 하여야 한다. 이러한 점이 숲에서 구조화된 방식의 수업을 계획할 때 고려되어야하는 가장 우선 순위에 해당되는 것들이다.

교사는 놀이를 통한 교수학습법Learning-and-teach through play approach을 통해 의도적으로 교육과정을 놀이로 구현하도록 노력해야 한다.[12] 이 모형의 전제는 '교육은 교육과정을 통해 성취해야 되는 어떤 것'이기에 목표에 따라 평가를 해야 한다.

아래의 그림은 이 모형이 적용되는 사례다. 주제는 국가수준교육과정이나 교사가 의도한 교육내용(안전, 기본생활습관, 절기교육 등)을 숲에 적용하는 것이다.[13] 교사는 미리 교육과정을 숲에서 적용하도록 계획을 세운다. 그리고 아이들이 활동할 수 있도록 자료를 준비해 숲에서 배치한다.

[FiC 모형 적용 절차]

교육내용 선정		적용
국가수준교육과정에 기초한 주제나 교사가 의도한 교육내용		교육과정 적용 (자료 준비, 숲에 활동영역 배치)

FiC 모형 교육계획 의도

계획안 작성 동기

'세 살 버릇 여든까지 간다'라는 우리 속담과 같이 어릴 적 한번 형성된 습관은 쉽게 바뀌지 않기 때문에 유아기는 기본생활습관 형성의 적기로 자조 기술 습득을 중요시한다.

그러나 습관은 개인의 반복적인 행동으로 인한 일종의 행동양식임에도 불구하고 교사에 의해 계속 가르쳐진다. 아이들은 스스로 반복적인 행동을 해서 고유한 행동양식을 습득할 기회조차 얻지 못한다. 자신이 속한 공동체에서 자신이 할 수 있는 역할을 반복해서 자신의 습관으로 만들 기회를 얻지 못한 채 교사에 의해 규정된 행동양식을 익힌다. 그것은 공동체 안에서 다른 사람과 더불어 살아가는데 필요한 것일지도 모른다. 그러나 그 속에서 자신의 존재를 알아가거나, 자신의 존재와 만나는 다른 존재를 찾지는 못할 것이다. 즉 아이가 소위 바른 기본생활습관을 형성하여 공동체의 구성원으로서 살아갈 수 있으나 한 개인으로서의 정체성에 대한 고민은 필요하다. 왜냐하면 굳혀진 행동양식은 사고나 지각에도 영향을 미치기 때문이다. 그렇다면, 다른 사람에 의해 굳혀진 행동의 양식, 습관이 개인의 의식에 닿아 개인의 존재를 억압한다는 것은 자명하다.

이를 위해 우선시 되는 것이 왜 이러한 기본생활습관을 가져야 하는지를 아이들이 아는 것이다. 그런데 교실교육에서 기본생활습관을 가져야 하는 이유를 아이들에게 설명할 때 단순히 바른 기본생활습관을 가지지 않으면 '병에 걸릴 것이다'라든지, '냄새가 날 것이다'라든지의 이유를 들어 억지로 시키게 된다. 인간이 살아가는데 필요한 기본생활습관은 그렇게 억지로 하는 힘든 것이 아니다.

이에 본 계획안은 아이들이 이러한 습관을 가져야 되는 이유를 나무의 삶에서 찾아보고자 하였다. 교실교육이 행동의 연습에 맞춰져 있다면 숲교육은 왜 그러한 행동을 해야 하는지에 초점을 두고 있다. 이 활동이 끝난 뒤에 교사나 부모는 '나무'를 보며 기본생활습관에 대해 이야기 할 수 있을 것이다. 물론 아이들도 나무를 보면서 자기의 건강한 현재와 미래의 삶에 대해 생각할 것이다. 무조건 해야 한다는 계약(규정)에 의해 형성된 습관보다는 왜 해야 하는지에 대해 깨닫는 것이 더 중요하다.

도입 계획의 의도

기존 교실교육에서는 흩어져 있는 아이들을 교사 앞에 모이도록 하여 교사에게 집중하게 한다. 이를 위해 흥미를 유발한다. 이때의 흥미는 교사의 의도 하에 학습목표와 관련이 있어야 한다. 하지만 숲교육에서는 아이들의 놀이를 교사가 억지로 해체하지 않는다. 교사는 아이들이 놀고 있는 것을 최대한 방해하지 않는다.

교사는 오늘 활동을 위해 소쿠리와 흰 천에 씨앗을 모은다. 여기에서 소쿠리와 흰 천은 아이들만의 놀이에서 교사가 의도한 수업으로 들어가는 문이다. 아이들이 소쿠리와 흰 천을 드는 행동은 아이가 수업에 적극 참여하고자 하는 자기의지의 표현이다.

전개 계획의 의도

교사는 자신이 모아온 씨앗을 분류한다. 그리고 분류한 씨앗들 모둠에 이름을 붙인다. 어떤 아이들은 따라서 하기도 할 것이다.

어느 정도 시간이 흐른 뒤에 교사는 아이들에게 분류하도록 하고 분류된 씨앗들의 모둠에 이름을 지으라고 한다. 이름을 짓는 과정에서 아이들은 공통된 속성을 의미하는 집합의 개념이 생기게 된다. 또한 분류의 기준을 아이에게 물어봄으로써 분류의 개념을 알게 될 것이다. 간혹 교사는 단순분류에서 복합분류로 질문할 수도 있다. 이러한 것은 예상이 가능한 FaC모형이다.

이후 어른이 된다면 부모와 함께 살 것인지 따로 살 것인지 서로 이야기한다. 그리고 나무는 자기 아기와 같이 살고 싶어 할지에 대해 이야기한다. 여기에서 분류한 씨앗의 특성을 다시 한 번 이야기하는 것도 좋다. 그리고 왜 나무는 아기들을 멀리 보내려고 하는지에 대해 이야기한다.

마무리 계획의 의도

나무와 아기 나무를 생각하면서 부모님과 자신을 생각하게 한다. 왜 부모님이 나 혼자 양치질을 하게 하고, 이불을 개도록 하는지? 왜 밥을 혼자서 먹게 하는 지에 대해 이야기한다. 이후 교사는 아이들과 이러한 기본생활에 관한 이야기를 할 때 나무 이야기를 하면서 대화하도록 한다.

FiC모형 교육계획(안)

절차		내용
교사의도		기본생활습관(양치질, 이불개기, 잘 씻기 등)을 길러야 하는 이유에 대해 생각해보도록 한다.
목표		혼자서도 해낼 수 있는 능력을 기른다.
주제		내가 해야 돼요!
누리과정 관련요소		신체운동건강(건강하게 생활하기) • 몸과 주변을 깨끗이 하기 • 바른 식생활 하기 • 건강한 일상생활 하기 • 질병 예방하기
계획		(내가 할래요 중심의 마인드맵: 씨앗을 찾아라, 혼자서 할 수 있어요, 씨앗의 마음, 어른이 된다면?, 씨앗 가족)
활동 내용	도입	아이들이 놀고 있는 숲에서 교사는 열매나 씨앗 등을 흰 천이 깔린 소쿠리에 모은다. 아이들이 교사의 행동에 관심을 갖고 모여들기 시작하면, 함께 하다가, 활동에 참여하지 않는 아이들도 부른다. ('소쿠리와 흰색 천'은 아이들의 놀이와 수업을 경계짓는 문이다)
	전개	1. 씨앗을 찾아라 　숲을 돌아다니면서 씨앗을 수집해온다. 　준비물: 바구니(하얀 손수건이 깔린 것) 2. 씨앗가족 　수집해 온 씨앗을 비슷한 성격의 세 팀으로 나누고 왜 그렇게 나누었는지 설명하게 하고 이름을 붙인다. 　(씨앗의 특성에 따라 아이들이 나눈다. 열매, 가시 등) 3. 토론) 어른이 된다면? 　어른이 되어서도 부모와 함께 살고 싶다 vs 어른이 되면 따로 살고 싶다 4. 씨앗의 마음 　나무 같은 식물들은 아기 식물들이 부모님과 함께 살고 싶어할까? 　나무는 부모를 멀리 떠나서 살게 하려고 노력한다. 왜 그럴까? - 양분
	마무리	5. 혼자서 할 수 있어요 　우리도 나중에 부모님을 떠나서 살아야 돼. 그래서 부모님들이 나중에 멀리 보낼려고 혼자서 살 수 있도록 양치질, 세수, 청소할 수 있도록 한다.

이 모형에서 교사는 다음과 같은 면을 주의해야 한다. 첫째, 교사가 직접적인 교수활동을 하면 더 빨리 가르칠 수 있는 효율적인 면에서는 강점이 있지만 숲에서 이렇게 놀이를 통한 교수학습방법을 활용하면 구조화된 실내에서의 수업에 비해 시간이 많이 소모된다. 둘째, 숲에서는 교사가 의도한 수업이 계획대로 진행되지 않고 일상의 맥락으로 흘러가버릴 경우가 많다. 그래서 교사들은 아이들의 일상에서도 수업목표를 명확히 인지하고 있어야 한다. 셋째, 이 모형 때문에 오히려 아이들의 놀이를 방해할 수도 있으므로 주의해야 한다.

이 모형에서 교사가 반드시 기억해야 하는 것은 아이들이 교사의 의도에 의해 계획된 놀이를 하는 것은 자발적으로 또래와 의견을 나누고 지적으로 능동적이 되도록 하는 것을 막는 방법[14] 중 하나라는 것이다.

숲에서 도출된 교육과정 : 아이들의 숲 놀이에서 교육과정을 끌어내다(CiF)!

숲에서 도출된 교육과정CiF : Curriculum in Forest은 아이들의 일상인 놀이에서 수업의 목표나 방법 등을 계획한다. 대부분의 교사나 부모를 비롯한 성인들은 아이들의 일상을 너무나도 쉽게 생각하고 지나치게 되는 경우가 많다. 하지만 이 모형에서 교사는 아이들의 일상을 교육적으로 의미있는 것으로 전환한다. 아이들의 일상에서 발생하고 변화하는 흥미, 열정, 아이디어를 바탕으로 교육과정을 구성하고자 하는 발현적 교육과정emergent curriculum의 관점[15]과 교차하는 순간이기도 하다. 이 모형은 교사가 아이들의 일상 자체에 교육적 의미를 두는 것에서부터 출발한다.

아이들은 숲에서 동일한 주제의 놀이를 대개 1주에서 2개월 가량 지속한다. 아이들이 관심을 가지고 있는 놀이를 중심으로 교육과정을 계획하더라도 그 놀이에 관한 관심은 계속 유지된다.

반면, 국가나 교사에 의해 미리 계획된 교육과정에서는 학습의 효과를 극대화하기 위해 교사는 아이들의 흥미나 관심이 무엇인지 고민하여, 억지로라도 흥미나 관심을 유발하여 교육을 한다. 하지만 아이들은 흥미나 관심, 즐거움보다는 자기가 자유롭게 선택했느냐 안했느냐에 따라 놀이인지 아닌지를 구분한다.[*]

그래서 국가나 교사에 의해 미리 계획된 교육과정은 아이들의 놀이를 담기가 상당히 어렵다. 아이들의 놀이는 아이들의 삶 자체인 일상이기에 교사에 의해 계획된 교육과정보다 더 의미가 있다. 그래서 아이들의 일상인 놀이는 교육과정을 계획할 때 반드시 반영되어야 한다. 이 모형은 아이들의 일상에서 교육과정을 도출하는 것이다. 특히 아이들의 일상 중 아이가 주체가 된 놀이가 수업(활동)의 주제가 된다.[†]

이 모형에서 교육과정의 출발은 놀이이다. 진행 절차는 다음과 같다. 교사들은 아이들의 놀이를 관찰한 후 아이들의 놀이에서 도출될 수 있는 교육적 의미에 관해 교육과정 편성회의를 한다. 이 때 교사는 아이들의 놀이에서 문제 상황을 발견할 줄 알아야 한다. 아이들은 주로 해결해야 할 문제 상황에서 학습하고자 하는 욕구가 더 발생한다. 이것

---

[*] 언급한 바 있듯이, 킹King의 1979년 연구에서, 유아는 자기에게 선택권이 있는 것은 놀이로 보았다. 하지만 초등학교 5학년을 대상으로 한 1982년 연구의 경우 재미나 즐거움이 있는 것을 놀이로 보았다.

[†] 아들이 4살 때의 일이다. 양치질을 싫어해서 치아가 많이 상했다. 그래서 결국엔 전신마취를 하고 치료까지 받아야 했다. 아이가 이를 닦게 하기 위해서 난 "빨강 칫솔로 닦을래? 파란 칫솔로 닦을래?"라고 말했다. 아이는 빨간 칫솔로 닦는다고 말하고 결국 닦았다. 아이는 자신이 선택했기에 그것은 중요한 것이 되었다. 아이는 이 닦는 것이 자신이 선택한 놀이였던 것이다.

은 로제 카이와Roger Caillois가 언급한 놀이의 아르곤Argon적 요소이다.*

교사들은 아이들의 놀이에서 교육활동의 주제를 찾아야 하고, 찾은 주제를 중심으로 국가수준교육과정을 재구성하여 학습목표, 교육과정상의 목표, 교육내용들에 관해 회의를 한다. 그리고 회의결과를 반영하여 교육과정계획안을 만든다. 대부분의 교육내용은 아이들의 놀이에서 도출할 수 있는 국가수준 교육과정의 내용들이다.

방법적 측면에서는 발현적 교육과정Emergent Curriulum과 비슷하지만, 발현적 교육과정이 아이들의 선경험을 기초로 욕구와 흥미를 유발시켜 적용할 수 있는 융통성 있는 목표를 세우는 형태였다면16, 숲교육에서는 아이의 욕구와 흥미가 유발될 때까지 기다린다. 숲은 아이들에게 교육과정의 시작인 교육의 주제와 내용을 제공해 주고 흥미를 유발시킨다. 교사들은 숲이 아이에게 제공한 교육과정의 내용을 구조화하여 아이들에게 제시한다. 여기에서 배움의 의미는 아이들이 자신들의 놀이에서 선정한 내용을 '정해진 내용에 맞추어 아는 것Knowing'이다.17

또한 이러한 것은 갤리모어와 타르프Gallimore & Tharp가 제시한 E-T-R순서에 따른 방법과도 유사하다. E-T-R순서는 아이들의 경험E: Experience으로부터 끌어낸 내용을 소개하고, 뒤이어 교과T: Text를 소개하며, 마지막으로 이 둘 간의 관계R: Relationship를 소개하는 것이다. 물론 E-T-R순서는 사전에 계획된 교육과정이라는 측면에서는 본 모형과 차이가 크다. 이미 교과Text 내용이 정해져 있다는 점을 빼면 숲에서는 이처럼 아이들의 선경험을 통해 교육과정을 운영하는 방식

---

* 로제 카이와는 어떤 것이 놀이이기 위해서는 아르곤, 알레아, 미메시스, 일링크스적 요소가 있어야 한다고 했다. 특히 아르곤은 목표에 해당하는 것으로 무엇인가 성취하는 것이 있어야 한다는 것이다. 내기 없는 게임이 재미없는 것처럼, 놀이 자체가 가지고 있는 목표 지향적인 무엇인가가 있어야 한다.

으로 진행하는 것이 좋다.

이 모형에서 교사는 비계설정을 통해 놀이를 촉진시켜Facilitate-play approach[18] 학습과 발달에 기여한다.[19] 숲에서 아이들에게 놀이 속에서 때때로 새로운 개념을 배우는 학습 기회가 올 때, 교사는 학습의 기회를 기초 삼아 교육과정을 계획해야 하며, 탐색을 위한 새로운 정보를 첨가하고, 문제 해결을 도와줄 수 있는 힌트를 주고, 사고를 안내할 수 있는 질문을 하는 방식으로 참여(개입)한다.†

교사가 활동에 참여하여 주제를 확장하고자 할 때, 어린 연령에게는 옆으로 가지를 많이 쳐서 여러 주제의 개념들을 파악하는 수평적 개념 확장을 많이 할 수 있게 해줘야 하지만, 좀 연령이 높은 아이에게는 주제를 깊게 적용하여 심화하는 수직적 개념 확장을 시도해야 한다. 교사는 질문의 형식으로 개입(참여)하게 되는데, 질문은 원칙적으로 볼 때 연령이 낮을수록 탐구하는 연구주제의 '수직적vertical'보다는 '수평적horizontal' 관련성이 더 중요하다.[20]

이 모형에서는 아이의 일상에서 도입과 학습내용이 선정되지만 결국 교사의 안내에 의해 수업이 진행된다. 그렇다고 아이들에 의해 도입과 학습내용을 선정하고 난 후엔 모든 수업을 교실수업과 동일하게 적용하는 것은 아니다. 아이들의 놀이에서 활동이 계획되었다는 것에 그치는 것이 아니라 활동 내내 아이들이 놀이하고 있다고 여겨야 한다. 아이들은 놀이이지만 선생님들은 그 놀이가 학습이라고 생각해야 한다.

---

† 스탈링스는 놀이에서 교사는 '학습을 위한 결정적 순간teachable moments'에 개입해야 함을 강조하였다.

[CiF모형 적용 절차]

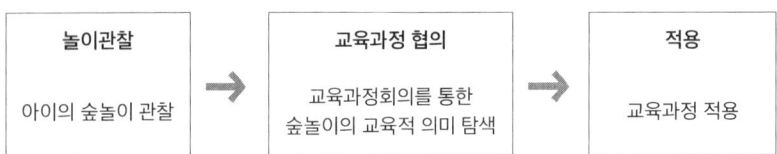

CiF모형 교육계획 의도

계획안 작성 동기

최근 아이들이 다람쥐를 발견했다. 그리고 몇 명이 모여서 다람쥐가 어디로 가는지 관찰하고 있다. 아이들은 종종 교사에게 다람쥐 이야기를 했다. 다람쥐가 도토리를 땅에 묻기도 하고, 바위 틈에 놔두기도 한다고 했다. 다람쥐마다 이름이 있고, 주인도 있다고 했다. 아이들은 온종일 몰래 다람쥐를 따라다니면서 무엇을 하는지 살펴보는 것이 하루 일상이다.

교사는 아이들이 다람쥐에 대해 더 관심을 가지고 놀았으면 한다. 다람쥐는 '가르칠 수 있는 순간teachable moments'의 교육내용이다. 다람쥐에 대해 알려주고 싶기도 하고 다람쥐의 생태를 통해 생태 시스템에 대해 알려주고도 싶다. 특히 다람쥐가 도토리를 땅에 숨기고 그것이 싹이 나서 나무가 된다는 것에 관해서 아이들과 공부하고 싶다.

이 활동을 통해 자연은 서로 연관되어 생존하는 하나의 유기적 시스템이라는 것을 알게 하는 것을 목표로 설정하게 된다.

도입 계획의 의도

아이들의 놀이에서 억지로 흥미를 유발하여 계획해서는 안 된다. 교사는 무엇인가 모으면서 자신의 놀이를 한다. 그리고 모은 것을 예쁘게 꾸

민다. 그리고 수업을 위해 준비해 온 메추리알을 같이 셋팅한다(팀을 나눠 숨긴다). 여기에서 메추리알은 바로 다음 활동과 연결되지는 않는다. 향후 있을 마무리 활동에서 도입의 활동들이 활용된다.

전개 계획의 의도

아이들은 숲에서 무엇인가 모으는 것을 좋아한다. 교사가 의도하여 편백 열매, 솔방울, 도토리를 주워서 장터(역할놀이)를 만든다. 역할놀이에서는 도토리가 가장 귀하기 때문에 가치가 큰 돈이 된다. 편백 열매는 작은 돈이 된다. 솔방울은 장터의 물건이다. 아이들과 함께 시장놀이를 한다.(열매의 가치에 관해서 확정적인 것은 아니다. 다만 희소성이 있기 때문에 가치가 높다는 것을 이야기 할 가능성이 있으므로 이에 대해 준비해 두는 것이 좋다.)

아이들의 놀이가 재미있어지면 다음 활동을 하지 않고 계속 놀게 할 수 있다. 며칠에 걸쳐 놀 수도 있다. 시간에 얽매이면 안 된다.

시장놀이가 끝난 다음에 교사가 망토를 두르고 이곳에 와서 도토리가 귀한데 누군가가 도토리를 훔쳐 가서 범인을 잡고 있다고 상황극을 한다. 이때 검정색의 망토는 아이들의 놀이와 수업의 문이 된다.

아이들 중 몇 명이 범인은 다람쥐라고 말한다. (자신들이 연극과 실재 사이를 오고 가며), 실제 다람쥐들이 도토리를 가지고 숨기는 것을 본적이 있다고 말한다. 그리고 몇 년 전 하리숲에서 고양이를 키웠는데 2년 사이에 고양이가 너무 많아져서 다람쥐가 적어졌다는 것도 교사가 기억하고 있어야 한다. 그 당시 아이들은 많은 수의 고양이를 마을로 분양하고 지금은 한 마리만 남았다. 이는 향후 고양이와 다람쥐, 그리고 도토리의 관계에 대해 이야기하고자 하는 모멘텀이다.

실제 다람쥐가 도토리를 훔쳐가니 그 다람쥐를 다 몰아내기 위해서 고양이를 다시 데려와야 된다는 의견도 있었다. 또한 관찰해 보니 다람쥐가 몇 마리가 안 되는데 너무 많은 도토리를 가지고 가는 것 같다. 그래서 도토리를 다람쥐가 가지고 가기 전에 우리가 먼저 줍고, 남은 것은 다람쥐가 가지고 가도록 하자는 의견들이 나왔다.

아까 숨겼던 메추리알을 찾는다. 그리고 그 메추리알을 세어본다. 아이들은 메추리알을 다 찾지 못한다. 이때 교사는 "찾지 못한 메추리알은 어떻게 될까?"라고 발문한다.

다람쥐도 도토리를 여기저기에 숨기는데 숨겼던 도토리를 다 못찾는다고 말해준다. 또한 "다람쥐가 찾지 못한 도토리는 어떻게 되었을까?"라는 질문을 통해 아이들의 궁금증을 유발한다.

마무리 계획의 의도

교사는 아이들과 함께 다람쥐가 자신의 생존을 위해 도토리를 숨겨 놓은 일이 도토리 씨앗을 심는 일이었음에 대해 이야기를 나눈다. 이와 함께 고양이-다람쥐-도토리의 관계에 대해 또 다른 주제로 수업을 전개할 수도 있을 것이다.

CiF모형 교육계획(안)

절차	내용	작성시 주의점
아이들의 일상	아이들이 다람쥐를 발견한다. 그리고 몇 명이 모여 다람쥐가 어디로 가는지 관찰하고 있다. 다람쥐를 따라다니는 아이들은 자기들끼리 다니느라 다른 아이들을 끼워주지 않고 비밀스럽게 행동한다. 그리고 아이들은 교사에게 몰래 다람쥐 이야기를 해준다. 아이들의 일상은 다람쥐로 채워져 있다. 현재 다람쥐와 관련된 아이들 일상: 1. 다람쥐 때문에 비밀조직을 만듦 2. 자기 다람쥐 정하기 3. 다람쥐 이름 짓기 4. 다람쥐 집 찾기 <상황1> 아동A : 다람쥐는 도토리를 땅에 묻는데.. 아동B : 음. 나는 지난번에 바위틈에 도토리가 있는 것을 보았는데... 아동A : 다람쥐가 바위에도 도토리를 보관할까? <상황2> 아동C : 우리가 다람쥐 한 마리씩 주인이 되자! 아동D : 내 다람쥐는 이름이 '람지'야. 아이들은 며칠동안 다람쥐에 관심을 가지고 다람쥐를 따라다니고 있다.	아이들의 일상을 기록 교사의 판단이나 생각을 반영하지 않는다.
교사 회의	활동 주제 선정 아이들이 다람쥐에 관심을 보이고 다람쥐가 일상이 된다. 따라서 다람쥐를 주제로 선정하였다. 특히 다람쥐가 숨긴 도토리에 많은 관심을 보였다. 교육적 의미탐색 다람쥐가 땅에 숨기고 미처 찾지 못한 도토리에서 싹이 나 큰 나무가 된다는 것에 관해 아이들과 함께 활동하고자 한다. 이러한 활동을 통해 아이들은 자연은 서로 연관되어 있으며 생존하는 하나의 유기적 시스템이라는 것을 깨달을 수 있을 것이다.	교사는 최근 아이들의 일상의 대부분을 차지하고 있는 주제를 찾아 교육적 의미를 탐색한다.

누리과정 관련요소	자연탐구(생명체와 자연환경 알아보기) • 나의 출생과 성장에 관심을 갖는다. • 관심 있는 동물의 특성을 알아본다. • 생명체를 소중히 여기는 마음을 갖는다.	교육과정 상의 교육적 의미를 확인한다. 주제나 활동을 국가수준 교육과정에서 연계된 것을 찾는다.
주제	다람쥐가 숨긴 도토리는 어디에?	
목표	다람쥐는 숲에서 어떻게 생활할까? 다람쥐는 숲에 어떤 도움을 줄까? 나는 숲에서 어떻게 도움을 받고 있을까? 나는 숲에게 어떤 도움을 줄 수 있을까? 에 대해서 궁금해하고, 알려고 한다.	
계획	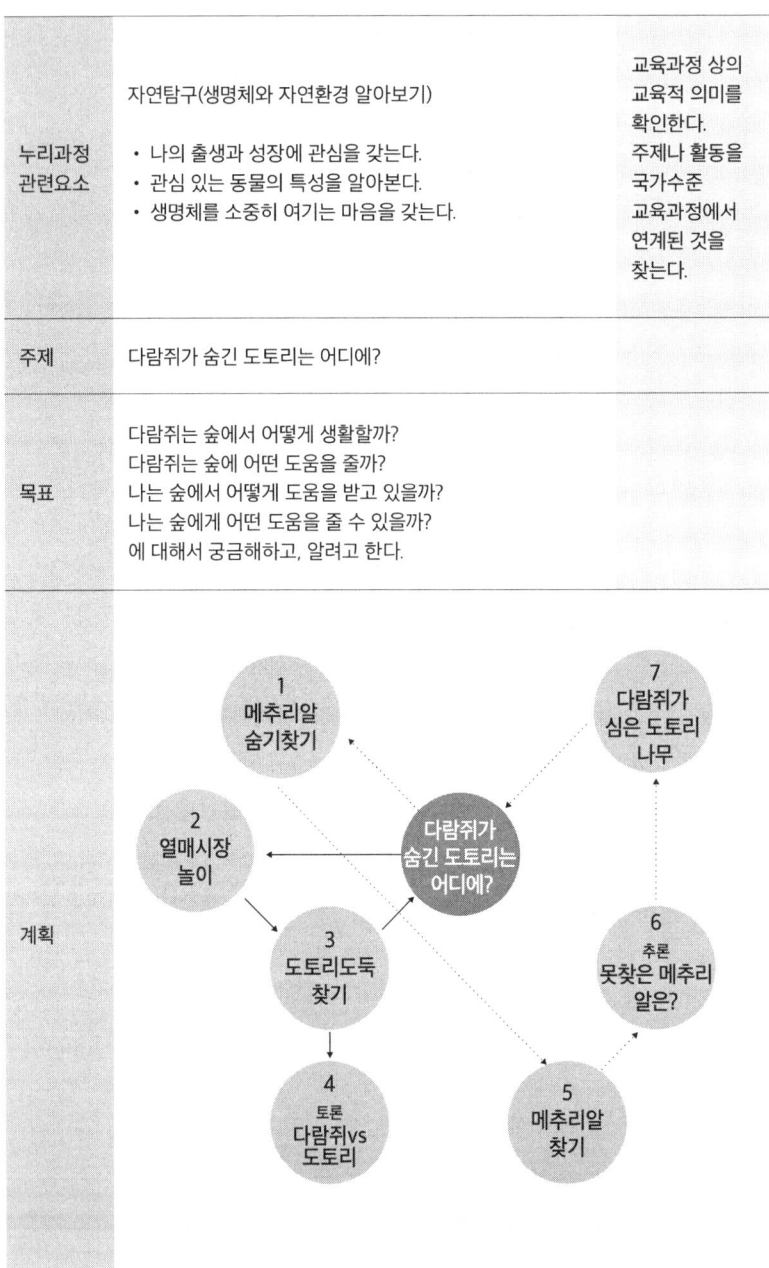	

	내용	준비물
도입	교사는 손이나 호주머니에 무엇인가 모은다. 돌일 수도 있고, 열매들일 수도 있다. 그리고 그것들을 큰 바위 위에 예쁘게 펼쳐 놓는다. 그 옆에 메추리알 바구니를 놓는다. 아이들이 메추리알이 뭐냐고 물어 보면 (잠시 기다렸다가) 활동하려고 가져왔다고 말한다. 메추리알에 대해 많은 수의 아이들이 관심을 가지면 그때 모두를 부른다. 1. 메추리알 숨기기 놀이하기 전에 아이들은 메추리알을 30개씩 가지고 남들이 못 찾도록 숲 여기저기에 숨겨 놓는다. (단 한 곳에 하나만 숨겨야 한다.)	메추리알, 바구니
전개	2. 열매 시장 놀이 편백 열매, 솔방울, 도토리를 주워 장터를 만들고 시장놀이를 한다. 솔방울은 장터의 물건이며 도토리는 가장 귀하기 때문에 큰돈이 된다. 편백 열매는 작은 돈이 된다. 3. 도토리 도둑 찾기 시장놀이가 끝난 후 사법부가 아이들에게 다가와 도토리가 귀한데 누군가가 도토리를 훔쳐 갔다고 말한다. 과연 도토리를 훔쳐간 범인은 누구일까? 아이들과 범인을 찾아본다. 4. 토론) 다람쥐vs도토리 범인은 바로 다람쥐였다. 아이들은 도토리를 지키기 위해 어떻게 해야 할지 토론한다.	편백 열매, 솔방울, 도토리, 바구니, 천
마무리	5. 메추리알 찾기 활동 1에서 숨겨 놓은 메추리알을 찾는다. 그리고 찾은 메추리알을 세어본다. 아이들은 메추리알을 모두 찾지 못하였다. 6. 추론)찾지 못한 메추리알은? 찾지 못한 메추리알은 나중에 어떻게 될 것인가? 다람쥐도 여기저기 숨긴 도토리를 다 찾지 못한다. 그렇다면 다람쥐가 찾지 못한 도토리는 어떻게 되었을까? 7. 다람쥐가 심은 도토리 나무 다람쥐는 숲에서 어떻게 살까? 다람쥐는 숲에 어떤 도움을 줄까? 다람쥐는 도토리를 먹는 일도 하지만 도토리를 숲 여기저기에 심는 일을 한다는 것을 깨닫는다. 다람쥐가 찾지 못한 도토리에서 씨앗이 자라고 나무가 될 수 있다는 것을 안다. 이로써 아이들은 '자연은 서로 서로 연관되어 있으며, 유기체적인 생명력을 가지고 있음'을 이해한다. 자연은 이렇게 서로 도우며 생활한다.	

숲 자체가 교육과정 : 그냥 놀게 놔두다(FaC)!

이 모형은 숲교육의 전반에 적용되는 것이다. 그래서 모형이라고 분류하지 않고 지침이나 매뉴얼이라고 해야 할 수도 있다. 이 모형은 기존의 결정론적이며 선형적인 학습모형에서 벗어나 숲과 아이들 일상의 불확실성을 그대로 받아들여(교육과정으로 인정하는 것이다), 비결정적이며 비선형적인 학습 모형으로 교육과정을 바라보는 것이다. 계획된 수업의 익숙함에서 탈피하여 우연히 발생하는 여러 상황을 교육의 렌즈를 통한 '낯설게 보기'를 교육의 출발점으로 삼는다.

이 모형은 절대적으로 아이들의 학습본능을 신뢰한다. 학습본능은 국가나 부모에 의해 선택된 교육내용을 익히는 것이 아니라, 아이 자신의 삶 속에서 필요한 것을 선택하는 과정에서, 숲 공간의 교육적 의미 속에서 발현되는 것이다.* 학습본능은 놀이와 학습공동체를 통해 나타나며, 이러한 것들이 가장 잘 나타날 수 있는 것은 아이들이 숲에 있을 때이다. 숲은 아이들을 놀게 하며, 아이들을 함께 하게 하여 학습공동체를 만들기에 가장 적합하다. 그래서 이 모형에서 숲은 교육의 주체이다. 숲은 배워야 되는 교육내용이 아니라 교육공간으로 재인식되어야 한다. 숲은 교사와 대등한 교육의 주체이며, 교과서이다. 숲은 아이들에게 프로그램을 제공하면서 학습방법도 제공한다. 여기에서 교사들은 숲과 협력적으로 교수하는 동료team teaching이다.

'놀이 하는 것이 교육과정의 출발이다'는 점에서 CiF모형과 같다. 하지만 CiF모형은 아이들의 놀이를 통해서 교육과정을 도출해 내는 방

---

* 학습본능과 관련하여 따로 장을 두어 다루었다. 숲교육에 있어서 가장 기본적인 조건은 학습본능과 관련된 것들이다.

식이므로 교사는 아이들의 놀이에서 끊임없이 교육적 의미를 발견하고 교육과정과 연관시켜야 한다. 하지만, FaC모형에서는 아이들의 놀이 자체가 교육과정이다. 이 모형에서는 가르치는 이가 없어도 배움이 일어난다.

　FaC모형에서는 아이들이 숲 속에서 또래들과 노는 것 자체가 교육과정이다. 가르치는 사람이 정해져 있는 것이 아니다. 아이들은 주변의 환경을 최대한 활용하여 가르치는 사람을 찾기도 하고, 스스로 배우기도 한다. 숲은 아이들에게 풍부한 일상을 제공함으로써 앎의 폭을 넓혀준다. FaC모형에 의하면, 숲에서는 모두가 가르치고, 모두가 배운다. 가르침과 배움이 분리되지 않는다. 숲에 있는 아이들은 또래, 혼합연령, 교사와의 관계들을 통해 학습공동체를 만들어 간다. 그리고 아이들은 누군가의 강요에 의해서 배우지 않고 놀이라는 형식을 통해 학습을 한다.

　FaC모형이 다른 모형들과 다른 점은 아이들이 배워야 되고, 익혀야 되는 교육과정이 국가나 교사에 의해 결정되어 구조화되고 계획된 것이 아니라, 아이들의 일상 자체라는 것이다. 숲에서 일어나는 일상의 주제와 그들이 배워야 되는 것들의 경계가 없다. 그런 의미에서 교육과정에서 도출된 숲FiC, 숲에서 도출된 교육과정CiF이 Deschooling이라면 숲 자체가 교육과정FaC은 Unschooling이다. 여기에서 Deschooling은 일리치Illich 외에 라이머Reimer, 구드만Goodman, 홀트Holt, 프레이리Freire 등에 의해 주장된 것으로 교육과정을 학교라는 공간을 벗어나 수행할 수 있다는 내용이다. 누구에게 어디에서 배울 것인지에 대해 자유로운 개념이다. 하지만 무엇을 배울 것인지에 관해서는 이미 정해져 있음을 의미한다. 반면, Unschooling은 누구에게 어디에서 배울 것인지에 대해서 정해지지 않은 것은 물론이고, 배우고자 하는 내용조차도 구속당하지 않는다는 개념이다. 아이들은 누구에게 배울 것인지, 무엇을 배울 것인지를 스스로 결정한다.

학습본능을 전제로 교육공간으로써 숲을 개념 짓는 이 모형에서 학습내용은 학습방법과 서로 연관될 수밖에 없다. 아이의 모든 경험은 학습내용이며, 학습방법이다. 아이들은 숲에서 놀이를 통해 자신의 앎을 충족한다. 아이들의 놀이가 교수학습 자체라는 신뢰를 가지고, 교사의 참여를 최소화하여야 한다Trust-in-Play approach, Hand-off approach.[21] 숲은 많은 의미있는 경험의 기회를 갖고 있기에 아이들은 끊임없이 무엇인가 배운다. 여기에서 배움은 '행하는 것doing'이고, '찾는 것finding'이다.

4차 산업혁명이 도래되는 현재 교육의 전반을 볼 때 '무엇을 공부할 것인지?' 등의 교육내용의 영향력보다는 아이가 주체가 되어 어떤 능력을 기를 것인지에 관한 이슈가 더 부각되고 있다.

이 모형에서 숲은 놀이와 탐구를 위한 총체적이고 개방적인 환경이며, 아이들은 놀이를 통해 각자의 경험을 확대한다. 그리고 교사는 '적극적 관찰'과 '실천적 참여'를 통해 학습공동체를 형성한다. '적극적 관찰'은 아이들의 놀이 속에서 교육적 의미를 발견할 수 있도록 도우며, '실천적 참여'는 학습공동체의 구성원이 되는 실천적인 방법이다. 아이들의 놀이에서 교육적 의미를 발견할 수 있기 위해 교사는 유아의 놀이와 교육과정의 연계 그리고 교육학 전반에 관한 선지식이 있어야 한다. 여기에서 선지식先知識은 후술하게 될 아이들이 자연을 접할 때 바라보는 선개념prolepsis과 유사한 개념으로 교사가 아이들의 일상을 바라보는 안경을 의미한다. 교사는 아이들의 놀이를 교육적인 렌즈를 통해 보아야 한다. 교육적 렌즈인 선지식은 심리학, 사회학, 철학, 과학, 수학, 예술을 관통하는 교육학적 이론과 교사가 살아 온 삶의 경험들이며, 아이들이 살아가는 데 필요한 것들 전반이다. 특히 교사의 교육과 관련된 경험(이것이 지식이든, 교육학적 이론이든, 심지어 자신이 살아온 삶의 경험이든)은 아이와 학습공동체를 만드는 데 선지식이 된다.

교사의 선지식은 해석학에서 의미하는 '선이해先理解, preunderstanding'의 개념을 보면 이해하기가 용이하다. 선이해는 인간의 존재론적 특성으로 어떤 것을 이해하려면 그것에 대한 부분적 이해라도 미리 갖고 있어야 한다는 해석학적 순환이다. 교사가 완전히 자신을 배재하고 아이를 보는 것은 불가능하다. 실제 하이데거Heidegger가 말한대로 하나의 존재로서 인간은 보여지는 현상을 그 자체로 파악하는 것이 어렵다. 우리가 무엇인가를 이해한다는 것은 이미 이전에 가졌던 경험의 영향으로 해석의 틀 안에 있기 때문이다. 우리의 세계 경험은 선이해의 구조 안에 있다. 그래서 교사는 교사의 선이해로 아이와 만난다. 그래서 선이해는 다른 말로 표현하면 삶을 이해하고 세계를 체험해가는 해석자의 비고의적 편견Prejudice이며 관점이다.

선지식은 이러한 선이해 개념을 기반으로 한 개념으로 교사로서 갖춰야 할 교육과정을 포함한 아이와 세상의 앎에 관한 전반적인 구조에 관한 것이다. 교사와 아이는 존재 대 존재로 만나야 하기에 자신의 선지식이 아이보다 우월함을 전제해서는 안된다. 교사의 선지식은 '선험적 자아를 통한 이론의 독단'과 '자기가 살아온 주관적 경험의 회의론'에서 벗어나 있는 상태를 말한다.

FaC모형 교육계획은 아이들이 놀고 있을 때, 교사가 학습공동체의 일원으로 학습에 참여하는 것이다. 교사는 가르치는 자가 아니라 학습 본능의 조건인 학습공동체의 구성원이 되어 아이들과 노는 것이다. 단, 이때 교사는 아이들과 함께 놀다가 놀이 장면에서 교육적 의미를 발견하여 아이들의 학습을 도와야 하는 메타인지적 사고를 해야 한다. 교사는 아이들과의 놀이에서 선지식을 통해 교육적 의미를 발견할 수 있어야 한다. 예를 들어, 아이가 친구들과 무엇인가 모으고 있으면, 여기에서 교사는 그 모은 것이 '분류' 활동이라는 것을 알아야 한다. 그리고 교사는 아이들이 모은 것에 이름을 붙이며, 왜 그 이름을 붙였는지에 대해 함께 이야기를 나눈다. 이때 교사는 공통된 속성이 향후 집합의 개념이며, 집합을 수로 표현하는 것이 수열이고, 함수이며, 그것들이 확장되어 미적분이 된다는 것을 알고 있어야 한다. 또한 미적분은 모든 것을 수로 표현할 수 있다는 전제가 있어서, 자연 속에서 찾는 수의 놀이로도 확장할 수 있다.

또한 아이들이 서로 싸우는 것도 교사에게는 중요한 학습의 순간이다. 아이들은 논쟁을 통해 자신의 논리적 사고를 개발하고 있는 중이다. 교사는 비교, 예시, 대조를 하라고 하면서 아이들의 싸움을 거들어 주는 것도 좋다.

아이들이 흥얼거리며 박자를 맞추는 것에서 교사는 아이가 만든 리듬과 가락으로 노래를 만들어 줄 수도 있다. 숲에서 무엇인가 만들고 있으면 정교화하도록 도와 줄 수도 있으며, 아이들의 작품에 대해 물어보고 감상을 이야기 할 수도 있다.

또래, 동생들과 숲에서 놀잇감을 채집하고 나누고 있을 때, 아이들이 나누는 활동에서 교사는 분배의 개념을 알고 있어야 한다. 특히 롤즈Rowls와 노직Nozick의 정의론을 교사가 선지식으로 알고 있으면 아이들이 자신들의 것을 또래들과 나눌 때 교사의 발문이 달라질 것이다.

이 모형에서 교사는 수업 전에 아이들의 놀이를 예측하여 그 놀이에서 요구되는 선지식을 탐색해야 한다. 그리고 아이들의 놀이에 참여해야 한다.

이렇게 교육계획을 세우는 것에 있어서 교실교육과 다른 점은 시간의 단절이 없다는 것이다. 교실교육에서 교육계획은 주어진 것이며, 그 주제를 아이들의 기억에서 끄집어내어 결합시킨다. 반면 아이들의 일상이 주제인 숲교육에서는 어제 있었던 아이들의 일상이 오늘도 연속된다. 이러한 이유로 교사는 아이들의 놀이를 어느 정도 예측할 수 있다. 물론 예측을 할 수 없는 놀이를 할 것이라는 것도 염두에 두어야 한다. 어느 정도 예측할 수 있는 것과 관련하여 교사는 선지식을 가지고 있어야 하며, 예측한 놀이에 대한 교육적 의미를 탐색해 보아야 한다. 여기에서 교육적 의미는 교사의 선지식이라고도 할 수 있다. 교사가 아이들의 놀이를 예측할 수 없는 경우에는 교사의 직관이 필요하다.

　이러한 이유로 FaC모형 교육계획은 교실교육의 교육계획과 달리 확정된 것이 아니다. 교사는 계획(안)에는 예상되는 놀이와 관련된 선지식을 기록함으로써 이에 대해 다시 한 번 점검해 볼 수 있는 기회를 가질 수 있다. 예상되는 아이들의 일상을 기록하고, 그것에 대한 선지식과 교육적 의미에 대한 기록들이 FaC모형의 교육계획안이다. 그래서 엄밀히 말하면 FaC모형의 교육계획안은 교육계획안이라 하기 무리가 따를 수 있다. 왜냐하면 교육계획은 교사의 교육적 의도와 목표를 전제하기 때문이다. 이 모형은 예측불가능하며 불확실한 아이들의 일상에서 연속적으로 이루어지는 놀이에서 발견될 여지가 있는 선지식과 교육과정 관련요소를 예측하는 것이다. FaC모형은 아이들의 놀이가 우선이며, 전부이다.

　이 모형의 교육계획절차는 놀이를 통해 만드는 학습공동체를 예측하고, 그에 따라 선지식을 찾아보는 것이다. 그러나 여기에서 끝나는 것이 아니라 아이들의 놀이에서 교육적 의미를 발견해야한다. 수시로 있는 교사협의회는 역동적인 아이들의 놀이를 대처하고 준비하며 계획해야 한다. 이러한 단계는 순환적이어서 시작과 끝의 개념이 아니다.

아이들의 놀이를 예측하여 그 놀이와 관련된 선지식을 탐색한다는 것은 아이들의 놀이에서 교육적 의미를 볼 수 있는 더 큰 기회를 갖게 된다. 여기에서 선지식은 숲에서 노는 아이들의 일상을 통해 발현될 학습본능과 관련된 이론, 놀이 안에 담겨 있는 앎 그리고 국가수준교육과정의 요소에 관한 것이다.

놀이를 예측하고 선지식을 준비한 교사는 아이들의 놀이에 함께 참여하여 학습공동체의 일원이 되어 그 안에서 교육적 의미를 탐색한다. FaC모형은 학습본능 발현을 위한 숲교육의 전형이다. 교사는 최대한 아이들의 학습본능을 발현할 수 있도록 학습공동체에서 역할을 최소화 해야 된다. 단, 역동적이며, 불활실한 아이들의 놀이와 그 놀이를 교사가 이끄는 것이 아니기에 최대한 준비해야 한다.

교사들은 한주가 지나면, 교사회의를 거쳐 계속 FaC모형을 할 것인지, CiF와 FiC모형 중 어느 모형을 선택할 것인지 추측할 수 있다. 물론 CiF와 FiC모형을 한다고 할지라도, FaC모형은 다른 모형들의 기반이 되는 것으로, 숲교육의 기본이자 최종적 목표이다.

[FaC 모형 적용 절차]

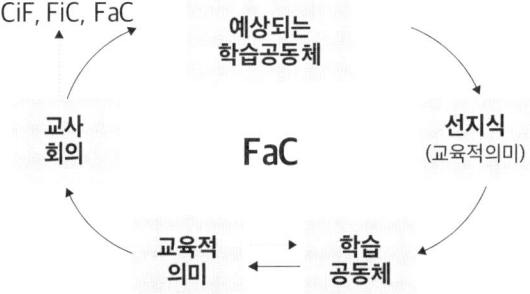

FaC모형 교육계획

계획안 작성 현장 스케치

지난 주 아이들은 계곡에서 여러 개의 댐들을 만들었다. 세 개의 댐이 서로 연결되어 수로가 만들어졌다. 아이들은 큰 댐을 만들어서 물고기도 키우고 싶다고 한다. 여자 아이들 몇 명은 소꿉놀이를 하다가 댐 만드는 놀이에 합류했다. 당분간 거의 모든 아이들이 댐 만드는 놀이를 할 것 같다. ***는 아직 놀이에 합류하지 못하고 있다. 하지만 다른 아이들의 놀이에 관심을 가지고 있는 것 같다. ***와 같이 멋있는 댐을 만들어야겠다. 기다림이 필요한 한 주가 될 것 같다. 말하고자 하는 욕구(TTT)와 대신 해주고자 하는 욕구에 대한 억제가 더 필요할 것 같다. 댐 만들기를 통해 사회성(협동)과 문제해결력, 창의성, 지구력 등이 길러질 것 같다. 아이들의 안전에 만전을 기해야겠다. 작은 수의 연장을 서로 사용하려고도 할 것이고, 계곡 위쪽에 아이들이 올라갈 경우 뱀 등이 나타날 수도 있을 것이다.

학교에 도착하자마자 아이들은 댐을 만들기 시작할 것이다. 놀이 공간에 도착하기 전, '만들고 있는 댐에 관한 이야기', '완성된 후의 댐의 모양에 대해 이야기' 등을 하면서 놀이에 대한 '열정'을 불러 일으키는 것도 좋다. 또한 댐 공사 도중에 예측할 만한 문제 상황은 '댐들의 물이 샌다', '댐 안의 물이 흙탕물', '무거운 돌 옮기기' 등이 있을 것이다. 그 외에도 많은 문제상황이 발생할 것이다. 문제상황을 아이들이 어떻게 해결하는지 아이들의 놀이가 말하는 소리를 들을 수 있어야겠다.

일시: 2017.8.9. **지난주 놀이**: 계곡에서 댐을 만들고 있었음
장소: 스머프 마을 **날씨**: 맑음 **소수유아**: ***, ***(주위에서 배회하였음)

[놀이전]

예상되는 학습공동체	선지식탐색
• 지난 주와 마찬가지로 아이들은 스머프 마을에서 계속 댐을 만들 것 같음 • 댐을 만드는데 사용한 돌만으로는 물을 가두기가 쉽지 않을 것 같다. • ***(자폐성향)이가 여전히 놀이에 참여를 하지 못하고 주위에서 배회할 것 같음 (안전) • 아이들이 돌을 들다가 손톱이나 손에 상처가 날 수 도 있을 것 같다. 간혹 연장을 찾아와서 사용할 경우 안전사고가 날 염려가 있음 • 깨끗한 물을 가두기 위해 물줄기를 찾아 계곡 위로 가다 보면 뱀이 나타날 수도 있을 것 같음 • 계곡 위에서 돌을 옮긴다고 구를 경우 아래의 아이들에게 돌이 굴러 떨어질 수도 있을 것 같음	• 쌓기놀이의 교육적 의의(구성놀이의 중요성) • 큰 돌들 사이에 작은 돌로 메꾸고 그것을 진흙으로 메꾸어야 할 것 같음, 혹은 비닐을 준비하여 물이 안 새도록 해야 할 것 같음 • 댐 안의 물들이 흙탕물이었는데 시간이 흘러감에 따라 맑은 물이 되는 것을 아이들이 볼 수 있을 것 같음(투명한 컵을 두 개를 준비해 가서 흙탕물을 떠서 시간이 지나면 어떻게 되는지 관찰 하는 것도 좋을 것 같음. 무거운 것부터 가라앉는 다는 것을 실험해 볼 수도 있을 것 같음) • 장소에 따라 다른 종류의 흙을 컵에 넣고 흔들었다 가라앉히고 난 후, 흙의 종류가 여러 가지라는 것을 알 수도 있을 것 같음 • 팀별로 만든 댐을 연결하여 도시를 만드는 것은 어떨지? • 댐으로 마을 만들기 까지 할 수도 있을 것 같음 • 물이 흐르게 하기 위해 지형을 만드는 속에서 위에서 아래로 흐르는 물의 속성을 알 수 있을 것 같음 • OO와 함께 병행놀이를 할 장소를 물색 : 아이들의 댐과 연결할 수 있을 곳, 아이들의 놀이를 방해 하지 않을 곳(단, OO와 댐을 만들 때 다른 아이들이 교사에게 도움을 과도하게 요청할 수도 있으므로 주의해야 할 것 같음) • 연못에 물고기를 넣고 기르면 어떨지 물어 보는 것도 좋을 것 같음, 무지개 물고기로 노래 만들기도 가능할 것 같음 • 교사가 계곡의 위를 미리 올라가서 땅과 덤불을 쳐서 뱀 등이 오는 것을 사전에 막아야 할 것 같음. 긴 막대기를 준비를 해야 할 것 같음 • 예상되는 위험을 아이들이 말할 수 있는 기회 제공
누리과정 관련요소	신체 건강 운동	신체 인식하기—신체를 인식하고 움직이기 신체조절과 기본 운동하기—신체 조절하기, 이동하며 움직이기 안전하게 생활하기—안전하게 놀이하기
	의사 소통	듣기—이야기 듣고 이해하기 말하기—느낌, 생각, 경험 말하기
	사회 관계	나와 다른 사람의 감정 알고 조절하기—나와 다른 사람의 감정 알고 표현하기 다른 사람과 더불어 생활하기→공동체에서 화목하게 지내기
	예술 경험	예술적 표현하기—음악으로 표현하기 예술 감상하기—다양한 예술 감상하기
	자연 탐구	수학적 탐구하기—기초적 측정하기, 수와 연산의 기초개념 형성하기, 공간과 도형의 기초개념 형성하기

[놀이후]

학습공동체	교육적의미
• 4개의 그룹이 댐을 만듦 • 한 돌을 쌓다가 돌 사이에 물을 막기 위해 흙을 넣음 • 흙이 다 쓸려 나가자 비닐봉지를 가지고 옴 그러나 양이 적어서 다 막지 못함→ 비닐 봉지에 흙을 담아서 돌 사이를 막음 • 몇 명의 아이들은 물이 새는 것을 개의치 않고 여전히 둑을 높게 쌓으려고 함 • 몇 명은 새는 물을 막기 위해서 노력함 • 다른 아이들이 만들어 놓은 댐과 수로로 연결 시작 **은 교사와 같이 댐을 만들다가 수로 공사에서 공동체에 합류 • 위에 있는 댐에서 흙탕물이 내려온 것으로 다툼이 있음 • 아래에 큰 댐을 만들기로 회의 • 역할들을 찾아감. • 부족한 물은 호수로 물을 끌어옴 • 물고기에 대한 노래를 만들어서 부름	• 댐을 만드는 과정은 신체활동에 참여하는 기회를 제공, 이로 인해 신체를 인식하고 조절하는 능력에 영향을 줌. 놀이 과정에서 나타나는 안전과 관련해 이를 예상하고 대처해 봄으로써 안전하게 생활하는 능력을 키워 나감 • 여럿이서 함께 댐을 만드는 과정은 자신의 의견이나 생각을 말하고 듣고 이해하는 경험을 했으며, 이러한 과정을 통해 나를 알고 다른 사람의 감정을 알아가며 조절할 수 있는 사회적 능력을 키워 나감 • 숲에서의 놀이를 노래로 표현하는 과정은 아이들로 하여금 예술적 표현의 기회와 감상하는 기회를 제공함 • 아이들은 댐을 쌓는 과정 속에 공간과 도형의 개념, 기초적인 측정의 기회가 제공됨 • ***이 병행놀이 단계에 있다가 아이들과 학습공동체에 합류함
누리과정 관련요소	

누리과정 관련요소	신체 건강 운동	신체 인식하기—신체를 인식하고 움직이기 신체조절과 기본 운동하기—신체 조절하기, 이동하며 움직이기 안전하게 생활하기—안전하게 놀이하기
	의사 소통	듣기—이야기 듣고 이해하기 말하기—느낌, 생각, 경험 말하기
	사회 관계	나와 다른 사람의 감정 알고 조절하기—나와 다른 사람의 감정 알고 표현하기 다른 사람과 더불어 생활하기—공동체에서 화목하게 지내기
	예술 경험	예술적 표현하기—음악으로 표현하기 예술 감상하기—다양한 예술 감상하기
	자연 탐구	수학적 탐구하기—기초적 측정하기, 공간과 도형의 기초개념 형성하기

3
교사의
실천적 참여

일반적으로 교수학습을 가르침과 배움이라고 한다. 혹자는 교수학습 그 자체를 교육이라고도 한다. 하지만 가르치고 배우는 관계는 교육의 수단일 뿐 교육 그 자체가 될 수는 없다. 교수학습은 가르치는 사람과 배우는 사람의 상호작용을 전제로 한다. 교사와 아이들 사이에서 일어나는 상호작용의 유형 가운데 대표적인 것이 교수학습이다. 또한 교사와 아이들이 함께 하는 행태를 대부분 수업이라고 전제한다. 하지만 실제 교사의 교수학습의 결과들은 수업뿐만 아니라 아이들의 일상에 실천적으로 참여함으로써 이루어진다. 교수학습은 교육목표, 교육내용, 물리적 환경, 사회적 환경 등의 복잡한 유기적 관계를 가지고 있다. 이미 학습본능의 정의에서 학습과 관련하여 언급하였듯이 교수학습은 교육기관 또는 교사가 가지고 있는 자연관, 아동관, 지식관, 가치관 등의 세계관과 아이의 관심, 발달수준 등에 따라 그 개념과 형식 등이 달라진다.

물론 지금까지 교수학습과정을 보는 기본적인 관점은 시대에 따라 변화해 왔다. 외부 세계에 존재하는 보편적인 진리가 있어서 이를 학습자에게 전달하거나 가르칠 수 있다는 생각이 지배적이었던 객관주의 패러다임에서부터 그리고 학습자를 의미 구성의 주체로 보는 구성주의 패러다임 그리고 상호객관주의 패러다임에 이르기까지 다양한 개념 체계가 교육 프로그램(교수학습포함) 개발의 방향을 이끌었다.

현재 우리나라 교육현장은 상당 부분 구성주의 패러다임에 근거하고 있다. 구성주의는 객관주의가 가져다 준 효율과 합리로 점철되는 근대유산을 상속받게 되었다. 그 결과 여전히 교사들의 수업지도안, 교육계획안 등은 객관주의 패러다임의 형식을 따르고 있다. 객관주의 패러다임의 대표적인 교육사조인 전통주의적이고 행동주의적인 교육은 진리가 불변이라는 믿음에서 출발한다. 그래서 변하지 않은 지식을 전수하는 일을 교육이라고 보고, 배워야 하는 지식의 내용인 아이들이 무엇을 배워야 하는가에 대한 문제는 국가가 결정하였다. 그 결과 아이들은 지식의 수용자적 입장에 놓일 수밖에 없게 된다.

이러한 객관주의 및 구성주의 패러다임에서 수업시간에 '무엇을 가르칠 것인가?'하는 것은 이미 국가에서 결정하였기 때문에 교사들이 이에 관한 고민을 하는 것은 무의미하다. 다만 아이들을 '어떻게 가르칠 것인가?'에 대한 고민만이 의미가 있다. 이러한 이유로 지금까지 수업 현장에서는 교수학습방법이 가장 중요한 이슈가 되어 왔다. 여기에서 교사의 역할은 '정해진 내용에 얼마나 잘 도달하게 할 것인가'이다. 이러한 패러다임에서는 아이들의 모든 행동은 측정, 진단, 예측이 가능하다는 것을 전제로 한다. 교실교육에서 수업의 궁극적인 목적은 정해진 학습 목표나 목적을 성취하기 위해 행동을 규정하고 변화를 이끄는 것이다. 이러한 교수학습에 대한 관점은 결국 교육의 효율성을 중시할 수밖에 없다. 그래서 객관적인 평가가 중요시된다.

반면 우리나라 교육현장을 풍미하고 있는 피아제나 비고츠키 등이 주장하는 구성주의 역시 교수학습 부분에 많은 도전을 받고 있는 것이 현실이다. 최근 로고프Rogoff 역시 전통적인 비고츠키Vygotsky연구에서 강조되었던 가르치는 자와 배우는 자가 분리된 이원적 관계를 초월하여, 교사는 아이들의 활동에 학습자로 그 역할을 변화해야한다고 주장하였다.*22

숲교육에서 교수학습 패러다임은 정해진 학습목표 도달을 강조하여 아이들의 자율성을 억압하는 실증주의 패러다임보다는 의미를 창조하는 주체로서의 개인에 접근하는 순환적 합의 모형인 실존적이고 비판적이며, 해석적이고 구성주의적이며 또 한편으로는 상호객관주의적인 복잡성을 가진 패러다임이다.

숲교육은 아이들의 학습본능을 인정하고, 그것을 잘 나타내도록 해야 하기에 미리 교육의 내용과 방법을 계획하고, 가르치는 구조적인 것이 아니라, 비구조적일 수밖에 없다. 기존 교육이 가르치는 것과 배우는 것을 이원론적 사고를 바탕으로 구분하였지만 숲교육은 가르치는 것과 배우는 것은 따로 떨어져 있는 별개의 것이 아닌 하나의 과정이므로 가르치는 것과 배우는 것이 구별되지 않고, 가르치는 사람과 배우는 사람이 구별되지 않아 '교수학습방법'이라고 말하는 것 자체가 곤란할 수도 있다.

---

* 이와 관련하여 로고프는 교실상황에서 아이들 뿐만 교사에게도 학습이 일어난다고 하였다, 이러한 상황을 '학습자들의 공동체(Community of Learners)'라고 하였다. 반면, 숲교육에서 필자가 주장하는 것은 학습공동체로서 주체들 간의 공동체(학습자들의 공동체)가 아닌 학습상황이 이루어지는 학습공동체(Learning Community)를 의미한다.

숲교육에서 교사가 아이들과 함께 학습공동체를 구성하는 것이 바로 기존 교육에서 말하는 교수행위이다. 숲교육에서 교사와 아이는 가르치는 존재로서 주체와 배우는 존재인 객체로의 분리가 아니라 학습공동체 구성원으로서 존재 대 존재인 실존적 역할의 회복이다. 교사가 존재자로서의 아이와 관계를 갖게 되는 것이 교수학습이다. 숲교육에서는 이를 교사의 실천적 참여라고 한다.

숲교육에서 교사의 교수학습을 설명하는 것은 이것으로 충분하지 않다. 교사의 역할은 지식을 함께 구성하는 협력뿐만 아니라 공동의 지식을 함께 구성하면서 지식을 만드는 것이다. 숲교육에서 교사와 아이는 가르치는 존재로서 주체와 배우는 존재인 객체로의 분리가 아니라 학습공동체 구성원으로서 존재 대 존재인 실존적 역할의 회복이다. 존재자로서 교사와 아이가 관계를 갖게 되는 것이 숲교육에서 교사의 실천적 참여이다.

숲교육에서 이야기하는 교수학습인 교사의 '실천적 참여'는 '관계'를 통해 나타난다. 그리고 관계는 교사와 아이 사이에서만 나타나는 것이 아니라, 아이들이 관계를 가지고 있는 모든 곳에서 일어난다. 그것은 교육기관에서 뿐만 아니라, 또래와도 일어나며, 가족, 이웃, 친척, 마을 주민, 심지어 매체 속의 등장 인물들과의 관계에서도 일어난다. 또한 사람 뿐만 아니라 사물과의 관계에서도 일어난다. 자연, 교육기관의 공간 구조, 설비, 교재교구 등 다양한 사물들과의 관계에서도 일어난다. 결론적으로 숲교육에서 교수학습은 아이들과 숲에 있는 모든 것들이 관계하는 것이다. '관계' 측면에서 교수학습을 보면 숲교육의 교수자는 교사와 또래 모두이다. 더 나아가 숲 공간 자체가 교수자로서 역할을 한다. 숲에서 아이들이 서로를 가르치는 것을 보면 전형적인 교수학습관계다. 숲에서 학습공동체를 만든 아이들은 근접발달지대를 알고 적절하게 비계를 설정하기도 하고, 또래가 알 수 있도록 적절하게 기다릴 줄도 알며, 상대가 알아들을 수 있는 언어로 이야기할 줄도 안다. 때로는 직접 시범을 보이면서 가르쳐주는 행동주의 교수법을 사용하기도 한다. 교육내용의 선정에서도 상대방이 알고 싶어하는 것이나 처해진 환경에서 반드시 알아야 되는 것(예: 안전 등)을 가르친다.*

교실교육의 교수법에서 교사는 무엇인가 도달하기 위해(목표 지향적) 촉진하고 격려하는 사람이다. 그래서 교사들은 끊임없이 자신들이 생각하는 올바른 방향으로 아이들을 이끌려고 한다. 숲교육에서 교사는 가르치지 않고 기다리는 것이다. 가르치지 않는다는 점에서 노자의 '무위지사無爲之事(함이 없음의 일)'와 '불어지교不言之敎(말이 없음의 가르침)'을 의미한다. 여기에서 '무위無爲'의 '함이 없음'은 곧 아무것도 하지 않음actionlessness을 의미하는 것이 아니다.

교사는 가르치기 위해 내면에 무엇인가를 의도한 채 대화를 하는 것이 아니라 학습공동체의 구성원으로 사람 대 사람, 즉 존재 대 존재로 아이들과 일상을 공유해야 한다. 궁극적으로 숲교육에서의 교수법은 교사가 학습공동체의 일원이 되는 것이다. 이것이 실천적 참여의 모습이다. 단순히 아이들의 일상에 아이를 가장한 교사로서 다가가는 참여가 아니다. 교사도 학습자가 되어 숲에서 탐구하고, 놀고, 아이들과 작업을 해야 한다. 로고프Rogoff에 의하면 교사가 학습자의 역할로 전환되기 위해서는 자신의 전문적 지식에 집착하지 않고 다른 사람의 지식에 귀기울이는 것listening이 필요하다고 하였다.[23] 여기에서 귀 기울이는 것은 미지의 지식unknown knowledge과 세계에 대해 자신

---

* 실제 숲에서는 아이들이 자신들이 생각하기에 숲에서 활동하는데 필요한 안전에 관한 것들을 가르치는 것을 볼 수 있다.

을 개방하는 것이며 이는 자신이 잘 이해되지 않는 상황을 이해하기 위해 노력하는 것이다. 그러나 교사가 미지의 세계와 지식인 아이들과 그들의 문화를 이해하기 위해서는 자기만의 판단과 해석을 할 수 밖에 없다. 결국 교사는 아이에 대한 인식론적 이해에 머무를 수 밖에 없다.† 교사가 학습공동체에서 학습자의 역할로 전환된다고 해서 교사의 앎(여기에서는 지식) 자체가 부정되지는 않는다. 교사의 앎은 선지식을 가진 학습공동체 구성원 중의 한 개체가 가지고 있는 실천적 지식이다.

교사의 실천적 참여의 실제

숲교육에서 (기존 교육학이 말하는) 교수학습 목표는 아이들을 많이 놀게 하는 것이며, 학습공동체를 만드는 것이다. 그래서 교사가 질문하는 목적은 아이들이 노는 것을 도와주는 것이며, 학습공동체를 잘 형성할 수 있도록 하는 것이다.

교실교육에서 교사는 미리 정해진 내용을 교사의 의도된 계획에 따라 예상되는 물음과 답을 가정하는 구조화된 질문(교육학에서 칭하는 발문)을 한다. 하지만 숲교육에서는 복잡하고 예측하기 힘든 아이의 일상에 교사가 '참여'하면서 시작된다.

---

† 교사가 미지의 세계인 아이를 이해함에 있어 편견이나 선입견의 개입은 어쩔 수 없는 한계이다. 이것이 인식론이 가지는 오류이기도 하다.

[교실교육과 숲교육의 교수학습 상황 비교]

교실교육	숲교육
발문	참여
수업, 활동	활동, 놀이
정해진 내용	예측 불가능한 아이들의 일상
구조화	비구조화
(교수자의)효율성	(학습상황의)능동성
통제 기술	관계 기술

숲교육에서 교수학습 방법인 '참여'는 자유로운 놀이를 중심으로, 학습공동체를 통해 다양하고 풍부한 환경과 '관계맺기'를 통해 이루어진다. 아이들의 '관계맺기'의 방식은 놀이이며, 이는 자연스러운 학습법이다. 아이들은 정해진 내용으로 구조화된 방식을 통해 배우는 것이 아니라 예측불가능한 자신의 일상에서 비구조화된 방식을 통해 자연스럽게 놀이를 하면서 성장한다.

또한 교실교육이 교수학습의 효율성에 관심이 있다면 숲교육에서는 학습상황이 얼마나 능동적이냐에 의해 결정된다. 그 결과 숲교육에서 교사는 아이에게 통제기술이 아닌 관계기술이 더 필요하다.

실제 숲에서의 학습 프로그램을 개발한 미국의 자연주의 학자 코넬Cornell이 개발한 '플로러닝Flow Learning' 프로그램 역시 놀이가 그 중심에 있다. 플로러닝은 물 흐르듯이 연관성을 갖고 이어지는 놀이나 활동을 통해 학습하는 것을 의미한다. 자연을 느끼고 체험하는 방법으로 흥미와 열의를 가질 수 있도록 놀이를 제공하며, 감각을 활용하여 자연을 느끼고 관찰하도록 활동을 제공한다. 또한 역할놀이와 상상 여행을 통해, 자연에서 얻은 감동을 서로 나누어 자연에 대한 감성을 공유함으로써 자연과의 일체감을 느껴 체험의 폭을 넓힐 수 있게 한다.[24] 이를 위해 코넬Cornell은 아이들과 자연체험활동을 함에 있어 즐겁고 유익한 시간이 되도록 하려면 다섯 가지 규칙을 따르도록 하였는데, 첫째, 가르치기보다는 서로 나누고, 둘째, 마음을 열어 두고, 셋째, 기회를 놓치지 말고, 넷째, 체험이 먼저이고 설명은 다음이며, 다섯째, 즐거움은 배움의 원동력이라고 하였다. 플로러닝Flow Learning이 시사하는 바와 같이 숲에서 아이들의 놀이는 자연스러움 속에서의 배움이다.25

숲교육에서 아이들은 아이-아이, 아이-교사, 아이-부모, 아이-가족, 아이-지역사회 등의 학습공동체를 통해 학습이 이루어진다. 여기에서 교사는 학습공동체의 일원이다. 숲교육에서 아이들은 학습공동체 안에서 자기 존재의 주체성 회복과 숲 공간인 공동체 내에서 다양한 교류와 자극을 통해서 무언가에 몰입하면서 자연스럽게 누군가와 대화하고 싶다는 심리적 욕구를 가진다. 이때 갖게 되는 대화의 기회는 예상치 못한 새로운 정보들과 접촉을 가능하게 한다.

교사는 교실 현장에서 진행되는 구조화된 수업형식을 따라야 하는 것이 아니라 비구조화된 숲 상황에서 교수적 대화instructional conversation를 통한 상호작용의 방식으로 접근하는 것이 바람직하다.* 이것은 아이와 학습공동체를 만들 수 있는 중요한 방법이다. 이렇게 공동체 안에서 이루어지는 대화의 역동성은 자기생산을 촉진한다.

숲에서 교사는 아이들과 다양하게 소통한다. 소통은 질문 등 발문법에만 있는 것은 아니다. 소통의 시작은 경청이며, 침묵과 격려도 소통

---

* 전문가와 학습자가 각자 자신이 습득한 이해를 바탕으로 말과 글을 주고받는 대화는 여러 모습으로 나타난다. "… 그것의 일반적 명칭은 교수적 대화이다. …" 여기에서 명칭은 그 자체로 역설을 내포한다. '교수'라는 것과 '대화'라는 것은 상호 모순적이다. 전자는 권위와 계획 수립을 함의하고, 후자는 평등과 반응을 함의한다. 가르침은 이러한 모순을 해결하는 것이다. 진실하게 가르치기 위해서는 대화하여야 한다. 진실한 대화는 곧 가르침이다(Tharp & Gallimore, 1988. p.111 ; 한순미, 1999 p.129 재인용).

이다. 숲에서 일어나는 교육적 소통은 비구조화된 상황 속에서 대화의 방식을 취하며 일어난다. 교사와 아이가 교육적 소통에서 취하는 대화의 방식은 교사가 다양한 수준과 형태의 질문을 하면 아이들이 대답하거나, 아이들이 질문을 하면 교사가 대답해 주는 활동 방식이다. 이러한 대화를 통하여 교사는 일상에서 아이와 실존적 만남을 경험하고 자기 생산을 촉진하도록 안내하는 매개의 역할을 한다.

교사의 실천적 참여 개관

학습본능을 유발시키는 놀이는 아이들이 자기 존재 대로 사는 방법이다. 아이들은 노는 존재이며, 놀이를 통해 자기 존재를 발견하고, 세상을 살아가는 법을 배운다. 숲은 아이들이 자신의 존재대로 살기에 적합한 것들을 갖추고 있다. 숲에서 교사는 아이와 존재 대 존재로 만나야 하며, 아이들이 자기 존재를 나타내는 놀이에 참여해야 한다. 놀이가 곧 교육인 숲교육은 교육과정을 미리 계획하고, 실행하는 것이 아니다. 예측할 수 없는 불확실한 일상 자체가 교육과정이다. 이때 교사는 가르치는 것이 아닌 학습공동체 구성원이다.*

  최근까지 놀이에 대한 교사의 참여와 관련하여 많은 연구가 있다. 먼저, 교사나 성인은 아이의 일상인 놀이에 직접적으로 참여하거나 개입하지 않아야 한다는 주장이다. 교사들을 포함한 성인들은 아이들의 일상인 놀이에 개입함으로써 오히려 놀이를 방해하거나 아이가 자신의 감정을 드러내는 것을 막는 등 지나치게 통제하고 구조화할 수 있어 진정한 놀이가 될 수 없다는 것을 근거로 든다.[26]

---

* '~구성원으로서 역할을 해야 한다' 교사의 당위성을 제시하지 않고 단지 '~ 역할을 한다' 라고 한 것은 숲교육에서 아이들에게 하지 않듯이 교사에게 확정적인 행위의 당위성을 제시하는 것은 바람직하지 않기 때문이다.

반면, 놀이에 교사나 성인이 적극적으로 개입해야 된다는 주장도 있다. 스밀란스키Smilansky는 사회극 놀이에서 교사의 적절한 개입은 아이의 인지 발달 향상을 보인다고 주장한다. 아이가 혼자서 할 수 없는 수준의 놀이를 할 수 있도록 도울 수 있기 때문에[27] 놀이에서 교사나 성인의 역할이 필요하다는 것이다.[28]

이렇게 아이들의 일상(놀이)에 개입하는 것에 대해 찬반의 논쟁이 있다는 것은 효과적인 방법으로 개입하는 것이 중요함을 밝혀 주고 있다.[29]

숲교육에서 학습은 학습공동체를 통해 이루어진다. 아이들은 또래, 그리고 손위 연령의 아이들 뿐만 아니라 손아래 연령의 아이들, 그리고 교사 등 모두와 학습공동체를 만든다. 또한 교사가 아이들과 학습공동체를 만들 때 아이들의 일상에 간섭하지 않는다는 것을 원칙으로 한다. 교사는 가르칠 순간이 오면 답을 '말하고자 하는 유혹TTT: Temptation To Tell' 때문에 어려움을 겪는다. 흔히 교사들이 하기 쉬운 실수는 아이들이 발견한 것에 대해 논의 할 때 직접적인 교수법을 사용하여 설명하는 것이다. 하지만 교사는 설명하고자 하는 욕구를 자제해야 한다. 교사가 미리 설명한다면 아이들은 자기 생각에 대한 확신이 없어지게 된다. 이후 아이들은 계속해서 교사의 생각만을 들으려고 하는 아이가 된다. 그리고 교사가 질문을 할 때 자기 생각을 말하는 것이 아니라 교사가 원하거나 듣고 싶은 말을 하려고 한다.

교사는 말하고자 하는 유혹TTT: Temptation To Tell을 피해야 하는 대신 아이에게 자신의 생각에 대한 도전을 불러일으키고 아이가 이미 알고 있는 것을 찾을 수 있도록 도와야 한다. 그렇지 않으면, 어렸을 때에는 호기심과 탐구심으로 가득하고, 무엇이든지 도전해보려고 시도하였던 아이들이 자라면서 누군가의 간섭과 제지에 의해서 구속당하고 따르게 되며 궁금한 것도 없어져버린다.

예화

아이가 다양한 크기의 나무를 살피며 나뭇잎의 크기를 비교한다.

교사   무엇을 하고 있니?
아이   나뭇잎의 크기를 재고 있어요. 제 생각에는 나무가 크면 당연히 나뭇잎도 크겠죠. 그래서 확인해 보는 중이에요.
교사   응 그래.

아이는 여러 크기의 나무를 돌아다니며 나뭇잎을 비교하였다.

교사   나무가 클수록 나뭇잎이 더 크니?
아이   음...글쎄요. 제가 나뭇잎들을 비교 했는데 나무들마다 나뭇잎 크기가 다 달라서요. 그리고 나무가 크다고 나뭇잎이 더 큰 건 아닌 것 같아요.

교사는 아이의 잘못된 개념을 즉시, 그리고 완전히 수정하는 등 직접적으로 가르치는 행동을 삼가는 것이 바람직하다. 교사는 질문을 통해 아이들의 호기심을 불러일으켜야 한다. 하지만, 질문으로 아이들의 학습본능의 발현 요소인 놀이와 학습공동체가 만들어지는 것을 방해할 수도 있다. 교사가 아이의 발달을 위해 과도한 개입(참여)을 하지 않더라도 아이들은 학습공동체에서 놀이를 계속하는 동안 경험과 발전을 거듭하면서 학습하며 발달한다.

경우에 따라서 교사는 놀이에 적극적인 참여와 반응을 보여야 할 때가 있다.* 아이가 궁금해서 물어보는데 스스로 알아야 된다고 반응하지 않거나, 계속 질문을 위한 질문을 하면서 아이의 궁금한 것을 해결해 주지 못한다면, 아이들은 교사에게 더 이상 질문을 하지 않을 것이다. 그러므로 교사는 아이에게 정답을 알려주는 것을 금기시하고 질문만 해야 한다는 생각들에 오류가 없는가를 점검해 볼 필요가 있다.

 기존 교육학 프레임에 매몰되면 교사와 아이의 실존적 만남이 어렵다. 과거 교사 중심주의에서는 교사가 아이들에게 답을 미리 정하여서 주입식으로 가르쳤었다. 이것에 대한 반성으로 등장한 것이 아동중심주의 교육이다. 교사중심교육의 반성으로 등장한 아동중심주의 교육에서 교사는 최대한 질문에 답해서는 안 된다는 생각에 갇힐 수 있다고 인식하고 아이가 궁금해 하는데 답을 해줘서는 안 된다고 생각하는 경우가 있다. 하지만 교사중심주의도 아동중심주의도 아닌 숲교육에서는 실존적 만남을 중요시하기 때문에 아이가 궁금해하고 간절히 물어보면 답을 할 수도 있다. 교사와 아이가 실존적으로 만나면 교사중심이나 아동중심의 이슈보다는 아이에게 존재대로 다가가 답을 할 수도 있다.

 교사는 답을 할 수 없는 질문을 받을 때에도 솔직히 자신의 상황을 이야기 해야 한다. 또한 답할 수 없는 질문에 대해 교사가 가진 질문을 더 첨가함으로써 질문하는 방법에 대한 모델링을 제공할 수도 있고, 모른다고 말할 수도 있다. 교사와 아이가 직면하게 되는 교육적 상황에서 교사의 다양한 참여 유형들 가운데 어떠한 유형을 적절히 선택하느냐는 교사의 실존적 의식과 전문적 안목에 의존할 수밖

---

* 때로는 교사가 아이의 질문에 바로 대답할 수도 있다.

에 없다.

숲교육에서 교사의 궁극적 역할은 아이들의 타고난 속성인 학습본능을 회복시키는 일이다. 이때 필요한 것이 교사의 참여이다.* 중요한 것은 요리 전문가가 음식을 만들 때 양념을 많이 넣어도 안 되며, 적게 넣어도 안 되는 '적당히'의 수준을 결정하고, '적당한 때'에 넣어야 되는 것을 아는 것처럼 아이들의 모든 활동에 개입하는 것이 아닌 적당하고 적절한 타이밍에 반응해야 한다는 점이다.†

---

* 교실교육에서는 이것을 교수학습, 개입, 중재라는 용어로 대처할 수 있을 것이다. 어떤 용어를 사용하는 지는 교육적 신념에 따라 다르다.

† 루소는 그의 저서 <에밀>에서 아이들을 위해 성인이 참여(개입, 반응)하는 4가지 기준을 아래와 같이 제시하고 있다.

제 1준칙: 아이는 힘이 남아돌기는 커녕 자연이 그에게 요구하는 것을 충족시키기에도 넉넉하지 못한 형편이다. 그러므로 자연이 그들에게 부여한 힘을 남김없이 다 사용하게 내버려 두어야 한다. 그래도 그들은 그것을 헛되게 사용하지는 않을 것이다.

제 2준칙: 지적인 것이건 힘에 관한 것이건 육체적으로 필요한 일이면 모두 다 그들에게 결여되어 있는 것은 거들어 주고 보충해 주어야 한다.

제 3준칙: 아이에게 도움을 줄 때, 한결같이 실제적으로 필요한 경우에만 한정토록 할 것이며, 변덕이나 까닭없는 욕구에 동조하는 일이 없어야 한다. 왜냐하면 변덕이란 자연 본래의 것이 아니기 때문에 사람이 그것을 조장해 주지 않는다면 절대로 아이가 그 때문에 시달리는 일은 없다.

제 4준칙: 아이들의 언어와 아이들의 표정을 조심해서 연구해야 한다. 아직 그들이 사람을 속일 줄 모르는 연령에서는 그와 같이 함으로써 그들의 욕구가 자연으로부터 직접 오는 것인지 또는 고집에서 오는 것인지 분간할 수 있기 때문이다.

교사의 실천적 참여의 상황

저녁을 드시던 할아버지가 나를 바라보며 말씀하셨다.
"자, 봐라, 작은 나무야. 나는 네가 하는 대로 내버려둘 수밖에 달리 방법이 없었단다. 만약 내가 송아지를 못 사게 막았더라면 너는 언제까지나 그걸 아쉬워했겠지. 그렇지 않고 너더러 사라고 했으면 송아지가 죽은 걸 내 탓으로 돌렸을 테고, 직접 해보고 깨닫는 것 말고는 방법이 없단다."
"그래요, 할아버지."30

이 글은 포리스트Forrest Carter 카터가 쓴 '내 영혼이 따뜻했던 날들'의 일부이다. 인디언 할아버지는 주인공인 어린 아이(이름은 작은 나무)가 병든 소를 사는 것을 보았음에도 불구하고 지켜봐주고 기다려주었다. 할아버지는 아이에게 아무런 교육적 행위를 하지 않은 것처럼 보이지만 아이를 관찰했으며, 상황을 파악했고, 자신이 어떻게 참여해야 하는지에 대해 고민했던 것이다. 이 책에서 의미하는 것처럼 성인이나 교사는 아이들을 기다릴 수 있어야 한다. 숲교육에서 교사가 아이들의 일상에 '참여'하는 경우는 다음과 같다.

- 아이들이 공동체에 속하지 못할 때
- 안전을 위해서
- 일상의 활동들이 '학습을 위한 결정적 순간' 일 때
- 일상이 전환(이)될 때
- 같이 놀자고 할 때

물론 이러한 경우가 전부 일 수는 없지만 교사가 이러한 원칙을 가

지고 있을 때 무의미하거나 과하지 않는 자기 자신의 위치를 매번 점검할 수 있을 것이다.

첫째, '놀이 기술이 부족하여 학습공동체 형성하여 놀 수 없는 아이들이 공동체에 참여하고 싶어할 때'이다. 또래와 놀지 못하는 아이들은 나중에 심리적 역기능을 경험할 가능성이 크기 때문에 교사가 도와주어야 한다.[31] 교사의 적절한 참여는 아이가 더 이상의 부정적인 영향을 받지 않도록 도와 줄 수 있다.[32] 이 경우는 흔히 또래에 의해 무시당하거나 거부되어 놀이에 참여하지 않게 될 때이다.

또래로부터 무시되는 아이는 집단에 끼려는 시도를 별로 하지 않으며, 관심의 대상이 되는 것을 좋아하지 않는다.[33] 이들은 수줍음을 많이 타고 수동적인 성향을 가지는 경우가 많다. 이들은 다른 아이들의 관심을 끌기 위해서 사회적으로 수용되는 방식이 어떤 것인지 모르거나 그런 방식을 사용하지 않기 때문에 무시된다.[34] 또한 무시될 것이라는 예상을 하게 되면서 점점 더 또래와의 상호작용을 피한다. 따라서 또래와 같이 있는 기회나 긍정적인 상호작용의 기회를 놓치게 된다. 그래서 이들은 외로움을 많이 호소한다.[35]

또래로부터 거부된 아이는 거부-위축, 혹은 거부-공격의 두 가지 유형을 보인다. 거부-위축된 아이는 사회적으로 서툴러서 미성숙하거나 특이한 행동을 보이며, 또래집단의 기대에 민감하지 못하다. 이 아이들은 또래들이 거부할 것이라고 예상하고, 다른 사람이 자신을 좋아하지 않는다고 생각한다.[36] 이들은 낮은 자아존중감과 우울, 부정적인 사회-정서적 기능 및 다른 정서 장애를 갖는다. 이 아이들은 흔히 따돌림의 대상이 된다.[37]

거부-공격적인 아이들은 이와는 정반대로 약한 아이를 괴롭힌다.

이들은 힘을 사용하기 때문에 또래집단에서 격리된다. 그리고 타인을 지배하려 하고, 비판하고 협력하지 않는다.[38] 또한 타인의 행동을 자신에게 적대적인 것으로 해석한다. 자신의 행위가 다른 사람에게 어떤 영향을 미치고 그 결과로 또래들의 반응이 어떨지에 대한 관련성을 알지 못하기 때문에 자신의 행동에 대해 책임지지 못하고, 잘못은 다른 사람 때문이라고 생각한다.[39] 그 결과 아이의 공격적인 행동은 또래로부터 거부당하게 만든다.

학습공동체 생활을 통해 공격적인 아이는 자신이 사용하는 강압적인 주도가 유용하지 않으며, 사회적인 문제 해결에 폭력을 사용하지 않아도 된다는 것을 알게 된다. 학습공동체의 구성원으로서의 교사는 비폭력적인 방법으로 분노를 표현하도록 도울 수도 있다. 이를 위해 교사는 아이들을 가르치고, 안내하는 것보다, 아이들의 말과 감정, 그리고 의지를 경청해 주는 것이 바람직하다.

여기에서 자기 존재에 대한 인식이 선행되어야 한다. 그래서 우선 자신이 화가 났다는 것을 인식할 수 있어야 한다. 실제 무시 아동과 거부 아동 모두 타인에 대해 부정확한 지각을 한다. 이들은 사회적 이해가 부족하지는 않지만 다른 아이들보다 다른 사람의 사회적 단서를 잘 읽지 못하거나 잘 이해하지 못하는 경향이 훨씬 크다.[40]

'경청'에서 중요한 것은 아이들의 행동을 읽어 주는 것이다. 여기에서 읽어주기는 '공감해 주기'의 기법 listen to 외에 아이들이 자신의 행동에 대해 인식하도록 하는 존재인식 listen for을 위한 기법이 중요하다. 아이들의 이야기를 경청만 해주어도 아이들은 스스로 상황(맥락)에 맞고, 자기의 성향에 맞는 자신만의 갈등해결 전략을 생각해 낼 수 있다. 간혹, 교사는 아이에게 구체적인 언어적 대안을 제시할 수도 있다.

이렇게 또래에 의해 무시당하거나 거부되는 경우 외에 아이가 자신감과 같은 자기 개인적 이슈(상태)등으로 인해 공동체에 참여할 수 없어서 혼자 배회하는 방관자가 된 경우이다. 숲에 처음 온 아이들 중 놀이에 별 관심을 보이지 않는 아이가 있다. 이 아이들에게 처음부터 놀이에 참여하도록 강요하기 보다는 파튼Parten의 두 번째 단계인 '방관자 행동'으로 유도하는 것이 바람직하다. 방관자 행동은 다른 사람이 하는 일에 관심을 보인다는 점에서 이전 단계와 구별된다. 이 단계에 해당하는 아이는 또래의 놀이를 종종 지켜본다. 이러한 방관자적 행동을 통해 아이는 놀이에 관심을 갖게 되기 때문에 중요하다. 이때 교사나 성인은 아이에게 또래와 사회적 관계를 가질 것을 의도하지 않는다. 대신 교사는 단지 이 아이로 하여금 다른 아이의 놀이 내용에 관심을 갖도록 자극한다. 실제로 아이들이 또래와 공동체를 만들 준비가 되기까지 이 아이는 또래의 놀이를 몇 주간 더 지켜볼 수도 있다. 아이는 자신의 주변을 지켜보거나 배회하기 시작하면서 또래 활동에 흥미를 보이게 된다.[41] 이때 교사는 아이를 기다려 주어야 한다. 여기에서 혼자 노는 것이 무조건 나쁜 것은 아니다. 아이들은 혼자 놀이를 하는 경우도 많다. 무어Moore, 에버슨과 브로피Evertson & Brophy의 연구에서 혼자놀이는 목표 지향적 활동이거나 교육적으로 의미가 있는 놀이일 때 빈번하게 나타난다고 한다.[42]

둘째, 당연한 경우이지만, 아이들의 안전에 위협이 가해질 때이다. 숲에서 교사는 특별히 더 안전을 위해 최선을 다해야 한다. 벌 등의 곤충과 위험한 식물, 뱀이나 멧돼지 등의 동물로부터 아이들을 보호할 수 있어야 하며, 암벽이나 위험하게 위치한 나무들로부터도 보호해야 한다. 하지만 위험을 이유로 아이들의 행동을 함부로 통제해서는 안 된다. 이때도 교사의 적절한 참여가 필요하다. 아이들은 스스로 위험을 감지할 수 있다. 그럼에도 불구하고 교사가 판단하기에 위험한 곳이 있다. 그때는 아이들과 숲에서 닥칠 위험에 대해 이야기를 나누는 것이 좋다. 그러나 교사가 미리 위험과 안전에 대해 이야기를 하는 것보다 그 상황에서 닥칠 위험에 대해 아이들에게 먼저 질문을 함으로써 예측되는 위험한 상황과 대처방안에 대한 자기 인식에서 시작해야 한다. 아이들의 이야기가 끝난 후 교사는 사전에 준비한 안전과 관련한 이야기를 해야 한다.

셋째, 모든 아이들의 놀이가 학습 그 자체이지만, 교사가 참여함으로써 새로운 개념이나 사고방식을 배울 수 있는 순간이 있다. 교사는 주의 깊게 질문하고, 제안하고, 격려하여 '학습을 위한 결정적 순간 teachable moments'에 참여할 수 있는 순간을 포착해야 한다.[43] 이때 탐색을 위한 새로운 정보를 첨가하고, 문제 해결을 도와 줄 수 있고, 사고를 안내할 수 있는 반응을 해야 한다.* 하지만 반드시 명심해야 되는 것은 교사의 지나친 참여는 해가 될 수 있다.[44]

넷째, 아이들이 하던 놀이가 또 다른 정해진 일상으로 전환되는 순간이다. 전환되는 순간의 가장 쉬운 예는 아이들이 놀다가 간식이 제공될 때, 점심시간이 될 때, 혹은 하교시간 등으로 인해 놀이가 중단될 때 등이다.

다섯째, 아이들이 교사에게 같이 놀자고 할 때이다. 이때 교사는 아이가 교사에게 의존하는 성향인지를 우선 파악해야 한다. 아이가 교사를 놀이 동료로 인식하여 친밀감에서 비롯된 놀이의 제안인지, 의존적 성향에서 나온 놀이의 제안인지를 먼저 확인해야 한다. 만약 의존적 성향에서 나온 놀이 제안이라면 교사는 좀 더 더디게 놀이에 참여해야

---

* '이것은 무엇이니?' 하는 식의 단순한 명칭을 묻는 질문은 안 된다.

한다. 학습공동체에서 교사는 아이와 함께 공동체의 구성원일 뿐이다. 교사는 아이들의 친구다.

교사의 실천적 참여의 시기

숲에서 아이들은 학습본능을 충족하면서 자연스럽게 성장한다. 교사는 학습본능의 요소인 학습공동체의 구성원으로서 아이들의 학습본능을 충족시키도록 도와주어야 한다. 교사는 학습공동체의 구성원이기는 하지만, 또래와는 다른 위치다. 교사는 학습공동체의 외부에서 의도적으로 학습공동체를 구성하는데 조력자가 되기도 하며, 학습공동체 구성원으로서 참여하기도 한다. 이러한 역할을 수행하기 위해서는 교사의 적극적인 관찰이 선행되어야 한다. 교사는 아이들의 일상을 '교육적 렌즈'를 통하여 학습본능의 발현을 볼 수 있어야 한다.

교사는 아이들의 모든 교육활동에 무조건 참여해야 하는 것은 아니다. 교사는 아이들의 일상에 참여할 이상적인 순간을 기다려야 한다. 실제 아이들이 무엇인가 열심히 하고 있을 때 교사가 개입(참여)한다면 오히려 아이들의 주위를 산만하게 만들 것이다.[45] 교사가 아이들의 학습공동체에 참여하기 위해서는 적극적인 관찰이 기본이다.

숲교육에서 적절한 참여 시기를 파악하는 것은 교사가 갖추어야 할 중요한 능력이다. 교사가 아이들의 일상에 참여하는 궁극적인 목적은 아이들의 자기 주도적인 놀이를 촉진하기 위함이다.

교사들이 아이들의 일상에 참여하지 말아야 될 상황이 있듯이, '참여해야 하는 시기timing'도 있다. 여기에서 참여해야 할 시기는 아이들의의 놀이에 들어가야 할 시간과 놀이에서 빠져나와야 하는 시간이다. 예를 들어 공동체를 만드는 경우에도 아이들이 공동체에 합류하지 못한다고 즉각 교사가 반응해야 하는 것은 아니다. 안전의 경우에도 시간을 다툰 안전이라면 즉각적으로 반응해야 하나, 어느 정도 위험은 아이들에게 오히려 득이 된다는 생각으로 지켜보며 바로 참여하지 않고 참여시기를 기다리는 경우도 있다. 학습을 위한 결정적 순간일지라도 처음부터 무작정 참여해서는 안 된다. 그것은 아이들이 놀아 달라고 요구할 때도 마찬가지이다.

아이들의 일상에 참여한 후 교사는 그곳에서 빠져 나와야 되는 순간을 계획하는 것도 중요하다. 빠져 나오는 순간이 늦어지면, 아이들은 교사에게 의존하게 되거나 아이들 주도의 일상이 되지 못한다. 반면, 교사가 너무 일찍 아이들의 일상에서 빠져 나오면 아이들의 활동이 빠르게 해체되는 경우도 있다.

숲에서는 여러 그룹의 아이들의 일상이 있으므로 교사가 한 그룹의 일상에만 관여하면 다른 그룹의 아이들의 일상을 놓치는 경우가 있다. 또한 교사가 놀이에 너무 빈번하게 참여한 결과 교사의 참여가 익숙해진 아이들은 교사를 반드시 자신의 그룹에 합류시켜 놀아야 한다고 생각을 하게 된다.

일단 교사가 활동에서 전체적인 부분을 차지했던 것이 아니라면, 놀이에서 빠져나오더라도 진행되고 있는 놀이가 중단되거나 놀이에 방해가 되지는 않는다. 놀이에서 빠져 나올 때는 아무 말 없이 나오는 것이 좋다. 교사가 아이들의 일상에서 뒤로 물러서는 것은 놀이의 주도권을 아이들에게 돌려주고 독립심과 자신감을 증진시킬 수 있도록 도와주는 것이다.[46]

[실천적 참여 시기]

놀이참여 시기 / 참여상황	들어가는 시점	나오는 시점
공동체에 속하지 못할 때	공동체에 속하지(놀지) 못하는 아이를 발견 즉시 교사가 참여해야 되는 것은 아니다. 아이가 어느 정도 시도한 후이거나, 자기가 무엇을 할지, 할 것을 찾지 못하는 시간이 길어 질 때이다.	아이가 친구들과 놀이가 가능해 지면 교사는 자연스럽게 빠져 나와야 한다. 숲은 많은 주제를 가지고 있는 공간으로 병행놀이를 통해 빠져 나오는 것이 바람직하다고 본다.
안전	즉각적인 위험이 있는 상황에서는 교사의 즉시적인 반응이 필요하다. 하지만, 교사는 아이들의 놀이를 이해하지 못한 채 위험한 순간으로 인지하고 금지해서는 안 된다.	위험한 순간이 해제되면 즉시 나와야 한다.
학습할 순간	'학습할 순간'이 발생했을 때 교사는 학습할 순간을 위해 즉시 반응해야 하는 것이 아니다. 학습할 순간으로 인해 아이들의 일상이 침해 되어서는 안 된다.	'학습할 순간'으로 인해 아이들이 지루해 하거나, 아이들의 일상을 심하게 방해한다고 판단되면 교사는 즉시 놀이에서 빠져 나와야 한다.
일상이 전이 될 때	아이들이 지루해 하거나 무엇을 할지 모를 때 새로운 놀이 주제를 제안한다. 지루함을 느끼는 그 순간이 아니라 어느 정도 지루함을 경험하게 한 후 참여해야 한다.	아이들이 새로운 놀이를 할 때이다.
같이 놀자고 할 때	아이들이 같이 놀자고 할 때는 아이가 교사에게 의존적이어서 교사의 도움이 필요로 한지, 아니면 교사를 놀이 동료로 인식하고 있는지에 대해 파악하고 놀이에 참여해야 한다. 만약 의존적이면 좀 더디게 놀이게 참여해야 한다.	교사가 아이들의 일상에 필요가 없어 질 때 놀이에서 빠져 나와야 한다.

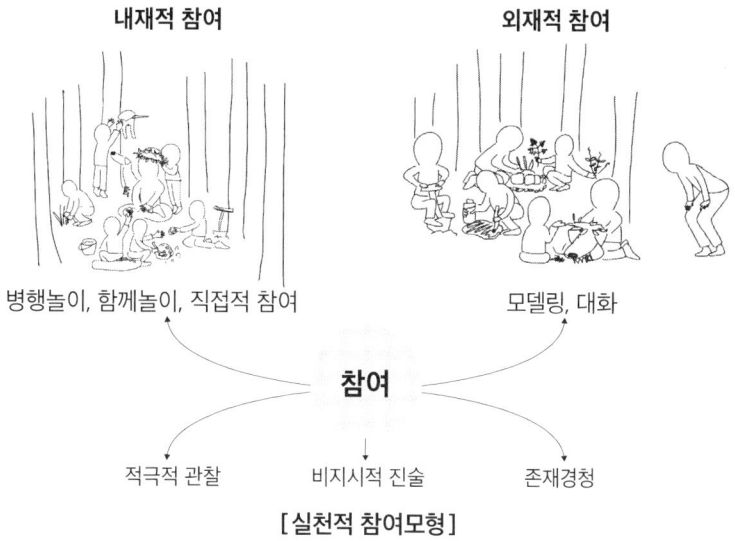

[실천적 참여모형]

    실제 함께 놀이를 하는 병행놀이나 역할극 놀이에서는 간접적인 전략이 유용하다. 식당에서 점심을 먹고 난 후 "어머, 시간이 벌써 이렇게 됐네. 난 일하러 지금 돌아가야 돼!" 이렇게 말하면서 역할놀이에서 교사는 나올 수 있다. 그때 아이들은 종업원과 손님의 역할을 유지하면서 놀이를 계속한다.

    하지만 아이들이 교사가 놀이에서 떠나는 것을 반대하는 일도 흔히 일어난다. 이때 교사는 왜 놀이에서 떠나야 하는지 직접적인 설명을 하거나 그것에 대해 함께 이야기할 필요가 있다. 교사가 다른 아이들을 도와주러 다른 영역에 가야한다고 직접 말할 수도 있다. 만약 반대가 심하다면 점진적으로 후퇴하는 방법이 좋다. "잠깐 재료를 찾아 봐야겠다. 너는 집짓기를 계속하고 있어. 금방 다녀올게." 교사가 다른 영역에 갔다가 돌아오는 것을 몇 번 반복하고 나면 점차 아이들은 교사가 참여하지 않는 학습공동체에서 놀이하는 것에 익숙해질 것이다.

교사의 실천적 참여의 방법

교사는 아이들의 학습본능의 발현을 위해 학습공동체에 실천적 참여를 할 수 있는 방법은 '적극적 관찰', '비지서적 진술', ' 존재 경청'을 기본으로 해야 한다. 그리고 참여의 정도에 따른 유형을 학습공동체의 내부에서 일원이 되는 '내재적 참여'와 학습공동체 외부에서, 즉 객관적 위치에서 참여하는 '외재적 참여'가 있다.

적극적 관찰(적극적 기다림)　　교사는 단순한 관찰자가 아닌 숲에서 공존하는 존재자로서의 관찰자 역할을 해야 한다. 엄밀히 말하자면 교사는 제 3자의 입장에 있는 완벽한 관찰자가 아니다. 교사는 아이들과 같이 경험하며 아이들의 세상(일상)을 느끼고 체험하는 존재자의 실존적 경험을 한다.* 결국 교사들은 아이들이 숲에서 생활하는 것을 단순히 주변에서 지켜 보는 것(관찰하는 것)이 아니라 그들과 함께 경험해야 한다. 그 경험은 실존에서 말하는 추체험보다 더 직접적인 체험이어야 한다.

여기에서 관찰자인 교사는 자신도 관찰대상에 포함시켜야 한다. 관찰하고 있는 자신을 객관적인 관찰대상으로 삼아 관찰할 수 있어야 한다.

관찰자로서의 교사가 관찰을 수행하면서 얻게 되는 것들은 자신을 포함한, 그를 둘러싸고 있는 아이들에게 영향을 미친다. 관찰하는 과정 속에서 교사와 아이들은 시간의 역동성을 가지고 연속적인 변화의 과정을 경험하며 서로 영향을 주고받으며 학습공동체를 만들어 간다.

---

* 실존주의는 '관찰하는 시선'과 '존재하는 시선'이 있다고 가정한다. 눈이 오는 모습을 창문으로 바라보는 것과 눈을 직접 맞는 느낌은 완전히 다르다. 눈이나 비가 오는 모습을 바라보는 것이 '관찰하는 시선'이었다면, 직접 몸으로 눈과 비를 맞으며 세계를 느끼고 체험하는 것은 시선을 넘어선 '존재자'의 실존적 경험인 것이다(임부연, 김성숙, 송진영, 2014).

숲교육에서 관찰자인 교사는 아이들과 숲에서 공존하는 존재자로서의 시선을 가져야 한다. 이러한 시선은 숲에서 아이들의 세계를 있는 그대로 인정하는 것이다. 그것은 아이들의 존재 그대로를 인정해 주는 것을 의미한다. 관찰자로서 교사는 아이의 존재가 교사가 가진 이론의 적용대상이나 정해진 교육내용을 이수해야 하는 객체(대상)가 아닌 실존적 존재될 수 있도록 해주어야 한다.

아이들의 존재를 존재로 바라봐주는 일은 기다림을 필요로 한다. 이는 시간을 기준으로 아이들의 놀이를 평가하고 재단하는 관점에서 기존 교육의 관점과 대비된다. 이것은 수동적인 바라봄이 아닌 적극적 관찰을 의미한다. 효율이 기준이었던 시간의 관점에 비해 존재가 서 있는 그 곳, 그 자체를 중요시한 공간의 관점을 가진 교사의 적극적 관찰을 통해 존재와 관계(만남)을 가져야 한다. '공간적 관점의 적극적 관찰'은 아이들의 놀이를 다른 시각으로 볼 수 있다.

놀이는 아이들이 자신의 일상을 통해 알고 있는 것과 그것에 대한 생각을 보여주며,[47] 교사는 관찰을 통해 그것을 함께 공유한다. 숲에서 아이들은 일상에서 자신의 불안이나 근심을 나타내기도 하고, 해결하기도 하며,[48] 또래를 설득하거나 놀이집단에 들어가는 전략을 연습하면서 자신의 사회적 능력을 익혀간다.[49] 논리 수학적 사고와 언어를 통해 일상의 문제를 해결하며, 또한 흥얼거리거나, 물건을 두드리면서 자신이 가지고 있는 음악적 능력을 발휘하기도 한다.

숲에서 아이들의 놀이는 교육적으로 의미가 있다. 그렇다고 교사의 지식(이론)과 가치판단에 의해서 놀이가 판단되는 것이 아니다. 아이들의 일상을 실존적 경험을 가진 존재자인 교사가 함께 하는 것 그 자체에서 교육적 의미를 찾는다. 이때 비로소 교사는 아이들과 학습공동체의 구성원이 될 수 있다.

교사는 관찰을 통해 아이들의 일상을 교육적 의미로 채워줄 수 있다. 아이들의 입장에서 의미있는 행동도 어른의 시선으로 막연하게 보면 의미가 없어 보일 수 있는데 교사는 이러한 장면에서 교육적 의미를 발견할 수 있어야 한다. 아이들의 놀이 속에서 그들이 '할 수 있고', '할 수 없고'를 판단하고 평가하는 것이 아니라, 아이들 행동 그 자체를 보아야 한다. 교사는 무언가를 가르치려고 하는 교사의 속성과 강박을 버리고 아이들과 학습공동체의 구성원으로 다가가야 한다.

또한 간혹 교사는 이렇게 발견한 교육적 의미를 통해 아이들의 학습에 대한 본능, 배우고자 하는 본능을 발현시킬 수 있는 외부의 조건과 환경들을 조성하려는 계획을 세울 수도 있다. 이에 대해 몬테소리Montessori는 다음과 같이 적극적 관찰이 교사에게 가장 중요함을 밝힌 바 있다.

> 몬테소리학교는 어떤 것이 주요 계획에 따라 적절하게 잘 되어가는지 관찰하는 것을 자신의 주요 역할로 여기는 안내자만 있을 뿐 지시하는 선생님은 없다.[50] 꾸준한 관찰과 연구를 통해 교육학을 정립한 몬테소리Montessori는 교사양성 과정에 있는 사람은 아이를 관찰하는 법을 배워야 한다고 강조했다. 그래야 언제 아이가 정상화의 길을 가고 있는지 감지할 수 있다.[51] 몬테소리Montessori 역시 교사의 '관찰하기'는 전통적인 교육에서 교사의 '수업하기'에 해당한다고 하였다. 몬테소리교육에서 교사 역할의 수동성은 아이의 자발성을 위한 장치이다. 몬테소리교육에서 교사의 역할은 교육의 환경을 조절하고 준비하며, 교육의 전체과정을 통찰한다는 점에서 정중동이라 할 수 있다.[52]

관찰자인 교사는 아이들을 관찰함과 동시에 자신도 관찰대상에 포함시켜, 관찰하고 있는 자신을 객관적인 관찰대상으로 삼아 자신의 사고와 행동을 관찰할 수 있어야 한다. 현재 직면하는 사태에서 자신의 사고나 판단 또는 행동까지도 분석해야 한다. 교사는 관찰 상황에서 관찰을 하고 있는 자신과 직면한다. 이 과정을 통해 교사는 상황을 구조화하고, 이해하며, 문제를 이끌어 오는 가정들의 기저를 비판적으로 평가하고, 검증될 수 있는 해결방식을 구성하도록 하는 의식적인 탐구과정인 메타인지가 필요하다.

여기에서 메타인지는 듀이Dewey가 주장한 반성적 사고와 유사하다. 듀이는 반성적 사고를 의식적으로 자신의 사고과정을 관찰하는 것으로 보았다.[53] 반성적 사고는 자신 경험에 대한 반추이므로 구체적이고 물리적인 것이며, 경험의 실제적 처리를 의미하는 언어적 또는 비언어적 행동으로 표출된다. 교사의 반성적 사고는 교육현장에서 일상적으로 발생하는 다양한 교수 상황을 일상적이라고 간주해 버리지 않고, 보다 나은 교수 행위로 수정해 가기 위하여 문제의 상황을 지각하고 인식하며, 어떻게 해결해 나가야 할지를 숙고하는 사고의 훈련이다.[54]

듀이는 방법적 지식(또는 실천적 지식)과 이론적 지식의 일원화를 주장하고 교육에 있어 실생활에서 실천적인 원리로 작용되는 경험의 중요성을 강조한다. 그렇기 때문에 듀이에게 교육은 실천적이고 구체적으로 현재화되어 구현이 가능한 것이어야 한다. 반면, 교육적 범위 안에서 이루어지는 반성적 사고 역시 지식이나 정신적 조작이 실제적으로 표현되는 구체적인 행위로 국한된다. 따라서 교사에게 요구되는 반성적 사고는 교육적 상황에서 지속성을 지니며 구체적으로 실현되어야 하는 산출물이다. 어떤 대상 혹은 자신의 사고과정을 되돌아본다는 점에서 반성적 사고나 메타인지가 다를 바 없다.

다만 메타인지는 자신의 사고과정을 되돌아보는 것 이면에 고찰 대상이 되는 정신세계의 존재성에 대한 명확한 이해 혹은 자각을 전제로 한다는 점에서 구체성과 실천가능성을 추구하는 정신적 조작인 반성적 사고의 개념과 구분된다. 또한 자신의 정신적 조작에 대한 세심한 고찰뿐만 아니라 그에 대한 의사결정, 더 나아가 그에 대한 조절 기능까지 포괄하는 행동적이고 기능적인 개념이라는 점에서 정신적 활동이 행위 자체와 수반되는 반성적 사고의 개념과 구분된다.

반성적 사고는 구체적이고 행위적이고 실천적인 측면에서의 정신적 조작이라면, 메타인지는 자아에 대한 느낌, 존재로의 자각에서 작동하는 정신적 활동이다.[55]

숲교육에서 교사에게 메타인지가 필요한 이유는 숲에서 교사는 실제적으로 드러나는 행동으로 아이들을 가르치는 것이 아니라, 존재로 아이들과 마주하기 때문이다. 교사가 하나의 존재로서 아이들과의 만나기 위해서 선행되는 조건은 자기 자신의 존재에 대한 이해와 자각이다. 교사가 숲에서 아이들의 놀이를 관찰하면서 메타인지를 실행하여 자기 존재에 대하여 각성하지 못한다면, 숲에서 관찰자가 아닌 방관자에 불과할 것이다.

비지시적 진술　　비지시적 진술에는 온정적 태도와 격려가 있다. 첫째, 교사는 온정적이어야 한다. 학습공동체의 구성원으로서 교사의 역할을 주장하는 숲교육에서 교사는 수직적 관계의 한 축으로 아이를 통제하고 지시하는 존재가 아니다. 교사는 아이들에게 따뜻함을 가진 허용적 태도를 가져야 하며, 아이들의 일상을 판단하는 것이 아니라, 이해하려고 해야 한다.

교사의 따뜻함과 열정 정도가 아이들의 일상에 영향을 미친다는 것은 아무리 강조해도 지나치지 않는다. 무어와 불블리안Moore & Bulbulian은 아이들은 따뜻하고 친근한 성인이 있을 때 더 많은 호기심을 보이고 질문을 한다고 하였다.[56] 이미 언급한 대로 아이들에게 숲은 친근하지만 때로는 위압감을 줄 수 있는 공간이다. 그러다 보니, 숲에서 아이들이 교사에게 더욱 더 의지한다.

온정적 태도는 따뜻한 신체적 접촉뿐만 아니라 미소나 적절한 제스처만으로도 전할 수 있다. 아이들에게는 교사의 절제된 따뜻함moderate amount of teacher warmth이 필요하다. 여기에서 '절제된 따뜻함'이란 교사가 아이들에게 시혜적으로 베푸는 온정이 아니라 아이를 존재 대 존재로 대하는 자기 존재의 따뜻함이다.*

교사는 계획된 수업보다, 일상에서 학습공동체의 구성원으로 아이의 일상을 인정하고, 수용하여 따뜻하고 친밀하게 반응함으로써 아이들이 가진 학습은 일이며 힘들다는 잘못된 믿음을 깰 수 있다. 교사와 부모가 열정을 가지고 아이의 질문에 반응해 줄 때 아이는 그 질문에 대해 더 많이 생각하게 된다.[57] 아이는 교사로부터 이러한 지지를 받을 때 모험을 감수하며 자발적으로 생각하고 궁극적으로는 더 높은 수준에서 생각하게 된다.

둘째, 교사는 격려encouraging 할 수 있어야 한다. 숲교육 교사는 매 순간 아이들을 격려해야 한다. 이 때 격려는 수직적 관계에서 하는 치하가 아니다. 격려를 수단시하여 아이의 행동을 의도된 방향으로 이끌어서는 안 된다. 숲교육에서 격려는 '대등한 존재 간의 상호인정'이다. 학습공동체의 구성원으로서 교사와 아이의 관계는 수직적 관계에서 수평적 관계로 축이 이동되어야 한다. 교사는 수직적 관계에서 아이들을

---

* 아이를 조정하고, 수업의 답을 끌어내기 위한 '형식적인 따뜻함'이어서는 안된다.

과도하게 칭찬하거나 애정표현을 해서는 안 된다.

실제 브로피와 굿Brophy & Good은 칭찬을 하는 교사가 아이들을 보다 많이 비판을 할 수도 있다고 보고하고 있다.[58] 이것은 교사가 긍정적인 판단을 많이 하게 되면서 판단하는 자세에 빠져 부정적인 판단 또한 많이 하게 되기 때문이라고 본다.[59]

또한 많은 교사나 부모들이 아이들을 칭찬하는 것은 아이들이 긍정적인 자아상을 갖게 하여 학습을 강화하고 바람직한 행동을 하게 만들 것이라고 믿고 있지만 그렇지 않다는 연구들이 나오고 있다.[60] 실제 교사가 아이들을 무분별하게 칭찬하면, 아이들은 칭찬을 대수롭지 않게 여기게 된다. 아이들은 교사가 자신에게 한 칭찬의 진의에 의심을 가질 수도 있으며, 이것은 교사-아이 관계에 부정적인 영향을 미칠 수 있다.[61]

과도한 칭찬은 아이들의 내적동기와 흥미를 감소시키고 자율성 및 자아 존중감을 저해시킨다. 또한 잘난 척을 하는 아이들로 자라게 할 수도 있다.[62] 칭찬은 성인에 대한 의존감과 정적 상관관계가 있으며 문제 해결과 부적 상관관계가 있다고도 한다.[63]

더구나 특정한 종류의 칭찬은 아이들에게 자기 확신을 낮추고 성취를 억제하며, 내적 통제보다는 외적 통제에 더 의존하도록 할 수 있다.[64] 교사의 과도한 애정표현이나 칭찬은 이미 그 자체로 학습공동체의 모습이 아닌, 수직적 관계가 전제되기 때문이다. 아이들과 좀 더 수평적 관계를 가지고 있을 때 학습공동체의 구성원으로서 교사가 될 수 있다.

바람직한 행동을 하도록 유도하기 위한 교사의 칭찬과 격려는 아이를 존재가 아닌 칭찬하는 사람의 의지에 종속시킨다. 자기 스스로 결정하고 행동하도록 하기 위해서는 아이들에게 존재 대 존재로서 하는 격려여야 한다.

격려의 방법 중 하나가 '공감共感'이다. 공감의 대상을 상대의 기분이나 감정으로 국한하는 것은 잘못이고 이성적인 차원과 정서적인 차원 모두에서 자기도 그렇다고 느끼는 것까지를 공감의 영역으로 이해하여야 한다.

존재 경청 숲교육의 교수학습 방법인 대화적 의사소통(문답법)의 기본은 '서로 서로 들어 주는 것(경청)'이다. 학습공동체의 일원인 교사와 아이들 모두가 서로에게서 들을 수 있어야 한다. 교사는 아이들의 말을 잘 경청할 수 있어야 한다. 이것은 이미 언급한 바와 같이 숲교육에서 앎knowledge을 무엇이라고 하느냐의 문제와 그 맥락을 같이 한다. 숲교육에서 앎은 자기 안에 있는 앎을 발견하는 과정이다. 아이의 말을 잘 듣다 보면 그 속에 앎이 있다. 교사는 아이 안에 있는 앎을 들어 주면 된다. 여기에서 언급한 '온정적 태도'와 '칭찬'도 결국엔 아이의 존재를 경청하기 위한 것이다. 흔히 교육 현장에서 교사는 질문하는 훈련(교육)은 받는데 경청하는 방법에 관해서는 배우지 못한다. 이하에서 경청하는 방법에 대해서 이야기하고자 한다.

존재 경청은 공감을 위한 경청법이라기 보다는 경청을 통하여 자기 내부의 (긍정적)존재를 인식하기 위한 방법 중 하나이다. 존재 경청에서 가장 중요한 경청 기술은 질문이다. 학습본능을 주장하는 숲교육에서 교사가 질문하는 것은 아이들의 말을 잘 경청하기 위해서이다. 교사의 질문은 아이들이 알고 있는 것, 느끼고 있는 것, 그리고 아이들의 생각을 듣기 위함이다. 하지만 대개 교사는 확인하기 위한 질문을 하는 경우가 많다. 어떤 경우에는 아이들의 질문에 듣는 척만 하거나, 듣고 의미없다고 생각하여 무시하거나, 아이들의 질문을 평가하여 교정해 주는 경우도 많다. 그래서 질문은 교사가 아이의 앎과 모름을 확인하는 것이 아닌, 아이들이 자신들이 알고 있는 것을 말할 수 있도록 하는 데 있다.

교사가 아이에게 질문을 자주 해주고, 좋은 질문을 해주면, 아이들도 학습공동체의 일원으로 교사에게 좋은 질문을 한다. 반면 교사가 아이에게 질문이 중요하다는 인식만을 주입시킨다면, 아이들이 질문을 위한 질문을 할 때가 많다. 실제 어떤 아이들은 질문을 해 놓고 그에 대한 답을 구하려고 하지 않고 다른 것으로 주의를 돌리는 등 의미 없는 질문을 형식적으로 하는 경우를 종종 볼 수 있다.

교사가 아이들이 질문 하는 것을 무시하거나 질문하는 것을 가르치려고 하는 것은 아이들이 질문을 못하도록 하게 하는 지름길이다. 학습공동체에서는 아이들끼리 서로 서로 질문을 하고, 대답을 한다. 아이들은 서로의 질문들에 대해 많은 관심을 갖고 답을 찾으며, 또 다른 질문을 찾는다.

교사가 너무 상세하고 친절하게 설명을 많이 해줌으로써 아이의 상상 세계가 좁혀지는 경우도 있다. 반면, 교사가 대답하는 내용이 너무 적어서 그것을 잘 이해하지 못하는 경우도 있다. 그러나 대답을 많이 하는 것보다 오히려 대답을 제대로 해 주지 못한 경우가 아이들의 사고력을 확장시켜 줄 수 있다. 교사나 부모 등 성인이 아이에게 주는 대답은 아이가 생각할 수 있게 하는 힌트 정도면 충분하다. 존재 경청에는 정서적 존재 인식 경청법, 주관적 존재 인식 경청법 그리고 객관적 존재 인식 경청법이 있다.

첫째, 정서적 존재 인식 경청법은 상대방의 감정을 의식으로 읽어주고 감정을 정서적으로 공감해 주는 방법이 있다. 상대의 이야기에 대한 판단을 유보하고 상대의 생각을 이해하고 상대의 감정을 공유하며 내가 마치 상대인 것처럼 듣는 것을 바탕으로 하여 아이들이 자신의 감정의 주체가 되어 감정 상태를 인식하도록 돕는 것이다.* 사람들은 화가 나면 그 순간 감정에 매몰되어 감정을 조절하지 못하게 된다. 화가 나 있을 때 그 감정을 인식시키는 것은 중요하다. 자신이 화가 났다는 것을 인식하기만 하여도 아이들은 스스로 자신의 화를 조절한다. 분노 조절은 자신의 감정에 대해 인식하는 것에서 시작한다.

이러한 경청법은 말하는 아이들이 스스로 문제를 바라보는 객관적인 관점을 가질 수 있기도 하고 문제에 논리적인 의미를 발견할 수도 있게 한다. 또한 정서적인 차원에서는 말하는 아이의 감정을 인지하고, 이 감정 상태를 위로해 줄 수도 있다.

정서적 존재 인식 경청법은 미러링mirroring, 트래킹tracking 등의 방법으로, 말하고 있는 상대에게 집중하여 상대를 향해 앉고, 눈을 맞추고, 부드러운 표정을 지으며, 아이들의 말을 따라 하거나, 행동을 따라 하기도 한다. 이러한 방법을 집중하기focusing라고 한다.

또한 말하는 사람의 말을 요약하여 재진술 해주는 '요약하기'가 있다. 청자 입장에서는 특별히 다른 말을 준비할 필요가 없이 상대의 메시지를 그대로 재 진술하면 된다. 그렇게 하면 상대의 말을 분명하게 이해했음을 알릴 수 있고 아이의 존재를 인식했다는 것을 드러낼 수도 있다.

둘째, 주관적 존재 인식 경청법은 아이 내면의 긍정적 존재를 읽어주는 것이다. 정서적 존재 인식 경청법이 정서감정나 생각을 그대로 읽어주는 경청이라면, 주관적 존재 인식 경청법은 내면에 있는 존재를 읽는 것이다. 내면의 존재는 무엇인가 하고자 하는 긍정의 존재이며, 탁월함이다. 여기에서 '하고자 하는 의도', 즉 '욕구'는 보편적인 것으로써

---

* 이를 위해 교사의 메타인지 능력이 필요하다.

우리의 삶을 풍요롭게 하며 어떤 행동에도 긍정적인 의도가 있다는 생동감 있는 에너지로서 삶의 기능적인 모든 체계에 활력소가 된다. 이 경청법은 '모든 사람은 다른 사람에게 주고자 하는 욕구를 갖고 있으며, 마음에서 우러나와 줄 수 있는 선택의 힘을 가지고자 하는 것을 전제로 한다.[65] 모든 인간은 사실상 무엇인가에 대해 선택받는 자가 아닌 선택하는 주체자로서의 삶을 살고자 한다. 이러한 명제를 인정하고 나면 욕구를 충족하기 위해 자신이 생각하고 듣는 방식을 선택할 수 있으며, 말하는 방식과 행동하는 방식을 선택할 수 있다. 이를 통해 선택자로서 주체적인 진실을 수용할 수 있게 되고 결과적으로 모든 다른 사람들의 욕구를 소중하게 대할 수 있게 된다. 따라서 먼저 자신이 가진 욕구를 의식해야 한다.

예화

아이　선생님, **가 쓰레기 버렸어요
교사　**가 쓰레기 안 버리고 착한 아이가 되었으면 하는구나!!

예화

아이　(친구들이 안 놀아 줘서 울고 있음)
교사　친구들과 놀고 싶구나.

셋째, 객관적 존재인식 경청법은 상대방과 함께 하는 경청으로 에너지 경청이라고 한다. 이것은 말하고 있는 상대방에 자신의 의식을 집중하는 것이다. 말하는 아이(상대)를 보고 있되, 자신의 의식을 상대에 집중하는 것이다. 말하는 사람을 긍정하지도 부정하지도 않으면서 그 사람에게 집중하는 경청법이다. 사람들은 다른 사람의 말을 들을 때 의식적으로 온전히 듣지 못하는 경우가 많다. 왜냐하면 상대방의 말을 들으면서도 의식의 방향이 자신을 향하기 때문이다. 자신의 의식에 기반한 듣기는 다른 사람의 말을 온전히 받아들이는 것을 방해하곤 한다. 이 경청법은 상대방의 말을 자신의 의식에서 판단하고 해석하는 것이 아니라 그 자체를 듣는 것이다.

교사의 내재적 참여와 외재적 참여

교사는 숲에서 아이들의 일상을 관찰하여, 방해하지 않으면서 촉진하고 지원해 주는 참여를 통해 아이들을 가르치고, 지도한다기보다는 같이 일상을 공유하는 공동체의 일원이 된다.

학습공동체에서 교사는 '외부에서 참여'하기도 하고, '내부에서 구성원이 되어 참여'하기도 한다. 교사가 내부와 외부에서 참여할 때는 간단한 상호작용이 필요하다. 외부에서 참여하는 것은 공동체의 구성원이 아니라 외부자적 시각에서 객관적 관계를 유지한 채 참여하는 것이다. 가령, 교사가 물에 뜨는 것과 가라앉는 물건에 대해 알아보는 활동을 외부에서 참여하고자 할 때, 아이에게 "물에 뜨는 것이 많아요?, 가라앉는 것이 많아요?"와 같은 질문을 할 수 있다. 그러나 교사가 같은 의도를 가지고 내부에서 참여하고자 할 때는 "(같이 앉아서) 이것은 뜨는데, 저것은 가라앉네."라고 말한다.*

교사는 상황에 따라서 외부에서 참여하는 방법과 내부에서 참여하는 방법을 결정해야 한다. 아이들은 놀이에서 아이들이 구성한 공동체

---

* 이 경우 교사가 외부에서 참여했다면, 아이들은 교사의 지시(자극)에 의해 관찰하는 행동을 할 것이다. 또한 내부에서 참여하는 방법인 "같이 보자"라고 하면, 아이의 행동 자체도 교사가 끌어 주는 것이 되어 버린다. 교사가 아이들의 활동에 참여함에 있어서 외부와 내부에서의 참여에 대한 선택은 아이의 행동과 사고에 영향을 미칠 수 있다.

의 일원으로서, 공동체 안에서 놀이와 관련된 대화를 했다가도, 공동체 외부에서 놀이와 관련된 이야기를 하기도 한다.*

교사의 참여(반응)로 아이는 내적 자발성이 증가하게 되어 스스로 인지를 발달시키는 놀이를 한다. 여기에서 의미하는 아이의 인지발달은 비고츠키가 말한 개인 간 정신intermental 국면이 개인내적 정신intramental국면으로 변하는 것을 말한다.[66] 이것은 다른 사람을 통해 문제를 해결하다가 점점 자기 스스로 문제를 해결해 나가는 것으로 비고츠키Vygotsky 이론에서 의미하는 '내면화'를 의미하는 것으로 근접발달지대를 통해 새로운 발달 국면을 접하게 되고 인지 구조가 정교화됨을 의미한다.

구성주의 관점 외에도 복잡성 이론의 관점에서도 이러한 과정을 설명할 수 있다. 아이들은 문제해결과정을 통해 개인과 개인이 자기조직화의 과정을 거쳐 상호 관련성 속에서 창발적 성장을 하게 된다. 이러한 개인의 성장은 개인과 개인으로 이루어진 공동체의 역량을 길러주고, 그것은 다시 개인의 내적 정신의 발달로 이행된다. 이때 교사는 조직의 한 구성원이다.

비고츠키Vygotsky와 같은 구성주의자들의 견해와 복잡성 이론을 통해 교사가 학습공동체 구성원으로서 아이들의 놀이에 참여하여 학습본능의 메커니즘의 일부분이 된다는 것을 알 수 있다. 교사의 실천적 참여를 위해서 교사는 공동체의 일원으로 아이들의 놀이에 참여하고자 할 때, 이러한 공동체 형성과 놀이의 역할에 대한 메커니즘을 이해하는 것이 선행되어야 한다.

---

* 이렇게 외부와 내부를 오가는 상호작용을 메타커뮤니케이션이라고 한다. 메타커뮤니케이션은 주로 아이들이 사회극 놀이에서 놀이를 구성할 때 관찰된다. 또한 교사가 아이들과 놀 때 함께 놀이자로서 놀다가 교사가 되어서 노는 것 등도 포함된다.

또한 교사는 아이를 존재 자체, 즉 주체로 보아야하며 선지식을 통해 아이의 일상인 놀이 속에서 교육적 의미를 발견할 수 있어야 한다.

외재적 참여는 교사가 아이들의 일상에서 한 발자국 떨어진 곳에서 참여하는 방법으로 모델링이나 대화(질문)가 있다. 아이들이 성인에게 의존하는 경향이 있을 때와 문제 해결이나 놀이 결정에 있어서 거리를 유지할 필요가 있는 등 아이들의 독립적인 사고를 요구할 때 사용된다. 반면, 이 방법은 교사가 아이에게 지시하는 우를 범할 염려가 있다.

첫째, 모델링을 통해 외부에서 참여하는 방법이 있다. 숲교육에서 교사는 질문이라는 형식 외에 직·간접 시범을 보여줌으로써 아이들의 학습공동체에 참여할 수 있다. 모델링은 아이가 주변 세계의 타존재를 관찰하고 그들을 모델 삼아 내면화시켜, 이를 자신만의 존재 양식으로 재창조하는 하는 능력이다. 아이들은 주변 세계를 통해 자신에게 의미 있게 다가오는 행동들을 모델링하고, 이를 통해 자신들만의 배움을 얻는다. 아이들은 교사의 계획이나 직접적인 가르침이 없이도 교사의 행동만으로도 모델링이 되어 교육적 자극을 받는다. 간혹 관찰에 의해 습득된 행동이 한참 뒤에 표출되는 경우가 있는데, 이는 모델의 행동을 습득하지 못해서가 아니며 모델링 한 행동이 적절한 때가 되었을 때 외현적으로 나타나기 때문이다.[67] 교사가 모델이 되어 아이들에게 학습의 경험을 제공하기 위해서는 아이들의 일상에 의미있는 존재로 다가가는 것이 필요하다. 이를 위해 아이들의 발달과 성장에 급급하기 보다는 아이들이 학습본능을 가진 능동적 존재임을 믿고 기다릴 수 있어야 한다.

아이들은 모방하기 전에 다른 사람의 행위를 반복적으로 관찰한다. 아이들이 관찰하는 대상은 가까이에 있는 교사나 또래, 이야기 속의 주인공 등이며 그들의 행동을 관찰함으로써 심상mental imagery 및 상징적 표상symbolic representation으로 반응을 기억한다. 그렇다고 아이들이 모델을 통해 관찰한 것들을 모두 기억해서 모방하는 것은 아니다.[68] 또한 아이들은 각자 스스로 능동적으로 판단하며 구성하는 능력이 있기 때문에 같은 상황이 주어졌다고 해서 똑같이 받아 드리는 것은 아니며 그들의 경험이나 상황에 따라 각자 다른 내용을 받아 들인다.[69]

숲에서 아이들은 다양한 모델링 경험에 직면한다. 가령, 교실교육에서 발달에 기초하여 같은 연령의 아이들을 한 반에 모아 두고 한 명의 교사에게 동일한 교육과정의 내용을 전달 받는 것과 달리 숲교육은 교실교육에 비해 다양한 모델링을 제공받는다. 아이들은 다양한 모델을 통한 모델링 과정에서 각기 다른 모델들의 특징을 추출하여 보고, 듣고, 배운 것 이상의 행동을 형성한다. 반두라Bandura는 모델링을 통한 학습을 다음과 같이 말한다.

> 관찰자들은 각기 다른 모델의 특징들을 새로운 합성체로 통일함으로써 모델링을 통한 새로운 사고와 행동 양식을 얻을 수 있다. 그리고 일단 시작되면 새로운 형태의 경험은 보다 더 진보적인 변화를 창출해 낸다.[70]

모델링에는 교사의 의도 하에 시범을 보이면서 교사가 따라하라고 하는 직접적인 모델링 외에 교사가 의도하지는 않았지만 교사의 행동 등을 보고 따라하는 간접적인 모델링이 있다.

교사의 외재적 참여로써 숲교육의 방향성과 일치하는 모델링의 개념을 보면, 아이들은 교사의 행동을 따라하는 존재라고만 생각해서는 안 되며, 아이 자신이 주체가 되어 교사의 행동을 따라할 것인지 안

할 것인지 결정을 한다. 숲교육에서는 객체와 주체 등 이분법적인 논리를 계속 부정하고 있지만, 설명의 편의를 위해 굳이 구분한다면, 모델이 주체이고, 따라하는 아이들이 객체라고 했을 때 누군가의 행동을 따라서 해야 하는 객체가 되어야 할 아이들이 모델링의 주체가 되는 것을 알 수 있다.

    필자는 하리숲학교 아이들의 놀이상황을 연구하기 위해 드론으로 아이들의 놀이 모습을 촬영한 적이 있다. 연구는 30분 단위로 아이들의 위치를 파악하는 것이었다. 그 당시 아이들의 행동을 유심히 관찰하면서 재미있는 현상을 발견할 수 있었다. 만 3세 아이라고 할지라도 누군가가 가르쳐 주지도 않았는데, 숲의 일상에서 자기에게 모델이 되는 사람들을 찾아다니며 그때 그때의 상황에 반응하고 배우는 것을 발견할 수 있었다. 혼자서 감당하기 어려운 상황에 부딪혔을 때 아이는 자기보다 연령이 많은 형, 누나들의 곁으로 다가가 그들이 어떻게 행동하는지 관찰하기도 하고 도움을 요청하기도 하며 그들과 함께 하였다. 놀이에 따라서 비슷한 또래의 곁에 가서 놀 때도 있었다. 만 3세 아이보다 더 연령이 많은 아이들에게도 이러한 것을 발견할 수 있었다. 만 3세 아이는 자기에게 무엇이 필요한지 누구를 모델로 삼아야 할지 이미 알고 있다. 누군가를 모방하는 것 같지만 아이들은 자신이 주체가 되어서 모방할 사람을 찾아가는 모습 속에 모델링을 주체와 객체로 이분화하는 것이 의미가 없게 된다.

    숲에서 만들어진 학습공동체에서의 아이들은 다양한 모델을 통해 영향을 받고, 영향을 받은 것은 차례차례 전달되어 처음 모델링과는 전혀 다른 새로운 모델링을 형성하였다.

    베토벤Beethoven의 초기 업적은 하이든Haydn과 모짜르트Mozart의 고전적 형태를 채용했으나, 정서의 표현을 특히 강조했고, 이것으로 말미암아 그의 예술적 성장의 방향이 예견될 수 있었다, 그리고 바그너Wagner는 새로운 오페라 양식을 전개하기 위해 베토벤Beethoven의 심포니 양식과 베버Weber의 자연적 매력 그리고 메이어베르Meyerbeer의 극적 기교를 융합시켰다.[71]

모델링은 경험을 기초로 새로운 것들을 창조할 수 있다. 그러나 역으로 모델이 너무 앞서 나가는 경우 오히려 역효과를 나타낼 수 있다. 적절한 모델링의 범위는 아이들마다 다르다. 아무리 창조적인 모델을 제시한다고 해도 아이의 자기 효능감과 맞지 않은 경우 오히려 부정적인 영향을 미칠 수 있다.[72] 그렇기 때문에 교사는 계획적이고 획일적인 제시보다는 아이들의 내적인 힘을 믿으며 모델링을 통해 자신들만의 배움을 경험할 수 있도록 해야 한다.

모델링은 교사의 설명과 관련하여 진행될 수 있다. 흔히 교실교육에서는 설명하고, 시범 보이며(모델링), 질문하고 활동하는 단계를 거치나, 숲교육에서는 시범 보이기(모델링)를 우선하고, 이것에 대해 설명하고, 다시 시범을 보이는 단계가 좋다. 물론(이 경우는 학습공동체 자체가 모두 모델링 과정이지만 교사가 모델링을 통해 설명할 때를 의미한다) 모델링에 앞서 설명하기가 아니라, 모델링이 먼저 제시되고, 이후 그 모델링에 대해 아이에게 질문하기를 하고, 교사가 설명을 하며, 이후에 아이들의 활동이 있어야 한다. 교사의 언어적 설명도 필요하나 최소한에 그쳐야 되며, 구조화된 가르침이 아닌 아이들의 일상에서 도출된 비구조화된 상황이 바람직하다. 또한 직접적으로 가르칠 때에는 반드시 아이들이 알고 있는 것에서부터 출발해야 하며, 탐구과정에서부터 시작해야 한다. 교사는 아이에게 지식의 결과인 내용을 가르치려고 하기 전에 궁금해하고 탐구하는 모습(과정)을 아이들에게 보여 주어야 한다.

둘째, 대화(질문)를 통해 외부에서 참여할 수 있다. 숲에서 교사들은 아이들이 또래와 잘 놀 수 있도록 도와야 한다. 학습공동체의 구성원으로서의 교사는 나름의 역할이 있다. '외부에서 참여하는 방법'의 가장 대표적인 것은 '대화'이다. 여기에서 대화는 단순한 회화가 아니다. 그런다고 기존의 지식이나 정보를 교환하고 맺는 것도 아니다. 이것은 소크라테스Socrates가 말하는 '참된 앎'으로 가는 방법이다. 소크라테스Socrates는 대화를 철학적 방법으로 사용함으로써 그 성격을 바꾸어 놓았으며, 진리를 쟁취하는 유일한 필수조건이라고 하였다.

숲교육에서도 학습본능을 불러일으킬 수 있는 '질문'을 통한 대화가 중요하다. 이미 경청부분에서 언급하였듯이 교사는 아이들의 말을 듣기 위해서 묻는다. 교사는 아이들이 알고 있는 것을 확인하거나, 정답을 요구하는 질문이 아니라, 아이들의 말을 듣기 위해 질문한다. 이러한 질문은 상호작용을 조정하고 정보를 얻고 해답을 찾아 스스로 문제를 해결하도록 도와줄 수 있다.[73]* 하지만 학습본능을 전제로 한 숲교육에서 질문은 교사가 듣고 싶은 것을 질문하고 아이는 교사가 원하는 대답을 하는 것이 아니다. 무엇을 확인하기 위한 것이 아닌 대화의 상대로서 아이에게 자신의 생각이 무엇인지 물어보는 것이다.

교사가 어떤 질문(발문)을 하느냐에 따라 아이들의 인지적 활동과 사고력, 풍부한 언어사용능력의 발달은 많은 차이가 있다. 교사는 아이들의 다양한 수준과 형태에 반응하고, 아이들은 그 반응에 대해 충분히

---

* (흔히 교실교육에서) 교사가 아이에게 질문하면, 아이는 질문한 것에 대해 교사가 원하는 대답이 무엇인지를 고민한다. 그리고 교사가 원하는 것에 대한 답이 무엇인지를 고민한다. 교실교육에서 아이들은 자기의 생각을 말하지 못하는 경우가 많다.

생각하고 대답하는 경험을 많이 하는 것이 중요하다.

교사는 아이 각자에게 질문을 할 수 있고, 토론 등 학습공동체를 구성하기 위해서도 질문을 할 수 있다. 그래서 교사가 질문의 유형을 알고 있는 것은 중요하다.

질문은 다양한 유형이 있다. 블룸Bloom과 길포드Guildford는 교사의 질문은 지식의 영역에서부터 평가의 영역으로 확대하거나 구체적 사고에서부터 추상적 사고 또는 확산적 사고를 요구하는 형태로 제시하는 것이 바람직하다고 하였다.

사유(사고)에서 질문을 중요시 여겼던 소크라테스Socrates 역시 질문을 비판적인 부분과 구성적인 부분으로 나누어 생각했다.[74] 비판적인 부분은 아이들이 이미 알고 있거나 가지고 있는 생각에 적절하지 못한 부분을 지적하는 것이다. 이것은 기억하거나 변별 또는 명명하도록 하는 질문으로 인지-기억적 질문, 수렴적 사고 질문이다. 여기에는 '일반적 질문ordinary question', '수사적 질문rhetorical question'이 있다.[75] 일반적 질문이란 "한나는 오늘 아침에 무엇을 먹었니?"와 같이 질문하는 사람이 가지지 못한 정보나 물건 등을 원할 때 대답을 이미 알고 있을 것으로 가정되는 사람에게 묻는 질문이다. 수사적 질문은 "수요일 다음은 무슨 요일일까?"처럼, 질문하는 사람이 이미 답을 알고 있으면서 상대방이 아는지 모르는지를 알기 위해 묻는 질문이다.

구성적인 부분은 흔히 산파술이라고 알려진 질문으로 아이들의 상위 수준의 사고를 확장하기 위한 논리적 질문이나 결과를 생각하도록 하는 것이다. 따라서 단순한 사실이나 아이디어, 개념, 용어 등을 묻는 질문이 아니라, 이유나 방법을 탐색하게 하는 질문이며, 아이들의 다양한 느낌, 판단, 의견 등을 묻는 질문이다. 이것은 확산적 사고를 유발하는 질문으로 의견 제시, 개연성을 예측, 추론하도록 하는 질문이다.

정당화, 계획, 판단하도록 하는 평가적 질문이며 탐구 질문inquiry question이다. 그것은 "바람은 어떻게 만들어 질까?"와 같이 질문 받는 사람이 대답을 알고 있다고 여겨지지 않는 질문이다. 이는 열린 질문으로, 더 많은 탐구의 시작을 알리는 것으로 목적과 방향성을 지닌 토론이 되게 한다.*

이러한 이론적인 배경을 가지고 숲교육에서 실제적인 교사의 발문에 대해 살펴볼 필요가 있다. 학습공동체를 중요시 여기는 숲교육에서 교사는 가르치는 자로서가 아닌 공동체의 구성원으로서, 적절한 언어를 통해 비계설정을 해주어야 한다.† 여기에는 시겔Sigel의 '거리두기 전략distancing strategies'이 효과적이다.[76]

이것은 세 단계가 있는데, 첫번째 단계는 '낮은 단계의 거리 두기'로 명명하거나 묘사하기에 해당된다. 숲에 있는 사물들에 대해 언급하거나 질문하는 것이다. 예를 들어, "이 나뭇잎 색깔은 무엇이니?" 등이 있다. 또한 숲에서 주워온 것들에 대해 이름을 붙이게 하는 것이다. 두 번째 단계는 '중간 단계의 거리 두기'로 비교하기와 분류하기, 관련짓기 등이 있다. 숲에서 발견한 두 가지 양상들의 관계에 대해 언급함으로써 어떤 것들을 자세히 설명하는 말이다. 여기에는 비교하기와 분류하기, 관련짓기 등이 있다. 예를 들면, "어떤 것이 더 크지?", "숲에서 주워 온 것들을 세 팀으로 나누어서 이름을 붙여 볼까?" 등이 있다. 세

---

* 질문을 '열린 질문'과 '닫힌 질문'으로도 나누는 데, '닫힌 질문'은 확정적인 답을 가지고 있으며, 질문자가 대답을 알거나 안다고 믿는 경우의 질문이고, '열린 질문'은 확정적인 답이 없거나 대답이 알려지지 않는 질문이다. Splitter & Sharp(1995)는 일반 질문과 수사적 질문은 '닫힌 질문'으로, 탐구 질문은 '열린 질문'으로 분류하였다.

† 교실교육에서 교사의 비계설정은 가르치는 자로서의 비계설정이지만, 숲교육에서 교사의 비계설정은 학습공동체의 구성원(또래나 손위또래)으로서 비계설정이다.

번째 단계는 '높은 단계의 거리 두기'로 추론하기나 계획하기가 있다. 숲에 보이는 것을 넘어서서 가정을 세우거나 생각을 정교하게 가다듬도록 요구하는 것이다. 예를 들면, "여기에 집을 지으려면 무엇이 필요할까?", "이 개미들은 땅 속에서 어떻게 살까?", "비가 오면 개미들은 어떻게 할까?" 등이 있다.*

교사는 질문을 하고 난 후 아이들을 기다려야 한다. 교사가 질문을 하고, 기다리는 것은 아이들의 사고를 자극하는 중요한 요인이다. 교사는 질문을 던진 후 아이들이 생각하고 대답할 시간을 적어도 10초 이상 주어야 한다. 딜런Dillon, 토빈과 캐피Tobin & Capie의 연구에 의하면, 아이들 대답의 질은 교사가 질문한 후 기다리는 시간을 3~5초 연장시켰을 때, 아이들의 대답이 더 구체화되었으며, 응답의 길이도 증가했다. 그리고 자발적으로 응답하는 아이의 수가 증가했다. 또한 아이가 대답에 자신감을 갖게 되었고, 다른 아이들과의 응답에 대한 대안적인 응답이 증가되었다. 반면에 응답에 실패하는 아이들의 수가 감소했다.[77] 또한 윌런Wilen의 연구에서도 교사가 질문 후 답을 기다린 결과 교사에게 하는 질문이 증가했으며 응답 후 아이들 상호 간의 토의가 빈번하게 이루어졌고, 비판적 사고력을 포함하여 고차원적 사고력을 더 향상시켰다는 것을 발견하였다.[78]

내재적 참여는 교사가 아이들과 함께 동등한 놀이자로 참여하는 방법이다. 교사가 내부에서 참여한다는 것은 아이들의 놀이세계에 들어가서 동등한 놀이의 일원이 되어 놀이 활동의 기쁨과 목적을 함께 공유하는 것

---

* 이러한 질문에 대해 교사는 많은 노력이 필요하다. 하리숲학교에서는 매년 숲교육에서의 교사의 발문(교사의 선지식 포함)을 위한 워크샵이 개최되고 있다.

이다. 예를 들어, 교사가 아이들과 게임을 한다거나 역할놀이에서 역할을 수행하거나 아이들 옆에서 나무로 집을 만드는 것이다.

내부 참여에서 교사는 학습공동체에 속하여 권위자이기보다 놀이자의 역할을 가정하기 때문에 놀이를 지배하거나 지시적인 행동을 할 위험이 적으며, 학습공동체의 일원이 되기에 용이하다. 교사가 아이의 활동 내에서 놀이하게 될 때 아이들은 놀이가 중요하다는 메시지를 받게 되고 교사는 놀이하는 방법을 아이들에게 보여 줄 수 있다.[79]

하지만 내부참여가 무조건 좋은 것은 아니다. 디레오DiLeo는 미술활동에서 교사의 내부 참여에 대해 성인이 아이와 함께 그림을 그리는 것은 창의성을 저해할 수 있기 때문에 자제해야 한다고 한다.[80] 그것은 아이가 성인의 형태를 모방하고 따라만 하고자 해서 자신의 생각을 막아 버리는 경우가 종종 있기 때문이라고 한다. 그래서 그리기나 색칠하기 같은 미술 활동에 교사가 내부에 참여하는 것은 적당치 않는 경우가 많다. 하지만 이 연구에서 밝힌 또 하나는 손위 또래들을 따라하는 경우와 교사를 따라하는 경우는 다른 양상을 보였다는 것이다. 교사와 함께 작품을 창작했을 때는 무조건적으로 모방하려하는 경향이 있었으나 손위나 또래들과 작품 창작을 할 때는 창조적 모방을 하는 경향이 많은 것으로 나타났다.

다음은 교사가 사용할 수 있는 내부 참여(병행놀이하기, 함께 놀이하기, 놀이 교수하기)의 유형이다.

첫째, 병행놀이로 참여하는 것은 아이들과 동일 공간에서 놀고 있으나, 아이들과 함께 놀지 않고, 단지 아이들의 옆에 앉아서 흥미 있는 정교한 방법으로 아이들과 유사한 주제의 놀이를 하면서 아이들의 놀이를 촉진하는 것이다. 이것은 교사가 직접적으로 아이들에게 접근하지 않고 아이들 스스로 교사와 상호작용을 할 것인지의 여부를 선택

하는 것이다.[81]

　교사의 병행놀이는 아이들이 더 잘 놀 수 있게 하며, 아이가 오랫동안 놀이에 몰두하게 하는 지속성을 이끌어 낸다. 아이들은 교사의 병행놀이를 통해 보다 정교한 놀이 행동을 배우기도 한다. 물론 이러한 모든 것을 받아들이는 것은 전적으로 아이의 선택에 달려 있다. 아래의 예시에서 아이는 단지 꽃잎으로 상차리기를 하고 있었을 뿐인데, 교사가 재료는 같지만 내용이 다른 '색 분류표'를 만듦으로써 아이는 새로운 놀이를 경험하게 된다. 하지만 여기에서 중요한 것은 교사가 의도적으로 아이에게 색 분류표를 가르치려고 하는 것은 아니라는 점이다.

예화

아이들이 숲에서 꽃잎을 따서 상차리기를 하고 있다. 교사는 옆에서 나뭇잎들을 가지고 색 분류표를 만들면서 바위 위에 색 상을 차린다. 아이들은 교사의 놀이를 관찰하며 보고 있다가 교사에게 다가가 교사가 하고 있는 놀이를 묻는다. 아이는 꽃잎으로 색 분류표를 만들면서 논다.

　둘째, 함께 놀이는 교사가 숲에서 아이들과 함께 놀이하며 생활하는 것으로 직접적으로 상호작용하면서 적극적으로 아이들과 일상을 함께 하는 것이다.[82] 교사는 '함께 놀이'를 하면서 학습을 위한 결정적 순간을 관찰할 수 있고, 질문이나 이야기를 통해 아이들의 호기심을 자극해 줌으로써 아이들이 놀이하는데 도움을 주며 놀이의 수준을 높이고 새로운 개념을 학습하도록 이끌 수 있다. 교사는 아이들과 놀이하면서 질문하고 성의 있게 반응하면서 보다 많은 언어를 사용하게 되는데 이러한 언어 자극은 아이들의 언어획득을 촉진한다.[83] 숲에서 교사는 아이들과 함께 놀이 하는 어른 놀이 친구이다. 숲에서는 아이들이 어른 놀이 친구인 교사와 대화를 통해 학습을 위한 많은 기회가 생긴다.

셋째, 직접적 참여는 교사가 아이들의 숲 활동의 일상에 직접 참여하는 것이다. '병행놀이'와 '함께 놀이'가 아이들과 같은 공간에서 놀이하는 것이라면 '직접적 참여'는 가르침 순간이나 각 발달에 필요한 상황에 교사가 직접적으로 참여하는 것이다.

그래서 이것은 신중히 접근해야 하는 접근법이다. 지금까지 학습본능을 이야기하면서 교사는 가르치거나 문제를 해결하는 존재가 아닌 학습공동체의 구성원으로서 역할을 한다는 인식에서 직접적 참여에 대해 많은 거부감이 있을 수도 있다. 하지만 공동체 내에서 상황에 따라 형이나 부모처럼 직접적으로 참여가 필요한 상황이 발생할 수 있다.

직접적 참여는 또래와 놀지 않고 소외된 아이들이 상호작용할 수 있도록 직접적으로 참여해 촉진해 주는 것이다.* 그것은 숲에서 놀이가 지속성을 갖고 정교화되도록 도와준다.[84]

아이들은 또래들과 어울려 놀지 못하고 있을 때 교사의 직접적 참여를 통해 사회적 상호작용이 촉진되는 것을 볼 수 있다. 아래의 예화를 보면, 교사의 도움으로 두 아이가 고립되고 무시되었던 한 아이와 어울려서 사회적 상호작용을 시작한다. 교사는 직접 참여 전략으로

---

* 간혹 아이가 혼자 놀고 있을 때도 있다. 혼자 노는 것이 무조건 나쁜 것은 아니다. 혼자 놀지 못하는 아이는 다른 사람에 의존한 놀이를 하는 경우가 많다. 루빈에 의하면 혼자놀이는 아이들이 많은 사회적 자극에서 휴식하는 것이다. 또한 혼자놀이는 인지발달을 촉진시키는 기회가 된다고 하였다. 아이가 혼자 놀고 있다고 해서 교사가 무조건 참여해서는 안된다. 혼자 놀더라도 아이가 고립되지 않는 경우에 교사는 혼자 놀이하고 있는 주제를 확인하거나, 아이의 혼자 놀이를 격려하고자 할 때 참여한다.

소외된 아이를 참여시켰다. 교사는 놀이에 효과적으로 참여하는 것을 모델링 해주고, 소외된 아이를 놀이에 참여하도록 하였다. 또 함께 놀이(병행놀이)를 할 뿐 아니라 또래가 이 아이를 놀이 상대로 받아들이도록 촉진해주었다. 교사가 빠진 후에도 이 아이는 놀이를 계속하면서 또래와 사회적 상호작용을 지속하였다.

예화

일곱 명의 아이들이 통나무를 나란히 놓고 천막을 나무에 걸쳐놓은 후 공연 놀이를 하고 있다. 다른 한 아이가 부러운 듯 주위를 배회하며 지켜보고 있다. 이 아이는 놀이를 하고 싶어하지만, 다른 아이들이 못 본척 하고 있다.

교사   (놀이하고 있는 유아들에게) 공연장이구나! 정말 멋진걸?
아이A   네, 제가 표 받는 사람인데 선생님도 공연을 보시려면 표를 사서 오세요.
아이B   곧 시작해요! 선생님 빨리 오세요.
교사   얼른 표를 사서 앉아야겠는걸?
            혼자 보면 재미가 없으니까 **와 같이 가면 좋겠다.
            (놀이를 배회하는 유아에게) **야, 선생님이랑 같이 공연 볼래?
아이C   … (대답하지 않는다)
교사   선생님이랑 같이 들어가자.
아이C   (고개를 끄덕이며 교사의 손을 잡는다)
교사   애들아, **랑 같이 들어가도 되지?
아이A   좋아요. **야, 너도 표를 사서 나한테 줘.
교사   표 여기서 사나요? 얼마예요?
아이D   네, 천 원이에요.

교사   (교사는 돈을 주는 척을 하고 나뭇잎 한 장을 받는다)

아이C   (교사의 행동을 따라한다)

교사   좋아, 이제 공연장에 들어가서 앉자.

교사와 **가 들어가자 역할을 맡은 친구들이 천막 뒤에서 나온다. 동화 내용을 나름대로 역할을 정해 표현하고 있다. 친구들의 모습에 앉아 있는 유아들은 즐겁게 웃는다.

교사   **야, 너도 저 동화 잘 알고 있지?

아이C   네.

교사   그럼 ㅇㅇ처럼 토끼를 해봐.
       굴 속에 숨어 있다가 곰이 지나가면 나와서 뛰어 다니면 돼.

아이E   좋아. **야 너도 토끼야. 이리와.
       (천막 뒤로 **를 데리고 가면서) 굴 속에 숨어있는 것처럼 이렇게 웅크리고 있다가 다른 토끼들이 오면 나오면 돼.

아이C   알겠어.

아이E   이제 다시 시작한다. 어서 숨어.

아이들은 **를 자연스럽게 받아들였고, 이렇게 놀이에 참여하게 된 **는 적극적인 놀이 참여자가 된다. 교사가 놀이에서 빠진 후에도 **는 계속 놀이에 참여한다.

4
아이들의 일상 기록하기*

일반적으로 아이들의 일상을 기록하는 것은 유아교육에서 평가의 한 방법이다. 흔히 교육학에서 평가는 아이의 발달과 학습과정에서의 성취와 진보의 증거들을 수집하기 위함이다. 교육목표에 따라서 아이들이 그 교육목표에 도달했는지를 파악하고, 그에 대한 결과로써 아이의 행동발달 정도를 파악한다. 그리고 이와 함께 교수활동의 적절성을 평가하여 아이에게 보다 좋은 교수학습 경험을 제공한다.[85]

하지만, 아이들에게 내재된 학습본능의 발현을 교육목표로 보고, 아이들의 일상 자체에서 '앎 되어가기'를 지식(교육내용)으로 보는 숲교육에서 평가 자체를 부정할 수도 있다. 설사 인정한다고 하더라도 어

---

* 실제 숲교육에서 아이들의 일상 기록하기는 '교사의 참여'와 동일한 선상에서 논의 되어야 하나, 기존 교육패러다임에서 교수학습(숲교육에서는 교사의 참여)과 함께 논의 되는 '평가'에 익숙해져 있는 독자를 위해서 따로 분리하여 기술하였다. '아이들의 일상 기록하기'가 따로 분리되어서 설명되고 있기는 하지만, 이것은 교사가 아이들의 일상에 참여하는 방법이자 평가임을 명심해야 한다.

떻게 평가할 수 있을지와 평가의 유용성에 관한 문제 등이 제기된다.

가르침이 아닌 배움, 그것도 본능을 중요시 하는 숲교육에서 평가는 새로운 패러다임으로 접근해야 한다. 숲교육에서 평가해야 하는 것은 아이들의 일상이다. 숲에서의 아이들의 일상은 끊임없이 유동하는 세계에서 일어나는 새로운 문제들로 채워져 있다.

하지만 숲의 아이들에게 이러한 문제는 해결되지 않는다. 오히려 해결하는 순간 새로운 문제가 나타난다. 새로운 문제는 아이들이 새롭게 만들어 낸 문제들이다. 숲교육은 기존 교육처럼 문제의 해결방안에 종속되지 않는다. 숲교육에서 교육내용인 '알다ing'는 문제에 대한 해결방안이 아닌 문제 자체를 만들고 구성하는 과정, 그 자체이다.

숲에서 아이들의 일상인 앎을 향한 과정은 미리 예측할 수 없다. 그렇기 때문에 교사는 아이들의 일상인 놀이와 일상의 공유자인 (학습)공동체 그 자체에서 의미를 찾아야 한다. 이러한 이유로 교사는 자신의 범주(기준)로 아이들을 봐서는 안되며, 아이들의 일상 자체에서 의미를 찾아야 한다. 이때 비로소 교사는 아이의 행동을 이해할 수 있으며 아이를 존재 대 존재로 바라 볼 수 있다.

결국, 아이들의 일상이 평가의 기준이 되며 일상에 참여하는 것 자체가 평가이다. 따라서 숲교육에서의 평가는 학습본능을 발현하는 데 방법이 되는 '놀이'와 '학습공동체'에 대한 평가이다. 그런다고 단순히 또래들과 잘 노느냐? 등 잘 하고, 못 하고 만을 평가하는 것이 아니다. 기존 교실교육은 교육목적에 따라 교육목표가 명시적으로 정해져 있지만 학습본능이 제대로 발현되는 것을 목표로 하는 숲교육에서는 학습목표가 사전에 정해지지 않는 것은 당연하다. 또한 대상 면에서 교실교육의 평가와 다르다. 교실교육에서 평가는 개인을 대상으로 하며 교육목표에 따른 교육내용이 평가의 기준이었다. 그러나 숲교육에서 평가는 우선 '공동체 자체'를 대상으로 하고, '교사를 포함한 공동체 구성원 각자'를 대상으로 한다. 또한 교육내용보다는 타존재와의 조우(관계, 만남)를 평가한다. 여기에서 타존재와의 조우는 명제 혹은 현재의 상태를 의미하는 것이 아니라 '되어가는 그 순간'이다. 그래서 일상을 기록할 때는 동사적 표현, 즉 지속적으로 일어나는 사건에 초점을 두어야 한다.* 숲교육에서 볼 수 있는 예시는 다음과 같다.

학습공동체를 볼 때는
- 아이들이 무엇을 하고 노는가?
- 아이들의 공통된 관심사는 무엇인가?
- 아이들 간에 어떤 일들이 발생하는가?
- 아이들은 무엇을 좋아하는가?
- 아이들은 어떠한 말들을 사용하고 행동을 하는가?
- 아이들이 하고 있는 놀이는 어떻게 시작되었는가?

등에서 평가가 시작된다.

그리고 개별적으로 평가할 때는
- 자신들의 안전은 어떻게 지키는가?
- 위험한 순간을 인지할 수 있는가?
- 놀이에 열중하고 지속하는가?
- 잘 노는가?
- 공동체에 잘 참여하는가?

---

* 실제 들뢰즈는 사물의 속성이나 현재상태를 표현하고자 했을 때, '녹색 green'을 '녹색되기 greening'로 표현해야 한다고 하였다.

등을 평가해야 한다.

숲교육에서 평가의 주체 또한 교실교육과 다르다. 교실교육에서는 교사가 평가의 주체가 되고, 아이가 평가의 대상이 되지만 숲교육에서는 교사만이 평가의 주체가 되지 않으며, 역으로 아이만이 평가의 대상이 되지 않는다. 다시 말하면, 숲교육에서 교사는 학습공동체의 구성원이므로 자신에 대한 평가가 빠져서는 안 된다. 그래서 교사도 평가의 대상이 된다. 그래서 온전히 교사만이 평가의 주체는 아니다. 아이도 스스로 자기가 무엇을 더 해야 하는 지를 판단하고 안다.

숲교육에서는 아이들을 시간의 관점이 아닌 공간의 관점에서 바라보아야 한다. 현재 교실교육은 시간의 관점에 따라 아이들이 알아야 되고 경험해야 할 내용이 아이들의 발달을 기준으로 편성되어 있다. 그래서 교육현장에서는 '발달에 적합한 실제'라는 말로, 발달을 모든 교육과정의 기준으로 삼고 있다. '발달' 자체가 가진 개념적 함의는 시간 패러다임을 담고 있는 것으로 '발달'은 시간 안에 도달해야 하는 목표 지향적인 과업이다. 그래서 교사나 부모는 아이의 나이가 기준이 되어 학습해야 할 내용을 미리 결정지어 버린다. 아이들은 모두가 자기만의 발달 시계를 가지고 있다. 그런데 발달 시계를 일반화시켜, 기준을 만들고, 이를 통해 발달을 판단하는 것은 위험한 발상이다.

하지만 공간이 기준인 숲교육은 아이들이 알아야 하고, 경험해야 하는 내용이 정해져 있지 않다. 공간이 기준일 땐 여기here에서 아이가 무엇을 하는 지가 기준이다. 숲교육에서 개인의 발달을 판단할 수 있는 기준은 시간이 아니라, 지금 여기here-now에서 자기 존재 대로 생활하느냐에 있다.

숲교육에서 학습공동체의 구성원으로서 교사의 기록(평가)은 자연적 상황 속에서 아이들의 일상을 그대로 기술하여 관찰하고 기록하여 진행된다. 이러한 기록을 분석할 때는 해결방안이 아닌 문제를 지속적으로 구성하는 것에서부터 출발해야 한다.[86] 이것은 교사가 아이들의 일상을 볼 때도 적용된다. 교사는 아이들의 행동을 볼 때 그 행동에 대한 이슈(문제)를 끊임없이 찾아야 하며, 아이들이 그 문제를 어떻게 해결하느냐를 보는 것이 아니라, 어떻게 문제를 만들어가는지에 대해 관심을 가져야 한다.*[87]

관찰은 아이들의 일상에서 무엇을 도와주어야 하고, 언제 참여해야 할지, 놀이를 확장하기 위해 무엇을 해야 할지에 대한 정보를 제공해 준다. 또한 이러한 결과를 기록하여 아이들과 대화를 나누어 교사나 부모들로 하여금 아이들이 잘 지내고 있는지, 어려움은 어떤 것들이 있는지 등을 파악하도록 한다. 그리고 아이가 자기 존재를 인식하고 타존재와의 조우(만남, 관계)를 위한 성공적인 학습본능을 충족할 수 있도록 도와주는 데 활용된다.

이러한 교사에 의한 기록 작업은 아이의 성장만을 돕는 것은 아니다. 다른 측면에서 교사에 의한 기록 작업은 교사 자신의 교육실천을 반성하기 위한 하나의 도구이다. 아이들에 관한 기록뿐만 아니라 교사의 교육실천에 대한 이러한 반성적 기록은 교사 자신과 타자인 아이, 그리고 그들을 둘러싼 세계를 만남의 관계로 구성하는 수단이 된다.†

---

* 실제 들뢰즈는 문제 안에 의미가 존재한다고 하였다.

† 구성주의 입장에서 축적된 기록을 통한 아이의 평가의 목적은 객관주의자들(행동주의자, 인지론자)과 마찬가지인 내면화에 있다. 여기에서 내면화의 기준은 국가수준교육과정들이다. 하지만 학습본능을 기본 원리로 하는 숲교육은 관계맺기를 통한 존재양식이 중요하다.

5
학습공동체 구성원으로서 교사

'아이들은 학습본능을 가지고 있다. 그 학습본능은 놀이와 학습공동체를 통해 발현된다. 숲은 학습본능이 발현되기에 가장 적합한 공간이다'라는 이슈는 이 책의 전반에 흐르는 주요 쟁점이다. 이 말들만 보면 오히려 교사의 역할은 필요 없게 보인다. 하지만 그렇지 않다. 새로운 패러다임인 학습본능에서는 교사의 역할도 새롭게 규정되어야 한다. 아이들의 학습본능을 원리로 하는 숲교육에서 교사는 아이들을 내버려 두어, 필요 없어지는 존재가 아니다. 다른 방식의 새로운 교사 역할 패러다임이 필요하다.

학습본능의 근거로 든 '벽 구멍 컴퓨터 프로젝트'의 수가타 미트라 Sugata Mitra조차도 개방형 컴퓨터 학습도 어떠한 방식으로든 교사와 함께 있을 때 더 효과적이라고 하였다.[88]

교사 무용론을 주장하는 사람은 교사의 행위doing 측면에서 교사 역할을 본 것이다. 그것은 교사와 아이를 인간 존재로서 바라보는 것에 익숙하지 않고, 교육의 문제를 오로지 교육과정지식이나 가치, 기술을 전달해 주는 행위로 축소함으로써 교육현장의 관계적 측면에 대한 이해를 단편적인 기술 차원의 분석으로 제한한다.

지금까지 교육은 무엇인가 성취하고 달성having 하기 위한 목표지향적이었으며, 방법method이나 기술technique 등 행위doing의 문제를 중요시 여겼다.* 이때 교사는 지식전달자의 역할이나 완벽한 인격자로서의 모형을 의미하는 종래의 기능주의적 교사관의 한계에 머물러 있었다. 하지만 숲교육에서 교사관은 근원적인 존재being의 문제에 대해 고민한다.† 실존주의자인 볼로우Bollnow는 "교사와 아이들은 서로 영향을 주고받으며 변화하는 관계로 상호의존적이고, 상호중첩적이며, 상호융합적인 관계 속에서 서로가 서로를 변화시키고 재형성하여 발전 가능성을 생성한다"고 주장하였다.[89] 교사는 아이를 자신의 관점으로 축소, 변형하여 이해해서는 안 된다는 것을 의미한다. 교사와 아이의 관계에서 아이를 자신의 객관적 관찰의 대상이나 지식 전달의 객체로 생각해서는 안 되며, 자신의 권위로 아이들의 생각을 통제하려고 해서도 안 된다. 교사는 아이 자체를 마주하고 있지만, 사실 그 아이가 지금까지 살아 온 역사와 무한한 가능성이 있는 아이 존재의 미래를 함께 만나고 있는 것이다. 그래서 교사는 아이의 미래를 기다릴 수 있다. 기다림(인내)은 '단순히 참는 것'이 아니다.[90]

---

* 이렇게 행위의 문제를 중요시 여기는 교육현장에서 아이들은 교사가 가르치는 것을 배우되 그대로 고스란히 배우지 않는다. 이에 대해 루만은 생물적 유기체이자 '자기 생산성'의 주체로서의 아이들은 자신에게 온 많은 정보들 중에서 의미있는 것만을 선택하여 발전시킨다고 주장하였다. 교사가 특정한 의도적 의미를 담아 지식이나 정보를 전달하더라도 아이들에게는 다른 의미로 받아들여질 수 있다는 것이다(조태윤, 2003).

† 이렇게 존재와 존재의 만남은 나와 타자가 맺는 근원적인 관계성으로 자기 형성에 관여한다. 아이와 교사의 존재를 그러한 관계적 측면에서 바라 본 볼노우의 인간학적 고찰은 '앎'과 '삶'이 근본적으로 대립될 수 없음을 말하고 있다(이현주, 유혜령, 2004, p312).

학습본능을 주장하는 숲교육에서 교사와 아이는 가르치는 자와 배우는 자의 수직적 관계가 아닌, 학습공동체의 구성원으로서 역할인 수평적 관계이다. 수직적 관계가 가르치고 배우는 자로 구별되는 것인데 반해, 수평적 관계는 가르치는 자와 배우는 자의 경계가 모호하며, 서로의 행위가 연결되고 상호의존적인 관계를 말한다.‡

학습공동체에서 교사의 교육적 사랑은 '인애charity'와 차이가 있다. 교육적 사랑을 인애로 간주하게 될 때, 교사는 아이보다 우월한 존재가 되어버린다. 즉 교사가 교육적으로 더 많은 필요가 있는 부족한 아이 위에 자리를 잡게된다. 숲교육에서의 교육적 사랑은 위에서 아래로 내려가는 사랑이 아니다. 학습공동체에서 교사의 사랑은 볼노우Bollnow가 말하는 '소박한 인간적인 사랑plain human love'이다. 그것은 아이와의 교육적인 관계를 지지하고 가능하게 하는 필수 불가결한 사랑으로,[91] 존재와 존재 간의 대등한 사랑이다. 그것은 돌봄을 받아야 하고, 불쌍히 여김을 받아야 하는 아이들에게 시혜의 차원에서 베푸는 사랑이 아니다. 아이가 '있는' 것은 곧 교사가 '있음'이며, 교사가 '있는' 것은 곧 아이가 '있음'을 의미한다. 물론, 역으로 아이가 '없는' 것은 곧 교사의 '없음'이며, 교사가 '없는' 것은 곧 아이가 '없음'을 드러내는 것이다.[92] 교사와 아이는 하이데거Heidegger의 '서로-서로-함께-있음으로 현존하는 자들'이다.[93]

아이와 교사의 존재 간의 사랑이 필요하다고 역설하는 교육현장에서 중요한 것은 '무엇을 어떻게 가르칠 것인가?'의 교육목표와 내용 그리고 방법보다 '교사가 아이와 함께 가지는 관계 형성'이다. 무엇을 그리

---

‡ 이를 이현주, 유혜령(2004)은 역동적인 '관계의 그물망'에 내던져진 존재라고 말하고 있다.

고 어떻게 가르칠 것인가 하는 행위에 초점을 둔다면, 학습본능의 원리를 주장한 숲교육에서 교사는 필요 없는 존재가 될 것이다. 하지만 존재와 존재의 만남인 관계에 초점을 둔다면, 기존 패러다임에서 주어졌던 교사의 역할보다 더 큰 역할을 필요로 할 것이다.

학습본능을 구현하는 데 있어서 교사들이 부딪히는 어려운 문제 가운데 하나는 아이들에게 가능한 많은 자유의 기회를 허용하는데서 오는 불확실성과 무질서에 대한 두려움이다. 학습본능에 입각한 교육은 철저하게 인간의 자율성에 기초하는 교수학습론에 따른 것으로 그 자유에 따른 불확실성에 따른 위험부담이 존재한다. 불확실성이 위험인 것은 분명하지만, 주입식 교육의 한계와 모순을 극복하기 위한 창조적 가능성을 의미하는 것도 분명하다. 위험부담을 창조적으로 극복할 수 있는 길은 불확실성과 무질서 속의 창조적 확실성과 질서를 발견하는 것이다. 이를 위한 첫걸음은 어떤 순간이든 존재 대 존재로 서로를 대해야 한다.[*]

이것은 전문가로 자처하는 이들이 빠지기 쉬운 교육학적, 결정론적 강박관념을 포기할 때 비로소 가능해지는 것으로, 그동안 경험해 보지 못한 어느 정도의 실패는 각오해야만 한다.[†]

숲에서 교사와 아이들의 관계는 계획된 교실 활동과는 달리 예측할 수 없이 부지 부식 간에 즉각적으로 이루어진다. 교사는 그 동안 자신이 가진 성인(어른)으로서 역할을 내려놓고, 자기 존재의 모습으로 다가가야 한다. 숲교육에서는 교사와 아이의 존재가 교우交友함으로써 교육이 이루어지기 때문에 존재에 대한 고민을 끊임없이 해야 한다. 아이

---

[*] 이미 언급하였듯이 숲교육은 교사와 아이의 구별이 없는 즉 교사는 관찰자와 관찰대상의 경계가 모호한 '참여'의 방법으로 아이들과 함께 한다.

[†] 실제 그것은 실패가 아니다. 여기에서 교사가 실패라고 하는 것은 아이들을 통솔(통제)하지 못한다고 느끼는 것이다.

존재에 대해 인정하고 고민해야 하며, 교사 자신의 존재에 대한 끊임없는 성찰이 있어야 한다.

교사는 아이의 삶의 실재實在, 즉 일상을 알고 이것이 학습에 어떻게 영향을 주는가를 고민해야 한다. 그래서 교사는 아이들이 지금 이곳에서 무엇을 하고 있는가? 무슨 생각을 하고 있는가? 등을 매 순간 파악하고 아이와 교우해야 한다.

이미 언급하였듯이 숲교육에서 교사와 아이는 구별이 없다. 교사는 관찰자와 관찰대상의 경계가 모호한 '참여'의 방법으로 아이들과 함께해야 한다.‡ 교사는 학습공동체에서 아이들과 친구가 되어 공동체의 구성원이 되어 놀았다가, 교사가 되어 가르치기도 하는 과정을 거친다. 이때 교사에게 필요한 것은 메타인지§이다. 학습공동체에서 같이 놀고 있

---

‡ 이에 대해 시밀라스키는 사회극 놀이의 참여 기술을 아래의 4가지 방법을 제안하였다. 아래의 예시는 각각의 유형에 따라 예시를 숲의 상황으로 바꾼 것이다.

기술	예시
묻고 답하기	나뭇가지 총을 들고 전쟁놀이를 하고 있는 아이에게 "성에는 지금 누가 있지?"라고 묻는다. 아이는 "성에는 지금 아무도 없어요. 큰일이야, 성을 빼앗길 수도 있겠어!"라고 말한다. 그럼 이제부터 '성 지키기'에 대한 논의가 시작된다.
촉진 하기	숲에서 세 명의 아이가 상차리기 놀이를 하고 있는데, 두 명의 아이는 매우 적극적이나 한 명의 아이는 놀이에 소극적으로 참여하고 있다. 교사는 아이들의 중간에 앉으며 이야기 한다. "○○아, 식탁 위에 무엇을 더 차리면 좋을까?"
모델링 하기	자연물 상차리기 놀이 중 교사는 큰 나뭇잎에 도토리를 하나씩 올려놓으며 이야기 한다. "이제 이것은 도토리묵이야." 아이들은 교사의 행동을 따라 나뭇잎에 자연물을 올려놓으며 음식의 이름을 이야기 한다.
자연물 제공 하기	두 아이가 책에서 본 내용을 놀이로 재현하고 있다. "하늘을 날아다녀야 하는데 빗자루가 없네?" 교사는 긴 나뭇가지를 건네주며 말한다. "빗자루가 필요하다면 이것으로 대신 사용해."

§ 메타인지는 인지에 대한 인지라는 의미로, 사고의 흐름을 스스로 통제 및 조절할 수 있는 능력(Brown, 1987)을 말한다.

다가, 공동체를 빠져 나와 교사로서 발문을 하고, 다시 학습공동체에 들어가서 아이들과 함께 생활하는 과정 속에서 교사의 메타인지가 작용된다. 교사는 메타인지의 개발을 통해 자신의 행동과 인지를 한 차원 높은 곳에서 바라볼 수 있어야 한다. 그 결과 자신이 하고 있는 행동과 사고에 대해 끊임없이 재해석을 할 수 있어야 한다. 그리고 그 행동을 점검하고, 계획해야 한다.

VIII
관계맺기의 도구

만남은 자기존재의 발견에서 시작한다. 자기존재와의 관계맺기는 타존재와의 관계맺기를 가능하게 한다. 자기존재와의 관계맺기에서 시작된 타존재와의 관계맺기는 다시 자기존재와의 더 확실한 관계맺기를 가능하게 할 수 있다. 관계맺기의 과정(알다ing)인 앎은 존재 자체에서 비롯된다. 그것은 존재 외부에서 주어지지 않는다.

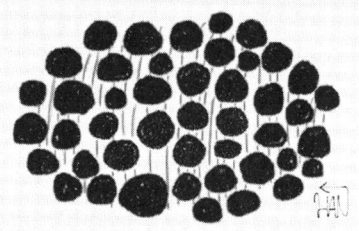

기존 교육 패러다임에서 교사의 역할은 가르치는 것으로, 의도적이고 계획적인 활동이었다. 이때 아이들은 교사를 통해 배우는 존재였다. 그 결과 가르치는 것과 배우는 것 사이에는 간격이 있었으며, 명확한 구분을 필요로 했다.

하지만 학습본능을 주창하는 숲교육에서는 가르침과 배움이 분리되지 않는다. 가르침과 배움의 경계가 모호한 숲에서는 교사와 아이들에게 기존 교육이 기대했던 역할과 권위의 경계가 허물어진다. 숲교육에서 교사와 아이들은 '가르치는 자'와 '배우는 자'로 만나지 않는다. 물론 주체와 객체로 만나는 것은 더욱더 아니다. 숲교육은 존재 대 존재로의 만나는 그 자체를 교육으로 본다. 그것은 교사와 아이의 만남이기도 하지만 세상 모든 존재와의 만남을 의미하기도 한다.

이러한 만남들은 자기 존재의 발견(앎)에서 시작하기때문에, 자기 존재에 대한 앎(발견)을 교육의 시작으로 여기는 것은 당연한 결과이다.*

---

* 사실 자기 존재는 타존재로부터 고립된 존재가 아니다. 타존재와 함께 존재한다. 단, 타존재는 자기 존재로의 이해로부터 파악되므로 자기 존재는 타존재에 비해 존재론적 우위를 가진다.

자기 존재와의 관계맺기는 타존재와의 관계맺기를 가능하게 한다.* 자기 존재와의 관계맺기에서 시작된 타존재와의 관계맺기는 다시 자기 존재와의 더 확실한 관계맺기를 가능하게 할 수 있다. 관계맺기 그 자체이자, 시작이며, 과정(알다ing)인 앎은 존재 자체에서 비롯된다. 그것은 존재 외부에서 주어지지 않는다.

학습본능, 알다ing등 다소 생소한 용어로 둘러싸인 숲교육에서의 교육내용도 관계맺기 그 자체며, 지식을 어떻게 개념 짓느냐에 따라 교육내용 뿐만 아니라 교육방법, 평가, 심지어 목표까지도 달라진다.

물론 현행 우리나라의 교육과정은 교육목표와 내용이 이미 국가수준에서 결정되므로 교육현장에서 교육목표나 내용에 대한 고민은 그다지 의미가 없을 수도 있다. 하지만 앞에서 언급한 바와 같이 숲교육이 교실교육을 재개념화하고 있다는 점에서 지식에 대해 언급하는 것은 의미가 있다. 우리나라 교육은 지식에 대한 관점이 구성주의에 치우쳐 있다. 이러한 지식에 대한 관점은 상호주관주의적 접근방법이라는 점에서 상호객관주의적 접근을 포함한 숲교육과는 차이가 있다. 하지만 그렇다고 해서 숲교육이 구성주의 패러다임을 전적으로 배재하지는 않는다. 이에 구성주의자인 카미Kamii와 드브리스Devries의 지식의 개념을 통해 학습본능 등 숲교육을 설명할 수도 있다. 물론 숲교육은 구성주의로 설명하기에는 한계를 가지고 있지만 전부는 아닐지라도 일부는 가능하다고 본다. 지금 교육현장이 구성주의 패러다임이라는 것을 감안하면 새로운 패러다임을 기존의 패러다임으로 설명하는 것이 이해하기에 용이할 것이다. 숲교육 패러다임은 기존 교육 패러다

---

* 인간의 여정은 끊임없이 자아를 찾아 떠나는 여행을 한다. 예를 들어 기독교인은 하나님 안에서 자기존재를 찾았을 때 참자아를 찾게 되는 것이다. 여기에서 관계맺기는 만남이며, 자신이 어떤 존재인가에 대한 사유를 포함한다.

임을 단순히 부정하는 것이 아니라, 전혀 다른 구조 속에서는 재배치 수용함을 의미한다(그렇다고 전적으로 받아들이는 것은 아니다). 그래서 숲교육을 구성주의 교육 패러다임으로 논의한다는 것은 이전 것, 즉 지금 주류 교육과정을 다시 재조직함을 의미한다. 분명 숲교육과 구성주의 교육 간에는 간격이 존재한다. 그러나 숲교육은 이전의 교육 패러다임을 감싸 안고† 있다. 카미Kamii와 드브리스Devries는 세상에서 아이들이 접하는 것들을 물리적 지식, 사회적 지식, 논리·수학적 지식으로 분류하였다.‡ 여기에서, '사회적 지식'은 주로 사회적 관습으로 타인의 지시에 따르거나 행동을 모방함으로 학습된 지식을 의미한다. 예를 들어 단순한 암기로 알고 있는 수 세기 등이다. '물리적 지식'은 관찰을 통해 획득된 지식으로 도토리 껍질은 부드럽고 딱딱하다는 것을 아는 것이다. '논리·수학적 지식'은 문제 해결의 과정을 학습할 때 필수적인 지식의 복합적 형태로 사물·사건·행동 간의 관계에 대한 지식이다.

　구성주의자들은 전통적인 교육을 주로 언어적 방법인 '사회적 지식'이 상당 부분 차지하고 있다고 비판하였다. 실제 선행학습으로 어린 아이들이 숫자, 수와 관련된 연산, 명칭 등에 대해서 알고 있는 것은 그러한 것들의 개념에 많이 노출되어 외우듯 알고 있는 것으로 사회적 지식에 해당하는 것이다. 카미Kamii와 드브리스Devries를 비롯한 많은 학자들은 단순히 명명하고, 설명하는 사회적 지식에서 제시한 지식들을 아

---

† "새로운 틀은 과거를 재해석해 다시 자기 속에 자리매김 하며 이러한 신생이론과 선행이론 사이에 나타나는 불연속성 뒤에는 재조정, 재조직이 일어난다." 바슐라르는 이것을 '감싸기'라고 표현하였다(한국프랑스 철학학회, 2015, 53).

‡ 　동양의 지식의 유형은 두 가지로 분류되며 하나는 우주 만물의 특성과 윤리적 원리와 이치에 관한 지식인 '사물적 지식'이며 다른 하나는 어떠한 상황과 사물, 문제들에 대한 전후좌우의 관계와 판단에 대한 지식인 '사리적 지식'이다.

이들이 스스로 발견할 수 있도록 참여하는 '물리적 지식'과 관계를 비교하는 '논리·수학적 지식'으로 재구성해야 한다고 주장하였다. 하지만 이러한 세 가지 유형의 지식을 각각 별개의 것으로 간주하는 것은 무리가 있다. 또한 사회적 지식을 배제한 채 물리적 지식과 논리·수학적 지식만을 강조해서도 안 된다. 사회적 지식을 포함한 모든 지식은 서로 관계가 있고, 분리될 수 없는 하나의 전제로 발전하기 때문이다.

이하에서는 구성주의의 지식 개념을 숲교육의 지식 개념인 '관계맺기'로 재개념화하여 살펴보기로 하겠다.

아이들이 곤충이나 나무 등 숲에 있는 것들을 접할 때 직접적인 자기의 감각과 지각으로 사물을 보는 것이 아니라 이미 알고 있는 사실들을 확인하려고 하는 것을 볼 수 있다. 이러한 경우는 아이들이 사회적 지식으로 사물과 관계맺기를 하는 경우이다. 여기에서 '사회적 지식'은 약속에 의해서 설정된 지식으로 사회적 관습에 따라 무엇인가를 명명하는 것(예를 들어 컵이라고 부르는 것, 일요일에는 학교에 가지 않는 것, 단순히 암기되어 있는 수 개념 등)을 의미한다.[1] 이것은 임의적 지식이라고도 한다. 여기에서 주의해야 할 것은 행동과 관련된 문제의 옳고 그름의 관점에 기초한 지식인 '도덕적 판단'과는 구별된다.[2] '사회적 지식'은 외부 세계로부터 특정한 정보를 필요로 한다는 점에서 '물리적 지식'과 비슷하다. 하지만 사람들과의 약속이 기준이 되는 '사회적 지식'과 궁극적인 근원을 물체로 두는 '물리적 지식'은 구분된다. 사회적 지식으로 관계를 맺는다는 것은 자신이 읽은 책의 내용이나 관습화된 지식을 통해 세상을 바라보는 것이다. 하지만 숲교육에서 사회적 지식은 단순히 정해진 지식을 확인하고 내면화(학습)하는 것이 아니라, 자기 안에서 사회에 통용되는 지식과 만나는 것이다. 그래서 모든 것을 지식으로 받아들이는 것이 아니라 자기 안에서 자기의 앎을 통해 지식을 창발(재창조, 개념화, 인식화, 내면화)한다.

사회적으로 통용되는 것을 지식으로 보는 사회적 지식과 함께 그것 자체에 초점을 두는 물리적 지식이 있다. 물리적 지식은 물체 그 자체에 초점을 두고, 그것에 가한 행위와 그것들을 관찰함으로써 얻게 된다. 모든 아이들은 본능적으로 대상에 관심을 가지고 있으며, 이것들을 변형(실험)하고, 변형에 대한 반응을 관찰하는 데 관심이 있다. 그래서 구성주의자들은 아이들이 어떤 물체의 특성을 파악하고자 할 때 이미 알고 있는 지식의 구조에서부터 새로운 지식을 받아들인다고 주장하며, 숲교육에서도 이를 부인하지는 않는다. 숲교육에서는 인지적 접근 외에[3] 감각과 지각 그리고 직관과 통찰을 통하여 대상과 직접 관계를 맺는다*는 것도 중요시 여긴다.

반면, 아이들은 부모나 성인 등 사회에서 통용되는 사회적 지식과 직접 관찰을 통하여 그 대상을 직접 받아들이는 물리적 지식만으로 세상을 이해하기에 충분하지 않다. 아이들이 직접 관찰한 것을 사물, 사건, 활동 간의 관계를 스스로 창조해 낼 수 있어야 이해하는 것에 가까워졌다고 할 수 있다.[4] 이것이 논리·수학적 지식이다. 교사나 성인이 관찰하는 아이들을 마주할 때 사물, 사건 혹은 행동을 관계 짓게 하여 더 발전된 논리·수학적 추론을 하도록 도와줄 수 있다. 자연현상을 오감으로 관찰하는 것(물리적 지식)을 넘어 이런 관찰들로부터의 지적인 '관계의 창조'를 도와야 한다.[5]

아이가 흙 속의 돼지감자를 수확하고 있다. 삽을 세게 내리치며 땅을 파자 돼지감자에 흠이 생겼다.

---

* 구성주의교육에서는 지식의 구조에 새로운 지식을 받아들여 지식의 구조가 확장된다고 주장한다. 숲교육에서는 이에 더하여 지식을 받아들이는 것이 단순히 인지적 수용만을 뜻하는 것이 아니라 감각과 직관, 통찰까지를 아우른다.

아이	아휴! (놀라며 아쉬워한다)
교사	왜 그러니?
아이	돼지감자에 삽 자국이 생겼어요.
교사	돼지감자가 왜 흠이 생겼다고 생각하니?
아이	(잠깐 생각하더니)감자가 약한 것 같아요. 제가 삽으로 너무 세게 쳤나 봐요.

이 예화에서 교사는 아이가 두 사건 간에 인과관계를 형성하게끔 격려한다. 교사는 두 사건 간의 관계에 대해 아이에게 직접 가르치려고 하지도 않았다. 논리 수학적 지식은 아이 스스로 그 관계를 발견했을 때만 획득된다. 만약 교사가 "돼지감자를 삽으로 내리치면 흠이 생긴단다."라고 말하면 물리적 지식이고, "돼지감자를 캘 땐 다른 사람에게 방해가 되지 않도록 조심스럽게 캐야 한단다."라고 말하면 사회적 지식이다. 반면 논리·수학적 지식에서 교사는 직접 가르치지 않고 위의 예화처럼 '왜'를 묻는 것이다. '왜'라는 질문이 관계에 기준을 두고 있다는 점을 기억한다면 교사가 좀 더 쉽게 질문할 수 있을 것이다.

논리수학적 지식이 관계에 기준을 두고 있기는 하지만 숲교육에서 앎이라고 여기는 '관계맺기'와는 차이가 있다. 언급하였듯이 숲교육에서 관계맺기는 물리적 지식과 사회적 지식등도 아우를 수 있다. 숲교육에서 관계맺기는 주체와 주체 간의 만남으로, 주체 간의 존재를 인정해주는 것을 기본으로 한다. 이젠 관계맺기를 앎의 본질로 보는 숲교육의 패러다임에서 기존 교육 패러다임인 구성주의의 지식을 재개념화할 필요가 있다. 이젠 숲교육의 패러다임인 학습본능의 견지에서 관계맺기를 알아보고자 한다.

존재와 관계맺기는 무엇인가에 의미를 찾고, 부여하는 것으로, 자기 존재에 대한 인식뿐만 아니라 타존재인 대상이 자신의 감각을 통해 인식되고, 그 인식을 통해 자기 존재에 대해 자각하는 것을 말한다. 어떤 형상이나, 소리, 자연물 등 타자인 대상은 존재로서 인식될 때 비로소 가치를 가진다. 이것은 타존재와 관계맺기이자, 마주침이며, 만남이고, 결합이다. 그것은 사람과 사람의 관계에도 적용된다.

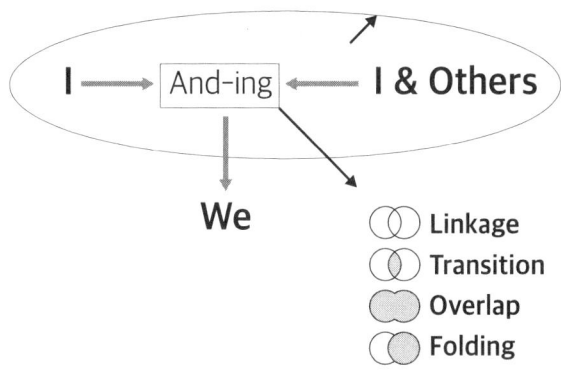

[숲교육에서 관계맺기]

그림에서 볼 수 있듯이 숲교육의 교육내용은 자기 존재와의 관계맺기(만남, 마주침, 결합; Anding)와 이를 기반으로 타존재와 관계맺기(만남, 마주침, 결합; Anding)이다. 관계맺기는 존재 간 결합의 양태에 따라 Linkage, Transition, Overlap, Folding의 형태로 나타난다. Linkage는 두 존재가 서로 독립되어 있으면서 관계 짓는 것이다. Transition은 서로 공통점을 가지면서, 그 공통점을 통해 관계맺기를 하는 것이다. Overlap의 관계맺기는 완전히 결합하여 새로운 것을 만들어 내는 것을 의미한다. Folding은 각자의 존재성은 유지되면서 서로 중첩됨을 의미한다. 이러한 형태는 맥락과 때에 따라 각각의 모습으로 나타난다. 여기에서 주의해야 할 것은 Overlap이나 Folding이 Linkage, Transition의 단계적 발전에 의한 완성 형태라고 인식해서는 안 된다는 것이다. 각각의 관계맺기의 양태는 그 자체로써 의미가 있다. 이러한 관계맺기는 맥락에 따라 결합하는 형태가 달라진다.

타존재 중 살아있는 생명체와의 관계맺기에서 사회성 본능이* 발현되며, 타존재 중 사물, 문화, 제도 등과 관계맺기에서 탐구(사고)본능이 발현된다. 인간은 학습도구인 언어적 본능과 무엇인가 만들어 내는 창조적 본능들이 있다. 숲교육이 분절을 지향하지 않듯, 이렇게 각각의 본능들을 분절적으로 해석하는 것 자체가 무리일 수 있다. 그것은 각각의 본능은 하나로 따로 존재하지 않기 때문이다.

아이들은 사람과의 관계맺기를 위해 언어를 사용하고, 삶의 의미를 찾으며, 새로운 아이디어를 만들어낸다. 또한 자기 존재를 위해 아름다운 것들을 만들기도 하고, 그것들로 하여금 서로 소통하기도 한다. 이러한 이유로 관계맺기를 분리하여 설명할 수 없다.† 다만, 아이들은 끊임없이 관계를 맺고자 한다는 것은 변함없는 사실이다. 우리는 그러한 관계맺기, 그것도 '관계맺고 있는 과정'을 앎이라고 한다. 관계맺기는 자기 자신을 포함한 사람과의 관계, 문화 및 사회제도 등을 포함한다. 아이들은 세상과 관계맺기 전 이미 자연현상을 비롯한 모든 것에 선개념 prolepsis을 가지고 있다. 이 의미는 자기가 무엇을 알고 있는 지에서 시작한다는 것이다. 아이들은 필요한 정보를 스스로 선택하고, 스스로 지

---

* 실제 처음 원고를 집필할 당시 타존재 중 사람과 관계맺기를 사회성으로 보았다. 하지만, 원고의 탈고 시점에 이렇게 타존재 중 살아있는 생명체와의 관계로 영역을 확장시켰다. 실제 숲에서 아이들은 동물과도 관계를 맺고, 살아있는 나무들과도 관계를 맺고 있다. 이러한 관계맺기는 자기 자신과의 관계맺음에서 출발한다는 것은 이미 주지한 바 있다. 자신이 동물이나 식물에 가한 행위의 결과가 동식물의 감정에 영향을 줄 수 있다는 감정조망수용능력등도 큰 의미에서 사회성 본능에 해당한다고 보았다.

† 실제 교실교육에서는 발달영역과 과목별로 분리되어 있다.

식을 재구성하며, 자신이 갖고 있는 선개념을 변화시킨다.[‡6] 여기에서 의미하는 지식 구성자는 구성주의자들이 생각하고 있는 것과는 차이가 있다. 이미 언급한 바 있지만 구성주의에서 지식은 사회문화적으로 합의된 것으로 아이들은 그것들을 내면화해서 성장 발달해야 한다는 의미가 있는 반면 숲교육에서 지식은 대상(타존재)과 자기 존재가 관련 짓는 것 그 자체를 의미한다. 다시 말하면, 구성주의에서는 선개념을 변화시키는 것이 방향성을 가지고 있지만, 학습본능을 주장하는 숲교육에서는 선개념과의 관계맺기 그 자체에 초점이 있다.

관계맺기는 혼자 하는 것보다 교사 그리고 또래와 학습공동체를 통해 이루어지는 경우가 대부분이다. 아이들은 학습공동체에서 타인과의 상호작용을 통하여 습득한 정보를 자기 존재 내에서 관계 짓는다. 관계맺기가 이루어지려면 아이들이 주체가 되어 관계맺기의 과정(앎)을 조절하고 통제해야 한다.[7] 관계맺기는 타인과 자기 존재성을 가지고 함께하는 과정이며, 세계에 대해 질문을 구성하고 이를 해결하기 위해 관찰하고 다양한 방법으로 조사하여, 적합한 방식으로 다른 사람과 의사소통하는 일련의 과정이다.

학습본능을 바탕으로 관계맺는 과정(알다ing)을 앎으로 지칭하는 숲교육은 아이들이 교사나 부모의 설명이나 시범을 일방적으로 받아들이는 것이 아니다. 또한 정해진 절차에 따라 예상되는 결과를 얻기 위해 수동적으로 조사하고 실험하는 과정도 아니다. 아이들 스스로 문제를 제기하고 이를 해결하기 위해 적극적으로 사고하고 고민하면서 다양한 시도를 해보는 과정을 의미한다.

---

‡ 상호주관주의의 입장인 구성주의에서는 지식의 구성자라고 해야 맞을 것이나 상호객관주의를 주장하는 숲교육에서는 지식의 창조자(연결자)라고 할 수 있다. 이에 대해 아직은 명확한 정의를 내리기 어려운 시점이다.

관계맺기를 위해, 교사는 아이들의 본능이 발현될 수 있도록 기다릴 수 있어야 하며, 학습공동체에 참여하는 시기와 나와야 되는 시기를 알아야 한다. 또한 교사는 학습공동체의 일원으로서 가르치는 존재가 아닌 참여하는 존재로 다가가야 한다. (언급한바 있듯이 숲교육에서는 교수학습방법이라는 교육학적 용어 대신에 참여'라는 용어를 사용한다.†) 교사는 자신의 앎의 지평을 바탕으로 아이들에게 가르침을 주기보다 학습공동체의 일원으로 관계하고 그들의 배움을 함께 해야 한다.

이에 대해 관계맺기의 도구로써 자기 인식하기, 사회극 놀이, 관찰, 사고, 기호, 언어, 예술 등 7가지를 제시하고자 한다. 이들 도구는 일선 교실교육에서 교육내용으로 불리운다. 교육내용을 숲교육에서는 도구라고 명명하는 것은 다음과 같은 이유이다.

첫째, 교실교육에서 교육내용으로 분류한 언어, 사회성, 탐구, 예술, 건강신체 영역 등은 발달을 기준으로 영역을 분리한 것이며, 발달을 선형적으로 파악하여 추구하고자 하는 목표를 제시한 것이다. 숲교육에서의 발달은 통합적이며, 선형적인 발달관을 지양하지만, 이러한 이유로 제시된 영역들이 교육내용이 될 수는 없다. 다만 이러한 영역들이 도구화 되어 존재와 타존재의 관계맺기를 할 수 있게 한다.

둘째, 존재 대 존재 간의 관계맺기를 교육의 내용으로 보는 숲교육의

---

* 참여의 사전적 의미는 '어떤 일에 끼어들어 관계하다'이다(국립국어원 표준대사전).

† 교실교육에서 '교수학습'이라고 불리는 것이 숲교육에서는 '학습공동체에서의 놀이'이다. 그러므로 교사는 아이들의 놀이에 학습공동체로서 참여해야 한다. 이하에서는 아이들의 일상을 '놀이'와 구성주의에서 말하는 '발달 영역'을 중심으로 분류하였다. 실제 아이들의 일상을 구분할 수 없으나 이러한 구분은 기존의 교육패러다임에 익숙해진 교사들의 이해를 위해서이다. 더 나아가 이러한 활동을 통해 학습을 발달 영역에 따른 지도가 아닌 본능에 따라 발현되는 과정임을 설명하고자 한다. 그래서 교사는 다음의 내용을 이해하여 이러한 과정이 아이들의 본능을 발현시키기 위한 과정임을 이해하고 아이들의 일상적인 삶 속에 적용해야 한다.

본질상, 영역이 나누어 질 수 없다. 숲교육은 존재 간의 조우 즉, 존재와 존재간의 관계만 있을 뿐이다. 교실교육에서 인간 존재의 발달 영역으로 제시되었던 것은 그 존재간의 관계에 대한 도구일 뿐이다.

셋째, 각 영역의 발달이 독립적이지 않음에도 불구하고 독립적인 영역으로 분리하였던 교실교육에 비해, 이러한 영역들을 도구화함으로써 이론적으로 영역간의 호환이 가능하도록 하였다는 점이다.

1
자기인식하기

사람과 사람은 자기 존재와의 관계맺기가 전제된 후 타존재(사람)와의 관계맺기를 통해 공동체가 만들어 진다. 자기 존재와 관계맺기는 자기감정과 자기인식을 하는 것이다.

지금-여기here-now에서 자기감정을 아는 것은 중요하다. 이와 관련하여 기존 교육에서 교사는 아이의 감정 읽어주기를 한다. 이러한 감정 읽기의 주요 목적은 공감sympathy하고 위로empathy하기 위함이다. 하지만 숲교육에서는 공감하고 위로하기 못지않게 자신의 감정 상태를 인식하는 것을 중요시 여긴다. 즉 아이의 감정 읽어주기의 목적 자체는 위로하기 위함뿐만 아니라 아이가 자신의 감정을 깨닫게 하기 위함이다. 자기감정에 대한 발견이 타자의 감정을 인식하는 기본이다. 그래야 자기감정에 대해 주체성을 가질 수 있어 감정에 대한 조절이 가능하게 된다.*
자기감정에 대한 인식, 그리고 그 감정에 대한 무조건적 억누름이 아니

---

* 실제 수년전 국내 유명 젊은 배우가 70대의 노인을 폭행하고 차에 매달아 질주한 적이 있다. 이후 그 배우는 기자회견에서 그때는 화가 나서 정신이 없었다고 하였다. 화가 난 자기감정을 인식하지 못한 결과이다.

라 자기감정과의 조우(관계맺기)는 중요하다. 자기 존재와의 만남은 자기감정에 대한 인식에서 출발한다고 볼 수 있다.

자기감정 인식의 부족은 자기 인식(욕구)의 부족을 동반한다. '무엇을 하고 싶은지', '무엇을 먹고 싶은지', '무엇이 싫은 지'에 대해서도 아이들은 연령이 들어감에 따라 무디어 지며 자기생각이 없고, 혼자 결정할 수도 없는 경우가 많다. 시키는 대로 해야 되고, 주는 대로 먹어야 하고 누군가에 의해 계획된 프로그램대로 놀아야 되는 것은 결국 자기와의 관계맺기의 실패로 나타난다. 그래서 "너 화가 났구나", "기분이 안 좋구나"등으로 위로하고 공감하는 것 보다는 지금의 자기감정과 자신의 욕구에 대해 인지하게 하는 것이 더 중요하다. 이를 위해 교사나 성인이 아이들의 욕구를 인정해주어야 하는 것은 기본이며, 끊임없이 아이들의 욕구에 대해 질문해야 한다. 그래서 "화가 났구나" 등의 공감을 하기 전에 먼저 "기분이 어때?", "무엇을 하고 싶어?", "하고 싶은 것이 뭐지?", "정말 하고 싶어?", "절실해?" 라고 물어보는 것에서 출발하는 것이 중요하다. 그러나 여기에서 이러한 물음을 과하게 해서는 안 된다. 왜냐하면 타자로서 '나'도 '너'의 감정을 이해하고 있다는 공감도 중요하기 때문이다.

여기에서 '자기 인식하기'는 건강에 관한 것도 포함된다. 이를 위해 몸이 말하는 소리를 들을 수 있어야 한다. 쉼이 필요한 지, 운동이 필요한 지, 영양이 필요한 지를 알 수 있어야 한다. 또한 자기가 처한 상황에서 위험을 감지하고 대처할 수 있어야 한다.

더 나아가 관계맺기의 대상에서 자기 존재가 아닌 타존재는 사회의 문화나 제도까지도 포함한다. 실제 인간은 사회를 떠나서는 생활 할 수 없는 사회적 존재로 태어났다. 그래서 인간은 사회 환경 속에서 생명을 보전하고 삶의 균형과 안정을 유지하기 위해 사람과의 관계 뿐만 아니라 문화나 제도 등 사회유지와 관련된 것을 포함하여 개인의 다양한 사회적 성향을 총체적으로 발현한다. 이러한 사회조직의 문화와 제도는 사회의 유지와 발전을 목적으로 한다. 그 결과 기존의 교육 맥락에서는 사회의 조직이나 제도가 한 개인에게 통제적 기능과 역할을 하기도 하며, 개인의 무의식에 잠식하기도 한다. 하지만 학습본능의 메커니즘인 공동체에서 정의되는 '타존재와의 관계성'은 공동체의 발전 만을 목적으로 하여 개인을 향하여 일방적으로 기능하지도 않는다. 그 결과 사회의 문화와 제도는 먼저 자기 존재를 중심으로 관계맺기가 이루어져야 한다. 공동체의 문화와 제도는 존재와 관계맺기를 통해 또 하나의 앎의 지평을 형성한다.

숲에서 아이들은 또래와 함께 놀면서 자기 존재와 조우를 하며, 타존재와 존재 간의 어울림을 이루어간다. 어울림은 각각의 존재를 다시 성장시킨다. 이러한 일련의 과정들이 본능적으로 진행된다. 이렇게 자기를 통해 타자와의 관계가 맺어지는 것은 '함께 됨'에서 '함께 함'으로의 변화를 뜻한다. 여기에서 '함께 함'은 관계맺기에서의 역동성을 의미한다. 저절로 타자와의 관계가 맺어지는 것이 아니라 자기 존재와의 관계성과 타존재와의 관계성의 결합에 역동성이 있어야 함을 의미한다.

실제 교육현장에서는 아이들의 사회적 성향(숲교육에서 말하는 타자와의 관계 맺기를 의미한다. 사회적 성향과 같이 사회성은 타자 중 사람과의 관계 맺기에 해당한다.)에 대한 판단 기준을 대개 또래와 협동하고 협력할 수 있는가와 같이 타자와의 관계에 주로 초점이 맞추어져 있다. 다른 사람과 잘 어울릴 수 있다는 사회성을 다른 사람과의 관계만을 목적으로 하면, 그 속에 자기 존재를 잃어버리게 될 수도 있다. 수 차례 제시하였듯이, 타존재와 자기 존재와의 관계맺기가 선행되어야 한다. 아니면 반대로, 자기 존재와 관계맺기를 위해 타존재와 관계맺기를 시도해야 한다고 가정할 수도 있다. 이러한 가정들을 모두 인정했을때 자기 존재와의 관계맺기, 타존재와의 관계맺기는 순환적 구조로 서로에게 영향을 미치게 된다.

한편, 자기 존재와 관계맺기는 본능적인 것인가에 대해 생각해 볼 필요가 있다. 본능은 학습하지 않고도 선천적으로 가지고 있는 통제할 수 없는 감정이나 욕구이다. 이러한 특성으로 볼 때 사람은 태어나서부터 끊임없이 자기 존재를 찾고자 한다. 여기에서 자기를 찾는 욕구는 자아실현으로 나타나며, 이에 대한 욕구를 가진다는 것은 자기 존재와 관계맺기가 본능적이라는 것의 증거가 될 수 있다고 본다.

2
사회극 놀이*

숲에서 아이들은 본능적으로 사회극 놀이를 많이 한다. 아이들이 또래와 관계 맺는 주요한 도구인 사회극 놀이는 또래와 역할 놀이를 통해 나타나기도 하고, 주변에 있는 물체나 살아있는 작은 곤충 등이 주인공이 되어 새로운 이야기로 제시되기도 한다. 사회극 놀이†는 아이들의 놀이 속에 대부분 존재하지만 학자들마다 달리 구분된다.

---

* 실제 무학년제인 하리숲학교의 경우에 아이들은 넓은 공간과 무학년제이다보니 함께 지낼 아이들을 자신들이 선택한다. 각자의 선호에 맞게 소통이 되는 대상에 따라 사회적 관계를 선정한다. 특히 사회적 기술이 부족한 아이들은 자연스럽게 자기의 수준에 맞는 아이들과 함께 생활한다. 그래서 전형적인 숲교육에서는 사회성과 관련한 교사의 참여가 최소화된다. 하지만 한정된 공간에서 함께 놀이 할 또래들이 정해진 교실교육에서는 사회적 기술이 부족한 아이들은 또래와 함께 하지 못하는 경우가 종종 있다. 아이들이 또래와 함께(공동체) 놀고 싶은데 사회적 기술 등이 부족하여 놀지 못하는 경우에 교사의 참여가 필요하다. 실제 이러한 것은 단일연령의 숲활동이나 일주일에 한 두 번 숲에 가는 방문형 숲에서도 나타난다. 이하에서는 이러한 경우를 상정하여 사회극 놀이에서의 교사의 참여에 관한 이야기를 하겠다.

† 많은 학자들은 놀이를 쌓기 놀이 같은 구성놀이, 규칙 있는 게임, 거친 신체놀이 등으로 구분하지만, 이러한 놀이 대부분이 사회극 놀이 속에 활용되고 섞여서 나타난다.

교실교육에서 아이들은 자유선택활동 시간을 통해 교사가 계획한 영역에서 배치되어 놀이를 한다.‡ 하지만 교사의 치밀한 계획(반강제적인 시도)에도 불구하고 활동영역에서 그 영역의 취지와 관계없이 본능적으로 '자기놀이'§를 하는 경우가 많다. '자기놀이' 중 상당 부분이 사회극 놀이¶이다. 사회극 놀이에서 아이들은 구체적인 '상황'을 연출하고, 그 상황에 맞는 공간과 시간을 만들어 낸다. 아이들이 만든 가상 세계의 지식이나 개념은 아이의 상상에 기초한 가짜 사실로, 아이 자신에게는 생생한 '사실'로 경험되는 '가상적인 사실'이다. 그래서 사회극 놀이를 이해하기 위해서는 놀이 상황에 대해 참과 거짓에 대한 판단 중지가 반드시 따른다.8

아이들은 가상적인 사실에서 '관계'의 의미를 미리 경험한다. 또한 사회극 놀이를 하는 동안 여러 상황에 봉착하는 문제를 해결할 기회를 갖고 다양한 관계의 역할을 맡아 수행한다.9 또한 아이들은 수행해야 할 행동목록과 행동의 순서를 정하고 경험에서부터 예측 가능한 행동을 설정하는 개념적 사고를 한다.** 아이들은 이러한 사회극 놀이를 통해 다른 사람에 대한 관점을 이해하고 적절한 역할, 행동, 태도에 대한 지식을 발달시켜 나간다. 이때 아이들은 '규칙'의 의미를 배울 뿐만 아

---

‡ 아이들이 자율적으로 영역에 배치되는 것 같지만, 실제 나뉘어진 영역에서 놀 수 있는 아이들의 수는 제한되어 있으므로, 배치라는 용어를 썼다.

§ 여기에서 자기 놀이는 교사에 의해서 분리 된 영역에서 그 영역의 놀이가 아닌 자기가 하고 싶은 놀이를 한다는 것을 의미한다. 예를 들어 읽기 영역에서도 아이들은 역할놀이나 구성놀이를 하는 것을 말한다.

¶ 사회극 놀이는 상징 놀이에 사회적 놀이가 결합된 것으로 혼자 상징 놀이를 하던 아이들에게 어느 정도 연령이 되면 이러한 사회적 극놀이가 나타나게 된다.

** 음식점 놀이를 하게 될 경우, 음식점에 가기, 기다리기, 주문하기, 주문받기, 식탁에 음식 차리기, 음식 먹기와 같이 음식점에서 행동할 때 관련된 사건들과 같은 순서를 재구성할 수 있다.

니라 스스로 규칙을 만들기도 한다. 이렇게 함께 지켜야 할 규칙을 만들어보는 것은 타인을 이해하는 조망수용능력을 발달하게 한다. 맡은 역할을 해내기 위해 서로 협동하여 계획하고 의사결정을 하며 그 속에서 아이들은 자연스럽게 사회적 기술을 익힌다.

사회극 놀이는 또래 간의 갈등이나 화해를 통해 자기 절제와 포용의 자세가 길러진다는 식의 사회성 발달의 가치 차원에서만 논의될 수 있는 문제가 아니다. 사회극 놀이에서 아이들은 자기주장의 욕구 때문에 놀잇감을 독차지하기도 하고, 이탈 행동을 보이기도 하는가 하면, 친구의 '의리 없는' 행동에 배신감을 느끼며 분노하는 본능적인 모습을 보이기도 한다. 함께 노는 모습에는 미묘한 힘의 논리가 작용하고 있기도 한다. 그래서 가시적으로 드러나는 '친함'의 이면에 동등한 힘의 평형 관계가 있기도 하지만 위계 관계가 존재하기도 한다. 아이들은 사랑과 미움, 친함과 어색함 등의 범주화된 정서 차원을 넘어 세분화되고 생생하게 체감되는 인간 관계상의 다원화된 정서 차원을 경험한다.*[10] 그래서 누군가에 의해 계획된 프로그램은 한계를 가질 수밖에 없다. 숲은 아이들에게 갑작스러운 순간에 예측 불가능한 소재를 제공한다. 그래서 숲에서 이루어지는 사회극 놀이는 충동적이며, 우연적인 특성이 있고 정해진 틀이 없다.

대개 교실교육에서 사회극 놀이는 아이들이 경험을 얼마나 놀이에 잘 재현하고 있는지가 중요하다. 그래서 모방과 정교성에 초점을 둔다. 하지만 숲교육에서의 사회극 놀이는 모방이나 재현에 그치지 않는다. 숲에서는 역할놀이와 현실의 구별이 모호하다. 가상과 현실이 명확히

---

* 실제 아이들은 역할 놀이 활동에서 교사가 정해준 역할에 맞게 공평하게 기회를 나누고 친구에게 폭력을 쓰지 않으며 놀이 이탈 행동을 하지 않는 '착한 아이'로만 존재하는 것은 아니다(유혜령, 2001, 75-76).

구분된 것이 아니라, 현실에 가상의 세계가 깊이 들어와 중첩된다. 숲교육에서 사회극 놀이는 아이 존재와 세계가 중첩되면서 서로를 구성해가는 존재의 창조 과정이며, 자기생성의 과정이다. 그래서 겉으로 드러나는 모방과 정교성이 아닌 본질적인 해석 행위에 중점을 둔다.

교실공간에서의 사회극 놀이는 아이 자신이 극놀이의 주인공이 되는 경우가 대부분이다. 하지만 숲에서는 아이들이 살아있는 곤충이나 작은 동물들에게 역할을 부여하여 사회극 놀이를 하는 모습을 종종 볼 수 있다. 개미들을 보면서 각각의 개미에게 이름을 지어주고, 그 개미들은 역할놀이의 주인공이 되어 이야기가 만들어진다. 개미들이 활동하는 곳은 마을이 되고, 다양한 자연물은 마을을 구성하는 소품으로 활용된다.

숲에 있는 비구조적 놀잇감과, 곤충 등 살아있는 동물 그리고 계절에 따라 다양하게 자라나는 식물 등으로 인해 아이들은 풍부하고 정교한 사회극 놀이를 한다. 또한 넓은 숲의 공간적 특성은 아이들 놀이의 범위를 확장한다. 숲에 있는 다양한 타자(존재)들은 사회극 놀이 속에 있는 아이들의 존재와 관계맺기를 통해 재창조되고 변형된다. 숲에서 아이들은 직접 상황을 만들어가고 다듬고 완성해 나가면서 또 하나의 세상을 창조한다.

숲은 교실환경에 비해 아이들 내면의 타자와 긍정적 관계맺기를 발현시킬 수 있는 기회가 많이 있다.† 그 이유는 숲에는 풍부한 놀잇감이 있어서 타존재(또래)들과 갈등에서 자유로우며, 댐이나 자신들의 집, 또

---

† 실제 이 문장은 '숲은 교실 환경에 비해 아이들 내면에 있는 사회성 본능을 발현시킬 수 있는 많은 기회를 제공한다'라는 의미이다. 하지만 이 책은 숲을 주체로 보아서 이렇게 기술하였다. 이 책의 여기저기에 이렇게 숲을 주체로 보기도 하고, 객체로 보기도 하여 쓰여진 글들이 다소 있음을 이쯤에서 일러둔다.

는 울타리 등을 만들 경우 혼자 힘으로는 해결하기 어려운 활동들이 많아 협동의 관계맺기를 하는 경우가 더 빈번하게 발생하기 때문이다.

관계맺기의 도구로써 사회극 놀이는 파튼Parten의 사회적 놀이를 통하여서도 설명할 수 있다. 파튼Parten은 사회적 관계에 관점을 둔 아이들의 자유놀이를 비참여 활동, 방관자 활동, 평행놀이, 연합놀이, 협동놀이로 분류하였고, 아이들의 사회성 발달정도에 따라 가장 낮은 단계의 비참여 활동에서 가장 높은 단계의 협동놀이로 순차적으로 전개된다고 하였다. 파튼Parten의 이러한 분류는 놀이를 선형적으로 이해한 것이다. 하지만, 관계맺기의 도구인 사회극 놀이에서 각각의 놀이는 단순히 다음 놀이를 위한 준비가 아니라 그 자체로써 모두 의미있는 행위이다.*

숲교육에서는 현재 진행되는 놀이를 그 자체로써 다음 단계를 위한 준비단계로 보는 계열화에 의미를 두지 않는다. 실제 스미스Smith의 경우 사회적 놀이에 대한 종단 연구에서 일부 아이들이 파튼Parten이 제안한 놀이단계를 따르지 않음을 발견했다. 또한 비참태에 비해 미성숙한 놀이가 니라는 새로운 연구결과들을 발표했다. 그리고 병행놀이가 낮은 수준의 놀이가 아니라 숙련된 놀이 전략들 중 하나라는 것도 알아냈다.11 이러한 연구들은 그 동안 아이들의 사회적 놀이를 구조화하며

---

* 파튼은 유아교육기관의 자유놀이를 관찰하여 아이의 사회적 참여도에 따라 비참여 활동, 방관자 활동, 평행놀이, 연합놀이, 협동놀이로 분류하였다(김수영, 김수임, 정정희, 2012). 이 책에서는 평행놀이와 교사의 병행놀이를 구별하여 설명하였다. 파튼은 아이의 놀이 중 두 명 이상의 아이가 동일한 장소에서 동일한 시간에 동일한 활동을 함께 하고, 서로의 존재를 분명히 인식하고 있으며 또한 자기에게 의미가 있는 다른 사람의 존재도 인식하지만 결과적으로 여전히 따로 따로 놀이를 하는 경우를 병행놀이라고 하였다. 이러한 병행놀이는 사회적 성숙 수준이 낮은 혼자놀이와 높은 사회적 성숙을 요구하는 협동놀이 사이의 전환점에 주로 나타난다고 알려져 왔다. 반면, 이 책에서는 평행놀이와 병행놀이를 구분하여 설명한다. 병행놀이는 교사가 아이들이 하고 있는 놀이와 유사한 놀이를 따로 하는 것을 말한다.

일반화 시키려고 했던 이론들에 대해 재개념화가 요구된다.†

어떤 아이들은 타인과의 관계에서 소극적으로나 적극적으로 다가가기도 하고, 어떤 아이들은 조용히 놀기도 한다. 아이들은 각각 다른 특성을 가지고 있기 때문에 교사가 사회성을 규정하는 것은 바람직하지 않다. 교사들은 모든 아이들이 명랑하고 타인과의 관계에 있어서 적극적이어야 한다는 생각을 버려야 한다. 교사는 아이들 각자의 기질과 성격, 사회적 특성의 차이를 인정해야 하며, 교사가 일방적인 방식으로 학습공동체에 참여해서는 안 된다. 교사의 역할은 아이들이 주체가 되어 공동체를 만들고, 유지시킬 때 아이들 각자의 사회성 발현에 필요한 사

---

† 연령이 높은 아이는 단순히 옆에서 지켜보는 놀이나 평행놀이에 참여하는 경향이 증가하면서 혼자놀이와 상호작용놀이를 같이하는 것으로 나타났다. 또한 평행놀이는 특별한 놀이 상대자와 놀이를 시작하거나 끝내기 위하여 하는 전략적일 경우가 있다. 이러한 경우, 평행놀이와 혼자놀이는 어느 정도 성숙한 사회적 놀이의 특성을 띤다.

놀이형태	내용
비참여 활동	어느 놀이 형태에 포함되지 않는 행동으로 순간적인 흥미에 따라 시선을 움직이거나 이동하는 등 별 다른 의욕을 보이지 않는 행동이다.
방관자 행동	지켜보는 행동으로 아이가 다른 아이의 놀이 행동을 바라보면서 구경꾼으로 참여하는 것을 말한다.
평행 놀이	두 명이상의 아이가 동일한 장소에서 동일한 시간에 동일한 활동을 함께 하는 것으로써 아이들은 서로의 존재를 분명히 인식하고 있다. 자기에게 의미가 있는 다른 사람의 존재도 인식하지만 결과적으로 여전히 따로따로 놀이를 하는 경우이다. 이러한 평행놀이는 사회적 성숙 수준이 낮은 혼자놀이와 높은 사회적 성숙을 요구하는 협동놀이 사이의 전환점에 주로 나타난다.
연합 놀이	각 아이가 별개의 활동에 초점을 맞추어 놀이를 한다는 점에서 평행놀이와 유사하나 놀잇감을 공유하거나 빌려 주는 행동이 나타나며 차례를 지키고, 친구의 활동에 참여하며 폭넓은 의사소통이 이루어진다는 점에서 보다 사회성이 발달된 놀이 유형으로 정의할 수 있다.
협동 놀이	한 두 명의 아이가 집단을 주도하여 리더 역할을 하면서 서로 다른 역할을 분담하여 공동의 목표를 달성하기 위해 진행되는 조직인 놀이이다. 협동놀이는 어떤 물건을 만들기 위해서, 경쟁에 이기기 위해서, 성인들의 생활을 극대화하기 위해서, 또는 규칙있는 게임을 하기 위해서 집단을 조직하고 놀이를 하게 된다.

회적 기술을 학습(발현)하도록 돕는 것이다. 이때 교사는 학습공동체에 참여하기 위해 아이들의 놀이를 해석하고, 규정짓기 보다는 놀이 자체를 그대로 받아들여야 한다. 이 의미는 아이들에게 내재된 학습본능을 믿고 기다리는 것에서부터 시작하는 것이다. 숲에서 아이들은 본능적으로 다른 사람과 관계맺기를 한다. 이때 교사는 학습공동체의 일원으로 아이들과 함께(참여)해야 한다. 그리고 또래와 상호작용 할 수 있는 많은 기회를 제공해야 한다.

학습공동체에 참여하는 것은 교실에서 하는 형식적인 교수법이 아니라 일상에서 교사가 모델이 되거나, 친구관계를 형성하는 비형식적인 상호작용의 참여를 의미한다. 하지만 간혹 사회적 기술이 부족한 경우에 교사가 도와 줄 수도 있다. 교사는 '언제 놀이에 참여할 것이고 언제 빠져 나올 것인지?', '언제 직접적인 지도를 할 것인지?', '언제 힌트를 줄 것인지?', '언제 아이 스스로 사회적 문제를 해결하도록 할 것인지?'를 결정해야한다.[12]

실제 트래윅-스미스Trawick-Smith를 비롯한 대부분의 학자들이 제시한 사회적 기술을 촉진하기 위한 교사의 개입 단계는 '직접적인 지도' 후 '간접적인 지도' 그리고 '지켜봐 주기'의 단계로 진행되어야 한다고 하였다.[13] 하지만 이렇게 교사의 개입 단계를 정한 상태에서 사회성을 지도한다는 것이 가지는 의미는 교사의 개입 정도나 수준을 미리 의도하고 계획한다는 것으로 아이의 사회성을 선형적 선상에서 발달의 유무를 판단함을 의미한다. 이는 공동체를 통해 함께 하려는 사회성의 본능적 특성을 인정하지 않는 오류를 범하게 된다.

숲교육에서의 교사 개입 단계의 순서는 정해져 있지 않다. 교사의 개입 단계의 순서를 정한다는 것이 갖는 또 다른 오류는 모든 아이들은 그 아이가 성장함에 따라 또래와 협력하고 조직화된다는 것을 전제한다. 이는 학습본능이 개인이 가진 사회성의 개별적 차이와 특별함을 인정한다는 점에서 상충된다. 또한 우연성을 전제로 한 아이들의 일상은 실제 계획과 통제가 불가능하다. 아이들은 자신이 가진 본(특)성과 적합한 일상의 문제들만 만나는 것은 아니다. 때로는 스스로 해결하기에 쉬운 상황을 접하기도 하고, 너무나 벅찬 문제 상황을 접할 때도 있다.

오히려 학습본능을 주장하는 입장에서는 '지켜보기(놔두기)', '병행놀이(공동체 구성)', '간접적인 참여(지도)', 그리고 '직접적인 참여(지도)'의 순으로 진행하는 경우가 많다. 특히 아이가 숲에 새롭게 왔을 경우 교사는 직접적 지도(참여)나 간접적 지도(참여) 보다는 지켜보기(놔두기)를 통해 아이가 숲과 타존재와 직접 마주함을 하게 하는 것을 추천한다.

물론 교사는 각 단계에서 아이의 학습본능을 신뢰하고 기다려주어야 한다. 그러다 보면 '지켜보기(놔두기)'에서 교사의 참여가 끝날 수도 있고, '병행놀이(공동체 구성)' 단계에서 교사의 참여가 끝날 수도 있다. 이러한 단계들은 단지 기준이 되는 예시일 뿐 맥락에 따라 재조정되어야 한다. 이하에서 이들 단계들에 관해 설명하고자 한다.

지켜보기 : 놔두기 linkage & folding

교사(성인)가 아이들이 다른 사람과 관계맺기 즉 사회적 관계를 잘하도록 도와주는 방법 중 하나는 아이들을 지켜봐주는 것이다. 협의의 지켜보기는 교사와 아이가 각각의 존재인 교사로서 그리고 아이로서 위치하면서 서로를 관련짓는 것linkage이다. 이에 대해 광의의 지켜보기는 서로가 온전히 상대의 존재를 인정하면서 봐주는 것folding이다. 그래서 지켜보기는 초기 단계에 적용할 수도 있고, 참여의 마지막에 적용할 수도 있다.

교사가 아이를 지켜보는 것은 아이들의 행동에 관심을 보이는 것이기도 하고, 놀이에 개입하는 시기나, 빠져 나올 시기를 계획하기 위함이기도 하다. 간혹 교사가 지켜만 봐 줌으로써 자신감이 없는 아이는 자신감이 생기는 등, 자기 존재를 발견하게 된다. 아이가 교사에게 다가왔을 때, 교사는 격려해 주면서도, 도움을 주지 않고 스스로 문제를 해결하도록 해야 한다. 이러한 것들은 맥락에 따라 교사가 판단해야 한다.

병행놀이 transition

공동체에 속하지 않았던 아이들이 또래들의 놀이에 흥미를 보이면, 놀이집단의 주변을 지켜보거나 배회하기 시작하면서 아이들이 하는 놀이와 유사한 병행놀이*를 시작한다. 그리고 다른 아이의 행동을 지켜보고 심지어 모방하기도 한다. 간혹 놀이의 전략으로써 병행놀이를 하는 경우가 있다. 병행놀이에서 놀이의 주제는 다른 아이들의 놀이와 일치하지만 다른 아이와 함께 노는 것은 아니다. 놀이집단에 참여하기 위한 시도이다. 반면 교사는 놀이가 서툰 아이들을 위해 직접 의도적으로 놀이집단에 직접적 개입을 통해 놀게 해서는 안 된다. 교사는 아이가 놀기를 원하는 집단과 유사한 놀이, 즉 병행놀이를 하면서 자연스럽게 영역을 중첩시키거나 확장하는 것이 중요하다transition. 교사가 아이와 함께 병행놀

---

* 이러한 평행놀이는 사회적 성숙 수준이 낮은 혼자놀이와 높은 사회적 성숙을 요구하는 협동놀이 사이의 전환점에 주로 나타난다고만 알려져 왔다. 하지만 평행놀이가 숙련된 놀이자들에 의해 다른 아이의 놀이에 자연스럽게 참여하거나 다른 아이를 자신의 놀이로 이끌어 오는 방법으로 사용되는 것이 관찰됨에 따라(Bakerman & Brownlee, 1980) 낮은 수준의 놀이만은 아니라는 것들이 밝혀졌다.

이를 하는 것은 기존의 공동체에 교사가 인위적으로 개입, 간섭을 하지 않고, 아이들의 공동체를 존중함을 의미한다.

교사의 이러한 참여는 격리된 아이를 이전보다 더 높은 수준의 놀이 단계로 이끌어 주며, 아이로 하여금 놀이집단에 참여할 수 있게 하는 훌륭한 방법이다. 교사는 아이들의 놀이를 지켜보다가 놀이에 참여하지 않는 아이와 병행놀이를 시도한 후 다른 아이의 놀이에 참여할 수 있도록 도와줄 수 있다.

교사의 간접, 직접적인 참여 overlap & folding

교사는 아이들의 사회적 관계의 향상을 위해 직접적인 지도가 아닌 적절한 질문이나 힌트를 주어서 도와야 한다. 또래와 어울리지 못하는 아이가 있으면, 그 아이가 사용할 수 있는 구체적인 언어를 직접 예를 들어 제시하면서 또래들과 함께 할 수 있도록 한다. 이때는 가르침을 주는 교사로서의 역할이 아닌 학습공동체의 구성원으로서 역할을 해야 한다. 이렇게 하다 보면, 아이들은 교사(성인)가 주는 약간의 도움(간접적인 지도)만으로도 충분히 자신에게 있는 이슈를 해결할 수 있다. 결국 이러한 것은 타존재를 인식하게 하여 존재 간의 어울림을 가능하게 한다. 이것은 아이들의 놀이에 교사가 직접 함께 하면서 참여하는 관계맺기 overlap와 놀이의 밖에서 질문이나 모델링을 통해 참여하는 관계맺기 folding의 방식이다.

아이들은 사회극 놀이 중 각자 맡은 역할을 수행하면서 소리와 문장의 구조를 배운다.[14] 아이는 제 3자의 목소리를 내며 과거와 현재·미래 시제를 사용한다. 그리고 어떤 특징을 설명하기 위해서 명료한 언어를 사용한다. 또한 성인을 모방하면서 자기 주위 사람의 행동을 흉내 내기도 한다. 아이들은 이렇게 모방하는 과정 속에서 언어를 익혀간다. 놀이 중에 소리 내어 말을 하면서 다른 사람에게 자신의 생각을 설명하고 이해시키거나 갈등상황을 해결하는 등, 언어의 사회적 이용과 역할을 배운다.[15]

교사는 아이들의 사회극 놀이사회극 놀이가 언어발달을 하는 데 중요한 '배움의 순간'이 될 수 있다는 사실을 인식하고 있어야 한다. 언어를 거의 사용하지 않는 아이는 교사의 참여로 언어적 상호작용이 증진될 수 있으며, 보다 향상된 형태의 언어를 학습할 수 있다.[16]

아이들의 언어 능력에 있어서 가장 중요한 것은 언어적 환경에의 노출 정도이다. 아이들의 언어적 환경을 제공하기 위해서 언어적 모델링의 방식, 질문하는 방식 등을 다음과 같이 제안하였다.

예화

아이가 바닥에 낙엽을 직사각형 모양으로 몇 차례 겹쳐서 깔고 그 위에 누웠다 일어난다. 낙엽침대 옆에는 나뭇가지와 줄, 솔방울 등이 나란히 놓여 있다. 교사가 다가가 묻는다.

교사   여기는 어디야?
아이   병원이요
교사   와, 병원이구나. 무엇이 있지?

아이는 가지런히 놓인 나뭇가지들을 하나씩 가리키며 말한다.

아이   청진기, 주사기, 약... 다 있어요.
교사   어떤 병원이니?

아이	아픈 사람이 오는 곳이에요. 감기, 배 아플 때, 머리 아플 때도 올 수 있어요.
교사	환자가 왔었니?
아이	네 조금 전에 왔었어요. 여기에 누운 다음에 청진기로 뱃속 소리를 들어보고, 주사를 놓았어요.
교사	그 다음에는?
아이	약을 주고 다음에 오라고 했어요.

다른 아이가 다가와 이것 저것 살펴보고 환자 역할을 한다. 교사는 놀이에서 빠져나온다.

위 예화를 보면 교사는 질문을 통하여 아이들이 보지 않는 것에 대한 표현을 격려하였다. 아이는 실재하는 구체적 사물 없이도 질문에 대답하기 위해 언어로 상상하여 표현한다. 이것은 자신이 읽은 내용에 대해 이야기하거나 과제를 할 때, 또는 토의시간에 자신의 경험에 대해 이야기할 때에 필요한 능력이다.[17]

아이들은 사회극 놀이에서 놀이의 역할에 따라 그 역할에 맞는 언어를 사용한다. 아이들은 어린 아이 역할을 할 때는 아이처럼 행동하고, 부모 역할을 할 때는 어른스러운 목소리와 문장을 사용하다가 놀이 친구와 협상할 때는 자기 자신의 목소리를 낸다. 현실과 가상(놀이)의 중첩된 상황에 따라 언어가 달라지는 메타커뮤니케이션meta-communication을 한다.

이렇게 역할에 맞는 놀이는 아이가 상황에 따라 다양한 역할을 해야 하는 사회극 놀이에서 매우 중요한 기술이다.[18] 아이들은 사회극 놀이에서 적절한 언어를 사용하여 성인의 세계를 더 잘 이해하고, 타인의 감정에 대한 조망수용능력을 기른다. 교사는 아이들의 놀이에 직접 참여하여 아이가 언어적 경험을 할 수 있게 한다. 교사는 모델링과 직접적 중재를 통해 사회극 놀이 중에 맡은 인물에 따라 각기 다른 억양과 문장을 사용하도록 함으로써 다양한 말하기 방식을 격려할 수도 있다.

예화

5세 아이 두 명이 작은 돌멩이를 가지고 놀이를 하고 있다. 돌멩이에는 물감이나 색연필로 그림이 그려져 있다. 아이들은 모두 이 돌멩이를 특정 곤충이라고 표현한다. 교사는 돌멩이 하나를 집어들고 아이들의 사이에 앉는다.

교사	(돌멩이에게 엄마 같은 목소리로) 개미야~ 배고프지?
	(아기 같은 목소리로) 아니요. 배 안 고파요. 놀 거예요.
	(다시 엄마 같은 목소리로) 달팽이네 집은 어때요? 배고프다고 하지 않나요?
아이A	(어른스러운 목소리로 자신의 돌멩이에게) 배고프지 아가?
	(아기 같은 목소리로) 아니요! 친구들하고 노는 게 더 좋아요!
	(**에게 자신의 목소리로) **야, 우리 애들이 밥 안 먹는다고 한다고 하자.
아이B	(유아 A에게 자신의 목소리로) 알겠어. 우리 무당벌레도 밥 안 먹는다고 할께.
	(어른스러운 목소리로) 우리 애도 밥을 안 먹는다고 하네요~
	달팽이랑 노는 게 재밌어서 자꾸 안 먹는다고 해요.
아이A	(어른스러운 목소리로 자신의 돌멩이에게) 밥을 계속 안 먹으면 혼날 거야.
	(아기같은 목소리로) 알겠어요 엄마. 밥 먹고 친구랑 놀게요. 무당벌레야, 우리 같이 밥 먹고 오자.
아이B	(아기같은 목소리로) 그래그래. 밥 먹고 다시 와서 놀자. 무엇을 먹으러 갈까?

다른 아이가 돌멩이를 가지고 와서 아기 목소리를 내며 놀이에 합류한다. 교사는 몇 분 후 놀이에서 빠져나온다.

3
관찰

사람은 누구나 다른 것과 관계를 맺는다. 태어나서부터 부모 혹은 부모 외의 양육자와 관계를 맺고, 사회적 기관에 소속되면 구성원들과 관계를 맺게 된다. 사람과 관계맺기 외에 사물이나 자연현상, 사회현상과도 관계를 맺는다. 이러한 타자他者(사람이외의 것과의) 관계맺기의 과정도 역시 앎이다.

숲에서 아이들은 교실에 비해 주체로서 타자와 관계를 맺는 경우가 많다. 아이들은 사람과는 물론이거니와 숲과 숲에서 숨쉬는 모든 것들과 관계를 맺는다. 교실에서 텍스트나 누군가가 이미 맺어진 관계들과 다시 관계맺는 것이 아니라 직접적인 관계맺기가 훨씬 많다.

숲교육에서 아이들이 주체로서 사람이 아닌 타자와 관계맺는 방식 역시 자기 자신과의 관계맺기에서 시작한다. 여기에서 자기 자신과의 관계맺기는 자신의 감각으로 세상을 보는 것이다. 자신의 감각으로 세상을 보는 것이 당연하고 쉬운 일인 것처럼 보일 지 모르나, 감각으로 직접 체험되어 인식되기 이전에 외부에서 주입되는 관념이 먼저 인식되어 감각에 간섭될 수 있다. 실제 아이들은 책이나 다른 사람의 생각으로 세상을 보는 경우가 종종 있다. 타자를 볼 때에도 책에서 쓰여 진 타자의 특성을 확인하는 것에 그치는 경우가 많다. 자신의 감각과 지각을 통해서 외부세계와 관련을 맺는 것이 우선이다.

우리가 타자와 관계하는 궁극적인 실제는 감각과 지각을 통해서이다. 가장 중요한 것은 자신의 인식 밖에 존재하는 객관적인 실제에 관한 것보다도, 자신의 감각과 인식이다. 감각과 지각은 타자와의 관계맺기의 시작이다. 정해지고 결정된 타자에 비해 타자와의 관계맺기 과정을 교육 내용으로 보는 숲에서는 아이들이 타자와 관계맺기의 도구로 사용하는 감각과 지각을 경시해서는 안된다.

숲에 온 아이들이 많이 하는 것 중 하나는 자신의 감각으로 숲을 보고, 듣고, 냄새 맡고, 느끼고, 심지어는 맛을 보는 것이다. 숲에는 실내와 운동장에서 볼 수 없는 다양한 것들이 있어서 아이들은 감각을 마음껏 활용할 수 있다. 이렇게 감각을 기르는 것이 아이들의 창의성과 정서 발달에 긍정적인 효과를 가져 올 수 있다고 하여, 교육 현장에서는 오래 전부터 감각교육을 강조하고 있다.

감각을 통해서 무엇인가를 아는 것을 관찰이라고 한다. 관찰을 통해 아이들은 세상과 관계맺기를 한다. 하지만 많은 교사나 부모들이 감각계발이라고 하면 큰 관심을 보이지만 관찰이라고 하면 그다지 많은 관심을 보이지는 않는것 같다. 분명한 것은 감각을 계발하는 중요한 목적 중 하나는 관찰을 잘 하게 하는 데 있다. 숲에서 아이들은 본능적으로 사물을 관찰하고, 실험한다. 아이들은 관찰을 통해 새로운 것에 호기심을 가지며, 탐색하고 해석하는 탐구활동 등을 통하여 학습본능을 발현시킨다. 이러는 과정이 관찰이다. 관찰을 통해 아이들은 학습본능을 채워가며, 끊임없이 탐구활동을 한다.

인류는 감각의 목표인 관찰을 통해 문명을 이루어갔다. 관찰은 인류

지식의 원천이자 과학적 탐구의 출발이 되는 기초 활동으로 사고과정의 한 형태이다. 이미 언급하였듯이 학습본능의 발현인 놀이는 탐색의 단계를 거쳐 나타난다. 또한 탐색의 시작은 관찰에서 비롯된다.

아이들은 새로운 것이 나타나면 일단 자신이 가진 감각을 통해 그 사물에 대해 파악하려고 한다. 아이들의 감각을 계발시킬 수 있는 방법 중 하나는 아이들에게 새로운 것을 제공하는 것이다. 반면 사람에 의해 인위적으로 만들어진, 감각 계발 학습 자료는 아이들의 감각을 계발하기 보다는 정해진 틀로 자신의 감각을 맞추어 가기 때문에 오히려 아이들의 타고난 능력을 해칠 염려가 크다.

인간은 학습본능이 있어서 스스로 학습해 가듯이, '관찰의 본능'을 가지고 있어서 스스로 과학적인 탐구를 한다.[19] 아이들에게 있어서 관찰은 새로운 발견의 과정이자, 확인의 과정이다. 자기 안에 있는 자신의 '앎'으로 세상을 보는 것이다. 그래서 새롭게 발견하거나 확인하는 관찰은 아이들의 '이해'를 나타낸다. 아이들은 자연을 통해 배울 때 자연과의 상호작용을 통해 자신의 이해를 수정하는 통합과정을 거친다. 이것이 곧 학습이다.

관찰이 이렇게 중요함에도 불구하고 교실교육에서 관찰을 단순한 과정으로 생각하여 잘 다루어지지 않고 있어서 깊은 과학적 이해를 하는데 실패한다.[20] 지금까지 관찰은 지식의 내용이 아니었기에 이론이성 중심의 주지주의 교육내용이 될 수 없었다. 하지만 길버트 라일 Gilbert Ryle의 예지의 측면에서 본다면, 관찰은 실천이성과 이론이성의 기능을 모두 포함한다. 그래서 관찰은 그 자체로서 교육의 내용이 되어야 한다.

'관찰'하면 가장 먼저 떠오르는 것은 '본다Seeing'라는 말이다. '본다Seeing'는 과학적 관찰observation과는 차이가 있지만, 숲교육에서 관계맺기를 통해 어떤 것을 보는 것은 과학적 관찰과는 차이가 없다. 하지만 '본다'는 것은 밀접한 조사와 관심을 제안하는 것은 아니지만, 관찰은 탐구와 관련되어* '과학적 상황과 연관 된 것'²¹이다. 관찰은 경험사실을 지식과 연결할 때 비로소 의미를 가진다. 그래서 관찰은 기초적인 탐구 기능이며, 관찰 자체로만 끝나는 것이 아니라 연구나 실험의 일부로 수행되는 것이 대부분이다.†

숲에서 교사는 아이들과 학습공동체에서 동일한 관찰자여야 한다. 관찰할 대상에 초점(앎 : knowledge)이 있는 것이 아니라 관찰하는 것 자체에 초점(알다ing : doing knowing)을 두고 있어야 한다. 관찰이 복잡한 과정임에도 불구하고 피상적이고 단순하게 생각하여 아이들의 놀이에서 나타나는 관찰의 의미를 인식하지 못한 채 의미 없이 지나쳐 버리는 경우가 많다. 이는 그동안 교육이 관찰 결과인 결과적 지식에만 관심이 있었기 때문이다. 관찰은 결과가 아닌 과정 자체가 중요하다. 아이들에게서 관찰은 그냥 보는 것이 아니라 체계적인 탐구활동의 일부이다.

최근 아이들의 관찰 능력에 대해 중요성이 재인식되고 있으며 그에 따른 구체적인 방법들이 논의 되고 있다.²² 교사는 학습본능의 발현 중 하나인 관찰을 이해하고 학습공동체의 구성원으로서 관찰의 방법을 함께 공유해야 한다.

숲은 탐구할만한 아름다운 자연의 규칙을 가지고 있다. 이러한 규칙을 발견하는 것은 자연에 대한 호기심과 의문, 즉 타자의 자각에서부터 시작된다. 자연의 법칙과 질서, 신비를 체험할 수 있는 숲이라는 공

---

* 여기에서 과학적 상황과 연관된 관심은 첫째, 현상자체의 궁금증을 풀기 위한 것, 둘째, 이미 알고 있는 지식 법칙 경험을 확인하기 위한 것, 셋째, 이론을 검증하기 위한 것이다.

† 여기에서 연구나 실험 상황은 가설을 포함한 검증 단계를 의미한다.

간은 호기심과 의문점을 가지고 탐구 할 수 있는 공간임과 동시에 자연의 원리와 규칙을 알기에 적합한 곳이다. 아이들은 곤충이나 신기한 사물을 발견했을 때 서로 비교하며 차이점들을 찾는다. 자신들이 발견한 사물들의 특성을 탐색하여 개념화하기 위해 수를 세어 보기도 하고, 분류와 순서 짓기, 연산, 공간과 기하, 측정, 추론, 표상하기, 규칙성을 탐색하며, 숲에서 발견한 것에 대해 문제해결하기 등 다양한 탐구 기술을 경험하고, 새로운 아이디어를 발견하는 지식의 창조자(연결자)‡로서의 역할을 한다.

지식의 창조자(연결자)로서 숲에 있는 아이들은 자신의 역할들을 자연스럽게 일상에서 함께 하게 된다. 그것은 숲공간이 교육공간으로써의 역할을 하기 때문이다. 숲은 일상에서 우연하게 발견되는 호기심과 삶의 문제들이 유발되는 공간, 아이가 능동적으로 문제를 해결할 수 있는 공간, 타인과의 상호작용을 통한 탐구능력 향상과 관련된 의사소통을 할 수 있는 공간 그리고 다양한 방법으로 공간 개념, 기하 개념, 규칙성, 측정 등을 체험하며 긍정적인 태도를 형성할 수 있는 공간의 역할을 한다.[23] 하지만 교실 안은 구조화된 교재교구로 이루어져 있어 탐구능력이 확장되기 어렵기 때문에[24] 교사는 탐구능력을 기를 수 있는 자료를 따로 준비하여 제공해야 한다. 숲은 이러한 것들을 모두 갖추고 있어서 교사가 따로 준비하지 않아도 된다. 그것은 숲 자체가 가진 생명의 속성 때문이다.

숲은 살아있는 현존하는 것들의 이야기, 즉 생명의 이야기를 담고 있다. 생명은 그 자체로써 존재가치를 가진다. 그래서 생명은 각각의 다

---

‡ 상호주관주의의 입장인 구성주의에서는 지식의 구성자라고 해야 맞을 것이나 상호객관주의를 주장하는 숲교육에서는 지식의 창조자(연결자)라고 할 수 있다. 이에 대해 아직은 명확한 정의를 내리기 어려운 시점이다.

른 모습과 다른 시각으로 세상을 바라보게 한다. 사과가 나무에서 떨어지는 이유를 중력 때문이라 여기는 자동적 사고에서 탈피하여 나뭇가지가 사과를 놓아버렸기 때문으로 보는 견해는 어떤가? 사과가 떨어지는 것은 중력 때문이 아니라, 사과나무가 결정하는 것이다. 사과나무는 중력을 거슬러서 사과를 나뭇가지에 매달고 있으며 땅에 떨어뜨리는 것도 사과나무가 결정한다. 사과나무는 이러한 일련의 일들을 아무 의미 없이 그렇게 하지는 않는다. 이렇듯 생명의 법칙으로 자연을 해석하는 것은 지금까지 물리적 법칙으로 생명의 법칙을 이해하고 해석하려던 노력에서 탈피하여 다양하게 세상을 바라보는 시각을 의미한다.[25] 이러한 의미로 숲에서 일어나는 생명의 이야기들을 들어 볼 필요가 있다. 계절에 따라 변화하는 생명의 이야기, 작은 돌들 사이에서 일어나는 생명의 이야기, 나뭇가지를 서로 부비면서 하늘로 가지를 펴는 생명의 이야기들을 만날 필요가 있다. 생명의 이야기는 자기만의 이야기로 이루어지지 않는다. 생명의 이야기는 생명을 가진 것뿐만 아니라 생명이 없는 모든 것들의 이이야기들을 연결하여 거대한 서사를 만들어낸다.

생명의 공간인 숲은 현실의 한계를 극복하고자 하는 '의지의 공간', '초월적 공간'이며 상상의 공간이다.* 상상의 공간인 자연에서 자기 존재와 사물, 사물과 사물을 연결시켜 보려는 연결성connection은 중요한 내용 중의 하나이다. 연결성으로 인해 자연의 규칙성과 아름다움, 신비로움을 더욱더 잘 이해할 수 있다. 실제 제한적인 공간인 교실에서는 교사

---

* 수학에 대해 그 동안은 정확성과 엄밀성을 강조해 왔기 때문에 이미지를 비롯한 상상을 동원해 수학을 특징짓는 것은 터부시 되어왔다(Lakoff & Nunez, 2000). 그럼에도 한편으로는 수학에서 상상의 중요성을 강조하며 De Morgan는 '수학적 발견의 원동력은 추론이 아닌 상상력이다'라고 하였다. 또한 Weierstrass는 '시인기질을 갖추지 못한 수학자는 결코 완벽한 수학자가 되지 못할 것'이라고 하였다.

가 관찰할 것들을 치밀하게 준비하여 풍부하게 제공한다 하더라도 숲에 있는 풍부한 관찰할 것들에는 미치지 못할 것이다.

'자연을 이해한다는 것은 자연의 상호 연관성을 구체적으로 통찰하고 그 바닥에 깔려 있는 기구를 인식한다는 것을 의미하는 것이다. 이와 같은 지식은 개개의 현상이나 일정한 그룹의 현상에 관한 지식만 가지고는-설사 그곳에서 어떤 질서를 발견하였다 하더라고-얻어지는 것은 아니다. 그것은 사람들이 굉장히 많은 경험사실들을 서로 연관된 것으로 인식하고, 그것을 어떤 단순한 하나의 근거에다 귀착시킬 수 있을 때 비로소 얻어질 수 있는 것이다.[26]

아이들은 관찰하는 과정 속에서 본능적으로 타존재(物)에 변화를 가한다. 아이들은 자신이 접한 사물들을 탐색한 후 그것에 자꾸 자신의 의지대로 변화를 주려고 한다. 그러한 행위는 사물이 무엇인지 알아가기 위한 탐색일 수 있고, 한편으로는 사물을 가지고 자신이 주체가 되어 놀이를 하는 경우이기도 하다. 아이들은 본능적으로 놀이라는 과정 속에서 사물을 변화시키려고 한다. 숲은 아이 자신이 주체가 되어 사물에 변화를 줄 수 있는 것들이 많다. 교사는 아이들이 사물에 가하는 변화를 긍정적으로 대해야 한다. 하나의 사물(현상)이 다른 사물(현상)로 어떻게 바뀌었는지, 그리고 시간이 지난 후에는 어떻게 변화되고 있는지를 예측하면서 검증하도록 도와야 한다.

물체에 어떤 행위(힘)을 가하고 그것의 반응을 관찰하는 것 등은 어려서부터 형성할 수 있는 물리학의 기초이다. 까미 Kamii와 리-카츠 Lee-Katz는 과학적 사고로 이끄는 두 가지 질문을 제안했다. 한 가지는 "이렇게 하면 무슨 일이 벌어질까?" 하고 행동의 결과를 예측하도록 하는 것이며, 다른 한 가지는 "어떠어떠한 일이 발생하려면 어떻게 해야 할까?"하고 특별한 결과를 만들어 나가기 위해 해야 할 것에 대해 질문을 던지는 것이다.[27]

예화

아이들이 흙을 가지고 놀이를 하고 있다. 교사가 투명 그릇에 물을 가지고 온다.

교사 흙을 물에 넣으면 물은 어떻게 될까?
아이A 흙 때문에 물이 변할 것 같아요.
아이B 물을 조금만 넣으면 흙이 찰흙처럼 돼서 만들기 할 수 있어요.
교사 그럼 물에다 흙을 넣어 무슨 일이 일어나는지 살펴볼까?

아이들은 물에 흙을 조금씩 넣어 나타나는 변화를 살펴보았다. 흙을 조금씩 넣었을 때와 많이 넣었을 때 나타나는 변화를 이야기 한다.

교사 무슨 일이 일어났니?
아이A 흙을 넣고 나무막대기로 저으니깐 물이 갈색이 되었어요.
아이B 흙을 많이 넣고 물을 조금 넣으면 말랑말랑해 져요.

아이들은 계속 물의 양을 조절하며 작업을 계속하였다. 작업이 끝난 후 한참 뒤 놀이 장소로 가 보니. 물을 적게 넣은 진흙은 다시 원래대로 마른 흙으로 돌아 왔으며 흙을 적게 넣고 나무막대기로 저은 물의 흙은 밑으로 가라 앉아 다시 투명한 물색으로 변해 있었다.

교사	자, 이것을 보렴.
아이A	흙이 처음처럼 되었어요.
아이B	그릇에 있는 흙은 모두 가라앉아서 물이 깨끗해 졌어요.

아이들은 관찰 후 또 다시 물을 가져와 관찰을 반복하였다.

이 예화에서 교사는 아이가 그것을 관찰하는 것보다 사물에 어떤 행위를 가하도록 도와주었다. 그들은 추측하고, 조사해 보며, 사물이 곧 본래 상태로 돌아온다는 것을 관찰을 통해 알게 되었다.

4 사고

학습본능을 가진 아이들은 개념, 판단, 추론, 가설, 이론 등의 다양한 형태의 사고를 통해 타자(존재)와 만난다. 감각과 지각에 대한 인식은 자기 존재와의 만남이며, 타자와의 만남에서 지적 직관의 만남으로 확대된다. 감각과 지각을 통한 타자와의 만남은 상호간의 조우에서 시작한다. 우리는 그것을 관찰이라고 하였다. 관찰은 단순히 우리의 감각과 지각으로 타자를 받아들이는 것이 아닌 타자와의 적극적 만남을 의미한다.

반면 학습본능을 가진 인간(아이)은 감각과 지각으로 포착되는 대상의 일정한 성질과 관계를 찾아내는데 머무르지 않고 그것만으로는 알기 어려운 성질과 법칙 그리고 다른 것들과의 관계를 드러내려고 한다. 그것은 감각과 지각을 통한 타자와의 직접적인 관계함 없이도, 자기가 생각하고 있는 것에 대한 자각인 철학적 사고와 문제 상황에 부딪혀 그러한 문제를 해결하기 위하여 동원되고 활용되는 수준의 정신 능력이다. 즉 상상하고, 설명하고, 질문하고, 가설을 세우고, 정보를 찾아내고, 추론하고, 결론 내리고, 논쟁하고, 선택하는 사고과정을 통한 타자와 관계맺기를 의미한다.*

여기에서 추론은 감각과 지각을 통한 타자와의 만남을 다른 타자와의 만남으로 연역하는 과정이다. 또한 무엇인가 알아가는 개념은 타자를 규정짓는 간결함이며, 타자를 전면적이고 심도 있게 파악하는 방법이다. 이것은 단순히 타자(존재)의 현상의 법칙만을 보는 것이 아니고, 현상의 변화와 흘러가는 과정 등의 본질을 명확히 하는 과정이다.†

개념과 추론 등은 상호 연관되어 있다. 개념을 어떻게 설정하느냐에 따라 추론이 달라진다. 어느 하나가 변화되면 나머지도 또한 변화된다. 추론은 감각과 직관에 의한 관찰과 실험 등에서 얻은 직접적으로 주어진 타자와의 관계맺기의 한계를 뛰어 넘어 추상적이며, 이론적인 사고를 표현한다. 이론은 반영되는 대상에 따라, 또는 이론이 포착해 낸 현상의 범위에 따라, 그리고 그 가운데서 사용된 논증의 방법에 따라 다양하다. 이론의 기능은 인식에 의해 얻어진 성과를 체계화하는 데만 있는 것이 아니라 새로운 지식으로의 길을 열어준다. 실제 숲교육에서는 자칫 탐구방법이나 과정만을 중요시 한 나머지 기존 교육에서 의미하는 지식(앎)을 등한시 하는 경우가 있다. 하지만 이렇게 이론의 기능이 있으므로 앎인 관계맺기의 과정 속에 알게 되는 지식에 관한 것도 알고 있어야 한다. 이러한 이론은 기존의 범주화된 것을 통해 해석해서는 안 된다. 무엇인가를 범주화하는 것은 현상을 총체적으로 묘사하고 설명하기에 충분하고 폭넓은 지식 체계일 수 있지만 상대적으로 폐쇄적일 수 있다. 그래서 최근 이러한 이론들이 통합되거나 융합되는 추세이다.

---

* 이런 것들을 볼 때 사고교육(철학)의 일차적 목적을 아이들이 가능한 엄밀하고 치밀한 생각을 할 수 있도록 사고적 습성의 형성에 있다고 한 듀이(1913)의 주장은 타당하다고 본다. 하지만 숲교육에서 이러한 습성은 아이들과 학습 공동체에서 자발적으로 습득되는 것이 바람직하다.

† 이를 하리숲학교에서는 개념학습이라고 한다.

다양한 시기에 다양한 현실을 설명하기 위해 만들어진 제 이론들이 다른 원리를 갖는 하나의 새로운 이론으로 관계 맺어 가고 있다. 이론들의 관계맺기의 한 형식으로 메타이론metatheory이 있다. 오늘날에는 심지어 전혀 다른 학문의 영역에 의해 창조된 이론조차 통합되고 있다. 메타이론은 이론에서 출발한 것이라고 할지라도 다시 감각과 직관에 의해 그 이론을 새롭게 다시 보는 이론 그 자체에 대한 이론을 의미한다.

직관과 통찰 : 추측

타존재와 관계 맺는 방식은 구성된 결과로써의 형식이 아닌 관계맺기의 과정 그 자체에서 파악할 수 있다. 그것은 문제를 제기하는 것에서 출발한다. '문제'라는 개념은 보통 인식되어 있지 않은 것과 결부되어 있다. 그래서 '문제'는 인간에게 아직 인식되어 있지는 않으나 인식되지 않으면 안 되는 어떤 것이라고 잠정적으로 정의할 수 있다. 따라서 '문제가 생겼다'라는 것은 단지 인식되어지지 않는 것일 뿐만 아니라 인식되어지지 않는 것이 확인된 것을 말한다.

숲에서의 일상은 우연성의 요소들 때문에 문제 제기의 기회가 빈번하다. 그래서 일상에서의 문제 제기는 앎에 관여 한다. 문제의 제기는, 그것이 비록 불완전한 것이라 해도 해결을 위한 어떤 예비적인 지식을 포함하고 있다. 문제를 올바로 제기하고, 새로운 지식에 관한 현실의 요구, 현재의 조건 속에서 충족 가능한 요구를 규정할 수가 있다면 그것은 이미 새로운 지식을 얻기 위한 경로의 반 이상을 경과한 셈이 되는 것이다. 그래서 문제를 해결하기 보다는 문제를 제기하고, 그것을 해결해 가는 과정이 앎이라고 규정한 숲교육에서 숲은 이러한 앎이 만족되는 조건이자 현재이다.

　문제가 발생한다는 것은 내가 갖고 있는 기존의 지식이 현실과 충돌한다는 것을 의미한다. 이러한 문제들이 발생하였을 때 새로운 지식이 등장한다. 그래서 앎에 있어 문제를 제기하는 것은 중요하다.

　문제 제기는 타자와의 관계맺기에서 시작한다. 그것은 자기 존재의 지각과 인식에 기초한 경험인 관찰에 의해 가능하다. 관찰이 사실이나 지식으로 인식된다는 것은 중요한 부분이다. 하지만 관찰의 결과인 사실이나 지식 자체만으로 문제를 제기하기는 어렵다. 이때 필요한 것은 우리가 관심을 갖고 있는 현상이나 과정을 묘사하고 설명하는 지식체계이다. 이 체계로 내가 가지고 있는 기존의 지식체계와 나에게 지각된 현상 간의 모순을 발견 할 수 있다. 이때 그러한 모순에서 제기되는 문제는 추측, 가설 또는 이론 등의 여러 가지 수준으로 존재할 수 있다. 아이들의 최초의 발상은 논리적·경험적 기초도 명확하지 않은 최초의 가정假定에 지나지 않았으나 계속된 탐구로 과학적 가설의 추측으로까지 발전하는 것이다. 추측은 그동안 알고 있던 논리적이고, 분석적인 인지적 결론을 통해 이루어진 것이 아니며, 경험의 단순한 일반화를 통해서 이루어지는 것도 아니다. 추측은 직관과 통찰을 통해서 성립된다.

　직관은 어느 순간 갑자기 비약적으로, 돌연히 일어나는 창조적 과정이다. 그런다고 직관이 아무 것도 없음에서 일어나지는 않는다. 추측이 발생하게 되는 경로는 선행적 지식의 오류 가능성에 기반한다. 이는 기존의 토대 위에 쌓여지는 새로운 것을 의미한다. 추측의 통로가 되는 직관은 타자와의 감각과 지각에 의한 직접적 관계맺기와 추론에 의한 이론적 관계맺기에 선행하는 수준에서 발생한다. 숲에서 관계맺기는 숲의 일상에서 우연적 순간에 감각과 지각으로 인식되는 타존재이며, 비연속적인 경험으로 발생한다. 이러한 직접적 관계맺기가 많은 숲은 수많은 직관의 번뜩임과 추측들을 하게 하며, 그 결과 이론의 순환 고리가 빠르게 돌아간다.

그리고 통찰에 관한 것이다. 통찰은 새로운 사태에 직면하여 장면의 의미를 재조직화함으로써 갑자스럽게 문제를 해결하는 과정이다. 그것은 통찰이 느낌과 직관의 영역에서 발생하여 의식 속에 나타나기 때문이다. 통찰은 본질을 직관하는 것에서 시작하는 것으로, 직관과 같이 돌발적이고 갑작스러운 순간에 떠오르는 과정이다. 아인슈타인은 "오직 직관만이 교감을 통하여 통찰력으로 이어질 수 있으며 과학적 성과는 면밀한 의도나 계획에서 오는 것이 아닌 가슴으로부터 나온다"라고 하였다.[28]

무엇인가 이해하려는 욕구, 즉 타자와 관계맺기의 욕구는 반드시 감각적이고 정서적인 느낌과 한데 어우러지고 지성과 통합되어야 상상력이 넘치는 통찰력을 낳을 수 있다.

> 존재하지 않는 것을 상상할 수 없다면 새로운 것을 만들어낼 수도 없으며 자신만의 세계를 창조하지 못하면 다른 사람이 묘사한 세계에 머무를 수밖에 없다(폴 호건 Paul Hogan).

직관과 통찰을 통해 나온 추측은 이론적 가공을 거치게 되며, 많은 관계맺기를 통하여 과학적 근거를 갖는 가설의 형식으로 발전, 전환된다.

이러한 가설의 입증과 논증은 새로운 사실에 대한 탐구, 실험, 그리고 지금까지 자신이 가지고 있는 관계맺기들의 분석을 전제로 한다. 가설이 입증되면, 그것은 이론이 된다. 이론은 현실의 요구와 조건에 부딪히며 또 다른 문제로 발생되고, 여기에서 나오는 추측이 가설의 옷을 입고 새로운 이론으로 등장하는 순환을 끊임없이 반복하게 될 것이다.

추론

추론reasoning은 세상을 탐색하고 이해해야 하는 모든 사고의 필수적인 과정이다. 추론은 특정한 상징이 의미하는 개념을 연결 짓거나 두 사건 간의 차이를 인식, 혹은 어떤 대상이나 속성을 추상화된 대상과 연결할 때 작용하는 사고로, 추론이라는 기제가 없다면 우리는 모든 상황에서 주어진 정보를 있는 그대로 적용하거나 직접 경험한 것만으로 세상을 이해하게 될 것이다.[29]

추론은 주어진 정보에서 그 이상의 결론을 이끌어내는 고차원적인 인지 과정이다. 그래서 아이들의 발달을 선형적으로 이해하려던 이론가들에 의하면 어린 아이들에게 추론하는 능력은 발달 단계상 어렵다고 한다. 특히 겔먼Gelman은 유아기는 전조작기preoperational period*이기 때문에 1:1대응, 분류, 서열과 같은 추론의 전前단계 사고가 주축이

---

* 피아제의 인지발달 단계는 출생해서 약 2세까지인 감각 운동기, 전조작기는 2-7세까지, 구제적 조작기는 6, 7세에서 11, 12세 이후 형식적 조작기는 12세 경의 사춘기에서 성인기까지이다. 유아기인 전조작기에는 자기중심적 사고, 직관적 사고, 물활론적 사고를 한다. 그리고 구체적 조작기는 보존의 개념을 획득하여 가역성의 원리를 이해하며, 자기 중심적 사고가 탈중심적 사고로 바뀐다. 그리고 형식적 조작기에는 추상적 사고가 가능하다. 이러한 주장에 의하면 추론은 형식적 조작기에 가서야 가능하다.

되는 교육과정을 구성해야 한다고 주장하였다.[30]

하지만 추론은 발달단계 이론과 상관없이 누구나 가능하다는 연구[31]들이 진행되면서 어린아이의 추론의 중요성이 강조되고 있다. 이후 최근에는 추론을 고등사고 능력에 한정하지 않고 일상에서 작용하는 사고의 기초능력으로 인식하여 어린 아이(유아)를 대상으로 유추 추론, 범주적 추론, 인과 추론* 등에 관한 연구가 진행되고 있다. 실제 어린 아이들의 경우 교사에 의해서 주어진 주제에 비해 자신들의 호기심과 관심을 갖는 주제로부터 발생된 상황에서 더 많은 추론능력이 나타난다.[32] 흥미가 반영된 변화의 공간인 숲은 교실과는 달리 교사의 계획과 주도가 아닌 아이들의 일상과 마주한다. 그래서 숲은 추론의 경험을 쌓기에 적합하다.

관찰은 추론(추리)과 엄격히 분리 되는 것은 아니다. 추론은 관찰의

---

*

추론	내용
유추 추론	유추 추론은 모든 추론의 기초이자 사고의 기초이다. 유초 추론은 기초라는 하나의 체계로부터 목표가 되는 다른 체계로 구조적인 정보를 전이시키는 사고이다. 아이는 아주 어릴 때부터 일상경험 중에 단순한 유추 추론을 할 수 있다. 이러한 경험이 쌓이면 유추 추론 능력이 더욱 발달된다. 예) 씨앗이 자라기 위해서는 무엇이 필요할까?
범주적 추론	범주적 추론은 대상 간에 드러나는 속성, 본질 및 유사성을 고려하여 판단하는 것이다. 여기에서 범주는 어떠한 것을 지각하거나 개념을 형성하게 하는 기초다. 흔히 아이는 범주적 속성을 통해 세상을 이해하게 되며, 새로운 대상을 접할 때에도 유사점, 차이점을 발견하여 기존의 자기가 가진 범주를 중심으로 속성을 분석한다. 예) 아이들이 숲에서 모아 온 씨앗을 나누어 보고, 나뉜 것들의 공통된 속성을 말하며, 이름을 붙인다.
인과 추론	인과 관계는 두 대상 사이에서 근접하는 시간적 근접성과 필연성에 관한 것이다. 아이는 '사건 X는 사건 Y를 일으킨다'는 인과 관계의 전제를 활용하여 메커니즘적인 인과 추론이 가능하다. 물리적인 인과 관계에 대해서는 어린아이조차도 가능하다 (Kosliwski&Masnick, 2002).

중요한 부분으로 추론의 시작은 관찰이며, 산물 역시 관찰이다. 굳이 관찰과 추론을 구분한다면, 추론은 관찰대상의 본질이나 이면의 것을 직접적으로 접하지 않고 생각만으로 기술하거나, 관찰한 자료를 토대로 관찰한 것 이상을 이끌어 내고 그 결과에 대해 논리적으로 표현하는 것이다.

추론은 폭넓은 범위의 현상에 대해 통찰력을 발달시키는 주요방법이다. 어린아이일지라도 자신의 경험으로부터 나름대로 추측†을 할 수 있다. 아이들은 지속적인 경험을 통해 추론 능력을 개발한다. 이에 교사가 추론하기를 지도하기 위한 방안을 살펴보면 다음과 같다.

첫째, 아이를 관찰하고, 아이의 말과 행동을 경청하며, 질문을 한다. 교사는 아이를 관찰하고 그들의 말을 잘 들어 추론을 촉진하는 질문을 해야 한다. 이때 아이들의 일상을 다른 시각으로 바라보고 관찰할 필요가 있다.

- 아이가 이미 아는 지식이나 경험을 활용하여 추측하게 한다.
- 다음에도 관찰한 바와 같은 결과가 나올지 일반화하게 하여 검증해야 한다.
- 그리고 교사는 아이에게 질문을 통해 아이가 세운 추론을 점검하도록 하고, 타당성을 설명해 보도록 도와야 한다.

이러한 과정은 과학이나 탐구활동에 그쳐서는 안 된다. 실제 아이들의 일상은 탐구, 사회성, 예술 영역 등으로 분리되지 않는다. 그래서 아

---

† 추측과 추론은 다르다. 여기에서 추측은 추론의 전단계이다.

이들의 일상에서도 과학이나 탐구활동 외에 사회성 본능과 관련하여서도 추론할 수 있는 질문을 하는 것이 좋다. '화분에 물을 주어야 한단다', '친구를 괴롭히면 안 돼. 나쁜 일이야'라고 말하기보다, '씨앗이 자라기 위해서는 무엇이 필요할까?', '네가 만약 그 친구라면 괴롭힘을 당했을 때 어떤 기분일지 생각해볼래?'와 같은 질문으로, 아이들이 관습이나 성인의 지시에 무조건 따르기를 종용하기보다는 추론을 경험할 수 있도록 해야 한다.[33]

왜 그렇게 생각하니?
다른 것은 없을까?
네가 맞는지 다시 한 번 확인해 볼까?

둘째, 아이들의 일상이 풍부할 수 있도록 도와야 한다. 추론 능력은 전통적인 인지론자들의 주장처럼 보편적으로 발달되지 않는다. 추론 능력은 아이들이 그것에 대해 얼마나 관심을 가지고 사전 경험을 했는가에 따라 다르게 구성된다. 이것은 환경의 노출과 경험에 따라 개개인의 추론 능력이 충분히 달라질 수 있음을 의미한다.[34] 따라서 아이들의 추론 능력 발달을 위해서는 교실교육에서처럼 획일적이고 통일적인 하나의 교육목표와 내용 아래 교수학습 방법만을 다양화해서는 안 되며, 아이의 개별적인 수준, 아이들의 일상 맥락, 사전 경험, 흥미와 요구에 따라 자신들이 결정한 교육목표와 내용이 있는 숲교육이 적합하다. 교사는 숲교육에서 아이들의 모든 것이 교육적으로 의미가 있다는 것을 알고, 아이들이 풍부한 일상을 가질 수 있도록 도와야 한다.

철학적 사고

숲에 있는 아이들은 살아있는 것(타존재)과 접한다. 살아있음과 태어남, 성장 그리고 소멸 등 삶의 과정을 함께 한다. 같이 생활하는 강아지나, 작은 곤충들의 죽음도 경험한다. 계절에 따른 감정인 생동감과 쓸쓸함도 경험한다. 숲에서 아이들은 고요히 사색하며 세상에 대한 경이로움을 느끼고 그것에 대한 질문들을 던질 수 있다. 또 그러한 질문들의 답을 찾기 위해 탐구(사고)한다.

숲은 아이들에게 자연의 법칙이 아닌 자연의 본질을 묻는다. 아이들이 숲에 와서 경험하는 세계에 대한 놀라움과 경이로움을 통해 철학적인 질문과 사유를 하고, 나름대로 추리하여 개념을 파악함과 함께 사고를 확장하며, 자신의 가치 체계를 구축해 간다. 이러한 일련의 활동들이 바로 철학적 사고이다.

흔히 어린 아이들은 철학적 사고를 할 수 없다고 한다. 실제 국내 유아교육의 주류를 차지하고 있는 시간 패러다임 중 하나인 일부 발달심리학자들은 아이들의 철학적 사고에 관한 교육이 부적합하다고 주장하기도 한다. 발달심리학 입장에서 아이들은 사고 작용을 일컫는 용어 자체를 이해하지 못하고, 자기중심성 때문에 타인의 생각, 감정, 관점을 고려할 수 있는 능력이 부족하기 때문으로 본다.

하지만 아이와 성인의 사고의 차이는 그 본질에서의 차이가 아니라 그 철학적 이야기가 구성된 양의 차이이기 때문에 아이들도 추상적인 방식으로 생각할 수 있다. 따라서 철학적 사고가 가능하다.[35]

아이들에 의해 탐구된 철학적 개념들은 전통적 철학의 개념들보다 더 광범위하다. 아이들의 일상적인 생각에서 비롯되었다고 해서 그러한 탐구들이 철학적인 것이 아니라고 말할 수는 없다. 아이들은 자신들의 삶의 경험 안에서 개념들과 질문들을 스스로 만들며 일상적으로 사용하는 개념과 질문으로부터 출발하여 철학적 논의로 발전해 간다. 또한 아이들은 일상생활 속에서 부모나 교사들로부터 서로 다른 사람들의 생각들에 기초하여 자신의 생각을 정립하도록 도움을 받고, 그러는 가운데 동시에 철학적 탐색이 가능하다.[36]

특히, 나가이 히토시永井均는 철학을 최초의 의문과 이해를 구하기 위해 우왕좌왕하는 초보적인 사고과정 중에 있는 것으로 보고, 철학함이 가장 왕성한 시기가 바로 어린 시절이라고 하였다. 그래서 아무런 철학적 지식이 없는 아이들도 철학하기가 가능하다고 하였다. 오히려 어른들은 세상의 일들에 이미 익숙해져 자신이 알지 못하고 있다는 것을 잊어버리고 사는 사람들이다.[37] 하지만 아이는 아직 세상의 일들을 다 알지 못하기 때문에 더욱 철학하는 태도가 가능할 수 있다. 이미 성장한 아이들의 고정된 사고 양식을 바꾸는 것은 매우 힘이 든다. 연령이 들수록 기계적인 학습과 기억에 밀려 철학적이고 탐구적인 차원을 추구할 시간적, 공간적 여유를 가지지 못한다. 이러한 이유로 인해 많은 지식이 비활성적으로 수용되거나 지식 습득 습관이 고정되어 버린다.[38] 인지능력에 대한 연습과 반복을 강조하여 단순한 사실을 양적으로 많이 아는 것으로 보상받는 사회 풍토 때문에 '생각하는 것', 즉 철학적 능력의 가치가 평가 절하되고 있다.[39]

철학은 물음으로부터 나온다. 흔히 익숙하다고 여겨지는 것들을 낯설게 보는 것에서 철학이 시작된다. 이를 위해 교사는 사고(철학)의 민감성을 가져야 한다. 교사는 아이의 활동이 철학적 활동인지를 파악할 수 있어야 한다. 교사는 아이들에게 다음과 같은 철학적 활동을 할 수 있다.[40]

- 아이가 자연이나 세상에 대해 호기심을 갖고 질문을 한다.
- 궁금한 것에 대해 깊이 있게 곰곰이 생각해 보는 것이 중요하다는 것을 안다.
- 다른 사람의 말을 주의 깊게 듣는다.
- 자신이나 다른 사람들의 말을 명료화하도록 노력한다.
- 자신이나 다른 사람들의 말이 정확한지에 관심을 가진다.
- 자신이나 다른 사람들이 하고 있는 말을 서로 관련짓도록 노력한다.
- 아이디어에 대한 다른 대안들이 있는지에 관심을 기울인다.
- 자신이나 다른 사람들이 하고 있는 말이 서로 일관성이 있는지에 관심을 가진다.
- 자신의 견해에 대한 이유나 예를 말한다.

아이들은 철학적 사고로 인해 주변세계가 자신에게 의미있는 존재로 다가오게 되고 또 새로운 의미로 변형되며 존재간의 어울림이 형성된다.

철학적인 질문에는 다소 천진성과 순진성이 있다. 세상을 경이로운 눈으로 바라보며, 호기심을 가지고 계속되는 질문을 던질 수 있는 것은 아이들이 가진 이러한 순진성 때문이다.[41]

철학함의 근본은 대화이다. 사고와 대화는 동일한 양상을 가진다. 그래서 자기 자신과 하든, 다른 사람과 하든, 대화를 통해 사고의 지평을 확장해간다.

대화는 어린 시기부터, 그리고 일상의 작은 일들로부터 가능하다. 그러므로 교사들은 아이들과 일상의 대화에서 적절한 철학적 질문을 할 수 있어야 한다. 여기에서 질문은 아이들에게 가르치기 위해서 하는 질문이 아니라 교사 자신이 가지고 있어야 하는 질문이다. 그리고 아이와 동등한 위치에서 이러한 것들을 궁금하게 여겨야 한다.

- 이 나무는 어떻게 만들어졌을까?
- 나무가 생각이 있다면 뭐라고 할까?
- 강아지는 죽으면 어디로 갈까?
- 과연 천당과 지옥이 있을까?
- 숲 속에는 요정은 우리가 가지고 있지 않는 능력을 가지고 있는데 무슨 일을 할까?*
- 아빠가 '착해야지'라고 말할 때 착하다는 것은 무슨 뜻일까?
- 엄마가 '사랑해'라고 말할 때 그것은 무슨 뜻일까?
- 선생님이 '인내해야지'라고 말할 때 그것은 무슨 뜻일까?
- 사람과 동물이 친구가 될 수 있을까?
- 강아지도 생각을 할까?
- 고양이는 죽음을 알까?
- 이 세상은 어떻게 생겨났을까?

문제해결하기

아이들은 성장하면서 많은 문제(타존재)에 봉착하고, 그것을 해결 한다. 아이들은 평생에 걸쳐 문제 상황에 맞닥뜨리게 된다. 이러한 문제 해결 능력을 위해서 어렸을 때부터 문제에 접해보고, 해결하는 과정의 경험들을 가져야 한다.

---

* 상상과 환상을 끄집어내는 질문이라고 생각할 수도 있지만 철학적 질문일 수도 있다.

그 경험들은 아이들에게 의미 있어야 하며, 그러기 위해 그 경험들은 교사에 의해서 제공되기 보다는 아이들의 일상에서 자연스럽게 발생한 이슈들이어야 한다. 숲은 이러한 조건을 충족시키기에 적합하다. 숲에서 다양한 놀이 상황이나 일상생활에서 일어나는 문제 상황은 아이에게 의미있는 맥락을 제공해 준다. 숲에서 아이들은 일상생활을 통해 다양한 문제 상황에 직면하고, 해결책을 찾기 위해 나름대로 자신의 지식과 경험을 활용한다. 또래와 토의하면서 해결하기도 하고, 교사에 의해서 문제 상황을 인식하고 해결의 단초를 알 수 있는 질문을 받기도 한다.

예를 들어, 게임을 하기 위해 두 팀으로 나누어야 할 경우, 자연스럽게 아이들에게 문제해결의 기회를 제공할 수 있다. 이 경우 교사들은 "두 팀으로 어떻게 나눌 수 있을까?", "그 방법 외에 다른 방법은 없을까?", "그렇게 나누면 무엇이 문제인 것 같아?", "두 방법 중 어느 방법이 좋을까?", "두 팀의 수가 같은지 어떻게 알 수 있을까?" 등의 질문만 해도 아이들은 생각하려고 한다.

또한 숲에서 일어나는 문제 상황인 위험한 일을 예측하게 하여 '위험감지능력'을 기르게 하는 것도 중요하다. "여기에서는 어떤 위험한 일이 일어날 것 같아?", "그것을 해결하기 위해 어떤 방법이 있을까?", "어떤 것들이 장애 요소가 될까?"등의 질문 등을 하는 것이 좋다.

일상에서 이러한 질문을 자주 받은 아이들은 추후 교사가 없더라도 스스로 자신에게 묻기도 하며, 또래들과 이런 식의 질문들을 나누기도 한다. 이러한 과정에서 아이들은 문제해결을 위해 사전 경험과 직관을 활용하고, 다른 아이들의 해결책과 비교해 보며, 자신의 해결책이 적합하다고 설명하는 기회도 얻으며, 새로운 지식을 획득한다. 이것이 배움의 순간이다. 아이들에게 배움과 삶(일상)은 분리된 것이 아니다.

이를 위해 교사는 아이의 일상에서 다양한 문제 상황을 민감하게 인식할 수 있어야 한다. 교사는 질문을 통해 아이들을 격려하거나 배움의 순간을 인식하는데 도울 수 있다. 교사의 질문에 아이들은 좀 더 심도 있는 탐색으로 이어진다. 교사는 아이들이 문제를 발견할 수 있도록 도와야 한다. 이러한 과정에는 교사의 모델링도 함께 한다. 교사는 문제를 해결해 갈 때 머릿속으로 일어나는 사고의 과정이나 자신의 행동들을 아이들이 들을 수 있는 혼잣말로 하는 것도 좋다. 이때 아이들은 교사가 어떻게 문제 상황을 다루는지 구체적으로 이해할 수 있다.

5
기호

감각과 지각, 개념과 추론 그리고 이론과 메타 이론 등은 인간이 자기 존재를 비롯하여 타존재까지 존재와 관계 맺는 방식이다. 이 외에 기호나 형식 등의 구조를 통한 관계맺기가 있다. 그것은 사고의 형식을 존재 그 자체의 원리로 고찰한 것이다.* 이러한 형식은 사고가 객관적 진리에 도달하기 위해 필요한 형식과 법칙, 기초개념과 원리를 도출하는 것이다. 이를 위해 무엇인가를 측정하고, 대상을 분류하고 순서 짓기를 하였다. 측정, 분류 그리고 순서짓기는 타자와 관계맺기의 한 방법이다. 여기에서 측정은 형식적 기호의 첫 시작이다.

---

* 이것은 형식논리학과 유사하다. 형식논리학은 사고의 구조를 인식하는 수단이다. 형식논리학의 수학적 기호는 논리학의 문제를 해결하는 데 사용되었으며, 수학적 증명에 형식논리학을 이용한 것이 형식논리학 그 자체의 발전을 촉진했다. 그리고 그것이 만들어낸 장치는 모든 과학에 이용되고 있다.

측정

감각을 통한 관찰*은 한계가 있다. 그것은 감각기관이 한계를 가지고 있기 때문이다. 인간은 이런 한계를 극복하기 위해 도구를 사용해 왔다. 도구를 사용한 관계맺기를 측정이라고 한다. 측정은 수, 길이, 무게, 부피, 면적, 부피에 대한 것들이다. 여기에는 시간이나 온도 등 수량적으로 상징화가 어려운 것도 포함된다.†

측정은 경제적이고 효율적인 관찰이다.[42] 아이들은 측정을 통해 관찰한다. 수, 길이, 면적, 공간 관계 등으로 세상을 본다. 숲에 있는 재화들은 모두 이러한 요소들을 포함하고 있다. 아이들은 측정하는 경험을 통해 무질서하게 보이는 자기 주변에 순서와 질서를 만든다. 실제 아이들은 측정을 통해 사물을 대응시켜 보고 비교하기, 측정 결과에 대해 토의하기, 공간적 관계 이해하기, 수 세기, 문제 해결 및 문제 해결을 위한 관계와 과정에 대한 개념 적용하기 등을 학습한다.[43]

2000년 NCTM National Council of Teachers of Mathematics에서는 수 감각을 강조하여 수의 상대적, 절대적인 크기를 인지하는 능력 등을 강조하고 있다. 대부분 수학이란, 계산하였을 경우 답이 정확히 나와야 하는 것이라고 생각한다. 그래서 근대교육에서 가정하는 확정성 원리

---

* 직접적인 관찰이 있고 간접적인 관찰이 있다. 도구를 사용하는 것은 간접적인 관찰이며, 손을 통한 촉감이나 육안으로 보는 것과 같이 직접적으로 신체를 통한 관찰은 직접적인 것이다. 측정은 관찰하는 데 기준이 될 수 있다.

† 측정 역시 직접적 측정과 간접적 측정으로 구분할 수 있다. 첫째, 직접적 측정은 길이, 무게, 부피, 면적에 대한 것들이다. 둘째, 간접적 측정이 있다. 이것은 구체적으로 측정할 수 없는 시간(예를 들어 하루의 활동 시간, 달력의 요일 등)과 온도 등을 알아볼 수 있는 능력으로, 수량적 상징화가 요구되기 어려운 과업이다. 그래서 이러한 것은 측정을 이해하는 것과 관계가 없다고 주장하는 학자(이경우 외, 1997)들도 있다.

에 의해, 문제를 풀었을 때 명쾌하게 답이 떨어지는 것을 수학의 매력이라고 이야기 한다.

그러나 4차 산업혁명이 도래한 시점에서 인공지능으로 인해 정보가 빠르게 가속화되고 첨단기계가 늘어나면서 보다 성능 좋은 컴퓨터와 계산기가 정확하고 신속한 계산을 대신해주고 있다. 또한 불확실성의 원리인 복잡성 이론에 의할 때 앞으로의 우리에게 정확한 계산력보다 스스로 계산 절차를 창의적으로 개발한다거나 기계를 통해 나온 답의 타당성 등을 어림estimation을 통해 평가하고 확인하는 능력이 요구된다.

윌슨과 오스본Wilson & Osborne은 아이에게 적절한 측정활동을 위해 교과서적인 연습문제보다 일상생활에서 접할 수 있는 사건이나 사물을 중심으로 측정하는 경험을 자주 제공하여 측정의 필요성을 인식할 수 있도록 도와야 한다고 주장하였다. 또한 측정활동을 위해 아이의 소극적 관찰보다 아이 스스로 실제 행하고 실험하는 활동으로 전개해야 하며, 활동으로 전개되었을 때 측정 결과에 대한 아이의 생각을 정교화할 수 있도록 토의가 이루어지도록 도와주어야 한다고 하였다.[44]

숲에서 아이들은 한 뼘이나 발자국 등 신체를 사용하거나 나뭇가지 등을 사용한 직관적 단위에 기초하여 '측정의 단위'에 관한 지식을 형성한다. 교사는 아이들의 일상에서 접하는 표준화 되지 않는 단위를 사용하여 측정의 경험을 풍부하게 제공하는 것이 중요하다. 숲에서 측정은 감각을 통한 어림에서 시작한다. 어림은 근사값을 산출하는 과정으로, 양, 크기, 무게, 길이에 대해 정확한 값을 알지 않고도 판단을 내리는 것이다.

어림은 본능적으로 가지고 있는 능력을 끄집어내는 것에서 시작한다. 그것은 세상이 만들어 놓은 명징한 단위를 통한 것이 아닌 아이 안에 있는 측정의 단위인 '어림'을 통해서 한다. 어림은 아이의 존재가 세상의 것을 보는 방식이며, 이미 내재되어 있는 인간의 측정 방식이다. 수 감각과 공간 감각이 상호작용하여 아이들로 하여금 개념과 절차에 대한 통찰력을 주고, 수를 다루고 측정을 하는데 융통성을 갖게 하며 결과의 타당성을 인식하게 한다.

'어림'은 아이들의 일상생활에서 양에 관한 상황을 다루는 능력을 높여준다. 특히, 숲은 선형적인 것들이 아닌 비선형적인 것들(예를 들면 돌멩이의 부피, 구불구불한 오솔길의 길이 등)이 대부분이기 때문에 측정하기 어려워 어림을 사용할 수밖에 없다.

어림은 주로 사물들을 비교하는 활동부터 시작한다. 이 과정 속에서 아이들은 모든 물체의 수, 무게, 넓이, 부피, 길이를 측정할 수 있음을 알 수 있다. 원시 자연에서 수학과 과학이 태동하듯이 아이들은 자연 상태인 숲에서 자신의 일상 경험을 통해 이러한 수학과 과학의 근원의 태동을 경험한다. 아이들은 놀이 속에서 수치를 예측하며, 어림에 쓴 전략을 비교하고 토의하며, 확인한다. 교사는 아이가 측정하는데 필요한 도구를 스스로 구성하고 사용하도록 격려해야 한다. 그리고 측정에 일반적으로 필요한 단위에 익숙하도록 도와야 한다. 이와 함께 측정에 대한 적절한 용어를 사용하는 활동을 제시해야 한다.[45]

이러한 과정 속에서 아이들은 측정을 위해서는 비교와 분류를 통한 상대적인 비교가 아닌 절대적인 단위로 수량화시켜 비교할 수 있음을 이해하게 된다. 또한 절대적인 기준이 되는 '자'의 개념을 알고, 저울을 직접 만들 수도 있게 된다.

측정에는 신체적 단위를 사용하는 방법과 주변의 물체 중 기본 단위(비표준화된 단위)를 사용하는 경우가 있다. 특히 비표준화된 단위를 사용할 때는 처음에는 도토리나 돌멩이등 작은 물체를 사용하여 측정하도록 하여 단위 개념을 알도록 도와주는 것이 좋다. 하지만 이렇게 비표준화된 단위로 측정하는 경우 중요한 것은 한 가지 물체를 사용해서 여러 측정 대상의 물체들을 측정하는 것이다. 이러한 과정 속에 아이들은 상황에 따른 부정확성을 알게 되며, 다른 사람과의 의사소통을 하면서 측정할 때 표준화된 단위의 필요성을 안다. 이에 따라 교사는 아래에 제시된 바와 같이 측정의 방법인 '수, 길이, 면적, 공간 관계' 등을 숙지하고 있어야 한다.*

[측정 방법]

방법	내용
수	숲교육에서 아이들은 손 위 아이들을 포함한 학습공동체에서 놀이라는 방식으로 자연스럽게 '수'를 배운다. Kamii(1982)는 수를 이해하는 것이 논리·수학적 지식의 예라는 것에 주목하였다.[46] 하지만 많은 아이들이 기계적으로 암기된 상태에서 수 세기를 한다.[47] 즉 수를 사물의 명칭을 이해하듯이 아이들은 사회적 지식으로서 수를 알고 있을 뿐 아이들은 숫자가 무엇을 의미하는지는 알지 못하고 있다. 숫자가 무엇을 의미하는 지는 위계적 포함관계, 연속적 비대칭 관계, 수의 보존관계의 이해가 기초가 되는 논리 수학적 지식으로 알아야 되는 수 개념에 관한 것이다.[48] ① 수 세기보다는 물체를 논리적으로 수량화하고 집합을 비교하도록 격려한다. ② 수와 양이 아이에게 의미가 있는 시점에서 격려한다. ③ 아이가 조작할 수 있는 물체를 이용하여 집합을 만들도록 격려한다. ④ 아이가 또래와 생각을 나누도록 격려한다. 교사는 아이가 자발적으로 양에 대한 판단을 하도록 격려한다면, 아이의 수 영역에 대한 사고를 촉진 시킬 수 있다. 수 영역에서의 주요한 참여 목적은 아이가 보다 높은 수준에서 사고해 보도록 촉진시키는 것이지 올바른 답을 이끌어 내는 것은 아니다.[49]

---

* 이러한 것들이 교사의 선지식이다.

길이	아이들은 길이를 측정하면서 사물을 정확히 인식한다. 아이들이 길이를 측정하는 가장 기본적인 방법은 비교를 통해서이다. '-보다 크다', '-보다 작다', '-보다 길다', '-보다 짧다' 등이다. 이러한 이유 때문에 분류하여 나누기 활동에서 시작하는 것이 좋다. 이때 교사는 사물의 특성으로서 직관적 수준에서 길이의 개념을 사용하여야 한다. - 보다 크다 얼마나 더 큰가? - 보다 작다 → 얼마나 더 작은가? - 보다 길다 얼마나 더 긴가? - 보다 짧다 얼마나 더 짧은가? 이렇게 아이들이 길이를 비교하는 것은 논리·수학적 추론을 하고 있다고 볼 수 있다. 처음에는 두 개의 사물을 비교하게 하다가 점점 3-4개의 사물을 비교하게 해야 한다. 이렇게 하면 이 아이는 물체 간의 관계에서 이들을 서열화하고 있는 것이다. 아이들이 숲 속의 풍부한 재화들을 분류하여 모으고 비교하는 활동을 통하여 측정활동을 경험하고 있는 것을 교사는 학습공동체의 구성원으로서 더욱더 촉진시켜 줄 필요가 있다, 단순히 대상을 측정하는 것은 물리적 지식이지만 아이들이 이렇게 비교하면서 측정하는 것은 논리 수학적 지식에 해당하는 것이다.
면적	아이들은 모든 물체의 면적은 측정할 수 있음을 알 수 있어야 된다. 특히 면적은 공간과 기하 경험이 연계되어 아이의 신체 및 주변을 탐색하는 활동과 연결되는 활동을 통하여 해야 한다(이경우 외). 여기에도 역시 면적을 어림짐작하는 능력을 길러주어야 한다.[50] 따라서 교사는 아이들의 놀이에 참여할 때 면적에 대해 사고하도록 격려할 수 있다.
공간 관계	아이는 놀이를 통해 기하학적인 개념을 학습하게 된다. 우선 기본적인 공간 관계를 이해 해야 한다. 만약 교사가 아이들의 놀이에서 공간에 관한 아이의 지식을 증진시키기 원한다면, 단순히 도형의 이름을 알게 하기 보다는 이런 기본적인 이해를 증진시켜 주는 참여를 해야 한다. 아이는 물체를 배열하기 위해 공간에 대해 생각하고 한 물체와 다른 물체 간의 상대적인 위치를 통해 공간에 대해 사고한다. 아이는 '가까운', '먼', '안에', '바깥에' 혹은 '둘러싸인'과 같이 물체의 위치에 대해 초보적이고 추측적인 이해를 한다.[51] 그것이 아이에게 의미가 있다면, 교사는 아이에게 관계에 대해 질문할 수 있다. 숲에서 아이들의 일상은 물체의 상대적 위치에 대해 언급할 기회가 매우 많다.

분류

숲에 온 아이들이 많이 하는 놀이 중 하나가 채집행위이다. 아이들은 무엇이든지 자꾸 모으려고 한다. 아이들이 채집하는 것은 사고력을 기르고 세상에서 자기 소유를 통해 존재를 확인할 수 있는 본능적 행위이다.

아이들은 모은 것들을 나름의 규칙대로 나눈다. 여기에서 나름의 규칙은 아이들이 부여한 것이다. 아이들은 세상의 물건들을 분류하고 그것들에 규칙을 부여하는 창조행위를 한다. 아이들이 세상의 물건과 관계맺기는 자신의 창조행위에서 시작된다. 이것이 분류이다. 채집이 누군가가 가르쳐 주지 않아도 자연스럽게 하듯이, 분류 또한 자연스러운 행동이다. 이때 교사는 단지 분류한 물건에 대해 설명하도록 돕고, 분류 기준에 대해 아이들과 이야기 나누고 명명하도록 도울 수 있다. 분류를 아이가 타자와 관계맺기에서 중요한 창조적 행위라고 인식하는 순간 교사는 아이들의 이러한 행위에 쉽게 개입할 수 없을 것이다.

단 교사가 분류에 참여할 때에는 학습공동체로서 자신이 분류하고 그 분류의 기준을 언급해야 한다. 이때 교사는 가르치는 자로서가 아닌 학습공동체의 일원으로 분류에 참여하고 있는 것이다. 간혹 교사는 아이들이 채집한 것을 분류 할 수 있도록 기준을 먼저 정해줄 수도 있다. 교사가 분류의 기준을 먼저 정해 줄 때, 분류는 아이들의 사전 경험이나 지식을 먼저 고려하여야 하며, 분류 활동에 아이의 실제 경험이나 생활이 연결 될 수 있어야 한다. 이때 아이들 각자가 세운 기준과 달리 물체가 다르게 분류될 수 있다는 것을 명심해야 한다.

아이들은 비슷한 속성끼리 모여진 분류활동을 통해 규칙이 무엇인지 알게 된다. 규칙은 공통된 속성을 찾는다는 점에서 패턴과도 관련된다. 그리고 집합의 개념이 되기도 한다. 분류는 사물들 간의 비교를

요구한다. 각각의 사물은 모든 다른 사물들과 선택된 기준에 의해 비교된다.[52]

관찰의 특성을 통해 대상의 여러 과정이 점차 분류되면서 범주category로 좁혀진다. 그러므로 분류는 탐구기능인 관찰의 한 방법이다.

예화

아이들이 모여 숲에서 찾은 여러 가지 돌멩이를 관찰하고 있다.

교사   돌멩이들이 많구나.
아이A   땅에서도 찾았고 개울에서도 찾았어요.
아이B   모두 다르게 생겼지요. 신기하게 생긴 돌들도 많아요.
교사   우와. 정말 그렇구나. 돌멩이 박물관을 만들어도 되겠어.
아이A   돌멩이 박물관이요?
아이B   그래 우리 박물관을 만들어서 친구들에게 보여 주자.
교사   박물관에 돌멩이를 전시하려면 같은 것끼리 옮겨 놓을 수 있단다.
아이A   왜요?
아이B   박물관은 관찰하는 곳이잖아. 같은 것끼리 모아놔야 관찰하기 좋을 것 같아.
아이A   맞다. 그럼 어떻게 해야 되지?
교사   서로 같은 것은 무엇일까?
아이A   음 둥근 것과 뾰족한 것으로 나누어 볼래요.
아이B   우리 개울에서 찾은 돌멩이하고 숲에서 찾은 돌멩이도 나누어 보자.

교사는 아이들이 물건을 놓는 것을 관찰한다. 그런 다음 짧게 참여한다.

교사   너희들이 분류한 것을 친구들도 알 수 있을까?
아이A   글쎄요.
교사   그럼 이름표를 만들어 주는 것은 어떨까?
아이A   좋아요. 그럼 친구들도 잘 알 수 있을 것 같아요.

아이들은 분류를 마친 후 이름표에 글자를 쓰고 붙이기 시작한다.

분류를 통해 사물과 더 적극적으로 관계맺기를 할 수 있다. 분류란 어떤 특정한 유목類目의 공통된 속성을 깨닫는 내포intension과정과 찾아낸 공통된 속성을 가지고 새로운 사물에 그 유목을 연장시킬 수 있는 외연extension 과정을 포함한다. 그러므로 분류는 물체간의 공통성이나 유사성을 추론하고 그 준거를 다른 물체에 지속 적용하는 인지능력을 요구한다.

아이들은 분류를 통해 물체들 간의 공통된 속성을 탐색하는 경험을 하게 된다. 이러한 공통된 속성을 찾는 분류를 지속적으로 다른 물체에 적용한다.

아이들은 공통된 속성을 탐색하기 위해 적극적으로 관찰하게 된다. 그것이 분류다. 이러한 분류는 동일한 속성의 물건끼리 짝짓기 하는 것에서부터 시작된다. 아이들은 물건의 속성에 대해 공통된 것을 먼저 인식하고 후에 차이점을 이해한다. 그러므로 교사는 아이들이 속성이 동일한 물건을 찾아 짝짓기 활동을 할 수 있도록 도와주어야 한다.

분류하기의 방법에는 단순분류하기와 복합분류하기, 위계분류하기 등이 있다. 단순분류하기는 한 가지 기준으로 물체를 분류하는 것이다. 복합분류하기는 두 가지 이상의 기준으로 물체들을 분류 하는 것이다. 복합분류하기는 물체에서 두 가지 이상의 속성을 찾을 수 있어야 한다. 위계적 분류하기는 앞의 두 분류와 다른 방법으로 접근하는 것으로, 이것은 속성에 따른 것이 아니라 유목 간의 포함관계에 따라 분류하는 것이다.

순서짓기

아이들은 숲 속에서 모아온 많은 것들을 분류한다. 또한 분류된 것들을 순서대로 배열하는 작업을 한다. 분류는 사물들의 공통된 속성을 알아내는 과정이 요구되는 반면 순서짓기는 사물의 특징적 속성을 기준으로 동일한 속성 내에서의 차이점을 인식하고 차이의 정도를 분별하여 배열하는 과정이다. 일반적으로 사물의 순서짓기를 위해서는 사물간의 반복적이고 연속적인 비교가 필요하다. 비교에 의한 배열은 방향을 갖게 될 뿐 아니라 규칙이 반영된다.[53]

순서짓기는 대상(사물)에 대한 속성을 파악하기 적합한 탐구방법이다. 이를 위해 아이들은 물체들의 한 가지 속성에서 시작하여 다양한 속성을 근거로 순서지어 보는 구체적인 활동들을 한다. 처음에는 길이에 의한, 크기에 의한, 높이에 의한 순서짓기로부터 시작하여 점차로 부피, 무게, 두께, 넓이 등에 의한 순서 짓기로 확장된다.

순서짓기 활동은 아이 자신이 준거를 결정하는 것에서 시작한다. 교사는 간혹 순서 지어진 결과를 보고 그 기준을 찾아보거나, 1-2개의 빠진 것을 끼워 보도록 하는 등 다양한 인지적 사고를 요구하는 활동을 보여주거나, 제공해 줄 필요가 있다.

6
언어

간은 언어를 통해 생각을 정교화 하며, 타자와 관계맺기를 한다. 여기에서 언어는 관계맺기의 수단으로 누구나 가지고 태어난다.[54] 대개 3-4세가 되면 자신이 태어나 자란 사회집단의 언어를 배워 말을 하게 된다.

우리가 보통 '언어'라고 하는 표현에는 두 가지 의미가 혼재한다.* 다른 동물과는 달리 인간만의 고유한 능력으로서의 언어(언어능력)와 일정한 사회적, 역사적 집단에 실현된 산물로서의 언어(개별언어)가 그것이다.

남아프리카 칼라하리 사막의 쿵산 부족은 아기들에게 앉고 서고 걷는 법을 가르쳐야 한다고 믿는다. 그들은 아기들이 자세를 똑바로 지탱할 수 있도록 그 주변에 모래를 조심스럽게 쌓는다. 물론 아기들은 곧 똑바로 앉을 수 있

---

* 인간은 언어를 통해서 상징화 한다. 상징은 자연세계에서 실증적 세계와의 경험의 산물이다. 그러한 경험은 상상을 통해 이미지와 은유로 구성되며, 이것들은 아이들에게 들려주는 이야기에서 빈번하게 나타난다.

게 된다. 이 부족이 운에 맡기고 지켜보기를 꺼려하는 실험결과를 무수히 관찰 해 온 우리에게 이것은 우습게 느껴진다. 즉, 우리는 아기들에게 앉고 서고 걷는 법을 가르치지 않지만, 아기들은 시기가 되면 스스로 그런 행동을 한다는 것을 안다. 그러나 우리 또한 이러한 모습을 반복하고 있다. 우리는 아직 말을 못하는 아이들에게 모성어를 쏟아 붓고 있다.[55]

언어와 관련하여 촘스키Chomsky는 언어능력linguistic competence과 언어수행linguistic performance으로 구분하였다. 언어능력이란 '말을 하는 능력'이며, 언어수행은 '말을 하는 행위'이다. 언어수행에는 언어능력 이외에 여러 가지 언어수행 기능들이 개입된다.

언어능력은 '언어'만을 위한 인간 능력이지만, 언어수행 기능들은 '언어'만을 위한 인간능력이 아니다. 우리의 언어수행에는 순수한 '언어능력' 이외에 표정, 동작, 사람의 마음을 읽는 능력 등 여러 가지 '비언어능력*'들도 개입된다.

우리는 가지고 있는 언어능력을 실제 행위에 완전히 발휘하지 못하는 경우가 많듯이, 언어수행도 마찬가지이다.

---

* 언어수행에 개입되는 '비언어능력'들은 대체로 다음과 같다. 첫째, 화용적 능력이다. 화용적 능력이란 언어를 주어진 상황에 맞게 유효적절하게 사용하는 능력을 뜻하는데, 예를 들면, 웃어른 앞에서는 존댓말을 쓰는 것과 같은 것이다. 둘째, 기억 능력이다. 언어수행에서 언어들을 기억하는 능력은 절대적으로 필요하다. 그러나 우리의 기억이 안어들을 기억하는데 만 쓰인다고 볼 수 없다. 우리는 심지어 표현할 수 없는 것까지도 기억한다. 셋째는 사고능력이다. 사고능력이란 논리적 판단능력, 개념 구성능력 등을 뜻한다. 좀 복잡한 내용의 말을 상대방이 알아들을 수 있도록 조리 있게 표현하고, 또 상대방이 표현하는 것을 이해하려면, 상당한 사고 능력이 있어야 한다. 넷째, 상상능력이다. 특히 암시적인 말을 하거나 이해할 때 어느 정도의 상상능력이 필요하다. 더욱이 무엇을 추리해 가는 말을 할 때는 상상 능력이 절대적으로 필요하다. 이 외에도 언어수행에 개입되는 '비언어능력'으로는 청각능력, 발성능력, 주의 집중력 같은 것도 있다(김석근,2004, 3-8).

비구조적이며, 비형식적인 상황에 놓여 있는 숲에서 아이들의 언어를 통한 관계맺기를 위해 교사는 언어를 활용할 기회를 풍부하게 제공해야 한다. 그래서 아이들끼리 공동체에서 더 많은 언어적 경험을 하게 하는 것이 중요하다. 이러한 것은 시간과 장소에 제한받지 않는다.

언어수용에 참여하기

숲에서 아이들은 타자의 소리를 들음으로써 관계맺기를 한다. 숲에 간 아이들은 실내에서 듣는 소리에 비해 작은 소리와 아름다운 소리 등 다양한 소리를 들을 수 있다. 숲에서 아이들은 또래와의 대화나, 손윗 연령, 또는 아랫 연령과의 대화, 교사와의 대화나 교사가 들려주는 이야기 그리고 숲에서 들리는 소리에서 듣기를 경험한다. 아이들은 외부 소리의 진동이 자신의 신체를 통해 전달되는 것을 느낌으로써 자신의 존재를 발견하게 되고 의미를 탐색하면서 다른 존재를 인식하게 된다. 여기에서 의미를 이해하는 것은 자신의 존재와 다른 존재와의 만남(어울림)이다.

듣기는 정보를 수용하는 행위이며 동시에 자신이 직·간접적으로 쌓은 배경지식을 활용하여 내용을 분석, 종합, 비판하는 사고행위이다. 다른 사람의 말에 귀 기울여 듣는 다는 것은 그 사람의 세계에 관심을 가지고 그의 생각과 감정을 이해하는 것이다. 그래서 듣는 것은 단지 정보나 지식을 수용하는 차원의 기능을 넘어서 상대방의 세계에 관심을 가지고, 그의 생각과 감정을 이해하고 의미를 나누는 공감적 과정이다.
듣기는 개인의 인지적 사고과정이며, 두 사람 이상에서 이루어지는 상호교섭적인 관점에서의 의사소통 과정이다. 그래서 경청은 다른 사람의 말을 귀 기울여 주의 깊게 듣는 것으로 단순히 메시지를 받아들이는 것에 그치지 않고 그로부터 의미를 구성하여 언어적 비언어적으로 반응하는 것을 말한다. 따라서 언어적인 메시지뿐만 아니라 표정, 제스쳐, 억양 등의 비언어적인 메시지에 반응하기 위해서는 청각 외에도 다른 감각기관을 통한 이해가 필요하다.

그래서 듣는 것 특히 경청은 단순히 소리나 소리의 의미를 파악하는 행위로 규정지어지지 않는다. 경청은 다른 존재에 대한 존중과 신뢰를 바탕으로 한 '관계맺기 행위로써의 앎'으로 정의될 수 있다. 아이들은 놀이와 학습공동체를 통해 자연스럽게 듣기(경청)를 하기 때문에 교사가 가르친다는 것은 어렵고 부담스러운 일일 수 있다. 하지만 경청은 반복과 연습하지 않으면 쉽게 향상되지 않는다는 니콜라스Nicholas의 주장에 따라 학습공동체의 일원으로서 교사는 '눈으로 듣기', '입으로 듣기', '몸으로 듣기', '마음으로 듣기' 등의 모델링을 통해 '듣기 환경'을 제공하고 심지어 가르침을 주어야 한다. 경청이 가지는 수용성과 유연성은 학습공동체의 또 다른 동력이 된다. 이때 학습공동체는 플랙탈의 구조를 모방하여 존재의 앎에도 관여하며 나아가는 형태를 가진다.

읽기는 문자화된 사회적 약속을 익히는 것이다. 숲에서 생활하는 아이들은 집으로 돌아가면, 부모나 숲 밖의 사람들과 만나는 가운데 자연스럽게 읽기에 접하게 된다. 그래서 숲교육에서도 자연스럽게 읽기가 받아들여진다.

교실교육에서 '읽기'는 문자를 읽는 것으로 한정지어서 생각하는 경향이 있다. '읽기'는 '듣기'와 함께 세상을 받아들이는 수용언어다. 듣기가 청각적 수용언어라면 '읽기'는 시각적 수용언어이다. 시각적으로 세상을 받아들이는 것이 읽기다. 단순히 문자만을 생각하는 '읽기'는 지협적인 읽기다. 무엇을 읽는다는 점에서 읽기는 관찰과 유사하다. 관찰이 타자와 마주하는 상황에서 현상, 생각, 의미 등을 읽는 것이라면 읽기는 언어와 관련되는 것으로 '문자'나 '기호'를 비롯한 '책 읽기', '그림 읽기', '도표 읽기', '숲의 안전 표시 읽기' 등을 들 수 있다. 이러한 읽기를 통해 외부의 상징이나 기호가 몸을 통해 인식되면 자각이 된다. 그것이 곧 자기 존재의 발견이다. 여기에서 꽃이라는 그림(상징)을 보는(읽는) 행위를 통해 자기 존재를 발견하게 된다. 꽃들이 기호화된다는 것을 알게 되는 것은 다른 존재를 인식하게 된다는 것이다. 이를 통해 다른 존재들 사이의 관계와 의미를 해석하며 그 속에서 자기 존재를 발견한다. 이럴 때 아이들은 읽고자 하는 마음이 생긴다.

숲은 아이들이 언어화 할 수 있는 의미있는 것이 많다. 숲에는 많은 종류의 다양한 나무가 있는데 그 나무 모양이 다 다름을 아이들과 함께 탐색할 수 있다. 실제 교사는 숲에 있는 많은 종류의 나무의 이름을 다 알지는 못한다. 이때 교사는 아이들에게 나무 이름 짓기를 같이 할 수 있다. 나무 이름을 짓는 아이들은 보통 의성어나 의태어로 이름을 짓는다. 장소나 특징에 따라 이름을 짓기도 한다. 이렇게 지어진 나무의 특성에 대해 기록하는 것도 중요하다.

숲에서 교사는 아이와 책 이라는 매개를 통해서도 만날 수 있다. 교사는 책의 내용을 전달하는 사람이 아니라 교사가 아이와 존재 대 존재로 만나는 것이며, 이때 책이 도구가 된다. 가령, 하리숲학교에서 교사가 아이와 그림책을 읽는 단계 중 첫 번째는 교사가 책의 내용을 숙지하여 이야기를 들려주는 것이다. 그리고 교사는 이야기의 내용에 대해 아이들과 이야기한다. 이렇게 교사와 아이가 내용을 통한 만남이 이루어지고 난 후 교사는 그림책을 보여 준다. 이후 교사는 질문을 통해 책의 그림을 읽도록 하여 다른 존재를 인식하고 그림의 의미를 이해하는 것에서 자기 존재와 다른 존재와 어울리도록 한다.* 이때 교사는 꼭 책의 내용만을 전달할 필요는 없다. 내용을 수정해도 되며, 교사 자신의 경험과 상상을 덧붙이고 해석해도 된다.

또한 아이들은 교사의 이야기 들려주기가 아닌 그림책 자체와 직접 존재 대 존재로 만날 수도 있다. 이때 교사가 계획을 가지고 그림책을 일부러 제시하고 내용을 유추하게 한다든지, 그림책을 설명하게 한다든지의 과정은 지양하는 것이 좋다. 아이들은 그림책을 두기만 하여도 자연스럽게 조우할 수 있다.

아이들은 이러한 과정을 통해 점점 읽기와 듣기 능력을 길러간다. 교사는 아래의 방법을 활용하여 아이들에게 읽기 환경을 제공해 줄 수 있다.

예화

교사와 4세 아이 두 명이 함께 책을 읽고 있다. 교사는 돗자리에 앉고, 두 명의 아이들은 교사의 양옆에 붙어 앉는다. 교사는 책을 읽고, 아이들은 교사에게 기대어 열심히 듣고 있다. 이야기 중 꽃이 나오는 곳에서, 이 꽃이 앞에 나온 것과 같은 것인지 아닌지에 대한 토론이 시작된다.

아이A   (교사가 읽는 것을 가로막고) 잠깐만. 이건 앞에 나온 거랑 똑같은 거야.
          (그 그림을 보기 위해 몇 페이지를 뒤적인다.)

---

* 필자는 책을 많이 읽히는 것을 장려하지 않는다. 책을 많이 읽은 아이들은 숲에서 특정한 무엇인가를 만날 때 자신이 읽은 책들에서 만난 것들을 해석하려고 한다. 그래서 세상을 자신의 눈으로 보지 않고 책의 눈으로 보는 경우가 많다. 하지만 책을 읽지 않는 아이는 자기가 가진 생각으로 해석하려고 한다.

교사	너는 이 꽃이 앞에 나온 것과 같은 거라고 생각하니?
아이B	내 생각엔 같은 꽃이에요.(지금 읽고 있는 데서 앞 페이지로 가서) 보세요. 색깔이 같아요.
아이A	(그림을 열심히 들여다보면서) 내 생각엔……. 맞아, 같은 꽃이야. 계속 읽어주세요.
아이B	잠깐만, 봐! 얘는 색은 같은데 모양이 다르잖아. 같은 꽃이 아니야.
교사	그럼 네 생각엔 다른 것 같니?
아이B	네. 다른 꽃이에요.
교사	그래? 왜 그렇게 생각하는지 다시 한 번 말해 줄 수 있니?
아이B	보세요. 꽃모양이 다르잖아요.
교사	그럼 우리 좀 더 볼까? 꽃들이 다른지 뒤 부분까지 읽어 볼까?
	(다시 읽기 시작한다.)

숲에는 아이들이 좋아하는 것이 많고 다양한 경험을 가지고 있기 때문에 이를 고려하여 이야기 주제를 선택하는 것이 좋다. 아이들은 이야기가 끝나기 전에 읽기를 끝낼 수 있고 다른 책을 선택할 수도 있다. 이 과정 역시 아이들이 주체가 되어야 한다. 읽을 책을 선택하는 것도, 책 읽기를 끝내는 것도 아이들에 의해 결정되어야 한다. 아이들이 책을 선택하고, 시작하고 끝내는데 자기가 결정하도록 하는 것은 자기가 주체가 되어 세상과 만나게 됨으로 자기 존재를 발견할 수 있는 기회를 제공하는 것이다.[†]

아이들은 본능적으로 같은 책을 여러 번 읽어달라고 요구한다. 이

[†] 교사들이 흔히 간과하기 쉬운 부분이나 학습본능 발현을 통해 존재발견, 그리고 존재들과의 조우라는 숲교육에서 아이들이 책을 선택한다는 것은 중요한 사건이다.

에 대해 대부분 부모들은 아이들이 같은 책을 반복해서 읽는 것을 염려한다. 아이들이 같은 책을 반복해서 읽는 것은 방금 읽은 책을 가슴으로 느끼고는 있지만 금방 잊어버리기 때문이다. 심리학자들에 의하면 아이들은 본능적으로 단기기억을 발달시키기 위해 기능놀이처럼 같은 행동을 반복하고, 같은 책을 여러 번 읽는 것이라고 한다. 본능적으로 아이들은 단기기억의 발달을 위해 어떻게 해야 하는지 알고 있다. 또한 아이들은 같은 책을 반복해서 읽으므로 책 속에서 자신의 존재를 발견하게 되며, 자신의 존재와 책 속의 이야기와 관계를 통해 다른 존재도 인식하게 된다.

교사는 이것을 알고 같은 책을 읽어주는 지루함을 극복해야 하며, 이를 위해 다양한 톤과 어조 등을 사용하여 읽어 줄 필요가 있다. 교사는 인내를 가지고 아이의 요구를 들어 주어야 한다. 또한, 책을 읽어주면서 아이들이 책을 직접 넘길 수 있게 하여 직접 책을 다룰 수 있는 기회를 제공해 주어야 한다.

과도한 문자 교육은 아이들에게 위험하나, 그렇다고 학령전기의 문자교육에 대하여 부정적인 전망을 가지고 문자교육을 전혀 시키지 않는 것도 위험하다. 문자란 사회적으로 약속된 기호이며 따라서 이 기호를 익히는 것이 사회화됨을 의미한다. 그래서 교육을 사회화와 동일하게 생각하는 교육자나 부모들은 문자교육을 일찍 시키려고 한다. 아이들에게 문자 교육은 '초등학교 입학 후', '일곱 살부터' 등 정해진 것이 아니다. 아이들이 관심을 가질 때를 기다려 아이들이 읽어야 할 때를 스스로 결정하도록 하게 해야 한다.

아이들이 글을 읽는 것은 아이들 삶에서 사회화로의 커다란 한 걸음을 내딛는 역사적인 순간이다. 아이들이 글을 읽을 시기는 교사, 부모, 국가에 의해 결정되는 것이 아니라 아이들이 결정한다. 아이들이 관심을 가질 때를 기다려 아이들이 읽어야 할 때를 스스로 결정하도록 하게 해야 한다.

숲에서 교사는 아이들에게 익숙한 단어를 문자화하여 나뭇가지나 돌로 글을 만들어 본다든지 아이들의 일상이 담긴 글들을 선택하여, 문자를 읽고, 그 문자에 대한 이야기들을 토론하고 질문하는 과정들을 통하여 자신의 생각과 만날 수 있도록 도울 필요가 있다. 아이들은 질문하고 토론하는 과정 속에서 자기의 생각을 명확히 할 수 있다. 자신의 생각과 만나는 것은 곧 자신의 존재를 발견하는 것이다.

읽기는 문자를 읽는 것만을 뜻하지는 않는다. 문자에 담긴 사유와 이야기를 읽는 것이다. 단순히 문자만을 읽는다는 기능적인 접근은 아이들의 살아있는 문자의 경험을 막아버리는 우를 범할 수 있다.

또한 숲과 관련된 시와 노래를 교사와 함께 암송하는 것은 중요한 읽기의 한 방법이다. 아이들에게 무엇을 읽을 것인지 결정권을 주는 것과는 별개로 교사가 좋은 시나 노래를 소개하는 것도 중요하다. 실내에서 주로 생활하는 교실교육에 비해서 숲학교는 숲교육의 숲에서 살고 있는 많은 동식물이 주인공인 책들은 모두 아이의 삶과 연관된 텍스트들이다. 숲교육의 학습공동체에는 많은 사건(일상)들이 있다. 숲교육에서 문자교육은 아이들의 일상과 맞닿은 주제와 내용으로, 아이가 선택하는 시기에 시작할 것을 추천한다.

언어표현에 참여하기

아이들은 외부세계와 사물들이 언어와 하나로 묶여 있어서, 말을 통해 사물이 하나라고 생각한다. 그래서 아이들이 하는 행동을 단어로 분명하고 확실하게 말해주고, 단어와 연결 지어 주는 것은 필수적이다. 아이가 모든 사물, 모든 물건을 단어로 이야기할 수 있을 때 실존하게 된다. 실제 아이는 사물을 보는 것 같지만 그 사물의 이름을 명명하기 전에는 아이에게 그 사물은 존재하지 않는다. 사물의 이름은 아이들을 위해 있는 그대로의 사물을 다시 참조하게 한다. 그러므로 이름과 사물을 하나로 보고, 이와 마찬가지로 사람과도 하나인 것처럼 보는 데도 불구하고 교육자는 이 사실을 너무 강조하지 않아야 하며, 너무 세심하게 생각하지 말아야 한다. 인간 발달 시기 중 어린 아이는 모든 사물이 서로 확연하게 구분되어 있는 것으로 인식함으로 개별 사물과 그 모든 것이 유기적으로 연결된 것으로 생각하지 않기 때문이다.[56]

위의 프뢰벨froebel의 글을 보면, 아이의 사물에 대한 인식은 언어와 떨어뜨려 생각할 수 없다. 프뢰벨froebel에게 언어는 마치 김춘수의 시 '꽃'에서 '이름을 불러 주었을 때 그는 나에게로 와서 꽃이 되었다'고 언급한 것처럼 실존의 의미로 접근되었다. 이는 하이데거Heidegger의 '언어는 존재의 집'이라는 언명에서처럼 인간이 언어를 '통해' 사고하는 것이 아니라 언어 자체가 사고라는 존재적 언어관으로 해석될 수 있다.

따라서 교사는 아이들에게 단순히 언어 능력을 길러준다든지, 학습을 하게 한다든지 하는 것보다 더 중요한 것은 언어를 통해 세상에 존재하는 것들을 자신들 삶 속의 존재로 의미화하는 것을 도울 필요가 있다.

세상에 존재하는 모든 것들은 연결되어 있기 때문에 언어화를 단순히 사물에 이름을 붙이는 행위로 국한해서는 안 된다. 아이들에게 언어적 환경을 노출시킨다는 것은 외부의 세상을 아이들의 내부에 존재하는 '그 어떤 무엇'으로 접근시킴을 의미한다. 언어는 자신이 경험한 것을 나타내는 상징적 표상이다. 숲에서 아이는 계곡의 흐르는 물을 눈으로 보고, 맛보고, 만져보고, 물이 흐르는 과정에서의 여러 가지 모습을 경험한다. 이러한 많은 경험이 구조화되어 언어가 되고 사유가 된다.

그렇다면 교사는 아이의 언어발달을 위해 어떻게 해야 하는가? 특히 비구조적이며, 비형식적인 상황에 놓여 있는 숲에서 아이들의 언어발달을 위해 교사는 어떻게 해야 하는가?

예화

6세 아이가 무언가를 끄적이고 있다. 교사가 다가가 그 작업에 대해 질문한다.

아이　책이에요.
교사　와~ 네가 책을 쓰고 있구나.

교사는 아이의 말을 온전한 문장으로 확장시켜 대답한다. 아이는 자기가 땅 바닥에 쓴 글씨들을 가리키며 책을 읽듯이

아이　다람쥐는 도토리를 먹어요.

아이가 멈춘다. 교사는 과장된 표현으로

교사　다람쥐가 도토리를 먹는구나. 더 읽어줘 궁금하다.
아이　그리고 알밤도 먹지요. 그런데 다른 다람쥐가 와서 도토리랑 알밤을 뺏어갔어요.

교사	왜 다른 다람쥐가 도토리랑 알밤을 뺏어갔을까?
아이	음 다른 다람쥐는 도토리랑 알밤을 못 찾아서 친구 것을 뺏었어요.
교사	그랬구나. 그래서 그 다음은 어떤 이야기가 나와?
아이	음.. 다람쥐 아빠가 다른 다람쥐 혼내줬어요.

라고 아이가 설명한다. 이야기를 나눈 후 교사는 아이에게 책이 어떻게 끝나는지 생각해 볼 수 있도록 격려한다.

위의 예화에서 교사는 아이에게 언어를 통한 관계맺기를 촉진하는 외부적 참여 전략을 수행하였다. 교사는 아이의 글을 있는 그대로 수용하고, 아이 스스로 이야기를 만들도록 격려하였다. 교사는 아이의 말과 쓰기 행동에 열중하여 반응하였다. 교사는 아이의 말을 정교화하고, 확장시켰으며, 아이들은 언어의 상징을 통해 자기 존재의 세계를 확장시킨다.

언어자체가 가지는 사회문화의 구속적 특성 때문에 언어는 모방과 재현의 방법 이외에 습득할 수 있는 방법이 없다. 따라서 언어는 높은 수준에서 중재를 필요로 한다. 추상적인 언어를 실제의 사물과 연결시켜 사고한다는 것은 아이에게도 힘든 과정이다. 따라서 아이들은 공동체 속에서 좀 더 성숙한 언어 사용자와 언어적 상호작용이 필요하다. 하지만 이러한 언어적 접근은 결코 직접적으로 가르쳐서 되는 것이 아니다. 아이는 자신의 일상에서 시작하여 주변 환경과 사회, 그리고 거시적 영역의 다양한 사회적 상황 등으로 자신의 언어경험을 확대하면서 언어를 습득하며, 구조화하고 반복적인 여러 경험을 통해 그 의미를 내재화한다.[57]

결국 아이에게 많은 언어적 경험을 하게 하는 것이 중요하다. 아이들은 실내에서 이루어진 구조적인 수업보다 또래와 놀이 상황인 비구조적인 공간과 일상으로 이루어진 숲에서 더 많은 상호작용을 한다. 많은 상호작용들이 언어를 위주로 하기에 교사의 계획 하에 가르치지 않아도 숲에서 아이들의 언어능력이 비약적으로 길러진다고 본다.

아이의 언어 능력은 듣기, 말하기, 읽기, 쓰기가 있다. 모든 언어 능력이 중요하지만 그 중 말하기 능력은 아이들이 일상에서 필요한 지적, 사회·정서적, 심미적 발달의 핵심이다. 흔히 많은 부모들이 자녀의 외국어 능력을 기르는 최선의 방법이 외국인 교사에게 수업을 받는 것보다, 외국인 친구를 만나서 잘 노는 것이라는 것을 안다. 하지만 우리나라 말을 배울 때는 그것을 고려하지 않는 것을 자주 본다. 그래서 아이들의 언어능력을 기르기 위해 '수업'이라는 방식을 도입한다. 하지만 언어교육에서 교사와 아이가 실내에서 수업을 하는 형식화된 접근법의 효용성에 대해 많은 비판이 대두되고 있다. 이러한 문제제기는 언어능력이 아이들에게 흥미롭고, 의미있는 상황, 즉 일상에서 가장 잘 발달한다는 린드폴스Lindfors의 주장과 그 맥을 같이 한다. 이러한 주장의 근거는 형식화된 접근보다 일상에서의 의미있는 상황이 아이들을 언어에 더 많이 노출시킨다는 것이다.[58] 아이들의 말하기 능력을 기르기 위해서는 일상적이고 다양한 경험이 반복 축적되어야 한다. 이러한 경험을 통해 아이들 개개인의 일상이 '창발'되어 새로운 능력을 만들어 낼 수 있다.

결국 학습본능의 발현을 위해 놀이와 학습공동체를 중심으로 한다는 숲교육은 아이들이 자신이 주체가 되어 말할 수 있는 많은 기회를 부여한다. 숲에서 아이들의 일상은 언어를 통한 존재와의 만남이다. 자기 존재와 만나며, 타인과도 만나며, 자연과도 만난다. 이러한 만남에서 말하기는 중요한 역할을 한다. 말하기는 자기 존재의 표현이며, 타존재와의 조우의 조건이다. 여기에서 교사의 적절한 참여는 아이들이 서로 말을 하게 하는 것 뿐만 아니라 교사에게도 말을 많이 하게 해준다.

아이들은 실제 상황(맥락) 속에서 '어떻게'와 '무엇을' 말하는지를 구체적으로 배우기 위해서는 구조화된 학습 상황(수업)보다는 비구조적인 아이들의 일상에서 언어적 참여를 하는 것이 좋다. 아래의 예시처럼 자신의 감정이 어떻다는 것을 알 수 있도록 하면서 정서 상태를 언어화하는 것에서 출발할 수도 있다.

"**아! 지금 기분이 안 좋아? 슬프고 우울하지?"

그리고 실제 그 상황에서 어떻게 말하는지를 구체적으로 시범을 보일 수도 있다. 이 때는 단어의 의미와 구문을 가르칠 뿐 아니라 억양이나 행동(제스처)까지 보여주는 것이 바람직하다.

"**야, 네가 싫으면 '나 하기 싫어 너희들은 왜 내가 하기 싫은 것을 하라고 하지?'라고 말해"

확장하기 아이들이 말하는 단어를 문장으로 확장해 주어야 한다. 아이의 덜 성숙한 말을 좀 발전된 형태로 다시 말해주는 것이다. 하지만 교사가 아이의 말을 잘못 해석해서 확장하지 않도록 주의를 기울여야 한다.

예화

아이   (다른 아이가 만들어둔 구조물 위에 나뭇가지를 올리며)지붕!
교사   응, **이가 집을 만들고 싶구나. 나무들을 더 가져다줄게!
아이   아닌데… 지붕인데… 그 나무는 필요 없어요. 더 만들어야 돼요?

위 예에서 확장은 언어습득을 도와주기보다는 아이를 혼란스럽게 하여, 아이들의 사고를 한정짓게 될 수도 있다.

예화

아이 도토리!!!

교사 도토리가 떨어졌구나!

예화

아 동 빨간 잎!

교 사 **이가 나무를 보니까 나뭇잎이 빨간색 나뭇잎이구나.

질문하기 교사는 아이의 말하기 능력을 기르기 위해 아이가 말을 많이 할 수 있도록 질문을 해야 한다. 답을 유도하는 질문을 해서 아이들과 대화를 단절해서는 안 된다. 통상 질문하기는 인지발달을 촉진하는 중요한 하나의 도구이며, 아이들의 언어발달에 긍정적인 영향을 미친다. 그래서 질문의 수준에 따라 아이들의 인지발달과 언어발달에 영향을 미친다는 것에 이견이 없다.

하지만 숲교육에서 교사의 질문은 아이들의 발달을 위해 의도적으로 계획적인 방법을 통해 하는 것이 아니라 정말 궁금했을 때 하는 것이 바람직하다. 아이들의 놀이를 관찰하면서 교사로서 무엇을 질문할지를 매 순간 고민하며, 질문할 순간을 기다려야 한다. 질문하기는 아이들의 놀이를 더 재미있게 하며, 질문에 대한 해석과 답을 통해 아이들의 말하기 능력이 더 발달한다.

아이들의 말에 반응하기 아이들이 말을 할 때 아이들의 말에 반응해 주어야 한다. 그래야 아이들은 계속 말을 한다. 아이들의 말에 가장 잘 반응하는 방법은 우선 아이를 존재 자체로 인정해주어야 한다.

그것은 아이들의 말을 잘 들어 주는 것이다.* 아이들과 대화하려면 아이들의 일상을 함께 해야 한다. 그래서 교사들은 아이들 사이를 끊임없이 움직여야 한다.

흔히 교사나 부모가 범하기 쉬운 실수는 아이들의 말을 판단하여 고쳐 주는 것이다. 어른들은 아이들이 말하고 있는 것을 듣고 옳고 그름을 판단하는 것보다 아이들의 말하는 내용에 반응하여야 한다.

하지만 아이들의 행동을 통상적으로 칭찬해 주는 것을 삼가야 한다. "좋아", "잘하는데" 이런 식의 칭찬은 교사가 더 이상 칭찬의 말을 할 수 없다는 한계를 가진다. 오히려 아이들의 행동을 그대로 읽어주어야 (말해주는 것)한다. 예를 들면, "지금 땅을 파고 있구나.", "나뭇가지를 옮기고 있네."라고 말하는 것 자체가 아이들의 행동에 반응하는 것이며, 이렇게 아이들의 행동을 읽어 주는 것은 아이들의 행동에 지속적으로 반응하는 중요한 방법이다.

말하기에서 교사가 참여해야 하는 '배움의 순간'은 아이들의 언어를 더 정교화 할 수 있는 순간이다. 그러기 위해서는 언어에 대한 노출이 많아야 한다. 사물이나 상황을 말해(읽어) 주는 방법이나 아이들의 일상을 말해(읽어) 주는 방법으로 학습공동체의 구성원으로서서 참여할 수 있다.

아이의 언어능력 향상을 위해 교사나 부모는 새로운 단어를 제공하거나 정교화 된 언어의 제공을 통해 학습공동체에 참여할 수 있다. 실제 아이들은 학습공동체에서 자신의 의미있는 일상에서 새로운 것을

---

* '아이들의 말을 잘 듣기 위해 질문을 한다'는 것은 이미 숲교육의 교수학습방법인 '교사의 실천적 참여' 중 경청에서 언급한 바 있다.

접할 때 어휘를 더 빨리 습득한다. 그래서 학습공동체의 일원으로서의 교사는 새로운 단어를 사용하여 아이들의 활동을 언급해 주는 것이 좋다.[59] 또한 학습공동체에 의해 정교화된 언어 자극을 받을 때 빨리 습득한다. 스머덜길Smothergill, 올슨Olson과 무어Moore는 교사가 정교화하는 방식의 언어를 사용하였을 때 아이는 말하기 과제를 더 잘 수행하였다고 한다.[60] 새로운 단어를 제공하거나 언어를 정교화 하는 것은 거의 동시에 일어나는 경우가 많다. 실제, 아이들에게 의미있는 물건을 보다 정교하고 세련된 언어로 읽어 준다는 것은 다음과 같다. 예를 들어, 아이들이 개미집을 관찰하고 있을 때, 다음과 같이 자신이 바라보는 것들을 더 정교하게 묘사하는 것이다.

> **야! 개미집의 입구는 작지만 안은 꽤 넓어. 개미집의 좁은 입구로 들어가면 여러 길이 있고 그 길은 방으로 가는 길이야. 개미집에는 방이 아주 많아. 개미들이 모아놓은 음식을 저장하는 방, 또 다른 길로 가면 개미들이 잠을 잘 수 있는 방, 여왕개미가 알을 낳는 방이 있어.

이러한 것은 물건 뿐만 아니라 아이들의 일상을 읽어주는 것에도 동일하게 적용된다. 이것은 숲교육에서 외부적 접근으로 아이들과 병행적 관계에서 접근하는 것이 바람직하다.

> 언덕 위에 갈 때 허리를 숙이고 발뒤꿈치를 들고 가는구나. 균형이 잡혀서 넘어지지 않네.

아이들은 공동체에서 언어를 통해 타자(사람, 사물, 제도, 문화 등)와 관계를 맺는다. 가장 기본적인 무엇인가를 요구하는 것을 비롯하여 사물을 명명하기, 사물을 정확하게 묘사하기, 생각을 주고받기, 타인에게 사물 서명하기, 정보 교환 하기, 질문하기, 조사 완료 후 자료 해석하기, 결과를 타인이 이해 할 수 있도록 하기 등의 과정을 겪는다. 이러한 것은 타자(사람)와 서로 생각을 주고받거나 질문하는 것을 통해서 이루어진다. 이러한 일련의 모든 것들을 토의와 토론이라고 한다.[61] 숲에서 아이들은 누가 시키지 않아도 자연스럽게 토의하고, 토론한다. 문제를 해결하기 위해서 하기도 하고, 철학적 사유를 위해서도 토의와 토론을 한다.

물론 교사는 토의와 토론의 주도자가 아닌 참여자로서 함께 해야 한다. 알고 있는 것을 모르는 체하고 질문하거나, 아이들의 대화에 가르치는 자로서 무리하게 끼어들어서는 안 된다. 언어를 통한 관계맺기에서도 교사는 아이와 존재 대 존재로 만나야 한다. 아이들에게 확인하듯이 물어보고, 무엇인가 가르치기 위해 대화에 끼어드는 것은 존재 대 존재로 만나는 것이 아니다. 교사가 알고 있는데 모르는 것처럼 질문을 하거나, 아이가 질문하는데 교사 자신의 말이 절대 진리인 것처럼 가르치려고 해서도 안 된다. 질문은 아이들의 앎에서 시작해야 한다. 교사는 자신이 알고 있는 것이 절대적 진리라는 존재의 오만함에서 벗어나야 한다.

아이들은 토의와 토론의 과정을 거쳐 갈등을 해결하는 기술을 습득한다. 어느 곳, 어느 상황에서나 갈등은 있다. 교사는 갈등을 없애거나 해결하려고 해서는 안 된다. 갈등을 없애는 것이 중요한 것이 아니라 갈등을 어떻게 해결하느냐가 중요하다.

실제 아이들이 또래와 놀이를 할 때, 언어를 통해 협상하고 역할을 나누며, 누가 참여할지를 정한다. 어떤 상황을 계획할 때에도 미묘한 협상의 과정을 거친다. 실제 아이들은 간혹 놀이자체를 하는 것보다는 어떤 놀이를 할 것인지 정하는데* 더 많은 시간을 보내기도 한다. 협상을 통해 대화하는 법과 갈등을 해결하는 법, 생각하는 법, 다른 친구들을 설득하고, 설득 당하는 법에 대해 배운다.

 이러한 과정에서 아이들은 긍정적인 또래 관계를 수립하고 유지하는 언어의 역할을 간접적으로 경험한다. 교사는 아이들과 함께 놀이를 하면서 아이들 간의 논리적 언어를 사용하여 대화를 하도록 격려하며 촉진해야 한다.

---

* 놀이의 방법, 주제, 역할, 상황, 규칙이나 약속 등을 정한다는 의미다.

7
예술

 숲을 보면서 "가을에 나뭇잎 색이 왜 변할까?", " 낙엽은 왜 떨어질까?", "낙엽이 떨어지면 나무는 죽는 것일까?"라고 (철학적)사고에 관해 이야기 했었다. 이러한 (철학적)사고 외에 "빨갛게 물든 단풍이 너무 아름답구나!", "(사삭, 사삭 나뭇잎들이 부딪혀서 나는 소리를 듣고)간질이는 듯한 소리네!" 하는 심미적 경험을 통해 타자와 관계를 맺는다. 이러한 심미적 경험이 예술이다. 예술의 원형은 놀이다. 다시 말하면, 놀이가 정형화된 것이 예술이다. 결국 학습본능의 발현 형태인 놀이가 본능이므로, 예술은 본능의 결과이다. 그래서 아이들은 누군가가 가르치지 않아도 예술 행위를 한다. 예술은 '본성'에서 생긴, 즉 '자신의 힘'으로 만들어진 결과이다. 그래서 예술은 자기 자신이 태어나면서 갖추고 있는 본성에 바탕을 둔다.[62]

    숲의 풍요로움은 상상의 것을 만들 수 있는 힘을 부여한다. 숲 자체가 상상의 대상이다. 여기에서 상상은 예술의 실존방식으로 우리의 생활 자체를 의미한다. 그래서 예술은 우리의 생활의 진지함을 완화시키고, 우리를 즐겁게 한다. 숲에서 아이들의 놀이는 예술행위 자체다.

조형

숲에 온 아이들이 먼저 하는 것 중 하나가 돌이나 나무로 일정한 공간에 영역을 표시하면서 논다. 무엇인가를 '소유'하고, '자기 공간'을 만듦으로써 숲에서 관계맺기가 시작된다.63 영역 표시 외에 무엇인가 만드는 이러한 일련의 모든 것들은 아이들의 본능이다. 이러한 것은 미美적 체험이다. 숲은 미적 요소들의 집합체다. 숲은 아침과 오후, 그리고 계절에 따라 다른 모습으로 아이들과 만난다. 이러한 미적 요소들로 무장한 무궁무진한 소재들과 관계맺기 자체가 미학적 자의식을 발달시키고 미학적 감수성을 확장시키는 것이다.

숲에 간 아이들은 계절 마다 다른 소재로 무엇인가를 만든다. 각자 자기 집을 만들다가 모여서 마을을 만들거나 나무 위에 필요한 무엇인가를 만든다. 산에 오르내리는 계단과 소꿉놀이를 위해 음식을 만들기도 하며 나무 그루터기에 작은 요정의 마을을 만들기도 한다. 아이들은 끊임없이 무엇인가 만듦으로써 자기 표현을 한다.* 자기 표현 행위는 예술의 가장 기본이며 전부이다. 아이들은 자신을 표현함으로써 내면을 구체화한다. 자기와 타인의 작품에 대해 이야기 하고, 다양한 매체를 통해 작품에 대한 이해를 표현하기도 한다.

숲에서 아이들은 내면을 구체화한 미적 표상을 한다. 그것은 세상

---

* 자연을 소재로 한 미술 영역으로 자연미술이 중요시 되고 있다. 자연미술의 과정을 귀틀러(2014 ,p.7)는 다음과 같이 설명하고 있다. "자연에서 나온 소재를 자연스러운 방식으로 다루는 미학과 노는 마음으로 여유롭게 자연에 다가가다 보면 새로운 발상들이 생겨나고, 그러다 보면 저절로 그 발상들을 실현시키는 단계가 된다."

에 대한 지식이고 앎이며, 세상에 대한 이미지이다.* 숲교육에서 무엇을 만들고 표현할 것인지는 아이들이 결정하고 실행한다. 아이들은 숲에서 온갖 감각적 자극들과 감각들을 통해 새로운 사물을 접한다. 감각을 통해 자연을 받아들이고, 받아들인 것들을 언어와 몸짓, 그리고 작품을 통해 재창조한다. 무엇인가 만들기, 대화를 나누기, 또래들과 사물로 협상하기, 가작화(상상)하기, 탐색하기, 그리고 노래 부르기 등의 표상을 한다.

숲에서 조형놀이는 만들어진 작품 자체 보다는 과정에 의미를 두어야 한다. 아이들은 자기 주변의 환경인 숲에 대해 충분한 이해와 이를 토대로 자신이 주체가 되어 무엇인가를 만든다.

무거운 돌과 나무가 있는 도화지보다 넓은 공간에 무엇인가를 채워야 하는 아이들은 누구의 제안이나 가르침이 없어도 협동하며 공동의 작업을 한다. 그러면서 서로 소통하고, 약속을 하고, 일을 나누고, 서로 도와주고, 결과에 대해 같이 찬사를 받는다.

아이의 심미적 경험을 위해서는 교사의 심미적 경험이 중요하다. 숲교육에서 교사는 학습공동체의 구성원이므로, 교사 자체가 조형활동을 즐길 수 있어야 한다. 그래서 교사의 예술적 경험의 필요성이 강조된다.[64] 교사는 먼저 기존의 선입견에서 벗어나 자신이 먼저 심미적인 경험을 해야 하며, 아이와 공감해야 한다.[65] 이러한 것들은 아이의 의미있는 미적체험을 위한 활동에 반영된다.[66] 교사는 아이의 조형 활동을 방

---

* 이를 단순히 무엇인가 앎에 대한 표현으로만 보아서는 안된다. 표현자체가 곧 앎 그 자체다. 이것은 교실교육에서 앎을 명제적 지식과 절차적 지식으로 나누고, 절차적 지식을 명제적 지식을 위한 과정적 지식으로만 여긴 것과는 다르다. 교실교육에서 아이들은 자신이 만든 조형작품을 표현하라고 강요당했다. 하지만 숲교육에서 표상은 라일의 예지에 해당하는 것으로, 명제적 지식과 절차적 지식으로 나누고, 이론과 실천으로 나누는 이분법적 사고를 멀리한다. 그래서 표상 자체를 중요시 여긴다.

해하거나, 모방을 하게 하거나, 좌절을 경험하게 할 수 있기 때문에 관찰이 선행되어야 하며 아이의 의견을 존중해주고 격려해주어야 한다.[67]

시간 허용하기(하고 싶을 때 까지)**와 말걸기**

숲에 온 아이들은 숲의 자연물로 무엇이든지 만든다. 숲에서는 평면보다 입체적인 조형물을 만들 기회가 많다. 교실교육에서 교사는 아이가 만들기 전에 무엇을 만들지 사고의 과정을 이야기 하게 한다. 이것이 일련의 과정이다. 아이들이 만들고 싶어 하는 마음이 어느 정도 가라앉으면 그제야 만들기를 하는 경우가 많다. 하지만 학습본능의 발현을 주요 교육목표로 하는 숲교육에서의 교사는 아이들이 무엇인가 만들고 있을 때 아이 근처에서 조용히 보고만 있어야 한다. 처음에는 단지 말없이 아이가 만든 것에 대해 관심과 성의를 보여주면서 세심하게 보기만 한다. 교사의 조용한 관찰의 시간은 아이가 하고 있는 내용을 이해하게 하고, 만일의 경우 필요한 참여 유형을 결정하게 한다.

아이들이 무엇인가를 만들 때는 시간의 제한을 받아서는 안 된다.[68] 계획된 시간표에 의해서 생활하거나, 일주일에 한 번씩만 숲에 가는 아이들의 경우, 시간에 제한을 받을 수밖에 없다. 조형물을 만드는 동안 아이들은 실패를 경험하기도 하고, 만든 것을 변형시키기도 한다. 시간을 제한하지 말고 그대로 두는 것은 결과 지향적인 프로젝트가 아닌 자신을 표현하는 자기-지시적인 프로젝트일 때 가능하다. 이러한 것들은 숲에서 가능하다. 실제 조형물을 만드는 시간이 길수록, 무엇인가 만드는데 많은 고민과 상심이 들어갔기에 완성되었을 때 효능감이 커진다.

교실은 예술 활동을 장시간 하는데 많은 제약이 따른다. 아이들이 무엇인가 만드는 작품제작은 자기 시간 내에서 연속성을 가지지 못한다. 하루 일과가 끝나면 아이들은 집으로 돌아가야 되고, 정리를 이유로 아이들의 프로젝트가 중단되기도 한다. 아이들이 무엇인가 만들 수 있도록 시간을 제약하거나 간섭하지 않는 것이 중요하다.

　교실교육에서 아이들이 조형물을 만드는 것은 교사에 의해서 자료가 주어지거나, 주제가 제시되는 등의 수업 형식으로 진행된다. 이때 교사는 아이들이 무엇을 만들도록 동기부여를 하고, 심지어 동일한 재료를 제공한다. 그 결과 아이들은 정해진 자료와 내용(주제)에 자신을 맞추는 경향이 많다. 그것은 아이들이 온전히 자기 세계를 표상하지 못한다는 것을 의미한다.

　또한 교실교육에서는 아이들이 무엇인가 만들고 나면 아이들의 작품에 대한 토의를 지나치게 강요하는 경우도 있다. 하지만 아이들은 자신이 만든 것에 대해 말하고 싶어 하지 않을 수도 있다. 자신의 예술적 노력 그 자체로 메시지를 전달하고 더 이상의 설명이나 말이 필요하지 않다고 느낄 수도 있다.[69] 아이들 언어와 정서 표현을 증진시키기 위한 "네가 만든 것에 대해 말해보겠니?", 혹은 "네 꼴라주에 대해 이야기해 줄 수 있겠니?"와 같이 비교적 덜 참여된 질문이라 할지라도 아이들의 활동을 제한할 수 있으니 조심스럽게 접근해야 한다.[70]

　숲에서 아이들이 만들기를 할 때 교사는 아이가 먼저 말을 걸 때까지 기다려야 한다. 만일 아무 말도 없다면 아직 대화를 시작할 때가 아니다. 또한 교사나 부모 등 성인이 아이들에게 자신이 만든 것에 대해 무엇인지 말하도록 하는 것은 오히려 아이가 무엇인가 만드는 창작 행위를 방해할 수 있다. 실제 "이것은 무엇이니?" 또한 "저것은 토끼집이니?"와 같은 질문들은 오히려 아이들의 생각을 제한할 수도 있으며, 아이들이 언제나 무엇인가 해야 한다는 강제성을 주입하게 될 수도 있다.

아이들이 자신이 만든 것에 대해 이야기를 시작할 때 교사나 부모 등 성인은 말을 하거나 질문을 함으로써 반응할 수 있다. 주로 다음과 같은 상호작용은 아이들이 자기가 만든 것들에 대해 설명할 수 있는 좋은 기회를 제공한다.

- 사용한 재료에 관해서 : 네가 만든 것은 나무와 돌들이 사용 되었구나.
- 작품의 주제와 관련하여 : 여기를 설명해 줄래?(단, "여기에 있는 이 집이 가장 큰 곳이네, 뭐하는 곳이지?" 등과 같이 교사가 미리 판단해서 질문하는 것은 안 된다)
- 구성 자체에 대해서 : 여기에 이것이 서 있는 것을 보니 기분이 좋다. 넌 어때?(여기에서 "이 뒤에 서 있는 나무 작대기는 뭐지?" 등과 같이 미리 판단해서 질문해서는 안 된다.)
- 감정에 대한 이야기를 유도하면서 : 이 나무 위의 집에 올라가니까 기분이 좋구나.

재료 인식하기

교사는 아이들이 만들 것에 대해 흔히 천이나 밧줄, 망치나 못 등 재료 제공을 통해 도와 줄 수 있다. 심지어 아이들에게 자신들이 만든 것(입체)에 대해 종이를 주면서 그려 보게 하는 것(평면)도 좋은 방법이다. 아이들은 숲에서 색을 만들 수도 있고, 집을 지을 수도 있다. 아이들은 일상의 문제를 해결하는 과정 중에 조형물을 만들 수도 있고, 자연에 아름다움을 더하기 위해 무엇인가를 만들 수도 있다. 무엇인가 만드는 과정에서 아이들은 본능적으로 아름답게 만들기 위해 노력한다.

교사는 새로운 재료를 제공하는 것뿐 아니라 아이가 친숙한 재료를 창의적인 방법으로 사용하도록 격려할 수 있다. 주변의 지극히 평범한 재료로 새로운 것들을 만드는 것에 대해 고민해야 한다. 이때 교사는 "이 재료로 또 무엇을 할 수 있을까?" 등의 개방적인 질문을 할 수 있다. 이렇게 하는 것은 아이들의 실험(도전)과 창작을 격려하는 최상의 방법일 수 있다. 교사는 아이와 함께 작품을 만들 수도 있다. 그리고 도전적인 과제를 제시해야 한다.

이야기와 조형의 만남

숲은 미지의 세계다. 덤불 사이에서 무엇인가 튀어 나올 것 같고, 작은 구멍 안에 뭔가가 있을 것 같다. 숲은 아이들을 상상하게 만든다. 교사는 아이들의 상상에 더 자극을 주어 그것을 형상화하도록 도와 줄 필요가 있다. 이때 상상에 자극을 주는 방법 중 하나가 동화를 들려주는 것이다. 아이들에게 마법의 이야기를 들려주고, 요정이 살았던 세계를 들려준다. 동화책 속의 난쟁이 이야기도 들려주면서 아이들에게 동화책 속의 세상을 만들자고 하는 것도 좋다. 그러나 이러한 것들은 아주 화려하고 구체적일 필요는 없다. 작품을 만든 아이들만 그 의미를 알 수 있으면 된다.

> '괴물들이 사는 나라'의 이야기를 듣고 괴물들이 사는 나라를 만들어 보았어요. 괴물들은 어떤 곳에 살까? 어떤 아이들은 나뭇가지로 지붕을 만들고, 방안에는 괴물이 먹는 식탁을 꾸몄어요. 아이들은 괴물들의 밥그릇이 크므로 세수 대야와 삽을 가지고 와서 괴물 흉내를 내었어요. 그리고 자신들은 맥스가 되어 그 괴물들의 집이 아름답게 꾸며졌는지 검사하러 다니곤 하였답니다.(하리숲학교 K 교사 인터뷰. 2014.5.7.)

잎사귀를 모아 길게 줄지어 바닥에 연결하고, 각자 모둠끼리 요정들이 다니는 길을 꾸몄어요. 이때 긴 오솔길들이 만들어졌어요. 아주 긴... 아이들이 모두 함께 힘을 모아 기다란 오솔길을 만들었다는 자긍심과 함께 협동하는 것을 배울 수 있었던 것 같아요.(하리숲학교 H 교사 인터뷰. 2013.7.6.)

작품을 통해 아이 존재 보기

아이들의 심미적인 노력을 존중하는 최상의 방법은 아이들의 작품에 대해 아이들과 함께 진심으로 대화를 나누는 것이다. 작품은 아이들의 존재 자체다. 그래서 그 작품을 인정하고, 이야기하는 것은 아이들의 존재를 인정하고, 이야기하는 것이며, 작품을 존중하는 것은 아이의 존재를 존중하는 것이다.

이를 위해서 교사는 아이의 작품을 주의 깊게 다루어야 한다. 아이들은 숲에 자신들의 작품을 여기 저기 만들어 놓는다. 교사는 아이들이 만든 것을 존중하며, 계속 보관해야 한다. 숲은 실내에 비해 아이들이 만든 것을 보관할 수 있는 장점이 있다. 아이들은 자신들이 만든 것에 대해 사람들이 관심을 보일 때 자존감이 높아진다.[*]

또한 숲에서 아이들은 자신들이 만드는 무엇인가를 하루 일과 내에 끝나지 않고, 며칠에 걸쳐 만든다. 또한 간혹 만들다가 마는 경우도 있다. 교사들은 아이들이 그렇게 작업하다 중단한 것에 대해 일일이 수정하거나 지시해서는 안 된다.

또한 아이들이 작품을 만들다가 연장 등을 숲에 두는 경우도 있다. 이때 교사는 실내처럼 이 연장을 정리할 것을 요구할 수는 있다. 하지

---

[*] 필자는 숲에 온 아이들을 위하여 나무 위에 집을 지어주었다. 그것은 아이들이 나무위에 집을 지으려고 하길래 더 좋은 집을 지어 줄려고 나무위의 집을 지어 주었다. 그러나 아이들은 필자가 만들어 준 집에서 놀지 않고 자신들이 만든 집에서 노는 모습을 더 많이 볼 수 있었다.

만, 주의해야 할 것은 아무렇게나 너부러지게 놓아둔 것처럼 보이는 연장을 아이들은 자기들이 알고 있는 위치에 정확히 정리해 둔 경우도 있을 수 있다는 것이다.

음악

출생 후 인간의 감각 중 가장 먼저 세상과 관계 맺는 것이 청각이라고 한다. 청각은 3-6세경에 민감하게 반응하여, 소리에 대한 인식을 내재화하고 개념화하기 시작하는 뚜렷한 변화를 겪게 된다. 그리고 6세경에는 성인의 수준까지 도달한다.

인간은 소리에 본능적으로 반응하고, 탐색하며, 소리를 즐기고, 자유롭고 창의적으로 표현한다. 아이들은 세상의 소리를 자기자신에게 있는 관계맺기의 도구인 음악을 통해 접한다. 또한 타자와도 음악을 통해 관계맺기가 이루어진다.

인간에게 음악은 본능이다.[71] 이미 과학으로도 증명되었듯이 인간은 음악 능력을 지니고 태어났다. 특히 최근 가드너Gardner는 다중지능이론을 통해 음악은 언어와 다른 경로로 뇌에서 이해되고 저장됨을 밝혀 음악이 독자적인 인간의 중요한 능력임을 입증하였다.* 에드윈 고든 Edwin Gordon 역시 인간은 음악에 본능적으로 반응하고, 음악을 탐색하며, 음악을 즐기고 자유롭게 표현하는, 음악 능력을 지녔다고 한다.[72]

첫째, 음악을 위해서는 아름다운 숲의 소리를 듣고 경험해야 한다.[73]

---

* 다중지능은 이렇게 뇌에 해당되는 영역이 있다는 것 외에 다른 몇 몇 준거에 충족했을 때 이를 지능의 한 영역으로 간주한다.

사람들은 '소리'의 세계에 살며, '소리'를 통하여 주변 세계와의 관계를 형성한다. 숲에는 많은 아름다운 자연의 소리들이 있다. 소리에 규칙을 부여하고 조직화한 것이 바로 음악이므로 숲에서 소리탐색을 통하여 자신의 방식대로 음악(소리의 규칙)을 해석하도록 허용하고 격려해야 한다. 이를 위해 아이들에게 다양한 소리를 탐색할 수 있도록 기회를 제공해야 한다. 라이힐트 브라스R,Brass 역시 어린 시기부터 일상에서의 소리, 다양한 울림의 체험을 소중히 여기고 경험해야 함을 주장하였다.[74]
둘째, 음악을 위해서는 소리를 통한 심미적 경험을 할 수 있도록 도와야 한다. 귀로 들은 소리는 심상에서 자신만의 소리로 재창조되므로 음악적 감성을 충실하게 하여 심미적 관계를 경험을 할 수 있어야 한다. 인간은 예로부터 '음악'을 통해 심미적 경험을 구조화하고, 자신의 내면에 품고 있는 다양한 느낌들을 표현해 왔다. 그래서 '사실의 교육'보다는 '느낌의 교육'을 강조한다. 음악을 통해 느낌의 세계를 표현하고, 다른 사람들이 표현한 느낌을 예술의 형태로 감상함으로써 아이들의 감성은 성장한다.[75] 음악은 주관적이며 심오한 감각의 예술이다. 음악에서 내적인 감각은 자기 자신을 듣고 타자를 지각하며, 감각으로 지각한 가치 내용을 표출하게 한다.

> 아이들이 몸을 사용하니까 그리고 숲에서 함께 하다 보니까 음악이 되는 것 같아요. 실내에서는 음악적인 요소를 발견하기 어려워요. 하지만 숲에서는 항상 잔잔하게 아름다운 소리가 들려요. 새 소리 등에서 엇 박처럼 쿵쿵 하는 소리도 들을 수 있어요. 돌을 긁으면 돌을 긁는 소리가 다르고, 나무 스치는 소리도 달라요. 숲에서만 가능해요. 다양한 소리가 있고, 그 소리에서 음악으로 만들 수 있어요
> 아이들이 숲에서 걸을 때 발자국 소리도 아주 좋은 음악이에요. 우리 아바

타 숲은 소리가 울리지 않고 막혀 있어서, 갇혀진 진공 공간처럼 우리만의 소리가 들리기도 해요(하리숲학교 K교사 인터뷰. 2015.5.3).

숲은 소리의 보물 창고다. 숲의 소리는 동물 소리, 식물 소리, 무생물 소리로 구분된다. 숲에 가면 바람소리, 새소리, 벌레소리, 동물의 소리를 들을 수 있다. 바람 소리도 편백 숲을 지나는 소리, 솔 숲을 지나는 소리, 대나무 숲을 지나는 소리가 모두 다르며, 산 위에서 나는 소리, 산 아래에서 나는 소리가 다르다. 그리고 새소리, 벌레 소리 또한 그러하다. 숲의 소리는 계절에 따라 다르고,* 숲의 공간에 따라서도 다르며, 나무의 종류에 따라서도 다르다. 숲에서 들리는 소리는 심미적 즐거움을 주기 때문에 음악적으로도 매우 중요하다.

아이들은 숲에서 소리를 듣는다. 또한 소리를 탐색하고 소리를 온

---

* 다음은 전영우가 제시한 계절 별로 다르게 들리는 자연의 소리를 장정애(2011. p20)가 요약한 것이다.

봄 소리는 순하고 부드럽게 부는 솔솔바람이나 가능고 약하게 부는 실바람 소리다. 봄 소리는 여린 소리로, 대신에 짝짓기를 준비하는 '쿠-쿠루-쿠쿠' 또는 '데데 뽀-뽀. 데데-뽀뽀'하는 멧비둘기 소리나 '쯔쯔삐이 쯔쯔삐이'하는 쇠박 새의 울음 소리가 오히려 봄의 소리를 대신한다. 그러기에 꽃잎을 떨어뜨리는 봄 숲의 명지 바람은 햇병아리의 노란 털처럼 보드랍고 따뜻하며 편안하기까지 하다.
장대비 쏟아지는 소리가 대표적인 여름의 소리이다. 여름소리는 빗줄기가 자연의 온갖 넓은 잎 나무 위로 후드득후드득 떨어지면서 만드는 화음이 여름의 편안함을 제공한다. '졸졸', '골골', '쿨쿨'거리는 소리가 끊임없어도 실증을 느끼게 하지 않는다.
가을소리는 단풍의 현란함 덕분에 쉬 귓가에까지 내려앉지 않을 지도 모른다. 풀벌레의 합창은 자연을 찾는 이만이 누릴 수 있는 또 다른 즐거움이다.
겨울소리는 흔들리는 꽃잎이 만들어 내는 봄 숲의 소리나 습한 비바람이 만들어 내는 여름 소리나 현란한 단풍잎에 묻혀 버리는 가을 소리와는 본질적으로 다르다. 봄, 여름, 가을이 만들어 내는 화사하며 안락하고 현란한 화음은 비록 없을지라도 겨울 소리는 다양한 표정을 연출하게 한다. 찬바람이 건조한 대기가 만들어 내는 겨울 소리는 스산함도 있지만 비장함도 느껴진다. 겨울의 소리는 강건함과 냉정함이 서려 있다.

몸으로 경험한다. 아이들은 숲에서 들리는 소리와 교감을 나누며 느낀 감각을 표출한다.

아이들은 학습본능을 통해 놀면서 저절로 음악적 행위를 한다. 그리고 학습공동체를 통해 그 음악적 행위를 표현하며 정교화 시켜 간다. 교사는 학습공동체의 구성원으로서 일상에서 아이들과 함께 아이들이 감각적으로 음악을 느끼며 함께 공감하는 역할을 해야 한다.

듀이Dewey의 주장대로 숲에서의 소리와 관계 맺는 음악적 경험이 곧 심미적 경험의 근원이다. 아이들이 숲에서 생활하는 것에는 예술적 요소들이 잠재되어 있고 그것이 알게 모르게 아이의 의식과 정신적 상황에 깊이 영향을 미치게 된다.

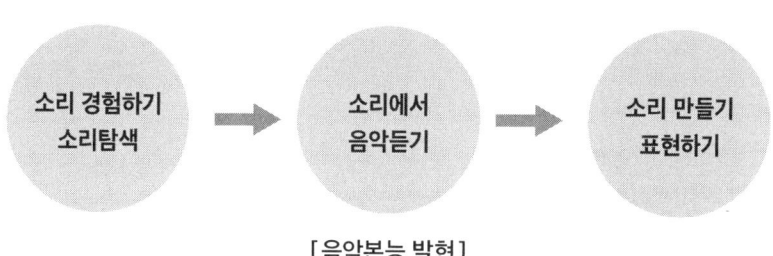

[음악본능 발현]

일상에서 소리 탐색(경험)

음악활동은 자연의 소리를 듣는 것에서 시작한다. 숲에서는 아이들이 들으려고 의도하지 않아도 많은 소리가 들린다. 그 소리들이 어우러져, 그냥 있기만 해도 듣게 된다.

소리를 그저 듣는 '소극적 듣기'가 아니라, 소리를 인식할 수 있는 '적극적 듣기'여야 한다. 듣고 있는 자신을 발견해야 하며(자기 존재 발견), 소리의 주체를 인식(타존재 인식)해야 한다. 아이들은 세상의 소리를 듣고, 그것을 느끼며 인식하고, 귀에 모든 감각을 집중할 수 있다. 오히려 듣고자 하는 소리 외의 소리를 없애는 것이 중요한 듣는 방법일 수도 있다. 예를 들어, 하리숲학교처럼 침묵의 장소(길) 등을 두어 소리를 경험하게 하거나, 일정한 장소에서 눈을 감으면 숲의 소리를 경험하게 할 수 있다.*

지금 어떤 소리가 들리니?
얼마나 많은 소리가 우리 주위에 있을까?
소리가 어느 방향에서 오는 걸까?
어떤 소리가 가장 크게 들리지? (가장 가까이에 있는 소리는 뭘까?)
어떤 소리가 가장 마음에 드니?

소리를 인식하고 변별하는 능력은 음의 구별력, 음의 식별력, 음의 분류력, 음의 순서화 능력, 음의 기억력으로 나뉜다. 이러한 것들은 반드시 순서대로 습득 되는 것은 아니지만 발달 과정상 서로 연계성을 지닌다.[76]

첫째, 음의 구별력은 서로 다른 음을 듣고 같은지 다른지 구별 할 줄 아는 능력이다. 예를 들어 새 소리를 듣고 가장 높은 소리가 나는 새 소리는 어떤 소리인지 알아맞추는 능력이다.

둘째, 음의 식별력으로 서로 다른 음을 듣고 음을 알아맞히는 능력이다. 예를 들어 여름의 숲에서 개구리 소리와 새끼 거위 소리를 듣고 이를 구별하는 능력이다. 이때 교사는 아이들이 개구리 소리와 새끼 거

---

* 침묵의 길, 소리지도와 관련하여 2013년 하리숲학교 일상에 관한 이야기를 국회의원 회관에서 발표한 적이 있었다. 하리숲학교에서는 듣는 것을 아주 중요한 교육과정의 하나로 여기고 있다.

위 소리가 헷갈려 할 때, 어떤 소리를 듣고 그 소리가 누구의 소리인지 알아맞히도록 발문을 하는 것이 좋다.

셋째, 음의 분류력으로 연주된 여러 개의 음을 듣고 음 개념에 의해 그룹화 하는 능력이다. 예를 들어 새 소리를 흉내 내며, 새 소리의 특징(패턴)을 기억하는 것이다.

넷째, 음의 순서화 능력으로 그룹화 한 음을 정해진 음 개념에 의해 차례대로 나열하는 능력이다. 예를 들어 '우후후' 등 새 소리를 듣고 패턴을 발견하는 능력이다.

다섯째, 음의 기억력으로 인지한 음을 장기적 또는 단기적으로 기억하는 능력이다. 예를 들어 새 소리를 기억하는 능력이다.

교사는 아이들의 공동체에 직접(내부적) 참여하여 숲의 소리를 듣는 모델링이 되거나 아이들과 일상에서 소리를 탐색할 수 있어야 한다. 아래의 예화와 같이 아이들과 '소리 듣기' 등을 통해 소리를 찾을 수도 있다.[77]

예화

편백나무 사이로 바람소리가 들린다. 한 아이가 놀이를 하다가 멈추고 옆 친구에게 이야기 한다.

아이A　오늘은 정말 소리가 크게 들리는 것 같아.
아이B　그래 나도 들었어.

아이들이 모여 소리에 대해 이야기를 하자 교사가 다가간다.

교사　　선생님도 소리를 들었어. 선생님은 소리를 잘 들을 수 있도록 눈을 감고 들어봐야겠다.
아이A   저도 눈을 감고 들어 볼래요.
아이B   소리가 여러 가지에요… 나뭇가지가 흔들리는 소리, 나뭇잎이 흔들리는 소리 모두 들려요.

소리에서 음악듣기

자연에서는 다양한 소리를 발견할 수 있다. 음악은 소리를 듣기 좋게 결합하는 예술이다. 고립된 하나 혹은 여러 소리는 아직 음악이라고 말할 수 없다.

'음악은 소리와 시간의 놀이'로, 소리를 시간 속에 배열하는 것이다. 이 놀이는 소리들의 연쇄적인 결합을 전제로 한다. 이때 음악의 요소들이 선택된다.[78] '소리 경험하기'가 소리 자체를 듣는 것이고, 소리의 주체에 관해서 듣는 것이었다면, '소리에서 음악듣기'는 소리 자체에 집중하여 음악적 요소를 통해 관계맺기이다.

라모Rameau와 모짜르트Mozart, 베토벤Beethoven과 드뷔시Debussy는 이러한 자연의 소리를 음미하는 것을 수동적인 즐거움이라고 하였다. 그들은 그러한 수동적인 즐거움을 느끼는 걸로 만족하지 않았다. 특히 드뷔시Debussy는 "자연에 새겨진 음악을 해독해야 한다."라고 하였다. 이것은 땅과 하늘의 허다한 소리들을 해석하고 기억하는 과정에서 의미를 부여한다는 말이다.[79] 이러한 것들이 음악적 행위이다.

음악은 소리에 규칙을 부여하고 조직화한 것이다. 그래서 음악을 이해하기 위해서는 소리에 존재하는 규칙성에 대한 인식이 어우러져야 한다. 규칙성과 관련한 개념들은 셈여림, 리듬, 가락, 음색, 음높이 등이다.* 이것은 인간이 느끼는 보편적인 정서를 음악 기호로 상징화한 것이다. 자연의 소리가 아름다울 수 있었던 것은 그 소리 속에 음악의 규칙들이 잘 어우러져 있기 때문이다. 자연의 소리 속에서 음악의 요소를 들을 수 있는 것은 중요하다. 숲에서는 소리의 '세고 여림'의 강약인 '셈여림loudness', '높고 낮음'의 '음높이pitch', '길고 짧음'의 '장단duration', '소리의 특성'인 '음색timbre' 등 다양한 형태를 발견할 수 있다.

음악을 듣는 것은 단순히 소리를 듣는 것과 달리 청각을 통해 유입된 소리를 인지적·정서적인 경험으로 연결하는 종합적인 과정이다. 그것은 음악의 규칙성 등을 통해서 가능하다. 아이들과 소리를 듣고 그속에서 규칙을 찾는 것이 음악활동이다. 실제 가드너Gardner는 음악지능과 논리수학지능이 아주 관련이 높다고 하였다.[80] 그것은 음악에 있

---

* 이러한 소리의 규칙성들은 음악에서 기본 요소를 통해 구성된다. 음악의 기본 요소는 다음과 같다(이숙희, 1993). 교사는 이러한 기본 요소를 알고 있어야 향후 아이들과 일상을 공유할 때 음악적 요소에 관한 것을 공유할 수 있다.

음악적 요소	내용
셈여림	존재하는 모든 소리의 특성 중의 하나로 소리의 크고 작음의 근본적인 차이를 의미함
리듬	소리의 시간적인 흐름과 움직임을 뜻함. 박(pulse)과 강세(accent), 박자(meter), 길이 등의 구성요소들을 포함하는데 리듬의 요소 중 박은 심장의 고동과 맥박 등 사람 목 속의 현상에서부터 풀벌레 소리와 기차 바퀴 소리 등 자연과 인간 삶 속의 갖가지 소리와 움직임을 나타낸다.
가락	리듬을 바탕으로 조직된 서로 다른 음 높이의 흐름을 뜻하며, 아이가 곡을 알아낼 수 있게 도와주는 음악의 멜로디 또는 곡조이다. (이기숙, 김영주,1992)
음색	소리의 독특한 질에 의한 소리의 차이점을 의미하는 것으로 각기 다른 주변 환경의 소리, 자연의 소리, 동물의 소리, 사람의 목소리, 여러 가지 악기 소리에 대하여 지각할 수 있는 능력(김영희, 이은화, 1997)
음높이	음의 높고 낮음을 의미 하며 음높이에 관련된 요소는 음정, 음계, 선율, 음의 조합 등이 있음(이강숙, 1993)

는 규칙성 때문일 것이다.*

소리 만들기

숲에서 아이들은 소리에 민감하고, 소리에서 음악을 들을 수 있다. 그리고 아이들은 소리를 만들고, 소리에 규칙을 넣어 노래 등 음악을 만듦으로써 자기 자신 및 타존재와 관계를 맺는다.

인간은 누구나 자기 자신이나 타존재에게 무엇인가를 표현한다. 어떤 사람은 소리로, 어떤 사람은 시각으로, 어떤 사람은 향기 등으로 표현한다. 표현하는 방법은 그림, 간단한 몸짓, 말, 글 등이 있다. 그 중 음악은 아이의 느낌과 생각을 소리를 통해 반영하고 표현하는 것이다. 아이들은 일상에서 노래를 만들거나 소리에 규칙을 부여함으로써 음악적 표현을 한다.

숲에서 들을 수 있는 소리 그 자체가 아이들의 일상이며 삶의 이야기들이다. 아이들은 삶 속에서 소리를 듣고, 소리에 의미를 찾아 표현하며, 이를 통해 자기의 본능을 충족한다.

아이들은 본능적으로 자연스럽게 발달하거나 훈련에 의하여 습득한 음 개념을 의식적이든 무의식적이든 다양하게 표출한다. 아이들은 가만히 두기만 하여도 노래 부르기, 악기 연주하기, 신체 표현하기, 음악 창작하기 등 끊임없이 소리로 자신 감정을 표현하면서 소통하고, 생활한다.

교사는 아이들이 자발적인 음악적 경험을 하고 있을 때 함께 참여하거나, 다른 아이들이 함께 참여하도록 격려하는 것이 좋다. 교사의 음

---

* 규칙과 관련이 깊은 것은 논리수학적 사고에서 언급한 '패턴'과 '분류'이다. 규칙은 소리의 패턴들이다. 소리의 패턴을 발견하기 위해서는 소리를 분류해야 한다.

악적 삶은 중요한 교육적 의미를 가진다.† 교사는 아이들이 음악적 활동을 할 때 소리에 관심을 가질 수 있도록 질문해야 한다. 또한 교사는 음악을 즐기는 모델이 되어야 한다. 교사가 노래를 흥얼거리면 아이들은 따라 부를 것이고, 나뭇가지 등으로 리듬을 치면 아이들도 함께 한다.

　음악은 아이와 아이, 아이와 교사의 관계 속에서 아이 자신의 느낌, 생각 등을 표현하고, 다른 아이들과 교사의 느낌(생각)을 서로 교류하도록 도와주는 관계맺기의 도구로써 훌륭한 역할을 한다. 그러나 교실교육을 하는 상당부분의 교사들은 구조적이며 형식적인 수업 등을 선호한다. 그래서 음악을 배울 때, 음정, 리듬 등을 우선 정확하게 부르도록 배운다. 심지어 전문적인 음악 공부를 하기 위해서는 더욱 엄격하게 배운다. 그러나 기술적으로 완벽하고 정확하게 연주한다고 해서 생명감 넘치는 감동을 주는 음악이라고 할 수는 없다. 오히려 메트로놈에 맞추어 연주된 음악이나 조작된 음악과 같이, 완벽하고 정확하지만 뭔가 무미건조하고 매력 없는 음악이 될 수 있다. 생명감 있는 음악의 본질은 기술이나 정확함의 추구가 아닌 예술가의 감성과 예술성이다. 위대한 예술가일수록 생명력의 기본을 자연 속에서 배우고 얻는다.[81]

　자연의 소리를 비롯하여, 아이들이 만들어 내는 소리들 모두가 음악의 기본이다. 그래서 교사는 소리 속에 있는 음악적 요소들을 발견하여 창조와 음악적 표현에 대해 격려하고 성의 있게 반응하는 것이 좋다. 교사는 아이들의 활동에 관심을 보이지만 평가해서는 안 된다.

　교사는 일상에서 아이들이 소리에 관심을 가질 수 있도록 질문해야 한다. 아이들에게 "오늘은 정리하면서 어떤 노래를 부를까? 누구 새로운 노래를 만들어 보겠니?" 혹은 "간식을 나누어 먹을 때 부르는 노래

---

† 이것은 숲교육의 교수학습 방법인 내부적 중재 중 모델링에 속한다.

를 만들어 볼까? 누구 새로운 노래를 만들어 보겠니?" 이렇게 자발적인 작곡을 격려하는 것도 좋다. 교사는 아이들이 노래를 만들거나 음을 만들도록 강요는 하지 않지만 음을 즐길 수 있도록 해야 한다. 숲에 처음 온 아이들의 긴장을 덜기 위해 노래를 부르며 하루를 시작하거나, 아이들이 일상생활 중 즉, 낮잠시간, 간식시간, 정리정돈 시간 등에 노래 부르기, 프로젝트 발표 때 노래 넣기 등 긍정적이고 의미있는 음악적 경험을 제공하는 것이 좋다. 음악적 경험은 노래가 아니어도 좋다. 아이들은 숲에서 습득한 나뭇가지 등으로 악기를 만들어 소리 만들기를 할 수도 있다. 어떤 주제와 관련된 특별한 프로젝트에 노래 부르기, 악기 만들고 연주하기, 또는 동작 만들기가 포함될 수 있다.[82]

이렇게 아이들은 일상에서 자연스럽게 음악 만들기(노래나 막대기 두드리면서 음악을 만드는 것)등 음악 활동을 할 수 있어야한다. 아이들이 만들어 내는 대표적인 음악이 노래이다. 숲 속에서 아이들과 노래를 만들어 보자. 흥얼거리는 소리들을 노래로 만들어 보는 것이 좋다. 숲에서 노래들은 모두 일상의 이야기나 숲에서 나는 소리를 모방하거나, 아이들 자신의 이야기가 주제인 것이 좋다. 일상에서 아이들과 함께 하는 교사가 필요에 의해서 노래를 만들어 부르기도 한다. 교사가 노래를 만드는 모델이 되거나 아이들이 노래나 음악을 만들도록 격려해 주는 것이 좋다. 교사가 전문적인 음악을 배워야 작곡을 하고, 작사를 하는 것이 아니다. 교사 자신부터 내면에 있는 음악적 본성을 끄집어 내야 한다. 교사는 아이들이 음을 즐길 수 있도록 내외적 참여를 통해 학습공동체의 구성원이 되어야 한다.

주
참고문헌
찾아보기

주

I 숲교육, 근대교육의 종말 그리고 미래교육?

1 정대현(2014c). 유·초·중등 통합 숲학교Comprehensive Forest Schools 운영 사례 연구. 2014 숲학교 국제심포지엄 자료집, 한국형 숲학교 모형개발과 발전방향, 89-121, 국립광릉수목원 & 정부종합청사.
2 이명환a(2011). 유아교육기관에서의 숲 체험 교육에 대한 교사의 인식. 생태유아교육연구, 10(1), 175-200.; 임은정(2013). 원장의 인식을 통한 숲속 유아교육의 의미. 홀리스틱교육연구, 17(2), 61-92.; 임재택, 이소영, 김은주(2012). 숲유치원 운영실태 및 운영방안에 대한 연구, 생태유아교육연구, 11(2), 57-85.
3 황일근(2013). 국내 숲 유치원 현황 및 숲교육 진흥법 취지. 총신유아교육학술대회, 서울: 총신대학교, 29-56.
4 Collins, A. & Halverson, R.(2009). Rethinking Education in the Age of Technology: The Digital Revolution and the Schools. New York: Teachers College Press, 83-85.
5 김신일(2012). 교육사회학. 경기: 교육과학사. pp. 109-110에서 참조.
6 김신일(2012). 위의 책. p115에서 참조.
7 Foucault, M.(1994). 감시와 처벌. (오생근 역). 경기: 나남. (원저출판 1975) pp.205-211에서 참조.
8 John, T. G.(2005). 바보 만들기: 왜 우리는 교육을 받을수록 멍청해지는가. (김기협 역). 서울 :민들레. (원저출판 1992) p. 67에서 참조.
9 Botkin, J. W.(1997). 한계 없는 학습. (김도수 역). 서울: 양서원. (원저출판 1979)
10 정대현(2015a). 숲의 교육 공간 형성 과정에 관한 연행적 문화기술연구. 기독교와 어문학, 12(1), 145-177.
11 정유성(1998). 청소년 실태와 대안교육의 필요성. 광주:(사)맥지 청소년 사회교육원.

12 이종태(2001). 대안교육과 대안학교. 서울: 민들레.
13 정대현(2015a). 위의 논문. p.170에서 참조.
14 정대현(2015b). 교육공간으로서의 숲, 그 의미의 탐색 -하리숲학교의 사례를 중심으로-. 생태유아교육연구, 14(2), 1-24.
15 정대현(2014a). 파커팔머의 공간 사상에서 본 숲의 교육적 의미. 기독교와 어문학, 11(1), 123-141.
16 Halt, J. C.(2007). 아이들은 어떻게 배우는가. (해성, 공양희 역). 서울: 아침이슬. (원저출판: 1995).
17 정대현(2015a). 위의 논문. pp.170-171에서 참조.

II 숲교육은 이론적 배경을 가지고 있는가?

1 문미옥, 이혜상(2013). 동서양이 만난 유아교육개론. 서울: 교육아카데미. p.147에서 참조.
2 문미옥, 이혜상(2013). 위의 책. pp, 151-153에서 참조.
3 곽노의(2016). 자연과 숲, 동양철학과의 만남. 2016 한국 아동숲교육학회 창립학술대회, 19-37.
4 오영희, 박찬옥, 박윤자, 정미애(2010). 유아교육개론. 경기: 21세기사.
5 박상화(2009). 화랑도 교육의 내용 및 방법에 관한 연구. 연세대학교 대학원. 석사학위논문.
6 이홍우, 유한구, 장성모(2007). 교육과정이론 서울: 교육과학사. p.187에서 참조.
7 곽노의(2010). 숲유치원에서의 놀이와 인성교육. 한국유아교육·보육행정학회 학술발표대회 논문집, 2, 26-46.
8 심성경, 조순옥, 이정숙, 이춘자, 아선경, 이효숙(2009). 유아교육개론. 서울: 창지사. p.46에서 참조.
9 곽노의(2016). 자연과 숲, 동양철학과의 만남. 2016 한국아동숲교육학회 창립학술대회, 19-37.
10 문미옥, 이혜상(2013). 위의 책. p.104에서 참조.
11 진영은(2005). 교육과정 이론과 실제. 서울: 학지사. p.40에서 참조.
12 박미혜(2015). 페스탈로치의 생애와 교육사상. 인하대학교 교육대학원. 석사학위논문.
13 진영은(2005). 위의 책.
14 전은주(2012). 슈타이너의 인간이해에 기초한 자유발도르프학교의 초등교육적 의미. 광주교육대학교 교육대학원. 석사학위논문.
15 김훈태(2012). 발도르프교육학의 기초가 되는 루돌프 슈타이너의 인간학 연구. 성공회대학교 교육대학원. 석사학위논문.
16 문미옥, 이혜상(2013). 위의 책. p.107에서 참조.
17 진영은(2005). 위의 책. pp.42-43에서 참조.
18 곽노의(2016). 위의 연구.
19 심성경, 조순옥, 이정숙, 이춘자, 아선경, 이효숙(2009). 위의 책. p.74에서 참조.

20 문미옥, 이혜상(2013). 위의 책. p.112에서 참조.
21 진영은(2005). 위의 책. pp.49-51에서 참조.
22 심성경, 조순옥, 이정숙, 이춘자, 아선경, 이효숙(2009). 위의 책. p.67에서 참조.
23 심성경, 조순옥, 이정숙, 이춘자, 아선경, 이효숙(2009). 위의 책. pp.56-57에서 참조.
24 진영은(2005). 위의 책. p.56-57에서 참조.
25 Neil, A. S.(1960). Summerhill: A radical approach to child rearing. New York: Holt Publishing Co.
26 Silbermann, C. E.(2004). 교실의 위기: 교육신서 59. (편집실 역). 배영사. (원저출판 1978)
27 Rogers, C. R.(1969). Freedom to learn. Columbus, OH: Charles E. Merrill.
28 이명환(2007). 독일의 숲유치원. 교육아카데미. pp.15-21에서 참조.
29 황일근(2013). 국내 숲 유치원 현황 및 숲교육 진흥법 취지. 총신유아교육학술대회, 서울: 총신대학교. pp.31-32에서 참조.
30 김신일(2012). 교육사회학. 경기: 교육과학사. pp.117-118에서 참조.
31 Rudy, R. & Holtshouse, D(2001). 세계 석학 14명이 예측한 지식사회의 미래. (매일경제 지식부 역). 매일경제신문사. (원저출판 1999) pp.237-238에서 참조.
32 Schwab, C.(2016). 클라우스 슈밥의 제 4차 산업혁명. (송경진 역). 서울: 새로운 현재. (원저출판 2016) pp.24-25에서 참조.
33 Schwab, C.(2016). 위의 책.
34 Schwab, C.(2016). 위의 책. pp. 251-257에서 참조.
35 강선보(2003).(마르틴 부버)만남의 교육철학. 서울: 원미사.
36 김철(2009). Buber와 Bollnow의 인간관과 교육관: 실존적 만남으로서의 교육을 중심으로. 교육사상연구, 23(3), 149-171.
37 염지숙, 이명순, 조형숙, 김현주(2015). 유아교사론. 서울: 정민사. p. 44에서 참조.
38 Bollnow O. F(1959). Existenzphilosophie und Padagogik: Ver- such iiber unstetige Formen der Erziehung, Stuttgart, 1959, dbswoghd dur (2001). 실존철학과 교육학. 포천. 기독언어문화사.
39 Bollnow O. F(1959). 위의 책. p.135에서 참조.
40 정은해(2000). 자유교육의 철학. 서울: 원미사. p.289에서 참조.

41　박준영, 천정미(2002). 교육자의 권위 위기 현상과 권위 회복, 인문과학논총, 5, 205-221.
42　배재학(2015). 교육에서 복잡성 이론의 함의, 한국교육철학회, 55, 23-51.
43　배재학(2009). 복잡성이론의 패러다임과 그 교육적 의의. 경북대학교 대학원. 박사학위논문.
44　Johnson, J. E., Christie, J. F., & Wardle. F.(2005). Play, Development, and Early Education. Pearson: Allyn and Bacon.
45　Goerner, S. J.(1994). Chaos and the evolving ecological universe. Langhorne: Gordon & Breach.
46　권동택(2004). 수요자중심과 아동중심의 초등교육학적 의미 분석. 초등교육연구, 17(1), 389-410.
47　배재학(2009). 위의 논문.
48　목영해(1997). 카오스 이론의 교육학적 함의. 교육사상연구, 6(1), pp125.
49　정수현(2009). 교실 문화 이해를 위한 카오스 이론의 적용 가능성 탐색. 초등교육학연구, 16(1), pp125.
50　Ormrod, J.(1999). Human learning(3rd ed). Columbus, OH: Merrill.
51　Goldbergecr, A. L., Rigney, D. R., & West, B, J.(1990). Chaos and fractals in human physiology. Sci Am, 262(2), 42-49.
52　배재학(2009). 위의 논문.
53　정명호, 장승권(1998). 복잡성 이론과 조직학습: 자기조직적 질서와 발현적 학습의 모색. 인사조직연구, 6(2), 37-80.
54　Krugman, P.(1996). The Self-Organizing Economy. Cambridge. MA: Blackwell.
55　Drazin, R., & Sandelands, L. R.(1992). Autogenesis and the Process of Organization. Organization Science. p. 233에서 참조.
56　윤영수, 채승병(2005). 복잡계 개론; 세상을 움직이는 숨겨진 질서 읽기. 서울: 삼성경제연구소. p.55에서 참조.
57　Holling, C. S., & Sanderson, S.(1994). Comparing Ecological and Social Systems, Rights to Nature, Ed. S. Hanna, Washthington D.C.: Island Press.
58　Drazin, R., & Sandelands, L. R.(1992). 위의 책. p.233에서 참조.

59　Davis, B., & Sumara, D.(2011). 혁신교육 철학을 말하다: 복잡성 이론과 실천교육의 뿌리를 찾아서. (현인철, 서용선 역). 서울: 살림터. (원저출판 2006). p.23에서 참조.

60　Fuite, J.(2005). Network education: understanding the functional organization of a class. Paper presented at the Complexity, Science & Society Conference, Liverpool, UK.

61　Fuite, J.(2005). 위의 논문.

62　Davis, B., & Sumara, D.(2011). 위의 책. p.211에서 참조.

63　Davis, B., & Sumara, D.(2011). 위의 책. p.211에서 참조.

64　진형준(2013). 에드가 모랭의 복잡성과 상호 주관성. 프랑스어문교육, 43, 383-409.

65　진형준(2013). 위의 연구.

66　Binet, A., & Simon, T.(1916). The development of intelligence in children(E.S. Kite, Trans.) Baltimore: Williams & Wikins.

67　Sternberg, R. J., & Detterman, D. K.(1986). What is intelligence? Contemporary viewpoints on its nature and definition. Norwood, NJ: Ablex.

68　문용린, 유경재(2011). 하워드 가드너 다중지능. 서울: 웅진지식하우스.

69　김명희, 김영천(1998). 다중지능이론: 그 기본 전제와 시사점. 교육과정 연구, 16(1), 299-330. ; 정대현, 지성애(2004). 유아용 다중지능 발달평가척도의 타당화 연구. 유아교육학논집, 8(2), 257-277.

70　Levine, M.(2003). A mind at a time. New York: Simon & Schuster.

71　한영욱, 정홍식(2003). 메타인지 학습 전략이 초등학교 학생들의 학업성취도에 미치는 영향. 부산교육대학교 과학교육연구소, 28, 57-68.

72　Sternberg, R. J.(1985). Beyond IQ: A triarchic theory of human intelligence. New York: Cambridge University Press.; Sternberg, R. J.(1997). Extra credit for doing poorly. New York Times, A-27.; Sternberg, R. J.(1999). Schools should nurture wisdom. In B. Z. Presseeisen(Ed.) Teaching for intelligence, 55-82, Arlington Heights, IL: Skylight.; Sternberg, R. J.(2005). The theory of successful intelligence.

International Journal of Psychology, 39(2), 189-202.

73 Barrett, P. T., & Eysenck, H. J.(1992). Brain evoked potentials and intelligence: The Hendrickson paradigm. Intelligence, 16, 361-381.; Caryl, P. G.(1994). Early event-related potentials correlate with inspection time and intelligence. Intelligence, 18(1), 15-46.; Jolij, J., Huisman, D., Scholte, S., Hamel, R., Kemmer, C., & Lamme, V.A.F(2007). Processing speed in recurrent visual networks correlates with general intelligence. Neuroreport, 18(1), 39-43.; T. E., & Jensen, A. R.(1992). Conduction velocity in a brain nerve pathway of normal adults correlates with intelligence level. Intelligence, 16(3-4), 259-272.; Vernon, P. A., & Mori, M.(1992). Intelligence, reaction times, and peripheral nerve conduction velocity. Intelligence, 16(3-4), 273-288.; Vernon, P. A., Wickett. I. C., Bazana, P. G., & Stelmack, R. M.(2000). The neuropsychology and psychophysiology of intelligence. In R. J. Sternberg(Ed.), Handbook of intelligence. New York: Cambridge University Press, 245-264.

74 Neubauer, A. C., Fink, A., & Schrausser, D. G.(2002). Intelligence and neural efficiency: The influence of task content and sex on the brain-IQ relationship. Intelligence, 30(6), 515-536.; Neubauer, A. C, Grabner, R. H., Fink, A., & Neuper, C.(2005). Intelligence and neural efficiency: Further evidence of influence of task content and sex on the brain-IQ relationship. Cognitive Brain Research, 25, 217-225. ; Vernon, P. A., & Mori, M.(1992). 위의 연구.; Vernon, P. A., Wickett. I. C., Bazana, P. G., & Stelmack, R. M.(2000). 위의 연구.

75 Staudinger, U. M., Lopez, D., & Baltes, P. B.(1997). The psychometric location of wisdom-related performance: Intelligence, personality, and more?. Personality and Social Psychology Bulletin, 23, 1200-1214.; Sternberg, R. J., Williams, W. M.(2012). 스턴버그의 교육심리학. (김정섭, 신경숙, 유순화, 이영만, 정명화, 황희숙 역). 서울: 시그마프레스. (원저출판 2010)

76 Nickerson(1987). Nickerson, R. S.(1987). Why Teach thinking? In Joan Boykoff Baron & Robert J. Sternberg(Eds.), In Teaching Thinking Skills:

	Theory and Practice. New York: W. H. Freeman & Co, 28.
77	Sternberg, R. J., Williams, W. M.(2012). 위의 책.
78	Calloner, J.(2000). 똘망똘망 인공지능. (이상헌 역). 서울: 김영사 (원저출판 1999)
79	Robert S. Root-Bernstein, Michele M. Root-Bernstein(1999). Sparks of genius: The thirteen thinking tools of the world's most creative people. Boston: Houghton Mifflin. pp.23-24에서 참조.
80	주형일(2008). 직관의 사회학, 나의 사회학 그리고 현상학적 방법. 커뮤니케이션 이론. pp. 80-81에서 참조.
81	Fensham, P.J., & Marton, F.(1992). What has happened to intuition in science education? Research In Science Educcation, 22, 114-122.
82	주형일(2008). 위의 책. pp.77-113에서 참조.
83	Migliore, L.(2015). 뇌 과학 탐험 유레카! 뇌 과학으로 본 통찰. (구승준 역). 뇌교육 전문지 브레인, 58-61.
84	Robert S. Root-Bernstein, Michele M. Root-Bernstein(1999). 위의 책. p.32에서 참조.
85	Robert S. Root-Bernstein, Michele M. Root-Bernstein(1999). 위의 책. p.217에서 참조.
86	정대현(2015b). 위의 논문.
87	정대현(2008). 유아교육기관에서 초등학교로의 적응. 파주: 이담북스. ; Foucault, M.(1994). 위의 책.
88	정대현(2013). 숲의 교육적 의미. 2013년 총신대학교 유아교육 세미나 발제 원고.; 정대현(2014a). 위의 논문.; 정대현(2014b). ADHD 유아의 숲학교 적응에 관한 연구. 한국영유아보육학, 88, 127-155.; 정대현(2015a). 위의 연구.; 정대현(2015b). 위의 연구.

III 숲교육은 무엇인가?

1. 조형숙(2009). 생태 사진에 관한 이야기나누기 활동 : 자연에서 배우는 삶의 가치. 서울: 다음세대. p.41에서 참조.
2. 임재택(2010). 생태유아교육 프로그램 운영. 경기: 공동체. p.5에서 참조.
3. 임재택(2010). 위의 책. p.75에서 참조.
4. Constable, K.(2014). Bringing the Forest School Approach to your Early Yeats Practice. New York: Routledge. p.1에서 참조.
5. 정대현(2014a). 파커팔머의 공간 사상에서 본 숲의 교육적 의미. 기독교와 어문학, 11(1), 123-141.; 정대현(2014b). ADHD 유아의 숲학교 적응에 관한 연구. 한국영유아보육학, 88, 127-155.; 정대현(2015a). 숲의 교육 공간 형성 과정에 관한 연행적 문화기술연구. 기독교와 어문학, 12(1), 145-177.; 정대현(2015b). 교육공간으로서의 숲, 그 의미의 탐색 –하리숲학교의 사례를 중심으로-. 생태유아교육, 1-24.
6. Forest School Association(2012). www.forestschoolassociation.com 2016년 5월 22일 확인.
7. Constable, K.(2014). 위의 책.
8. Knight, S.(2014). Forest school for young children in the UK. 한국형 숲학교 모형개발과 발전방향, 2014 숲학교 국제심포지엄자료집, 25-52, 경기: 국립(광릉) 수목원.

IV 숲교육을 통해 바라본 학습본능

1 한준상(1999). 호모 에루디티오: 성인교육학의 사상적 토대. 서울: 학지사. p.283 에서 참조.
2 성현란 외(2001). 인지발달. 서울 : 학지사. pp.43-45에서 참조.; Driscoll(2005). Psychology of learning for instruction. Person Education. (양용칠 역). 수업설계를 위한 학습심리학. 서울: 교육과학사.
3 성현란 외(2001). 위의 책. pp.43-45에서 참조. Driscoll(2005). 위의 책.
4 Vygotsky, L. S.(1962). Thought and language. Cambridge, MA: MIT Press. (Original work published 1934).; Vygotsky, l. s.(1978). Mind in society: The development of higher psychological processes. Cambridge, MA: Harvard University Press.
5 Knowles(1975). Self-directed learning: A guide for learners and teachers. Chicago: Follett Publishing Company. 1-21.
6 최종욱(2000). 현대성의 철학적 담론에 관한 비판적 소론. 국민대학교 어학연소, 19, 417-439.
7 박기범(2016). 사회과교육에서 학습의 재개념화. 학습자중심교과교육연구, 16(11), 553-568.
8 이상오(2012). 인문학적 상상력과 테크놀로지 그리고 교육. 서울: 경제인문사회연구.
9 권이종, 김승호, 소창영, 심의보, 안승열, 양병찬, 이관춘, 임상록, 조용하(2001). 평생교육방법론. 서울: 교육과학사. p.298에서 참조.
10 김진한(2006). '학습학'의 재조명을 통해 본 따름학(Followgogy)의 의미. 한국성인교육학회, 9(2), 97-120.; 이상오(2012). 위의 책.; 정대현(2015b). 교육공간으로서의 숲, 그 의미의 탐색-하리숲학교의 사례를 중심으로-. 생태유아교육, 14(2), 1-24.; 한준상(1999). 위의 책.; Knowles, M. S.(1975). Self-directed learning: A guide for learners and teachers. Chicago: Follett Publishing Company.
11 한준상(2003). 새로운 교육학 : 교육사회이론의 전개. 서울: 한국학술정보. p.301에서 참조.

12 Montessori, M.(1991). 몬테소리의 어린이의 신비. (조성자 역). 창지사.
13 한준상(1999). 위의 책.; 김진한(2006). 위의 연구.
14 Sternberg, R. J., Williams, W. M.(2012). 스턴버그의 교육심리학. (김정섭, 신경숙, 유순화, 이영만, 정명화, 황희숙 역). 서울: 시그마프레스. (원저출판 2010). p.188에서 참조.;
15 한준상(2003). 위의 책. p.300에서 참조.
16 Jantsch, E.(1980). The Self-Organizing Universe. NY: Pergamon Press. p.20에서 참조.
17 Deci, E., & Ryan, R.(1985). Intrinsic Motivation and Self-Determination in Human Behavior. New York: Plenum, p.33에서 참조.
18 Deci, E., & Ryan, R.(1985). 위의 책. p.122에서 참조.
19 Maturana, H, R.& Varela, F. J.(2015). 앎의 나무. 서울: 갈무리.
20 Maturana, H, R.& Varela, F. J.(2015). 위의 책. p.30에서 참조.
21 Maturana, H, R.& Varela, F. J.(2015). 위의 책.
22 Mercogliano, C.(2014). 길들여지는 아이들. (오필선 역). 서울: 민들레. (원저출판 2007) p.79에서 참조.
23 Briggs, J., & Peat, D.(1999). Seven Life Lessons of Chaos : Timeless Wisdom from the Science Change. New York: Harper Collins Publishers. p.57에서 참조.
24 Peter, G.(2015). 언스쿨링. (황기우 역). 박영스토리. (원저출판 2015) pp.150-151에서 참조.
25 Lave, J. & Wenger, E.(2010). 상황 학습-합법적 주변참여. (손민호 역). 서울: 강현 출판사. (원저출판 1998)
26 Jo, Y. H.(1989). Understanding the boundaries of make-belive: An ethnographic case study of pretend play among Korean children in U.S.A community. University of Illinois at Urbana-Champaign.
27 전가일(2010). 관객 없는 지휘의 자유: 유아의 혼자놀이 체험에 관한 현상학적 연구. 교육인류학연구, 13(2), 115-146.
28 이진경(2007). 모더니티의 지층들. 서울: 그린비.; Gadamer, H. G.(2000). 진리와 방법.(이길우 역). 서울: 문학동네. (원저출판 1960)
29 유혜령(1998). 질적연구의 자료해석 과정 : 현대 해석학적 관점. 교육인류학회

연구회 하계 워크샵 자료집.

30 Gadamer, H. G.(1996). Truth and method(2nd revised ed.). New York: Continuum.
31 유혜령(2008). 놀이 교육론 해체하기. 영남대학교 인문과학연구소 학술대회, 2008(5), 29-41.
32 유혜령(2008). 위의 연구. p.39에서 참조.
33 한순미(1999). 비고츠키와 교육. 서울: 교육과학사. p.139에서 참조.
34 전국재(2003). 놀이와 공동체. 서울: 예영커뮤니케이션. p.43에서 참조.
35 Robert S. Root-Bernstein, Michele M. Root-Bernstein(1999). Sparks of genius: The thirteen thinking tools of the world's most creative people. Boston: Houghton Mifflin. pp.347-348에서 참조.
36 Caillois, R.(1994). 놀이와 인간. 가면과 현기증. (이상률 역). 서울: 문예출판사. (원저출판 1958)
37 King, N. R.(1979). Children's conceptions of their own play. Early Child Development and Care, 58, 81-85.
38 King, N. R.(1986). When educators study play in schools. Journal of Curriculum and Supervision, 1(3), 233-246.
39 Fein, G.(1985). Learning in play; surface of thinking and feeling. In J. L. Frost and S.Sunderlin(Eds) When children play. Wheaton, Association for Childhood Education International.
40 King, N. R.(1982). Children's play as a form of resistance in the classroom. Journal of Education, 164(3), 320-329.
41 Vander Ven, K.(1998). Play, Proteus and paradox: Education for a chaotic and supersymmetric world. In Play from birth to twelve and beyond: Contexts, perspectives, and meanings, ed. Doris Pronin Fromberg and Doris Bergen, 19–32.
42 Jenvey, V. B., & Jenvey, H. L.(2002). Criteria used to categorize children's play: Preliminary findings. Social Behaviour and Personality, 30(8), 733–740.; Rubin, K. N., Fein, G. G., Vandenberg, B.(1983). Play. In E. M. Hetherington(Ed.) & P. H. Mussen(Series Ed.), Handbook of child psychology: Socialization, personality, and social development, NY:

43 Wiley. (4), 698-774.
43 황윤세(2013). 놀이 계획-실행-평가 활동에서의 유아의 의사결정력: 혼합연구방법론의 적용. 열린유아교육연구, 18(1), 19-39.
44 Caillois, R.(1994). 위의 책.
45 Barnett. L(1978). Theorizing about Play: Critique and Direction. Leisure Sciences. 1(2), 113-129.
46 Ellis, M.(1973). Why people play. Englewood Cliffs. NJ: Prentice Hall Publishing Co.
47 Piaget, J.(1962). Play, dreams and imitation in childhood. NY: Norton.
48 Harlow, H. F.(1950). Learning and satiation of response in intrinsically motivated complex puzzle performance by monkeys. Journal of Comparative and Physiological Psychology, 43(4), 289-294.
49 Hutt, C.(1971). Explorational play in children. In Play, exploration and territory in mammals. Symposia of the zoological society of London, 18, 61-81.
50 Wohlwill, J. F.(1984). Relationships between exploration and play. In T. D. Yawkey & A. D. Pellegrini(Eds.), Child's play: Developmental and applied, Hillsdale, NJ: Erlbaum, 143-170.
51 Bowlby J.(1969). Attachment. Attachment and Loss(1). Loss. New York: Basic Books.
52 박현숙, 박현숙, 김광웅(2004). 유아기 자녀를 둔 어머니의 놀이성과 부모 효능감 및 양육 스트레스에 관한 연구. 한국놀이치료학회, 7(1), 13-24.
53 이홍우, 유한구, 장성모(2007). 교육과정이론 서울: 교육과학사. p.150에서 참조.
54 Bauer, P. J.(2006) Event memory. In Handbook of Child Psychology: Cognition, Perception, and Language(6th Edn)(Kuhn, D. and Siegler, R., eds), John Wiley & Sons, 373–425.
55 Forman, E. & Cazden, C.(1985). Exploring Vygotskian perspectives in education: The cognitive value of peer interaction. In J.V. Wertsch(Ed.), Culture, communication and cognition: Vygotskian perpectives. Cambridge: Cambridge University Press.
56 Lave, J. & Wenger, E.(2010). 위의 책.

57 Lederer, J. M.(2000). Reciprocal teaching of social studies in inclucive elementary classrooms. Journal of Learning Disabilities, 33(1), 91-106.

58 Johnson, J. E., Christie, J. F., & Wardle, F.(2006). 놀이, 발달, 유아교육. (이진희, 손원경, 안효진, 유연옥 역). 서울 : 아카데미프레스. (원저출판 2005)

59 윤창국(2002). 학습공동체 논의의 유형과 특성에 관한 연구. 서울대학교 대학원. 석사학위논문.; 이지혜(2001). 학습공동체 운동의 의미와 전략. 마음 전체가 배움터이다: 학습공동체를 위한 다양한 실험들. 한국YMCA연맹.; 정민승(2000). 학문과 교육(하). 서울: 서울대학교 출판부.; Kerka, S.(1996). Book Group: Communities of Learners in Imel, Learning in Groups: Exploring Fundamental Principles, New Uses, and Emerging Opportunities. San Francisco: Jossey-Bass.

60 유성상(2000). 두레마을의 형성과 교육. 서울대학교 대학원. 석사학위논문.; 한준상(2007). 국가과외 : 누가 한국교육을 죽이는가. 서울: 학지사.

61 유영만(2006). '단순한' 학습의 '복잡성': 복잡성 과학에 비추어 본 학습복잡계 구성과 원리. Andragogy Today, 9(2), 53-96.

62 한순미(1999). 위의 책.

63 Davis, B. & Sumara, D.(2006). Complexity and education: Inquiries into learning, teaching and research. Mahwah, New Jersey: Lawrence Erlbaum Associates, Inc. 154, 181-187.

64 Ellis, J. L. Rogoff, B., & Cromer, C.(1981). Age segregation in children's social interactions. Developmental Psychology, 17, 399-407.

65 한순미(1999). 위의 책.

66 김미영(1993). 유치원 집단수성 유형에 따른 유아의 언어유형 분석. 숙명여자대학교 교육대학원. 석사학위논문.; 김현미(2002). 단일연령집단과 혼합연령집단이 유아의 언어능력 및 사회적 능력에 미치는 영향. 대구대학교 대학원. 석사학위논문.; 홍수연(1995). 혼합연령집단과 단일연령집단에서 유아의 사회적 행동 유형에 관한 연구. 이화여자대학교 교육대학원. 석사학위논문.

67 김현미(2002). 위의 연구.

68 Mugny, G., & Doise, W.(1978). Sociocognitive conflict and structure of individual and collective performances. European Journal of Social

Psychology, 8, 181–192.
69 Brody, G. H., Graziano, W. G. & Musser, L. M.(1983). Familiarity and children's behavior in same-age and mixed-age groups. Developmental Psychology, 19, 568-576.
70 교육부(2000). 유치원 교육활동 지도자료: 총론. 서울: 대한교과서.
71 Katz, L. G., Evangelou D., & Hartman, J. A.(1990). The Case for Mixed-Age Grouping in Early Education. Washington, DC: National Association fur the Education of Young Children.
72 Sebba, R.(1991). The Landscapes of Childhood : The Reflections of Childhood's Environment in Adult memories and in Children's Attitudes, Environment and Behavior. p.23에서 참조.
73 나귀옥, 곽정인(2013). 자연적 공간의 자유놀이에 나타난 창조와 변형. 미래유아교육학회지, 20(3), 249-279.
74 Jawer, M. & Micozzi, M.(2009). The Spritual Anatomy of Emotion.
75 홍계숙, 유혜령(2001). 아동기의 비밀에 대한 햔상학적 이해: 문학작품을 중심으로. 교육인류학 연구, 4(1), 169-198.
76 유혜령(2001). 유아의 역할놀이 경험 양식과 그 교육적 의미: 현상학적 이해. 유아교육연구, 21(3), 55-80.
77 Langeveld, M.(1983). The secret place in the life of the child. Phenomenology Pedagogy, 1(2), 181-191.
78 Manen, M., & Levering, B.(1996). Childhood secrets: Intimacy, privacy, and the self reconsidered. New York: Teachers College Press.
79 Pinar, W. F.(2013). 윌리엄 파이너와 교육과정 이론.(정정훈, 김영천 역). 아카데미프레스.(원저출판 1995)
80 Tovey, H.(2007). Playing Outdoors: Spaces and places, risk and challenge. Maidenhead: Open University Press.
81 Edward T. Hall(2002). 숨겨진 차원 공간의 인류학(최효선 역). 한길사.(원저출판 1996)
82 정대현(2014b). ADHD 유아의 숲학교 적응에 관한 연구. 한국영유아보육학, 88, 127-155.
83 Sutton-Smith, J.(1998). The ambiguity of Play. Cambridge, MA: Harvard University press.

V 숲에서 아이들의 일상

1. Myers, G. D.(1985). Motor behavior of kindergartners during physical education and free play. In J. L. Frost & S. Sunderlin(Eds.), When chidren play, Wheaton, MD: Association for Childhood Education International. pp.151-155에서 참조.
2. 안상혁(2012). 로제 카이와의 놀이 이론을 통한 온라인 게임 고찰. 디자인학 논문집. 디자인 학회, 17(1), 119-126. p124에서 참조.
3. Caillois, R.(1994). 놀이와 인간. 가면과 현기증. (이상률 역). 서울: 문예출판사. (원저출판 1958)
4. 유혜령(2008). 놀이 교육론 해체하기. 영남대학교 인문과학연구소 학술대회, 2008(5), 29-41.
5. Spink, M., Newberry, R. C., & Bekoff, M.(2001). 'Mammalian play: Can training for the unexpected be fun?', Quarterly Review of Biology(in press).
6. 나귀옥, 곽정인(2013). 자연적 공간의 자유놀이에 나타난 창조와 변형. 미래유아교육학회지, 20(3), 249-279.
7. Sandseter, E. B. H., & Kennair, L. E. O.(2011). Children's risky play from an evolutionary perspective: The anti-phobic effects of thrilling experiences. Evolutionary Psychology, 9(2), 257–284.
8. Benstein, A(1972). Wilderness is therapeutic behavior setting. Therapeutic Recreation Journal Fourth Quarter. pp.161-165에서 참조.
9. 신원섭(2003). 숲의 사회학. 서울 : 따님.
10. Froebel, F.(2005). 인간의 교육. (이원영, 방인옥 역). 파주: 양서원. (원저출판 1826) pp.114-115에서 참조.
11. 나귀옥, 곽정인(2013). 위의 논문.
12. 나귀옥, 곽정인(2013). 위의 논문.
13. Johnson, J. E., Christie, J. F., & Wardle, F.(2006). 놀이, 발달, 유아교육. (이진희, 손원경, 안효진, 유연옥 역). 서울 : 아카데미프레스.(원저출판 2005).
14. Pellegrini, A. D., & Smith, P. K.(1998). Physical activity play: The nature

and function of a neglected aspect of play. Child Development, 69, 577–598.
15 Pellegrini(1991). A longitudinal study of popular and rejected children's rough and tumble play. Early Education and Development, 2(3), 205-213.
16 Smith, P. K. & Boulton, M.(1990). Rough-and-tumble play, aggression and dominance: perception and behaviour in children's encounters. Human Development, 33, 271-282.
17 Bauer, K. L. & Dettore, E.(1997). Superhero play: What's a teacher to do?. Early Childhood Education Journal, 25(1), 17–21.
18 Boyd, B. J.(1997). Teacher response to superhero play: To ban or not to ban? Childhood Education, 74(1), 190-210. p.202에서 참조.
19 Bauer, K. L. & Dettore, E.(1997). 위의 논문.
20 Pellegrini, A. D.(1995). School recess and playground behavior: Educational and developmental roles. Albany, NY: State University of New York Press.
21 Opie, I., & Opie, P.(1969). Children's games in street and playground. Oxford: Clarendon Press. ; Sutton-Smith, B.(1972). The folkgames of children. Austin, TX: The University of Texas Press.
22 Froebel, F.(2005). 위의 책.
23 Froebel, F.(2005). 위의 책. pp115.
24 Rousseue, J. J(2006). 에밀. (정봉구 역). 파주시: 범우. (원저출판 1966) pp.156-157에서 참조.
25 Goldman, L. R.(1998). Child's Play: Myth, Mimesis and Make-Believe. Oxford: Berg Publishers. pp.18-47에서 참조.
26 유혜령(2004). 유아의 역할놀이에 나타난 모방과 창조의 미학. 유아교육연구, 24(3).277-303. p.279에서 참조. ; Ricoeur, P.(1978). The Rule of Metaphor: Multi-Disciplinary Studies of the Creation of Meaning in Language, trans. R. Czerny, K. McLaughlin and J. Costello, London: Routledge. p.123에서 참조.
27 유혜령(2004). 위의 연구.

VI 숲교육에서 찾는 존재와 시간

1 Rousseue, J. J(2006). 에밀.(정봉구 역). 파주시: 범우(원저출판 1966) p.130에서 참조.
2 오연주(2001). 4, 5세 유아의 운동능력에 영향을 미치는 관련 변인 연구. 유아교육연구, 21(4), 45-65.
3 윤영숙(2008). 기초체력요소중심의 동작활동이 유아의 기초체력증진에 미치는 영향. 이화여자대학교 교육대학원. 석사학위청구논문.
4 유근종(2013). 숲유치원의 자연체험활동이 유아의 친사회적 행동 및 정서표현에 미치는 영향. 서울교육대학교 교육대학원. 석사학위 논문.
5 이명환a(2006). 숲유치원의 교육학적 원리와 실제. 열린유아교육연구, 11(1), 125-152.
6 유근종(2013). 위의 논문.
7 이명환b(2006). 산림의 건강기능 구명과 이를 이용한 치료법 개발. 농림부.
8 Kaplan, R.(1984). Wilderness perception and psychological satisfaction. Leisure Sci, 6, 271-289.
9 Ulrich, R. S.(1984). View through a window may influence recovery from surgery. Science, 420-421. p. 224에서 참조.
10 Polkinghorne, D. E.(2009). 내러티브, 인문과학을 만나다. (강현석, 이영효, 최인자, 소희, 홍은숙, 강웅경 역). 서울: 학지사. (원저출판 1998) p.50에서 참조.
11 Rousseue, J. J(2006). 위의 책. p.302에서 참조.
12 신화식(2006). 몬테소리 이론의 탐구. 서울: 학지사. p.138-139에서 참조.
13 신원섭(2005). 위의 책. 77-79.
14 신원일, 김은일(2003). 산림의 건강기능 구명과 이를 이용한 치료법 개발. 농림부.
15 Driver, B., Brown, P. & Peterson, G. L.(1991). Benefits of Leisure. State College, PA: Venture.
16 신원섭(2005). 위의 책. pp.79-83에서 참조.
17 조기형(2012). 맛 평가론. 서울: 지오출판사.
박보경(2013). 초등학생 미각교육 프로그램 개발과 적용 및 치료 효과. 이화여자대학교 대학원. 박사학위논문.
18 Kernan, M., & Devine, D.(2010). Being Confined within? Constructions of the Good Childhood and Outdoor Play in Early Childhood Education

and Care Settings in Ireland. Children & Society, 24(5), 371-385.
19. Blanchet-Cohen, N., & Elliot, E.(2011). Young Children and Educators Engagement and Learning Outdoors: A Basis for Rights-Based Programming. Early Education and Development, 22(5), 757-777.
20. 정대현(2015b). 교육공간으로서의 숲, 그 의미의 탐색 -하리숲학교의 사례를 중심으로-. 생태유아교육연구, 14(2), 1-24.
21. 조형숙·김현주·홍은주(2004). 유아 교사의 환경 친화적 태도에 관한 연구. 한국영유아교원교육학회, 8(1), 33-50.
22. 교육과학기술부(2009). 만 5세 누리과정 교사용 지침서. 서울: 교육과학 기술부.
23. Wilson(1995). The Nature and Young Children: A natural connection. Young Children, 50(6), 4-11.
24. 이수민(2006). 산책을 통한 자연친화 교육활동이 유아의 친사회적 행동과 자아개념에 미치는 영향. 중앙대학교 대학원. 석사학위논문.
25. 이경화(2012). 숲체험활동이 유아의 인성 및 정서지능에 미치는 효과. 경기대학교 교육대학원. 석사학위논문.; 이귀옥(2008). 식물체험활동이 아동의 정서발달에 미치는 영향. 대구교육대학교 교육대학원. 석사학위논문.; 송창례(2012). 생태체험활동이 유아의 정서지능에 미치는 영향. 한국국제대학교 대학원. 석사학위논문.; 강명덕(2005). 자연체험이 유아의 정서지능에 미치는 영향. 경남대학교 교육대학교. 석사학위논문.; 진경금(2014). 숲에서의 교육 실시 여부에 따른 정서지능 차이 연구. 생태유아교육연구, 13(1), 109-130.
26. 안현옥, 조명자(2015). 숲 체험 활동이 유아의 감성지능과 행복감에 미치는 효과. 유아교육·보육복지연구, 19(1), 222-246.
27. Froebel, F.(2005). 인간의 교육. (이원영, 방인옥 역). 파주: 양서원. (원저출판 1826). pp.119-120에서 참조.
28. 곽노의(2010). 숲유치원에서의 놀이와 인성교육. 한국유아교육·보육행정학회 학술발표대회 논문집, 2010(2), 26-46.
29. Kelly, F. J., & Baer, D. J.(1969). Jesness inventory and self-concept measures for delinquents before and after participation in Outward Bound. Psychological Reports, 25, 719-724.
30. 신원섭(2003). 숲의 사회학. 서울 : 따님. pp.67-68에서 참조.

31. Blanchet-Cohen, N., & Elliot, E.(2011). Young Children and Educators Engagement and Learning Outdoors: A Basis for Rights-Based Programming. Early Education and Development, 22(5), 757-777.
32. Moss, P., & Petrie, P.(2002). From children's services to children's spaces. London: Routledge Falmer. p.130에서 참조.
33. Greenfield, C.(2004). 'Can run, play on bikes, jump the zoom slide, and play on the swings': exploring the value of outdoor play. Australian Journal of Early Childhood, 29(2). 1-5.
34. 나귀옥, 곽정인(2013). 자연적 공간의 자유놀이에 나타난 창조와 변형. 미래유아교육학회지, 20(3), 249-279.; Stephenson(2003). Physical Risk-taking: Dangerous or endangered?. Early Years, 23(1), 35-43.; Greenfield, C.(2004). 위의 연구.; Tovey, H.(2011). Achieving the balance: Challenge, risk and safety. In J. White(Ed.), Outdoor Provision in the Early Years. London: Sage.
35. Csikszentmihalyi, M.(1975). Beyond boredom and anxiety. San Francisco: Jossey-Bass.
36. 최석민(2004). 창의성 교육의 원리탐색 : 몰입의 원리. 교육 철학, 26, 197-214.
37. 이것을 Berlyne은 '다양한 탐색 활동'이라고 정의한다.
38. 이인숙(2008). 숲 체험활동이 유아의 언어표현력 및 자연친화적 태도에 미치는 영향. 성신여자대학교 교육대학원. 석사학위논문.
39. Wolfgang, C. H., Stannard, L. L., & Jones, I.(2001). Block play performance among preschoolers as a predictor of later school achievements in mathematics. Journal of Research in Childhood Education, 15(2), 173-180.
40. Russ, S., Robins, A., & Christiano, B.(1999). Pretend play: Longitudinal prediction of creativity and affect in fantasy in children. Creativity Research Journal, 12(2), 129-139.
41. Deleuze(2015). 들뢰즈가 만든 철학사. (박정태 역). 서울: 이학사. (원저출판 2002)
42. 정대현(2015a). 숲의 교육공간 형성에 관한 연행적 문화기술연구. 기독교와 어문학, 12(1), 145-177.

Ⅶ 숲교육 총론

1. 심임섭(2015) 복잡계로서 학습체계: 모형화, 시뮬레이션, 적용. 동국대학교. 박사학위논문.
2. Schwab, J. (1970). The practical: A language for curriculum. Washington, DC: National Education Association.
3. 유재봉, 임정연(2007).'교육받은 인간'에 대한 논쟁 검토: Peters에 대한 Martin의 비판을 중심으로. 교육과정연구, 25(4), 35-59.
4. Ryle, G. (2004). 마음의 개념. (이한우 역). 서울: 문예출판사. (원저출판 1949). p.37에서 참조.
5. Ryle, G. (2004). 위의 책. p.39에서 참조.
6. Ryle, G. (2004). 위의 책. p.37에서 참조.
7. 심임섭, 고진호(2015). 복잡적응시스템으로서 학교의 존재론 및 인식론. 교육철학, 55, 53-78.
8. Maturana, H, R.& Varela, F. J.(2015). 앎의 나무. 서울: 갈무리.(원저출판. 1984).
9. 이인효, 김정원, 최유림(1998). 열린교육을 위한 교육과정 개선 연구. 서울: 한국교육개발원, p.67에서 참조.
10. 정대현(2015b). 교육공간으로서의 숲, 그 의미의 탐색 -하리숲학교의 사례를 중심으로-. 생태유아교육연구, 14(2), 1-24.
11. 정대현(2015b). 위의 논문.
12. Wisneski, D. B., & Reifel, S.(2012). The place of play in early childhood curriculum. In N File, J. J. Mueller, & D. B. Wisneski(Eds.), Curriculum in early childhood education, New York, NJ: Routiedge. pp.175-187에서 참조.
13. 교육과학기술부(2013). 만 4세 누리과정 교사용 지도서. 서울: 교육과학 기술부.
14. Kamii & DeVries(1980). Group games in early education: Implication of Piaget's theory. Washington, DC: National Association for the Education of Young Children.
15. Jones, E., & Nimmo, J.(1994). Emergent curriculum. Washington, DC: NAEYC.
16. Rinaldi, C.(1993). The emergent curriculum and social constructivism. In

17 C. P. Edwards, L. Gandini, & G. Forman(Eds.), The hundred languages of children: The Reggio Emilia-advenced reflections. Norwood, NJ: Ablex.
17 정대현(2015b). 위의 논문.
18 Wisneski, D. B., & Reifel, S.(2012). The place of play in early childhood curriculum. In N File, J. J. Mueller, & D. B. Wisneski(Eds.), Curriculum in early childhood education. New York, NJ: Routiedge. pp. 175-187에서 참조.
19 정대현(2015b). 위의 논문.
20 Katz, L. G., & Chard, S. C.(2013). The Project Approach: An Overview. In Approaches to Early Childhood Education, 6th ed., eds. J. Roopnarine & J.E. Johnson, Upper Saddle River, NJ: Pearson. pp.68–84에서 참조.
21 Wisneski, D. B., & Reifel, S.(2012). 위의 연구.
22 김미숙(2016). 근접발달지대의 재개념화에 기초한 사회구성주의 이론의 탐색: 이원적(dyadic) 관계를 넘어서 참여(participation)로. 인간발달연구. 13(2), 1-20.
23 김미숙(2016). 위의 논문.
24 Cornell, J. B.(2002). 아이들과 함께 나누는 자연체험.(장상욱 역). 서울: 우리교육. (원저출판 1998).
25 Cornell, J. B.(2002). 위의 책.
26 임부연, 오정희, 최남정(2008). 비구조적인 자유놀이 시간에 유아들이 보여주는 '진짜 재미있는 놀이'에 대한 현상학적 연구. 유아교육연구, 28(1), 185-209.; Grinder, B., & Johnson, J.(1994). Gender-related teacher behavior and interventions and their consequences for preschool children at free play in day care settings. Paper presented at the meeting of the American Educational Research Association. New Orleans, LA.; Kontos, S.(1999). Preschool teacher' talk, roles, and activity setting during free play. Early Childhood Research Quarterly, 14, 363-382.
27 Smilansky, S.(1968). The effects of sociodramatic play on disadvantaged preschool children. New York: Wiley.
28 Enz, B., & Christie, J. F.(1997). Teacher play interaction styles : Effects on play behavior and relationships with teacher training and experience. International Journal of Early Childhood Education, 2, 55-75.; Roskos,

K., & Neuman, S.(1993). Descriptive observations of adults' facilitation of literacy in play. Early Childhood Research Quarterly, 8, 77-97.
29 김수영, 김수임, 정정희(2012). 놀이지도. 파주: 양서원.
30 Forrest, C.(2014). 내영혼의 따뜻했던 날들. (조경숙 역) 아름드리미디어. (원저출판 2001). pp275.
31 Ladd, G., & Troop-Gordon, W.(2003). The role of chronic peer difficulties in the development of children's psychological adjustment problems. Child Development, 74, 1344 – 1367.
32 Dodge, K. A., Lansford, J. E., Lansford, B., Salzer, V., Bates, J. E., Pettit, G. S., Fontaine, R., & Price, J. M.(2003). Peer Rejection and Social Information-Processing Factors in the Development of Aggressive Behavior Problems in Children. Child Development, 74(2), 374-393.
33 Harrist, A. W., Zaia, A. F., Bates, J. E., Dodge, K. A., & Pettit, G. S.(1997). Subtypes of social withdrawal in early childhood: Sociometric status and social-cognitive differences across four years. Child Development, 68(2), 278-294.
34 Rubin, K.(2003). Play Observation Scale: A Manual for Coding Free lay Behaviours of Young Children. University of Maryland.
35 Asher, S. R., & Paquette, J. A.(2003). Loneliness and peer relations in childhood, Current Directions in Psychological Science, 12(3), 75-78.
36 Downey, G., Lebolt, A., Rincon, C., & Freitas, A. L.(1998). Rejection sensitivity and children's interpersonal difficulties. Child Development, 69, 1072-1089.; Harrist, A. W., Zaia, A. F., Bates, J. E., Dodge, K. A., & Pettit, G. S.(1997).; Subtypes of social withdrawal in early childhood: Sociometric status and social-cognitive differences across four years. Child Development, 68(2), 278-294.
37 Rubin, K. H., Bukowski, W. M., & Parker, J. G.(2006). Peer interactions, relationships, and groups. In W. Damon, & RM Lerner(Series Eds.) & N. Eisenberg(Vol. Ed.), Handbook of child psychology. Social, emotional, and personality development, 3, 71-645.

38 Newcomb, A. F., Bukowski, W. M., & Pattee, L.(1993). Children's peer relations: A meta-analytical review of popular, rejected, neglected, controversial and average sociometric status. psychological bulletin, pp113, 99-128.

39 Rubin, K. H., Bukowski, W. M., & Parker, J. G.(2006). Peer interactions, relationships, and groups. In W. Damon, & RM Lerner(Series Eds.) & N. Eisenberg(Vol. Ed.), Handbook of child psychology: Social, emotional, and personality development, 3, 71-645.

40 Hay, D. F., Payne, A., & Chadwick, A.(2004). Peer relation in childhood. Journal of Child Psychology and Psychiatry, 45(1), 84-108.

41 Trawick-Smith, J.(1994). Interactions in the classroom: Facilitating play in the early years. Upper Saddle River, NJ: Prentice-Hall.

42 Moore, N. V., Evertson, C. M., & Brophy, J. E.(1974). Solitary play: Some functional reconsideration. Developmental Psychology, 10, 830-834.

43 Trawick-Smith. J.(2012). Teacher-child play interactions to achieve learning outcomes: Risks and opportunities. In T.C. Pianta's(ed.) Handbook of early childhood education. NY: The Guilford Press. 259-277.

44 Pellegrini, A. D.(1984). Identifying casual elements in the thematicfantasy play paradigm. American Educational Research Journal, 21, 691-701.

45 Garvey, C.(1977). Play. Cambridge, MA: Harvard University Press.

46 Johoson, J. E., Christie, J. F., & Yawkey, T. D.(1999). Play and early childhood development. New York: Longman.

47 Kamii, C.(1982). Number in preschool and kindergarten: Educational implications of Piaget's theory. Washington, DC: National Association for the Education of Young Children.

48 Curry, N., & Bergen, D.(1988). The relationship of play to emotional, social, and gender/sex role development. In D. Bergen(Ed.), Play as a medium for learning and development. London: Heinemann Educational Books, Inc. pp.107–132에서 참조.

49 Mize, J. & Ladd, G.W.(1990). A cognitive-social learning approach to social skill training with low status pre-school children. Developmental Psychology, 26(3), 388-397.
50 오인탁, 양은주, 황성원, 최재정, 박용석(2006). 새로운 학교교육문화운동. 서울: 학지사.
51 Hebenstreit, S.(1999). Maria Montessori. Eine Einfuhrung in ihr Leben und Werk, Freiburg.
52 이혜성, 이재림(2012). 농산어촌 소규모학교와 대안교육의 접점모색 : 몬테소리 교육학, 예나플랜 교육학, 프레네 교육학, 발도르프 교육학의 사례를 중심으로. 청소년시설환경, 10(2), 65-80. p.75에서 참조.
53 이양기(2005). 메타인지적 사고가 문장제 문제 해결에 미치는 영향. 단국대학교 대학원. 박사학위논문.
54 임부연, 김성숙, 송진영(2014). 유아교사론. 파주: 양서원.
55 이양기(2005). 위의 논문.
56 Moore, S.G., & Bulbulian, K. N.(1976). The effects of contrasting styles of adult-child interaction children's curiosity, Developmental Psychology, 12, 171-172.
57 Bradbard, M. R., & Endsley, R. C.(1983). Influence of sex stereotypes on children's exploration and memory: A competence versus performance distinction. Developmental Psychology, 22(4), 481-486.
58 Brophy, J., & Good, T.(1974). Teacher-student relationships: Causes and consequences. New York: Holt, Rinehart and Winston.: Miller, L. B., Bugbee M. B., & Hybertson, D. W.(1985). Dimensions of preschool: The effects of individual experience. Advances in Applied Developmental Psychology, 1, 25-90.
59 Trawick-Smith. J.(2012). Teacher-child play interactions to achieve learning outcomes: Risks and opportunities. In T.C. Pianta's(ed.) Handbook of early childhood education. NY: The Guilford Press. pp. 259-277에서 참조.
60 Hitz, R., & Driscoll, A.(1988). Praise or encouragement? New insights

into praise: Implications for early childhood teachers. Young Children, 6-14.; Pellegrini, A. D.(1984). Identifying casual elements in the thematicfantasy play paradigm. American Educational Research Journal, 21, 691-701.; Persons, J. E., Kaczala, C. M., & Meece, J. L.(1982). Socialization of achievement attitudes and beliefs: Classroom influences. Child Development, 53, 322–339.

61 Damon, W.(1995). Greater expectations: Overcoming the culture of indulgence in our homes and schools. New York: Free Press.

62 Harter, S.(1981). A New Self-Report Scale Of Intrinsic Versus Extrinsic Orientation In The Classroom: Motivational And Informational Components. Developmental Psychology, 17, 300-312.; Harter, S.(2006). Developmental and individual difference perspectives on self-esteem. In D. K. Mroczek & T. D. Little(Eds.), Handbook of personality development Mahwah, NJ: Erlbaum, 311–334.

63 Lepper, M. R., & Henderlong, J.(2000). Turning "play" into "work" and "work" into "play": 25 years of research on intrinsic versus extrinsic motivation. In C. Sansone & J. M. Harackiewicz(Eds.), Intrinsic and extrinsic motivation: The search for optimal motivation and performance. 257-307. San Diego: Academic Press.

64 Leary, M. R., & MacDonald, G.(2003) Individual differences in selfesteem: A review and theoretical integration. In MR Leary & JP Tangney, Ed. Handbook of Self and Identity, Guilford, NY. pp. 401-418에서 참조.

65 Rosenberg, M. B.(2004). 비폭력 대화. (캐서린 한 역). 서울: 바오출판사.

66 Vygotsky, L.(1962). Thought and language(E. Hanf-mann & G. Vakar, Trans.). Cambridge, MA: MIT Press.

67 Bandura. A.(1971). Psychological Modeling: Conflicting Theories, Chicago, New York: Aldine Atherton, Inc.

68   Hergenhahn. B,R.,(1988). An Introduction to Theories of Learning. (김영채 역) 학습심리학. 서울: 박영사.

69 송석재(2003). 반두라의 행위 중심의 도덕 교육론에 관한 연구. 한국교원대학교.

박사학위논문.

70. Hjelle L.A., Ziegler. D. j.,(1991) Personality Theories. (이훈구 역). 성격심리학. 서울: 범무사.
71. A. Bandura(1971). 위의 책.
72. A. Bandura(1971). 위의 책.
73. Leeds, D.(2000). The 7 Powers of Questions: Secrets to Successful Communication in Life and at Work. NY: Berkley. pp.30-279에서 참조.
74. 조선희, 유연옥(1999). 철학적 탐구 공동체 접근법 유아 사고 교육의 이론과 실제. 서울: 창지사.
75. Splitter, L. J., & Sharp, A. M.(1995). Teaching for Better Thinking: the classroom community of inquiry. Melbourne: ACER.
76. Sigel, I. E.(1982). The relationship between parental distancing strategies and the child's cognitive behavior. In L. M. Laosa & I. E. Sigel,(Eds.), Families as learning environment for children. NY : Plenum Press. pp. 47-86에서 참조.; 한순미(1999). 비고츠키와 교육. 서울: 교육과학사.
77. Dillon, J. T.(1981). "Duration of Responses to Teacher Questions and Statement", Contemporary Educational Psychology, 6, 1-11.; Tobin, K. G. & Capie, W.(1982). "Relationships Between Classroom Process Variables and Middle-School Science Achievement". Journal of Educational Psychology. 74, 441-454.
이성호(1999). 교수방법론. 서울: 학지사. pp.202-203에서 참조.
78. Wilen, W. W.(1996), "Thinking Skills Instruction in Social Studies Classrooms", B. G. Massialas & R. F. Allen, Critical Issues in Teaching Social Studies K-12, Belmont: Wadsworth Pub, Co. pp.132-133에서 참조.
79. Smilansky, S.(1968). The effects of sociodramatic play on disadvantaged preschool children. New York: Wiley
80. DiLeo, J. H.(1982). Graphic activity of young children: Development and creativity. In L. Lasky & R. Mukerji(Eds.) Art: Basic for young children. Washington, DC: National Association for the Education of Young Children.
81. Trawick-Smith. J.(2012). Teacher-child play interactions to achieve

learning outcomes: Risks and opportunities. In T.C. Pianta's(ed.) Handbook of early childhood education. NY: The Guilford Press. pp.259-277에서 참조.

82 Johoson, J. E., Christie, J. F., & Yawkey, T. D.(1999). Play and early childhood development(2nd ed.). New York: Longman.

83 Trawick-Smith. J.(2012). Teacher-child play interactions to achieve learning outcomes: Risks and opportunities. In T.C. Pianta's(ed.) Handbook of early childhood education. NY: The Guilford Press. pp.259-277에서 참조.

84 Trawick-Smith. J.(2012). 위의 책. pp.259-277에서 참조.

85 김수영, 김수임, 정정희(2012). 위의 책.

86 Olsson, L. M.(2017). 들뢰즈와 가타리를 통해 유아교육 읽기. (이연선·이경화·김영연 역). 서울:살림터. (원저출판 2009)

87 Olsson, L. M.(2017). 위의 책. p.182에서 참조.

88 Toyama, K.(2015). Why Technology Will Never Fix Education. The Chronicle of Higher Education. Retrieved from The Chronicle of Higher Education http://chroni-cle.com/article/Why-Technology-WillNever-%20Fix/230185/?cid=at&utm_source=at&utm_medium=en.

89 Bollnow, O. F.(1989). The pedagoical atmosphere: The Perspective of the Educator. Phenomenology + Pedagog, 7, 37—63. p. 44에서 참조.

90 이현주, 유혜령(2004). Bollnow의 "교육적 분위기" 개념을 통해 본 어린이-교사 관계론. 열린유아교육연구, 8(4), 293-315.

91 Bollnow, O. F.(1989). 위의 책 p.48에서 참조.
이현주, 유혜령(2004). Bollnow의 "교육적 분위기" 개념을 통해 본 어린이-교사 관계론. 열린유아교육연구, 8(4), 293-315.

92 김성숙, 임부연(2014). 이야기나누기 수업에서 신체화된 교육 운영을 위한 교사연수 프로그램에 관한 질적연구. 유아교육학논집, 18(4), 307-332.

93 Heidegger. M.(2006). 철학입문. (이기상, 김재철 역). 서울: 까치. (원저출판 1996); Heidegger. M.(2008). 강연과 논문. (이기상, 신상희, 박찬국 역). 서울: 이학사. (원저출판 1954)

VII 관계맺기의 도구

1. Kamii, C.(1982). Number in preschool and kindergarten: Educational implications of Piaget'stheory. Washington, DC: National Association for the Education of Young Children.
2. Kamii, C., & DeVries, R.(1978). Physical knowledge in preschool education: Implications of Piaget's theory. New York: Teachers College Press.
3. Kamii, C., & DeVries, R. (1978). 위의 책.
4. Kamii, C. (1982). 위의 책.
5. Kamii, C. (1982). 위의 책.
6. Abd-El-Khalick, F., Bell, R. L., & Lederman, N. G. (1998). The nature of science and instructional practice: Making the unnatural natural. Science Education, 82, 417–437.
7. 김범기, 권재술 (1995). 과학개념과 인지적 갈등의 유형이 학생들의 개념변화에 미치는 영향. 한국과학교육학회지, 15(4), 472-486.
8. 유혜령(2001). 유아의 역할놀이 경험 양식과 그 교육적 의미: 현상학적 이해. 유아교육연구, 21(3), 55-80.
9. 고문숙, 이혜주, 임영심, 황정숙(2001). 어린이 놀이지도. 서울: 정민사.
10. 유혜령(2001). 위의 논문. pp.75-76에서 참조.
11. Smith, P. (1978). A longitudinal study of social participation in preschool children: Solitary and parallel play reexamined. Developmental Psychology, 14, 517-523.
12. Trawick-Smith, J. (1994). Interactions in the classroom: Facilitating play in the early years. Upper Saddle River, NJ: Prentice-Hall.
13. Trawick-Smith, J. (1994). Interactions in the classroom: Facilitating play in the early years. Upper Saddle River, NJ: Prentice-Hall.
14. Athey, I. (1988). The relationship of play and cognitive, language, and moral development. In Play as a medium for learning and development: A handbook of theory and practice, ed. D. Bergan,

81–101. Portsmouth, NH: Heinemann.
15 Garvey, C. (1977). Play. Cambridge, MA: Harvard University Press. Rubin, K. (1980). Fantasy play: Its role in the development of social skills and social cognition. In K. Rubin(Ed.), Children's play: Vol. 9. New directions for child development.69-83 SanFrancisco, CA: Jossey-Bass.
16 Pellegrini, A. D., & Smith, P. K. (1998). Physical activity play: The nature and function of a neglected aspect of play. Child Development, 69, 577–598.
17 Trawick-Smith, J. (1994). Interactions in the classroom: Facilitating play in the early years. Upper Saddle River, NJ: Prentice-Hall.
18 Lindfors, J. W. (1987). Children's language and learning (2nd ed.). Englewood Cliffs, NJ: PrenticeHall.
19 김상수(2011). 관찰의 본성을 나타내는 진술문의 추출과 이에 대한 고등학생의 이해변화. 전남대학교 대학원. 박사학위논문.
20 Heinsenberg, W. (1995). 부분과 전체. (김용준 역). 서울: 지식산업사. (원저출판 1969)
21 Martin, R. J. (1997). Mindfulness: A proposed common factor. Journal of Psychotherapy Integration, 7(4), 291-312.
22 김상수(2011). 위의 논문.
23 Hodson, D. (1986). The nature of scientific observation. School Science Review. 68, 28-35. Hodson, D. (1996). Rethinking the role and status of observation in science education. European Education, 28(3), 37-58.
24 이은형(2012). 유아를 위한 자연 친화적 수학영역 중심 교육 프로그램 개발 및 적용 효과. 중앙대학교 대학원 박사학위논문.
25 김병소(2012). 풀잎 위에 알고리즘. 서울: 해마을. p.123에서 참조.
26 Heinsenberg, W. (1995). 부분과 전체. (김용준 역). 서울: 지식산업사. (원저출판 1969). p.55에서 참조
27 Kamii, C., & Lee-Katz, L. (1983). In J. F. Brown (Ed.), Curriculum planning for young children. Washington, DC: National Association for the Education of Young Children.

28. Robert S. Root-Bernstein, Michele M. Root-Bernstein (1999). Sparks of genius: The thirteen thinking tools of the world's most creative people. Boston: Houghton Mifflin. pp.20-30에서 참조.
29. 김은정, 유윤영, 오진희(2012). 유아기 유추추론 발달 및 관련 요인에 관한 이론적 고찰. 미래유아교육학회지, 19(1), 383-406.
30. Gelman, S. A. (1988). The development of induction within natural kind and artifact categories. Cognitive Psychology, 20, 65-95.
31. Richland, L. E, Chan, T., & Morrison, R. G. (2010). Young children's analogical reasoning across cultures: Similarities and differences. Journal of Experimental Child Psychology, 105(1), 146-153.; Richland L. E., Zur, O., & Holyoak, K. J. (2007). Cognitive supports for analogies in the mathematics classroom. Science-New York Then Washington.
32. 김은정, 유윤영, 오진희(2012). 유아기 유추추론 발달 및 관련 요인에 관한 이론적 고찰. 미래유아교육학회지, 19(1), 383-406.
33. 김은정 외(2012). 위의 논문.
34. 김은정 외(2012). 위의 논문.
35. Mattews, G. B. (1984). Dialogues with Children. Cambridge, MA : Harvard University Press.
36. 장사형(2012). 어린이 철학교육을 위한 어린이 '철학함'의 본질. 한국교육철학회, 48, 307-337.
37. 나가이 히토시(2001), 어린이의 마음으로 철학하기. 서울 : 길
38. Splitter, L. J. (1991). Critical thinking, what, why, when and how. Educational Philosophy and Theory, 23(2), 89-109.
39. Barell, J. (1983). Reflections on Critical Thinking in Secondary Schools. Educational Leadership, March.
40. 조선희, 유연옥(1999). 철학적 탐구 공동체 접근법 유아 사고 교육의 이론과 실제. 서울: 창지사.
41. Matthews, G. B.(1987). 어린이와 함께 하는 철학. 서울: 서광사. (원저출판 1980) p.103에서 참조.
42. 김상수(2011). 위의 논문. p.13에서 참조.

43 이경우, 홍계경, 신은수, 진명희(1997). 유아수학교육의 이론과 실제. 서울: 창지사.
44 Wilson, P. S., & Osborne, A. R. (1988). Foundation ideas in teaching about measure. In T. R. Post (Ed), Teaching mathematics in K-8 : Research based methods (384-405). Newton. MA: Allyn & Bacon.
45 이경우, 홍혜경, 신은수, 진명희(1997). 위의 책.
46 Kamii, C. (1982). 위의 책.
47 Cobb, P. (1985). Two children's anticipations, beliefs, and motivations. Educational Studies in Mathematics, 16, 111-126.
48 Copeland, R. W. (1974). How children learn mathematics; Teaching implications of Piaget's research (2nd ed.). New York: Macmillan Publishing Co. : DeVries, R., & Kohlberg, L. (1990). Constructivist early education. Washington, DC: National Association for the Education of Young Children.
49 Kamii, C. (1982). 위의 책.
   Kamii, C., & DeVries, R. (1978). 위의 책.
50 Leed-Lundberg(1984). The block builder mathematician. In. S. Hirsch(Ed.), The block book(reved.). Washington, DC: National Association for the Education of Young Childen.
51 Piaget(1963). The origins of intelligence in children. NY: Norton.
52 Inhelder, B., & Piaget, J. (1958). The Growth of Logical Thinking from Childhood to Adolescence. London: Routledge and Kegan Paul.
53 이경우, 홍혜경, 신은수, 진명희(1997). 위의 책.
54 Pinker, S. (1998). 언어본능. (김한영, 문미선, 신효식 역). 서울: 그린비. (원저출판 1994) p.63에서 참조.
55 Pinker, S. (1998). 위의 책. p.54에서 참조.
56 Froebel, F. (2005). 인간의 교육. (이원영, 방인옥 역). 파주: 양서원. (원저출판 1826) p.102에서 참조.
57 이명옥(2010). 유아언어지도. 파주: 신광문화사. p.14에서 참조.
58 Lindfors, J. W. (1980). Children's language and learning. Englewood Cliffs. New Jersey: Prentice Hall, Inc.

59 Bloom, L. (1983). Of continuity, nature, and magic. In R. Golinkoff(Ed.). The transition from preverbal to verbal communication. Hillsdale, NJ: Erlbaum.

60 Smothergill, N. L., Olson, F., & Moore, S. G. (1971). The effects of manipulation of teacher communication style in the preschool. Child Development, 42, 1229-1239.

61 Martin, R. J. (1997). Mindfulness: A proposed common factor. Journal of Psychotherapy Integration, 7(4), 291-312.

62 오타베 다네히사(2011). 예술의 역설. (김일림 역). 파주시: 돌베개. (원저출판 1958). pp.94-95에서 참조.

63 정대현(2015b). 교육공간으로서의 숲, 그 의미의 탐색 -하리 숲학교의 사례를 중심으로-. 생태유아교육연구, 14(2), 1-24.

64 전미숙, 최우정, 곽덕주, 정연심, 남인우(2014). 미적체험과 예술교육. 서울: 이음스토리.; Schirrmacher, R & Fox, J. E(2008). Art and Creative Development for Young Children (6th Ed). NY:Cengage Learning.

65 최남정(2008). 심미적 미술교육을 위한 미술교사 역할에 대한 사례 연구. 생태유아교육연구, 7(2), 83-103.

66 임부연(2015). 누리과정, 미학을 만나다. 파주: 양서원. p.274에서 참조.

67 Schirrmacher, R & Fox, J. E(2008).Art and Creative Development for Young Children (6th Ed). NY:Cengage Learning.

68 Schirmacher (1986). Talking with children about their art. Young children, 41(5), 3-10.

69 Trawick-Smith, J. (1994). Interactions in the classroom: Facilitating play in the early years. Upper Saddle River, NJ: Prentice-Hall.

70 Schirmacher,R (1986). 위의 연구.

71 Hargreaves, D. J. & M. P. Zimmerman.(1992). Developmental Theories of Music Learning. In R. Colwell (ed). Handbook of Research on Music Teaching and Learning New York: Schirmer Books. pp.377-390에서 참조.

72 Gordon, E. E.(1990). A music learning theory for newborn and young children. Chicago, IL: GIA. Pub. Inc.

73 Gordon, E. E.(1990). A music learning theory for newborn and young children. Chicago, IL: GIA. Pub. Inc.
74 양선아(2015). 유아기에는 악기 교육보다 다양한 소리 경험을. 한겨레신문. 2015년 1월 6일. http://babytree.hani.co.kr/302856.
75 석문주, 최은식, 함희주, 권덕원(2009). 음악교육의 이해와 실천. 서울: 교육과학사.
76 Scott-Kassner, C. (1992). Research on music in early children. In R. Colwell (Ed.), Handbook of research on music teaching and learning. New York : Schirmer Books. pp.633-650에서 참조.
77 Cornell, J. B. (2002). 아이들과 함께 나누는 자연체험. (장상욱 역). 서울: 우리교육. (원저출판 1998) pp. 66-69에서 참조.
78 Manuel, R(2014). 음악의 기쁨 1: 음악의 요소들. (이세진 역). 파주시: 북노마드. (원저출판 1947) pp12-13 에서 참조.
79 Manuel, R(2014). 앞의 책.
80 김현영(2001). Gordon의 음악학습이론에 근거한 음악감상활동이 유아의 음감과 리듬감에 미치는 영향. 중앙대학교 대학원. 석사학위논문.
81 자연음악(1997). 리라연구그룹. (이기애 역) 서울: 삶과 꿈. (원저출판 1997). pp.16-17에서 참조.
82 Wolf, J. (1992). Let's sing it again: Creation music with young children. Young Children, 47(2), 50-61.

참고문헌

강명덕(2005). 자연체험이 유아의 정서지능에 미치는 영향. 경남대학교 교육대학교. 석사학위논문.
강선보(2003). (마르틴 부버)만남의 교육철학. 서울: 원미사.
고문숙, 이혜주, 임영심, 황정숙(2001). 어린이 놀이지도. 서울: 정민사.
곽노의(2010). 숲유치원에서의 놀이와 인성교육. 한국유아교육·보육행정학회 학술발표대회 논문집, 2, 26-46.
곽노의(2016). 자연과 숲, 동양철학과의 만남. 2016 한국 아동숲교육학회 창립학술대회, 19-37.
교육과학기술부(2009). 만 5세 누리과정 교사용 지침서. 서울: 교육과학 기술부.
교육부(2000). 유치원 교육활동 지도자료: 총론. 서울: 대한교과서.
권동택(2004). 수요자중심과 아동중심의 초등교육학적 의미 분석. 초등교육연구, 17(1), 389-410.
권용주, 이준기(2010). 분류 지식의 생성과 이해 형태 학습을 통한 학생들의 두뇌활성 변화. 한국과학교육학회지, 30(4), 487-497.
권이종, 김승호, 소창영, 심의보, 안승열, 양병찬, 이관춘, 임상록, 조용하(2001). 평생교육방법론. 서울: 교육과학사.
김덕건, 김효진(2006). 숲 체험활동이 유아의 감성지능에 미치는 효과. 생태유아교육연구, 5(1), 57-78.
김명희, 김영천(1998). 다중지능이론: 그 기본 전제와 시사점. 교육과정 연구. 16(1). 299-330.
김미영(1993). 유치원 집단수성 유형에 따른 유아의 언어유형 분석. 숙명여자대학교 교육대학원. 석사학위논문.
김범기, 권재술(1995). 과학개념과 인지적 갈등의 유형이 학생들의 개념변화에 미치는 영향. 한국과학교육학회지, 15(4), 472-486.
김병소(2012). 풀잎 위에 알고리즘. 서울: 해마을.

김상수(2011). 관찰의 본성을 나타내는 진술문의 추출과 이에 대한 고등학생의 이해변화. 전남대학교 대학원 박사학위논문.

김석근(2004) 언어학 개론. 경상도: 경상대학교 출판부.

김성숙, 임부연(2014). 이야기나누기 수업에서 신체화된 교육 운영을 위한 교사연수프로 그램에 관한 질적연구. 유아교육학논집, 18(4), 307-332.

김수영, 김수임, 정정희(2012). 놀이지도. 파주: 양서원.

김숙자, 김지영(2007). 자연물을 활용한 유아 수학 교과활동 경험.

김신일(2012). 교육사회학. 경기: 교육과학사.

김은정, 유윤영, 오진희(2012). 유아기 유추추론 발달 및 관련 요인에 관한 이론적 고찰. 미래유아교육학회지, 19(1), 383-406.

김은주, 변지혜(2012). 유아교육기관의 숲반과 일반반 유아의 체형 분석. 열린유아교육연구, 17(6), 277-299.

김은주, 임재택, 변지혜(2012). 숲반과 일반학급 유아의 체격, 신체조성 및 체력 비교 분석. 한국영유아교원교육학회, 16(2), 167-186.

김진한(2006). '학습학'의 재조명을 통해 본 따름학(Followgogy)의 의미. 한국성인교육학회, 9(2), 97-120.

김창수(2008). 생태교육과 생태주의의 한계를 넘어서. 열리전북. 1월호.

김창환(1996). 랑에벨트의 어린이 인간학 연구. 교육학연구, 34(1), 47-61.

김철(2009). Buber와 Bollnow의 인간관과 교육관:실존적 만남으로서의 교육을 중심으로. 교육사상연구, 23(3), 149-171.

김현미(2002). 단일연령집단과 혼합연령집단이 유아의 언어능력 및 사회적 능력에 미치는 영향. 대구대학교 대학원. 석사학위논문.

김현영(2001). Gordon의 음악학습이론에 근거한 음악감상활동이 유아의 음감과 리듬감에 미치는 영향. 중앙대학교 대학원 석사학위논문.

김혜경(2001). 유아음악교육. 서울: 창지사.

김혜영(2008). 유치원에서 유아들의 비밀장소가 지니는 의미. 덕성여자대학교 대학원. 박사학위논문.

김훈태(2012). 발도르프교육학의 기초가 되는 루돌프 슈타이너의 인간학 연구. 성공회대 학교 교육대학원. 석사학위논문.

나가이 히토시(2001). 어린이의 마음으로 철학하기. 서울 : 길.

나귀옥, 곽정인(2013). 자연적 공간의 자유놀이에 나타난 창조와 변형.
　　　미래유아교육학회지, 20(3), 249-279.
마지순(2008). 숲 체험활동이 유아의 과학적 태도와 과학적 탐구능력에 미치는 영향.
　　　한국유아체육학회지, 9(1), 85-101.
문미옥, 이혜상(2013). 동서양이 만난 유아교육개론. 서울: 교육아카데미.
문용린, 유경재(2011). 하워드 가드너 다중지능. 서울: 웅진지식하우스.
박기범(2016). 사회과교육에서 학습의 재개념화. 학습자중심교과교육연구,
　　　16(11), 553-568.
박미혜(2015). 페스탈로치의 생애와 교육사상. 인하대학교 교육대학원. 석사학위논문.
박보경(2013). 초등학생 미각교육 프로그램 개발과 적용 및 치료 효과. 이화여자대학교
　　　대학원. 박사학위논문.
박상아(2008). 아동용 놀이성 척도의 개발 및 타당화. 성신여자대학교 대학원.
　　　석사학위논문.
박현숙, 박현숙, 김광웅(2004). 유아기 자녀를 둔 어머니의 놀이성과 부모 효능감 및
　　　양육 스트레스에 관한 연구. 한국놀이치료학회, 7(1), 13-24.
박상화(2009). 화랑도 교육의 내용 미 방법에 관한 연구. 연세대학교 대학원.
　　　석사학위 논문.
박승규(2011). 인문학으로서 지리학과 지리교육-존재이유를 묻다. 대한지리학회지.
　　　45(6), 698-710.
박준영, 천정미(2002). 교육자의 권위 위기 현상과 권위 회복, 인문과학논총, 5, 205-221.
박현희(2011). 미술교육에서 감각 체험 활동을 통한 드로잉 지도 방안 연구:
　　　초등학교 4학년을 중심으로. 한국교원대학교 교육대학원. 석사학위논문.
배재학(2009). 복잡성이론의 패러다임과 그 교육적 의의. 경북대학교 대학원.
　　　박사학위논문.
배재학(2015). 교육에서 복잡성 이론의 함의. 한국교육철학회, 55, 23-51.
석문주, 최은식, 함희주, 권덕원(2009). 음악교육의 이해와 실천. 서울: 교육과학사.
　　　전남대학교 대학원. 박사학위논문.
성현란 외(2001). 인지발달. 서울 : 학지사.
손성애(2016). 장애어린이집 유아의 숲 생활에 관한 문화기술학적 연구. 총신대학교
　　　교육대학원. 석사학위논문.

송창례(2012). 생태체험활동이 유아의 정서지능에 미치는 영향. 한국국제대학교 대학원 석사학위논문.
신원섭(2003). 숲의 사회학. 서울 : 따님.
신원섭(2005). 치유의 숲. 서울: 지성사
신원일, 김은일(2003). 산림의 건강기능 구명과 이를 이용한 치료법 개발. 농림부.
신지연, 김정현, 정이정(2012). 숲유치원 접근의 유치원과 일반 유치원 유아의 기초체력 및 행복감 비교. 한국영유아교원교육학회, 16(6), 5-26.
신화식(2006). 몬테소리 이론의 탐구. 서울: 학지사.
심성경, 조순옥, 이정숙, 이춘자, 아선경, 이효숙(2009). 유아교육개론. 서울: 창지사.
심임섭(2015). 복잡계로서 학습체계: 모형화, 시뮬레이션, 적용. 동국대학교 대학원. 박사학위논문.
심임섭, 고진호(2015). 복잡적응시스템으로서 학교의 존재론 및 인식론. 한국교육철학회,55, 53-78.
안드레이스 귀틀러, 카트린 라허.(2012). 자연미술: 자연과 함께한 랜드아트. (강성희 역). 피피엔.
안명숙(2013). 숲에서의 놀이경험을 통한 유아미술교육이 유아의 미술표현능력 및 창의성에 미치는 영향. 홀리스틱연구, 17(1), 105-131.
안인희(1996). 루소의 자연교육 사상. 이화여자대학교 출판부.
안상혁(2012). 로제 카이와의 놀이 이론을 통한 온라인 게임 고찰. 디자인학 논문집. 디자인 학회, 17(1), 119-126.
안현옥, 조명자(2015). 숲 체험 활동이 유아의 감성지능과 행복감에 미치는 효과. 유아교육·보육복지연구, 19(1), 222-246.
양선아(2015). 유아기에는 악기 교육보다 다양한 소리 경험을. 한겨레신문. 2015년 1월 6일. http://babytree.hani.co.kr/302856
양옥승(2000). 재개념론적 관점에서 본 유아교육과정 탐구. 한국영유아보육학, 22, 139-170.
염지숙, 이명순, 조형숙, 김현주(2015). 유아교사론. 서울: 정민사.
오연주(2001). 4, 5세 유아의 운동능력에 영향을 미치는 관련 변인 연구. 유아교육연구, 21(4), 45-65.
오영희, 박찬옥, 박윤자, 정미애(2010). 유아교육개론. 경기: 21세기사.

오인탁, 양은주, 황성원, 최재정, 박용석(2006). 새로운 학교교육문화운동. 서울: 학지사.
오타베 다네히사(2011). 예술의 역설. (김일림 역). 파주시: 돌베개.
  (원저출판 1958)
유광찬(2001). 교육과정의 이해. 서울: 교육과학사.
유근종(2013). 숲유치원의 자연체험활동이 유아의 친사회적 행동 및 정서표현에
  미치는 영향. 서울교육대학교 교육대학원. 석사학위논문.
유성상(2000). 두레마을의 형성과 교육. 서울대학교 대학원. 석사학위논문.
유영만(2006). '단순한' 학습의 '복잡성': 복잡성 과학에 비추어 본 학습복잡계 구성과
  원리. Andragogy Today, 9(2), 53-96.
유재봉, 임정연(2007). '교육받은 인간'에 대한 논쟁 검토: Peters에 대한 Martin의
  비판을 중심으로. 교육과정연구, 25(4), 35-59
유혜령(1998). 질적연구의 자료해석 과정 : 현대 해석학적 관점. 교육인류학회 연구회
  하계워크샵 자료집.
유혜령(2001). 유아의 역할놀이 경험 양식과 그 교육적 의미: 현상학적 이해.
  유아교육 연구, 21(3), 55-80.
유혜령(2004). 유아의 역할놀이에 나타난 모방과 창조의 미학. 유아교육연구,
  24(3). 277-303.
유혜령(2008). 놀이 교육론 해체하기. 영남대학교 인문과학연구소 학술대회,
  2008(5), 29-41.
윤영수, 채승병(2005). 복잡계 개론; 세상을 움직이는 숨겨진 질서 읽기 서울:
  삼성경제 연구소.
윤영숙(2008). 기초체력요소중심의 동작활동이 유아의 기초체력증진에 미치는 영향.
  이화여자대학교 교육대학원 석사학위청구논문.
윤지영(2014). 로제 카이와의 이론을 통해 본 현대 패션디자인의 놀이 유형분류 및
  특성 에 관한 연구. 이화여자대학교 대학원. 박사학위논문.
윤창국(2002). 학습공동체 논의의 유형과 특성에 관한 연구. 서울대학교 대학원.
  석사학위논문.
이경우, 홍계경, 신은수, 진명희(1997). 유아수학교육의 이론과 실제. 서울: 창지사.
이경화(2012). 숲체험활동이 유아의 인성 및 정서지능에 미치는 효과. 경기대학교
  교육대학원. 석사학위논문.

이귀옥(2008). 식물체험활동이 아동의 정서발달에 미치는 영향. 대구교육대학교
　　　교육대학원. 석사학위논문.
이명옥(2010). 유아언어지도. 파주: 신광문화사.
이명환a(2006). 숲유치원의 교육학적 원리와 실제. 열린유아교육연구, 11(1), 125-152.
이명환a(2007). 독일의 숲유치원. 서울: 교육아카데미.
이명환a(2011). 유아교육기관에서의 숲 체험 교육에 대한 교사의 인식.
　　　생태유아교육연구, 10(1), 175-200.
이명환, 김은숙(2011). 녹색교육 숲유치원-독일·스위스·한국. 서울: 교육아카데미.
이명환b(2006). 산림의 건강기능 구명과 이를 이용한 치료법 개발. 농림부.
이상오(2012). 인문학적 상상력과 테크놀로지 그리고 교육. 서울: 경제인문사회연구.
이성호(1999). 교수방법론. 서울: 학지사.
이수민(2006). 산책을 통한 자연친화교육활동이 유아의 친사회적 행동과 자아개념에
　　　미치는 영향. 중앙대학교 대학원. 석사학위논문.
이숙희(1993). 5세 유아의 음악청취력 향상 프로그램 개발과 그 효과에 관한 연구.
　　　서울여자 대학교 대학원. 박사학위연구.
이양기(2005). 메타인지적 사고가 문장제 문제 해결에 미치는 영향. 단국대학교 대학원
　　　박사학위논문.
이은형(2012). 유아를 위한 자연 친화적 수학영역 중심 교육 프로그램 개발 및 적용
　　　효과. 중앙대학교 대학원 박사학위논문.
이인경(2004). 문학을 활용한 자연체험 활동이 유아의 미술표현 능력에 미치는 영향.
　　　한국성서대학교. 석사학위논문.
이인숙(2008). 숲 체험활동이 유아의 언어표현력 및 자연친화적 태도에 미치는 영향.
　　　성신여자대학교 교육대학원 석사학위논문.
이인효, 김정원, 최유림(1998). 열린교육을 위한 교육과정 개선 연구.
　　　서울: 한국교육개발원.
이종태(2001). 대안교육과 대안학교. 서울: 민들레.
이지혜(2001). 학습공동체 운동의 의미와 전략. 마음 전체가 배움터이다:
　　　학습공동체를 위한 다양한 실험들. 한국YMCA연맹.
이진경(2007). 모더니티의 지층들. 서울: 그린비. ; Gadamer, H. G.(2000).
　　　진리와 방법.(이길우 역). 서울: 문학동네.(원저출판 1960)

이현주, 유혜령(2004). Bollnow의 "교육적 분위기" 개념을 통해 본 어린이-교사 관계론. 열린유아교육연구, 8(4), 293-315.

이혜성, 이재림(2012). 농산어촌 소규모학교와 대안교육의 접점모색 : 몬테소리 교육학, 예나플랜 교육학, 프레네 교육학, 발도르프 교육학의 사례를 중심으로. 청소년시설환경, 10(2), 65-80.

이홍우, 유한구, 장성모(2007). 교육과정이론 서울: 교육과학사.

임부연(2015). 누리과정, 미학을 만나다. 파주: 양서원.

임부연, 김성숙, 송진영(2014). 유아교사론. 파주: 양서원.

임부연, 오정희, 최남정(2008). 비구조적인 자유놀이 시간에 유아들이 보여주는 '진짜 재미있는 놀이'에 대한 현상학적 연구. 유아교육연구, 28(1), 185-209.

임은정(2013). 원장의 인식을 통한 숲속 유아교육의 의미. 홀리스틱교육연구. 17(2). 61-92.

임재택(2010). 생태유아교육 프로그램 운영. 경기: 공동체.

임재택, 이소영, 김은주(2012). 숲유치원 운영실태 및 운영방안에 대한 연구. 생태유아교육연구, 11(2), 57-85.

장사형(2012). 어린이 철학교육을 위한 어린이 '철학함'의 본질. 한국교육철학회, 48, 307-337.

장정애(2011). 자연의 소리를 활용한 통합적 유아음악교육 프로그램 구성 및 효과. 중앙대학교 대학원. 박사학위논문.

장희정(2010). 숲유치원. 서울: 호미.

전가일(2010). 관객 없는 지휘의 자유: 유아의 혼자놀이 체험에 관한 현상학적 연구. 교육인류학연구, 13(2), 115-146.

전국재(2003). 놀이와 공동체. 서울: 예영커뮤니케이션.

전미숙, 최우정, 곽덕주, 정연심, 남인우(2014). 미적체험과 예술교육. 서울: 이음스토리.

전은주(2012). 슈타이너의 인간이해에 기초한 자유발도르프학교의 초등교육적 의미. 광주교육대학교 교육대학원. 석사학위논문.

정대현(2008). 유아교육기관에서 초등학교로의 적응. 파주: 이담북스.

정대현(2013). 숲의 교육적 의미. 2013년 총신대학교 유아교육 세미나 발제 원고.

정대현(2014a). 파커팔머의 공간 사상에서 본 숲의 교육적 의미. 기독교와 어문학, 11(1), 123-141.

정대현(2014b). ADHD 유아의 숲학교 적응에 관한 연구. 한국영유아보육학, 88, 127-155.

정대현(2014c). 유·초·중등 통합 숲학교(Comprehensive Forest Schools) 운영 사례 연구. 2014 숲학교 국제심포지엄 자료집, 한국형 숲학교 모형개발과 발전방향. 국립광릉수목원 & 정부종합청사.

정대현(2015a). 숲의 교육 공간 형성 과정에 관한 연행적 문화기술연구. 기독교와 어문학, 12(1), 145-177.

정대현(2015b). 교육공간으로서의 숲, 그 의미의 탐색 -하리숲학교의 사례를 중심으로-. 생태유아교육연구, 14(2), 1-24.

정대현, 지성애(2004). 유아용 다중지능 발달평가척도의 타당화 연구. 유아교육학논집, 8(2), 257-277.

정명호, 장승권(1998). 복잡성 이론과 조직학습: 자기조직적 질서와 발현적 학습의 모색. 인사조직연구, 6(2), 37-80.

정민승(2000). 학문과 교육(하). 서울: 서울대학교 출판부.

정수현(2009). 교실 문화 이해를 위한 카오스 이론의 적용 가능성 탐색. 초등교육학 연구, 16(1), 121-139.

정유성(1998). 청소년 실태와 대안교육의 필요성. 광주: (사)맥지 청소년 사회교육원.

정은주(2005). 유아의 행동적·정서적 자기조절능력에 영향을 미치는 변인 연구. 서울여자대학교 대학원. 박사학위청구논문.

정은해(2000). 자유교육의 철학. 서울: 원미사.

조경원, 이기숙, 오욱환, 이귀윤, 오은경(2001). 교육학의 이해. 서울 : 이화여자대학교 출판부.

조기형(2012). 맛 평가론. 서울: 지오출판사.

조선희, 유연옥(1999). 철학적 탐구 공동체 접근법 유아 사고교육의 이론과 실제. 서울: 창지사.

조태윤(2003). 루만의 커뮤니케이션이론과 교육. 교육철학집, 24, 171-186.

조형숙(2009). 생태 사진에 관한 이야기나누기 활동 : 자연에서 배우는 삶의 가치. 서울: 다음세대.

조형숙, 김현주, 홍은주(2004). 유아 교사의 환경 친화적 태도에 관한 연구. 한국영유아교원교육학회, 8(1), 33-50.

주형일(2008). 직관의 사회학, 나의 사회학 그리고 현상학적 방법. 커뮤니케이션이론.
지성애, 정대현(2006). 초등학교 일학년용 학교적응 척도 타당화 연구. 아동학회지, 27(1), 1-15.
진경금(2014). 숲에서의 교육 실시 여부에 따른 정서지능 차이 연구. 생태유아교육연구, 13(1), 109-130.
진영은(2005). 교육과정 이론과 실제. 서울: 학지사.
진형준(2013). 에드가 모랭의 복잡성과 상호 주관성. 프랑스어문교육, 43, 383-409.
최남정(2008). 심미적 미술교육을 위한 미술교사 역할에 대한 사례 연구. 생태유아교육연구, 7(2), 83-103.
최석민(2004). 창의성 교육의 원리탐색 : 몰입의 원리. 교육 철학, 26, 197-214.
최정애, 서현아(2010). 숲 체험 활동이 유아의 환경에 대한 태도와 과학적 탐구능력에 미치는 영향. 생태유아교육연구, 9(1), 71-94.
최종욱(2000). 현대성의 철학적 담론에 관한 비판적 소론. 국민대학교 어학연소, 19, 417-439.
최창현(1996). 신과학 복잡계 이야기: 카오스를 넘어 신과학 복잡계로. 서울: 종이거울.
최혜숙(2013). 과학 탐구학습을 위한 자기비계 활용 모형의 개발과 적용. 이화여자대학교 대학원. 박사학위논문.
한국프랑스 철학학회(2015). 현대프랑스 철학사. 경기도 파주시: 창비.
한순미(1999). 비고츠키와 교육. 서울: 교육과학사.
한영욱, 정홍식(2003). 메타인지 학습 전략이 초등학교 학생들의 학업성취도에 미치는 영향. 부산교육대학교 과학교육연구소.
한종화(2003). 탐구중심 유아수학교육 프로그램의 구성 및 적용 효과. 중앙대학교 박사학위 논문.
한준상(1999). 호모 에루디티오 : 성인교육학의 사상적 토대. 서울: 학지사.
한준상(2003). 새로운 교육학 : 교육사회이론의 전개. 서울: 한국학술정보.
한준상(2007). 국가과외 : 누가 한국교육을 죽이는가. 서울: 학지사.
홍계숙, 유혜령(2001). 아동기의 비밀에 대한 현상학적 이해: 문학작품을 중심으로. 교육인류학 연구, 4(1), 169-198.
홍수연(1995). 혼합연령집단과 단일연령집단에서 유아의 사회적 행동 유형에 관한 연구. 이화여자대학교 교육대학원. 석사학위논문.

황윤세(2013). 놀이 계획-실행-평가 활동에서의 유아의 의사결정력: 혼합연구방법론의 적용. 열린유아교육연구, 18(1), 19-39.
황일근(2013). 국내 숲 유치원 현황 및 숲교육 진흥법 취지. 총신유아교육학술대회, 서울: 총신대학교.

Abd-El-Khalick, F., Bell, R. L., & Lederman, N. G.(1998). The nature of science and instructional practice: Making the unnatural natural. Science Education.

Amsel & Renninger(1997). Change and development: Issues of theory. method and application. Mahwah, NJ: Erlbaum.

Amsel, E., & Renninger, A. K.(1997). Change and development: Issues of theory. method and application. Mahwah, NJ: Erlbaum.

Asher, S. R., & Paquette, J. A.(2003). Loneliness and peer relations in childhood, Current Directions in Psychological Science, 12(3), 75-78.

Athey, I.(1988). The relationship of play and cognitive, language, and moral development. In Play as a medium for learning and development: A handbook of theory and practice, ed. D. Bergan, Portsmouth, NH: Heinemann, 81–101.

Bak, P.(2012). 자연은 어떻게 움직이는가: 복잡계로 설명하는 자연의 원리. (정형채 역) 서울:한승. (원저출판 1996)

Bakerman, R. & Brownlee, J.(1980) Strategic use of parallel play: A sequential analysis. Child. Development.

Barell, J.(1983). Reflections on Critical Thinking in Secondary Schools. Educational Leadership, March.

Barnett. L(1978). Theorizing about Play: Critique and Direction. Leisure Sciences, 1(2), 113-129.

Barrett, P. T., & Eysenck, H. J.(1992). Brain evoked potentials and intelligence The Hendrickson paradigm. Intelligence.

Bauer, K. L. & Dettore, E.(1997). Superhero play: What's a teacher to do?. Early Childhood Education Journal, 25(1), 17–21.

Bauer, P. J.(2006) Event memory. In Handbook of Child Psychology: Cognition, Perception, and Language(6th Edn)(Kuhn, D. and Siegler, R., eds).

John Wiley & Sons. Benstein, A.(1972) Wilderness is therapeutic behavior setting. Therapeutic Recreation Journal Fourth Quarter.

Berk, L. E.(1996). Child Development(4th Edition). Boston: Allyn & Bacon. Berk, L. E.(1996). Child Development(4th Edition). Boston: Allyn & Bacon.

Berlyne(1971). Aesthetics and psychobiology. Front Cover. New York: Appleton-Century-Crofts.

Binet, A., & Simon, T.(1916). The development of intelligence in children(E.S. Kite, Trans.) Baltimore: Williams & Wikins.

Blanchet-Cohen, N., & Elliot, E.(2011). Young Children and Educators Engagement and Learning Outdoors: A Basis for Rights-Based Programming. Early Education and Development, 22(5), 757-777.

Bloom, L.(1983). Of continuity, nature, and magic. In R. Golinkoff(Ed.), The transition from preverbal to verbal communication. Hillsdale, NJ: Erlbaum.

Bollnow O. F(1959). Existenzphilosophie und Padagogik: Ver- such iiber unstetige Formen der Erziehung, Stuttgart.

Bollnow, O. F.(2001). 실존철학과 교육학. 포천. 기독언어문화사.

Bollnow, O. F.(2006). 인간학적 교육학. (한상진 역). 서울: 양서원.(원저출판 1966)

Bollnow, O. F.(1989). The pedagoical atmosphere: The Perspective of the Educator. Phenomenology + Pedagog, 7, 37—63.

Botkin, J. W.(1997). 한계 없는 학습.(김도수 역). 서울: 양서원.(원저출판 1979)

Bowlby J.(1969). Attachment. Attachment and Loss(1). Loss. New York: Basic Books.

Boyd, B. J.(1997). Teacher response to superhero play: To ban or not to ban?

Childhood Education, 74(1), 190-210.

Bradbard, M. R., & Endsley, R. C.(1983). Influence of sex stereotypes on children's exploration and memory: A competence versus performance distinction. Developmental Psychology, 22(4), 481-486.

Brainerd, C. J.(1978). Piaget's theory of intelligence. Englewood Cliff. NJ: Prentice Hall, Inc.

Briggs, J., & Peat, D.(1999). Seven Life Lessons of Chaos : Timeless Wisdom from the Science Change. New York: Harper Collins Publishers.

Brody, G. H., Graziano, W. G. & Musser, L. M.(1983). Familiarity and children's behavior in same-age and mixed-age groups. Developmental Psychology, 19, 568-576.

Brophy, J., & Good, T.(1974). Teacher-student relationships: Causes and consequences. New York: Holt, Rinehart and Winston.

Brown(1987). Metacognition, Exective control, Self-reulation, and other more mysterious mechanisms. Hillsdale. NJ; Lawrence Erlbaum.

Caillois, R.(1994). 놀이와 인간. 가면과 현기증. (이상률 역), 서울: 문예출판사. (원저출판 1958)

Calloner, J.(2000). 똘망똘망 인공지능.(이상헌 역), 서울: 김영사(원저출판 1999)

Calvin, J.(2016) 기독교 강요. (양낙흥 역) 크리스천다이제스트. (원자출판 1536)

Carlsson-Paige, N., & Levin, D. E.(1990). Who's calling the shots? How to respond effectively to children's fascination with war play and war toys. Gabriola Island, BC, CAN: New Society.

Caryl, P. G.(1994). Early event-related potentials correlate with inspection time and intelligence. Intelligence, 18(1), 15-46.

Chomsky, N.(1965). Aspects of the theory of syntax. Cambridge, MA: MIT Press.

Cobb, P.(1985). Two children's anticipations, beliefs, and motivations. Educational Studies in Mathematics, 16, 111-126.

Collins, A. & Halverson, R.(2009). Rethinking Education in the Age of

Technology: The Digital Revolution and the Schools. New York: Teachers College Press.

Constable, K.(2014). Bringing the Forest School Approach to your Early Yeats Practice. New York: Routledge.

Copeland, R. W.(1974). How children learn mathematics; Teaching implications of Piaget's research(2nd ed.). New York: Macmillan Publishing Co.

DeVries, R., & Kohlberg, L.(1990). Constructivist early education. Washington, DC: National Association for the Education of Young Children.

Cornell, J. B.(2002). 아이들과 함께 나누는 자연체험. (장상욱 역). 서울: 우리교육. (원저출판 1998)

Csikszentmihalyi, M.(1975). Beyond boredom and anxiety. San Francisco: Jossey-Bass.

Curry, N, & Bergen, D.(1988). The relationship of play to emotional, social, and gender/sex role development. In D. Bergen(Ed.), Play as a medium for learning and development. London: Heinemann Educational Books, Inc.

Damon, W.(1995). Greater expectations: Overcoming the culture of indulgence in our homes and schools. New York: Free Press.

Davis, B. & Sumara, D.(2006). Complexity and education: Inquiries into learning, teaching and research. Mahwah, New Jersey: Lawrence Erlbaum Associates.

Davis, B.(2014). 구성주의를 넘어선 복잡성 교육과 생태주의 교육의 계보학.(심임섭 역). 서울: 씨아이알.(원저출판 2004)

Davis, B., & Sumara, D.(2011). 혁신교육 철학을 말하다: 복잡성 이론과 실천교육의 뿌리를 찾아서.(현인철·서용선 역). 서울: 살림터. (원저출판 2006)

Deci, E., & Ryan, R.(1985). Intrinsic Motivation and Self-Determination in Human Behavior. New York: Plenum., Deleuze(2015). 들뢰즈가 만든 철학사.(박정태 역). 서울: 이학사 (원저출판 2002)

Dewey, J.(1913). Interest and effort in education. Cambridge, UK: Cambridge

University Press.
DiLeo, J. H.(1982). Graphic activity of young children: Development and creativ Books ity. In L. Lasky & R. Mukerji(Eds.) Art: Basic for young children. Washington, DC: National Association for the Education of Young Children.
Dillon, J. T.(1981). "Duration of Responses to Teacher Questions and Statement", Contemporary Educational Psychology.
Dodge, K. A.(1983). Behavioral antecedents of peer social status. Child Development, 54, 1386-1399.
Dodge, K. A., Lansford, J. E., Lansford, B., Salzer, V., Bates, J. E., Pettit, G. S., Fontaine, R., & Price, J. M.(2003). Peer Rejection and Social Information-Processing Factors in the Development of Aggressive Behavior Problems in Children. Child Development, 74(2), 374-393.
Downey, G., Lebolt, A., Rincon, C., & Freitas, A. L.(1998). Rejection sensitivity and children's interpersonal difficulties. Child Development, 69, 1072-1089.
Harrist, A. W., Zaia, A. F., Bates, J. E., Dodge, K. A., & Pettit, G. S.(1997). Subtypes of social withdrawal in early childhood: Sociometric status and social-cognitive differences across four years. Child Development, 68(2), 278-294.
Driscoll(2005). Psychology of learning for instruction. Person Education. 양용칠 역(2006). 수업설계를 위한 학습심리학. 서울: 교육과학사.
Driver, B., Brown, P. & Peterson, G. L.(1991). Benefits of Leisure. State College, PA: Venture. Edward T. Hall.(1996/2002) 최효선 옮김. 숨겨진 차원 공간의 인류학, 한길사.
Ellen B. H. Sandseter, Lief E, O Kennair(2011), "Children's Risky play from an Evolutionary Perspective: The Anti-Phobic Effects of Thrilling Experiences, Evolutionary Psychology, 9(2), 264-272.
Ellis, J. L. Rogoff, B., & Cromer, C.(1981). Age segregation in children's social interactions. Developmental Psychology, 17, 399-407.

Ellis, M.(1973). Why people play. Englewood Cliffs. NJ: Prentice Hall Publishing Co.

Enz, B., & Christie, J. F.(1997). Teacher play interaction styles : Effects on play behavior and relationships with teacher training and experience. In ternational Journal of Early Childhood Education, 2, 55-75.

Fein, G.(1985) Learning in play; surface of thinking and feeling. In J. L. Frost and S.Sunderlin(Eds) When children play. Wheaton, Association for Childhood Education International.

Fensham, P.J., & Marton, F.(1992). What has happened to intuition in science education? Research In Science Educcation, 22, 114-122.

Flavell, J. H.(1971). First discussant's comments: What is memory development the development of?. Human Development, 13, 272-278.

Forman, E. & Cazden, C.(1985). Exploring Vygotskian perspectives in education: The cognitive value of peer interaction. In J. V. Wertsch(Ed.), Culture, communication and cognition: Vygotskian perpectives. Cambridge:

Cambridge University Press Forest School Association(2012). www.forestschoolassociation.com 2016년 5월 22일 확인.

Forrest, C.(2014). 내영혼의 따뜻했던 날들.(조경숙 역) 아름드리미디어. (원저출판 2001)

Foucault, M.(1994). 감시와 처벌.(오생근 역). 경기: 나남. (원저출판 1975)

Froebel, F.(2005). 인간의 교육.(이원영, 방인옥 역). 파주: 양서원.(원저출판 1826)

Fuite, J.(2005). Network education: understanding the functional organization of a class. Paper presented at the Complexity, Science & Society Conference, Liverpool, UK.

Gadamer, H. G.(1996). Truth and method(2nd revised ed.). New York: Continuum.

Gardner, H.(2016). 지능이란 무엇인가?. (김동일 역). 서울: 사회평론.(원저출판 2011)

Garvey, C.(1977). Play. Cambridge, MA: Harvard University Press. Gelman,

S. A.(1988). The development of induction within natural kind and artifact categories. Cognitive Psychology, 20, 65-95.

Goldberger, A. L., Rigney, D. R., & West, B, J.(1990). Chaos and fractals in human physiology, Sci Am, 262(2), 42-49.

Goldman, L. R.(1998). Child's Play: Myth, Mimesis and Make-Believe. Oxford: Berg Publishers.

Gordon, E. E.(1990). A music learning theory for newborn and young children. Chicago, IL: GIA. Pub. Inc.

Gottfried, A., Fleming J., & Gottfried, A.(2001). Continuity of academic intrinsic motivation from childhood through late adolescence: A longitudinal study. Journal of Educational Psychology, 93(1), 3-13.

Greenfield, C.(2004). 'Can run, play on bikes, jump the zoom slide, and play on the swings': exploring the value of outdoor play. Australian Journal of Early Childhood, 29(2),1-5.

Grinder, B., & Johnson, J.(1994). Gender-related teacher behavior and interventions and their consequences for preschool children at free play in day care settings. Paper presented at the meeting of the American Educational Research Association, New Orleans, LA.

Guilford, NY. Lederer, J. M.(2000). Reciprocal teaching of social studies in inclucive elementary classrooms. Journal of Learning Disabilities, 33(1), 91-106.

Haan, N(1963). Proposed model of ego function: coping and defense mechanism in relationship to IQ change. Psychological Monograph.

Halt, J. C.(2007). 아이들은 어떻게 배우는가.(해성·공양희 역). 서울: 아침이슬. (원저출판: 1995)

Hargreaves, D. J. & M. P. Zimmerman.(1992). Developmental Theories of Music Learning. In R. Colwell(ed). Handbook of Research on Music Teaching and Learning.

New York: Schirmer Books. Harlow, H. F.(1950). Learning and satiation of response in intrinsically motivated complex puzzle performance by monkeys. Journal of Comparative and Physiological Psychology, 43(4), 289-294.

Harrist, A. W., Zaia, A. F., Bates, J. E., Dodge, K. A., & Pettit, G. S.(1997). Subtypes of social withdrawal in early childhood: Sociometric status and social-cognitive differences across four years. Child Development, 68(2), 278-294.

Harter, S.(1981). A New Self-Report Scale Of Intrinsic Versus Extrinsic Orientation In The Classroom: Motivational And Informational Components. Developmental Psychology, 17, 300-312.

Harter, S.(2006). Developmental and individual difference perspectives on self-esteem. In D. K. Mroczek & T. D. Little(Eds.), Handbook of personality development, 311–334.

Mahwah, NJ: Erlbaum. Hay, D. F., Payne, A., & Chadwick, A.(2004). Peer relation in childhood. Journal of Child Psychology and Psychiatry, 45(1), 84-108.

Hebenstreit, S.(1999). Maria Montessori. Eine Einfuhrung in ihr Leben und Werk, Freiburg.

Heidegger, M.(1953). Sein und Zeit. Tubingen.

Heidegger. M.(2006). 철학입문. (이기상, 김재철 역). 서울: 까치. (원저출판 1996)

Heidegger. M.(2008). 강연과 논문. (이기상, 신상희, 박찬국 역). 서울: 이학사. (원저출판 1954)

Heine, C.(1997). Task enjoyment and mathematical achievement, Doctoral dissertation, Department of Education, University of Chicago.

Heinsenberg, W.(1995). 부분과 전체.(김용준 역). 서울: 지식산업사.(원저출판 1969)

Henninger, M. L.(1985). Preschool children's play behaviors in an indoor and outdoor environment. In J. L. Frost & S. Sunderlin(Eds.), When children play. Wheaton, MD: Association for Childhood Education International.

Hitz, R., & Driscoll, A.(1988). Praise or encouragement? New insights into praise: Implications for early childhood teachers. Young Children, 6-14.

Hodson, D.(1986). The nature of scientific observation. School Science Review. 68, 28-35.

Hodson, D.(1996). Rethinking the role and status of observation in science education. European Education, 28(3), 37-58.

Holling, C. S., & Sanderson, S.(1994). Comparing Ecological and Social Systems, Rights to Nature, Ed. S. Hanna, Washtington D.C. Island Press. Hutt, C.(1971). Explorational play in children. In Play, exploration and territory in mammals. Symposia of the zoological society of London, 18, 61-81.

Inhelder, B., & Piaget, J.(1958). The Growth of Logical Thinking from Childhood to Adolescence. London: Routledge and Kegan Paul.

Jantsch, E.(1980). The Self-Organizing Universe. NY: Pergamon Press.

Jenvey, V. B., & Jenvey, H. L.(2002). Criteria used to categorize children's play: Preliminary findings. Social Behaviour and Personality, 30(8), 733–740.

Jo, Y. H.(1989). Understanding the boundaries of make-belive: An ethnographic case study of pretend play among Korean children in U.S.A community. University of Illinois at Urbana-Champaign.

John, T.G(2005). 바보만들기: 왜 우리는 교육을 받을수록 멍청해지는가.(김기협 역). 서울 :민들레.(원저출판 1992)

Johnson, J. E., Christie, J. F., & Wardle, F.(2006). 놀이, 발달, 유아교육. (이진희, 손원경, 안효진, 유연옥 역). 서울: 아카데미프레스. (원저출판 2005)

Johnson, J. E., Christie, J. F., & Wardle. F.(2005). Play, Development, and Early Education. Pearson: Allyn and Bacon.

Johoson, J. E., Christie, J. F., & Yawkey, T. D.(1999). Play and early childhood development(2nd ed.). New York: Longman.

Jolij, J., Huisman, D., Scholte, S., Hamel, R., Kemmer, C., & Lamme, V. A. F(2007). Processing speed in recurrent visual networks correlates with general intelligence. Neuroreport, 18(1), 39-43.

Jones, E., & Nimmo, J.(1994). Emergent curriculum. Washington, DC: NAEYC.

Kamii & DeVries(1980). Group games in early education: Implication of Piaget's theory. Washington, DC: National Association for the Education of Young Children.

Kamii, C.(1982). Number in preschool and kindergarten: Educational implications of Piaget'stheory. Washington, DC: National Association for the Education of Young Children.

Kamii, C., & DeVries, R.(1978). Physical knowledge in preschool education: Implications of Piaget's theory. New York: Teachers College Press.

Kamii, C., & Lee-Katz, L.(1983). In J. F. Brown(Ed.), Curriculum planning for young children. Washington, DC: National Association for the Education of Young Children.

Kaplan, R.(1984). Wilderness perception and psychological satisfaction. Leisure Sci, 6, 271-289.

Katz, L. G., & Chard, S. C.(2013). The Project Approach: An Overview. In Approaches to Early Childhood Education, 6th ed., eds. J. Roopnarine & J.E. Johnson, 268–84. Upper Saddle River, NJ: Pearson.

Katz, L. G., Evangelou D., & Hartman, J. A.(1990). The Case for Mixed-Age Grouping in Early Education. Washington, DC: National Association fur the Education of Young Children.

Kelly, F. J., & Baer, D. J.(1969). Jesness inventory and self-concept measures for delinquents before and after participation in Outward Bound. Psychological Reports, 25, 719-724.

Kerka, S.(1996). Book Group: Communities of Learners in Imel, S.(1996). Learning in Groups: Exploring Fundamental Principles, New Uses, and Emerging Opportunities. San Francisco: Jossey-Bass.

Kernan, M., & Devine, D.(2010). Being Confined within? Constructions of the Good Childhood and Outdoor Play in Early Childhood Education and Care Settings in Ireland. Children & Society, 24(5), 371-385.

King, N. R.(1979). Children's conceptions of their own play. Early Child

Development and Care, 58, 81-85.

King, N. R.(1982). Children's play as a form of resistance in the classroom. Journal of Education, 164(3), 320-329.

King, N. R.(1986). When educators study play in schools. Journal of Curriculum and Supervision, 1(3), 233-246.

Knight, S.(2014). Forest school for young children in the UK. 한국형 숲학교 모형 개발과 발전방향, 2014 숲학교 국제심포지엄자료집, 25-52. 경기: 국립(광릉) 수목원.

Knowles, M. S.(1975). Self-directed learning: A guide for learners and teachers. Chicago: Follett Publishing Company.

Kontos, S.(1999). Preschool teacher' talk, roles, and activity setting during free play. Early Childhood Research Quarterly, 14, 363-382.

Krugman, P.(1996). The Self-Organizing Economy. Cambridge. MA: Blackwell. Ladd, G., & Troop-Gordon, W.(2003). The role of chronic peer difficulties in the development of children's psychological adjustment problems. Child Development, 74, 1344 – 1367.

Lakoff, G. & Nunez, R. E.(2000). Where Mathematics comes from: How the embodied mind brings mathematiics into being. A Mcmber of perseus books group.

Langeveld, M.(1983). The secret place in the life of the child. Phenomenology Pedagogy, 1(2), 181-191.

Lave, J. & Wenger, E.(2010). 상황 학습-합법적 주변참여. (손민호 역). 서울: 강현출판사. (원저출판 1998)

Leary, M. R., & MacDonald, G.(2003) Individual differences in self-esteem: A review and theoretical integration. In MR Leary & JP Tangney, Ed. Handbook of Self and Identity. pp. 401-418.

Leed-Lundberg(1984). The block builder mathematician. In. S. Hirsch(Ed.), The block book(reved.). Washington, DC: National Association for the Education of Young Childen.

Leeds, D.(2000). The 7 Powers of Questions: Secrets to Successful

Communication in Life and at Work. NY: Berkley.
Lepper, M. R., & Henderlong, J.(2000). Turning "play" into "work" and "work" into "play": 25 years of research on intrinsic versus extrinsic motivation. In C. Sansone & J. M. Harackiewicz(Eds.), Intrinsic and extrinsic motivation: The search for optimal motivation and performance. San Diego: Academic Press.
Levine, M.(2003). A mind at a time. New York: Simon & Schuster. Lindfors, J. W.(1980). Children's language and learning. Englewood Cliffs, New Jersey: Prentice Hall, Inc.
Lindfors, J. W.(1987). Children's language and learning(2nd ed.). Englewood Cliffs, NJ: Prentice Hall.
Manen, M., & Levering, B.(1996). Childhood secrets: Intimacy, privacy, and the self reconsidered. New York: Teachers College Press.
Mann, T. C.(2002). The war on terror. New York: Exlibris.
Manuel, R.(2014) 음악의 기쁨 1: 음악의 요소들. (이세진 역). 파주시: 북노마드. (원저출판 1947)
Martin, R. J.(1997). Mindfulness: A proposed common factor. Journal of Psychotherapy Integration, 7(4), 291-312.
Martin, R. J.(1997). Mindfulness: A proposed common factor. Journal of Psychotherapy Integration, 7(4), 291-312.
Mattews, G. B.(1984). Dialogues with Children. Cambridge, MA : Harvard University Press.
Matthew, Lowry.(1979) Matthews, G. B.(1987). 어린이와 함께 하는 철학. 서울: 서광사.(원저출판 1980).
Maturana, H, R.& Varela, F. J.(2015). 앎의 나무. 서울: 갈무리. (원저출판. 1984)
Mercogliano, C.(2014). 길들여지는 아이들. (오필선 역). 서울: 민들레. (원저출판 2007)
Migliore, L.(2015). 뇌 과학 탐험 유레카! 뇌 과학으로 본 통찰. (구승준 역). 뇌교육 전문지 브레인.
Miller, L. B., Bugbee M. B., & Hybertson, D. W.(1985). Dimensions of preschool: The effects of individual experience. Advances in Applied

Developmental Psychology, 1, 25-90.

Mize, J. & Ladd, G.W.(1990). A cognitive-social learning approach to social skill training with low status pre-school children. Developmental Psychology, 26(3), 388-397.

Montessori, M.(1991). 몬테소리의 어린이의 신비(조성자 역). 서울: 창지사.

Moore, N. V., Evertson, C. M., & Brophy, J. E.(1974). Solitary play: Some functional reconsideration. Developmental Psychology, 10, 830-834.

Moore, S.G., & Bulbulian, K. N.(1976). The effects of contrasting styles of adultchild interaction children's curiosity, Developmental Psychology, 12, 171-172.

Moss, P., & Petrie, P.(2002). From children's services to children's spaces. London: Routledge Falmer.

Mugny, G., & Doise, W.(1978). Sociocognitive conflict and structure of individual and collective performances. European Journal of Social Psychology, 8, 181–192.

Myers, G. D.(1985). Motor behavior of kindergartners during physical education and free play. In J. L. Frost & S. Sunderlin(Eds.), When children play. Wheaton, MD: Association for Childhood Education International.

Neil, A. S.(1960). Summerhill.: A radical approach to child rearing. New York: Holt Publishing Co.

Neubauer, A. C, Grabner, R. H., Fink, A., & Neuper, C.(2005). Intelligence and neural efficiency: Further evidence of influence of task content and sex on the brain-IQ relationship. Cognitive Brain Research, 25, 217-225.

Neubauer, A. C., Fink, A., & Schrausser, D. G.(2002). Intelligence and neural efficiency: The influence of task content and sex on the brain-IQ relationship. Intelligence, 30(6), 515-536.

Newcomb, A. F., Bukowski, W. M., & Pattee, L.(1993). Children's peer relations: A meta-analytical review of popular, rejected, neglected, controversial and average sociometric status. psychological bulletin, 113, 99-128

Nickerson(1987). Nickerson, R. S.(1987). Why Teach thinking?. In Joan Boykoff Baron & Robert J. Sternberg(Eds.), In Teaching ThinkingSkills: Theory and Practice. New York: W. H. Freeman & Co.

Olsson, L. M.(2017). 들뢰즈와 가타리를 통해 유아교육 읽기.(이연선·이경화·김영연 역). 서울:살림터. (원저출판 2009)

Opie, I., & Opie, P.(1969). Children's games in street and playground. Oxford: Clarendon Press.

Sutton-Smith, B.(1972). The folkgames of children. Austin. TX: The University of Texas Press.

Ormrod, J.(2011). 교육심리학.(이명숙, 강영하, 박상범 역). 아카데미프레스. Ormrod, J.(1999). Human learning(3rd ed). Columbus, OH.

Merrill. Pellegrini(1991). A longitudinal study of popular and rejected children's rough and tumble play. Early Education and Development, 2(3), 205-213.

Pellegrini, A. D.(1984). Identifying casual elements in the thematic-fantasy play paradigm. American Educational Research Journal, 21, 691-701.

Pellegrini, A. D.(1984). Identifying casual elements in the thematic-fantasy play paradigm. American Educational Research Journal, 21, 691-701.

Pellegrini, A. D.(1995). School recess and playground behavior: Educational and developmental roles. Albany. NqY: State University of New York Press.

Pellegrini, A. D., & Smith, P. K.(1998). Physical activity play: The nature and function of a neglected aspect of play. Child Development, 69, 577–598.

Persons, J. E., Kaczala, C. M., & Meece, J. L.(1982). Socialization of achievement attitudes and beliefs: Classroom influences. Child Development, 53, 322–339.

Peter, G.(2015). 언스쿨링.(황기우 역). 박영스토리.(원저출판 2015)
Piaget, J.(1963). The origins of intelligence in children. NY: Norton.
Piaget, J.(1962). Play, dreams and imitation in childhood. NY: Norton.
Piaget, J.(1965). Child's Conception Of Number. NY: Norton.
Piaget, J.(1971b). The theory of stages in cognitive development. In D. R. Green(Ed.), Measurement and Piaget. New York: McGraw-Hill.
Pinar, W. F.(2013). 윌리엄 파이너와 교육과정 이론.(정정훈, 김영천 역). 아카데미프레스.(원저출판 1995)
Pinker, S.(1998). 언어본능.(김한영, 문미선, 신효식 역). 서울: 그린비. (원저출판 1994)
Pinker, S.(2004). The Blank Slate. (김한영 역). 빈서판 인간의 본성은 타고나는가. 서울:사이언스 북스.
Polkinghorne, D. E.(2009). 내러티브, 인문과학을 만나다. (강현석, 이영효, 최인자, 소희, 홍은숙, 강웅경 역). 서울: 학지사.(원저출판 1998)
Reed, T. E., & Jensen, A. R.(1992). Conduction velocity in a brain nerve pathway of normal adults correlates with intelligence level. Intelligence, 16(3-4), 259-272.
Richland L. E., Zur, O., & Holyoak, K. J.(2007). Cognitive supports for analogies in the mathematics classroom. Science-New York Then Washington.
Richland, L. E, Chan, T., & Morrison, R. G.(2010). Young children's analogical reasoning across cultures: Similarities and differences. Journal of Experimental Child Psychology, 105(1), 146-153.
Ricoeur, P.(1978). The Rule of Metaphor: Multi-Disciplinary Studies of the Creation of Meaning in Language, trans. R. Czerny, K. McLaughlin and J. Costello, London: Routledge.
Rinaldi, C.(1993). The emergent curriculum and social constructivism. In C. P. Edwards, L. Gandini, & G. Forman(Eds.), The hundred languages of children: The Reggio Emilia-advanced reflections. Norwood, NJ: Ablex.
Rogers, C. R.(1969). Freedom to learn. Columbus, OH: Charles E. Merrill.

Robert S. Root-Bernstein, Michele M. Root-Bernstein(1999). Sparks of genius: The thirteen thinking tools of the world's most creative people. Boston: Houghton Mifflin.

Rosenberg, M. B.(2004). 비폭력 대화.(캐서린 한 역). 바오 출판사.

Roskos, K., & Neuman, S.(1993). Descriptive observations of adults' facilitation of literacy in play. Early Childhood Research Quarterly, 8, 77-97.

Rubin et al.,(2006). Rousseue, J. J(2006). 에밀.(정봉구 역). 파주시: 범우 (원저출판 1966)

Rubin, K.(1980). Fantasy play: Its role in the development of social skills and social cognition. In K. Rubin(Ed.), Children's play, New directions for child development, SanFrancisco, CA. 9, 69-83

Jossey-Bass. Rubin, K. H.(1982). Nonsocial play in preshoolers: Necessary evil? Child Development, 53, 651-657.

Rubin, K.. H(2003). Play Observation Scale: A Manual for Coding Free lay Behaviours of Young Children. University of Maryland.

Rubin, K. H., Bukowski, W. M., & Parker, J. G.(2006). Peer interactions, relationships, and groups. In W. Damon, & RM Lerner(Series Eds.) & N. Eisen berg(Vol. Ed.), Handbook of child psychology. Social, emotional, and personality development, 3, 71-645.

Rubin, K. H., Bukowski, W. M., & Parker, J. G.(2006). Peer interactions, relationships, and groups. In W. Damon, & RM Lerner(Series Eds.) & N. Eisenberg(Vol. Ed.), Handbook of child psychology, Vol. 3. Social, emotional, and personality development, 71-645.

Rubin, K. N., Fein, G. G., Vandenberg, B.(1983). Play. In E. M. Hetherington(Ed.) & P. H. Mussen(Series Ed.), Handbook of child psychology: Vol. 4. Socialization, personality, and social developmentpp, NY: Wiley.

Rudy, R. & Holtshouse, D(2001). 세계 석학 14명이 예측한 지식사회의 미래. (매일경제 지 식부 역). 매일경제신문사. (원저출판, 1999)

Russ, S., Robins, A., & Christiano, B.(1999). Pretend play: Longitudinal prediction of creativity and affect in fantasy in children. Creativity Research Journal, 12(2), 129-139.

Ryle, G.(2004). 마음의 개념. (이한우 역). 서울: 문예출판사. (원저출판 1949)

Sackett, G., Sameroff, A., Cairns, R. & Suomi, S.(1981). Continuity in behavioral development: Theoretical and empirical issues. In K. Immelmann, G. Barrow, L. Petrinovich, & M. Main(Eds.), Behavioral development. 2357. New York: Cambridge University Press.

Sandseter, E. B. H., & Kennair, L. E. O.(2011). Children's risky play from an evolutionary perspective: The anti-phobic effects of thrilling experiences. Evolutionary Psychology, 9(2), 257–284.

Schirmacher(1986). Talking with children about their art. Young children, 41(5), 3-10.

Schirrmacher, R & Fox, J. E(2008).Art and Creative Development for Young Children(6th Ed). NY:Cengage Learning.

Schwab, C.(2016). 클라우스 슈밥의 제4차 산업혁명.(송경진 역). 서울: 새로운 현재. (원저출판 2016)

Schwab, J.(1970). The practical: A language for curriculum. Washington, DC: National Education Association

Scott-Kassner, C.(1992). Research on music in early children. In R. Colwell(Ed.), Handbook of research on music teaching and learning, New York : Schirmer Books, 633-650.

Sigel, I. E.(1982). The relationship between parental distancing strategies and the child's cognitive behavior. In L. M. Laosa & I. E. Sigel,(Eds.), Families as learning environment for children, NY : Plenum Press, 47-86.

Silbermann, C. E.(2004). 교실의 위기: 교육신서 59. (편집실 역). 충남: 배영사. (원저출판 1978)

Smilansky, S.(1968). The effects of sociodramatic play on disadvantaged preschool children. New York: Wiley.

Smilansky, S.(1968). The effects of sociodramatic play on disadvantaged

preschool children. New York: Wiley.
Smith, P.(1978). A longitudinal study of social participation in preschool children: Solitary and parallel play reexamined. Developmental Psychology, 14, 517-523.
Smith, P. K. & Boulton, M.(1990). Rough-and-tumble play, aggression and dominance: perception and behaviour in children's encounters. Human Development, 33, 271-282.
Smith, P. K., Dalgleish, M., & Herzmark, G.(1981). A comparison of the efforts of fantasy play tutoring and skills tutoring in nursery school. International Journal of Behavioral Development, 4, 421-444.
Smothergill, N. L., Olson, F., & Moore, S. G.(1971). The effects of manipulation of teacher communication style in the preschool. Child Development, 42, 1229-1239.
Spink, M., Newberry, R. C., & Bekoff, M.(2001). 'Mammalian play: Can training for the unexpected be fun?', Quarterly Review of Biology(in press).
Splitter, L. J.(1991). Critical thinking, what, why, when and how. Educational Philosophy and Theory, 23(2). 89-109.
Splitter, L. J., & Sharp, A. M.(1995). Teaching for Better Thinking: the classroom community of inquiry. Melbourne: ACER.
Stallings, J.(1975). Implementation and child effects of teaching practices in Follow Through classrooms. Monographs of the Society for Research in Child Development, 40, Serial No.163.
Staudinger, U. M., Lopez, D., & Baltes, P. B.(1997). The psychometric location of wisdom-related performance: Intelligence, personality, and more?. Personality and Social Psychology Bulletin, 23, 1200-1214.
Stephenson(2003). Physical Risk-taking: Dangerous or endangered?. Early Years, 23(1), 35-43.
Sternberg, R. J.(1985). Beyond IQ: A triarchic theory of human intelligence. New York: Cambridge University Press.
Sternberg, R. J.(1997). Extra credit for doing poorly. New York Times, A-27.

Sternberg, R. J.(1999). Schools should nurture wisdom. In B. Z. Presseeisen(Ed.) Teaching for intelligence I. Arlington Heights, IL: Skylight, 55-82.

Sternberg, R. J.(2005). The theory of successful intelligence. International Journal of Psychology. 39(2), 189-202.

Sternberg, R. J., & Detterman, D. K.(1986). What is intelligence? Contemporary viewpoints on its nature and definition. Norwood, NJ: Ablex.

Sternberg, R. J., Williams, W. M.(2012). 스턴버그의 교육심리학. (김정섭, 신경숙, 유순화, 이영만, 정명화, 황희숙 역). 서울: 시그마프레스. (원저출판 2010).

Sutton-Smith, J.(1998). The ambiguity of Play. Cambridge, MA: Harvard University press.

Tobin, K. G. & Capie, W.(1982). "Relationships Between Classroom Process Variables and Middle-School Science Achievement". Journal of Educational Psychology, 74, 441-454.

Tovey, H.(2007). Playing Outdoors: Spaces and places, risk and challenge. Maidenhead: Open University Press.

Tovey, H.(2011). Achieving the balance: Challenge, risk and safety. In J. White(Ed.), Outdoor Provision in the Early Years(pgs. 86-94). London: Sage.

Toyama, K.(2015). Why Technology Will Never Fix Education. The Chronicle of Higher Education. Retrieved from The Chronicle of Higher Education http://chroni-cle.com/article/Why-Technology-Will-Never-%20 Fix/230185/?cid=at&utm_source=at&utm_medium=en.

Trawick-Smith, J.(1994). Interactions in the classroom: Facilitating play in the early years. Upper Saddle.

Trawick-Smith. J.(2012). Teacher-child play interactions to achieve learning outcomes: Risks and opportunities. In T.C. Pianta's(ed.) Handbook of early childhood education, NY: The Guilford Press.

Ulrich, R. S.(1984). View through a window may influence recovery from surgery. Science, 224, 420-421.

Vander Ven, K.(1998). Play, Proteus and paradox: Education for a chaotic and supersymmetric world. In Play from birth to twelve and beyond: Contexts, perspectives, and meanings, ed. Doris Pronin Fromberg and Doris Bergen.

Vernon, P. A., & Mori, M.(1992). Intelligence, reaction times, and peripheral nerve conduction velocity. Intelligence, 16(3-4), 273-288.

Vernon, P. A., Wickett. I. C., Bazana, P. G., & Stelmack, R. M.(2000). The neuropsychology and psychophysiology of intelligence. In R.J. Sternberg(Ed.), Handbook of intelligence. New York: Cambridge University Press.

Vygotsky, L. S.(1962). Thought and language. Cambridge, MA: MIT Press. (Original work published 1934.)

Vygotsky, I. s.(1978). Mind in society: The development of higher psychological processes. Cambridge, MA: Harvard University Press.

Wilen, W. W.(1996), "Thinking Skills Instruction in Social Studies Classrooms", B. G. Massialas & R. F. Allen, Critical Issues in Teaching Social Studies K-12, Belmont: Wadsworth Pub, Co. 132-133.

Wilson(1995). The Nature and Young Children: A natural connection. Young Children, 50(6), 4-11.

Wilson, P. S., & Osborne, A. R.(1988). Foundation ideas in teaching about measure. In T. R. Post(Ed), Teaching mathematics in K-8 : Research based methods. Newton. MA: Allyn & Bacon.

Wisneski, D. B., & Reifel, S.(2012). The place of play in early childhood curriculum. In N File, J. J. Mueller, & D. B. Wisneski(Eds.), Curriculum in early childhood education. New York, NJ: Routiedge.

Wisneski, D. B., & Reifel, S.(2012). The place of play in early childhood curriculum. In N File, J. J. Mueller, & D. B. Wisneski(Eds.), Curriculum in early childhood education. New York, NJ: Routiedge.

Wohlwill, J. F.(1984). Relationships between exploration and play. In T. D. Yawkey & A. D. Pellegrini(Eds.), Child's play: Developmental and applied, Hillsdale, NJ: Erlbaum, 143-170.

Wolery M., Bailey, D. B. & Sugai, G. M(1988). Effective Teaching: Principles and Procedures of Applied Behavior Analysis with Exceptional Students. University of Michigan.

Wolfgang, C. H., Stannard, L. L., & Jones, I.(2001). Block play performance among preschoolers as a predictor of later school achievements in mathematics. Journal of Research in Childhood Education, 15(2), 173-180.

찾아보기

ㄱ

가네 136, 303
가다머 157
가타리 071, 072
각성추구 이론 168,
감각적 직관 39,105
객체 030, 074, 093, 139,
    140, 155, 157,158, 192,
    205, 299, 300, 301,
    305, 306, 345, 365, 379,
    396, 403, 421
갤리모어 324
거친 숲 126
겔먼 445
결정론적 세계관 079
경향성 077, 096, 284-286
계몽주의 047, 048, 050,
    060, 063, 067, 068,
    074, 109, 110
고유이념 추구형 028, 029

공간적 촉진 207, 208
공간 중심의 패러다임 035
공감 047, 187, 357, 370-372,
    414, 415, 467, 486, 495
공리주의 062
공원형 숲 126
공자 036, 037
곽노의 039, 059, 273
관계맺기 091, 124, 128, 139,
    140, 141, 146, 234, 243,
    306, 309-311, 348, 394,
    401, 408-412, 414-417,
    421, 422, 424, 425, 427,
    431, 432, 441-445, 455,
    456, 461, 463, 465, 467,
    468, 476, 482, 485,
    492, 498, 501
교수적 관계 195
교수적 대화 349
교실교육 035, 072, 086,

088, 094, 095, 100,
107, 135, 154, 184, 188
190, 191, 193, 195, 201,
208, 209, 211, 229, 257,
280, 281, 296, 302,
305-309, 319, 336, 337,
343, 346-348, 354,
378, 381, 382, 383, 391,
393, 404, 410, 413, 418,
419, 420, 433, 448, 468,
473, 486-488, 501
구성주의 036, 093, 135-138,
181, 194, 196, 197, 199,
200, 282, 299, 300, 310,
315, 343, 344, 376, 394,
404-408, 411, 412, 435
국가수준교육과정 기반 숲
126
국가적 질서 075
굿 370

규범주의 092

그라치아노 203

그루스 171

근접발달지대 188, 195, 200, 345, 376

기계론적 세계관 295

기질지성 037

길포드 382

김신일 023

김현미 203

까미 437

ㄴ

나가이 히토시 450

낭만주의 036, 038

내면화 025, 076, 111, 137-141, 188, 194, 195, 201, 209, 234, 251, 300, 301, 305, 310, 376, 377, 394, 406, 411

노나카와 다케우 194

노자 036, 037, 346

노장사상 036, 037

논리·수학적 지식 408, 459, 460

놀이기반 숲 126

놀이를 통한 교수학습법 317

놀이성 164, 182, 184, 185

놀이 실조 179

뉴바우어 099

뉴턴 068, 071, 074, 075, 077, 081, 091

닐 041-043

ㄷ

다윈 187

다중지능이론 098, 196, 492

대근육을 활용한 놀이 226

데니스 수마라 090, 092

데이비드 이얼리 250

데카르트 074, 075, 077, 279, 303, 306

도세 203

도의 308

동화 148, 168, 174, 175, 386, 490

듀이 041, 042, 367, 441, 495

드브리스 404, 405

들뢰즈 071, 072, 313, 392, 394

디레오 385

디바인 267

딜런 384

ㄹ

라이힐트 브라스 493

라일 035, 036, 279, 303, 304, 433, 486

라자루스 170

러스 279

레더러 288

로고프 344, 346

로버트 루트번스타인 107, 108

로저스 036, 041-043

로제 카이와 164, 227-229, 244, 324

롤스 140

루두스 228

루소 036, 038-040, 059-061, 064, 065, 067, 122, 237, 354

리-카츠 437

린드폴스 477

주 참고문헌 찾아보기 569

ㅁ

마가렛 맥밀란 042
마이어스 226
마이클 조위 210
마주침 260, 409, 313
마크 미코지 210
마투라나 149, 150
마틴 부버 062, 063
말하고자 하는 유혹 351
매끄러운 공간 071, 072
매일형 숲 022, 230
맹자 036, 037
메이슨 178
메타인지 097, 098, 335, 367, 368, 373, 399, 400
명시적 지식 194
모방 378, 379, 385, 405, 420, 421, 426, 428, 468, 476, 487, 502
모스 275
몬테소리 036, 041,042, 256, 366
몰입 158, 274- 278, 349
무니 203
무어 358, 369, 481

물리적 지식 403, 405-408, 460
뮤서 203
미미크리 227, 228, 244
미셸 루트번스타인 107, 108
미첼 178
밀리오레 106
밈지 사도프스키 143, 152, 154

ㅂ

바렐라 149, 150
바버라 매클린턱 101
바이오 경제 052
바제도우 036, 038, 040
반더 벤 163
반두라 378
반복 이론 168, 169, 172, 173
발달의 연속성 066
발도르프 교육 028
발현적 교육과정 322, 324
배어 274
배이트슨 240
번지 104
범애학교 040

범주화 146-148, 420, 441
벤담 062
벤스타인 231
병행놀이 362, 363, 385-388, 422, 425-427
복잡성 014, 058,074 , 078, 079, 080-085, 089 - 094, 197- 201,229, 241-242, 307, 310, 344, 376, 452
본연지성 037
볼로우 065, 066, 396
분산형 네트워크 091
브라운 178
브렌트 데이비스 090, 092
브로디 203
브로피 358, 370
블룸 382
비결정론적 082
비계설정 138,188, 194, 325, 383
비교행동학적이론 168, 177, 178
비구조화된 놀잇감 242
비언어능력 466

ㅅ

사건 시간 072, 073
사건의 철학 071
사회적 교제 179
사회적 상호작용 137, 138, 191, 273, 387, 388
사회적 지식 203, 405-408, 459
산수유오 038
삼원이론 098
상대성이론 068, 071, 081
상징적 표상 379, 475
상향식 051
상호객관 093, 300, 301, 343, 344, 404
상호교수법 188
상호주관 093, 139, 195, 196, 299-301, 404, 411, 435
상호학습 216
상황맥락지능 057
상황학습 188, 189
샌드세터와 케니얼 230
생물학적 이론 168, 169
생태 119, 326
생태성 029, 222

생태교육 035, 117
생태적 감수성 267, 268, 270
생태주의 035
생태유아교육 115, 295, 296, 312
생태학교형 028
서로-서로-함께-있음 397
서튼-스미스 240
선개념 334, 410, 411
선지식 314, 315, 334, 335-337, 347, 377, 384, 459
선형기하학 079
성리학 036, 038, 039
세계-내-존재 139, 225
세계인인 존재자 063
세바 208, 209
소근육을 사용하는 놀이 226
소크라테스 075, 309, 381, 382
수가타 미트라 151-154, 184, 206, 395
수사적 질문 382, 383
숲과 전이 282
슈타이너 028, 036, 041
스밀란스키 240, 351

스탠나드와 존스 279
스탠 데이비스 052, 053
스턴버그 098, 099, 143
스티븐 나흐마노비치 101
스티븐슨 275
스티븐 존스 106, 107
시간 중심의 패러다임 035, 068, 110
시계 시간 068, 072, 073
신체 지능 057
실버먼 036, 041, 042
실존적 자연주의 014, 058, 059, 062, 067, 074, 109, 129
실존적 존재 365
실존주의 047, 050, 051, 062, 065, 066, 207, 364, 396

ㅇ

아곤 227, 228
아리스토텔레스 036, 037, 038, 075, 089, 101
아인슈타인 068, 071, 081, 102, 444

알다ing 139, 298, 305, 307, 308, 391, 401, 404, 411, 434
알레아 227, 228, 324
알프레드 비네 095
앎 105, 106, 139, 149, 193, 194, 204, 298-311, 333-335, 347, 371, 381, 390, 391, 396, 403-408, 410-412, 416, 431-434, 441-443, 468, 482, 486
암묵적 앎 302
암묵적 지식 194
앙리 베르그송 105
양자역학 081
언어능력 203, 465, 466, 477, 480
언어수행 466
에드워드 디시 148
에드워드 홀 072, 217, 239
엑소브레인 141, 311
엘라 플라타우 029, 044
연결성 092, 094, 216, 436
연습이론 172
염지숙 064

영감 지능 057
예지 304, 306, 433, 486
오성 104, 105
외연과정 463
윌슨 271, 457
유교사상 036, 037
유목 463
유클리트 기하학 079
융 103, 105
인공지능 054, 055, 058, 074, 089, 095, 100, 101, 110, 163, 457
인과결정론 093
인지론적 이론 168
인지적 비축분 107

ㅈ

자기놀이 419
자기생성이론 149
자기 유사성 079, 084, 091, 092, 094, 198, 200
자기의 가치 266
자기조절 057, 097
자기 조직적 학습 194
자기 조직화 027, 081, 085-

088, 091, 094, 149, 199-201, 241, 307
자기 존재 014, 015, 061, 062, 058, 108, 124, 142, 148, 183, 217, 225, 227, 239, 243, 249, 251, 252, 279, 281, 290, 311, 349, 350, 357, 368, 393, 394, 398, 401, 403, 404, 409, 410, 411, 414-417, 426, 436, 440, 443, 455, 469, 470, 4776, 477, 495
자기표현 이론 168, 177, 178
자기 활동적 존재 041
자동교육 042
자동성 137, 158
자연주의 014, 035, 038, 058-062, 064, 065, 067, 074, 109, 125, 129, 312, 348
자유 학교성 028, 029, 039
잠재된 가능성 065
잠재적 교육과정 088
잠재적 능력 043

장자 036, 037, 082, 083
재현의 논리 240
적극적 관찰 314, 334, 364-366
적응가변성 221
적응적 잠재성 221
절제된 따뜻함 369
절차적 지식 486, 303
정기형 126
정서 지능 057
정신분석 168, 173, 174
존 보울비 183
존재 발견 015, 495
존재와의 만남 403, 415, 440, 467, 477
존 테일러 개토 025
주지주의 302, 303, 433, 059
주체 029, 030, 037, 061, 064, 066, 072, 074, 092, 093, 094, 111, 118, 119, 123, 124, 129, 134, 139, 140, 150, 155-158, 162, 164, 165, 169, 182, 185, 192, 202, 213, 216, 220, 221, 227, 242, 266, 267, 295, 299-301, 305-308, 310, 313, 314, 316, 323, 332, 334, 343, 344, 345, 349, 373, 374, 377-379, 393, 396, 403, 408, 411, 414, 421, 423, 431, 437, 471, 477, 486, 495, 498
주희 036, 038
준비도 069
중간태로의 변화 157
중앙집중식 교수법 091
중재 학습 경험 195
지식의 내면화 137, 138, 310
직관 039, 040, 043, 057, 072, 095, 100-108, 159, 184, 337, 407, 440-445, 453, 457, 460

ㅊ

창발 081, 087-091, 094, 198, 199, 241, 306, 307, 310, 376, 406, 477
초논리 107
초험적 071
촘스키 466
칙센트미하이 275

ㅋ

카오스 081-085, 244
카오스로부터 질서 087
칸트 104, 105
캥거루케어 264
코메니우스 036, 038, 039, 059, 060
콜린스 024
클라우스 슈밥 054

ㅌ

타존재 015, 063, 064, 129, 142, 146, 148, 182, 185, 194, 226, 251, 305, 311, 377, 392, 394, 401-404, 409-417, 421, 425, 427, 437, 432, 443, 449, 452, 455, 477, 495, 500
탈근대교육 046
탈근대화 026, 027, 050, 061, 067

탈영토화 072
탈중심적 200, 445
탐색 030, 118, 123, 140, 145,
　　　152, 153, 176, 182-185,
　　　193, 219, 227, 238, 243,
　　　266, 267, 272, , 325,
　　　326, 329, 336, 337, 359,
　　　382, 432, 433, 435, 437,
　　　445, 450, 454, 460,
　　　463, 467, 469, 486, 492,
　　　493, 494, 495, 497
토빈 384
통찰 090, 097, 102, 105,
　　　136, 159, 275, 366, 407,
　　　437, 442-444, 447, 458
트래윅-스미스 424

ㅍ

파이디아 227, 228
파튼 358, 422
페스탈로치 256, 040
페인 161, 162
포개짐의 구조 242
포리스트 카터 355
푸코 071

프랙탈 079, 080, 084, 092
프로이드 141, 174
프뢰벨 036, 041, 059, 231,
　　　235, 273, 474
프리드리히 쉴러 169
플라톤 075, 089, 104

ㅎ

하워드 가드너 053, 096,
　　　098, 267, 492, 499
하이데거 065, 139, 335,
　　　397, 474
하이젠베르크 081
학습공동체 011, 014, 087,
　　　094, 099, 123, 124,129,
　　　133, 147, 155, 186-209,
　　　213, 216,278, 297, 314,
　　　316, 332, 333-393,
　　　395-400, 411, 412, 423,
　　　424, 427, 434, 459-461,
　　　468, 473, 477, 480, 481,
　　　486, 495
학습 메커니즘 136, 158, 199
학습본능 061, 087, 097,
　　　106, 108, 123, 124, 129,

　　　133-136, 139, 143-145,
　　　146, 148, 151, 154-156,
　　　158-159, 162, 164, 167,
　　　180-182, 184-185, 186-
　　　187, 190, 192, 196-197,
　　　206-208, 218, 296, 305,
　　　308, 310, 315, 332, 334-
　　　335, 342, 344, 350, 352,
　　　354, 360, 371, 376-377,
　　　381, 387, 395, 397, 411,
　　　425, 432-433, 440, 495
학습을 위한 결정적 순간 325,
　　　355, 359, 361, 386
한준상 134, 143, 144
해석적 담론 092
핼버슨 023
행동주의 093, 135-138, 168,
　　　173, 181, 282, 299, 343,
　　　346, 394
헤르바르트 스펜서 169
현상학 050, 051, 207
형식논리학 455
형이상학 089
호가드 104
호이징가 160, 164

혼돈 074, 081-084, 163, 199, 220-222, 288

혼합연령 202-204, 333

E

Anding 409

Cif 313-315, 322, 326, 329, 332, 333, 337

Deschooling 030, 333

DKDK 308

DKK 308

E-T-R 324

FaC 313-315, 320, 325, 332, 333 335, 337

FiC 313-316, 318, 321, 333, 337

KDK 308

KK 308

Linkage 409, 425

Overlap 409, 427

Transition 182, 282, 409, 426

Unschooling 030, 333

학습본능 **숲에서 놀다**

지은이	정대현
펴낸이	정한나
일러스트	정한나
펴낸날	2017년 5월 15일 초판 1쇄 발행
펴낸곳	이책사
등록	제 2016-000043호
주소	광주광역시 동구 의재로 136번길 6. 301호
전화	070-7762-5020
팩스	0502-280-5020
이메일	Echaksa1@gmail.com
ISBN	979-11-959955-0-9
값	36,000원